U0709787

〔漢〕宋衷 注　〔清〕秦嘉謨 等輯

中華書局

圖書在版編目(CIP)數據

世本八種/(漢)宋衷注;(清)秦嘉謨等輯.—北京:中華書局,2008.8(2024.12 重印)
ISBN 978-7-101-06210-6

Ⅰ.世… Ⅱ.①秦…②宋… Ⅲ.中國-古代史-史料-先秦時代 Ⅳ.K220.4

中國版本圖書館 CIP 數據核字(2008)第 098667 號

責任印製:陳麗娜

世 本 八 種

〔漢〕宋 衷 注

〔清〕秦嘉謨等 輯

*

中華書局出版發行

(北京市豐臺區太平橋西里 38 號 100073)

http://www.zhbc.com.cn

E-mail:zhbc@zhbc.com.cn

河北新華第一印刷有限責任公司印刷

*

880×1230 毫米 1/32 · 32¼印張 · 690 千字

2008 年 8 月第 1 版 2024 年 12 月第 8 次印刷

印數:8301-8900 册 定價:138.00 元

ISBN 978-7-101-06210-6

重印説明

世本是先秦重要的史籍之一，原書已佚。一九五七年商務印書館將清人王謨、孫馮翼、陳其榮、秦嘉謨、張澍、雷學淇、茆泮林、王梓材等的八種世本輯本加以彙集、校勘，整理出版了世本八種。此書久未重印，我局現依據一九五七年排印本影印出版，以滿足廣大讀者的需要。

中華書局編輯部　二〇〇八年六月

商務版世本八種出版説明

世本爲先秦重要史籍之一，司馬遷的不朽著作史記，就曾採摭它的資料，兩漢學者如班固、劉向、王充、鄭玄、趙岐諸人，亦多所稱引。漢書藝文志春秋類著録世本十五篇，漢代以後史志所載的世本，凡有七種：

世本王侯大夫譜二卷（隋書經籍志）；

世本二卷劉向撰（仝右）；

世本四卷宋衷撰（隋志、舊唐志同；新唐志作「宋衷世本四卷」）；

宋均注帝譜世本七卷（新唐志。舊唐志作宋均撰）；

王氏注世本譜二卷（新唐志。舊唐志無「王氏注」）；

孫氏注世本（史記五帝本紀索隱及正義。唐司馬貞索隱避李世民諱作系本）；

世本別録一卷（兩唐志同）。

隋志不作十五篇而作二卷，據孫星衍的推斷，可能是劉向叙録中祕書時所分；題「劉向撰」者，乃指向「撰集古書」，與後世「作而不述」之意有别（見孫馮翼輯本孫星衍序）。至於宋衷（亦作「忠」，字仲子）、宋均、王氏、孫氏的注本，都是推廣世本之作。可見這部書到了漢代以後，分作古世本及諸家注本兩個系統；而且這兩個系統，可能也像九經的本經與注疏一樣，是各自單行的（説詳下文）。

古世本在唐代已有殘闕。史記燕世家索隱云：「案今系本無燕代系，宋衷依太史公書以補其闕，尋徐廣作音義尚引系本，蓋近代始散逸耳。」是其明證。關於全書的亡佚，孫星衍以爲應在南宋間（孫序），並謂鄭樵撰通志、王應麟撰姓氏急就章，「所引世本，皆采獲他處，不見原書」。周中孚則認爲亡於五代之際（見鄭堂讀書記）。他們都是根據崇文總目、宋史藝文志不載世本，加以推論的。但考太平御覽徵引世本之處頗多，不是片言隻字，而不少是整段採録，首尾相連，如果説全出轉引，恐非事實，亡於五代之説，難于成立。孫氏之論，則將古世本和諸家注本混爲一談。案南宋高似孫史略云：「世本叙歷代君臣世家，是書不復見；猶有傳者，劉向、宋衷、宋均三家而已。予閲諸經疏，惟春秋左氏傳疏所引世本者不一，因采掇彙次爲一書，題曰古世本。」據此，亡於南宋的是古世本，至於劉向諸人注本，在高似孫的時代仍有流傳。注本之亡，當在南宋以後，確切的年代，尚有待學者專家作進一步的考證。

世本所包括的時代，在漢唐著述中有三種不同的説法：

（一）始於黃帝，不言止於何時（史記集解序、索隱引劉向語）；

（二）始於黃帝，止於春秋（漢書司馬遷傳贊、漢書藝文志注及後漢書班彪傳）；

（三）楚漢之際好事者所作，録自古帝王公諸卿大夫之世，終于秦末（劉知幾史通外篇）。

現代學者中，有人以世本述及趙王遷事，並稱爲「今王遷」，認爲是戰國末趙人所作；成書年代約在秦始皇十三年至十九年（公元前二三四——二二八），較竹書紀年晚六七十年（見陳夢家六國紀年所附世本考略一文）。

最早輯録世本的人，應推南宋高似孫（説見前），他的輯本今已不存。到了明代，澹生堂祁氏也鈔輯過世本二卷，未刻，底本原爲孫星衍所藏，後歸秦嘉謨，爲秦氏世本輯補所據藍本之一，原本今亦不可得見。清代中葉以後，樸學蔚起，輯佚之風大盛，從事世本纂集工作的，不下十餘家。其中未經刊行、本來面目今已不存者，爲錢大昭、洪飴孫兩家的輯本，前者爲孫馮翼之所本，後者亦被秦嘉謨容納在世本輯補中。現存清人輯本，據我們所知共有八種，兹略按時代排列，彙爲一編，爲研究古史的讀者提供一些參考資料：

（一）王謨輯本（漢魏遺書鈔）；

（二）孫馮翼集本（問經堂叢書）；

（三）陳其榮補訂孫本（槐廬叢書）；

（四）秦嘉謨世本輯補（琳琅仙館刊本）；

（五）張澍稡集補注本（二酉堂叢書）；

（六）雷學淇輯本（畿輔叢書）；

（七）茆泮林輯本（十種古逸書）；

（八）王梓材世本集覽（四明叢書。僅有序、目、通論、緣起，無正文）。

各本中，王梓材的世本集覽意在創作，不欲恢復世本之舊觀，是另外一個類型的；而且正文未刊，無從具體了解其内容。其餘七種，篇目大致相同，而以秦本最爲賅備。但秦本過於務博，以「與其過而棄之，毋寧過而存之」（秦序引劉子駿語）爲宗旨，舉凡氏姓之書，史記世家之文，左傳杜注、國語韋注述及世系者，無不搜採，未免失之於泛。大夫譜以史記十二諸侯年表爲綱，與所輯世家引自世本者往往自相牴牾，也是一個缺點。茆泮林批評它：「所補者類皆司馬遷、韋昭、杜預之説，注欠分曉，多與世本原文相汩，轉覺世本一書，蕩然無復畺界矣。」確是道着短處，並非故加詆毁。王（謨）、孫、陳、張、雷、茆諸家，體例基本相同，引書之謹嚴，以茆氏爲最，雷本次之。張澍本每多以意删改引文，致失原文之真；雖逐條注釋，而考訂不精，往往轉增讀者的疑惑，在各本中較爲遜色。王謨本成書最早，在清代輯本中開風氣之先，引書雖然忠實，而失之於簡。孫本成書亦早，但年代無序，去取失宜，似乎是隨筆採録，未經詳校。陳其榮於孫本之蕪雜，稍加整理；然而刊誤未盡，增補無多，本身亦有譌舛，不足以方駕茆、雷。總的説來，出處錯漏，引文譌脱，以及誤入非世本文字，是各本普遍存在的情形，只不過程度有所不同。校記中有不少的例子可供讀者參考，不再贅述。

本書所包括的八種輯本，(二)(五)(六)(七)我館叢書集成中已出版過，其餘四種是此次新排的。出版之前，曾逐條查對引文，校正了各本的脱誤衍文數百處。已出四種並曾覈對底本。避諱字及顯然錯誤的，逕行改正，不作説明；凡意義有些出入，作者引申失實，或疑而未決的問題，都作了校注。新排四種，校注附在有關字句之下，括以「　」號；已出四種，因利用原版挖改重印，寫成「校勘記」，列於書末。

一九五七年八月

序錄

隋志。世本王侯大夫譜二卷。劉向撰世本二卷。宋衷撰世本四卷。唐志，宋衷世本四卷，世本別錄一卷，宋均注帝譜世本七卷，王氏注世本譜二卷。

裴駰史記集解敍曰。班固有言。司馬遷據左氏國語。采世本戰國策。述楚漢春秋。接其後事。訖于天漢。

司馬貞索隱曰。按劉向云。世本古史官明於古事者之所記也。錄黃帝以來帝王諸侯及卿大夫系諡名號。凡十五篇也。

孔穎達尚書正義曰。案今世本帝繫。及大戴禮五帝德。并家語宰我問。太史公五帝本紀。皆以黃帝爲五帝。此乃史籍明文。而孔君不從之者。原由世本經於暴秦。爲儒者所亂。家語則王肅多私定。大戴禮本紀出於世本。以此而同。

顏氏家訓曰。世本左丘明所書。原注，此說出皇甫謐帝王世紀。而有燕王喜漢高祖。

史通曰。楚漢之際。有好事者。錄自古帝王公侯卿大夫之世。終乎秦末。號曰世本。又曰、世本辨姓。著自周室。

謨案班彪言定哀之間。魯君子左丘明論集史文。作左氏傳三十篇。又撰異同。號曰國語二十篇。又有記錄黃帝以來至春秋時帝王諸侯卿大夫號曰世本。一十五篇。故皇甫謐以世本爲左丘明作。後經劉向校定。宋忠注解。隋志遂以爲二人所撰。非也。謂出古史官及楚漢間好事者近之。太史公雖采此書作本紀世家。亦不盡依其說。而至謂舜與堯同祖黄帝。后稷至文王十五世。此則又與世本習迷同醉也。但學者而欲稍知先古世系源流。舍世本更別無考據。唐世其書猶存。故孔穎達五經正義。司馬貞史記索隱。率時時引證。如正義言世本無陽國。索隱言世本無燕代系。固非周覽全書。不能斷也。宋世此書宜已散軼。而羅泌路史國名紀。鄭樵通志氏族略。王應麟姓氏急就篇注。猶多引世本。其果得見原書與否。無可質究。但如廣韻所引楚大夫涉其帑爲涉其氏。事見左傳定公五年。楚王奔隨。將涉於成臼。藍尹亹涉其帑不與王舟。是謂楚大夫藍尹亹以舟涉其妻子。而不與王也。何得以涉其帑爲楚大夫姓名。紕繆若此。則諸所引世本姓氏。其可信乎。要知此書本極斷爛。易致混淆。轉寫多誤。尤難釐正。今所鈔輯。率據史記與正義索隱。參互考訂。而於宋人著書所引世本是非。亦不復置辨。以先秦古書。絶少傳本。務廣蒐羅。不嫌贗羼也。故仍略仿原書體例。編爲二卷。而以帝王諸侯卿大夫世系爲上卷。氏姓篇居篇作篇爲下卷。其條數則不具列云。

世本

漢 南陽宋忠注　　宜黃黃錫祺校

三皇世系

太昊伏羲氏．

孫氏曰伏羲神農黃帝是爲三皇．按史記正義．太史公依世本大戴禮．以黃帝顓頊帝嚳唐堯虞舜爲五帝．譙周應劭宋均皆同．而孔安國尚書序．皇甫謐帝王世紀．孫氏注世本．並以伏羲神農黃帝爲三皇．少昊顓頊高辛唐虞爲五帝．則世本又當有孫氏注．而隋唐志俱不載．惟裴駰史記集解于曹世家注引孫檢說．索隱云．注引孫檢．未詳時代．疑卽注世本之孫氏名檢也．

炎帝神農氏．

宋仲子曰炎帝卽神農氏．炎帝身號．神農代號也．左傳昭十七年疏．按經典敍錄．宋衷字仲子．南陽章陵人．後漢荊州五等從事．又蜀志尹默傳．默遠遊荊州．從司馬德操宋仲子等受古學．裴松之注．宋仲子後在魏．其子與魏諷謀反伏誅．魏太子答王朗書曰．嗟乎．宋忠無石子先識之明．老罹此禍．則宋忠宋衷宋仲子祇一人也．諸引世本注．或稱宋忠．或稱宋衷．或稱宋仲子．名字不一．各從所見書之．

黃帝有熊氏．娶于西陵氏之子．謂之纍祖．產青陽及昌意．山海經注．路史引世本．春秋有西陵羔．

宋衷曰玄囂青陽卽少昊也．本紀索隱．

五帝世系

帝少皞金天氏。（昭元年疏。）

孫氏曰。少昊顓頊高辛唐虞爲五帝。

宋仲子曰。青陽卽是少皞。黃帝之子。代黃帝而有天下。號曰金天氏。少皞氏身號。金天氏代號也。（昭十七年疏。路史後紀注。董氏錢譜引世本云。少昊黃帝之子。名契。字青陽。黃帝歿。契立。王以金德。號曰金天氏。同度量。調律呂。封泰山。作九泉之樂。以鳥紀官。按少昊名摯。此引世本名契。路史故兩存之。）

帝顓頊高陽氏。

宋衷曰。顓頊名。高陽有天下號也。（史記本紀索隱。）

昌意生高陽。是爲帝顓頊。（玉篇）母濁山氏之子名昌僕。（山海經注。）高陽生偁。偁生卷章。卷章生黎。（昭二十九年疏。○山海經注引世本云。顓頊娶于滕墳（校注「墳」原本誤作「墳」。據山海經改。）氏。謂之女祿。產老童。老童娶于根水（校注「水」原本誤作「木」。據山海經改。）氏。謂之驕福。產重及黎。○楚世家注引世本云。老童生重黎及吳回。譙周曰。老童卽卷章。○按此則孔氏左傳疏。郭璞山海經注。徐廣史紀注。所據世本。俱有不同。今按楚世家云。高陽生偁。偁生卷章。卷章生重黎。重黎爲高辛。居火正。命曰祝融。共工作亂。帝嚳使重黎誅之而不盡。乃誅重黎。而以吳回爲重黎。後復居火正爲祝融。吳回生陸終。下乃云云。史記蓋依世本。則徐注爲得其正。）吳回氏生陸終。陸終娶于鬼方氏之妹。謂之女嬇。生子六人。孕而不育。三年。啓其左脅。三人出焉。啓其右脅。三人出焉。（御覽。）

宋忠曰。鬼方於漢則先零戎是也。（文選注。）

其一曰樊。是爲昆吾。昆吾者衞是也。

宋忠曰。昆吾國名。己姓所出。

二曰惠連．是爲參胡．參胡者韓是也．

宋忠曰．參胡國名．斯姓．無後．

三曰籛鏗．是爲彭祖．彭祖者彭城是也．

宋忠曰．彭祖姓籛名鏗．在商爲守藏史．在周爲柱下史．年八百歲．按史記此條無宋忠注．此從論語邢疏采錄．而邢疏實本莊子釋文所引世本．

四曰求言．是爲會人．會人者鄭是也．

宋忠曰．求言名也．妘姓所出．鄶國也．詩正義引世本云．會人卽檜之祖也．

五曰安．是爲曹姓．曹姓者邾是也．

宋忠曰．安名也．曹姓者諸曹所出也．

六曰季連．是爲芈姓．季連者楚是也．

宋忠曰．季連名也．芈姓諸楚所出．楚之先．

季連生附沮．

孫檢曰．沮作祖．以上並出史記本紀集解．

帝嚳高辛氏．

宋衷曰．高辛地名．因以爲號．嚳名也．五帝本記索隱．

黄帝生玄囂。玄囂生僑極。僑極生帝嚳。書舜典疏。

帝嚳卜其四妃之子皆有天下。元妃有邰氏之女曰姜原。生后稷。次妃有娀氏之女曰簡狄。生契。次妃陳酆氏之女曰慶都。生帝堯。次妃訾陬氏之女曰常儀。生帝摯。類聚。

帝堯陶唐氏。

帝嚳生堯。書舜典疏。又按疏云。世本堯是黄帝玄孫。舜是黄帝八代之孫。

堯娶散宜氏之子。謂之女皇。

宋忠曰。女皇是生丹朱。御覽。

帝舜有虞氏。

顓頊生窮係。窮係生敬康。敬康生句望。句望生蟜牛。蟜牛生瞽瞍。瞽瞍生重華。是爲帝舜。三代世表。按舜以上世系。于世本文無考。惟史記索隱。于五帝本紀帝顓頊生子窮蟬下。引系本作窮係。宋忠云。一云窮係謚也。又于三代世表舜屬內。亦引系本此文。今故據世表爲說。以索隱云。此表依系本故也。系本即世本。以避唐諱。改稱系本。又稱代本。此亦各從所見稱之。

宋衷曰。一云窮係謚也。五帝本紀索隱。

舜取帝堯之二女。曰娥皇女瑩。本紀索隱曰。列女傳云。二女長曰娥皇。次曰女英。系本作女瑩。

夏世系

黄帝生昌意。昌意生顓頊。顓頊生鯀。山海經注。鯀取有辛氏女。謂之女志。是生高密。夏本紀索隱。玉篇引世本。鯀生高密是爲禹。

宋衷曰、高密、禹所封國。索隱。

禹取塗山氏女名女媧生啓。本紀索隱。路史注引世本云。禹納塗山氏女。是爲攸女。

少康崩、子帝予立。系本作帝杼。帝予崩、子帝槐立。系本作帝芬。

帝泄崩。子帝不降立。系本作帝降。

帝皋生發及履癸。履癸一名桀。

宋衷曰、帝皋墓在崤南陵。並本紀世表索隱。按太史公雖采世本作史記。然於本紀世家序次諸王侯世系。與諸家注解所引世本。往往不合。故如夏本紀世表所載。從禹至桀十七世。惟啓杼芬降皋發履癸見世本。有明文得錄。餘皆不錄。後仿此。

商世系

契生昭明。昭明生相土。相土生昌若。昌若生遭圉。本紀作曹圉。索隱引世本作糧圉。遭圉生根國。本紀曹圉卒。子冥立。無根國。根國生冥。禮記祭法疏。冥卒、子振立。索隱曰世本作核。

宋衷曰相士就契封于商。春秋左氏傳曰。閼伯居商丘。相土因之。冥爲司空。勤其官事。死于水中。殷人郊之。殷本紀注。

湯名天乙。書釋文引王侯世本。孔疏云。湯名天乙者。依殷法。以乙日生名天乙。至將爲王。又改名爲履。故二名也。安國不信世本。無天乙名。

外丙三年崩。仲壬四年崩。本紀正義曰·太史公採世本·有外丙仲壬·當是信則傳信·疑則傳疑·

太甲崩·子沃丁立。咸有一德疏·

小甲。世表太庚弟·紀及系本皆云·索隱曰·殷本小甲大庚子·

仲丁大戊之子·河亶甲仲丁弟也。祖乙河亶甲子。咸有一德疏·

祖辛崩·弟沃甲立。索隱曰·系本作開甲·

盤庚崩·弟小辛立。崩·弟小乙立。崩·子武丁立。說命上疏·

周世系

后稷生不窋爲昭。不窋生鞠陶爲穆。鞠陶生公劉爲昭。公劉生慶節爲穆。慶節生皇僕爲昭。皇僕生差弗爲穆。差弗生毀揄爲昭。毀揄生公非爲穆。公非生高圉爲昭。高圉生亞圉爲穆。亞圉生祖紺爲昭。祖紺生大王亶父爲穆。亶父生季歷爲昭。季歷生文王爲穆。書酒誥疏·引世本公非辟方·按史記周本紀·于毀隃引世本隃作揄·公非下引世本辟方·高圉下引世本高圉侯侔·亞圉下引世本亞圉雲都·公叔祖類下引世本太公祖紺諸盩·並未分析是一人二人·班固人表·乃云辟方公非子·高圉辟方子·侯侔亞圉皆高圉子·雲都乃亞圉之弟·路史因此遂謂世本不窋而下至于季歷十有七世·與史記本紀世表及書疏所引世本·又各不同·未能詳也·

宋忠曰。高圉能率稷者也。周人報之。周本紀注·

成王生康王。康王生昭王。昭王生穆王。穆王生恭王。本紀·共王名繄〔校注「繄」原本作「緊」·據史記改·〕扈·索隱曰·世本作伊扈·恭王生懿王及孝王。孝王生夷王。夷王生厲王。詩民勞疏。禮記郊特牲疏引世本云。懿王崩。弟孝王立。孝王崩。懿王太子燮立。是爲夷王。案此則夷王是懿王之子。與詩疏引世本文不同。未詳孰是。

宋衷曰。昭王南伐楚。辛由靡爲右。涉漢中流而隕。由靡逐王。遂卒不復。周乃侯其後于西翟。齊世家索隱。

平王生桓王林。林生莊王佗。佗生僖王胡齊。齊生惠王涼。本紀惠王名閬。索隱曰。系本作毋涼。涼生襄王鄭。鄭生頃王臣。臣生匡王班及定王瑜。瑜生簡王夷。夷生靈王泄心。心生景王貴。貴生悼王猛及敬王丐。昭二十六年疏。

敬王崩。子元王仁立。徐廣曰。世本云。貞王介也。元王崩。子定王介立。徐廣曰。世本云。元王赤也。索隱曰。世本云。元王赤。皇甫謐云。貞定王考。據二文。則是元有兩名。一名仁。一名赤。如史記則元王爲定王父。定王即貞王也。依世本則元王是貞王子。必有一乖誤。然此定當爲貞字誤耳。豈周家有兩定王。數代又非遠乎。皇甫謐見疑而不決。遂彌縫史記世本之錯謬。因謂爲貞定王。未爲得也。

宋仲子曰。太史公書云元王仁生貞王介。哀二十年疏。按此條史記世本最相牴牾。難于審定。故备錄諸說。俾學者得有所考焉。

威烈王。

宋衷曰。威烈王葬洛陽城中東北隅也。周本紀注。

周君王赧卒。

宋忠曰。謚曰西周武公。索隱曰。非也。徐以西周武公是惠公之長子。此周君即西周武公也。蓋此時武公與王赧皆卒。故連言也。

春秋列國公侯世系

魯公伯禽卒、子考公酋立。索隱曰。系本作就。考公卒、弟煬公熙立。煬公卒、子幽公宰立。索隱曰。世本名圉。十四年弟濆殺幽公而自立。是爲魏公。徐廣曰。世本作徽公。索隱曰。系本濆作弗。音沸。按左傳釋文。世本魏公作徽公。魏公卒、子厲公擢立。索隱曰。系本作翟。厲公卒、弟獻公具立。獻公卒、子眞公濞立。索隱曰：眞音愼。本亦作愼。公濞系本作摯。索隱引系本亦作愼公摯。又左傳釋文：世本：愼公一作順公。按年表眞公濞。眞公卒、弟武公敖立。按世家自伯禽以下至武公，一繼一及凡九君，實祗五世。其有名謚見世本者五君。而禮記明堂位疏引世本，但云伯禽生煬公熙，熙生微公弗，弗生獻公具，具生武公敖，不數考公幽公厲公眞公者，孔疏蓋以證明鄭注武公爲伯禽玄孫，故于此四公略而不敍，非脫誤也。

孝公卒、子弗湟立。系本作弗皇。是爲惠公。卒、長庶子息。系本名息姑。攝是爲隱公。

桓公允。系本名軌。

閔公開。系本名啓。

昭公裯。系本作稠。

哀公蔣生悼公寧。寧生元公嘉。嘉生穆公不衍。檀弓上疏。索隱曰：系本顯作不衍。世家穆公名顯。

平公叔。系本叔作旅。

文公賈。系本作滑公。

齊太公望生丁公伋。伋生乙公得。得生痦公慈母。世家作癸公。索隱曰：系本作祭公慈母。慈母生哀公不臣。檀弓上疏。

宋衷曰：哀公荒淫田遊，史作還詩以刺之也。

獻公山弒胡公。

宋衷曰：其黨馬周繻人將胡公於貝水殺之，而山自立也。並世家索隱。

武公壽。

宋衷曰。武公十年宣王大臣共行政。故號曰共和。十四年宣王即位。年表索隱。

成公脫索隱曰：系本作說。卒、莊公購立。索隱曰：系本作贖。

靈公名環。莊公名光。景公名杵臼。管晏列傳索隱。

田常立簡公弟驁。是爲平公。索隱曰：系本作敬公誤。

唐叔五代孫厲侯。厲侯子靖侯。

宋衷曰。唐叔已下五代無年紀。十二諸侯年表索隱。

武侯寧族。世本作曼期。

厲侯福。世本作輻。

獻侯籍。世本作蘇。

鄂侯郄。索隱云：他本亦作都。

武公曲沃莊伯子。韓萬、莊伯弟。桓三年疏。

昭公生桓公子雍。徐廣曰：世本作桓子雍。注云戴子。生忌。忌生懿公驕。

幽公柳生烈成公止。

宋忠曰時晉衰反朝韓趙魏之君。並世家索隱。

孝公頎。索隱曰、系本云、孝公傾欣。

靜公俱酒。索隱曰、系本云、靜公俱。

衛康叔生康伯髡、髡生考伯。考伯生嗣伯。嗣伯生摯伯。摯伯生靖伯。靖伯生箕伯。箕伯生頃伯。頃伯生僖侯。僖侯生武公。左傳公　年疏。又襄二十九年疏。康叔周公弟。武公康叔九世孫。

宋衷曰康伯卽王孫牟也事周康王爲大夫。

戴公名申。閔二年疏。

悼公卒、索隱曰、系本名虔。子敬公弗立。世本云、敬公費也。敬公卒、子昭公糾立。索隱曰、系本云、敬公生檮公舟。非也。

聲公訓。索隱曰、系本作聖公馳。

成侯速。系本作不逝。按上穆公已名遬、不可成侯更名、則系本是也。

蔡平侯者靈侯般之孫、太子友之子。管蔡世家注。

曹戴伯卒、子惠伯兕立。

孫檢曰兕音徐子反曹惠伯或名雉、或名弟、或復名弟兕也。

穆公卒、子桓公終生立。

孫檢曰。一作終湦。湦音生。並曹世家集解·

悼伯卒、弟露立、謚靖公。曹世家索隱·

周文王子錯叔繡封於滕。水經注·一見前漢書地理志·

考公麇、元公弘。邢昺孟子疏曰·按趙岐注云·滕侯周文王之後也·古紀世本錄諸侯之世·滕國有考公麇·〔校注「麇」，原本作「糜」·案宋本孟子趙注作「麇」·孟子注疏校勘記云·以從禾作「麇」爲是·據改·〕與文公之父定公相直·其子元公弘·與文公相直·似後世避諱·改考公爲定公·以元公行文德·故謂之文公也·

齊景公亡滕。隱七年疏云·按齊景之卒·在滕隱之前·世本言隱公之後·仍有六世爲君·而云齊景亡滕·爲謬何甚·

燕惠侯卒、釐侯立、釐侯卒、頃侯立、頃侯卒、哀侯立、哀侯卒、鄭侯立、鄭侯卒、繆侯立、繆侯卒、宣侯立。索隱曰·譙周云·世本謂燕自宣侯已上·皆父子相傳·故無所疑·桓侯已下·並不言屬·以其難明故也·按今世本無燕世系·宋忠依太史公書以補其闕·尋徐廣作音·尙引世本·蓋近代始散逸耳·

襄公卒、桓公立。索隱曰·譙周云·世家·襄伯生宣伯無桓·今檢史記·並有桓公立十六年·宋忠據此史補世本·亦有桓公·是允南所見本異·

武公卒、文公立。又云·桓公卒·文公立·索隱曰·世本以上文公爲閔公·

燕王喜。按顏氏家訓·世本有燕王喜·

吳夷昧生光。昭二十七年疏·一見徐廣吳世家注·索隱云·今檢世本·並無此語·

陳胡公滿。

宋忠曰·虞思之後·箕伯直柄中衰·殷湯封遂於陳·以爲舜後是也。陳世家索隱·

陳厲公。桓十二年疏云：陳世家言蔡人爲佗殺五父及桓公太子免而立佗，是爲厲公。太子免之亡，弟躍林杵臼共弒厲公而躍立，是爲利公。既以佗爲厲公，又妄稱躍爲利公，世本本無利公，皆是馬遷妄說。束晳言馬遷分一人以爲兩人，以無爲有，謂此事也。

杞共公生惠公。惠公立十八年，生成公及桓公。成公立十八年，桓公立十七年。按史記杞世家，惠公作德公，又脫成公一代，此據徐廣杞世家注引世本。

秦祖柏翳。索隱云：系本謂之伯益。

仲滑生飛廉。正義引宋忠注世本。

穆公名任好，景公名后伯車。秦本紀索隱。

懷公生昭子，昭子生靈公。

簡公名悼子，刺龔公之子，懷公弟也。

惠公生出公。索隱曰：世本謂之少主。

元獻公立二十二年。

武烈王十九而立，立二年。並始皇本紀索隱。

昭王名側。樗甘列傳索隱。

始皇名政。

宋忠曰。以正月旦生。故名正。（系本作政。）

楚熊渠封其中子之名某者爲鄂王。（水經注。楚世家云，熊渠生子三人，立其長子康爲句亶王，中子紅爲鄂王，少子執疵爲越章王。索隱曰，世本康作庸，亶作袓，執疵無執字，越作就。）

楚武王墓在豫州新息。（正義。）

頃襄王卒，太子熊元立。（系本作完。）是爲考烈王。（索隱。）

秦將王翦滅楚。

孫檢曰，秦虜楚王負芻，滅去楚名，以楚地爲三郡。（索隱曰，裴注頻引孫檢，不知其人本末，蓋齊人也。）

趙肅侯名語。（蘇秦傳注引作言。）

敬侯名章。成侯名種。（見魏世家索隱。）

孝成王丹生悼襄王偃，偃生今王遷。（趙世家注。）

魏惠王生襄王嗣，襄王生昭王遬。（世家，襄王卒，子哀王立。索隱云，系本襄王生昭王，而無哀王，蓋脫一代。）昭王生安僖王圉。安僖王生景愍王午。（魏世家索隱。）

韓景侯卒，子列侯取立。（系本作武侯。）列侯卒，子文侯立。（索隱曰，紀年無文侯，系本無列侯。韓世家索隱。）

韓宣王、昭侯之子也。

齊宣王名辟彊，威王之子也。（並蘇秦列傳索隱。）

宣王卒、子湣王地立。系本名遂。

蜀無姓相承云黃帝後世子孫也。三代世表索隱。

巴郡南蠻本有五姓。巴氏樊氏瞫氏相氏鄭氏皆出於武落鍾離山。注：代本曰：廩君之先，故出巫誕也。其山有赤黑二穴。巴氏之子生於赤穴。四姓之子皆生黑穴。未有君長，俱事鬼神。乃共擲劍於石穴，約能中者奉以爲君。巴氏子務相乃獨中之。衆皆歎。又令各乘土船，約能浮者當以爲君。餘姓悉沈，唯務相獨浮。因共立之。是爲廩君。書鈔引世本云：以土爲船，雕文畫之，而浮于水內，約船浮者，當以爲君。他姓船不能浮，獨廩君船浮，因立以爲君長。乃乘土船從夷水至鹽陽。鹽水有神女謂廩君曰：此地廣大，魚鹽所出，願留共居。廩君不許。鹽神暮輒來取宿，旦卽化爲蟲，與諸蟲羣飛，掩蔽日光。天地晦冥，積十餘日。廩君思其便，因射殺之，天乃開明。注：代本曰：廩君使人操青縷以遺鹽神，曰：嬰此卽相宜，云與女俱生，弗宜將去。鹽神受縷而嬰之，廩君卽立陽石上，應青縷而射之，中鹽神，鹽神死，天乃大開也。廩君於是君乎夷城。後漢書南蠻傳云：此已上並見代本。

春秋列國卿大夫世系

魯孝公生僖伯彄。彄生哀伯達。達生伯氏缾。缾生文仲辰。莊二十八年疏。辰生宣叔。叔生買。買生會。禮記正義。臧會臧頃伯也。宣叔許之孫。與昭伯賜爲從父昆弟。魯世家索隱。孝公生惠伯革。其後爲厚氏。檀弓注云：后本孝公子惠伯鞏之後。孔疏按世本云革，此云鞏；世本云厚，此云后；其字異耳。索隱引世本：昭伯名惡，孝公之後，稱郈氏。

桓公生慶父。慶父生穆伯敖。敖生文伯穀。穀生獻子蔑。檀弓下疏。蔑生孝伯。孝伯生惠伯。惠伯生昭伯。昭伯生景伯。檀弓上疏。

仲叔獲生南宮縚。同上。

桓公生僖叔牙。牙生戴伯茲。茲生莊叔得臣。得臣生穆叔豹。豹生昭子婼。婼生成子不敢。敢生武叔州仇。檀弓上疏。牙生武仲休。休生惠伯彭。彭生皮，爲叔仲氏。檀弓下疏。

公子友生齊仲。齊仲生無逸。無逸生行父。行父生武子夙。檀弓上疏。悼子紇生穆伯靖及平子意如。意如生桓子斯。斯生康子肥。檀弓下疏。

東門遂、產子家歸父及昭子子嬰。魯世家索隱。仲遂，魯莊公之子，東門襄仲。檀弓疏引世本云。

叔肸生聲伯嬰齊。齊生叔老。老生叔弓。檀弓下疏。叔弓生定伯閱。閱生西巷敬叔。叔生成子還。定十一年疏。上並魯卿。

衞頃公生子夏勝。勝生子石青。昭二十年疏。

孫氏出於衞武公，至林父八世。成十四年疏。

獻公生成子當。當生文子拔。拔生朱，爲公叔氏。檀弓上疏。

公孟彄、靈公之子，字公孟，名彄。隱八年疏。

靈公生昭子郢。郢生文子木及惠叔蘭。蘭生虎，爲司寇氏。文子生簡子瑕。瑕生衞將軍文氏。檀弓上疏。

莊叔達生得閭叔穀。穀生成叔烝鉏。鉏生頃叔羅。羅生昭叔起。起生文叔圉。圉生悝。祭統疏。

懿子兼生昭子舉。舉生趙陽。定十四年疏。上並衛卿。

桓叔生子萬。桓三年疏引世本云。韓萬莊伯弟。萬生賕伯。賕伯生定伯簡。簡生輿。輿生獻子厥。宣十二年疏引此文。脫定伯簡一代。

平子名頃。宣子子也。按吳世家正義引世本。宣子名秦。簡子名不信。莊子名庚。景子名虔。並韓世家索隱。

韓武子名啓。章。康子之子。見魏世家索隱。

公明生共孟及趙夙。夙生成季衰。宣二年疏云。世本夙爲衰祖。穿爲夙之曾孫。世本轉寫多誤。其本未必然也。此世本又云。夙生衰。未詳孰是。衰生宣孟盾。

襄子生桓子嘉及代成子起。並趙世家索隱。

畢萬生芒。芒生季。閔元年疏。及索隱引世本。並云。畢萬生芒季。以兩人誤合爲一。季生武仲州。按左傳疏。州即犨也。又宣十二年傳。晉魏錡求公族未得。正義云。世本以爲犨孫。州生莊子降。世家作絳。按世家武子生悼子。悼子生絳。是爲昭子。此引世本脫悼子一代。又以昭子爲莊子。亦有誤。詳見後居篇。降生獻子荼。荼生簡子取。取生襄子多。多生桓子駒。駒生文侯斯。樂記疏。按韓趙魏三家。自威烈王命爲諸侯以後。俱入公侯世系。

范氏。晉大夫隰叔之子士蔿之後。蔿生成伯缺。一本作鈌。缺生武子會。會生文叔燮。燮生宣叔匄。匄生獻子鞅。鞅生吉射。

中行氏。晉大夫逝遨生桓伯林父。林父生宣伯庚。庚生獻伯偃。偃生穆伯吳。吳生寅。本姓荀。自荀偃將中軍。晉改中軍曰中行。因氏焉。元與智氏同祖逝遨。故智氏亦稱荀。

智氏。本逝遨生莊子首。首生武子罃。罃生莊子朔。朔生悼子盈。盈生文子櫟。櫟生宣子申。申生智伯瑤。並趙世家索隱。

程鄭、荀氏別族。成十八年疏云，世本有文。

靖侯庶孫欒叔賓父。晉世家索隱。

郤豹生冀芮，芮生缺，缺生克。豹又生義，義生步揚，揚生州。成十一年疏云：州即犨也。揚又生蒲城鵲居，居生至。成二年疏。

羊舌氏叔向兄弟有季夙。昭五年疏。

籍黶生司空頡，頡生南里叔子，叔子生叔正官伯，官伯生司徒公，公生曲沃正少襄，襄生司功大伯，大伯生侯季子，季子生籍游，游生談，談生秦。昭十五年疏。索隱引世本云：籍秦者，大夫籍游之孫，籍談之子。上並晉卿。

高氏本敬仲生莊子，莊子生傾子，傾子生宣子，宣子生厚，厚生止。又曰：傾子之孫武子偃。襄二十九年疏。

國氏本懿伯生貞孟，貞孟生成伯高父。檀弓上疏。

管氏本莊仲山產敬仲夷吾，夷吾產武子鳴，鳴產桓子啓方，啓方產成子孺，孺產莊子盧，盧產悼子其夷。其夷產襄子武，武產景子耐涉，耐涉產〔校注「涉產」原本誤作「步彥」，據史記改〕微。管晏列傳索隱。

田敬仲生穉孟夷，世本作夷孟思。穉孟夷生湣孟莊，世本作閔孟克。田完世家索隱。

桓子無宇產子亹、亹產子獻、獻產子鞅。

僖子乞產成子常、簡子齒、宣子其夷、穆子安、廩丘子尙醫茲、芒盈、惠子得，凡七人。索隱曰：杜預又取昭子莊以充八人之數，按世本．昭子是桓子之子．成子之叔父．又不名莊．彊以證會言四乘有八人耳．並齊世家索隱．

成子常生襄子班．班生莊子伯．檀弓上疏．上並齊卿．

宋湣公生弗父何．弗父何生宋父．宋父生正考父．正考父生孔父嘉．爲宋司馬．華督殺之而絕其世．其子木金父降爲士．木金父生祁父．祁父生防叔．爲華氏所逼．奔魯爲防大夫．故曰防叔．防叔生伯夏．伯夏生叔梁紇．叔梁紇生仲尼．商頌那疏．孔子後數世皆一子．檀弓上疏．按路史後紀言孔子四十有九表．堤眉．谷竅．參臂．駢脅．腰大十圍．長九尺有六寸．時謂之長人．注云．事詳世本．注又引世本．孔子反首張面．並識于此．

皇父、戴公子．文十一年疏．

華父督、戴公之孫、好父說之子．桓元年疏．督生世子家．家生華孫御事．事生華元右師．文十六年疏．家生秀老．老生司徒鄭．鄭生司徒喜．成十五年疏．

樂氏本戴公．生樂甫術．術生石甫願繹．繹生夷甫傾．傾生東鄉克．克生西鄉士曹．曹生子罕喜．檀弓下疏．文十八年疏引世本．術生碩甫澤．澤生夷父須．須生大司寇呂．按春秋禮記並孔氏疏．而檀弓所引又多二代．其字義亦異．當是傳寫之誤．碩甫澤即石甫願繹也．又成十六年傳．宋將鉏樂懼敗諸汋陂注云．樂懼戴公六世孫．疏云．世本有文．今亦無考．

澤又生季甫．甫生子僕伊與樂豫．文七年疏．

莊公生右師戊．戊生司城師．成十五年疏．

莊公孫名固．爲大司馬．宋世家注．

桓公生向父盻，盻生司城訾守，守生小司寇鱣及合左師。左師即向戌也。成十五年疏。向戌生東鄰叔子超，超生左師眇。眇即向巢也。檀弓上疏。

桓公生公子鱗，鱗生東鄉矔，矔生司徒文，文生大司寇子奏，奏生小司寇朱。

蕩氏本公孫壽生大司馬虺，虺生司馬澤。並成十五年疏。上俱宋卿。

子游、子瑜並公孫夏之子。昭十九年疏。鄭卿。

陳宣公生子夏，夏生御叔，叔生徵舒，舒生惠子晉，晉生御寇，寇生悼子齧。昭二十二年疏。

鍼宜咎、陳鍼子八世孫。襄二十四年疏。上並陳卿。

蔿艾獵。襄十五年傳。蔿子馮爲大司馬。正義云：按世本，蔿艾獵是孫叔敖之兄，馮是艾獵之子。杜集〔校注「集」疑應作「解」。〕及釋例皆以蔿艾獵叔敖爲一人，馮是叔敖之子。世本轉寫多誤，杜當考得其眞。

屈蕩、屈建之祖父。襄二十五年疏。

穆王生王子揚，揚生尹，尹生令尹匄。昭十七年疏。〔校注　原本此下衍「上並楚卿」四字，今删。〕

葉公、楚縣公葉公子高。緇衣注疏。論語疏引世本：楚大夫沈諸梁食采〔校注「采」原本誤作「菜」。〕于葉，僭稱公。上並楚卿。

卷終

世本

漢　南陽宋忠注　宜黃鄒　瀇校

氏姓篇

按史記索隱引系本篇云：言姓則在上，言氏則在下。所云系本篇，即世本姓氏篇也。

炎帝姜姓。

許、州、向、申，姜姓也，炎帝後。並水經注。

有扈，姒姓。

彤，姒姓之國。

芮、伯，姬姓。

畢、毛，姬姓，文王庶子。並尚書疏。

夷，妘姓。

莒，紀姓。隱二年疏云：世本自紀公以下爲己姓，不知誰賜之姓。十一世茲丕公方見春秋，共公以下，微弱不復見，四世楚滅之。

燕國，姞姓。

任姓，謝、章、薛〔校注「薛」原本誤作「蔣」，據左傳改。〕、舒、呂、祝、終、泉、畢、過。

息國、姬姓。

魏、姬姓。

州國、姜姓。

鄧、曼姓。

荀、賈、姬姓。

鄅、妘姓。

羅、熊姓。

偃姓。舒庸舒蓼舒鳩舒龍舒鮑舒龔。

斟灌、斟鄩、夏同姓國。路史國名紀云：戈斟姓，是爲斟戈。世本以爲即斟灌氏。

偪陽、妘姓。祝融之孫陸終第四子求言之後。

昆吾、己姓國。出自少昊。

徐、奄、嬴姓。並左傳疏。

姒姓。有南氏鄩氏弗氏。

子姓。有髳氏時氏蕭氏黎氏。

嬴姓，有鍾離氏。

芊姓、姒姓，夏禹之後。

豕韋、防姓。路史國名紀引世本云：陶唐氏後。

霍國、眞姓。

胡、歸姓國，在汝南平輿。路史國名紀引世本云：胡子國，歸姓，嬰出。

沈、姬姓國，亦在汝南。

蓼、六、偃姓。路史引世本：二國皆姬姓。

江、黃，嬴姓。

越，芊姓也，與楚同祖。玉海王會注引世本云：東越閩君皆其後。

隨國，姬姓。路史國名紀引世本云：楚滅之。

唐，姬姓之國。並史記集解。

寒，妘姓。

淮夷，嬴姓。

空同子姓，商後國。

黎比髦杒段〔校注　「段」原本誤作「改」據路史改〕瓦鐵七國、皆子姓。

密須、商時姞姓之國、文王滅之。並路史國名紀

新鄘。按國名紀引世本、有又君新鄘、商世侯國、不知其姓、又君字疑有誤。

衞康叔孫封恒後有常氏恒氏。通志氏族略引世本云、恒氏楚大夫恒思公之後。

仇氏。衞後。

叔向氏。叔夙氏。姬姓晉後。

封父氏。鄭大夫封父彌真之後。

子穆氏。陳僖子子子穆安後。

子芒氏。陳僖子子子芒之後。

子沮氏。陳烈子之後。

楚大夫公朱高、出宋公子朱。並路史後紀注

融氏。古天子祝融之後。

公氏。有大公叔潁、又有公紀氏、衞有大夫左公子洩右公子職、魯有大夫公之文。

孫氏。齊大夫長孫修食邑於唐、其後事晉、後號唐孫氏。衞有王孫賈、出自周頃王之後、王孫賈之子自以

去王室久，改爲賈孫氏。

司功氏。晉大夫司功景子士丏弟佗，因官氏焉。及司徒、司寇、司空，並以官爲氏。

北氏。晉有高人隱於北堂，因以爲氏。

門氏。晉大夫下門聰。齊臨淄大夫車門遽。陳有闞門氏。

荚氏。晉有大夫荚成僖子。

勃氏。宋右師之後。

師氏。鄭有子師僕。殷時掌樂有太師摯、少師陽。宋有樂人師延。世掌樂職。後有宋大夫師延宜。

成氏。宋有大夫老成方。

涉其氏。楚大夫涉其帑。並廣韻。

鄫、姒姓，子爵，夏少康封其少子曲烈於鄫。襄公六年莒滅之。鄫太子巫仕魯，去邑爲曾氏。

巴、子國，子孫以國爲氏。

有熊氏之後爲詹葛氏。

嚚氏。玄嚚之後。

參氏。陸終子第二子參胡之後。

季隨氏。周八士季隨之後。

仲行氏。秦三良仲行之後。

乘雎。古賢人。

方叔氏。鼓方叔之後。

少施氏。魯惠公子施父之後。

季桓子生穆叔，其後爲子楊氏。

泝氏。魯大夫仲泝之後。

彊梁氏。衞將軍文子生慎子會，生彊梁，因氏焉。

將軍氏。衞靈公子昭生子郢，生文子才，芳爲將軍氏。

史鼂氏。衞史鼂之後。姓氏急就篇引世本云。衞有史朝朱駒。

季夙氏。晉靖侯孫季夙之後。

季嬰氏。晉樓季嬰之後。

狐丘氏。晉大夫狐丘林之後。

郄州氏。晉郄豹孫步楊生郄州，因氏焉。

晉大夫大狐伯生突．突生饒．爲大狐氏．路史注．世本有大狐氏小狐氏．溱爲大狐氏．射姑爲小狐氏．

大戊氏．晉公子大戊之後．大戊教昭爲原大夫．

伯宗氏．晉孫伯起生伯宗．因氏焉．

韓厥生無忌．無忌生襄．襄生子魚．爲韓言氏．

韓餘氏．韓宣子餘子之後．因氏焉．

去疾氏．鄭穆公子去疾之後．去疾字子良．又有良氏．

馮氏．歸姓．鄭大夫馮簡子之後．

子獻氏．陳桓子孫子獻之後．

子占氏．陳桓子生書．字子占之後．路史後紀引世本云．子石氏．桓子生子石之後．

子尙氏．陳僖子生廩丘子尙意茲．因氏焉．

右師氏．宋莊公生公子申．世爲右師氏．

季老氏．宋華氏有華季老．子孫氏焉．

東鄉氏．宋大夫東鄉爲人之後．

西鄉氏．宋大夫西鄉錯之後．

泥氏。宋大夫卑泥之後。

幹獻氏。宋司徒華定爲幹獻氏。路史注亦云。幹獻氏見世本。

子革氏。宋司城子革之後。又云。季平子支孫亦爲子革氏。

子泉氏。齊頃公之子公子湫字子泉之後。

子工氏。齊頃公之子公子子工之後。

子乾氏。齊公子都字子乾之後。

尹文氏。齊有尹文子，著書五篇。

廩丘氏。〔校注　原本脱「氏」字，據氏族略補。〕齊大夫廩丘子之後。路史國名紀引世本又云：有梁丘、廩丘，皆齊采邑。

楚季氏。楚若敖生楚季，因氏焉。

鬬彊氏。若敖生鬬彊，因氏焉。

鬬班氏。鬬彊生班，因氏焉。

季融氏。鬬廉生季融，子孫氏焉。

伍參氏。楚伍參之後，支孫以爲氏。

慶父氏。〔校注　原本脱「氏」字，據氏族略補。〕楚大夫慶父之後。並通志氏族略。

墨夷氏。宋襄公子墨夷須爲大司馬。後有墨夷皐。路史後紀引世本：有目夷氏。不夷氏。

淵氏。齊大夫淵湫之後。

楚成王孫有田公它成。並急就篇注。

承氏。衛大夫承叔成之後。後漢書注。

居篇 按史記吳世家魏世家並引世本居篇。

黃帝都涿鹿。

宋忠曰。涿鹿在彭城南。後漢書注。

舜居嬀汭。一作饒汭。

宋忠曰。在漢中西城縣。或言嬀墟在西北。舜所居也。或作嬀墟。故舜所居也。後或姓姚。或姓嬀。水經注。

夏禹都陽城。避商均也。又都平陽。是在安邑。或在晉陽。史記正義。

宋忠曰。陽城本在大梁之南。今陳留浚儀是也。御覽。

相徙帝丘。於周爲衛。地理通釋。

契居蕃。水經注。

昭明居砥石。禮記正義引世本。昭明復遷商。路史後紀。

宋衷曰。相土就契封於商。春秋左氏傳曰。閼伯居商丘。相土因之。史記殷本紀注。

祖乙遷於耿。同上。

武王在酆鄗。文選注。

懿王居犬丘。

宋忠曰。懿王自鎬徙都犬丘。一曰廢丘。今槐里是也。周本紀注。

平王徙居洛。

宋忠曰。洛誥所謂新邑也。

敬王東居成周。遂徙都。

赧王徙居西周。並地理通釋。

西周桓公揭居河南。

東周惠公班居洛陽。並周本紀注。

周公居少皞之墟。詩地攷。

煬公徙魯。

宋忠曰。今魯國。魯世家注。

叔度居上蔡。

胡徙居新蔡。

宋忠曰。名其地爲新蔡。王莽所謂新遷者也。水經注。

平侯徙下蔡。並蔡世家注。

康叔居康。

宋忠曰。康叔從畿內之康徙封衞。衞卽殷墟定昌之地。畿內之康。不知所在也。

成公徙濮陽。

宋忠曰。濮陽帝丘地名。並衞世家注。

叔振鐸封於曹。

宋忠曰。濟陽定陶縣。曹世家注。

錯叔繡封於滕。

宋忠曰。今沛國公丘是滕國也。陳杞世家注。

召公居北燕。

宋忠曰。有南燕。故云北燕。

桓侯徙臨易。

宋忠曰：今河間易縣是也。（並燕世家注。）

唐叔虞居鄂。

宋衷曰：鄂地今在大夏。（晉世家注。）

宣王庶弟友封於鄭。（水經注。）

桓公居棫林，徙拾。

宋忠曰：棫林與拾，皆舊地名，是封桓公，乃名爲鄭。

厲公出居櫟。

宋衷曰：今潁川陽翟縣。

文公徙鄭。

宋衷曰：即新鄭也。（並鄭世家注。）

東樓公封於杞。

宋忠曰：杞，今陳留雍丘縣。故地理志云：雍丘縣，故杞國，周武王封禹後，爲東樓公，是也。（陳杞世家注。）

微子國於宋。

宋忠曰睢陽。宋世家注。

吳孰哉居藩籬。

宋忠曰孰哉仲雍字解者云雍是孰食故曰雍字孰哉也藩籬今吳之餘曁也。

孰姑徙句吳。文選注引此文，下有句晉㴨三字。

宋衷曰孰姑壽夢也代謂祝夢乘諸也壽孰音相近姑之言諸也毛詩傳讀姑爲諸孰姑壽夢是一人。

又名乘也句吳太伯始所居地名。索隱云：顏師古注漢書，以吳言句者，夷之發聲，猶言於越耳。而注引宋衷以爲地名。蓋見史記太伯有自號句吳之文，遂彌縫解彼，云是太伯始居地名。裴氏引之，恐非其義。藩籬旣有其地，句吳何總不知，其實吳人不聞別有城邑，謂爲句吳，則系本之文，或難依信。

諸樊徙吳。並吳世家注。

楚鬻熊居丹陽武王徙郢。路史國名紀引世本云：熊渠中子紅封鄂東。

宋仲子曰丹陽在南郡枝江縣今南郡江陵縣北有郢城。桓二年疏。

邾顏居邾肥徙郳。

宋仲子曰邾顏別封小子肥於郳爲小邾子。莊五年疏。

趙成季徙原。

宋忠曰今鴈門平原縣也。趙世家注正義云：宋忠說非也。左傳襄王以原賜晉文公，原不服，文公伐原以示信，原降，以趙衰爲原大夫，即此。原本周畿內邑，在懷州濟原縣西北。

中山武公居顧。桓公徙靈壽。爲趙武靈王所滅。同上索隱云．系本不言誰之子孫．徐廣云．西周桓公之子．亦無所據．蓋未得其實．

魏武子居魏。

悼子徙霍。

宋忠曰．霍地名．今河東彘縣也。按索隱云．系本無悼子．而系本居篇云．魏悼子徙霍．則是有悼子．系本卿大夫代自脫耳．

昭子徙安邑。按魏世家．魏絳卒謚为昭子．徐廣注．世本作莊子．索隱云．世本錯也．居篇又曰昭子徙安邑．與世家同．是當作昭子．

韓景子徙平陽。

宋忠曰．平陽在山西．今河東平陽縣。韓世家注．

作篇按禮記明堂．周禮校人注．並引世本作曰．正義云．世本作曰者．世本書名．有作篇．其篇記諸作事．

伏羲制儷皮嫁娶之禮。禮記月令疏．

伏羲作琴。山海經注．博雅．伏羲氏琴長七尺二寸．上有五弦．神農氏琴長三尺六寸六分．上有五弦．曰宮商角徵羽．文王增二弦．曰少宮少商．注云見世本．又通鑑綱目五帝紀注．引世本云．伏羲氏削桐爲琴．面圓法天．底平象地．龍池八寸通八風．鳳池四寸象四時．五弦象五行．長七尺二寸．以修身理性反天眞也．達靈象物昭功也．按此文與世本不類．未詳所出．附錄于此．

神農作瑟。山海經注．風俗通引世本云．宓羲作瑟八尺一寸．四十五弦．黃帝書泰帝使素女鼓瑟而悲．帝禁不止．故破其瑟爲二十五弦．又書鈔引世本云．庖犧氏作瑟．瑟潔也．使人精潔于心．淳一于行也．按廣韻亦引世本庖犧作瑟．

女媧作笙簧。明堂位疏．風俗通書鈔並引世本．女媧作簧．

宋均曰．女媧黃帝臣也．書鈔一見文選注．按明堂位注．女媧三皇承宓羲者．正義引帝王世紀云．女媧氏風姓．承庖羲制度．始作笙簧．此以女媧爲黃帝臣．實未之前聞．

黃帝作冕．

宋仲子曰．冕冠之有旒者．禮文殘缺．形制難詳．桓二年疏．

黃帝作旃．爾雅釋文．禮記疏引世本云．黃帝造火食旃冕．

蒼頡作書．尚書序疏．廣韻引世本．沮誦蒼頡作書．

宋忠曰．黃帝之世始立史官．蒼頡沮誦居其職矣．至於夏商．乃分置左右．言則左史書之．動則右史書之．故曰左史記言．右史記事．言經尚書．事經春秋者也．初學記．

史皇作圖．類聚引世本．史皇作畫．

宋忠曰．史皇黃帝臣．圖謂畫物象．文選注．

容成造厤．大撓作甲子．

宋仲子曰．皆黃帝史官也．春秋序疏．

隸首作數．

宋衷曰．隸首黃帝史也．文選注．

羲和占日．常儀占月．臾區占星氣．伶倫造律呂．史記厤書索隱曰．世本及律厤志．黃帝使羲和占日．常儀占月．臾區占星氣．伶倫造律呂．大撓作甲子．隸首作算數．容成綜此六術，而著調厤也。按容成大撓隸首三人，已據他書采入作篇，則此四人皆作也，故當以例編次。至玉海引世本羲和作占月，更有誤。

芒作網。路史注引作羅。

宋衷曰：芒庖犧之臣。御覽。

蚩尤作兵。路史注引世本：蚩尤作五兵：戈矛戟酋矛夷矛。黃帝誅之涿鹿之野。

宋衷曰：蚩尤神農臣也。御覽。

夙沙氏煑海爲鹽。

宋衷曰：夙沙氏炎帝之諸侯。今安邑東南十里有鹽宗廟。路史注。又御覽引世本：宿沙作煑鹽。宋忠曰：宿沙衞齊靈公臣，齊濱海，故以爲魚鹽之利。按此說不可從，故以路史爲正。

隨作笙長四寸，十二簧，象鳳之身，正月之音也。風俗通。

隨作竽。文選注。

宋忠曰：女媧氏之臣。路史注。

胡曹作衣。廣韻。御覽引世本：胡曹作冕。

宋忠曰：黃帝臣也。御覽。

於則作屝履。初學記。御覽無屝字。

揮始作弓。初學記。

牟夷作矢。類聚。

宋忠曰揮牟夷黄帝臣。初學記。山海經。般是始爲弓矢。注引世本。牟夷作矢。揮作弓。弓矢一器。作者兩人。于義有疑。此言般作之是。

共鼓貨狄作舟。山海經。番禺是始爲舟。注引世本。共鼓貨狄作舟。

宋忠曰黄帝二臣。類聚。

雍父作舂。玉篇引世本。雍父作臼。廣韻引世本。羅父作杵臼。

宋衷曰雍父黄帝臣也。御覽。

烏曹作博。文選注。廣韻引作簙。

胲作服牛。初學記。路史注引世本云。爲黄帝馬醫。嘗醫龍胲。

宋衷曰胲黄帝臣也又云少昊時人始駕牛。御覽。

祝融作市。玉篇。

宋均曰顓頊臣爲高辛氏火正。初學記。按唐志有宋均世本注七卷。故諸書亦有引宋均注者。非誤宋衷作宋均也。

堯修黄帝樂名咸池。樂記疏。

舜造簫其形參差象鳳翼長二尺。文獻通考。書鈔引世本云。舜時西王母獻白環及玦。玦。文選注作佩。

夔作樂。初學記。

伯夷作刑。書鈔。路史注引世本。陶制五刑。

后益作占歲之法。書鈔。玉海引世本。后益作歲本。

化益作井。

宋衷曰：化益伯益也。堯臣。周易釋文。初學記引世本。伯益作井。又云。黃帝見百物始穿井。

垂作規矩準繩。玉篇。

垂作耒耜。路史。御覽引世本。鯀作耒耜。

垂作銚耨。左傳疏引此。無銚字。

宋仲子曰：銚刈也。毛詩疏。

垂作鐘。禮記明堂位。垂之和鐘。鄭注。垂堯之共工也。下引世本垂作鐘。又山海經鼓延是始爲鐘。注引世本垂作鐘。又風俗通引世本垂作鐘云。秋分之音也。又博雅。倕氏鐘十六枚。曹憲注。世本垂造鐘。垂舜臣。凡此諸書。並以垂爲堯舜時人。以所作鐘爲樂器。而爾雅釋文引世本。獨以垂所作鐘爲飲器之鐘。通考玉海所引世本。又以爲黃帝工人垂造鐘。未知何據。

毋句作磬。禮記明堂位。叔之離磬。鄭注。叔未聞也。下引世本無句作磬。皇侃疏云。無句叔之別名。故路史注引世本樂錄云。磬。叔所造。乃無句也。又風俗通山海經注。並引毋句作磬。無毋字通。博雅。毋句氏磬十六枚。曹憲注。亦引世本毋句作磬。云毋句堯臣也。文選又引世本云。叔舜時人。

宋衷曰：毋句堯臣也。初學記。

夷作鼓。類聚．

巫彭作醫。山海經注．玉海引作巫咸．

宋衷曰。巫咸堯臣也。以鴻術爲帝堯之醫。御覽。

巫咸作筮。周禮春官疏．

鯀作城郭。禮記祭法疏．水經注引世本．無郭字．

禹作宮室。爾雅釋文．御覽引世本．堯使禹作宮．

奚仲作車。後漢書注．山海經奚仲生吉光．吉光是始以木爲車．注引世本．奚仲作車．此言吉光．明是父子共創作意．是以共稱之．

儀狄造酒。初學記引世本．儀狄始作酒醪．變五味．

宋衷曰。儀狄夏禹之臣。

杜康造酒。並酒譜疏．

逢蒙作射。類聚．

少康作秫酒。初學記．

少康作箕帚。廣韻．

杼作甲。史記索隱．系本季佇作甲．

宋衷曰少康子名杼也。書費誓疏。

杼作矛。

宋忠曰杼少康子輿也。御覽。初學記引世本。輿作甲。宋衷曰。輿少康子。按一少康子也。諸引世本名杼。又名佇。又名輿。或以爲作甲。或以爲作矛。紛紜不一。總由本書亡佚。傳寫失眞。故所據本有不同也。

昆吾作陶。史記注。

相土作乘馬。周禮夏官疏。一見荀子注。

宋衷曰相土契孫也。四馬駕車。起於相土。故曰作。以其作乘馬之法。按相土契孫以下。當屬宋衷注。楊倞注荀子。並引作世本文。

韓哀作御。前漢書注。

宋忠曰韓哀韓文侯也。時已有御。此復言作者。加其精巧也。文選注。

紂爲玉牀。御覽。

武王作翣。書鈔。御覽引作箑。

宋均曰翣武飾也。莊子釋文。

暴辛公作塤。毛詩疏。世本作塤。按毛詩本作壎。又書鈔辛作新。

宋均曰暴辛周〔校注　原本脫「周」字。據文選長笛賦注補。〕平王時諸侯。作塤有三孔。文選注。御覽引世本云．塤暴辛公所造．亦不知何人．周畿內有暴國．豈其時人也．本作壎．圍五寸半．長三寸半．凡六孔．風俗通爾雅釋文引世本並同．

蘇成公作篪．毛詩疏．書鈔引世本．蘇成公造篪．吹孔有觜如酸棗．風俗通爾雅釋文並云．篪．蘇成公所作．長一尺二寸．惟後漢書注引世本云．暴辛公作篪．以竹爲之．長尺四寸．有八孔．與諸本異．

宋均曰．蘇成公平王時諸侯．書鈔．毛詩疏．譙周古史考云．古有塤篪．尚矣．周幽王時．暴辛公善塤．蘇成公善篪．記者因以爲作．謬矣．世本之謬．信如周言．其云蘇公暴公所善．亦未知所出．

秦穆公作沐．御覽．

魯昭公作弁．

宋均曰．制素弁也．御覽．

公輸般作石磑．後漢書注．

衛公叔文子作輗軏．書鈔．

重集世本序

世本者。古史官所記。爲十五篇。見藝文志。以爲記黃帝以來訖春秋時。蓋周末史氏所爲也。顏之推据皇甫謐謂左邱明所書。謐言多不足信。此又誤讀班彪傳之文。按彪傳言左邱明作左氏傳三十篇。又撰異同號曰國語二十篇。下云又有記錄黃帝已來至春秋時帝王公侯卿大夫號。曰世本一十五篇。稱又有者。別有人撰此書。不必左氏。若彪以爲左氏撰。其子固作藝文志。何云古史官乎。其書十五篇。即太史公所採。故漢書司馬遷傳贊以爲遷采世本。班彪以爲遷刪世本者也。後漢綏和元年以世本相明。詔封孔子世爲殷紹嘉公。見梅福傳。劉向敍錄中祕書。以十五篇爲二卷。故隋經籍志世本二卷。劉向撰。撰之云撰集古書。非如後世之作而不述也。隋志又有世本四卷。宋衷撰。衷蓋注而廣之。唐藝文志稱宋衷注世本四卷。詩正義引宋仲子注。即衷字也。又有世本別錄。及宋均注世本七卷。王氏注世本譜二卷。俱見唐志。春秋左氏正義云。今之世本與司馬遷言不同。劉恕通鑑外紀以爲世本經秦歷漢。儒者改易。是此諸本已。晉時杜預采以爲春秋世族譜。然預旁引傳記。不盡依世本。其時尚有荀卿撰春秋公子血脈譜。据玉海引中興書目。以爲秦譜下及項滅子嬰之際。非荀卿作云云。蓋不及世本之可信。今考杜注。不從世本艾獵爲孫叔敖之兄之言。或別有所据。亦無書以是正之矣。世本之亡。當在宋世。崇文總目載氏族類諸書。始自姓苑。宋藝文亦然。俱不載世本。則鄭樵撰氏族略。王應麟撰姓氏急就章。所引世本。皆採獲他處。不見原書明矣古書至南宋。亡佚最多。況氏族之書。尤爲下品寒門所嫉妒。若今風俗通。獨闕氏族一篇。姓苑姓纂諸書。皆無完本此其明驗。永樂大典爲姚廣孝諸臣奉勅撰集。所錄古書。皆金人俘獲北宋內府圖籍疑尙有世本遺文。曩官翰林曾見其書未及採錄。吾友錢徵士大昭。嘗据書傳所引集爲作篇居篇姓氏篇王侯大夫譜篇。共四篇。服其勤博。何文學元錫手錄示予。攜歸金陵。適家郎中馮翼。篤嗜古書亦爲此學。旣得錢本。復据諸書補其未備。校訂付刊。時歙人洪部曹瑩亦補校元和姓纂。洪太守梧先刊古今姓氏辨證書。三書相輔而行。譜系之學。庶幾墜緒復續。更望來者之補其缺略云爾。嘉慶七年重九後六日陽湖孫星衍撰。

世本攷證

周禮瞽矇諷誦詩世奠繫注故書奠或爲帝杜子春云帝讀爲定其字爲奠書亦或爲奠世奠繫謂帝繫諸侯卿大夫世本之屬是也小史主次序先王之世昭穆之繫述其德行瞽矇主誦詩并誦世繫以戒勸人君也故國語曰教之世而爲之昭明德而廢幽昏焉以怵懼其動玄謂世之而定其繫謂書于世本也疏子春解世繫帝繫據王卽經繫也諸侯卿大夫謂之世本卽經世也云小史主次序先王之世昭穆之繫者小史職云奠繫世辨昭穆故知小史次序之小史掌邦國之志奠繫世辨昭穆鄭司農云繫世謂帝繫世本之屬是也云述其德行者取義于國語云爲之昭明德是也子春之意與先鄭同爲諫諍之事後鄭亦不從也國語者按楚語云莊王使士亹傅太子箴辭王卒使傅之問于申叔時申叔時曰教之春秋而爲之聳善而抑惡焉以戒勸之教之世而爲之昭明德而廢幽昏焉以怵懼其動注云先王之繫世本使知有德者長無德者短子春引之者證帝繫世本之事後鄭云世之而定其繫謂書于世本以世與繫爲一事解之又對文言之王謂之帝繫諸侯卿大夫謂之世本散則通故云書於世本世本卽帝王繫也

王應麟漢志考證曰世本十五篇　周官瞽矇世奠繫註謂世之而定其繫謂書于世本也國語曰教之世以怵懼其動小史定繫世辨昭穆註謂帝繫世本之屬天子曰帝系諸侯曰世本司馬遷傳贊世本錄黃帝以來至春秋時帝王公侯卿大夫祖世所出司馬遷采世本劉

向曰。世本古史官明于古事者。所記錄黃帝以來帝王諸侯及卿大夫系謚名號。凡十五篇。隋志。世本王侯大夫譜二卷。又世本二卷。劉向撰。又四卷。宋衷撰。又漢初得世本。敍黃帝以來祖世所出。春秋正義云。今之世本與司馬遷言不同。世本多誤。不依憑。顏之推曰。世本左邱明所書。此說出皇甫謐帝王世紀。而有燕王喜漢高祖。非本文也。項氏曰。古者立氏。必告于太史。春秋之末。知果別族于太史爲輔氏。後世史職既衰。宗法又亡。鄭氏曰。三代之前。姓氏分而爲二。男子稱氏。婦人稱姓。三代之後。姓氏合而爲一。

顏氏家訓書證篇云。世本。左邱明所書。自註云。此說出皇甫謐帝王世紀。而有燕王喜漢高祖。

文選趙充國頌注。引世本注云。鬼方於漢。則先零戎是也。

世本

漢　宋衷注
清　承德孫馮翼集

無句作磬。女媧作笙簧。宋衷曰：女媧，黃帝臣。文選長笛賦　又御覽

倕作鐘。初學記十六。通志樂略引世本作垂。黃帝工人。三條見風俗通。無作毋。

作篇。明堂位正義曰：世本，書名。有作篇，其篇記諸作事。

巫咸作筮。周禮龜人　初學記二十。

五百八十一。明堂位注　風俗通　通志樂略引云：磬叔所造，不知何代人。又曰：無句作磬。

容成作曆。大撓作甲子。注云：皆黃帝史官。春秋序正義。舜典疏　上句御覽十六。

簫舜所造。通志略。

逢蒙作射。藝文類聚。

杼作甲。注云：少康子名杼也。甲，鎧也。墨子同。御覽三百五十三又三百五十五　又初學記二十二。

垂作銚。注云、銚，刈也。臣工疏。御覽八百二十三。作㮨。 垂作耨。左氏僖三十三年。

黃帝作冕旒。士冠禮。宋仲子云、冕冠之有旒者。注見左氏桓二年疏。

蒼頡作書。尚書序正義。 蒼頡造文字。注云、蒼頡黃帝之史。周禮外史疏。 沮誦蒼頡作書。宋衷注曰、沮誦蒼頡黃帝之史。廣韻。 又御覽二百二十五。

儀狄始作酒醪變五味。注云、夏禹之臣。御覽八百四十三。又初學記二十六。 杜康造酒。並酒誥正義。 少康作秫酒。御覽八百四十三。初學記二十六。

巫彭作醫。山海經注。

宓羲作瑟。 神農作琴。風俗通。通志樂略。又初學記十六。 隨作竽。廣韻。文選注。又御覽五百八十一。

隋作笙。藝文類聚四十四。通志略引作笙條有未知其何代人也一句。

夷作鼓。通典。通志樂略作鼓條又見。

揮作弓夷牟作矢。注云、揮、夷牟黃帝臣。二句又初學記二十二。事類賦注十三。射義疏。上句又見御覽三百四十七下句見三百四十九。二句見藝文類聚六十。

堯使禹作宮室。又御覽壹百七十三。又初學記二十四。 雍父作舂。 少康作箕帚。此句又見御覽七百六十五。 胡曹作衣。又路史國名紀卷六。 黃帝作旃。蚩尤以金作兵器。此句又御覽二百七十。注。蚩尤神農臣也。胲作服牛。注云。黃帝臣。又云。少昊時人始駕牛。此句又見御覽八百九十九。又初學記二十九。共鼓貨狄作舟。注云。二人並黃帝臣。廣韻。藝文類聚七十一。又見初學記二十五。事類賦注十六。相土作乘馬。楊倞荀子注。烏曹作博。文選博奕論。奚仲作車。山海經注。又御覽七百七十三。

胡曹作冕。注云。胡曹。黃帝臣。昭二十五年疏。鯀作城郭。祭法。隸首作數。注云。隸首。黃帝史也。文選西京賦注。公輸作石磑。後漢張衡傳注。韓哀侯作御。文選聖主得賢臣頌。漢書注無侯字。宋衷曰。韓哀。韓文侯也。時已有御。此復言作者。加其精巧也。漢書注。

史皇作圖。宋衷曰。史皇。黃帝臣也。圖謂畫物象也。宣貴妃誄。又御覽七百五十。伯余作衣裳。宋衷曰。黃帝臣也。

后益作占歲。御覽十七。

伯益作井。又御覽一百八十九。初學記六。作伯益。又云。亦云黃帝見百物始穿井。

黃帝作旃冕。宋均曰。通帛爲旃。冕冠之有旒。應劭曰。周始垂旒也。御覽三百四十。又六百八十六。

秦穆公作沐。御覽三百九十五。

武王作翣。御覽五十二　事類賦十四。　初學記二十四。

蘇成公造箎。吹孔有觜如酸棗。蘇成公平王時諸侯。原案下二句，疑是宋仲子注文。　風俗通。聲音卷。　詩。何人斯疏。　御覽五百八十。

壎。暴辛公所造。亦不知何人。通志樂略引此二句。周畿內有暴國。豈其時人乎。本作壎。音許袁切。圍五寸半。長三寸半。凡六孔。宋均注曰。暴公國。平王諸侯。暴辛公燒土爲之。風俗通。聲音卷。　詩。何人斯疏。文選長笛賦注。　御覽五百八十一　於則作履屝。注。於則。黄帝臣。草曰屝。麻曰履也。御覽六百九十七。　紂爲玉床。又七百單六。

咎繇作耒耜。又八百二十三。

芒作網。宋衷注。芒。庖犧臣。又八百三十四。

宿沙作煑鹽。宋衷曰。宿沙。衞齊靈公臣。齊濱海。故衞爲魚鹽之利。又八百六十五。

逢蒙作射。藝文類聚七十四。

夔作樂。初學記十五。

祝融作市。初學記二十四。又引注云，祝融，顓頊臣，爲高辛氏火正。

黄帝之世，始立史官，蒼頡、沮誦居其職矣。初學記二十一。

居篇

契居番。王應麟通鑑地理通釋。

懿王居犬邱。又詩譜正義引作懿王徙于犬邱。

昭明居砥石。書序。

楚鬻熊居丹陽，武王徙郢。宋仲子云，丹陽在南郡枝江縣。左氏桓二年。

郳顏居郳，肥徙郳。宋仲子云，郳顏别封小子肥爲郳，爲小郳子。莊五年。

魏悼子徙霍。昭子徙安邑。史記索隱。

魏武子居魏。魏悼子徙霍。宋衷曰：霍、地名。今河東彘縣也。魏世家索隱。

鄭桓公封棫林。昭十六年。

齊景公亡滕。隱六年。

涿鹿在彭城。王應麟通鑑地理通釋。

武王在酆鄗。文選西都賦注。

西周桓公名揭，居河南。東周惠公名班，居洛陽。戰國策注。

禹都陽城。地理志潁川郡。

唐叔虞居鄂。朱衷曰：鄂地今在大夏。惠氏左傳補注。

吳孰姑徙句吳。注云。孰姑壽夢也。句吳。太伯始所居地名。魏都賦注。

曹。衞戴公居。路史國名紀。

楚子熊渠、封仲子紅於鄂。寰宇記一百十二兩引。

懿王居犬邱。厲王淫亂(出)于彘。今河東永安是也。平王卽位。徙居(洛邑)洛誥所謂新邑也。國語曰。幽王滅。周乃東遷。本殷之畿內。有禹貢豫州(外方)之域。河洛瀍澗之閒。周于南柳七星張之分。鶉火之次也。乃(及)敬王避子朝之亂。東居成周。故春秋經曰。天王入于成周是也。後六年。王室定。遂徙(都)成周。是後晉又率諸侯之徒。修吾(繕)其城。以成周城小不受王都。故壞翟泉而廣爲。翟泉地在成周(城)東北。今洛(陽)城中有周王冢是也。至赧王又徙居成周而失位。御覽一百五十五下三段同。疑有譌字且疑非世本文。

秦非子始封于秦。故秦本紀稱周孝王曰。朕分之士邑。秦本隴西秦定谷(谷亭)是也。玄孫莊公徙廢邱。周懿王之所都。今槐里是也。及襄公始受酆之地。列爲諸侯。文公徙汧。故秦本紀曰。公事(東)獵至汧。乃卜居之。今扶風郿縣是也。寧公又都平陽。故秦(本)紀曰。寧公二年、徙居平陽。今扶風郿縣之平陽亭是也。(故秦本紀曰德公元年初居雍今扶風雍是也。)至獻公卽位。徙治櫟陽。今馮翊萬年是也。孝公自櫟陽徙咸陽。秦本紀曰作爲咸陽築冀冀闕(闕)徙之。及漢元年更名新城。屬扶風。後幷于長安。故太史公傳曰長安故咸陽也。元鼎三年復別謂(爲)渭城。今長安西北渭水陽有故城。故西京賦曰，秦里其朔。是(寔)爲咸陽是也。同上。漢高帝元年。始爲漢王。都南鄭。屬漢中。秦屬(厲)公所署(置)。在禹貢梁州之域。北遠(達)雍。南跨巴蜀。與秦同分。元(二)年北徙櫟陽。故秦獻公之所居。後居萬年。故屬馮翊。今京兆縣也。都長安。秦咸陽之地。今京兆所治縣也。其城狹小。至惠帝元年。始更築。廣五年乃成。光武以武侯信(信侯)進封蕭王。在禹貢徐州之域。於周以封子信(姓)之別附庸。事在春秋。於漢屬豫州。今沛國蕭是也。及卽位於鄗。更名高邑。建武元年。始都洛陽。故成周之舊基。(城)東西六里一十步。南北九里一百步。是以時人謂洛陽爲東京。長安爲西京。同上。

魏武爲魏公。都鄴。今魏郡是(也)。後文帝因漢之舊。復都洛隱(陽)。以譙爲先人本國。許昌爲漢之所居。長安爲西京之遺迹。鄴爲王業之本基。與洛陽凡五處。故號曰五都。同上。

氏姓篇

豕韋。防姓。路史國名記卷四。

芮。姬姓。書序。　息。姬姓。左氏隱十一年。　魏。姬姓。桓三年。　隨。姬姓。桓六年。又寰宇記一百四十四。　荀。賈。皆姬姓。桓九年。　鮮虞。姬姓。白狄也。穀梁昭十二年。

夷。妘姓。左氏隱元年。　偪陽。妘姓。祝融之孫陸終第四子求言之後。襄十年。　鄅。妘姓。昭十八年。

莒。已姓。左氏隱二年。　已姓。出自少皞。昭十七年。

向。姜姓。左氏隱二年。　州。姜姓。桓五年。　齊。姜姓。襄十一年。

燕。姞姓。左氏隱五年。

帝舜。姚姓。左氏隱八年。

任姓。謝、章、薛、舒、呂、祝、終、泉、畢、過。十國。左氏隱十一年。

鄧。曼姓。莊十六年楚文王滅之。桓七年。

羅。熊姓。桓十二年。

黃。嬴姓。莊十九年。　徐。奄。皆嬴姓。昭元年。

偃姓。舒庸、舒蓼、舒鳩、舒龍、舒鮑、舒龔。文十二年。

晉、魯、衞、鄭、曹、滕、姬姓。襄十一年。　畢。毛。皆姬姓。顧命正義。　密。姬姓。漢書地里志河南密縣注。

邾。小邾。曹姓。又

宋。子姓。又　子姓。殷、時、來、宋、空同、黎、比、髦、目夷、蕭。隱元年。

莒。已姓。又　自紀公以下爲已姓。隱二年。

杞。姒姓。又　斟。灌。斟尋。夏同姓諸侯。襄四年。　彤。姒姓。顧命正義。　有扈與夏同姓。甘誓正義。

薛。任姓。又　夏奚仲封薛。周有薛依。其後爲氏。姓氏急就章。

參姓。祝融之後。廣韻。 融姓。古天子祝融之後。又

鍾離氏。與秦同祖。又 公紀氏。又 大公叔潁。又 西鄉錯。又

廩君、名務相、姓巴。與樊氏、暉氏、相氏、鄭氏、凡五姓。俱出。皆爭神。以土爲船。雕文畫之。而浮水中。其船浮。因立爲君。他船不能浮。獨廩君船浮。因立爲君。御覽三十七。

胡子國。歸姓。路史國名紀卷六。

莘。姒姓。夏禹之後。寰宇記二十八。

陸終娶於鬼方氏之妹。謂之女嬇。晉。蒯。 生六子。孕而不育。三年。啓其左脅。三人出焉。啓其右脅。三人出焉。御覽三百七十一。

曾氏。夏少康封其少子曲烈於鄫。襄六年莒滅之。鄫太子巫仕魯。去邑爲曾氏。通志氏族略。

舒蓼氏。舒蓼。偃姓。臯陶之後。楚東境小國也。又

舒鮑氏。舒鮑偃姓國也。又

密須氏。商時姞姓之國。又

有熊氏之後爲瞻葛氏。又

昆吾。古巳姓之國夏時諸侯伯祝融之後。又

馮。歸姓。鄭大夫馮簡子之後。又

鍾離氏。與秦同祖嬴姓。又

狐邱氏。晉大夫狐邱林之後。又

廩邱氏。齊大夫廩邱子之後。又

東鄉氏。宋大夫東鄉爲人之後。又

空同氏。子姓。又

郄州氏。晉郄豹孫步楊生郄州因氏焉。又

少施氏。魯惠公子施父之後。又

季桓子生穆叔，其後爲子楊氏。叉

子革氏，宋司城子革之後。叉

季平子支孫，亦爲子革氏。叉

子乾氏，齊公子都字子乾之後。叉

子工氏，齊頃公之子，公子子工之後。叉

子泉氏，齊頃公之子，公子湫字子泉之後。叉

子獻氏，陳桓公孫子獻之後。叉

子占氏，陳桓子生書字子占之後。叉

子尙氏，陳信子生廩邱子尙意茲，因氏焉。叉

老童娶根水氏。叉

嚚氏，玄嚚之後。叉

參氏，董姓，陸終第二子參胡後。叉

季隨氏。周八士季隨之後。又

沭氏。魯大夫仲沭之後。又

季嬰氏。晉樓季嬰之後。又

季夙氏。晉靖侯孫。季夙之後。又

大狐氏。晉大夫大狐伯生突生饒。爲大狐氏。其後大狐容爲晉大夫。又

大戊氏。晉公子大戊之後。大戊教昭爲原大夫。又

去疾氏。鄭穆公子去疾之後。去疾、字子良。又有良氏。所以別族。

彊梁氏。衞將軍文子生愼子會生彊梁。因氏焉。又

楚季氏。楚若敖生楚季。因氏焉。陳大夫有楚季融。又

季融氏。楚鬬廉生季融。子孫氏焉。又

季老氏。宋華氏有華季老。子孫氏焉。又

泥氏。宋大夫卑泥之後。又

方叔氏。鼓方叔之後。叉

韓餘氏。韓宣子餘子之後。因氏焉。叉

𩏩獻氏。宋司徒華定爲𩏩獻氏。叉

右史氏。古者右史記事。周有右史武。叉

司寇氏。衞靈公之子。公子郢之後也。叉

司功氏。晉大夫司功景子士丐弟他因官氏焉。叉

將軍氏。衞靈公子昭生子郢。生文子才芳。爲將軍氏。叉

右師氏。宋莊公生公子申。世爲右師氏。叉

齊季氏。魯有大夫齊季窺。叉

伍參氏。楚伍參之後。支孫以爲氏。叉

伯宗氏。晉孫伯起生伯宗。因氏焉。叉

鬬班氏。芊姓。鬬彊生班。因氏焉。叉

鬭彊氏。芊姓。若敖生鬭彊。因氏焉。又

韓言氏。姬姓。晉韓厥生無忌。無忌生襄。襄生子魚。爲韓言氏。又

史晁氏。衛史晁之後。又

恆氏。楚大夫恆思公之後。又

甫爽氏。宋大夫甫爽之後。又

過氏。任姓。夏諸侯後爲氏。姓氏急就章。

舒鮑。偃姓國。又云舒。任姓。又

呂。任姓。又

時。子姓。又

泉。任姓。又

賜氏。齊大夫簡子賜之後。又

黎氏。子姓。國之後。又

麇君姓巳氏。又

融氏。祝融之後。又複姓。融夷氏。祝融後董父之允。以融夷爲氏。　男氏。作南。又

子姓有蕭氏。又

莢氏。晉大夫莢氏僖子。又

畢。任姓。又

謝。任姓。黃帝之後。又

祝。任姓。又

它氏。楚平王孫有田公它成。豈同族乎。又

費氏。作弗。又

墨夷氏。宋襄公子墨夷須爲大司馬。其後有墨夷皐。又

太公叔潁。又

終氏。任姓。又

髦氏。子姓。又

王侯大夫譜。隋經籍志。世本王侯大夫譜二卷。

湯名天乙。堯典疏。以爲王侯世本。

伏犧制以儷皮嫁娶之禮。月令疏。

成王生康王。康王生昭王。昭王生穆王。穆王生恭王。恭王生懿王及孝王。懿王崩。弟孝王立。孝王崩。懿王

太子燮立。是爲夷王。詩民勞疏。引以爲孝王生夷王。夷王生厲王。禮記郊特牲。及詩民勞正義。

平王生桓王林。林生莊王佗。佗生僖王胡齊。齊生惠王涼。惠王生襄王鄭。鄭生頃王巨。巨生匡王班、及定

王瑜。瑜生簡王夷。夷生靈王泄心。心生景王貴。貴生悼王猛及敬王匄。昭二十六年。敬王崩。貞王介立。貞王崩。

元王赤立。宋衷注。引太史公書云。元王仁生貞王介。與世本不相應。不知誰是。哀十九年。

帝嚳卜其四妃之子皆有天下。上妃有邰氏之女曰姜嫄。而生后稷。次妃有娀氏之女曰簡狄。而生

而生。御覽

作是產.契.次妃御覽作次妃曰陳妃豐是生后稷.歐引作陳酆.餘同.陳鋒氏之女曰慶都.生帝堯.下妃娵訾氏之女曰常儀.生摯.詩生民正義引大戴禮云云

又御覽一百三十五.藝文類聚十五.以爲家語世本其文亦然.

黃帝生玄囂.玄囂生僑極.僑極生帝嚳.帝嚳生堯.堯典疏.

顓頊娶於滕墳氏.謂之女祿.產老童.老童娶於根水氏.謂之驕福.產重及黎.黃帝娶于西陵氏之子.謂之纍祖.產青陽及昌意.昌意生顓頊.顓頊生鯀.顓頊母濁山氏之子.青陽卽少皞.黃帝之子.代黃帝而有天下.號曰金天氏.昭十七年.

炎帝卽神農氏.又帝堯爲陶唐氏.五子之歌.

昆吾者.衞是也.又

太甲.太丁子.伊訓.太甲崩.子沃丁立.書序.盤庚崩.弟小辛立.崩.弟小乙立.崩.子武丁立.又

契生昭明.昭明生相土.相土生昌若.昌若生曹圉.曹圉生根國.根國生冥.祭法.

亞圉雲生太公組紺諸盩。中庸。

以黄帝爲五帝。書序。　堯是黄帝玄孫，舜是黄帝八代孫。堯典。　啓，禹子。益稷。

陸終娶於鬼方氏之妹，謂之女嬇，是生六子，孕三年，啓其左脅，三人出焉，破其右脅，三人出焉。其四曰求言，是謂之鄶。鄶人者，鄭是也。水經注洧水。宋衷曰：求言，名也。妘姓所出，鄶國也。見詩古義。

舜時，西王母獻白環及珮。文選景福殿賦注。藝文類聚六十七。珮作玦。

顓頊生鯀，鯀生高密，是爲禹。玉篇七。案鯀，俗字。

顓頊娶于勝墳氏，宋衷注：曰國名。之子謂女祿，是生老童。帝系云勝奔氏。餘同。御覽一百三十五。

堯取散宜氏子，謂之女皇。宋衷曰：是生丹朱。帝系、漢書同。見御覽一百三十五。散字依大戴記帝系篇增。

鯀娶有莘氏，曰女志，是生高密禹。又一百三十五。

魯

伯禽生煬公熙。熙生微公弗。弗生獻公具。具生武公敖。（明堂位正義。）孝公生惠公弗皇。弗皇生隱公。（曾子問正義。）

哀公蔣生悼公寧。寧生元公嘉。嘉生穆公不衍。（檀弓上。）桓公軌。（桓元年。）閔公啓方。（閔元年。）隱公之後，仍有六世爲君。（隱七年。）

孝公生僖伯彄。彄生哀伯達。達生伯氏瓶。瓶生文仲辰。（禮器公冶長疏。）臧會。臧頃伯也。（惠氏左傳補注。）

季友生仲無佚。無佚生行父。（穀梁文六年。）公子友生齊仲。齊仲生無逸。無逸生行父。行父生夙。（檀弓上。）悼子紇生平子意如。意如生桓子斯。斯生康子肥。（檀弓下。）悼子紇生穆伯靖。（又）

桓公生僖叔牙。牙生戴伯茲。茲生莊叔得臣。臣生穆叔豹。豹生昭子婼。婼生成子不敢。敢生武叔州仇。（檀弓上。）

桓公生僖叔牙。叔牙生武仲休。休生惠伯彭。彭生皮。爲叔仲氏。（檀弓下。）

孝公生惠伯革。其後爲厚氏。（檀弓上。正義以爲世本云革。此云鞏。世本云厚。此云后。其字異耳。）

慶父生穆伯敖。敖生文伯穀。穀生獻子蔑。（檀弓下。）　獻子蔑生孝伯。孝伯生惠伯。惠伯生昭伯。昭伯生景伯。（檀弓上。）

叔肸生聲伯嬰齊。齊生叔老。老生叔弓。（檀弓下。）　叔弓生定伯閱。閱生西巷敬叔。叔生成子還。（左氏定十一年。）

仲孫貜生南宮縚。（檀弓上。）

敬叔。桓公七世孫。惠伯。是桓六世孫。（檀弓下疏。）

仲遂。莊公之子東門襄仲。（檀弓下。）　洮產子家歸父。（洮與遂古字通。惠棟左氏補注。）　郈昭伯名惡。（惠氏左傳補註。）

魯大夫公之文。（廣韻。）

宋

宋湣公生弗甫何．弗甫何生宋父．宋父生正考甫．正考甫生孔父嘉．爲宋司馬．華督殺之而絶其世．其子木金父降爲士．木金父生祁父．祁父生防叔．爲華氏所偪奔魯．爲防大夫．故曰防叔．防叔生伯夏．伯夏生叔梁紇．叔梁紇生仲尼．詩那正義．

華父督．戴公之孫．好父說之子．左氏桓元年．　華督生世子家．家生華孫御事．事生華元右師．文十六年．　世子家生秀老．老生司徒鄭．鄭生司徒喜．成十五年．

戴公生樂甫術．術生碩甫澤．澤生季甫．甫生子僕伊與樂豫．左氏文七年．　碩甫澤生夷父須．須生大司寇呂．文十八年．

戴公生樂甫術．術生石甫願繹．繹生夷甫傾．傾生東鄉克．克生西鄉士曹．曹生子罕喜．檀弓下．　樂懼．戴公六世孫．成十六年．

桓公生公子鱗．鱗生東鄉矔．文七年．　東鄉矔生司徒文．文生大司寇子奏．奏生小司寇朱．

公孫壽生大司馬虺。虺生司馬澤。成十五年。

莊公生右師戊。戊生司城師。成十五年。

桓公生向父盻。盻生司城訾守。守生小司寇鱣及合左師。成十五年。　向戌生東鄰叔子超。超生左師眇。眇卽向巢也。檀弓上。

皇父充石。戴公子。文十一年。

襄公子墨夷須爲大司馬。其後有墨夷皋。廣韻。宋大夫東鄉爲。又宋有大夫考成方。又

晉

武公。莊伯子。曲沃。桓三年。

畢萬生芒季。芒季生武仲州。州卽犨也。閔元年。又魏世家索隱。　畢萬生芒。芒生季。季生武仲州。州生莊子降。降生獻子荼。

荼生簡子取。取生襄子多。此句又見索隱下句同。　多生桓子駒。駒生文侯斯。樂記疏。　魏錡、雔孫。宣十二年。　獻子名荼。魏世家索隱。

魏襄王、名嗣。索隱。　范氏、晉大夫隰叔之子、士蔿之後。惠棟左氏補注。

武仲生莊子絳。魏世家。　又記魏世家魏絳卒。謚爲昭子。徐廣曰世本曰莊子索隱中　又文侯都徐曰世本云斯也。

惠王生襄王而無哀王。魏世家集解。　襄王生昭王而無哀王。索隱。　昭王名遫。安僖王名圉。安釐王生景愍王午

也。俱世家索隱。

士蔿生士伯缺。缺生士會。會生士燮。左氏文十三年。　文叔燮生宣叔匄。匄生獻子鞅。鞅生吉射。惠氏左傳補注。　士匄弟

佗爲司功。以官爲氏。廣韻。

孫伯黶生司空頡。頡生南里叔子。子生叔正官伯。伯生司徒公。公生曲沃正少襄。襄生司空大伯。伯生侯

季子。子生籍游。游生談。談生秦。昭十五年。

桓叔生子萬。子萬生求伯。求伯生子輿。子輿生獻子厥。宣十二年。

郤豹生冀芮。芮生缺。缺生克。成二年。又十一年。豹生義。義生步揚。揚生蒲城鵲居。居生至。又步揚生州。成十一年。

公明生公孟及夙。惠棟左氏補注。成十年作公明生趙夙。趙夙爲衰祖。穿爲夙之曾孫。宣二年。

晉大夫下門聰。廣韻。

叔向兄弟有季夙。昭五年。

晉大夫逝遨生桓伯林父。左氏補注。程鄭。荀氏別族。成十八年。

齊

太公望生丁公伋。伋生乙公得。得生癸公慈母。慈母生哀公不臣。檀弓下。

莊仲山產敬仲夷吾。夷吾產武子鳴。鳴產莊子啓方。啓方產成子孺。孺產莊子盧。盧產悼子其夷。其夷產襄子武。武產景子耐涉。耐涉產微。凡十代。世譜同。（史記管晏列傳索隱。）

靈公名環。莊公名光。景公名杵臼。（史記管晏列傳索隱。）

頃公生子夏勝。勝生子石靑。（左氏昭二十年。）

高敬仲生莊子。莊子生傾子。傾子生宣子。宣子生厚。厚生止。（左氏襄二十九年。）

傾子之孫。武子偃。（左氏襄二十九年。又昭十二年引曰傾子之孫鄭。）

陳僖子乞產成子常。（左氏疏作僖子生昭子莊。）簡子齒。宣子其夷。穆子安。廩邱子尙鑿（左氏疏。作鑿茲。）茲、子芒盈。（左氏疏作芒子盈。）惠子得。（惠棟左氏補注。左氏哀十四年。）

成子當。（飜作常。謂陳恆也。）生襄子班。班生莊子伯。（檀弓上。）

懿伯生貞孟。貞孟生成伯高父。（國氏。檀弓上。）

齊大夫長孫修食邑于唐。其孫仕晉。後號唐孫氏。（廣韻。）

齊大夫淵湫。（又）

齊臨淄大夫車遽氏。（又九麻。二十三魂引臨）

溜大夫車門遽。

衞

戴公申。閔二年。　衞康伯名髡。宋衷曰，卽王孫牟也。事周康王爲大夫。司馬貞曰，牟、髡聲相近。

獻公生成子當。當生文子拔。拔生朱。爲公叔氏。檀弓上二見。

靈公生昭子郢。郢生文子木及惠叔蘭。蘭生虎。爲司寇氏。檀弓上。

文子生簡子瑕。瑕生衞將軍文氏。檀弓上。

懿子兼生昭子舉。舉生趙陽。兼、卽麗也。定十四年。

孫氏出於衞武公。至林父八世。成十四年。

公孟彄靈公之子。字公孟、名彄。隱八年。

孔莊叔達生得閭叔穀．穀生成叔烝鉏．鉏生頃叔羅．羅生昭叔起．起生文叔圉．圉生悝．祭統．

召穆公．康公之十六世孫．詩江漢．

吳

夷昧及僚．夷昧生光．昭廿七年．

楚

穆王生王子揚．揚生尹．尹生令尹匄．昭十七年．　蔿艾獵是叔敖之兄．馮是艾獵之子．襄十五年．　屈蕩．屈建之祖父．襄二十五年杜注．

楚大夫涉其帑．廣韻．　楚平王孫有田公它成．荀子非十二子篇楊倞注．

鄭

子游．子瑕．並公孫夏之子．駟氏．昭十九年．　鄭伯費．是鄭悼公．穀梁成六年．

鄭有子師僕。殷時掌樂。有大師摯。少師陽。廣韻。

陳

宣公生子夏。夏生御叔。叔生徵舒。舒生惠子晉。晉生御寇。寇生悼子齧。昭廿三年。　厲公躍。桓十二年。　鍼宜咎。陳鍼

子八世孫。襄二十四年。　陳遂舜後。宋忠曰。虞思之後。箕伯直柄中衰。殷湯封遂于陳以爲舜後。史記陳世家索隱。

杞

桓公。成公之弟。襄六年。

滕

齊景公亡滕。隱七年左正義。又云。隱公之後。仍有六世爲君。同上。

錯叔繡。文王子。地理志注。　考公麇、元公弘、郎定公、文公也。趙注孟子、困學紀聞卷八。

燕

幽州郡北燕。宋衷曰。有南燕。故曰北。御覽一百六十二。

孫馮翼集「世本」校勘記

行數指正文，夾注兩行作一行計。

頁數	行數	原文	校注
六	一注	御覽八百二十三・	「三」原本誤作「四」據御覽改.
六	三注	又御覽二百二十五・	案御覽此卷未引此文其六一八、七四七、七四九各卷引蒼頡作書然非引自世本疑作者誤引.
六	四及注	儀狄始作酒醪……注云夏禹之臣・	原本作「帝女儀狄作酒醪」據太平御覽（以下簡稱「御覽」）刪補又案酒誥正義引世本文「夏禹之臣」四字非注.
六	四	少康作秫酒	初學記作「少康」御覽作「杜康」
六	倒二注	下句見三百四十九・	「九」原本誤作「八」據御覽改.
六	倒一	堯使禹作宮室・	案初學記引世本無「堯使」二字御覽引世本無「室」字.
六	倒一	雍父作舂	案本條見御覽八二九又見廣韻三鐘孫氏漏注.
六 七	倒一 一	黃帝作旃	案本條見御覽三百四十孫氏漏注.
七	一	蚩尤以金作兵器・	案此句見廣韻十二庚御覽作「蚩尤作兵」無「以金」「器」三字.
七	三注	昭二十五年疏・	「五」原本誤作「四」脫「疏」字據左傳增改.

七	五	伯余作衣裳	此條失注出處.案見路史後紀五注.又見淮南子氾論訓.「作」作「製」.皆無宋衷注.
七	倒三	伯益作井	「益」原本作「夷」.作者注稱初學記作「伯益.」案御覽亦作「益.」據改.
七	倒二	黃帝作旃冕……應劭曰周始垂旒也	案御覽三四引世本作「黃帝作旃.」無「冕」字.又「應劭曰」以下似非世本文.
八	三	暴辛公所造……有暴國豈其時人也……圍五寸半	「辛」.宋本御覽五八一作「新.」而下文引樂書云云又作「辛.」文選長笛賦注亦作「辛.」似以作「辛」爲是.原本「暴國」下有「之君」兩字.「乎」作「也.」「寸」下無「半」字.均據御覽刪改增補.
八	四	六孔……暴公國平王諸侯	原本「孔」作「寸.」「公國」兩字倒置.「王」下有「時」字.均據御覽刪改.
八	四	暴辛公燒土爲之	案御覽此語引自樂書.非世本文.
八	四	於則作履屝	原本脫「屝」字.據御覽補.
八	五	草曰屝……紂爲玉床	「屝」原本誤作「履.」「玉」誤作「王.」均據御覽改.
八	倒二	宿沙衞……故爲衞魚鹽之利	原本「沙」下脫「衞」字.「故衞爲」作「故以爲.」據御覽增改.
九	二注	祝融顓頊臣爲高辛氏火正	原本誤作「祝融作市.」據初學記補正.
九	三	居其職矣	「居」原本作「是.」據初學記改.

頁	行	原文	校記
一〇	二	魏武子居魏	「魏」原本誤作「犨」據史記改.
一一	三	封仲子紅於鄂	原本脫「於」字據陳其榮本補.
一一—一二	四至倒二	「懿王居犬邱」至「故號曰五都」	一一至一二頁三段均引自御覽一五五而多有譌脫.茲據宋本御覽校正其譌衍之字改爲小字旁列校補之字加括弧以別之.
一三	二注	左氏隱十一年	「一」原本誤作「四」據左傳改.
一四	三	舒鮑	原本脫「舒鮑」兩字據左傳補.
一五	二	與秦同祖……大公叔潁	「秦」原本作「嬴氏」「叔潁」原本作「潁叔」均據廣韻改.
一五	三	虞君	案御覽三七「虞」作「稟」而同書七六九、九四四皆作「虞」「虞」、「稟」通故仍之陳其榮本改作「稟」
一五	七至八注	御覽三百七十一	「御覽」原本作「叉」案本條爲御覽三七一引世本文而上條乃引自寰宇記故改.
一五	倒二	通志氏族略	原注作「叉」字案此條不見御覽乃通志氏族略引世本文原注似與下條「舒蓼氏」注顛倒今改正.
一七	三	季平子支孫	「孫」原本作「子」據氏族略改.
一七	五	公子子工之後	原本脫「工」字氏族略作「子共」案春秋氏族譜齊傾公字有「子工」無「子共」據補.
一七	九	陳僖子	「子」原本作「公」據姓纂、春秋氏族譜改.
一七	倒一	參胡後	原本脫「後」字據氏族略補.

頁	行	原文	校記
一八	四	季夙氏．	「氏」原本作「公」，據氏族略改。
一八	五	晉大夫大．狐伯	原本脫「大」字，據氏族略補。
一八	六	晉公子大．戊．之後．	原本脫「大戊之後」四字，據氏族略補。
一八	七	所以別族	「所」原本作「取」，據氏族略改。
一八	八	彊梁氏……會生彊．	原本會下脫「生」字，「彊」均作「疆」，據氏族略增改。
一九	一	方叔氏．	原本作「鼓方氏」，據氏族略改。
一九	二	韓餘氏韓宣子．餘子之後	原本「氏」作「子」，「宣」下脫「子」字，據氏族略增改。
二〇	一	斶彊．	原本此條「彊」均作「疆」，據氏族略改。
二〇	倒一	子姓．	原本脫此兩字，據姓氏急就篇補。
二〇	四	茭氏．	原本此條「茭」均作「菱」，據姓氏急就篇改。
二〇	八	豈同族乎．	案姓氏急就篇此句非世本文。
二二	七、八	林生莊王佗．佗生僖王胡齊．齊生……鄭生頃王亘．亘生……瑜生……夷．生……心生……貴生……	原本「林」作「桓王」，「佗」作「莊王」，「齊生」上衍「胡」字，「鄭」作「襄王」，「亘」作「頃王」，「瑜」作「定王」，「夷」作「簡王」，「心」作「靈王」，「貴」作「景王」，均據左傳昭二十六年正義校正。
二二	倒一	卜其四妃……上妃……而生后稷	原本「四妃」下衍「四妃」兩字，「上」作「元」，「而」作「是」，據詩生民正義刪改。
二三	一注	曰陳豐．	原本「豐」作「妃」，「妃」下衍「是」字，據御覽改。
二三	四	顓頊……產老童　老童……產重及黎	案此兩條引自山海經大荒西經，原本漏注出處。

頁	行	原文	校記
二三	四、五	黄帝娶於西陵氏……纍祖……顓頊母濁山氏之子	案此兩條引自山海經海内經，原本漏注出處。原本「陵」下脫「氏」字，「纍」作「累」，「濁」作「獨」，「之」下脫「子」字，均據海内經補正。
二三	倒三	昆吾者衞是也。又	案此語見史記集解，爲「陸終六子」之注，獨引此句，未知何義。旁注「又」字亦莫知所指。陳其榮本删之，是。
二四	倒三	滕墳氏	「墳」原本作「濆」，據御覽改。
二四	倒二	堯取散宜氏子謂之女皇　宋衷曰：是生丹朱。帝系	原本「氏」下有「子」字，「子」下無「謂之」兩字，「生」作「本」，「帝」作「堯」，均據御覽校正。
二四	倒一	鯀娶有莘氏曰女志	原本「有莘氏」誤作「華氏」，「氏」下脫「曰」字，據御覽增改。
二五	二	熙生徵公弗	原本脫「徵公」兩字，據禮記明堂位正義補。
二五	三	穆公不衍	原本脫「不」字，據禮記檀弓正義改。
二五	三、四	隱公之後仍有六世爲君　隱七年	案左傳正義此滕之隱公，非魯隱公。滕譜亦引此語，又注「七」字原本誤作「六」。
二八	二注	成十五年	案本條見左傳成十五年正義，原本漏注，今補。
二八	倒一	州卽儺也	案左傳、國語、史記，魏武子名「犨」，或作「讎」，無作「儺」或「讐」者。
二九	三注	莊子索隱中	「索隱中」三字不可解，疑衍。
二九	四	而無哀王	本條兩引「而無哀王」，案史記此係集解、索隱解世本之語，非世本文也。

二九	六	士蔿生士伯缺·缺生士會·會生士燮	原本作「士蔿生城伯䵣，城伯䵣生武子，士會武子，士會生文叔，士燮」，據左傳正義引世本文刪正。
二九	六	宣叔丐·	「丐」原本誤作「匄」，據左傳改。下同。
二九	倒二	子生叔正官伯	原本「子」上衍「叔」字，據左傳刪。
二九	倒一	子生籍游·	原本「子」上衍「季」字，據左傳刪。
三〇	一注	宣十二年·	原本漏注出處，今補。
三〇	倒一	嗚產·莊子啓方·	案王刻史記作「莊」，殿本作「桓」。
三一	四	左氏襄二十九年·	原本漏注出處，今補。
三一	倒四	陳僖子乞產成子常	案本條見史記齊世家索隱，原本漏注。又「陳」原本誤作「東」，據史記改。
三二	六注	檀弓上·	原本漏注出處，今補。
三二	倒二	孫氏出於衞武公	原本作「出子武公」，據左傳改。
三三	二	「召穆公」條	案此條應置於燕譜。
三三	倒三	荀子非十二子篇	原本誤作「蔿子非相篇」，今改。
三四	四	陳遂舜後	原本無「遂」字。案「陳舜後」三字非世本文，而路史後紀注引世本有「陳遂舜後」一語，據補「遂」字。
三四	四注	史記·陳世家·索隱·	「宋忠曰」以下爲史記索隱引宋忠注文，原本漏注，今補。
三四	八	仍有六世爲君·	原本作「六世孫」，據左傳改。
三四	倒一	「幽州郡北燕」條	案此條宜置居篇，而「幽州郡北燕」一語非世本文。

增訂世本序

嘗聞之班孟堅云。司馬遷采世本爲史記。司馬貞亦謂史記三代世表。太史公蓋依帝繫及系本敍述之。而今之世本。與遷書不同。或以世本不足依馮。故杜氏注左氏傳。則以史記爲正。且謂徐廣作史記音義。譙周作古史考。竝引系本。今系本無之。宋忠嘗依太史公以補其闕。以是知司馬貞時已不獲見古世本。所見宋忠撰本耳。蓋古世本出於周末。續於漢儒。詳見王伯厚漢藝文志考證。則以爲古史官所記。劉向所續。其信然歟。隋唐時自有劉向宋衷宋均三家本傳流以外。別有孫氏注系本。史記司馬貞索隱張守節正義竝引之。而隋唐二志竝不著錄。則其佚可知。逮南宋時。高似孫始以經疏所引者。采掇彙次錄爲一書。周益公見之。至嘆爲天下奇書。以是知三家本之散亡。當在五代間矣。近世洪氏飴孫謂自世本亡而春秋之旨晦。史記之瀍廢。蓋以其有帝系及紀。以彰五德之運。有譜及世家及傳。以著治忽興廢之故。有居作氏姓謚法。以明是非美惡之效。劉向班固所以次之春秋後者。其以此乎。洪氏與秦氏嘉謨。均有輯補之書。以爲能述世本者。莫如司馬遷韋昭杜預。即以三家之說。采而補之。而竝非專采其明引是書也。此外有雷氏學淇校輯二卷。無從獲覩。此孫氏馮翼所採。則就錢氏大昭輯存本而增補之。特所采史記索隱正義元和姓纂以及通志氏族略等書。遺漏者正復不少。且據惠氏左傳補注以標出處。而不知其實出於史記索隱也．至於釋藏音義姓氏辯證諸書．均未及采。而玉篇原本中．亦多引是書．因不揣固陋．重爲補集．且覆審原書．考其出處．訂其譌敓．因類分篇．編爲二卷．以存是書之眞．而竝不敢別有羼入焉．書既成．爲朱君楙之慫慂付梓．怱促脫槀．疏漏之譏．自知不免．其敢以是爲學者之雋功哉．時光緒十二年冬十二月嘉興陳其榮譔．

世本卷上

宋　衷注
承德孫馮翼集錄
嘉興陳其榮增訂

作篇

禮記明堂位正義曰：世本，書名，有作篇，其篇記諸作事。

黃帝之世，始立史官，蒼頡、沮誦居（校注　原本作「是」，據初學記改。）其職矣。初學記二十一。注云：黃帝之時，倉頡爲左史，沮誦爲右史。　蒼頡作書。尚書序正義。　蒼頡作文字。注云：蒼頡，黃帝之史。周禮外史疏。　沮誦、蒼頡作書。宋衷注曰：沮誦、蒼頡，黃帝之史。廣韻、御覽二百二十五。（校注　案御覽此卷未引此文，他卷引者，亦非世本文也。）　史皇作圖。宋衷曰：史皇，黃帝臣也。圖，爲畫物象也。文選宣貴妃誄注、御覽七百五十。　宋忠注云：謂畫地形物象，令來者可觀也。唐釋慧琳攝大乘論序音義。

容成作厤，大撓作甲子。注云：皆黃帝史官。春秋序正義、尚書舜典疏、慧琳辯正論音義。大撓造甲子，容成造厤書，皆黃帝臣也。　宋忠注：呂氏春秋云：大撓，黃帝太師也。慧琳廣宏明集音義。　羲和作占日，恆羲作占月，后益作占歲。宋忠曰：占其行度所至也。羲和，堯臣。恆羲、後益，未聞也。顧野王玉篇卜部。下句又見御覽十七。　隸首作數。注云：隸首，黃帝史也。文選西京賦注。　算，黃帝時隸首所作也。唐釋希麟華嚴經音義。

燧人氏鑽木出火。慧琳止觀經音義。○　造火者，燧人也，因以爲名也。唐釋玄應毗婆沙論音義、慧琳大智度論音義。　黃帝作火食。顧野王玉篇食部。

神農作耒。希麟毘奈耶藥事音義。　古者垂作耒耜。神農之臣也。慧琳辯正論音義。　咎繇作耒耜。御覽八百二十三。　垂作耨。左傳僖三十三年疏。

垂作銚。注云銚刈也。詩臣工疏。御覽八百二十三作銚。

古以天下多水故教人漁。希麟華嚴經音義。　芒作羅網。宋忠曰伏羲臣也。慧琳大般若經音義。又慧琳大寶積經音義。芒作網。御覽八百三十四同。宋衷注。芒庖犧臣。

黃帝作冕。玄應華嚴經音義。慧琳續高僧傳音義。　宋仲子云冕冠之有旒者。左傳桓二年疏。儀禮士冠禮疏。黃帝作冕旒。　黃帝作旃冕。宋均曰通帛爲旃冕、冠之有旒。應劭曰周始垂旒也。御覽三百四十。又六百八十六。一云黃帝作旃。　胡曹作冕。注云胡曹黃帝臣。左傳昭二十五〔校注　原本作「四」。據左傳改。〕年疏。

胡曹作衣。宋忠曰黃帝臣也。慧琳無上依經音義。路史國名紀卷六。希麟毘奈耶破僧事音義。黃帝臣胡曹始作衣。　伯余作衣裳。宋忠曰黃帝臣也。〔校注　本條失注出處。案路史見後紀五注。又見淮南子氾論訓作𦊅作製注則許慎非宋忠也。〕　於則作履。注於則黃帝臣。草曰扉。〔校注　原本作「屨」。據御覽改。〕麻曰屨也。御覽六百九十七。

雍父作臼杵舂也。慧琳經律異論音義。一云雍父作舂。　宋忠曰雍父黃帝臣也。慧琳轉女身經音義。

共鼓貨狄作舟。注云二人竝黃帝臣。廣韻。玉篇舟部。藝文類聚七十一。初學記二十五。事類賦注十六。又顧野王玄應俱舍論音義。慧琳大般若經音義。舟下竝有船字。

倕作規矩準繩。宋忠曰倕舜臣也。顧野王玉篇水部。宋忠注繩所以取直也。慧琳廣宏明集音義。

胲作服牛。注云黃帝臣又云少昊時人始駕牛。御覽八百九十九。初學記二十九。又希麟甘露軍荼利菩薩供養念誦儀音義。作骸服牛。乘馭馬。希麟六波羅密多經音義。作黃帝臣胲得仙服牛。

相土作乘馬。楊倞荀子注。

黃帝世伶倫作樂。大乘基妙法蓮花經音義。　宓羲作瑟。〔校注　案本條見爾雅釋樂疏。御覽五百七十六、風俗通義、通典樂四原本漏注。〕　神農作琴。樂記正義。風俗通義。通志樂略。初學記十六。希麟華嚴經音義。庖羲氏始作瑟。　隨作笙象鳳皇之身正月音也。慧琳大哀經音義。藝文類聚四十四。隋作笙。通志樂略作笙條。引有未知何代人也一句。 隨作竽。廣韻。文選注。御覽五百八十一。 無句作磬。女媧作笙簧。宋忠曰。女媧黃帝臣。風俗通。明堂位注。文選長笛賦注。御覽五百八十一。顧野王玉篇磬部作毋勾。慧琳三刼三千佛名音義作毋勾氏。通志樂略引云。磬。叔所造。不知何代人。又曰。無句作磬。 垂作鐘。風俗通。明堂位注。通志樂略云。垂黃帝工人。 夷作鼓。通典。通志樂略作鼓條。 簫舜所造。通志略。 夔作樂。初學記十五。 蘇成公造篪吹孔有觜如酸棗。蘇成公平王時諸侯。原案下二句。疑是宋仲子注文。風俗通聲音卷。詩向人斯疏。御覽五百八十。玄應立世阿毘曇論音義。蘇辛公作篪。 壎暴辛公所造亦不知何人。通志樂略引此二句。 周畿內有暴國之君豈其時人也本作壎。音許袁切。 圍五寸半。〔校注 「半」原本脫據御覽補〕長三寸半凡六孔。〔校注 「孔」原本誤作「寸」據御覽改〕宋均注曰暴公。〔校注 原本作「暴國公」據御覽改〕周平王諸侯暴辛公燒土爲之。風俗通聲音卷。詩何人斯疏。文選長笛賦注。御覽五百八十一。 箜篌、師延所作靡靡之音也。希麟普賢菩薩念誦法音義。出於濮上取空國之侯名也。希麟昆奈耶藥事音義。

蚩尤作兵。宋忠注云蚩尤黃帝臣也。慧琳大般若經音義。 蚩尤以金作兵器。注蚩尤神農臣也。御覽三百七十。 揮作弓。夷牟作矢。注云揮夷牟黃帝臣。初學記二十二。藝文類聚六十。禮射義疏。事類賦注十三。御覽三百四十七。三百四十九。 逢蒙作射。藝文類聚七十四。 季〔校注 原本作「帝」據史記改〕佇作甲。史記夏本紀索隱。 杼作甲〔校注 「甲」初學記作「輿」〕注云少康子名杼也甲鎧也。墨子同。〔校注 案此注引自御覽。而有異同。原注作「宋衷曰。少康之子輿也。甲鎧也。墨子同。」初學記引宋注作「輿少康子」。〕初學記二十二。御覽三百五十三。〔校注 案御覽此卷未引杼作甲。〕又三百五十五。

奚仲作車。山海經注。御覽七百七十三。宋忠曰夏禹時人也黃帝時已有造車駕此復言作者爲車正也。顧野王玉篇車部。 韓哀侯作御。文選聖主得賢臣頌注。漢書注無侯字。希麟昆奈耶破僧事音義。作駭服牛。相王乘。 韓哀作馭也。 宋衷曰韓哀韓文侯也時已有御此復言作者加其精巧也。漢書注。

祝融作市。初學記二十四。　巫咸作筮。周禮龜人疏。初學記二十。希麟守護國界主陀羅尼經音義。　巫彭作醫。山海經注。　烏曹作博。文選博奕論。玄應維摩詰經音義作簙。

鯀作城郭。禮祭法疏。大乘基妙法蓮花經音義。慧琳續高僧傳音義。鯀作城。　堯使禹作宮室。〔校注　案初學記無「堯使」二字。御覽無「室」字。〕初學記二十四。御覽一百七十三。希麟新華嚴經音義。禹作宮室。　伯益作井。初學記六。又云。亦云黃帝見百物始穿井。慧琳續高僧傳音義。又御覽一百八十九作伯夷。〔校注　案御覽亦作「伯益」。〕　昆吾作陶。宋忠曰。夏桀臣也。慧琳大寶積經序音義。

儀狄始作酒醪。〔校注　案原本作「帝女儀狄作酒醪」。據初學記御覽校正。〕變五味。注云。夏禹之臣。〔校注　案初學記御覽皆無此注。〕初學記二十六。御覽八百四十三。宋忠注。儀狄禹時人也。慧琳廣宏明集音義。無帝女二字。　杜康造酒。書酒誥正義。　少康作秫酒。初學記二十六。御覽八百四十三。　宿沙作煑鹽。宋衷曰。宿沙衛齊靈公臣。齊濱海。故衞爲魚鹽之利。御覽八百六十五。

少康初作箕帚。宋忠云。少康。夏后相之子。帚。掃糞也。少康即杜康也。葬長垣。慧琳攝大乘論音義。又御覽七百六十五。無初字。　紂爲玉牀。御覽七百單六。滎案。王牀疑王杯之誤。　武王作翣。初學記二十四。御覽五十二。事類賦十四。　秦穆公作沐。御覽三百九十五。　公輸作石磑。後漢書張衡傳注。玄應四分律音義。斑輸作磑。

居篇

涿鹿在彭城。王應麟通鑑地理通釋。孫氏原輯有此。滎案。史記正義引輿地志云。涿鹿本名彭城。黃帝初都。遷有熊也。疑此非正文。當爲宋氏注文。

禹都陽城。地理志潁川郡。

契居番。通鑑地理通釋。昭明居砥石。書序正義。宋衷曰：相土就契封於商。案昭明契之子，相土昭明子。史記殷本紀集解。

武王在酆鄗。文選西都賦注。懿王居犬邱。通鑑地理通釋。又詩譜正義。引作懿王徙于犬邱。

召公居北燕。幽州郡北燕。〔校注 案史記御覽引世本皆無「幽州郡北燕」一語，此沿孫氏之誤，未加訂正也。〕

宋忠曰有南燕，故云北燕。史記燕世家集解。又御覽一百六十二。

叔度居上蔡。史記管蔡世家集解。宋忠曰胡徙居新蔡。同上。宋忠曰平侯徙下蔡。同上。索隱曰：今系本無者，近脫耳。

唐叔虞居鄂。宋衷曰鄂地，今在大夏。史記晉世家集解。宋忠云在江夏，鄂州是也。慧琳續古今譯經圖記音義。

楚子熊渠封仲子紅於鄂。寰宇記一百十二兩引。楚鬻熊居丹陽，武王徙郢。宋仲子云丹陽在南郡枝江縣。左傳桓二年疏。

煬公徙魯。宋忠曰今魯國。史記魯世家集解。〔校注 原本作「索隱」，據史記改。〕

鄭桓公居棫林，徙拾。宋忠云棫林與拾皆舊地名。史記鄭世家索隱。又云：是封桓公，乃名爲鄭耳。文公徙鄭。宋忠云即新鄭也。同上。

衞戴公居曹。路史國名紀。成公徙濮陽。宋忠曰濮陽，帝邱地名。衞康叔世家集解。案成公，文公之子。

吳孰哉居藩籬。宋衷曰孰哉，仲雍字。藩籬，今吳之餘壁也。孰姑徙句吳。宋衷注云孰姑，壽夢也。句吳，太伯始所居地名。吳太伯世家索隱。文選魏都賦注。諸樊徙吳。吳太伯世家集解。

齊景公亡滕。隱七〔校注 「七」原本誤作「六」，據左傳改。〕年疏。

邾顔居邾，肥徙郳。宋仲子注云：邾顔別封小子肥於郳，爲小邾子。莊五年疏。

魏武子居魏。悼子徙霍。宋忠曰。霍、地名。今河東彘縣也。昭子徙安邑。魏世家索隱。

韓景子居平陽。平陽在山西。宋忠曰。今河東平陽縣。韓世家索隱。

成季徙原。宋忠云。今鴈門平原縣也。趙世家索隱。案即趙衰。

中山武公居顧。桓公徙靈壽。爲趙武靈王所滅。趙世家索隱。又云、中山古鮮虞國。姬姓。

西周桓公名揭。居河南。東周惠公名班。居洛陽。周本紀索隱。戰國策注。

懿王居犬丘。厲王淫亂（出）〔校注 以下。號及（）號表示原本與宋本御覽之異同。〕于彘。今河東永安是也。平王即位。徙居（洛邑）洛誥所謂新邑也。國語曰。幽王滅。周乃東遷。本殷畿內。有禹貢豫州（外方）之域。河洛瀍澗之閒。周于南柳七星張之分。鶉火之次也。乃（及）敬王避子朝之亂。東居成周。故春秋經曰。天王入于成周。是也。後六年。王室定。遂徙（都）成周。是後晉又率諸侯之徒（徒）修吾（繕）其城。以成周成（城）小不受王都。故壞翟泉而廣焉。翟泉地在成周（城）東北。今洛（陽）城中有周王冢是也。至赧王又徙居成。（西）周而失位。御覽一百五十五。下三段同。疑有譌字。且疑非世本文。

秦非子始封于秦。故秦本紀稱周孝王曰。朕分之土邑。秦本隴西秦定谷（谷亭）是也。玄孫莊公徙廢邱。周懿王之所都。今槐里是也。及襄公始受酆之地。列爲諸侯。文公徙汧。故秦本紀曰。公事（東）獵至汧。乃卜居之。今扶風郿縣是（也）寧公又都平陽。故秦本紀曰。寧公二年徙居平陽。今扶風郿縣之平陽亭是也。（故秦本紀曰。德公元年初居雍。今扶風雍是也。）至獻公卽位。徙治櫟陽。今馮翊萬年是也。孝公自櫟陽徙咸陽。秦本紀曰。作爲咸陽。築冀闕。徙都之。及漢元年更名新城。屬扶風。後并于長安。故太史公傳曰。長安故咸陽也。元鼎三年復別築（爲）渭城。今長安西北渭水陽有故城。故西京賦曰。秦里其朔。是（寔）爲咸陽是也。同上。

漢高帝元年始爲漢王。都南鄭。屬漢中。秦屬公（厲王）所署（置）。在禹貢梁州之域。北遠（達）雍。南跨巴屬（蜀）。與秦同分。元（二）年北徙櫟陽。故秦獻公之所居。後居萬年。故屬馮翊。今京兆縣也。都長安。秦咸陽之地。今京兆所治縣也。其城狹小。至惠帝元年始更築。廣五年乃成。光武以武信侯進封蕭王。在禹貢徐州之域。於周以封子信（姓）之別附庸。事在春秋。於漢屬豫州。今沛國蕭是也。及卽位於鄗。更名高邑。建武元年始都洛陽。故成周之舊基。（城）東西六里一十步。南北九里一百步。是以時人謂洛陽爲東京。長安爲西京。同上。

魏武爲魏公。都鄴。今魏郡是（也）。後文帝因漢之舊。復都洛陽。以譙爲先人本國。許昌爲漢之所居。長安爲西京之遺迹。鄴爲王業之本基。與洛陽凡五處。故號曰五都。同上。榮案以上四條。多參雜後人之說。疑爲宋氏補注語。

〔校注 案以上四段。作者悉仍孫馮翼氏原本之譌。而又小有舛誤。或孫陳二氏所據御覽版本相同。今據宋刊本太平御覽校對。本書所引與宋本御覽有異同處。分別以。號及（）表示。〕

芮、姬姓。書序正義。　息、姬姓。左傳隱十一年疏。　魏、姬姓。桓三年。　隨、姬姓。桓六年。又寰宇記一百四十四。　荀、賈、皆姬姓。桓九年。　鮮虞、姬姓。

白狄也。穀梁傳昭十二年疏。

夷、妘姓。左傳隱元年。　偪陽、妘姓。祝融之孫陸終第四子求言之後。襄十年。　鄅、妘姓。昭十八年。

莒、巳姓。左傳隱二年。　巳姓出自少皞。昭十七年。　自紀公以下爲巳姓。隱二年。

向、姜姓。左傳隱二年。　州、姜姓。桓五年。　齊、姜姓。襄十一年。

燕、姞姓。左傳隱五年。

帝舜、姚姓。左傳隱八年。

任姓。謝章薛舒呂祝終泉畢過。十國。左傳隱十一年。

薛、任姓。襄十一年。　夏奚仲封薛周有薛侯其後爲氏。姓氏急就章。

偃姓。舒庸、舒蓼、舒鳩、舒龍、舒鮑、舒龔。文十二年。

蓼、六、皆偃姓。史記杞世家索隱。

鄧、曼姓。莊十六年楚文王滅之。桓七年疏。

羅、熊姓。桓十二年。

黃、嬴姓。莊十九年。　徐、奄、皆嬴姓。昭元年。　江、黃、竝嬴姓。史記杞世家索隱。

杞、姒姓。襄十一年。　彤、姒姓。書顧命正義。　莘、姒姓。夏禹之後。史記周本紀正義、寰宇記二十八。　有扈、與夏同姓。甘誓正義。　斟灌、斟尋、夏同姓諸侯。襄四年。

豕韋、防姓。史記夏本紀索隱。路史國名紀卷四。

朱子姓。襄十一年。　子姓。殷時來宋空同黎比髦目〔校注　「目」原本作「自」。據左傳正義改。〕夷蕭。隱元年。

莒、魯、衛、鄭、曹、滕姬姓。襄十一年。　畢、毛皆姬姓。顧命正義。　密、姬姓。漢書地理志河南密縣注。

邾、小邾、曹姓。襄十一年。

胡子國、歸姓。路史國名紀卷六。史記陳杞世家索隱。

沈、姬姓。注沈國在汝南平與胡亦在汝南。陳杞世家索隱。

唐、姬姓之國。史記楚世家正義。

越、芊姓也與楚同祖。史記趙世家正義。榮案此指南越。

霍國、眞姓。後周武王封弟叔處於霍是姬姓。史記三代世表論索隱。

參姓。祝融之後。廣韻。〔校注　案廣韻二十覃參字注。無此引文。〕　融姓。古天子祝融之後。同上。

鍾離氏與秦〔校注　「秦」原本作「嬴氏」。據廣韻改。〕同祖。　公紀氏。　大公叔潁。〔校注　原本作「太公潁叔」「據廣韻改」　西鄉錯。竝同上。

昆吾者、衞氏是。史記殷本紀索隱。

髦氏、時氏、蕭氏、黎氏、竝子姓。同上。

廩君名務相、姓巴、與樊氏、暉氏、相氏、鄭氏凡五姓、俱出皆爭神、以土爲船、雕文〔校注「文」原本作「杸」、據御覽改〕畫之、而浮水中、其船浮、因立爲君。他船不能浮、獨廩君船浮、因立爲君。御覽三十七。

巴郡南郡蠻、本有五姓、巴氏、樊氏、瞫氏、相氏、鄭氏、皆出於武落鍾離山。其山有赤黑二穴、巴氏之子生於赤穴、四姓之子皆生黑穴。未有君長、俱事鬼神、乃共擲劍於石穴、約能中者奉以爲君。巴氏子務相乃獨中之、衆皆服。又令各乘土船、約能浮者、當以爲君。餘姓悉沉、唯務相獨浮、因共立之、是爲廩君。乃乘土船、從夷水至鹽陽。鹽水有神女、謂廩君曰、此地廣大、魚鹽所出、願留共居。廩君不許。鹽神暮卽來宿、旦卽化爲蟲、與諸蟲羣飛、閉掩日光、天地晦冥、積十餘日。廩君伺其便、因射殺之、天乃開明。廩君於是乎君于夷城、四姓皆臣之。古今姓氏書辯證。

陸終娶於鬼方氏之妹、謂之女嬇。晉䌵。生六子、孕而不育、三年、啓其左脅、三人出焉、啓其右脅、三人出焉。御覽三百七十一。

曾氏、夏少康封其少子曲烈于鄫、襄六年、莒滅之、鄫太子巫仕魯、去邑爲曾氏。通志氏族略。

舒蓼氏。舒蓼、偃姓。皋陶之後。楚東境小國也。以下皆通志氏族略。

舒鮑氏。舒鮑、偃姓國也。

密須氏。商時姞姓之國。 文王滅之。其後以國爲氏。姓氏書辯證。

有熊氏之後爲瞻〔校注 「瞻」原本作「詹」，據氏族略改。〕葛氏。 宋景公時、有瞻葛祁爲大夫。同上。又姓氏書辯證云：其後齊人語訛，以瞻葛爲諸葛。

昆吾氏。古已姓之國。夏時諸侯伯祝融氏之後。

巴氏。巴子國子孫以國爲氏。

莢氏。莢成僖子、晉大夫也。亦見風俗通。

承氏。衞大夫成叔承之後。亦見姓氏書辯證。成叔二字據後漢書承宮傳注補正。

馮、歸姓。鄭大夫馮簡子之後。

鍾離氏。與秦同祖。嬴姓。

狐邱氏。晉大夫狐邱林之後。

廩邱氏。齊大夫廩邱子之後。

東鄉氏。宋大夫東鄉爲人之後。亦見廣韻一東。

西鄉氏。宋大夫西鄉錯之後。亦見風俗通。

空同氏。子姓。蓋因空同山也。

郗州氏。晉郗豹孫步楊生郗州。因氏焉。姓氏書辯證。郗作郤。楊作揚。

少施氏。魯惠公子施父之後。支孫爲少施氏。又見姓氏書辯證。

季桓子生穆叔。其後爲子楊氏。

子革氏。宋司城子革之後。　季平子支孫亦爲子革氏。

子乾氏。齊公子都。字子乾之後。姓氏書辯證。引作齊頃公子子乾之後。以王父字爲氏。春秋時有子乾晳。

子工氏。齊頃公之子公子子工之後。

子泉氏。齊頃公之子公子湫。字子泉之後。又見姓氏書辯證。

子獻氏。陳桓公孫子獻之後。

子占氏。陳桓子生書。字子占之後。姓氏書辯證。引作陳威子占書。書生良堅。堅子以王父字爲氏。

子尙氏。陳僖子〔校注　「子」氏族略原誤作「公」。據春秋氏族譜及姓纂校改。〕生廩邱子尙意茲。因氏焉。

乘氏。楚大夫子乘之後。以王父字〔校注　原本脫「字」字。據氏族略增。〕爲氏。又乘唯古賢人。亦見風俗通。

老童、娶根水氏。案老童爲顓帝子。

囂氏。玄囂之後。又見姓氏書辯證。

參氏。董姓。陸終第二子參胡之後。又見姓氏書辯證。

季隨氏。周八士季隨之後。

逑氏。魯大夫仲逑之後。姓氏書辯證謂風俗通云。世本仲一作叔。

季嬰氏。晉樓季嬰之後。

季夙氏。晉靖侯孫季夙之後。

大狐氏。晉大夫大狐伯。生突生饒。爲大狐氏。其後大狐容爲晉大夫。

大戊氏。晉公子大戊之後。大戊教昭爲原大夫。

去疾氏、鄭穆公子去疾之後。去疾字子良。又有良氏。所以別族。

彊梁氏。衞將軍文子生慎子會生彊梁。因氏焉。

楚季氏。楚若敖生楚季。因氏焉。陳大夫有楚季融。

季融氏。楚鬬廉生季融。子孫氏焉。

季老氏。宋華氏有華季老。子孫氏焉。又見姓氏書辯證。

泥氏。宋大夫卑泥之後。榮案卑泥，姓氏書辯證引作泥卑。

方叔氏。鼓方叔之後。

慶父氏。楚大夫慶父之後。有慶父籍爲楚上〔校注　原本脱「上」字。據氏族略補。〕工正。又見姓氏書辯證。

仲行氏。左傳秦三良仲行之後。宋有仲行寅晉大夫有仲行氏。

韓餘氏。韓宣子餘子之後。因氏焉。又見姓氏書辯證。

幹獻氏。宋司徒華定爲幹獻氏。又見姓氏書辯證。作翰獻氏。

左史氏。古者左史記言。楚有左史倚相。左史老其後也。

右史氏。古者右史記事。周有右史武。

司寇氏。衞靈公之子公子郢〔校注　「郢」原本誤作「顯」。據氏族略改。〕之後也。郢之子孫爲衞司寇。以官爲氏。司寇亥即其裔也。

司功氏。晉大夫司功景子士丐弟他。因官氏焉。又見廣韻。

將軍氏。衞靈公子昭生子郢。生文子才芳爲將軍氏。姓氏書辯證，引作衞靈公子郢生文子彌牟，爲將軍氏。禮記將軍文氏是也。

右師氏。宋莊公生公子申。世爲右師氏。

齊季氏。魯有大夫齊季窺。

伍參氏。楚伍參之後。支孫以爲氏。楚昭王時有伍參蹇。姓氏書辯證。

伯宗氏。晉孫伯起生伯宗。因氏焉。又見姓氏書辯證。

鬬彊氏。芊姓。若敖生鬬彊。因氏焉。

鬬班氏。芊姓。鬬彊生班。因氏焉。又見姓氏書辯證。

韓言氏。晉韓厥生無忌。無忌生襄。襄生子魚。爲韓言氏。

史晁氏。衞史晁之後。鄧名世曰：案晁與朝通，必史朝氏也。

恒氏。楚大夫恒思公之後。亦見風俗通。

甫爽氏。宋大夫甫爽之後。宋有大夫甫爽文叔。姓氏書辯證。

過氏。任姓。夏諸侯。後爲氏。以下姓氏急就章。

舒鮑、偃姓國。又云舒任姓。

呂、任姓。泉、任姓。畢、任姓。祝、任姓。謝、任姓。黃帝之後。終氏。任姓。亦見左傳隱十一年疏。

時、子姓。髦氏。子姓。亦見史記殷本紀索隱。

子姓、有蕭氏。

黎氏。子姓。〔校注　原本脫「子姓」二字，據姓氏急就篇補。〕黎侯國之後。

融氏。祝融之後。又複姓融夷氏。祝融後董父之胤。以融夷爲氏。

廩君、姓巳氏。

賜氏。齊大夫簡子賜之後。

苃氏。晉大夫苃氏僖子。孫輯有之。榮案苃爲芡字之譌。案孫本作菱。姓氏急就篇正作芡也。〔校注　「苃」

它氏。楚平王孫有田公它成。豈同族乎。〔校注　案姓氏急就篇。「豈同族乎」句非世本文。〕

墨夷氏。宋襄公子墨夷須爲大司馬。其後有墨夷臯。

男氏作南。

費氏作弗。史記作費。索隱云。世本費作弗。　禹後有弗氏。姓氏書辯證。

太公叔潁。又見姓氏書辯證太公下。

爲氏。晉始平人爲勉自稱將軍。以下古今姓氏書辯證。

公旗氏。齊威王時有左執法公旗藩。

公牽氏。齊公子牽之後。有公牽氏。

公他氏。有蒲邑大夫公他世卿。其先以王父字爲氏。

公襄氏。魯大夫公襄昭。魯襄公太子子野之後。

公金氏．秦公子金之後．有公金氏．

公朱氏．宋公子朱之後．

子游氏．鄭穆公生子偃字子游之後．鄧名世曰．案春秋游氏無子字．

子孔氏．鄭穆公生公子嘉字子孔之後．

子然氏．鄭穆公子子然之後．鄧名世曰．案春秋七穆．然氏無子字．他姓亦然．

子襄氏．齊桓公子子襄之後．

子士氏．魯叔孫成子生齊季．爲子士氏．

子寤氏．季平子生昭伯寤．其後爲子寤氏．

子成氏．魯季平子生子成叔彭侯之後．

子公氏．齊頃公子子公之後．鄧名世曰．案春秋鄭公子宋．亦字子公．

子郢氏．衞公族昭子郢之後．

子蕩氏．宋桓公生子蕩．因氏焉．元和姓纂引．

子石氏．陳桓子〔校注　「桓」姓氏書辯證作「威．」〕生子石難．自別爲子石氏．

子穆氏．陳僖子生子穆安．因爲子穆氏．

子沮氏。陳烈子生子沮與後〔校注　「後」原本闕文。據姓氏書辯證補。〕爲子沮氏。

子午氏。楚公子午之後。齊大夫子午明。元和姓纂引。

子季氏。楚公族子季氏。

卷子氏。衞文公後卷子子州氏焉。

羌憲氏。衞公族羌之孫憲。爲羌憲氏。

羌師氏。衞公族有羌師氏。

季瓜氏。周八士季騧之後爲氏。騧或作瓜。晉有祁邑大夫季瓜忽。

武羅氏。夏有武羅。其後氏焉。

車遽氏。齊有臨淄大夫車遽氏。

唐孫氏。祁姓。唐堯之後。其孫仕晉。自爲唐孫氏。

西陵氏。春秋時有大夫西陵羔。元和姓纂引。

雍門氏。齊頃公生子夏勝。以所居爲雍門氏。

叔夙氏。羊舌職生叔夙。爲叔夙氏。

莢成氏。晉大夫有莢成僖子。案通志氏族略引爲莢氏。

䲭子氏。陳桓公〔校注　「桓」、姓氏書辯證作「威」。〕昭子來將孫卑爲䲭子氏。

鬻子氏。出自鬻子觀起之後。楚大夫有鬻子班。

涉其氏。楚大夫有涉其氏。春秋涉其犁是也。鄧名世曰：案左氏定五年傳，是藍尹亹自以舟送其妻子濟水，非有人姓涉其名犁者。

北旄。子姓。

世本卷下

承德孫馮翼集錄
嘉興陳其榮增訂

帝系篇。謂子孫相繼續也。見天應廣百論釋音義。又慧琳續高僧傳音義云：謂子孫相承，繼續不斷絶也。榮案玄應慧琳一切經音義，竝云：世本有帝系篇，今據以補之。至高似孫所云帝譜，未知卽是否。

伏犧制以儷皮嫁娶之禮。禮記月令疏。

炎帝卽神農氏。昭十七年。

黄帝娶于西陵之子，謂之纍祖，產青陽及昌意。昌意生顓頊，顓頊生鯀。〔校注　案本條引自山海經海內經注，原本漏注。〕　顓頊母濁山氏之子。〔校注　案此句引自山海經海內經注，原本漏注。「濁」原本作「獨」，據山海經改。〕青陽卽少皥，黄帝之子，代黄帝而有天下，號曰金天氏。昭十七年。

以黄帝爲五帝。書序。

顓頊娶於騰墳氏，謂之女祿，產老童。郭璞山海經注。又作滕墳氏。御覽一百三十五，引作滕濆氏。宋衷注曰：國名。帝系云：勝奔氏。路史國名紀作勝墳。御覽，氏下有之子，產作是生。

老童娶於根水氏，謂之驕福，產重及黎。

黄帝生玄囂，玄囂生僑極，僑極生帝嚳，帝嚳生堯。堯典疏。

帝嚳卜其四妃〔校注　原本此下衍「四妃」〕之子皆有天下。元妃有邰氏之女曰姜嫄，是生后稷。次妃有娀氏之女曰簡狄，而生〔御覽作是產〕契。次妃〔御覽作次妃曰陳豐。〔校注　原本作「陳妃」，據御覽改。〕是生后稷。詠引作陳酆。〕陳鋒氏之女曰慶都，生帝堯。次妃娵訾氏之女曰常儀，生帝摯。〔詩生民正義引大戴禮云云。又藝文類聚十五、御覽一百三十五。以爲家語世本，其文亦然。摯上帝字，依慧琳辯正論音義補。〕

顓頊生鯀，鯀生高密，是爲禹。〔玉篇七。案鯀俗字。〕

鯀取有辛氏女，謂之女志，是生高密。宋衷云：高密，禹所封國。〔史記夏本紀索隱、御覽一百三十五。〕

帝堯爲陶唐氏。〔五子之歌疏。〕

堯是黃帝玄孫，舜是黃帝八代孫。〔堯典疏。〕

堯取散宜氏之子，女皇。宋衷曰：是生〔校注　「生」原本誤作「本」，據御覽改〕丹朱。堯系漢書同。〔見御覽一百三十五。散字依大戴記帝系篇增。〕

舜取堯女娥皇、女瑩。〔校注　案史記索隱云「女英，系本作女瑩」，本條非索隱引世本之文。〕〔史記五帝本紀索隱。〕

舜時，西王母獻白環及珮。〔文選景福殿賦注、藝文類聚六十七。珮作玦。〕

禹取塗山氏女，名女媧。〔史記夏本紀索隱。〕啓，禹子。〔益稷疏。〕

帝佇生帝芬。〔史記夏本紀索隱。又三代世表帝槐索隱曰：系本作帝芬。〕　帝泄生帝降。〔同上。〕　帝皐生發及履癸，履癸一名桀。〔史記夏本紀、三代世表索隱。〕

契生昭明。昭明生相土。相土生昌若。昌若生曹圉。曹圉生根國。根國生冥。祭法疏。宋衷曰：冥爲司空，勤其官事。

死於水中，殷人郊之。史記殷本紀索隱。冥生核。同上。核本紀作振。

湯名天乙。書堯典疏，以爲王侯世本。

湯生太丁、外丙、仲任。殷本紀正義。太史公採世本，有外丙仲壬。太甲、太丁子。伊訓疏。太甲崩，子沃丁立。書序正義。小甲，太庚子。史記三代世表索隱。

閼甲。殷本紀及世表索隱。史記竝作沃甲。盤庚崩，弟小辛立。崩，帝小乙立。崩，子武丁立。書序。祖辛。史記作虞辛。索隱曰：系本作祖辛，誤也。上祖乙已生祖辛，故知非也。

周后稷生不窋，卽文王十三代祖也。慧琳辯正論音義。

差弗生僞榆，僞榆生公非辟方。史記周〔校注「周」原本誤作「夏」，據史記改。〕本紀索隱。毁隃，世本作僞榆。皇甫謐云：公非字辟方也。公非辟方生高圉侯侔。

宋忠曰：高圉能率稷者也，周人報之。高圉侯侔生亞圉雲都。皇甫謐云：雲都，亞圉字。亞圉雲都生太公組紺諸盩。史記索隱、禮中庸疏。

成王生康王。康王生昭王。昭王生穆王。穆王生恭王。史記索隱引有伊扈二字。史記作繄扈。恭王生懿王及孝王。懿王崩，弟孝王立。孝王崩，懿王太子燮立，是爲夷王。詩民勞疏，引以爲孝王生夷王。夷王生厲王。禮記郊特牲，及詩民勞正義。惠王生

平王生桓王林。林原本作桓王。生莊王佗。佗原本作莊王。生僖王胡齊。齊原本作僖王。生惠王凉。史記作閬。索隱曰：世本名毋凉。

襄王鄭。鄭原本作襄王。生頃王亘。亘原本作頃王。生匡王班，及定王瑜。瑜原本作定王。生簡王夷。夷原本作簡王。生靈王泄心。心原本

作靈王　生景王貴。貴原本作景王　生悼王猛及敬王匄。昭二十六年疏。〔校注　本條原本增改之字，據左傳疏引世本文校正。〕　敬王崩，貞王介立。貞王崩，元王赤立。宋衷注引太史公書云：元王仁生貞王介。與世本不相應，不知誰是。哀十九年疏。　貞王介生元王赤。史記集解：徐廣晉義引如是。又六國表索隱云：元王名仁，系本名赤，敬王子。何兩人所引不相合耶。

王侯大夫譜　隋書經籍志：世本王侯大夫譜二卷。

魯

魯公伯禽生考公就。煬公熙。熙生幽公圉。微公弗。弗生厲公翟。晉持角反。　獻公具。具生愼公摯。武公敖。史記魯周公世家索隱。

孝公稱生惠公弗皇。弗皇生隱公息姑。同上。　桓公軌。桓元年。　莊公同生滑公啓。同上。閔元年注。作閔公啓方。　隱公之後仍有六世爲君。隱七年。〔校注　案左傳疏：此滕隱公，非魯隱公也。滕譜亦引此語。此蓋衍文。注隱「六」年，案左傳爲「七」年，據改。〕　昭公稠。史記索隱。　哀公蔣生悼公寧。寧生元公嘉。嘉生穆公不衍。檀弓上疏。衍史記作顯。索隱曰：系本顯作不衍。　平公旅。史記作叔。索隱曰：系本叔作旅。　滑公賈。史記作文公。索隱曰：系本作滑公。

孝公生僖伯彄。彄生哀伯達。達生伯氏瓶。瓶生文仲辰。禮器公冶長疏。　臧會，臧頃伯也。宣叔許之孫，與昭伯賜爲從父昆弟也。史記索隱。

孝公生惠伯革。其後爲厚氏。檀弓上正義：以爲世本云革，此云鞏；世本云厚，此云后，字異耳。史記集解：徐廣曰：郈一本作厚。世本亦然。其　昭伯名惡，魯孝公之後，稱郈氏。史記索隱。

慶父生穆伯敖。敖生文伯穀。穀生獻子蔑。檀弓下。 獻子蔑生孝伯。孝伯生惠伯。惠伯生昭伯。昭伯生景伯。檀弓上。

敬叔與懿子。〔校注 原本作「孟懿子南宮敬叔」據史記改。〕皆孟僖子之子。史記孔子世家索隱。 仲孫玃生南宮縚。檀弓上。 敬叔、桓公七世孫。惠伯、是桓六世孫。並檀弓下疏。

桓公生僖叔牙。牙生戴伯茲。茲生莊叔得臣。臣〔校注 原本臣上衍「得」字據檀弓疏删。〕生穆叔豹。豹生昭子婼。婼生成子不敢。敢〔校注 原本敢上衍「不」字據檀弓疏删。〕生武叔州仇。檀弓上〔校注 「上」原本誤作「下」，據檀弓改。〕

叔肸生聲伯嬰齊。齊生叔老。老生叔弓。檀弓下。 叔弓生定伯閱。閱生西巷敬叔。叔生成子還。左傳定十一年。

桓公生僖叔牙。叔牙生武仲休。休生惠伯彭。彭生皮爲叔仲氏。檀弓下。

季友生仲無佚。無佚生行父。穀梁傳文六年疏。 公子友生齊仲。齊仲生無逸。無逸生行父。行父生夙。檀弓上。 悼子紇生平子意如。意如生桓子斯。斯生康子肥。檀弓下。 悼子紇生穆伯靖。同上。

仲遂。莊公之子東門襄仲。檀弓下。 襄仲遬一作遂。遬與遂古字通。 產子家歸父及昭子子嬰。史記索隱。

魯大夫公之文。廣韻。

齊

太公望生丁公伋。伋生乙公得。得生祭〔校注　案王刻史記索隱引系本「祭」作「痟」，與檀弓同。而殿本作「祭」，疑「祭」或誤。〕公慈母。齊太公世家索隱曰：癸公，系本作祭公慈母。譙周亦曰：祭公慈心也。　慈母生哀公不臣。檀弓上疏。史記作不辰。索隱曰：系本作不臣，譙周亦作不辰。宋衷曰：哀公荒淫田遊，史作還詩以刺之也。

成公說。史記作脫。索隱曰：系本及譙周皆作說。　莊公購。史記作贖。索隱曰：系家及系本並作贖。　靈公名環。莊公名光。景公名杵臼。管晏列傳索隱。　簡公壬弟敬公驁。史記作平公。索隱曰：系本及譙周皆作敬，誤也。

莊仲山產敬仲夷吾。夷吾產武子鳴。鳴產桓子啓方。啓方產成子孺。孺產莊子盧。盧產悼子其夷。其夷產襄子武。武產景子耐涉。〔校注　「涉」原本作「步」。據史記改。下同。〕耐涉產微。管氏，管晏列傳索隱。

頃公生子夏勝。勝生子石青。左傳昭二十年。

高敬仲生莊子。莊子生傾子。傾子生宣子。宣子生厚。厚生止。　傾子之孫武子偃。左傳襄二十九年，昭十二年引曰頃子之孫燕。

懿伯生貞孟。貞孟生成伯高父。國氏，檀弓上。

齊大夫長孫修食邑於唐，其孫仕晉，後號唐孫氏。廣韻。

齊大夫淵湫。同上。　齊臨淄〔校注　「淄」原本作「邑」。據廣韻改。〕大夫車遽氏。又九麻，二十三魂引臨淄大夫車門遽。

陳桓子无宇產子亹。亹產子獻。獻產鞅。齊太公世家索隱。

陳僖子乞產成子常、簡子齒、宣子其夷、穆子安、廩丘子尙、鹽茲、子芒盈、左傳疏作鑿茲、芒子盈。 惠子得。齊太公世家索隱。司馬貞云：杜預又取昭子莊以充八人之數。按系本昭子是桓子之子，成子之叔，又不名莊。又哀十四年疏。 成子當疑作常。謂陳恆也。 生襄子班。班生莊子伯。檀弓上。〔校注「上」原本作「下」，據檀弓改。〕

夷孟思。田敬仲完世家索隱。陳敬仲子。史記作穉孟夷。 閭孟克。同上。史記作湣孟莊。孟夷子。 莊子伯。同上。史記作白。 宣王名辟疆。威王之子也。蘇秦列傳索隱。 湣王遂。田敬仲完世家。史記作地。宣王子。司馬貞索隱曰：據世本系家，自成子至王建之滅，祗十代。

晉

武侯曼期。晉世家索隱。案武侯唐叔虞孫。晉侯燮子。史記名寧族。 厲侯輻。同上。史記名福。 獻侯蘇。史記名籍。索隱曰：系本及譙周皆作蘇。 鄂侯郄。同上。

武公莊伯子。曲沃。桓三年。 定公名午出公名鑿。史記六國表索隱。

昭公生桓子雍〔校注 原本作「札桓子雍」，案史記作「桓子雍」，「札」字衍文，據刪。〕注云、戴子。晉世家徐廣音義。雍、晉昭公少子也，號爲戴子。 雍生忌。忌生懿公驕。 幽公生烈成公止。止生孝公傾欣。史記名頎。 傾欣生靜公俱。史記名俱酒。以上竝晉世家索隱。

欒叔賓父。史記靖侯庶孫欒賓。正義曰：世本云：欒叔賓父也。

范氏晉大夫隰叔之子士蔿之後。蔿生成伯缺。缺生武子會。會生文叔燮。燮生宣叔匄。匄生獻子鞅。鞅生吉射。〔校注 原本作「昭子吉射」，據史記刪「昭子」二字。〕史記趙世家索隱。又左傳文十三年疏。 士匄弟佗爲司功以官爲氏。廣韻。

孫伯黶生司空頡。頡生南里叔子。子〔校注　原本作「叔子。」據左傳删「叔」字。〕生叔正官伯。伯生司徒公。公生曲沃正少襄。襄生司空大伯。伯生侯季子。子〔校注　原本作「季子」據左傳删「季」字。〕生籍游。游生談。談生秦。昭十五年。　籍秦、晉大夫籍游之孫、籍談之子。趙世家索隱。

郤豹生冀芮。芮〔校注　原本作「冀芮」據左傳删「冀」字。〕生缺。缺生克。成二年。十一年。又　豹生義。義生步揚。揚〔校注　原本作「步揚」據左傳删「步」字。〕生蒲城鵲居。居〔校注　原本作「蒲城鵲居」據左傳删存「居」字。〕生至。同上。　步揚生州。成十一年。

晉大夫逝遨生桓伯林父。林父生宣伯庚。庚生獻伯偃。偃生穆伯吳。吳生寅。〔校注　原本作「文子寅」據史記删存「寅」字。〕本姓荀。自荀偃將中軍。晉改中軍曰中行。因氏焉。元與智氏同祖逝遨。故智氏亦稱荀。　逝遨生莊子首。首生武子罃。罃生莊子朔。朔生悼子盈。盈生文子櫟。櫟生宣子申。申生智伯瑤。趙世家索隱。

程鄭。荀氏別族。成十八年。

叔向兄弟有季夙。昭五年。

晉有大夫下門聰。廣韻。又姓氏書辯證。

韓萬。曲沃桓叔之子。萬生賕伯。賕伯生定伯簡。簡生輿。輿生獻子厥。史記韓世家索隱。　平子名頃。宣子子也。同上。案宣子獻子之子。　簡子名不信。莊子名庚。同上。案莊子簡子子。　武子名啓章。康子之子。魏世家索隱。案康子莊子子。　景子名虔。韓世家索隱。案景子武子之子。史記作景侯。　武侯名取。同上。史記作列侯。　韓宣王、昭侯之子也。蘇秦列傳索隱。

畢萬生芒季。芒季生武仲州。州即犨〔校注「犨」，原本作「讐」，據左傳、史記改。下同。〕也。閔元年疏。又魏世家索隱。　畢萬生芒。芒生季。季生武仲州。州生莊子降。〔校注「降」原本作「絳」，據樂記改。下同。〕降生獻子荼。荼生簡子取。取生襄子多。此又見魏世家索隱。下句同。　多生桓子駒。駒生文侯斯。樂記疏。　魏錡、犨孫。宣十二年。　惠王生襄王。魏世家集解。　襄王名嗣。蘇秦世家索隱。

襄王生昭王。魏世家索隱。　昭王名遬。范睢蔡澤列傳索隱。　安僖王名圉。案安僖王昭王子。　安釐王生景愍王午。魏世家索隱。

公明生共孟及趙夙。夙生成季衰。衰生宣孟盾。趙世家索隱。　趙夙爲衰祖，穿爲夙之曾孫。宣二年疏。　景叔名成。趙世家索隱。案景叔趙武之子。　襄子子桓子。同上。　桓子名嘉，襄子之子。魏世家索隱。　代成君子起。即獻侯。　襄子之子。趙世家索隱。　敬侯名章。　成侯名種。　肅侯名語。肅侯成侯子。竝見同上。又蘇秦列傳索隱曰：世本云，肅侯名言。　昭王名側。樗甘列傳索隱。〔校注　案史記趙無昭王。此秦昭王也。原本誤。〕　孝成王丹生悼襄王偃。偃生今王遷。趙世家徐廣音義。

宋　宋更曰睢陽。宋微子世家集解。

宋湣公生弗甫何。弗甫何生宋父。宋父生正考甫。正考甫生孔父嘉。爲宋司馬。華督殺之而絕其世。其子木金父降爲士。木金父生祁父。祁父生防叔。爲華氏所偪，奔魯，爲防大夫，故曰防叔。防叔生伯夏。伯夏生叔梁紇。叔梁紇生仲尼。詩那正義。

戴公生樂甫術。術生碩甫澤。澤生季甫。甫生子僕伊與樂豫。左傳文七年。　碩甫澤生夷父須。須生大司寇呂。文十八年。　戴公生樂甫術。術生石甫願繹。繹生夷甫傾。傾生東鄉克。克生西鄉士曹。曹生子罕喜。檀弓下。　樂懼、戴公六世孫。成十六年。

皇父充石、戴公子。文十一年。

華父督、宋戴公之孫、好父説之子。桓元年。〔校注　「桓元年」原本作「隱八年」。據左傳改。案隱八年疏引世本云「宋督是戴公之孫。好父説之子。華父是督之字。」〕　華督生世子家。家〔校注　原本作「世子家」。據左傳删「世子」二字。〕生華孫御事。事〔校注　原本作「華孫御事」。據左傳删「華孫御」三字。〕生華元右師。文十六年。　世子家生秀老。〔校注　原本作「季老」。據左傳改。下「秀」字衍。據左傳删。〕老生司徒鄭。鄭生司徒喜。成十五年。

莊公生右師戊。戊生司城師。成十五年。

宋莊公孫名固、爲大司馬。宋微子世家正義。

桓公生公子鱗。鱗生東鄉矔。文七年。　矔原本作東鄉矔生司徒文。〔校注　原本衍「東鄉」「司徒」「司寇子」七字。據左傳删。〕文原本作司徒文生大司寇子奏。奏原本作司寇子奏生小司寇朱。成十五年。

桓公生向父盻。盻生司城訾守。守生小司寇鱣及合左師。同上。　向戌生東鄰叔子超。超生左師眇。眇即向巢。

也。檀弓上。

公孫壽生大司馬虺，虺生司馬澤。成十五年。

襄公子墨夷須爲大司馬，其後有墨夷皋。廣韻。

宋大夫東鄉爲。同上。

宋有大夫考成方。同上。

衛　宋忠曰：康叔從康徙封衛。衛卽殷墟定昌之地。衛康叔世家索隱。

康伯名髡。宋忠曰卽王孫牟也，事周康王爲大夫。同上。康伯、康叔子。　摯伯。同上。史記作庛（校注「庛」原本誤作「庭」，據史記改。）伯。　箕伯。同上。史記作貞伯。

戴公申。閔二年疏。　敬公費生橈公舟。衛康叔世家索隱。費史記作弗。橈公舟作昭公糾。司馬貞曰：系本非也。　公子虔生慎公。史記。慎公父，公子適。索隱曰：系本適作虔。虔，悼公也。　慎公生聖公馳。史記作聲公訓。　聖公生成侯不逝。史記作成侯速。索隱曰：系本作不逝。案上穆公已名遬，不可成侯更名，則系本是也。

獻公生成子當，當生文子拔，拔生朱，爲公叔氏。檀弓上二見。

靈公生昭子郢，郢生文子木及惠叔蘭，蘭生虎，爲司寇氏。檀弓上。（校注「檀弓上」三字，原本漏注，據檀弓疏補。）　公孫文子名木彌。

牟其字也。檀弓下。

公孟彄靈公之子，字公孟、名彄。隱八年。

文子生簡子瑕，瑕生衛將軍文氏。檀弓上。

懿子兼生昭子舉。舉生趙陽。兼卽鬣也。定十四年。

孫氏出于衞〔校注　原本脫「衞」字。據左傳補。〕武公。至林父八世。成十四年。

孔莊叔達生得閭叔穀。穀生成叔烝鉏。鉏生頃叔羅。羅生昭叔起。起生文叔圉。圉生悝。祭統疏。

秦

仲滑生飛廉。秦本紀正義。　繆公名任好。秦本紀索隱。　景公名后伯車。秦本紀集解。秦始皇本紀索隱。案伯車乃景公字。　刺龔公生懷公及簡公悼子〔校注　案史記索隱曰「簡公名悼子，卽刺龔公之子，懷公弟也。紀及系本皆以爲然。」〕秦始皇本紀索隱。　靈公立十年。同上。史記作肅靈公。　惠公生少主。同上。　元獻公立二十二年。同上。　武烈王十九而立。立三年。同上。　始皇帝政。同上。徐廣曰：一作正。宋忠云：以正月旦生，故名正。

楚

老童生重黎及吳回。楚世家徐廣音義。　陸終娶鬼方氏之妹，謂之女嬇。楚世家索隱。　生子六人。其一曰樊，是爲昆吾。宋忠曰：昆吾國名，己姓所出。昆吾者，衞是也。二曰惠連，是爲參胡。宋忠曰：參胡國名，斯姓，無後。參胡者，韓是也。三曰錢鏗，是爲彭祖。彭祖者，彭城是也。四曰求言，是爲鄶人。宋忠曰：求言名也，妘姓所出，鄶國也。會人者，鄭是也。其五曰安，是爲曹姓。宋忠曰：安名也。曹姓者，諸曹所出也。曹姓者，邾是也。六曰季連，是爲芊姓。季連者，楚是也。宋忠曰：季連名也。芊姓，諸楚所出，楚之先也。楚世家集解、索隱。〔校注　原本漏注。據史記補注上七字。〕

句祖王庸。同上。就章王疵。〔校注　原本作「就章王執」。案史記「執」作「執疵」。索隱曰系本無「執」字。則此以作「疵」爲是。據改。〕康王招。十二諸侯年表索隱。

穆王生王子揚。揚生尹。尹生令尹匄。昭十七年。

蔿艾獵是〔校注　「是」原本作「孫」。據左傳改。〕叔敖之兄。馮是〔校注　原本馮字上衍「蔿子」二字。下脫「是」字。據左傳校正。〕艾獵之子。襄十五年。

平王孫有田公它成。蔿子。荀子非相篇楊倞注。

屈蕩、屈建之祖父。襄二十五年杜注。

楚大夫涉其帑。廣韻。

陳宋忠曰。虞思之後箕伯直柄中衰。殷湯封遂於陳。以爲舜後。陳杞世家索隱。

厲公躍。桓十二年。

宣公生子夏。夏生御叔。叔生徵舒。舒生惠子晉。晉生御寇。寇生悼子齧。昭二十三年。

鍼宜咎、陳鍼子八世孫。襄二十四年。

杞宋忠曰。杞今陳留雍邱縣。

惠公生成公及桓公。杞世家索隱。惠公史記作德公。惠公立十八年。生成公及桓公。成公立十八年。桓公立十七年。同上。徐廣晉義。　桓公成公之弟。襄六年。

鄭

鄭伯費是鄭悼公。穀梁傳成六年。

鄭穆公生子國發。發生子產僑簡成子。僑生子思參。參生子玉珍武子。珍生子樂卑顯莊子。爲子國氏。姓氏書辯證。

鄭穆公子喜字子罕。生子展舍之。舍之生子皮虎。子罕氏。同上。

子游子瑕竝公孫夏之子。駟氏。昭十九年。

蔡

平侯者、靈侯般之孫。太子友之子。管蔡世家集解。

滕　宋忠云，今沛國公邱，是滕國也。

錯叔繡。文王子。漢書地理志注。　齊景公亡滕。隱七年。

隱公之後。仍有六世爲君。〔校注　「爲君」二字原本誤作「孫」。據左傳改。〕同上。

考公麇元公弘、郎定公文公也。趙注孟子。困學紀聞卷八。

薛

奚仲之後。任姓。杞世家索隱。〔校注　原本「杞」上有「宋忠云」衍文。今删。〕

曹

宋忠曰，濟陽定陶縣。

悼公卒，弟露立，謚靖公。曹叔世家索隱。

燕

史記索隱曰，譙周云，系本謂燕自宣侯已上，皆父子相傳，故無所疑，桓侯以下，竝不言屬，以其難明故也。案今系本無燕代系，宋忠依太史公書以補其闕，尋徐廣作音，尙引系本，蓋近代始散逸耳。

召穆公、康公之十六世孫。詩江漢疏。

文公生懿公。史記燕世家，桓公十一年卒，文公立。索隱曰，系本以上文公爲閔公，則閔與湣同。而上懿公之父又謚文公。

吳

夷昧及僚。夷昧生光。左傳昭二十七年疏，史記索隱云，僚，公羊傳以爲壽夢庶子。吳越春秋曰，王僚夷昧子，與史記同。

越

越，芊姓也，與楚同祖。趙世家正義。案此指南越。

世本考證

周禮。瞽矇諷誦詩。世奠繫。注。故書奠或爲帝。杜子春云。帝讀爲定。其字爲奠。書亦或爲奠。世奠繫、謂帝繫諸侯卿大夫世本之屬是也。小史主次序先王之世。昭穆之繫。述其德行。瞽矇主誦詩。幷誦世繫。以戒勸人君也。故國語曰。教之世而爲之昭明德而廢幽昏焉。以怵懼其動。玄謂世之而定其繫。謂書于世本也。疏。子春解世繫。帝繫。據王卽經繫也。諸侯卿大夫謂之世本。卽經世也。云小史主次序先王之世昭穆之繫者。小史職云。奠繫世。辨昭穆。故知二史次序之。小史掌邦國之志．奠繫世．辨昭穆．鄭司農云．繫世．謂帝繫世本之屬是也．云述其德行者。取義于國語云、爲之昭明德是也。子春之意。與先鄭同爲諫諍之事。後鄭亦不從也。國語者。按楚語云。莊王使士亹傅太子箴。辭。王卒使傅之。問于申叔時。申叔時曰。教之春秋。而爲之聳善而抑惡焉。以戒勸之。教之世而爲之昭明德而廢幽昏焉。以怵懼其動。注云。先王之繫世本。使知有德者長。無德者短。子春引之者。證帝繫世本之事。後鄭云世之而定其繫。謂書于世本。以世與繫爲一事解之。又對文言之。王謂之帝繫。諸侯卿大夫謂之世本。散則通。故云書於世本。世本卽帝王繫也。

王應麟漢志考證曰。世本十五篇。　周官瞽矇世奠繫。注謂世之而定其繫．謂書于世本也．國語曰．教之世．以怵懼其動．　小史定繫世。辨昭穆。注謂帝繫世本之屬．天子曰帝系．諸侯曰世本．　司馬遷傳贊。世本錄黃帝以來至春秋時帝王公侯卿大夫祖世所出。司馬遷采世本。劉向曰。世本、古史官明于古事者所記。錄黃帝以來。帝王諸侯及卿大夫系謚名號。凡十五篇。見史記索隱。隋志世本王侯大夫譜二卷。又世本二卷。劉向撰。又四卷。宋衷撰。又漢初得世本。敍黃帝以來祖世所出。春秋正義云。今之世本。與司馬遷言不同。世本多誤。不足〔校注　原本脫「足」字。據左傳昭廿六年正義增〕依憑。顏之推曰。世本左邱明所書。此說出皇甫謐帝王世紀。而有燕王喜漢高祖。非本文也。見顏氏家訓書證篇。

文選趙充國頌注引世本注云。鬼方於漢。則先零戎是也。

項氏曰。古者立氏。必告於太史。春秋之末。知果別族于太史。爲輔氏。後世史職既衰。宗法又亡。鄭氏曰。三代之前。姓氏分而爲二。男子稱氏。婦人稱姓。三代之後。姓氏合而爲一。

高似孫史略云。世本十五篇。古史官記黃帝以來訖春秋帝王公卿諸侯大夫譜係。太史公因之以作史記者。是後世本凡三。其一曰世本。劉向所作者。二卷。其一亦曰世本。宋衷所作者。四卷。其一曰帝譜世本。宋均所作者。七卷。又有世本王侯大夫譜二卷。世本譜二卷。王氏注。按世本敍歷代君臣世系。是書不復見。猶有傳者。劉向宋衷宋均三家而已。予閱諸經疏。惟春秋左氏傳疏所引世本者不一。因采掇彙次爲一書。題曰古世本。周益公在西府。聞予有此。面借再三。因錄本與之。益公一見曰。天下奇書。學者雋功也。予因曰。劉孝標注世說。引摰氏世本。蓋敍摰氏世家。今人欲系譜諜。依摰氏法。名之曰某氏世本。殊爲古雅。益公曰。此說尤新奇。

章宗源隋經籍志考證曰。周禮。小史掌邦國之志。定世繫。辨昭穆。注曰。帝繫世本之屬。疏曰。天子謂之帝繫諸侯謂之世本。漢書司馬遷傳贊曰。左邱明有世本。錄黃帝以來至春秋時。帝王公侯卿大夫祖世所出。據此則周禮疏所云。天子謂帝繫。諸侯謂世本。其說未審。漢藝文志春秋家有世本十五篇。愚按其篇名可見者。有帝繫篇。一切經音義曰。世本有帝繫篇。謂子孫相繼續也。有氏姓篇。左傳正義。世本氏姓篇曰。任姓。謝章薛舒呂祝終泉畢過。有作篇。禮記鄭注。世本作曰。垂作鐘。無句作磬。女媧作笙簧。疏曰。世本作曰者。世本。書名。有作篇。其篇記諸作事。周禮注。世本作曰。相土作乘馬。又注曰。智者創物。謂始開端造器物。若世本作者也。疏曰。引世本作者。無句作磬儀狄造酒之類。論衡對作篇曰。言苟有益。雖作何害。倉頡之書。世以紀事。奚仲之車。世以自載。伯余之衣。以辟寒暑。桀之瓦屋。以辟風雨。夫不論其利害。而徒譏其造作。則倉頡之徒有非。世本十五家皆受責也。有居篇。史記索隱。系本居篇曰。吳孰哉居藩籬。又居篇曰。魏武子居魏。又居篇曰。昭子居安邑。通鑑音注曰。系本卽世本。司馬遷唐諱。改世爲系。有謚法篇。玉海書目。沈約謚法序曰。大戴禮及世本。舊竝有謚法。而二書傳至約時。已亡其篇。史記序索隱。劉向曰。世本、古史官明於古事者之所記也。錄黃帝以來帝王諸侯及卿大夫系謚名號。凡十五篇。漢志本注云。訖春秋時。顏氏家訓書證篇曰。世本左邱明所書。本注此說出皇甫謐帝王世紀。而有燕王喜漢高祖。左傳宣公正義曰。世本傳寫多誤。其本未必然。於趙夙爲衰祖。穿爲夙曾孫。蔿艾獵是叔敖之兄。馮是艾獵之子。魏錡乃犨孫。正義皆云多誤。昭公正義又曰。司馬遷采世本爲史記。而今之世本與遷言不同。世本多誤。不足依憑。世本曰。吳夷眛及僚。夷眛生光。史通書志篇曰。周撰世本。式辨諸宗。雜述篇曰。世本辨姓。著自周室。趙岐孟子注。引古紀世本。錄諸侯之世。滕有考公元公。疑所謂古紀者。當卽周左邱明原本。史通外篇曰。楚漢之際。有好事者。錄自古帝王公侯卿大夫之世。終乎秦末。號曰世本十五篇。此言楚漢之際所錄。與劉向言古史官所記不合。且事終秦末。不宜有燕王喜漢高祖。據隋志載世本王侯大夫譜二卷。無撰人名。又世本二卷。劉向撰。是自有兩本。一在周代。一在楚漢之際。皆十五篇。故同爲二卷。劉向之撰。當是注文。宋衷撰四卷，亦注也。諸書多徵引宋衷世本注。衷又作忠。或稱宋仲子注。唐志宋衷世本（校注　原本脫「世本」二字，據新唐書藝文志補）四卷。又按史記吳世家徐廣引系本曰夷昧生光。（校注　「夷昧生光」原本作「夷昧及僚昧夷光生」。案史記索隱原文作「徐廣引系本云夷昧生光。」下文云「今檢系本……無此語」。作者所引蓋衍「夷昧及僚」四字，而「夷昧生光」又顛倒作「昧夷光生」。茲據史記校正。）（此與左傳疏異）索隱曰今檢系本無此語。燕世家索隱譙周曰系本謂燕自宣侯已上皆父子相傳，故無所疑。（校注　「燕自宣侯已上皆父子相傳故無所疑」原本作「燕自宣侯以下皆父子相傳無及」，據史記校正。）按今系本無燕代系。宋忠依太史公書以補其闕，尋徐廣作音尙引系本，蓋近代始散佚耳。據司馬貞此言，譙周、徐廣所見世本乃古本，貞所見乃宋忠撰本。隋志不著錄者，世本別錄一卷，見唐志帝譜。世本七卷，宋均注，亦見唐志。文選西京賦注、隸首，黃帝史也。史記五帝紀索隱伏羲、神農、黃帝爲三皇，少昊、高陽、高辛、唐虞（校注　原本脫「唐虞」二字，據史記補）爲五帝。始皇紀索隱言如魚之爛，自內而出。太平御覽服章部黃帝作旃冕，通帛爲旃，冕，魯昭公作弁制素弁也。竝引宋均世本注。又有系本卷亡，孫氏注。史記五帝紀索隱曰孫氏注系本以伏羲、神農、黃帝爲三皇，少昊、高陽、高辛、唐虞爲五帝。（張守節正義同引孫氏系本注）愚按隋唐二志皆不載孫氏系本注，然司馬貞、張守節竝引之，則非字誤。但其言三皇五帝與宋均注同，又有世本譜二卷，見舊唐志，無撰人名，新唐志題王氏注。

世本輯補十卷

嘉慶戊寅仲夏琳琅仙館開雕

世本輯補自序

嘉謨自束髮受經，即好爲氏姓之學。既采補世本，越十年麤畢，乃次而序之曰：自世本亡而春秋之旨晦矣。自世本亡而史官之法廢矣。夫春秋之旨微而顯，志而晦，婉而成章，盡而不汙，懲惡而勸善，而世本有帝系及紀，以彰五德之運，有譜及世家及傳，以著治忽久暫之故，有居作氏姓諡法，以明是非美惡之效，疇者可勸，疇者足戒，讀此而春秋之旨昭然如揭。然則劉向撰別錄，班固志藝文，以世本次春秋後，亦其宜也。夫世本何爲而作乎？古者外史之職，奠繫世，辨昭穆，明天子諸侯世及之義，生則著其統，沒則定其諡，而諸侯之史，亦得有簡牘以進退卿大夫之族姓班位貴賤能否，列史相承，守而不失，蓋有以彰善癉惡，而使之交相警焉，防微杜漸，而使之不得爭焉。觀乎太史之記崔杼，知果之稱輔氏，周之史法，其可推而見矣。夫春秋爲編年，世本爲紀傳，太史公述世本以成史記，紀傳不自史記始也。自史記以後，史家始表古今、表游幸矣，志符瑞、志釋老矣，傳文苑、傳隱逸、傳寒儁、傳鬼神矣，無與乎治亂，無當乎襃貶，爭立名目以相炫異，不知史記之意者，是不明世本之旨者也。不知世本之旨者，皆不明古史之法者也。吾故曰世本亡而史官之法廢也。夫能述世本者。於漢莫如司馬遷。於吳晉莫如韋昭杜預。（韋杜注國語左傳。其世系並據世本。見本書序。）今世本亡而三家之說猶存。其卽以此爲世本乎。吾未敢也。其竟以此爲非世本乎。吾不忍也。有者集之。無者據三者而補之。又復得孫觀察星衍所藏淡生堂抄輯世本二卷。洪大令飴孫所編世本四卷。詳加增校。復閱四寒暑而成。夫古書存者日尠。漢唐遺文。學者猶思采錄。況世本爲三代之書。春秋之緒餘。史記之所本。不及今而裒集。其將誰竢乎。善乎劉子駿之言曰。與其過而棄也。毋寧過而存之。不惜蹈穿鑿之譏。冀以存古人之事。則鄙意存焉耳。時嘉慶丙子秋九月江都秦嘉謨識。

諸書論述

史記集解序、索隱引劉向曰。世本、古史官明於古事者之所記也。錄黃帝以來帝王諸侯及卿大夫系謚名號。凡十五篇也。

按此蓋小司馬引劉向別錄之文。其十五篇舊目已不可得。今可識者十篇耳。或篇第有繁重者。略分上下。亦未可定。不能詳核矣。

漢書梅福傳。綏和元年立二王後。推迹古文。以左氏穀梁世本禮記相明。

漢書司馬遷傳贊曰。孔子因史記而作春秋。而左丘明論輯其本事以爲之傳。又纂異同爲國語。又有世本。錄黃帝以來至春秋時。帝王公侯卿大夫祖世所出。春秋之後。七國並爭。秦兼諸侯。有戰國策。漢興、伐秦定天下。有楚漢春秋。故司馬遷據左氏國語。采世本戰國策。楚漢春秋。接其後事。迄於大漢。其言秦漢詳矣。

按太史公書采世本。其創立篇目。如本紀。如世家。如列傳。皆因世本。愈可見當時述而不作之旨。說詳諸篇。

後漢書班彪傳。漢書略論曰。唐虞三代。詩書所及。世有史官。以司典籍。暨於諸侯。國自有史。故孟子曰。楚之檮杌。晉之乘。魯之春秋。其事一也。定哀之間。魯君子左邱明論集其文。作左氏傳三十篇。又撰異同號曰國語二十篇。由是乘檮杌之事遂闇。而左氏國語獨彰。又有記錄黃帝以來至春秋時帝王公侯卿大夫。號曰世本一十五篇。春秋之後。七國並爭。秦幷諸侯。則有戰國策三十三篇。漢興定天下。太中大夫陸賈記錄時功。作楚漢春秋九篇。孝武之世。太史令司馬遷采左氏國語。删世本戰國策。據楚漢列國時事。上自黃帝。下迄獲麟。作本紀世家列傳書表。凡百三十篇。而十篇缺焉。又曰。夫百家之書。猶可法也。若左氏國語世本戰國策楚漢春秋太史公書。今之所以知古。後之所由觀前。聖人之耳目也。

周官小史奠繫世。辨昭穆。鄭玄注曰。繫世謂帝繫世本之屬是也。小史主定之。

禮記大傳鄭玄注曰。繫之弗別。謂若今宗室屬籍。周禮小史掌定繫世。辨昭穆。孔氏疏曰。周禮小史之官掌定帝繫世本。知世代昭穆。

顏氏家訓曰。世本左邱明所作。而有燕王喜漢高祖。

按世本乃周時史官相承著錄之書。劉向別錄。周官鄭注已明言之。故有燕王喜耳。若漢高祖乃漢人補錄系代。非原文也。以世本爲左邱明所作。亦自顏書始發之。其實漢書司馬遷傳、後漢書班彪傳中未之明言也。

隋書經籍志曰。漢初得世本。敍黃帝以來祖世所出。

劉知幾史通曰。帝王苗裔。公侯子孫。餘慶所宗。百世無絕。能言吾祖。郯子見師於孔公。不識其先。籍談取誚於姬后。故周撰世本。式辨諸宗。楚置三閭。實掌王族。

春秋左傳孔氏疏曰。杜君采太史公書世本旁引傳記。以爲世族譜。略記國之興滅。

又曰。杜據世本史記作世族譜。說諸國滅亡之年。

史記燕世家司馬貞索隱曰。今系本無燕代系。宋忠依太史公書以補其缺。尋徐廣作音。尙引系本。蓋近代始散佚耳。

按唐人避太宗諱。引世本皆作系本。據小司馬之言。則世本燕世家最先散佚。故宋忠補之也。

龐元英（校注　原本脫「元」字）文昌雜錄曰。梁四公子。一人姓𪓰名杰。一人姓𤍊名䖙。（校注　案廣韻無「䖙」字。注云梁四公子「𤍊𪓕」。疑「䖙」或「𪓕」之譌。又案雲麓漫抄。姓氏急就篇注。敍梁公子之名。皆作「𪓕」。注音湍。）梁昭明太子曰。𪓰出世本。䖙出世本。

夏竦古文四聲韻曰。姬古世本字。𠤎古世本字。

按世本爲周史所作。其著錄皆古文。以上二書所引。猶世本之舊文也。

王堯臣等崇文總目氏族類原敍曰。昔黃帝之子二十五人。得姓命氏。由其德之薄厚。自堯舜夏商周之先。皆同出於黄帝。而姓氏不同。其後世封爲諸侯者。或以國爲姓。至於公子公孫。官邑謚族。遂因而命氏。

其源流次序。帝繫世本言之甚詳。

歐陽修帝王世次圖序曰。司馬遷作本紀。出於大戴禮世本諸書。今依其説圖而考之。堯舜夏商周同出黄帝。

劉恕通鑑外紀曰。世本經秦歷漢。儒者改易。

按世本爲周初至戰國時史官相承而作。史記集解所引趙孝成王丹生悼襄王偃。偃生今王遷之言可據。若經漢儒改易。則非其辭矣。

鄭樵通志氏族略序曰。凡言姓氏者。皆本世本公子譜二書。二書皆本左傳。

世本篇目

漢書藝文志。世本十五篇。古史官記黄帝以來迄春秋時諸侯大夫。

隋書經籍志。世本王侯大夫譜二卷。世本二卷。劉向撰。世本四卷。宋忠撰。

按漢志十五篇。隋志第言卷數。分著竹帛。故有不同。四卷二卷。皆向與忠撰注之卷目也。宋忠爲後漢末荆州五業從事。南陽人。字仲子。見三國志尹默李譔傳虞翻傳注及隋經籍志。忠一作衷。音同。

舊唐書經籍志。世本四卷。宋衷撰。世本別錄一卷。帝譜世本七卷。宋均注。世本譜二卷。

新唐書藝文志。宋衷世本四卷。別錄一卷。宋均注。帝譜世本十卷。王氏注。世本譜二卷。

按宋均爲魏博士。亦見隋經籍志。王氏注無攷。崇文總目世本已不著錄。蓋在五季時已亡佚矣。

世本輯補目錄

漢泰山太守應劭注
漢荆州五業從事宋忠注
魏博士宋均注

世本卷一

江都秦嘉謨輯補

帝繫篇　尚書序正義曰．大戴禮帝繫及五帝本紀皆出於世本．又云．世本帝繫．及大戴禮五帝德．幷家語宰我問．太史公五帝本紀．皆以黃帝爲五帝．上舉書名．下詳篇名．則帝繫乃世本之篇益可知．大戴禮帝繫篇亦采之於世本也．釋玄應一切經音義二十三．亦曰．世本有帝系篇．謂子孫相繼續也．繫或作系．音義並同．今雜采諸傳注所引者．據大戴禮帝繫之文．連綴比附．用存其舊．其闕而不見諸書者．則仍以大戴禮本篇補之．所補之文則小書旁綴．別於本文．輯爲帝繫篇卷一．

少典生軒轅．是爲黃帝．

注、號有熊者．以其本是有熊國君之子故也．都軒轅之邱．因以爲名．又以爲號．司馬貞史記五帝本紀索隱．

按大戴禮本文生本作產．今據下本文改產作生．後仿此．

黃帝生玄囂．玄囂生僑極．僑極生高辛．是爲帝嚳．孔穎達尚書舜典正義．羅泌路史後紀九．引作帝嚳黃帝之曾孫．蓋約舉之文．

宋衷曰．玄囂青陽卽少昊也．史記五帝本紀索隱．高辛地名．因以爲號．嚳名也．索隱同上．

帝嚳生放勳．是爲帝堯．尚書舜典正義．

按諸書引此篇皆約舉其文．故與大戴禮詳略稍異．他皆類此．

黃帝生昌意．郭璞山海經海內經注．昌意生高陽．是爲帝顓頊．顧野王玉篇頁部．海內經注引作昌意生顓頊．

顓者專也。言能專正天之道也。玉篇頁部。

按此條玉篇與本文連引。今據大戴禮本文定以爲注。

宋衷曰。顓頊名高陽。有天下號也。史記五帝本紀索隱。

顓頊生窮係。窮係生敬康。敬康生句芒。句芒生蟜牛。蟜牛生瞽叟。瞽叟生重華。是爲帝舜。及象生敖。

案史記三代系表索隱曰。此表依帝繫及系本。此上之三十四字。諸書無引之者。惟系表與大戴禮帝繫篇同。索隱又明言其見系本。故據以爲系本本文。唐人引世本。皆以世爲系。避太宗諱也。史記三代系表索隱又引窮係二字。

宋衷云。一云窮係。謚也。史記五帝本紀索隱。三代世表索隱。

顓頊生鯀。山海經海內經注。史記三代世表索隱引帝系篇。史記夏本紀索隱引作鯀爲顓頊子。路史後紀十二注引作高陽生鯀。鯀生高密。是爲禹也。玉篇骨部。趙氏吳越春秋注引作是生高密。路史後紀十二注引同。無也字。

案鯀字。玉篇路史注俱引作鯀。說文鯀魚从魚系。又禹父名。則當以从魚爲正。郭璞山海經注及索隱皆作鯀。

宋衷曰。高密。禹所封國。史記夏本紀索隱。路史後紀十二注引同。所作之。

黃帝居軒轅之邱。娶於西陵氏之子。謂之纍祖。產青陽及昌意。山海經海內經注。宋重修廣韻十一齊注引同。氏下作爲妃。名纍祖。

案海內經注引昌意作意昌。而下文仍引作昌意。則此條乃刊本之誤。今據下文校正。

青陽降居泜水。昌意降居若水。路史國名紀一。昌意娶於濁山氏之子。謂之昌僕。產顓頊。海內經注引作顓頊母濁山氏之子。名昌僕。蓋約舉世本文。今據大戴禮本篇校正。顓頊娶於滕墳氏。謂之女祿。產老童。山海經大荒西經注。李昉等太平御覽一百三十五引同。墳作濆。路史後紀八注。滕墳引作滕濆。惟二字。

宋忠注曰。滕墳國名。御覽一百三十五．路史國名紀注引作帝系宋衷注云勝奔國名．

老童娶於根水氏。謂之驕福。山海經大荒西經注．林寶元和姓纂二十五寒引作老童娶安是女．鄭樵通志氏族略四引老童娶根水氏六字．路史後紀八注根水引作梩水． 生重黎及吳回。裴駰史記楚世家集解．史記楚世家索隱單行本．山海經大荒西經注引作產重及黎．王應麟急就章補注二引作老童生重黎及吳回．案山海經注所引．則重黎爲二人．與史記楚世家不合．此景純破文見義．非正解也．

吳回氏產陸終。陸終娶於鬼方氏之妹。謂之女隤。是生六子。孕三年。啓其左脅。三人出焉。破其右脅。三人出焉。酈道元水經洧水注．史記楚世家索隱引陸終至女隤二句．無於字．隤作嬇．王應麟詩地理考引作陸終生六子．路史後紀八注引帝本世系鬼方國君之妹女嬇一句．蓋約舉文． 其一曰樊。是爲昆吾。史記楚世家索隱．

宋忠曰。昆吾國名。已姓所出。史記楚世家索隱．

二曰惠連。是爲參胡。史記索隱同上．

宋忠曰。參胡國名。斯姓。無後。索隱同上．

三曰籛鏗。是爲彭祖。索隱同上． 四曰求言。是爲鄶人。索隱同上．水經洧水注引作其四曰萊言．是爲鄶人．詩地理考二引作四曰鄶人．

宋忠曰。求言名也。妘姓所出。鄶國也。索隱同上．孔穎達詩檜譜正義引作會人卽檜之祖也．

其五曰安。是爲曹姓。史記楚世家索隱．

宋忠曰。安名也。曹姓者諸曹所出也。索隱同上．急就篇補注引同．無曹姓以下．

六曰季連，是爲芊姓。史記楚世家索隱。

宋忠曰：季連名也。芊姓，諸楚所出，楚之先。索隱同上。

季連產什祖氏，什祖氏產內熊，九世至於渠婁鯀，出自熊渠，有子三人，其孟子名爲無庸，爲句祖王；封其中子紅爲鄂王。史記楚世家索隱。引庸祖二字。水經江水注，引熊渠封其中子紅爲鄂王一句。樂史、太平寰宇記卷一百十二，兩引皆作楚子熊渠封中子紅於鄂。路史國名紀三注，引作鄂熊渠中子封之。

其季子名爲疵，爲就章王。

案大戴禮帝繫篇，子皆作之。今據水經注寰宇記校正。

案史記楚世家索隱曰：系本無執字，越作就，訂其與史記異也。如此類所引，一字二字之異同，今亦別書之，以存世本舊文，他處類此。

昆吾者，衞是也。史記楚世家集解。孔穎達左傳昭十八年正義。路史後紀八注。同，無也字。張守節史記天官書正義，引作昆吾衞者也。楚世家正義引同，衞下多一氏字。參胡者，韓是也。彭祖者，彭城是也。史記集解索隱並同上。路史後紀引參胡者韓是一條，無也字。鄶人者，鄭是也。水經洧水注。鄶作會。史記楚世家集解引同，無也字。曹姓者，邾是也。史記集解索隱同上。季連者，楚是也。索隱同上。帝嚳卜其四妃之子，皆有天下。上妃有邰氏之女曰姜嫄，而生后稷；次妃有娀氏之女曰簡狄，而生契；次妃陳酆氏之女曰慶都，而生帝堯；次妃娵訾氏之女曰常儀，生摯。孔穎達詩生民正義。又引帝嚳卜其四妃之子皆有天下二句。又引有邰氏女曰姜嫄一句。歐陽詢藝文類聚卷十，引與詩正義首條同，上作元，無四而字。〔校注　本文姜嫄下僅三「而」字。〕無之女曰常儀五字。案毛詩生民正義，只前兩句有兩「而」字，大戴禮帝繫原文，四句皆無「而」字，疑「常儀」下脫一「而」字。御覽一百三十五引同，而生皆作是產，生摯作產帝摯。史記外戚世家索隱，引至姜嫄而止。路史後紀九注，引嫄爲上妃一句。帝堯娶有宜氏子，謂之女皇。御覽一百三十五。生丹朱。路史後紀十注引世本帝系。

宋衷曰，是生丹朱。御覽同上。

帝舜娶於帝堯之子，謂之女盲（校注　「盲」路史作「肓」。注云肓即娥皇，皇肓聲相滋也。下同。）氏。案盲字大戴禮帝繫篇作匽。下篇。路史後紀十一注所引作女盲。今據校正。

鯀娶有辛氏女，謂之女志，是生高密。史記夏本紀索隱。御覽一百三十五引同。有辛氏作莘字。一本作華字。　禹娶塗山氏之子，謂之女嬌，是生啓。史記夏本紀正義引帝繫篇文。史記夏本紀索隱引作塗山氏女名女媧。路史後紀十二注引作禹娶於塗山氏曰嬌。下文又引嬌字。

案韋昭國語注序云，以世本考其流，則其所言世系，皆本是書。其注中所云鯀，黃帝之後。又曰鯀，顓頊之後。禹父也。又曰，顓頊生老童，老童生重黎及吳回，吳回生陸終，陸終生六子，第一子曰樊，封於昆吾。第三子曰籛，爲彭姓，封於大彭，謂之彭祖，彭城是也。第四子曰求言，爲妘姓，封於鄶，鄶今新鄭也。第五子曰安，爲曹姓，封於鄒。又曰，帝嚳，周之先祖后稷所出。皆與世本同。故有闕者采之。

世本卷二

江都秦嘉謨輯補

紀 案左傳襄二十一年正義引記文曰．太甲湯孫史記索隱及路史注亦引世本紀文．記與紀古音同．此卽史記本紀之所本．今采錄原文．補以韋昭國語注及史記．輯爲紀卷二．

黃帝顓頊帝嚳唐堯虞舜爲五帝．史記五帝本紀正義．尚書序正義引作黃帝爲五帝．

孫氏注伏犧神農黃帝爲三皇少昊高陽高辛唐虞爲五帝．史記五帝本紀索隱．正義同．

案孫氏不知何代人．其注亦無引之者．此條語義似與世本本文相辨證．小司馬等殆未引其文耳．

黃帝有熊氏少典之裔子帝軒轅也．

案史記五帝本紀未知其全采世本與否．不敢全錄其文．第采其與韋注相同者錄之．此條卽見韋氏魯語注．

黃帝樂名咸池．禮記樂記正義三十八．

少昊黃帝之子名契字青陽黃帝沒契立王以金德號曰金天氏同度量調律呂封泰山作九泉之樂以鳥紀官．路史後紀七注．引董逌錢譜轉引世本．左傳昭元年正義．引作帝少皞金天氏．黃帝之子．昭十七年正義．引作青陽卽是少皞．黃帝之子．代黃帝而有天下．號曰金天氏．路史後紀七注．引少皞名摯四字．

宋忠曰太史公書玄囂青陽是爲少昊繼黃帝立者而史不敍蓋少昊金德王非五運之次故敍五帝不數之也．史記五帝本紀索隱．三代世表索隱引同．無而史不敍四字．也作耳．

周興。封帝之後於祁。而置莒後興期於始都計斤。〔校注　路史後紀七無「斤」字按漢書地理志東萊郡有計斤縣謂莒子始起此後徙莒作「計斤」是〕十一世茲丕歸莒至紀公復已姓。路史後紀七注引紀文。十一本作二。據杜氏世族譜校正。

案以上疑皆黃帝紀。而太史公多不采。故五帝三皇諸紀但采其所言系號。參用韋注補之。餘皆未敢錄也。楚語注云。少皞黃帝之子金天氏也。與世本同。

帝顓頊高陽氏黃帝之孫。左傳昭元年正義。昌意之子帝高陽也帝嚳高辛氏黃帝之曾孫。路史後紀九注。玄囂之孫僑極之子。帝高辛也。

案以上皆據韋昭魯語注補。

帝堯陶唐氏。尚書五子之歌正義。邢昺論語疏。黃帝玄孫。尚書堯典正義。

帝舜有虞氏。路史後紀十一注。高陽六世孫。同上。六本作五。今據韋昭注校正。

妃以盲〔校注　見前女盲氏注〕娙以瑩。同上。史記五帝本紀索隱引曰女英系本作女瑩。

夏禹名曰文命黃帝之玄孫帝顓頊之孫也繼帝舜即天子位號曰夏后氏。禹崩。子帝啓立。帝啓崩。子帝太康立。帝太康崩。弟帝中康立。帝中康崩。子帝相立。帝相崩。子帝少康立。帝少康崩。子帝寧立。帝寧崩。子帝芬立。史記夏本紀索隱。三代世表索隱。路史後紀十四注引作帝魁。帝芬崩。子帝芒立。帝芒崩。子帝泄立。帝泄崩。子帝降立。索隱同上。帝降崩。弟帝扃立。帝扃崩。子帝廑立。帝廑崩。帝降子帝孔甲立。帝孔甲崩。子帝皋立。帝皋崩。

宋衷云。帝皋墓在崤南陵。史記三代世表索隱。

子帝發立。帝發崩。弟帝履癸立。是爲桀。

案史記本作子帝履癸立。今據世本本文校正。說見王侯譜。韋昭注國語云。杼禹後七世少康之子季杼。又曰。桀禹後十七世王皋之孫。王發之子夏癸也。杼史記作寧。餘同。惟以桀爲發子。與史記同而與世本異耳。

殷契帝嚳子。尙書帝嚳序正義。 封于商。契卒。子昭明立。昭明卒。子相土立。相土卒。子昌若立。昌若卒。子糧圉立。史記殷本紀索隱。三代世表表文又作曹圉。 糧圉卒。子冥立。冥卒。子核立。索隱同上。

宋衷曰。冥爲司空。勤其官事。死于水中。殷人郊之。史記殷本紀集解。

核卒。子微立。微卒。子報丁立。報丁卒。子報乙立。報乙卒。子報丙立。報丙卒。子主壬立。主壬卒。子主癸立。主癸卒。子天乙立。是爲成湯。伐夏有天下。湯崩。太子太丁未立而卒。弟帝外丙立。帝外丙崩。弟帝仲壬立。帝仲壬崩。帝太甲立。太甲湯孫。左傳襄二十一年正義引世本記文。 太丁子。尙書伊訓序正義。 太甲崩。子帝沃丁立。尙書沃丁序正義。 帝沃丁崩。弟帝太庚立。帝太庚崩。子帝小甲立。帝小甲崩。弟帝雍己立。帝雍己崩。弟帝太戊立。帝太戊崩。子帝仲丁立。帝仲丁崩。弟帝外壬立。帝外壬崩。弟帝河亶甲立。帝河亶甲崩。子帝祖乙立。帝祖乙崩。子帝祖辛立。帝祖辛崩。弟帝開甲史記殷本紀三代世表索隱。 立。帝開甲崩。帝祖辛子帝祖丁立。帝祖丁崩。帝開甲子帝南庚立。帝南庚崩。帝祖丁子帝陽甲立。帝陽甲崩。弟帝盤庚立。帝盤庚崩。弟帝小辛立。帝小辛崩。弟帝小乙立。帝小乙崩。子帝武丁立。尙書說命正義。 帝武丁崩。子帝祖庚立。帝祖庚崩。弟帝祖甲立。帝祖甲崩。子帝祖辛史記三代世表索隱引紀文。 立。帝祖辛崩。弟帝庚丁立。帝庚丁崩。弟帝武乙立。帝武乙崩。子帝太丁立。帝太丁崩。子帝乙立。帝乙崩。子帝辛立。是爲紂。案韋注國語云．契殷之祖．又云．冥契後六世孫糧圉之子．又云．上甲微契後八世．湯之先也．又云．湯冥後九世主癸之子．又云．太甲湯孫太丁子．又云．帝甲湯後五世．又云．盤庚殷王祖乙之子．又云．湯三十世帝乙之子帝辛殷紂也．皆與世本同．

周后稷名弃。帝嚳子。封於邰。后稷生不窋。不窋生鞠陶。鞠陶生公劉。公劉生慶節。慶節生皇僕。皇僕生差弗。差弗生毀榆。毀榆生公非辟方。公非辟方生高圉侯侔。高圉侯侔生亞圉雲都。亞圉雲都生太公組紺諸盩。太公組紺諸盩生太公亶父。太公亶父生季歷。季歷生文王昌。尙書湯誥正義．毀榆．史記周本紀集解引作榆．索隱及宋庠國語補音一．引作僞榆．禮記中庸疏五十二．引作亞圉雲生太公組紺諸盩．史記周本紀索隱．引公非辟方高圉侯侔亞圉雲都太公組紺諸盩．路史後紀九注．及發揮四．引與索隱同．太公二字在組紺諸盩下．史記周本紀集解．又引亞圉雲都四字．湯誥正義所引．本無辟方侯侔雲都太公諸盩十字．據諸書所引增入．

宋衷曰。高圉能率稷者也。周人報之。史記集解同上．

文王生武王發。伐殷有天下。武王生成王誦。成王生康王釗。康王生昭王瑕。詩民勞正義．禮記郊特牲疏引同．無成王生康王句．

宋衷云。昭王南伐楚。辛由靡爲右。涉漢中流而隕。由靡承王。遂卒。周乃侯其後於西翟也。史記三代世表索隱．

昭王生穆王滿。穆王生恭王伊扈。恭王生懿王堅及孝王辟方。懿王生夷王燮。夷王生厲王胡。懿王崩。弟孝王立。孝王崩。懿王太子燮立。是爲夷王。詩正義同上．禮記正義同．史記周本紀索隱引恭王名伊扈．懿王名堅．「校注　原本「堅」下衍「四字」．今刪．」今補入。厲王生宣王靜．宣王生幽王宮湼．宮湼生平王宜臼．平王崩．平王孫太子洩父之子桓王林立．林生莊王佗．佗生僖王胡齊．齊生惠王涼．涼生襄王鄭．鄭生傾王臣．臣生匡王班及定王瑜．瑜生簡王夷．夷生靈王泄心．泄心生景王貴．貴生悼王猛及敬王匄．左傳昭二十六年正義．宋庠國語補音一．惠王涼史記周本紀索隱引作毋涼．左傳正義及國語補音．皆引作平王生桓王林．據史記及韋注校正．

敬王崩在魯哀公十九年．左傳哀十九年正義．此條疑注文．故列於下．

敬王崩．貞王崩立．貞王崩．元王赤立．左傳正義同上．史記周本紀集解索隱並引作元王是貞王子．又貞王名介．元王名赤．六國年表索隱北宋本又引作元王名赤．敬王子．八年崩．子定王介立．

宋忠注曰．太史公書元王仁生貞王介．與世本不相應．不知孰是．左傳正義同上．此

魯哀公二十七年．是定王介崩．元王赤立．正義同上．陸氏左傳釋文．亦疑注文．故列於下．俟考．

元王崩．子哀王去疾立．弟叔襲殺哀王而自立．是爲思王．弟嵬攻殺思王而自立．是爲考王．考王崩．子威烈王午立．

宋忠曰．威烈王午葬洛陽城中東北隅也．史記周本紀集解．

威烈王崩．子安王驕立．安王崩．子烈王喜立．烈王崩．弟顯王扁立．顯王崩．子愼靚王定立．愼靚王崩．子赧王延立．史記六國年表索隱．

宋忠曰．赧謚．索隱同上．

宋忠曰，諡曰西周武公。史記周本紀集解索隱。

案：自后稷至文王，韋注國語同，鞠陶作鞠，差弗作羌弗，榆作隃，太公諸盩作公叔祖類，大公亶父作太王，季歷作王季。又云，不窋棄之子。又云，高圉后稷後十世公非之子，太王高圉之曾孫古公亶父。又云，昭王成王之孫康王之子昭王瑕。又云，穆王周康王之孫昭王之子穆王滿。又云，恭王穆王之子恭王伊扈。又云，厲王恭王之曾孫夷王之子厲王胡。又云，宣王厲王之子宣王靖。又云，幽王宣王之子幽王宮湦。又云，幽王之子平王宜臼。又云，平王之孫文太子之子桓王林。又云，惠王周莊王之孫釐王之子惠王涼。襄王僖王之孫惠王之子襄王鄭。又云，定王襄王之孫頃王之子定王榆。又云，簡王定王之子簡王夷。「校注：原本「夷」下衍「王」字，據國語韋注刪。」又云，靈王簡王之子靈王大心。又云，景王靈王之子太子晉之弟景王貴。景王之子悼王之弟敬王。自幽王至敬王十四世，皆與世本同。其有異者皆古音相同。

世本卷三

江都秦嘉謨輯補

王侯譜 案隋書經籍志有世本王侯大夫譜二卷。世本之有譜可知。馬融尚書注引王侯世本。則世本譜之分王侯大夫可知。史記三代世表曰。余讀牒記。黄帝以來皆有年數。稽其歷譜諜。終始五德之傳。十二諸侯年表曰。讀春秋歷譜諜。二篇之説略同。蓋太史公采世本戰國策楚漢春秋以成書。所云譜者。即世本之譜也。桓譚新論及劉杳皆云太史公諸世表。旁行斜上。並效周譜。史記索隱則又云。三代系表依帝繫及系本。所云依帝繫者。三代世表之世數與帝繫同也。所云依系本者。三代世表。旁行斜上。與世本之譜同也。今三代世表敍五帝三皇。其系皎然。而周成王之下。魯齊等十一國。以次列入。有王有侯。則隋志所云王侯譜。馬氏所引王侯世本。益可見也。譜名則以隋志爲定。而考之以史記。證之以馬注。及索隱。其言皆合。今據諸書之説。仿世表之體。采集遺文。補以史記。合而成篇。冀得其舊觀焉。輯爲王侯譜卷三。又案史記索隱雖云三代世表依世本。今若直書世表。以爲世本。則原文之可集者。轉無所別。故仍用諸篇之例。采世本之可見者。大書於中。無者則補以世表。小書旁綴。使觀者有別。用存其眞。其分合體例。文義襃貶。一以三代世表爲據。

帝王世國號	顓頊屬	嚳屬	堯屬	舜屬	夏屬	殷屬	周屬
黄帝號有熊。	黄帝生昌意。山海經海內經注、	黄帝生玄囂。尚書舜典正義、	黄帝生玄囂。尚書舜典正義、	黄帝生昌意。山海經海內經注、	黄帝生昌意。山海經海內經注、	黄帝生玄囂。尚書舜典正義、	黄帝生玄囂。尚書舜典正義、
帝顓頊黄帝之孫。左傳昭元年正義、	昌意生顓頊。同右。 爲高陽氏	玄囂生僑極。同右。	玄囂生僑極。同右。	昌意生顓頊。同右。 顓頊生窮係。史記	昌意生顓頊。同右。	玄囂生僑極。 僑極生高辛。同右。	玄囂生僑極。 僑極生高辛。同右。

起黃帝至顓頊三世.				三代世表索隱.		案高辛正義引作帝嚳、	
帝嚳黃帝之曾孫. 路史後紀九注、		僑極生高辛. 高辛爲帝嚳. 同右.	僑極生高辛. 高辛生放勳. 同右.	窮係生敬康. 敬康生句芒.		高辛生契.	高辛生后稷.
起黃帝至帝嚳四世. 號高辛.							
帝堯黃帝玄孫. 尚書堯典正義、起黃帝至嚳子五世. 號唐堯.			放勳爲堯.	句芒生蟜牛. 蟜牛生瞽叟.		契爲殷祖.	后稷爲周祖. 案此句據史記世表義例增入、疑本有而脫也、
帝舜黃帝玄孫之玄孫.				瞽叟生重華. 是爲帝舜.	顓頊生鯀. 山海經海內經注、	契生昭明. 禮記祭法、	后稷生不窋. 尚書湯誥正義、

號虞.					鯀生文命. 玉篇骨部. 案文命玉篇引作高密、		
帝禹黃帝耳孫. 號夏. 案世表當作玄孫. 耳字誤.					文命是爲禹. 玉篇引作鯀生高密、是爲禹也、	昭命生相土. 同右.	不窋生鞠陶. 同右.
帝啓. 禹子. 尙書益稷正義. 伐有扈. 作甘誓.						相土生昌若. 同右.	鞠陶生公劉. 同右.
帝太康.						昌若生曹圉. 同右.	公劉生慶節. 同右.
帝仲康. 太康弟.						曹圉生根國. 同右.	慶節生皇僕. 同右.

帝相.					根國生冥.同右.	皇僕生差弗.同右.
帝少康.					冥生核.	差弗生毀榆.同右.
帝予.					核生微.	毀榆生公非.同右.
帝芬.史記夏本紀索隱、三代世表索隱、					微生報丁.	公非生高圉.同右.
帝芒.					報丁生報乙.	高圉生亞圉.同右.
帝泄.					報乙生報丙.	亞圉生組紺.同右.
帝降.史記夏本紀索隱、					報丙生主壬.	組紺生太公亶父.同右.

帝扃．降弟．

主壬生主癸．

亶父生季歷．右同．

帝廑．

主癸生湯．湯名天乙．經典釋文、引馬融尚書注轉引王侯世本文、

從黃帝至湯十七世．案世表本云、從湯至黃帝十七世、今據上下文義、例校正、

季歷生文王昌．右同．益易卦、

從黃帝而下．至於季歷．一十有七世．路史發揮四．

案路史所引黃帝本作、不窋、疑誤、今據世表世數校改、而今世表無此條、則表本世本有之、而脫去耳、

帝孔甲．降子．好鬼神淫亂．不好德．二龍去．

文王昌生武王發．

帝皐生發。及履癸。史記三代系表索隱、夏本紀索隱引作生發及桀、路史後紀十四注引同。

帝發。右同。

帝履癸。一名桀。史記三代系表索隱。

從禹至桀十七世。從黄帝至桀二十世。

殷湯代夏氏。

從黄帝至湯十七世。

帝外丙。湯子。史記殷本紀正義引作湯子有外丙仲壬、蓋約舉文、湯太子太丁蚤卒。今從史表校正。故立次弟外丙。

帝仲壬。湯子。右同。外丙弟。

帝太甲。故太子太丁子。淫。伊尹放之桐宫三年。悔過自責。伊尹乃迎之復位。

帝沃丁・伊尹卒・

帝太庚・沃丁弟・

帝小甲・太庚子・史記三代殷世表索隱、道衰・諸侯或不至・

帝雍己・小甲弟・

帝太戊・雍己弟・以桑穀生・稱中宗・

帝中丁・

帝外壬・中丁弟・

弟河亶甲・外壬弟・

帝祖乙・

帝祖辛・

帝開甲・同右・祖辛弟・

帝祖丁・祖辛子・

帝南庚。開甲子。

帝陽甲。祖丁子。

帝盤庚。陽甲弟。徙河南。

帝小辛。盤庚弟。

帝小乙。小辛弟。

帝武丁。雉升鼎耳雊。得傅說。稱高宗。

帝祖庚。

帝甲。祖庚弟。淫。

帝祖辛。同右。

帝祖丁。祖辛弟。殷徙河北。

帝武乙。慢神震死。

帝太丁。

帝乙。殷益衰。

帝辛。是爲紂。弑。

周武王伐殷．

從湯至紂二十七世．從黃帝至紂四十六世．

從黃帝至武王十九世．

國	始封	注
	成王誦．	
魯	周公旦	初封．武王母弟．
齊	太公尙	初封．文王武王師．
晉	唐叔虞	初封．武王子．
秦	惡來助	紂．父飛廉有力．初封．
楚	熊繹．	繹父鬻熊初封．事文王．
宋	微子啓	初封．紂庶兄．
衛同左	康叔初	封．武王母弟．尙書顧命正義、初本、作所、今據史表校正、魯蔡並據此條增母字、曹同、
陳同左	胡公滿	初封．舜後．史記陳杞世家索隱、路史後紀十二注、宋忠曰．虞思之後．箕伯直柄中衰．殷湯封遂於陳以祀舜．
蔡	叔度初	封．武王母弟．
曹	叔振鐸	初封．武王母弟．
燕	召公奭	初封．周同姓．

康王釗。刑錯四十餘年。	昭王瑕。穆王滿。作甫刑。荒服不至。	恭王伊扈。史記周本紀、索隱	
魯公伯禽。	考公。煬公。考公弟。	幽公	
丁公呂伋。	乙公。癸公。	哀公。宋忠曰。哀公荒	
晉侯燮。	武侯。成侯。	厲侯。	
女防。	旁臯。大几。	大駱。	
熊艾。	熊黮。熊勝。	熊煬。	
微仲。啓弟。	宋公。丁公。	湣公。丁公弟。	
康伯。史記衛世家索隱。宋忠曰。即王孫牟也。事周康王爲大夫。同右。	孝伯。嗣伯。	摯伯。史記衛世家索隱。	
申公。	相公。孝公。	愼公。	索隱、路史注、同右
蔡仲。	蔡伯。宮侯。	厲侯。	
	太伯。仲君。	宮伯。	
九世至惠公。			

有名、字者約舉、文		淫田游。國史作還詩以刺之也。史記齊世家索隱。									
懿王堅。同右。周道衰，詩人作刺。	微公。史記三代世表索隱。	胡公。	靖侯。	非子。	熊渠。	煬公。潛公弟。	靖伯。	幽公。	武侯。	孝伯。	
孝王辟方。懿王弟。	厲公	獻公弑胡公。宋忠曰：其黨周馬繻人將胡公於貝水殺之，而山自立也。		秦侯。	熊無庸。史記楚世家索隱。	厲公	箕伯、史記衛世家索隱。	釐公。		夷伯。	

	夷王燮.懿王子.
	獻公.厲公弟.
同右.(校注「同右」二字原本誤列下欄.)	武公.宋忠曰.齊武公十年.宣王大臣共行政治.因號曰共和.十四年.宣王即位.史記十二諸侯年表.索隱.
	公伯.
	熊摯紅.水經江水注.
	盭公.
	頃侯.

厲王胡。以惡聞。遇亂出奔。遂死於彘。	共和。二伯行政。案世本王侯譜、當合下十二諸侯年表爲一譜、抑或別爲一譜、而太史公因之、皆未可知。今惟據索隱三代世表依世本之言爲斷。書缺有間。不敢妄爲增補也。
眞公。	武公。眞公弟。
秦仲。	
熊延。紅弟。	熊勇。
釐侯。	

世本卷四

江都秦嘉謨輯補

世家 春秋傳桓二年正義引世本曰，武公莊伯子，韓萬莊伯弟，世本世家文。又襄十一年二十一年定元年正義皆引世家文。此卽太史公諸世家之所本。今依史記之例，采諸傳注所引諸侯系代謚號，原文闕者，卽以史記及韋昭國語注杜預世族譜補之，集爲世家卷四。

吳太伯世家

吳姬姓子爵。吳太伯弟仲雍，皆周太王之子，王季歷之兄。太伯卒，弟仲雍立。仲雍生季簡。季簡生叔達。叔達生周章。周章生熊遂。熊遂生柯相。柯相生彊鳩夷。彊鳩夷生餘橋疑吾。餘橋疑吾生柯盧。柯盧生周繇。周繇生屈羽。屈羽生夷吾。夷吾生禽處。禽處生轉。轉生頗高。頗高生句卑。句卑生去齊。去齊生壽夢。壽夢生諸樊、餘祭、夷昧及僚。夷昧生光。左傳昭二十七年正義。史記吳世家集解索隱俱引下句。索隱又引作光爲夷昧子。是爲闔閭。夫差，吳子光之子。禮記檀弓下正義。夫差二十三年，越滅吳。

案首書姓爵者，非史記文，據左傳襄十一年正義所引世家文，及左傳桓五年正義所引世本之例，采世族譜補之。終書滅者，據左傳隱七年正義所引世本之例，采史記補之。又史記諸世家，皆云某公卒，子某公某立，而世本原文存者皆云某公某，生某公某，如哀公蔣生悼公寧，寧生元公嘉之類，諸條皆然，蓋其書義例如此，今皆約舉史記，以從世本。又韋昭吳語注云，夫差太伯之後，闔閭之子，姬姓也，亦與史記世族譜同。

齊太公世家

齊姜姓。左傳襄十一年正義引世家文。侯爵。太公望生丁公伋。伋生乙公得。得生癘公慈母。慈母生哀公不臣、禮記檀弓正義。史記齊世家索隱引癘公及哀公名同。胡公靜、獻公山。山生武公壽。壽生厲公無忌。無忌生文公赤。赤生成公說。史記齊世家索隱引此一字。說生莊公購。史記十二諸侯年表索隱。購生釐公祿甫。祿甫生襄公諸兒、桓公小白。小白生孝公昭、昭公潘、懿公商人、惠公元。元生頃公無野。無野生靈公環。環生莊公光、景公杵臼。史記管晏列傳索隱引此上十字。中多三名字。蓋約舉文。杵臼生悼公陽生。陽生生簡公壬、平公敬。史記齊世家索隱。敬生宣公積。積生康公貸。爲田和遷海濱。

案史記有與世本異者。集解索隱諸書每爲疏証。故有引世本一字二字者。則其所不言者。蓋皆與世本同。由此益知史記之足以補世本也。韋昭注國語。皆采世本足以相証者。今皆備錄之。如楚語注。齊太公玄孫之子胡公靜。又懿公齊桓公之子商人。又齊太公後十二世莊公購。僖公莊公之子祿父。吳語注。壬。齊景公孫悼公之子簡公。齊語注。僖公之子襄公之弟桓公小白。又桓公之子孝公昭。皆與史記同。可見二書不合者少也。

魯周公世家

魯姬姓。左傳襄十二年正義引世家文。侯爵。周公旦生魯公伯禽。伯禽生考公就、煬公熙。熙生幽公圉、微公弗甚。弗甚生厲公翟、獻公具。具生眞公摯、武公敖。禮記明堂位正義引伯禽生煬公熙。熙生弗。弗生獻公具。具生武公敖十九字。史記魯世家集解索隱。並引微公二字。又三代世表索隱引微公名弗甚五字。魯世家索隱引就圉翟摯四字。左傳定元年正義。引作煬公伯禽子世家文。禮記祭法正義。引作煬公伯禽之子。敖生懿公戲、孝公稱。稱生惠公弗皇。弗皇生隱公禮記曾子問正義。史記十二諸侯年表。魯世家索隱。皆引弗皇二字。息姑、史記十二諸侯年表。魯世家索隱並引同。桓公軌。史記魯世家索隱。左傳桓元年正義。軌生莊公同。同生閔公啓方、索隱同上。左傳閔元年正義所引。皆多一名字。約舉文。釐公申。申生文公興。興生宣公倭。倭生成公黑肱。黑肱生襄公午。午生昭公稠、索隱同上。定公宋。宋生哀公蔣。蔣生悼公寧。寧生元公嘉。嘉生穆公不衍。禮記檀弓正義兩引同。史記六國年表索隱引名蔣二字。又引悼公名寧四字。魯世家索隱引作哀公蔣穆公不衍。不衍生共公奮。奮生康公屯。屯生景公匽。匽生平公旅。史記魯世家索隱。旅生湣公索隱同上。賈。賈生頃公讎。爲楚考烈王所滅。

案韋昭國語注云。伯禽之曾孫微公之子獻公具。獻公之庶子武公敖。又云。武公。伯禽之玄孫。括。武公長子伯御。戲。括弟懿公。孝公。懿公之弟稱。又云。魯桓公之子莊公同。莊公之子僖公申。僖公之子文公興。文公之子宣公倭。宣公之子成公黑肱。成公之子襄公午。又楚語注云。子般魯莊公太子。皆與史記同。

燕召公世家

燕姬姓。伯爵召公已下九世至惠侯。惠侯生釐侯。釐侯生頃侯。頃侯生哀侯。哀侯生鄭侯。鄭侯生穆侯。穆侯生宣侯。自宣侯已上皆父子相傳無及〔校注　史記燕世家索隱作「皆父子相傳故無所疑。」本文「無及」二字疑衍。〕史記燕世家索隱引譙周說。宣侯卒。桓侯立。桓侯卒。莊公立。莊公卒。襄公立。襄公卒。桓公索隱同上。立。桓公卒。宣公立。宣公卒。昭公立。昭公卒。武公立。武公卒。文公立。文公卒。懿公立。懿公卒。惠公立。惠公卒。悼公立。悼公卒。共公立。共公卒。平公立。平公卒。簡公立。簡公卒。獻公立。獻公卒。孝公立。孝公卒。成公立。成公卒。湣公立。湣公卒。釐公立。釐公卒。桓公立。桓公卒。閔公索隱同上。立。閔公卒。易王立。易王卒。燕噲立。燕噲卒。昭王平立。昭王卒。惠王立。惠王卒。武成王立。武成王卒。孝王立。孝王卒。今王喜立。

案史記燕世家索隱云。今系本無燕代系。宋忠依太史公書以補其闕。尋徐廣作音。尚引系本。蓋近代始散佚耳。是世本燕世家一亡於漢。再缺於唐。今細案之。則太史公時已非全帙。蓋諸世家俱有屬系可考。而此無之。必作史記時已闕。故無可采也。旣無屬系。故亦不能如世本某公生某公之例。僅援史記成文以補之耳。韋昭國語注云。燕召公之封。姬姓。略同。

蔡世家

蔡姬姓。侯爵。叔度生蔡仲胡。胡生蔡伯荒。荒生宮侯。宮侯生厲侯。厲侯生武侯。武侯生夷侯。夷侯生釐侯所事。所事生共侯興。興生戴侯。戴侯生宣侯措父。措父生桓侯封人、哀侯獻舞。獻舞生繆侯肸。肸（校注「肸」原本作「盻」，據史記改）生莊侯甲午。甲午生文侯申。申生景侯同。同生靈侯般。靈侯十二年，楚靈王滅蔡。三歲，楚平王復求蔡太子之子廬立之，是爲平侯。平侯者，靈侯般之孫，太子友之子。史記管蔡世家集解。廬生蔡侯朱、悼侯東國、昭侯申。申生成侯朔。朔生聲侯產。產生元侯。元侯生侯齊。侯齊四年，楚幽王滅蔡。

陳世家

陳嬀姓。侯爵。胡公滿生申公犀侯、相公皋羊。犀侯生孝公突。突生慎公圉戎。圉戎生幽公寧。寧生釐公孝。孝生武公靈。靈生夷公說、平公燮。燮生文公圉。圉生桓公鮑。鮑生厲公躍、左傳桓十二年正義引躍爲厲公，下文又引云：世本無利公。約舉文。莊公林、宣公杵臼。杵臼生穆公欵。欵生共公朔。朔生靈公平國。平國生成公午。午生哀公弱。弱生悼太子偃師。偃師生惠公吳。吳生懷公柳。柳生湣公越，爲楚惠王所滅。

案韋昭周語注云：陳嬀姓。又云：舜後虞遏父之子胡公滿。又云：虞幕舜後虞思。又云恭公之子釐公平國。皆與史記同。

杞世家

杞姒姓。左傳襄十一年正義引世家文。殷湯封夏後於杞，周又封之。殷敬順列子釋文。東樓公生西樓公，西樓公生題公，題公生謀娶公，謀娶公生武公。武公立十八年，生靖公。靖公立三十二年，生共公。共公立八年，生惠公。史記陳杞世家集解、索隱同。惠公立十八年，生成公及桓公。成公立十八年，桓公立十七年。集解同上。索隱同上，引生惠公生成公及桓公。生孝公匄、及文公益姑、平公鬱。孝公立十七年，文公立十四年，平公立十八年，生悼公成。悼公立十二年，生隱公乞及釐公遂。隱公立七月，釐公立十九年，生湣公維及哀公閼路。湣公立十六年，哀公立十年，湣公生出公敕。出公立十二年，生簡公春。簡公立一年，楚惠王滅杞。

案諸書引諸國系號無言立年多少者，獨杞有之，疑太史公據世本作三代世表，杞不在表，故詳言其年紀。耋亦因世本之舊歟。今依其例，據史記以補之。

衛世家

衛姬姓。左傳襄十八年正義引世家文。侯爵。康叔，周公弟。左傳襄二十一年正義引世家文。康叔生康伯髡。史記衛世家索隱。髡生考伯，考伯生嗣伯，嗣伯生摯伯。索隱同上。摯伯生靖伯，靖伯生箕伯。索隱同上。箕伯生頃侯，頃侯生釐侯，釐侯生共伯餘及武公和。左傳襄二十一年正義引云武公康叔九世孫。耋約舉文。武公生莊公揚，莊公生桓公完及衛君州吁、宣公晉。宣公生惠公朔及衛君黔牟、昭伯頑。惠公生懿公赤。昭伯生戴公申。左傳閔二年正義引世家文。及文公燬。文公生成公鄭，成公生穆公遬，穆公生定公臧及殤公狄〔校注「狄」原本誤作「秋」，據史記改〕。定公生獻公衎，獻公生襄公惡，襄公生靈公元。靈公生莊公蒯聵及衛君起、悼公虔。索隱兩引同上。莊公生出公輒，悼公生敬公費。集解索隱同上。及慎公頹，敬公生撓公舟。索隱同上。撓公生懷公亹。慎公生聖公馳。索隱同上。聖公生成侯不逝。索隱同上。下文又云，穆公名遬。校史記不可成侯更名，則世本是也。之誤耳。成侯生平侯。平侯生嗣君。嗣君生懷君及元君。元君生君角。君角九年，秦滅衞。

案世本原文有兩例，云：某公生某公某，某生某公某。此下蟬聯相及，其一例也。承上某公生某公某句，又云某公生某公某，如此相接，則又一例。即此衞世家索隱所引者，蓋衞更多故，不皆父子相承，恐名纂而辭混，故變文以起例歟。韋昭國語注云：衞康叔之封姬姓。又云：衞僖公之子共伯之弟武公和。又云：宣公之孫昭伯頑之子文公燬。又云：文公之子成公鄭。皆與史記同。

曹世家

曹姬姓。左傳襄十一年正義引世家文。伯爵。左傳桓五年正義引作曹國伯爵。叔振鐸生太伯脾。脾生仲君平。平生宮伯侯。侯生孝伯雲。雲生夷伯喜、幽伯彊、戴伯蘇。蘇生惠伯兕、繆公武。武生桓公終生。終生生莊公夕姑。夕姑生釐公夷。夷生昭公班。班生共公襄。襄生文公號。號〔校注　史記世家、年表及本書王侯譜皆作「文公壽」，兩「號」字疑誤〕生宣公彊、成公負芻。負芻生武公勝。勝生平公頃。頃生悼伯午。悼伯卒，弟靖公露立。史記管蔡世家索隱。靖公卒，子伯陽立，爲宋所滅。

案史記無曹世家之目，次其事於管蔡世家後，以其國小而事省也。今從表移次衞下。又史記悼公下有襄公、隱公二君，而世本云悼伯卒，弟靖公立，彼此互異。韋昭國語注曰：共公昭公子曹伯襄。與史記同。

宋世家

宋子姓。左傳襄十一年正義引世家文。公爵。周封微子啓於宋。啓卒，弟微仲衍立。衍生宋公稽。稽生丁公申、湣公共、煬公熙。湣公生厲公鮒。鮒生釐公舉。舉生惠公覸。覸生哀公。哀公生戴公。戴公生武公司空。司空生宣公力。穆公和。宣公生殤公與夷。穆公生莊公憑。憑生湣公捷、桓公御說。御說〔校注　原本兩「說」字上均脫「御」字。據左傳、史記增。〕生襄公茲甫。茲甫生成公王臣。王臣生昭公杵臼、文公鮑。鮑生共公瑕。瑕生平公成。成生元公佐。佐生景公頭曼。昭公特者，元公之曾庶孫，公子褍秦之孫，公孫糾之子。昭公生辟公購由。購由生剔成君及王偃。王偃四十七年，齊湣王滅宋。

案韋昭國語注云：桓公子襄公茲父，成公之子文公鮑，昭公鮑之兄杵臼，與史記同。

晉世家

晉姬姓。左傳正義同上。侯爵。唐叔虞生晉侯燮。燮生武侯曼期。史記晉世家索隱。曼期生成侯服人。服人生厲侯輻。同上。輻生靖侯宜臼。宜臼生僖侯司徒。司徒生獻侯蘇。同上。蘇生穆侯弗生。史記十二諸侯年表索隱。及殤叔。穆侯生文侯仇。仇生昭侯伯。伯生孝侯平。平生鄂侯郄。史記晉世家索隱。郄生哀侯光及侯緡。哀侯生小子侯。曲沃武公稱者，穆侯曾孫。穆侯生桓叔成師，始封曲沃。桓叔生曲沃莊伯鱓。鱓生曲沃武公稱，伐晉侯緡，滅之，更號曰晉武公。武公生獻公詭諸。詭諸生晉君悼子。惠公者，獻公庶子，重耳之弟夷吾。夷吾生懷公圉。文公者，獻公子，惠公異母兄重耳。重耳生襄公讙。讙生靈公夷皋。成公者，文公庶子黑臀。黑臀生景公據。據生厲公壽曼。悼公者，襄公曾孫。襄公生桓叔捷。捷生惠伯談。談生悼公周。周生平公彪。彪生昭公夷。夷生頃公去疾。去疾生定公午。史記六國年表索隱。午生出公鑿。同上。懿公者，昭公曾孫。昭公生桓子雝。雝生忌。忌生懿公驕。史記六國年表晉世家索隱。

注云雍號爲載子。史記晉世家集解。

驕生幽公柳。

宋忠曰太史公書幽公之時晉衰反朝韓趙魏之君。史記晉世家索隱。

幽公生烈成公止。史記索隱同上。北宋本。止生孝公傾欣。同上。傾欣生靜公俱酒。靜公二年趙韓魏滅晉。

案韋昭國語注云：穆侯唐叔八世孫桓叔之父。又云：文侯穆侯之子仇。又云：桓叔成師生嚴伯。嚴伯生武公。武公生獻公。又云：惠公獻公庶子。重耳之弟夷吾。懷公惠公之子圉。文公獻公之子。惠公異母兄重耳。又云：讙文公子襄公名。靈公襄公子夷皋。又云：黑臀晉文公子襄公弟成公。又云：文公之孫成公之子景公孺。又云：厲公成公之孫景公之子厲公州蒲。又云：晉襄公之孫惠伯談。周者談之子。晉悼公之名。又云：平公悼公之子彪。平公之子昭公夷。又云：頃公昭公之子去疾。又云：定公晉頃公之子。其詞複者不載。皆與史記同。莊伯作嚴伯。避漢諱而改也。

秦世家

秦嬴姓。伯爵。伯益之後。大業生伯益。史記秦本紀索隱。伯益生大廉。大廉玄孫曰孟戲中衍。中衍玄孫曰仲滑。仲滑生飛廉。史記秦本紀正義。飛廉生惡來革。惡來革生女防。女防生旁皐。旁皐生太几。太几生大駱。大駱生非子。周孝王命爲附庸邑之秦。號曰秦嬴。秦嬴立十年。生公伯。公伯立三年。生秦仲。秦仲立二十三年。生莊公。莊公立四十四年。生襄公。周平王封爲諸侯。襄公立十二年。生文公。文公立五十年。生靜公。靜公不享國而死。生寧公。寧公立十二年。生武公、德公、出子。出子立六年。武公立二十年。德公立二年。生宣公、成公、繆公任好。史記秦本紀索隱。宣公立十二年。成公立四年。繆公立三十九年。生康公罃。康公立十二年。生共公猳。共公立五年。生桓公和。桓公立二十七年。生景公后伯車。史記秦本紀集解。始皇本紀索隱。 秦景公立四十年。生哀公。哀公立三十六年。生夷公。夷公不享國死。生惠公。惠公立十年。生悼公。悼公立十五年。（校注 史記秦本紀作悼公立十四年卒）生厲共公。厲共公立三十四年。生躁公、懷公。躁公立十四年。懷公立四年。生昭子。靈公史記索隱同上。 昭子子也。立十年。同上 簡公悼子。厲龔公子、懷公弟也。同上。案此條乃索隱引秦本紀之文。下即云系本亦以爲然。是與史記紀文同也。今節去數字以從諸書所引之例。 立十五年。生惠公。惠公立十三年。生少主。同上 少主立二年。元獻公師隰靈公子也。立二十二年。同上 生孝公渠梁。孝公立二十四年。生惠文王駟。惠文王十九年而立。立二十二年。生武烈王蕩。武烈王十九年而立。立三年。同上 生昭王側。史記樗里列傳索隱。 昭王十九年而立。立五十六年。生孝文王柱。孝文王五十三年而立。立一年。生莊襄王子楚。莊襄王三十二年而立。立三年。生秦王政。生於趙。故曰趙政。同上

宋忠曰。以正月旦生。故名正。史記秦始皇本紀正義。

案諸書所引秦世家文。多與諸篇異。惟史記皆與之同。今亦援其例以補之。又太史公生秦始皇後。故以秦爲本紀。而作世本者。戰國時人。其原書未必即然。故仍如諸國之例。列爲世家。更據三代世表之次。列於晉後。以存其舊。又史記正義以謂秦國諸公之名多缺。今如康公、桓公之名。則據春秋補之。其餘諸公之名。則據索隱補之。其仲滑生飛廉一條。史記正義以謂宋忠注世本。今案其義。定爲本文。隋經籍志有劉向世本宋忠世本。豈兩家所傳之本各異。故加區別歟。則宋忠注世本。即世本也。又韋昭國語注云。秦仲嬴姓。附庸。秦公伯之子爲宣王大夫。又云。秦穆公伯益之後。德公之子。穆公任好也。又云。景公穆公玄孫。桓公之子。皆與史記同。

楚世家

楚芊姓。子爵。高陽生稱。稱生卷章。卷章生黎。左傳昭二十九年正義。路史後紀八注引同。稱作偁。無卷章以下。 及吳回。吳回生陸終。陸終生

六子。其季曰連。爲芈姓。楚之先祖也。季連之後曰鬻熊。事周文王。鬻熊生熊麗。熊麗生熊狂。熊狂生熊繹。當成王時。封爲楚子。熊繹生熊艾。熊艾生熊䵣。熊䵣生熊勝及熊楊。熊楊生熊渠。熊渠生熊毋庸及熊摯紅、熊延。熊延生熊勇及熊嚴。熊延生熊霜及熊徇。熊徇生熊咢。熊咢生熊儀。是爲若敖。若敖生熊坎。是爲霄敖。霄敖生熊眴。是爲蚡冒。蚡冒弟熊通。是爲武王。

楚武王墓在豫州新息。史記楚世家正義。案此亦引作世本。今定以爲注。

武王生文王熊貲。文王生熊囏。是爲杜敖。杜敖弟熊惲。是爲成王。成王生穆王商臣。穆王生莊王侶。莊王生恭王審。恭王生康王招。史記十二諸侯年表索隱。康王生員。是爲郟敖。靈王者。恭王庶子熊虔。平王者。恭王庶子熊居。平王生昭王珍。昭王生惠王章。惠王生簡王中。簡王生聲王當。聲王生悼王熊疑。悼王生肅王臧及宣王熊良夫。宣王生威王熊商。威王生懷王熊槐。懷王生頃襄王橫。頃襄王生考烈王熊完。史記楚世家索隱。考烈王生幽王悍及王負芻。王負芻五年。秦滅楚。

案此篇自吳回以下至紂爲楚子。皆因韋氏國語注原文。參諸史記以補之。又國語注云。芈楚姓。又云。荆蠻芈姓之蠻。鬻熊之後。又云。楚子鬻熊之後十世也。伯霜楚子熊霜。季紃楚子熊紃。仲不立。叔在濮。又云。孫若敖之子熊率。又云。武王之孫文王之子成王熊頵。又云。成王穆王商臣之父。又云。莊王成王之孫穆王之子旅。又云。恭王莊王之子箴。又云。箴或作審。又云。審恭王名。又云。恭王之子康王昭。又云。康王之子郟敖麇。又云。恭王之庶子靈王熊虔。又云。子干恭王之庶子公子比。又云。平王恭王之子。昭王之父。又云。平王之子昭王熊軫。又云。惠王昭王之子章。皆與史記同。徇作紃。招作昭。古音同。惟以蚡冒爲若敖子。熊眴作熊率爲異。或所見本異歟。左氏桓六年傳有熊率且比。似以其名爲氏。而玉篇云眴楚之先蚡冒也。二名皆有所據。古籍淪亡。未知何者爲是也。又史記熊渠生熊毋康。今從帝繫篇作毋庸。

越世家

越芊姓。韋昭國語注。子爵。與楚同祖。漢書地理志注臣瓚說。史記越世家正義引同上。皆有越爲芊姓一句。祝融之後。允常之子。是爲越王句踐。句踐生王鼫與。鼫與生王不壽。不壽生王翁。翁生王翳。翳生王之侯。之侯生王無彊。王無彊爲楚威王所滅。

案諸書引世本。皆云越爲芊姓。而史記云夏少康庶子之後。是太史公於越之代系。獨不從世本。蓋采越絕書之說歟。韋昭國語注云。句踐祝融之後允常之子芊姓。與世本同。今采是說以補之。其句踐以後世系。仍從史記。又左傳宣八年正義引世族譜。亦以越爲姒姓。與史記同。難以相據。越爵亦無可考。紀年稱爲越子。今從之。史記正義引輿地志。以爲越侯爵。未足憑也。

鄭世家

鄭姬姓。左傳襄十一年正義引世家文。伯爵。周宣王二十二年封庶弟友於鄭。水經渭水注。是爲桓公。桓公友生武公掘突。掘突生莊公寤生。寤生生昭公忽及厲公突、鄭子亹、鄭子嬰。厲公生文公捷。捷生穆公蘭。蘭生靈公夷及襄公堅。堅生悼公費春秋穀梁傳成六年疏引云。鄭伯費是鄭悼公。蓋約舉文。及成公睔。睔生釐公惲。惲生簡公嘉。嘉生定公寧。寧生獻公蠆。蠆〔校注　兩「蠆」字原本均作「薑」。據史記十二諸侯年表、鄭世家改〕生聲公勝。勝生哀公易。共公尹者。獻公之子、聲公之弟。尹生幽公已及繻公駘、鄭君乙。君乙二十一年。韓哀滅鄭。

案韋昭國語注云。桓公鄭始封之君。周厲王之少子桓公友。宣王封之於鄭。與史記鄭世家略同。

趙世家

趙嬴姓。侯爵。其先與秦共祖。惡來弟季勝之後。季勝生孟增。是爲宅皋狼。皋狼生衡父。衡父生造父。爲周繆王御賜以趙城，由此爲趙氏。造父已下六世至奄父，奄父生叔帶，叔帶去「校注「去」原本誤作「生」，據史記趙世家改。」周如晉。叔帶已下四世至公明，公明生共孟及趙夙，夙生成季衰，衰生宣孟盾。史記趙世家索隱。左傳成十年正義引公明生趙夙一句。宣二年正義又別引作夙衰祖，疑誤。盾生莊子朔，朔生文子武，武生景叔成。索隱同上。成生簡子鞅。鞅生襄子毋卹，毋卹生獻侯浣及桓子嘉。史記趙世家索隱引作襄子子桓子。趙世家索隱引作桓子名嘉，襄子之子。皆約舉世本文。浣生烈侯籍，始立爲諸侯。籍生敬侯章。史記趙世家索隱。史記趙世家烈侯卒，弟武公立，武公卒，趙復立烈侯太子章。索隱引譙周曰：系本及說趙語者，並無其事，蓋別有所據。章生成侯種。史記趙世家索隱。種生肅侯語。史記趙世家索隱。蘇秦列傳索隱又引云肅侯名言。語生武靈王雍，雍生惠文王何，何生孝成王丹，丹生悼襄王偃，偃生今王遷。史記趙世家集解。趙世家索隱引今王遷三字。

案諸書言趙世系最爲不同，惟當以世本爲斷耳。如公明生共孟及趙夙一條，史記則云夙生共孟，共孟生趙衰。索隱引世本以証其非。譙周亦以爲誤。此其可見者。而左傳宣二年正義所引世本，夙爲衰祖，反與史記合，而與本書成十年正義所引世本轉有不同，則亦不待辨而可知其誤也。韋昭國語注云：公明之少子成子衰。左氏閔元年傳杜解云：趙夙趙衰兄。皆與世本異。而兩家之說則同。韋杜皆據世本，豈世本自漢至唐，傳流或有誤歟。韋注又云：景子文子之子簡子之父趙成。又云：簡子晉卿趙文子之孫，景子之子趙鞅志父。志父簡子後名。又云：襄子晉正卿簡子之子無恤。皆與史記同。又史記不載趙武靈王之名，今據索隱補入。

魏世家

魏姬姓。侯爵。畢公高之苗裔曰畢萬，事晉獻公，獻公以魏封畢萬。畢萬生芒季，芒季生武仲州。左傳閔元年正義。史記魏世家索隱引作畢萬生芒。禮記樂記正義芒生季，疑誤。州生莊子降，降生獻子荼，荼生簡子取，取生襄子多，多生桓子駒，駒生文侯斯。禮記樂記正義。史記魏世家集解引莊子及斯三字。魏世家索隱一引云：武仲生莊子絳，無悼子。又引云：獻子名荼。荼莊子之子。無魏嬴。又引云：獻子生簡子取。取生襄子侈。又引云：襄子生桓子駒。又引云：桓子生文侯斯。

程公說春秋分記引作舒生移，移生曼多。始立爲諸侯。文侯生武侯擊。武侯生惠王罃。惠王生襄王嗣。史記魏世家集解引上五字，荀勗穆天子傳序引作魏今王。於世本蓋襄王也。史記魏世家索隱引作襄王名嗣。蘇秦列傳索隱引作襄王惠王子名嗣。襄王生昭王遫。史記魏世家索隱引上五字，又引云昭王名遫。范睢蔡澤列傳索隱引作昭王名遫，襄王之子也。昭王生安僖王圉。史記魏世家索隱。安僖王生景湣王午。索隱同上，僖作釐。今改從上文所引本文。景湣王生王假。假三年秦滅魏。

案紀年威烈王二十三年，王命晉卿魏氏趙氏韓氏爲諸侯，則皆侯爵也。今據以補入。又世本多古字，如蠻作州，絳作降，舒作荼，古音皆通。左傳定十三傳，魏襄子名曼多，而此作多，則曼字乃語助辭也。

韓世家

韓姬姓。侯爵。晉武公莊伯子韓萬。莊伯弟。左傳桓三年正義引世家文。曲沃桓叔之子。史記韓世家索隱引此句，上有韓萬是三字。桓叔生子萬。左傳宣十二年正義。萬生賕伯。賕伯生定伯簡。簡生輿。輿生獻子厥。索隱同上，正義同上，引作萬生求伯，求伯生子輿，子輿生獻子厥。無定伯一代。程公說春秋分記引與索隱同，無簡生以下，賕俱作求。案惟索隱所引與史記世族譜世次合，今定從之。獻子生宣子秦。史記韓世家索隱。宣子生平子頃。〔校注「頃」原本作「須」，據史記索隱改，下同。〕索隱同上，引作平子名須，宣子子也。蓋約舉文。平子生簡子不信。同上簡子生莊子庚。同上莊子生康子虎。康子生武子啓章。史記韓世家引作武子名啓章，康子子。蓋約舉文。武子生景子虔。〔校注「虔」原本作「處」，據史記索隱改。〕史記韓世家索隱。始立爲諸侯。景子生武侯取。同上下文。引云系本無列侯。六國年表索隱又引云，列侯系本作武侯。武侯生文侯。文侯生哀侯。哀侯生懿侯。史記六國年表索隱云，懿侯世本無名。懿侯生昭侯。昭侯生宣王。史記蘇秦列傳索隱，引作韓宣王昭侯之子也。蓋約舉文。韓世家索隱云，韓微小，國史失代系，故史記及系本不同，今亦不可復考。宣王生襄王倉。襄王生釐王咎。釐王生桓惠王。史記韓世家索隱。桓惠王生王安。王安九年秦滅韓。

案韋昭國語注云：桓叔生子萬，受韓，以爲大夫，是爲韓萬。又云：韓簡晉卿韓萬之孫。又云：韓獻子之子宣子起。又云：韓康子韓宣子之曾孫莊子之子虎。皆與史記同。文韓宣子起，世本名秦，帖此爲異。

田敬仲完世家

田齊嬀姓，侯爵。陳厲公佗之子敬仲完奔齊，以陳字爲田氏。敬仲生夷孟思。史記田敬仲完世家索隱。思生閔孟克。同上克生文子須無。須無生桓子無宇。無宇生武子開及僖子乞。乞產成子常、簡子齒、宣子其夷、穆子安、廩邱子尚、鑿茲子芒盈、惠子得，凡七人。史記齊太公世家索隱。左傳哀十四年正義引同，有昭子莊，無成子常，無尚字，鑿茲子芒盈，作鑿茲芒子盈。成子常生襄子班。班生莊子伯。禮記檀弓正義引此條，常本作當，今據上文校正。史記田敬仲完世家索隱引云盤，世本作班，自名伯。伯生太公和，周天子立爲齊侯。和生桓公午。午生威王因齊。因齊生宣王辟疆。史記蘇秦列傳引作宣王名辟疆，威王之子。蓋約舉文。辟疆生湣王遂。史記田敬仲完世家索隱。遂生襄王法章。法章生王建。王建四十四年，秦滅齊。

案索隱云：紀年田莊子卒，明年立田悼子，悼子卒，乃次立田和，是莊子後有悼子。蓋立年無幾，所以作系本及史記者，不得錄也。而莊周及鬼谷子亦云：田成子殺齊君，十二代而有齊國。今據系本系家，自成子至王建之滅祇十代。若如紀年（校注：原本無「若如紀年」四字，文義稍嫌不足，據史記索隱補。）則悼子及侯剡即有十二代，與莊子鬼谷說同，明紀年亦非妄說也。云云。據此，則世本自春秋及戰國諸侯，皆有世家，於此可見。史記云立爲齊侯，而紀年則田侯，則亦侯爵也。

許世家

許姜姓，男爵。與齊同祖，堯四岳伯夷之後也。周武王封其苗裔文叔於許，自文叔至莊公十一世。桓公鄭，莊公弟也。春秋釋例九。此文也云云。案杜預於此條下注云：世本無許叔，疑鄭即是。是世本有許叔即穆公新臣，見春秋，蓋世本以爲桓公，名亦不同。桓公卒，僖公業立。僖公卒，昭公錫我立。昭公卒。靈公甯立。靈公卒。悼公買立。悼公卒。許男斯立。許男斯二十年。鄭滅許。以斯歸。元公成立。元公卒。子結立。楚滅之。

案許滕薛郳莒諸國，史記無世家，以其國小無足紀耳。而世本則仍有之。杜預所引許世系及孟子章指所引滕世系可見也。左傳正義又引滕薛二郳世家文，益足相証。今采春秋經及左傳隱十一年正義所引杜氏世族譜以補之。韋昭周語注亦云：許，姜姓，四岳之後。與世族譜同。

滕世家

滕姬姓。左傳襄十一年正義引世家文。侯爵。錯叔繡、文王子。顏師古漢書地理志注。自叔繡至宣公嬰齊十七世。其後有昭公。昭公卒。文公立。文公卒。成公原立。成卒公。悼公寧立。悼公卒。頃公結立。頃公卒。隱公虞母立。其後有考公麇與文公之父定公相直。其子元公宏與文公相直。趙岐孟子章指引此條。上有滕國二字。蓋約舉世本文。隱公後六世齊景公亡滕。左傳隱七年正義。案此條必有舛錯。景公二字或係宣王湣王之誤。

案以上皆左傳隱七年正義所引世族譜。今據以相補。昭三年正義又引云滕成公是文公之子。附志於此。

薛世家

薛任姓。左傳襄十一年正義引世家文。侯爵。黃帝之苗裔奚仲封爲薛侯。奚仲之後仲虺居薛。以爲湯左相。武王復以其冑爲薛侯。歷三代凡六十四世。其可記者。畛生初。初生厲侯陵。陵生宣武侯房。房生哀侯褻。褻生莊侯元。元生平侯貴。貴生昭侯直。直生襄侯夷。夷生桓侯辨。辨生康侯安與。安與生定公箱。箱生恭侯倘。倘生景侯魏。魏生宣侯伯勤。伯勤生簡侯文歡。文歡生惠侯夷黄。夷黄生靈侯英。英生文侯倶。倶生隱侯湊。湊生愍侯洪。爲楚所滅。

案以上據世族譜及唐書世系表補薛世家。春秋經有薛獻公穀、襄公足、薛伯比。表皆無之。惟惠侯名謚同耳。

邾世家

邾曹姓。左傳襄十一年正義引世家文。子爵。顓頊之後有陸終。産六子。其第五子曰安。邾卽安之後。周武王封其苗裔邾俠爲附庸。自安至儀父十二世。進爵稱子。是爲邾子克。邾子克卒。文公瑣立。文公卒。子定公貜且立。定公卒。宣公牼立。宣公卒。悼公華立。悼公卒。莊公穿立。莊公卒。隱公益立。隱公奔魯。子桓公革立。桓公後八世而齊滅之。

案以上據春秋經傳及左傳隱元年正義所引世族譜補邾世家。又公羊昭三十一年傳。有邾婁顏。邾婁夏父子二君。君當魯武公懿公時。蓋皆儀父之先。禮記檀弓篇有邾婁考公。鄭氏注云。邾婁考公隱公益之曾孫。考或爲定。又呂覽去尤篇。邾之故法。爲甲裳以帛。公息忌謂邾君曰。不若以組。此邾君未言其號謚。未知其當春秋時與否。世本居篇亦有邾顏。卽公羊傳所稱者。但其代系遠近。則無可考耳。附記之以補邾之闕略。

小邾世家

小邾曹姓。左傳襄十一年正義引世家文。子爵。邾俠之後也。夷父顔有功於周。其子肥別封爲附庸。曾孫黎來從齊桓公尊周室。命爲小邾子。其後有小邾穆公。穆公之孫惠公以下六世而楚滅之。

案以上據春秋經傳及左傳莊五年正義所引世族譜補小邾世家。世族譜所稱之邾顏。別見公羊傳。蓋邾與小邾同祖顏。自顏以下始分耳。左傳正義又云。世本言肥。杜譜言友。當是一人。是世本小邾代系本明。杜氏未嘗全引耳。

莒世家

莒己姓。左傳隱二年正義．襄十一年正義．子爵。少昊之後。周武王封興期於莒。十一世至茲丕公。其後有紀公庶其。紀公遇弒。子季佗立。季佗卒。渠丘公朱立。渠丘公卒。犂比公密州立。字買朱鉏。犂比公遇弒。子展輿立。展輿奔吳。犂比公之子展輿之兄著丘公去疾立。著丘公卒。郊公立。郊公奔齊。著丘公之弟共公庚輿立。共公奔魯。齊復納郊公。共公以下四世。楚滅之。

案以上據春秋經傳杜解．及左傳隱二年正義所引世族譜．補莒世家．考莒初爲嬴姓．後爲己姓．路史後紀七注．引世本之言最詳．已見紀篇．杜氏疑之．非也．杜氏則以爲嬴姓．又興期作茲輿．今皆據紀篇本文校正．呂氏春秋恃君覽云．杜厲叔事莒敖公．又云敖公有難．厲叔辭其友而往死之．高誘注莒子國也．敖公謚．公君也．飴孫以爲敖郊同音．敖公疑卽郊公．左傳僖二十六年傳杜解云．莒夷無謚．以號爲稱．

世本卷五

江都秦嘉謨輯補

大夫譜

案大夫譜名目已見王侯譜下，惟其名雖存，而諸書無引之者，原書譜法，遂無可徵。今據史記十二諸侯年表，即以並旁采左傳國語史記，以諸國執政卿士分年臚列，略見共和以後政在大夫之漸，稍存世本大夫譜舊名。即以續世本王侯譜事跡，其有當於原書與否，則不敢必也。較三代世表增入鄭國，吳則執政略無可考，且尊春秋崇內抑外之義，故仍闕焉。輯爲大夫譜卷五。〔校注〕此譜據史記年表爲主，其於諸侯之名，與本書世家據諸書引世本者，往往不合，或譜與世家非出一手，致此紛歧。本表校注彙列卷五之末，表內注以①②等符號，俾便檢查。

周		共和元年，王少，大臣共和行政	二，厲王子居召公
魯	眞公濞①	十五年	十六
齊	武公壽	十年	十一
晉	靖侯宜臼	十八年	晉釐侯司徒元年
秦	秦仲	四年	五
楚	熊勇	七年	八
宋	釐公舉	十八年	十九
衞	釐侯	十四年	十五
陳	幽公寧	十四年	十五
蔡	武侯	二十三年	二十四
曹	夷伯喜	二十四年	二十五
鄭			
燕	惠侯	二十四年	二十五

宮是爲宣王召伯周公											
三召伯周公	十七	十二	二	六	九	二十	十六	十六	二十五	二十六		二十六
四召伯周公	十八	十三	三	七	十	二十一	十七	十七	二十六	二十七		二十七
五召伯周公	十九	十四	四	八	楚熊嚴元年	二十二	十八	十八	蔡夷侯元年	二十八		二十八
六召伯周公	二十	十五	五	九	二	二十三	十九	十九	二	二十九		二十九
七召伯周公	二十一	十六	六	十	三	二十四	二十	二十	三	三十		三十
八召伯周公	二十二	十七	七	十一	四	二十五	二十一	二十一	四	曹幽伯彊元年		三十一

九召伯周公	十召伯周公	十一召伯周公	十二召伯周公	十三召伯周公	十四宣王即位共和罷召伯周公	宣王元年
二十三	二十四	二十五	二十六	二十七	二十八	二十九
十八	十九	二十	二十一	二十二	二十三	二十四
八	九	十	十一	十二	十三	十四
十二	十三	十四	十五	十六	十七	十八
五	六	七	八	九	十	楚熊霜元年
二十六	二十七	二十八	宋惠公覸元年	二	三	四
二十二	二十三	二十四	二十五	二十六	二十七	二十八
二十二	二十三	陳釐公孝元年	二	三	四	五
五	六	七	八	九	十	十一
二	三	四	五	六	七	八
三十二	三十三	三十四	三十五	三十六	三十七	三十八

周召定伯公虎												
二召伯虎太師皇父司馬休父	三十	二十五	十五	十九	二	五	二十九	六	十二	九		燕釐侯莊元年
三召伯虎皇父休父	魯武公敖元年	二十六	十六	二十	三	六	三十	七	十三	曹戴伯鮮元年		二
四召伯虎皇父休父	二	齊厲公無忌元年	十七	二十一	四	七	三十一	八	十四	二		三
五召伯虎皇父休父尹吉甫方叔	三	二	十八	二十二	五	八	三十二	九	十五	三		四
六召伯虎皇父	四	三	晉獻侯籍②元年	二十三	六	九	三十三	十	十六	四		五

休父											
七皇父申伯	五	四	二	秦莊公元年	楚熊徇元年	十	四十三③	一十	七十	五		六
八皇父	六	五	三	二	二	一十	五十三	二十	八十	六		七
九皇父	七	六	四	三	三	二十	六十三	三十	九十	七		八
十皇父	八	七	五	四	四	三十	七十三	四十	十二	八		九
十一皇父	九	八	六	五	五	四十	八十三	五十	一十二	九		十
十二皇父	十	九	七	六	六	五十	九十三	六十	二十二	十		一十
十三皇父	魯懿公戲元年	齊文公赤元年	八	七	七	六十	十四	七十	三十二	一十		二十

皇父十四	二	二	九	八	八	十七	四十一	十八	二十四	十二		十三
皇父十五	三	三	十	九	九	十八	四十二	十九	二十五	十三		十四
皇父十六	四	四	十一	十	十	十九	衛武公和元年	二十	二十六	十四		十五
皇父十七	五	五	晉穆侯弗生元年	十一	十一	二十	二	二十一	二十七	十五		十六
皇父十八	六	六	二	十二	十二	二十一	三	二十二	二十八	十六		十七
皇父十九	七	七	三	十三	十三	二十二	四	二十三	蔡釐侯所事元年	十七		十八
皇父二十	八	八	四	十四	十四	二十三	五	二十四	二	十八		十九
皇父二十一	九	九	五	十五	十五	二十四	六	二十五	三	十九		二十

二十二皇父王子多父	二十三皇父王子多父	二十四皇父王子多父	二十五皇父王子多父	二十六皇父王子多父
魯孝公稱元年。伯御立。爲君稱爲諸公子云。伯御武公孫。	二	三	四	五
十	十一	十二	齊成公說元年	二
六	七	八	九	十
十六	十七	十八	十九	二十
十六	十七	十八	十九	二十
二十五	二十六	二十七	二十八	二十九
七	八	九	十	十一
二十六	二十七	二十八	二十九	三十
四	五	六	七	八
二十	二十一	二十二	二十三	二十四
鄭桓公友④元年。始封。周宣王母弟。	二	三	四	五
二十一	二十二	二十三	二十四	二十五

二十七皇父王子多父	六	三	十一	二十一	二十一	三十	十二	三十一	九	二十五	六	二十六
二十八皇父王子多父	七	四	十二	二十二	二十二	三十一	十三	三十二	十	二十六	七	二十七
二十九皇父王子多父	八	五	十三	二十三	楚熊鄂元年	宋戴公立元年	十四	三十三	十一	二十七	八	二十八
三十皇父王子多父	九	六	十四	二十四	二	二	十五	三十四	十二	二十八	九	二十九
三十一皇父王子多父	十	七	十五	二十五	三	三	十六	三十五	十三	二十九	十	三十
三十二皇父王子多父	十一周宣王誅伯御立其弟。	八	十六	二十六	四	四	十七	三十六	十四	三十	十一	三十一

	稱・是爲孝公・											
三十三 皇父 王子多父	二十	九	七十	七十二	五	五	八十	陳武公靈元年	五十	曹惠公伯雉⑤元年	二十	二十三
三十四 皇父 王子多父	三十	齊莊公贖元年	八十	八十二	六	六	九十	二	六十	二	三十	三十三
三十五 皇父 王子多父	四十	二	九十	九十二	七	七	十二	三	七十	三	四十	四十三
三十六 皇父 王子多父	五十	三	十二	十三	八	八	一十二	四	八十	四	五十	五十三
三十七 皇父 王子多父	六十	四	一十二	一十三	九	九	二十二	五	九十	五	六十	六十三
三十八 皇父 王子多父	七十	五	二十二	二十三	楚若敖元年	十	三十二	六	十二	六	七十	燕頃侯元年

三十九 皇父 王子多父	十八	六	二十三	三十三	二	十一	二十四	七	二十一	七	十八	二
四十 皇父 王子多父	十九	七	二十四	三十四	三	十二	二十五	八	二十二	八	十九	三
四十一 皇父 王子多父	二十	八	二十五	三十五	四	十三	二十六	九	二十三	九	二十	四
四十二 皇父 王子多父	二十一	九	二十六	三十六	五	十四	二十七	十	二十四	十	二十一	五
四十三 皇父 王子多父	二十二	十	二十七	三十七	六	十五	二十八	十一	二十五	十一	二十二	六
四十四 皇父 王子多父	二十三	十一	晉殤叔元年	三十八	七	十六	二十九	十二	二十六	十二	二十三	七

四十五 皇父 王子多父	四十六 皇父 王子多父	周幽王元年 皇父 王子多父 太師尹氏	二 王子多父	三 王子多父 虢公石父	四 王子多父 虢公石父
二十四	二十五	二十六	二十七	二十八	二十九
十二	十三	十四	十五	十六	十七
二	三	四	晉文侯仇元年	二	三
三十九	四十	四十一	四十二	四十三	四十四
八	九	十	十一	十二	十三
十七	十八	十九	二十	二十一	二十二
三十	三十一	三十二	三十三	三十四	三十五
十三	十四	十五	陳夷侯說元年	二	三
二十七	二十八	二十九	三十	三十一	三十二
十三	十四	十五	十六	十七	十八
二十四	二十五	二十六	二十七	二十八	二十九
八	九	十	十一	十二	十三

五王子多父虢公石父	三十	十八	四	秦襄公元年	十四	二十三	三十六	陳平公燮元年	三十三	十九	三十	十四
六王子多父虢公石父伯士	三十一	十九	五	二	十五	二十四	三十七	二	三十四	二十	三十一	十五
七王子多父虢公石父	三十二	二十	六	三	十六	二十五	三十八	三	三十五	二十一	三十二	十六
八王子多父虢公石父	三十三	二十一	七	四	十七	二十六	三十九	四	三十六	二十二	三十三	十七
九鄭伯多父	三十四	二十二	八	五	十八	二十七	四十	五	三十七	二十三	三十四	十八

十鄭伯多父	十一鄭伯多父虢公翰	平王元年東徙洛陽	二	三司徒鄭伯掘突	四鄭伯掘突	五鄭伯掘突
三十五	三十六	三十七	三十八	魯惠公弗湟元年	二	三
二十三	二十四	二十五	二十六	二十七	二十八	二十九
九	十	十一	十二	十三	十四	十五
六	七	八	九	十	十一	十二
十九	二十	二十一	二十二	二十三	二十四	二十五
二十八	二十九	三十	三十一	三十二	三十三	三十四
四十一	四十二	四十三	四十四	四十五	四十六	四十七
六	七	八	九	十	十一	十二
三十八	三十九	四十	四十一	四十二	四十三	四十四
二十四	二十五	二十六	二十七	二十八	二十九	三十
三十五	三十六	鄭武公元年⑥	二	三	四	五
十九	二十	二十一	二十二	二十三	二十四	燕哀侯元年⑦

1	2	3	4	5	6	7	8	9	10	11	12	13
六 鄭伯掘 哭	四	十三	六十	秦文公元年	六十二	宋武公元年司空司徒皇父充石司寇牛父	八十四	三十	五十四	一十三	六	⑦二
七 鄭伯掘 哭	五	一十三	七十	二	七十二	二	九十四	四十	六十四	二十三	七	燕鄭侯元年
八 鄭伯掘 哭	六	二十三	八十	三	楚霄敖元年	三	十五	五十	七十四	三十三	八 關其思是年被殺	二
九 鄭伯掘 哭	七	三十三	九十	四	二	四	一十五	六十	八十四	四十三	九	三
十 鄭伯掘 哭	八	四十三	十二	五	三	五	二十五	七十	蔡共侯興元年	五十三	十	四
十一 鄭伯掘 哭	九	五十三	一十二	六	四	六	三十五	八十	二	六十三	一十	五

十二鄭伯掘哭	十	三十六	二十二	七	五	七	五十四	十九	蔡戴侯元年	曹穆公元年	十二	六
十三鄭伯掘哭	十一	三十七	二十三	八	六	八	五十五	二十	二	二	十三	七
十四鄭伯掘哭	十二	三十八	二十四	九	楚蚡冒元年	九	衛莊公楊元年	二十一	三	三	十四	八
十五鄭伯掘哭	十三	三十九	二十五	十	二	十	二	二十二	四	曹桓公終生元年	十五	九
十六鄭伯掘哭	十四	四十	二十六	十一	三	十一	三	二十三	五	二	十六	十
十七鄭伯掘哭	十五	四十一	二十七	十二	四	十二	四	陳文公圉元年	六	三	十七	十一
十八鄭伯掘哭	十六	四十二	二十八	十三	五	十三	五	二	七	四	十八	十二
十九鄭伯掘哭	十七	四十三	二十九	十四	六	十四	六	三	八	五	十九	十三

二十鄭伯掘突	十八	四十四	三十	十五	七	十五	七	四	九	六	二十	十四
二十一鄭伯掘突	十九	四十五	三十一	十六	八	十六	八	五	十	七	二十一	十五
二十二鄭伯掘突	二十	四十六	三十二	十七	九	十七	九	六	蔡宣侯措父元年⑧	八	二十二	十六
二十三鄭伯掘突	二十一	四十七	三十三	十八	十	十八	十	七	二	九	二十三	十七
二十四鄭伯掘突	二十二	四十八	三十四	十九	十一	宋宣公力元年	十一	八	三	十	二十四	十八
二十五鄭伯掘突	二十三	四十九	三十五	二十	十二	二	十二	九	四	十一	二十五	十九
二十六鄭伯掘突	二十四	五十	晉昭侯元年	二十一	十三	三	十三	十	五	十二	二十六	二十
二十七鄭伯掘突	二十五	五十一	二	二十二	十四	四	十四	陳桓公鮑元年	六	十三	二十七	二十一

二十八	二十九	三十	三十一	三十二	三十三	三十四	三十五
二十六	二十七	二十八	二十九	三十	三十一	三十二	三十三
五十二	五十三	五十四	五十五	五十六	五十七	五十八	五十九
三	四	五	六	晉孝侯元年潘父	二	三	四
二十三	二十四	二十五	二十六	二十七	二十八	二十九	三十
十五	十六	十七	楚武王熊通元年	二	三	四	五
五	六	七	八	九	十	十一	十二
十五	十六	十七石礌	十八石礌	十九石礌	二十石礌	二十一石礌	二十二石礌
二	三	四	五	六	七	八	九
七	八	九	十	十一	十二	十三	十四
十四	十五	十六	十七	十八	十九	二十	二十一
鄭莊公寤生元年	二	三	四	五	六	七	八
二十二	二十三	二十四	二十五	二十六	二十七	二十八	二十九

三十六	三十七	三十八	三十九	四十	四十一	四十二
三十四	三十五	三十六	三十七	三十八	三十九	四十 宰讓
六十	六十一	六十二	六十三	六十四	齊釐公 祿甫⑨ 元年	二
五	六	七	八	九	十	十一
三十一	三十二	三十三	三十四	三十五	三十六	三十七
六	七	八	九	十	十一	十二
十三	十四	十五	十六	十七	十八	十九
二十三 石碏	衛桓公 完元年 石碏是年老	二	三	四	五	六
十	十一	十二	十三	十四	十五	十六
十五	十六	十七	十八	十九	二十	二十一
二十二	二十三	二十四	二十五	二十六	二十七	二十八
九	十	十一	十二	十三	十四	十五
三十	三十一	三十二	三十三	三十四	三十五	三十六

四十三	四十四	四十五	四十六	四十七	四十八	四十九祭伯宰咺
四十一	四十二	四十三	四十四	四十五	四十六	魯隱公息姑⑩元年公子益師
三	四	五	六	七	八	九
十二	十三	十四	十五	十六	晉鄂侯郤元年	二
三十八	三十九	四十	四十一	四十二	四十三	四十四
十三	十四	十五	十六	十七	十八	十九
宋穆公和元年	二	三	四	五	六	七
七	八	九	十	十一	十二	十三
十七	十八	十九	二十	二十一	二十二	二十三
二十二	二十三	二十四	二十五	二十六	二十七	二十八
二十九	三十	三十一	三十二	三十三	三十四	三十五
十六	十七	十八	十九	二十	二十一	二十二祭仲足
燕穆侯元年	二	三	四	五	六	七

	十五	五十一鄭伯寤生虢公忌父	桓王元年鄭伯寤生虢公忌父	二鄭伯寤生虢公忌父	三鄭伯寤生
賁伯益卒是年師	二司空無駭	三無駭	四無駭公子翬	五無駭公子翬公子彄十二月卒	六無駭公子翬
	十	十一	十二	十三	十四
	三	四	五	六	晉哀侯光元年嘉父
	四十五	四十六	四十七	四十八	四十九
	二十	二十一	二十二	二十三	二十四
	八	九馱司孔父嘉	宋殤公與夷元年孔父嘉	二孔父嘉	三孔父嘉
	十四	十五	十六九月石厚誅	衛宣公晉元年	二
	二十四	二十五	二十六	二十七	二十八
	二十九	三十	三十一	三十二	三十三
	三十六	三十七	三十八	三十九	四十
	二十三祭仲足	二十四祭仲足	二十五祭仲足	二十六祭仲足原繁洩駕	二十七祭仲足原繁
	八	九	十	十一	十二

虢公忌父	四鄭伯寤生虢公忌父凡伯	五鄭伯寤生虢公忌父	六左卿士鄭伯寤生	七鄭伯寤生	八鄭伯寤生
	七無駭公子翬	八無駭卒二月公子翬	九公子翬	十公子翬	十一公子翬
	十五	十六	十七	十八	十九
	二	三	四	五	六
	五十	秦寧公元年	二	三	四
	二十五	二十六	二十七	二十八	二十九
	四孔父嘉	五孔父嘉	六孔父嘉	七孔父嘉	八孔父嘉
	三	四	五	六	七
	二十九	三十	三十一	三十二五父	三十三鍼子
	三十四	三十五	蔡桓侯封人元年	二	三
	四十一	四十二	四十三	四十四	四十五
洩駕	二十八祭仲足原繁洩駕良佐	二十九祭仲足原繁洩駕	三十祭仲足原繁	三十一祭仲足原繁	三十二祭仲足原繁
	十三	十四	十五	十六	十七

九鄭伯寤生	十鄭伯寤生	十一鄭伯寤生	十二鄭伯寤生宰渠伯糾
魯桓公允⑪元年公子翬	二公子翬臧孫達	三公子翬臧孫達	四公子翬臧孫達
二十	二十一	二十二	二十三
七	八	晉小子侯元年是年欒成爲曲沃所獲	二
五	六	七	八
三十	三十一	三十二	三十三
九孔父嘉華父督	宋莊公馮元年孔父嘉正月被殺太宰華父督	二華父督	三華父督
八	九	十	十一
三十四	三十五	三十六	三十七
四	五	六	七
四十六	四十七	四十八	四十九
三十三祭仲足原繁	三十四祭仲足原繁	三十五祭仲足原繁	三十六祭仲足原繁
十八	燕宣侯元年	二	三

十三鄭伯寤生是年奪政虢公林父周公黑肩	十四虢公林父周公黑肩	十五虢公林父周公黑肩	十六虢公林父周公黑肩
五臧孫達	六臧孫達	七臧孫達	八臧孫達
二十四	二十五	二十六	二十七
三	晉侯緡元年	二	三
九	十	十一	十二庶長弗忌庶長威壘庶長三父
三十四	三十五蘧章	三十六蘧章	三十七蘧章闞伯比
四華父督	五華父督	六華父督	七華父督
十二	十三	十四	十五
三十八	陳厲公躍⑫元年	二	三
八	九	十	十一
五十	五十一	五十二	五十三
三十七祭仲足原繁公子曼伯高渠彌	三十八祭仲足原繁高渠彌	三十九祭仲足原繁高渠彌	四十祭仲足原繁高渠彌
四	五	六	七

十七虢公林父周公黑肩	十八虢公林父奔虞周公黑肩	十九周公黑肩	二十周公黑肩	二十一周公黑肩
九臧孫達	十臧孫達	十一臧孫達	十二臧孫達	十三臧孫達
二十八	二十九	三十	三十一	三十二
四	五	六	七	八
秦出公元年弗忌威壘三父	二弗忌威壘三父	三弗忌威壘三父	四弗忌威壘三父	五弗忌威壘三父
三十八薳章鬭伯比鬭廉	三十九鬭伯比鬭廉	四十鬭伯比鬭廉	四十一鬭伯比鬭廉屈瑕自殺	四十二鬭伯比鬭廉
八華父督	九華父督	十華父督	十一華父督	十二華父督
十六	十七	十八	十九	衛惠公朔元年
四	五	六	七	陳莊公林元年桓公子
十二	十三	十四	十五	十六
五十四	五十五	曹莊公射姑元年	二	三
四十一祭仲足原繁高渠彌	四十二祭仲足原繁高渠彌	四十三祭仲足原繁高渠彌	鄭厲公突元年祭仲足原繁高渠彌公子語	二祭仲足原繁高渠彌
八	九	十	十一	十二

二十二 周公黑肩	二十三 周公黑肩	莊王元年 周公黑肩	二 周公黑肩	三 周公黑肩被誅
十四 臧孫達	十五 臧孫達	十六 臧孫達	十七 臧孫達	十八 臧孫達
三十三	齊襄公諸兒元年	二 王子成父	三	四
九	十	十一	十二	十三
六 弗忌威壘三父	秦武公元年 出公兄 弗忌威壘三父	二 弗忌威壘三父	三 弗忌威壘三父俱被誅	四
四十三 鬭廉	四十四 鬭廉	四十五	四十六	四十七
十三 華父督	十四 華父督	十五 華父督	十六 華父督	十七 華父督
二	三	衛黔牟元年 左公子洩 右公子職	二 左公子洩 右公子職	三 左公子洩 右公子
二	三	四	五	六
十七	十八	十九	二十	蔡哀侯獻舞元年
四	五	六	七	八
三 祭仲足 原繁 高渠彌	四 祭仲足 原繁 高渠彌	鄭昭公忽元年 祭仲足 原繁 高渠彌	二 祭仲足 原繁 高渠彌	鄭子亹元年 昭公弟
十三	燕桓公元年	二	三	四

	單伯四	單伯五	單伯六	單伯七
	魯莊公同元年 臧孫達 公子慶父	二 臧孫達 公子慶父	三 臧孫達 公子慶父 溺	四 臧孫達 公子慶父
	五	六	七	八
	十四	十五	十六	十七
	五	六	七	八
	四十八	四十九	五十	五十一 令尹鬭祈 莫敖屈重
	十八 華父督	十九 華父督	宋湣公捷元年 華父督	二 華父督
職	四 左公子洩 右公子職	五 左公子洩 右公子職	六 左公子洩 右公子職	七 左公子洩 右公子職
	七	陳宣公杵臼元年 莊公弟	二	三
	二	三	四	五
	九	十	十一	十二
祭仲足 原繁 高渠彌 被誅	鄭子嬰元年 子亹弟 原繁	二 原繁	三 原繁	四 原繁
	五	六	七	燕莊公元年

八單伯	九單伯	十單伯	十一單伯	十二單伯
五臧孫達公子慶父	六臧孫達公子慶父	七臧孫達公子慶父	八臧孫達公子慶父	九臧孫達公子慶父
九	十	十一	十二	齊桓公小白元年國子高傒管夷吾
十八	十九	二十	二十一	二十二
九	十	十一	十二	十三
楚文王貲元年	二	三	四	五
三華父督	四華父督	五華父督	六華父督	七華父督
八左公子洩右公子職	九左公子洩右公子職俱被誅寧跪放秦	衛惠公朔復入十三年	十四	十五
四	五	六	七	八
六	七	八	九	十
十三	十四	十五	十六	十七
五原繁	六原繁	七原繁	八原繁	九原繁
二	三	四	五	六

十三單伯	十四單伯	十五單伯	釐王元年⑬單伯	二
十臧孫達公子慶父	十一臧孫達公子慶父臧孫辰	十二公子慶父臧孫辰	十三公子慶父臧孫辰	十四公子慶父臧孫辰
二高傒管夷吾	三高傒管夷吾	四高傒管夷吾	五高傒管夷吾	六高傒管夷吾
二十三	二十四	二十五	二十六	二十七
十四	十五	十六	十七	十八
六	七	八	九	十
八華父督	九華父督	十華父督仇牧俱被弑·南宮萬奔陳·蕭叔大心	宋桓公御說元年·莊公子·	二
十六	十七	十八	十九	二十
九	十	十一	十二	十三
十一	十二	十三	十四	十五
十八	十九	二十	二十一	二十二
十原繁	十一原繁	十二原繁	十三原繁	十四原繁自殺
七	八	九	十	十一

三	四周公忌父奔虢	五	惠王元年周公忌父復自虢	二周公忌父
十五公子慶父臧孫辰	十六公子慶父臧孫辰	十七公子慶父臧孫辰	十八公子慶父臧孫辰	十九公子慶父臧孫辰公子結
七高傒管夷吾	八高傒管夷吾	九高傒管夷吾	十高傒管夷吾	十一高傒管夷吾
二十八	晉武公稱自曲沃并晉已立二十八年不更元·因其元年	二	晉獻公詭諸元年	二
十九	二十	秦德公元年武公弟·	二	秦宣公元年
十一	十二	十三	楚堵敖囏元年	二
三	四	五	六	七
二十一	二十二	二十三	二十四	二十五
十四	十五	十六	十七	十八
十六	十七	十八	十九	二十
二十三	二十四	二十五	二十六	二十七
鄭厲公元年·厲公亡後七歲·復入⑭	二	三叔詹	四叔詹	五叔詹
二十	三十	四十	五十	六十

三 周公忌父	四 周公忌父	五 周公忌父	六 周公忌父	七 周公忌父	八 周公忌父
二十 公子慶父 臧孫辰	二十一 公子慶父 臧孫辰	二十二 公子慶父 臧孫辰	二十三 公子慶父 臧孫辰	二十四 公子慶父 臧孫辰	二十五 公子慶父 臧孫辰
十二 高傒 管夷吾	十三 高傒 管夷吾	十四 高傒 管夷吾	十五 高傒 管夷吾	十六 高傒 管夷吾	十七 管夷吾
三	四	五	六	七	八
二	三	四	五	六	七
三	四	五	楚成王惲元年	二	三
八	九	十	十一	十二	十三
二十六	二十七	二十八	二十九	三十	三十一
十九	二十	二十一	二十二	二十三	二十四
蔡穆侯肸元年	二	三	四	五	六
二十八	二十九	三十	三十一	曹釐公夷元年⑮	二⑮
六 叔詹	七	鄭文公捷元年 叔詹	二 叔詹	三 叔詹	四 叔詹
十七	十八	十九	二十	二十一	二十二

九 周公忌父	十 周公忌父 召伯廖	十一 周公忌父	十二 周公忌父	十三 周公忌父
二十六 公子慶父 臧孫辰 公子友	二十七 公子慶父 臧孫辰 公子友	二十八 公子慶父 臧孫辰 公子友	二十九 公子慶父 臧孫辰 公子友	三十 公子慶父 臧孫辰 公子友
十八 管夷吾	十九 管夷吾	二十 管夷吾	二十一 管夷吾	二十二 管夷吾
九 大司空士蔿	十 士蔿	十一 士蔿	十二 士蔿	十三 士蔿
八	九	十	十一	十二
四	五	六 令尹王子善	七 王子善	八 王子善被誅 令尹鬭穀於菟
四十	五十	六十	七十	八十
衛懿公赤元年	二	三	四	五
二十五	二十六	二十七	二十八	二十九
七	八	九	十	十一
三	四	五	六	七
五 叔詹	六 叔詹	七 叔詹	八	九 叔詹
二十三	二十四	二十五	二十六	二十七

十四周公忌父	十五周公忌父	十六周公忌父	十七周公忌父
三十一公子慶父　臧孫辰　公子友	三十二公子慶父　臧孫辰　公子友　公子牙卒	魯湣公開⑯元年　公子慶父　臧孫辰　公子友	二　慶父奔莒　臧孫辰　公子友　公孫茲
二十三管夷吾	二十四管夷吾	二十五管夷吾　仲孫湫	二十六高子　管夷吾　仲孫湫
十四士蔿	十五士蔿	十六士蔿	十七士蔿　太子申生　里克　罕夷
秦成公元年	二	三	四
九鬬穀於菟	十鬬穀於菟	十一鬬穀於菟	十二鬬穀於菟
十九	二十	二十一	二十二
六	七	八石祁子　甯速	衛戴公申元年　甯速
三十	三十一	三十二	三十三
十二	十三	十四	十五
八	九	曹昭公元年	二
十叔詹	十一叔詹	十二叔詹	十三叔詹　高克奔陳
二十八	二十九	三十	三十一

十八　周公忌父	十九　周公忌父	二十　周公忌父	二十一　周公忌父	二十二　周公忌父
魯釐公申元年　臧孫辰　公子友　公孫茲	二　臧孫辰　公子友　公孫茲	三　臧孫辰　公子友　公孫茲	四　臧孫辰　公子友　公孫茲	五　臧孫辰　公子友　公孫茲
二十七　管夷吾　仲孫湫	二十八　管夷吾　仲孫湫	二十九　管夷吾　仲孫湫	三十　管夷吾　仲孫湫	三十一　管夷吾　仲孫湫
十八　太子申生　里克	十九　太子申生　里克　荀息	二十　太子申生　里克　荀息	二十一　太子申生自殺　里克　荀息	二十二　里克　荀息
秦穆公任好元年	二	三	四	五　百里奚
十三　鬬穀於菟	十四　鬬穀於菟	十五　鬬穀於菟	十六　鬬穀於菟	十七　鬬穀於菟
二十三	二十四	二十五	二十六	二十七
衛文公燬元年　甯速	二　甯速	三　甯速	四　甯速	五　甯速
三十四	三十五	三十六	三十七　轅濤塗	三十八　轅濤塗
十六	十七	十八	十九	二十
三	四	五	六	七
十四　叔詹	十五　叔詹	十六　叔詹　孔叔　申侯	十七　叔詹　孔叔　申侯	十八　叔詹　孔叔　申侯
三十二	三十三	燕襄公元年	二	三

二十三周公忌父	二十四周公忌父	二十五周公忌父	襄王元年周公忌父宰周公孔	二周公忌父
六臧孫辰公子友公孫茲	七臧孫辰公子友公孫茲	八臧孫辰公子友公孫茲	九臧孫辰公子友公孫茲	十臧孫辰公子友公孫茲
三十二管夷吾仲孫湫	三十三管夷吾仲孫湫	三十四管夷吾仲孫湫	三十五管夷吾仲孫湫	三十六管夷吾仲孫湫隰朋
二十三里克荀息	二十四里克荀息	二十五里克荀息	二十六里克荀息丕鄭	晉惠公夷吾元年里克荀息丕鄭俱被殺
六百里奚	七百里奚	八百里奚	九百里奚	十百里奚公孫枝
十八鬭穀於菟	十九鬭穀於菟	二十鬭穀於菟	二十一鬭穀於菟	二十二鬭穀於菟
二十八	二十九	三十	三十一	宋襄公茲父⑰元年左師公子目夷
六甯速	七甯速	八甯速	九甯速	十甯速
三十九轅濤塗	四十轅濤塗	四十一轅濤塗	四十二轅濤塗	四十三轅濤塗
二十一	二十二	二十三	二十四	二十五
八	九	曹共公元年	二	三
十九叔詹孔叔申侯	二十叔詹孔叔申侯	二十一叔詹	二十二叔詹	二十三叔詹
四	五	六	七	八

	三周公忌父	四周公忌父	五周公忌父	六周公忌父	七周公忌父
	十一臧孫辰公子友公孫茲	十二臧孫辰公子友公孫茲	十三臧孫辰公子友公孫茲	十四臧孫辰公子友公孫茲	十五臧孫辰公子友公孫茲公孫敖
	三十七管夷吾仲孫湫隰朋	三十八國子高子管夷吾仲孫湫隰朋	三十九仲孫湫	四十	四十一
呂甥郤稱冀芮	二呂甥郤稱冀芮	三呂甥郤稱冀芮	四呂甥郤稱冀芮	五呂甥郤稱冀芮	六呂甥郤稱冀芮
	十一百里奚公孫枝	十二百里奚公孫枝	十三百里奚公孫枝	十四百里奚公孫枝	十五百里奚公孫枝
	二十三鬬穀於菟	二十四鬬穀於菟	二十五鬬穀於菟	二十六鬬穀於菟	二十七鬬穀於菟
	二公子目夷	三公子目夷	四公子目夷	五公子目夷	六公子目夷
	十一寧速	十二寧速	十三寧速	十四寧速	十五寧速
	四十四轅濤塗	四十五轅濤塗	陳穆公欵元年轅濤塗	二轅濤塗	三轅濤塗
	二十六	二十七	二十八	二十九	蔡莊公甲午元年
	四	五	六	七	八
	二十四叔詹	二十五叔詹	二十六叔詹	二十七叔詹	二十八叔詹
	九	十	十一	十二	十三

八周公忌父	十六臧孫辰公子友三月卒公孫茲七月卒公孫敖	二十四	七呂甥郤稱	十六百里奚公孫枝	二十八鬬穀於菟	七公子目夷	十六寧速	四轅濤塗	二	九	二十九叔詹	十四
九周公忌父	十七臧孫辰公孫敖	三十四	八呂甥郤芮	十七百里奚公孫枝	二十九鬬穀於菟	八公子目夷	十七寧速	五轅濤塗	三	十	三十叔詹	十五
十周公忌父	十八臧孫辰公孫敖	齊孝公昭元年	九呂甥郤芮	十八百里奚公孫枝	三十鬬穀於菟	九公子目夷	十八寧速	六轅濤塗	四	十一	三十一叔詹	十六
十一周公忌父	十九臧孫辰公孫敖	二	十呂甥郤芮	十九百里奚公孫枝	三十一鬬穀於菟	十司馬公子目夷	十九寧速	七轅濤塗	五	十二	三十二叔詹	十七
十二周公忌父	二十臧孫辰公孫敖	三	十一呂甥郤芮	二十百里奚公孫枝	三十二鬬穀於菟司馬子良與子	十一公子目夷	二十寧速	八轅濤塗	六	十三	三十三叔詹	十八

	十三周公忌父	十四周公忌父	十五周公忌父	十六周公忌父爲狄所獲
	二十一臧孫辰公孫敖	二十二臧孫辰公孫敖	二十三臧孫辰公孫敖	二十四臧孫辰公孫敖
	四	五	六	七
	十二呂甥郤芮	十三呂甥郤芮	十四呂甥郤芮	晉文公重耳元年呂甥郤芮俱爲秦所獲
	二十一百里奚公孫枝	二十二百里奚公孫枝	二十三公孫枝	二十四公孫枝
文同時年次無考	三十三鬭穀於菟司馬鬬宜申	三十四鬭穀於菟鬬宜申	三十五令尹成得臣鬬宜申	三十六成得臣鬬宜申
	十二公子目夷	十三大司馬公孫固	十四公孫固	宋成公王臣元年⑱公孫固
	二十一寧速	二十二寧速	二十三寧速	二十四寧速
	九轅濤塗	十轅濤塗	十一轅濤塗	十二轅濤塗
	七	八	九	十
	十四	十五	十六僖負羈	十七
	三十四叔詹	三十五叔詹	三十六叔詹	三十七孔將鉏石甲父侯宣多
	十九	二十	二十一	二十二

十七	十八	十九	二十 尹氏 王子虎
二十五 臧孫辰 公孫敖	二十六 臧孫辰 公孫敖	二十七 臧孫辰 公孫敖 公子遂	二十八 臧孫辰 公孫敖 公子遂 公子買 二月
八	九	十	齊昭公 潘元年 國歸父 崔天
二	三	四 郤縠 郤溱 狐毛 狐偃 欒枝 先軫 是年作三軍六卿分置將佐	五 郤縠 卒二月 先軫 郤溱
二十五 公孫枝	二十六 公孫枝	二十七	二十八 公孫枝 小子憖
三十七 成得臣 闞宜申	三十八 成得臣 闞宜申	三十九 成得臣 闞宜申	四十 成得臣 四月自殺 闞宜申 降爲
二 公孫固	三 公孫固	四 公孫固	五 公孫固
二十五 寧速	衛成公 鄭元年 寧速	二	三 元咺 寧俞
十三 轅濤塗	十四 轅濤塗	十五 轅濤塗	十六 轅濤塗
十一	十二	十三	十四
十八	十九	二十	二十一
三十八 孔將鉏 石甲父 侯宣多	三十九 孔將鉏 石甲父 侯宣多	四十 孔將鉏 石甲父 侯宣多	四十一 孔將鉏 石甲父 侯宣多
二十三	二十四	二十五	二十六

	二十一王子虎	二十二王子虎周公閱	二十三王子虎周公閱
誅	二十九臧孫辰公孫敖公子遂	三十臧孫辰公孫敖公子遂	三十一臧孫辰公孫敖公子遂
	二國歸父	三國歸父	四國歸父
狐毛狐偃欒枝胥臣	六先軫郤縠狐毛狐偃欒枝胥臣	七先軫郤溱先且居狐偃欒枝胥臣	八作五軍先軫郤溱先且居狐偃欒枝胥臣
	二十九公孫枝小子慭	三十公孫枝	三十一公孫枝
商公 令尹蔿呂臣	四十一鬬宜申	四十二鬬宜申	四十三鬬宜申
	六公孫固	七	八
	四元咺甯俞	五元咺被殺甯俞孫炎	六甯俞孫炎
	陳共公朔元年轅濤塗	二	三
	五十	六十	七十
	二十二	二十三	二十四
	四十二孔將鉏石甲父侯宣多	四十三孔將鉏石甲父侯宣多	四十四侯宣多
	二十七	二十八	二十九

	二十四 王子虎 周公閱	二十五 王子虎 周公閱 毛伯衛
	三十二 臧孫辰 公孫敖 公子遂	三十三 臧孫辰 公孫敖 公子遂
	五 國歸父	六 國歸父
趙衰 箕鄭父 胥嬰 先都	九 先軫 郤溱 先且居 趙衰 欒枝 胥臣 箕鄭父 先都 陽處父	晉襄公 驪元年 死 先軫狄 師 先且居 趙衰 欒枝 胥臣 箕鄭父 先都 陽處父 郤缺
	三十二 公孫枝 孟明視 西乞術 白乙丙	三十三 公孫枝 孟明視 西乞術 白乙丙
	四十四 鬬宜申 鬬章	四十五 令 尹鬬勃 被殺 鬬宜申
	九	十
	七 寧俞 孫炎 孔達	八 寧俞 孫炎 孔達
	四	五
	十八	十九
	二十五	二十六
	四十五 侯宣多	鄭穆公 簡⑲元 年 侯宣多
	三十	三十一

二十六王子虎周公閱毛伯衛	二十七王子虎周公閱毛伯衛	二十八王子虎五月卒周公閱毛伯衛王叔桓公
魯文公興元年臧孫辰公孫敖公子遂叔孫得臣	二臧孫辰公孫敖公子遂叔孫得臣	三臧孫辰公孫敖公子遂叔孫得臣
七	八	九
二先且居趙衰欒枝胥臣箕鄭父先都陽處父卻缺	三先且居趙衰欒枝胥臣箕鄭父先都陽處父卻缺士縠	四先且居趙衰欒枝胥臣箕鄭父先都陽處父卻缺士縠
三十四公孫枝孟明西乞術	三十五公孫枝孟明西乞術	三十六公孫枝孟明西乞術
四十六令尹成大心鬬宜申	楚穆王商臣元年成大心鬬宜申	二成大心鬭宜申
十一	十二公子成	十三公子成
九甯俞孫炎爲晉所獲孔達	十甯俞孔達	十一甯俞孔達
六	七轅選	八
二十	二十一	二十二
二十七	二十八	二十九
二侯宣多	三侯宣多公子歸生	四侯宣多公子歸生
三十二	三十三	三十四

二十九 周公閱 王叔桓 毛伯衛	三十 周公閱 王叔桓 毛伯衛 召伯	三十一 周公閱 王叔桓 毛伯衛
四 臧孫辰 公孫敖 公子遂 叔孫得臣	五 臧孫辰 公孫敖 公子遂 叔孫得臣	六 臧孫辰 公孫敖 公子遂 叔孫得臣 季孫行
十	十一	十二
五 先且居 趙衰 欒枝 胥臣 箕鄭父 先都 陽處父 郤缺 士縠	六 先且居 趙衰 欒枝 胥臣俱卒 箕鄭父 先都 陽處父 郤缺 士縠	七 太傅陽處父被殺 太師賈佗
三十七 西乞術 由余	三十八 西乞術	三十九 西乞術
三 成大心 鬬宜申	四 成大心 鬬宜申	五 成大心 鬬宜申
十四 公子成	十五 公子成	十六 公子成
十二 孔達	十三 孔達	十四 孔達
九	十	十一
二十三	二十四	二十五
三十	三十一	三十二
五 公子歸生	六 公子歸生	七 公子歸生
三十五	三十六	三十七

父

趙　狐　士　梁　箕　先　郤
盾　射　奔　穀　益　鄭　都　缺　案：師　傅　空　不　置　非　然　殺　處　見　司　士　亦　經　則　有　列　卿
姑　狄　耳　父　　太　太　司　晉　常。卿　晉　陽　父　經　空　穀　見。亦　時　於　也

三十二 周公閱 王叔桓公 毛伯衛	三十三 周公閱 王叔桓公 毛伯衛
七 臧孫辰 公孫敖 公子遂 叔孫得臣 季孫行父	八 臧孫辰 公孫敖奔莒 公子遂 叔孫得臣 季孫行父
三十	四十
晉靈公夷皐元年 趙盾 先克 郤缺 荀林父 先蔑奔秦 先都 士穀 箕鄭父 梁益耳	二 趙盾 先克 郤缺 荀林父 先都 士穀 箕鄭父 梁益耳
秦康公罃元年 西乞術	二 西乞術
六 成大心 鬭宜申	七 成大心 鬭宜申
十七 右師公子成 左師公孫友 司馬樂豫 司徒鱗矔 司城公子蕩 司寇華御事 公子邛代樂豫	宋昭公杵臼元年 公孫友 公子邛被殺 鱗矔 華御事
十五 孔達	十六 孔達
二十	三十
六十二	七十二
三十三	四十三
八 公子歸生	九 公子歸生
八十三	九十三

	頃王元年　周公閱　王叔桓公　毛伯衛	二　周公閱　王叔桓公
	九　臧孫辰　公子遂　叔孫得臣　季孫行父　孟孫穀	十　臧孫辰三月卒　公子遂　叔孫得臣　季孫行父　仲孫穀
	十五	十六
	三　趙盾　先克被殺　郤缺　荀林父　先都　士縠　箕鄭父　梁益耳　四人俱被殺	四　趙盾　郤缺　荀林父
	三　西乞術	四　西乞術
	八　成大心　鬬宜申　鬬椒	九　成大心　鬬椒　鬬宜申被誅
司城蕩意諸奔魯	二　公孫友　鱗矔　華御事　華耦	三　公孫友　鱗矔　華耦
	十七　孔達	十八　孔達
	十四	十五
	二十八	二十九
	三十五	曹文公壽元年
	十　公子歸生	十一　公子歸生
	四十	燕桓公元年

三 周公閱 王叔桓公	四 周公閱 王叔桓公	五 周公閱 王叔桓公
十一 公子遂 叔孫得臣 季孫行父 仲孫穀 叔仲彭生	十二 公子遂 叔孫得臣 季孫行父 仲孫穀 叔仲彭生	十三 公子遂 叔孫得臣 季孫行父 仲孫穀 卒 叔仲彭生
十七	十八	十九
五 趙盾 郤缺 荀林父	六 趙盾 郤缺 荀林父 欒盾 胥甲 趙穿	七 趙盾 郤缺 荀林父 胥甲 趙穿
五 西乞術	六 西乞術	七
十 成大心 鬬椒	十一 成大心	十二 成大心 卒 令尹成嘉 鬬椒
四 公孫友 鱗矔 華耦 蕩意諸 自魯復	五 公孫友 鱗矔 華耦 蕩意諸	六 公孫友 鱗矔 華耦 蕩意諸
十九 孔達	二十 孔達	二十一 孔達
十六	十七	十八
三十	三十一	三十二
二	三	四
十二 公子歸生	十三 公子歸生	十四 公子歸生
二	三	四

六周公閱王叔桓公王孫蘇單伯	匡王元年王叔桓公王孫蘇	二王叔桓公王孫蘇
十四公子遂叔孫得臣季孫行父仲孫難叔孫彭生	十五公子遂叔孫得臣季孫行父仲孫難卒叔孫彭生仲孫蔑	十六公子遂叔孫得臣季孫行父叔仲彭生
十二	齊懿公商人元年	二
八趙盾郤缺荀林父胥甲趙穿	九趙盾郤缺荀林父胥甲趙穿	十趙盾郤缺荀林父胥甲趙穿
八	九	十
楚莊王侶元年成嘉鬭椒	二成嘉鬭椒	三成嘉鬭椒伍舉蘇從
七公孫友鱗矔華耦蕩意諸高哀奔魯	八公孫友鱗矔華耦蕩意諸	九右師華元左師公孫友司馬華耦
二十二孔達	二十三孔達	二十四孔達
陳靈公平國元年	二	三
三十三	三十四	蔡文公申元年
五	六	七
十五公子歸生	十六公子歸生	十七公子歸生
五	六	七

	三 王叔桓公 王孫蘇	四 王叔桓公 王孫蘇
仲孫蔑	十七 公子遂 叔孫得臣 季孫行父 叔仲彭生 仲孫蔑	十八 公子遂 叔孫得臣 季孫行父
	三	四
	十一 趙盾 郤缺 荀林父 胥甲 趙穿	十二 趙盾 郤缺 荀林父 胥甲 趙穿
	十一	十二
	四 鬬椒	五 令尹鬬般 司馬鬬椒
司徒鱗矔 卒 司城公孫師 司寇公子朝 母弟須 代意諸 蕩虺 代耦	宋文公鮑元年 華元 公子朝 母弟須 蕩虺	二 華元 公子朝 卒 母弟須 被殺
	二十五 孔達	二十六 孔達
	四 公孫寧	五 公孫寧
	二	三
	八	九
	十八 公子歸生	十九 公子歸生
	八	九

	五 王叔桓公 王孫蘇	六 王叔桓公 王孫蘇	定王元年 王叔桓公 王孫蘇
叔仲彭生被殺 仲孫蔑	魯宣公倭元年 公子遂 叔孫得臣 季孫行父 仲孫蔑	二 公子遂 叔孫得臣 季孫行父 仲孫蔑	三 公子遂 叔孫得臣 季孫行父 仲孫蔑
	齊惠公元元年	二	三
	十三 趙盾 郤缺 荀林父 胥甲父放衛 趙穿 胥克	十四 趙盾 郤缺 荀林父 趙穿 胥甲 士會	晉成公黑臀元年 趙盾 郤缺 荀林父 趙穿 胥克 士會
	秦共公和⑳元年	二	三
	六 鬭椒 司馬蔿賈	七 鬭椒 蔿賈	八 鬭椒 蔿賈
司城公孫師 司寇樂呂	三 華元 樂呂	四 華元 樂呂	五 華元
	二十七 孔達	二十八 孔達	二十九 孔達
	六 公孫寧	七 公孫寧	八 公孫寧
	四	五	六
	十	十一	十二
	二十 公子歸生	二十一 公子歸生	二十三 公子歸生
	十	十一	十二

二王叔桓公王孫蘇	三王叔桓公王孫蘇召桓公	四王叔桓公王孫蘇	五王叔桓公王孫蘇
四公子遂叔孫得臣季孫行父仲孫蔑	五公子遂叔孫得臣季孫行父仲孫蔑	六公子遂季孫行父仲孫蔑叔孫僑如	七公子遂季孫行父仲孫蔑叔孫僑如
四	五高固	六高固	七高固
二趙盾郤缺荀林父趙穿胥克士會	三趙盾郤缺荀林父趙穿胥克士會	四趙盾郤缺荀林父趙穿胥克士會	五趙盾郤缺荀林父趙穿胥克士會
四	五	秦桓公元年	二
九鬭椒誅被蔿賈殺	十	十一	十二
六華元	七華元	八華元	九華元
三十孔達	三十一孔達孫免	三十二孔達孫良夫	三十三孔達孫良夫
九公孫寧	十公孫寧	十一公孫寧	十二公孫寧
七	八	九	十
十三	十四	十五	十六
鄭靈公夷元年公子歸生公子宋	鄭襄公堅元年公子歸生公子宋	二公子歸生公子宋	三公子歸生
十三	十四	十五	十六

六 王叔桓公 王孫蘇	七 王叔桓公 王孫蘇	八 王孫蘇
八 公子遂六月卒 季孫行父 仲孫蔑 叔孫僑如	九 季孫行父 仲孫蔑 叔孫僑如 公孫歸父	十 季孫行父 仲孫蔑 叔孫僑如 公孫歸父
八 高固	九 高固	十 國佐 高固 崔杼奔衛
六 郤缺 荀林父 趙穿 胥克以疾廢 士會 趙朔	七 郤缺 荀林父 趙穿 士會 趙朔	晉景公據元年 郤缺 荀林父 士會 趙朔
三	四	五
十三	十四	十五
十 華元	十一 華元	十二 華元
三十四 孔達 孫良夫	三十五 孔達 孫良夫	衛穆公遬元年 孔達 孫良夫
十三 公孫寧	十四 公孫寧 儀行父 洩冶被殺	十五 公孫寧 儀行父俱奔楚 夏徵舒
十一	十二	十三
十七	十八	十九
四 公子歸生	五 公子歸生 公子去疾	六 公子歸生卒 公子去疾
燕宣公元年	二	三

九王孫蘇	十王孫蘇	十一王孫蘇毛伯衛	十二王孫蘇毛伯衛
十一季孫行父仲孫蔑叔孫僑如公孫歸父	十二季孫行父仲孫蔑叔孫僑如公孫歸父	十三季孫行父仲孫蔑叔孫僑如公孫歸父	十四季孫行父
齊頃公無野元年國佐高固	二國佐高固	三國佐高固	四國佐高固
二郤缺荀林父士會趙朔	三荀林父先縠士會郤克趙朔欒書	四荀林父先縠誅士會郤克欒書	五荀林父士會
六	七	八	九
十六令尹蔿父獵左尹公子嬰齊	十七令尹蔿敖公子嬰齊公子側潘㉑尫	十八蔿敖公子嬰齊公子側	十九公子嬰齊
十三華元	十四華元公孫師華椒	十五華元公孫師華椒	十六華元公孫師
二孔達孫良夫	三孔達孫良夫	四孔達孫良夫	五孔達自殺
陳成公午元年公孫寧儀行父自楚復入夏徵舒誅	二公孫寧	三公孫寧	四公孫寧
十四	十五	十六	十七
二十	二十一	二十二	二十三
七公子去疾	八公子去疾皇戌	九公子去疾皇戌	十公子去疾
四	五	六	七

	十三王孫蘇毛伯衛召戴公二人被殺	十四王孫蘇	十五劉康公
仲孫蔑叔孫僑如公孫歸父	十五季孫行父仲孫蔑叔孫僑如公孫歸父	十六季孫行父仲孫蔑叔孫僑如公孫歸父	十七季孫行父仲孫蔑叔孫僑如
	五國佐高固	六國佐高固	七國佐高固
郤克欒書	六荀林父士會郤克欒書	七士會郤克欒書趙同	八士會老郤克欒書趙同
	十	十一	十二
公子側	二十公子嬰齊公子側	二十一公子嬰齊公子側	二十二公子嬰齊公子側
華椒	十七華元公孫師樂嬰齊	十八華元公孫師	十九華元公孫師
孫良夫	六孫良夫	七孫良夫	八孫良夫
	五公孫寧	六公孫寧	七公孫寧
	十八	十九	二十
	曹宣公廬㉒元年	二	三
皇戌	十一公子去疾皇戌	十二公子去疾皇戌	十三公子去疾皇戌
	八	九	十

	十六 劉康公	十七 劉康公 單襄公
公孫歸父 十月 叔肸卒	十八 季孫行父 仲孫蔑 叔孫僑如 公孫歸父奔齊 臧孫許 公孫嬰齊	魯成公黑肱元年 季孫行父 仲孫蔑 叔孫僑如 臧孫許 公孫嬰齊
	八 國佐 高固	九 國佐 高固
士燮	九 郤克 欒書 趙同 士燮	十 郤克 欒書 趙同 士燮
	三十	四十
	二十三 公子嬰齊 公子側	楚共王審元年 令尹公子嬰齊 司馬公子側
	二十 華元 公孫師	二十一 華元 公孫師
	九 孫良夫	十 孫良夫
	八 公孫寧	九 公孫寧
	蔡景侯固元年	二
	四	五 公子首
	十四 公子去疾 皇戌	十五 公子去疾 皇戌
	十一	十二

十八 劉康公 單襄公	十九 劉康公 單襄公	二十 劉康公 單襄公
二 季孫行父 仲孫蔑 叔孫僑如 臧孫許 公孫嬰齊	三 季孫行父 仲孫蔑 叔孫僑如 臧孫許 公孫嬰齊	四 季孫行父
十 國佐 高固	十一 國佐	十二 國佐
十一 郤克 士燮 欒書 趙同 郤至	十二 郤克 荀首 荀庚 士燮 欒書 趙同 韓厥 趙括 鞏朔 韓穿 荀騅 趙旃 郤至 作六軍	十三 欒書 荀首
十五 右大夫說	十六	十七
二 公子嬰齊 公子側	三 公子嬰齊 公子側	四 公子嬰齊
十二 華元 公孫師 樂舉	宋共公瑕元年 華元 公孫師	二 華元 公孫師
十一 孫良夫 石稷 寧相	衛定公臧元年 孫良夫 寧相	二 孫良夫 寧相
十 公孫寧	十一	十二
三	四	五
六	七	八
十六 公子去疾 皇成	十七 公子去疾 皇成	十八 公子去疾
十三	十四	十五

	二十一 劉康公 單襄公	簡王元年 劉康公 單襄公
仲孫蔑 叔孫僑如 臧孫許四月卒 公孫嬰齊	五 季孫行父 仲孫蔑 叔孫僑如 公孫嬰齊	六 季孫行父 仲孫蔑 叔孫僑如 公孫嬰齊 臧孫紇
	十三 國佐	十四 國佐
荀庚 士燮 趙同 韓厥 趙括 韓穿 趙旃 郤至	十四 欒書 荀首 荀庚 士燮 趙同 韓厥 趙括 韓穿 趙旃 郤至	十五 欒書 荀首 荀庚 士燮 趙同 韓厥 趙括 韓穿 趙旃 郤至
	十八	十九
公子側	五 公子嬰齊 公子側	六 公子嬰齊 公子側 公子申 公子成
	三 華元 公孫師 向爲人	四 華元 公孫師 向爲人
	三 孫良夫 寧相	四
	十三	十四
	六	七
	九	十
公子偃 皇戌	鄭悼公費元年 公子去疾 公子發 皇戌	二 公子去疾 公子發
	燕昭公元年	二

二 劉康公 單襄公	三 劉康公 單襄公	四 劉康公 單襄公
七 季孫行父 仲孫蔑 叔孫僑如 公孫嬰齊 臧孫紇	八 季孫行父 仲孫蔑 叔孫僑如 公孫嬰齊 臧孫紇	九 季孫行父 仲孫蔑
十五 國佐	十六 國佐	十七 國佐
十六 欒書 荀首 荀庚 士燮 趙同 韓厥 趙括 韓穿 趙旃 郤至	十七 欒書 荀首 荀庚 士燮 趙同誅 韓厥 趙括誅 韓穿 趙旃 郤至	十八 欒書 荀庚 士燮
二十	二十一	二十二
七 公子嬰齊 公子側 公子申 公子成	八 公子嬰齊 公子側 公子申 公子成	九 公子嬰齊 公子側
五 華元 公孫師 向爲人	六 華元 公孫師 向爲人 公孫壽	七 華元 公孫師 向爲人
五 孫良夫奔晉	六	七
十五	十六	十七
八	九	十
十一	十二	十三
鄭成公睔元年 公子發	二 公子發	三 公子發
三	四	五

	五 劉康公 單襄公	六 劉康公 單襄公 周公楚 伯與	七 劉康公 單襄公
叔孫僑如 公孫嬰齊 臧孫紇	十 季孫行父 仲孫蔑 叔孫僑如 公孫嬰齊 臧孫紇	十一 季孫行父 仲孫蔑 叔孫僑如 公孫嬰齊 臧孫紇	十二 季孫行父
	齊靈公環元年 國佐	二 國佐	三 國佐
韓厥 趙旃 郤至	十九 欒書 荀庚 士燮 韓厥 趙旃 郤至	晉厲公壽曼元年 欒書 荀庚 士燮 韓厥 趙旃 郤犨 郤至	二 欒書 荀庚
	二十三	二十四	二十五
公子申 公子成	十 公子嬰齊 公子側 公子申 公子成	十一 公子嬰齊 公子側 公子申 公子成	十二 公子嬰齊
	八 華元 公孫師 向爲人	九 華元 公孫師 向爲人	十 華元 公孫師
	八 公子黑肩	九	十
	十八	十九	二十
	十一	十二	十三
	十四	十五	十六
	四 公子喜 公子騑 公子發	五 公子喜 公子騑 公子發	六 公子喜 公子騑
	六	七	八

周公楚 伯與	八 劉康公 單襄公 成肅公 伯與	九 單襄公 伯與	十 單襄公 伯與
仲孫蔑 叔孫僑如 公孫嬰齊 臧孫紇	十三 季孫行父 仲孫蔑 叔孫僑如 公孫嬰齊 臧孫紇	十四 季孫行父 仲孫蔑 叔孫僑如 公孫嬰齊 臧孫紇	十五 季孫行父
	四 國佐	五 國佐	六 國佐 高無咎
士燮 韓厥 趙旃 郤犨 郤至	三 欒書 荀庚 士燮 郤錡 韓厥 荀罃 趙旃 郤犨 郤至	四 欒書 荀庚 士燮 郤錡 韓厥 荀罃 郤至 郤犨	五 欒書 荀庚
	二十六	二十七	秦景公 后伯車 ㉓元年
公子側 公子申 公子成 公子罷	十三 公子嬰齊 公子側 公子申 公子成	十四 公子嬰齊 公子側 公子申 公子成	十五 公子嬰齊
向爲人	十一 華元 公孫師 向爲人	十二 華元 公孫師 向爲人	十三 右師華元
	十一	十二 孫林父自晉復入 孔蒸鉏 寧殖	衛獻公衎元年 孫林父
	二十一	二十二	二十三
	十四	十五	十六
	十七 公子欣時	曹成公負芻元年 公子欣時	二 公子欣時奔宋
公子發	七 公子喜 公子騑 公子發	八 公子喜 公子騑 公子發	九 公子喜 公子騑
	九	十	十一

十一 尹成公 單襄公 伯與	
十六 季孫行父 仲孫蔑	仲孫蔑 叔孫僑如 公孫嬰齊 臧孫紇 仲嬰齊 三月卒
七 國佐 高無咎	
六 欒書 士燮 郤錡	士燮 郤錡 韓厥 荀罃 郤至 郤犨
二	
十五 公子嬰齊 公子側	公子側 公子申 公子成
宋平公 成元年 右師華元	左師魚石 司馬蕩澤 誅 司徒華喜 司城公孫師 大司寇向爲人 少司寇鱗朱 太宰向帶 少宰魚府 左師二司寇二宰出奔楚
二 孫林父 孔蒸鉏 寗殖	孔蒸鉏 寗殖
十二	
十七	
三	
十 公子喜 公子騑 公子發	公子發 公子鰌
十二	

	十二 尹武公 單襄公 伯與
叔孫僑如奔齊 公孫嬰齊 臧孫紇 公子偃 叔孫豹	十七 季孫行父 仲孫蔑 叔孫豹 公孫嬰齊 臧孫紇
	八 國佐 高無咎 奔莒· 鮑牽· 刖 鮑國 崔杼
荀偃 韓厥 荀罃 郤至 郤犨 欒黶	七 欒書 士燮 卒 六月 郤錡 誅 荀偃 荀罃 韓厥 郤犨 誅 郤至 誅 欒黶 胥童 誅 士匄
	三
自殺 公子成 公子申 右尹公子壬夫	十七 令尹公子嬰齊 司馬公子壬夫 公子成 公子申
左師向戌 司馬老佐 司徒華喜 司城公孫師 司寇樂裔	二 華元 向戌 老佐 華喜
	三 孫林父 寧殖 孔蒸鉏 北宮括
	五十二
	八十
	四
公子平	十一 公子喜 公子騑 公子發 公子平
	三十

十三 伯與	十四 伯與	靈王元年 伯與
十八 季孫行父 仲孫蔑 叔孫豹 臧孫紇 叔老	魯襄公午元年 季孫行父 仲孫蔑 叔孫豹 臧孫紇 叔老	二 季孫行父 仲孫蔑 叔孫豹 臧孫紇 叔老
九 國佐被殺 國弱 崔杼 慶封 鮑國	十 國弱 崔杼 慶封 鮑國	十一 國弱 崔杼 慶封 鮑國
八 欒書 荀偃 荀罃 韓厥 欒黶 士匄 魏相 士魴 魏頡 趙武	晉悼公周元年 韓厥 荀罃 士匄 荀偃 欒黶 士魴 趙武	二 韓厥 荀罃 士匄 荀偃 欒黶 士魴 趙武
四	五	六
十八 公子嬰齊 公子壬夫 公子申	十九 公子嬰齊 公子壬夫 公子申誅	二十 公子嬰齊 公子壬夫
三 華元 向戌 老佐卒 華喜	四 華元 向戌	五 向戌
四 孫林父 寧殖 孔蒸鉏 北宮括	五 孫林父 寧殖 孔蒸鉏 北宮括 公孫剽	六 孫林父 寧殖 孔蒸鉏 北宮括 公孫剽
六十二	七十二	八十二
九十	十二	一十二
五	六	七
十二 公子喜 公子騑 公子發 公子平 皇戌	十三 公子喜 公子騑 公子發 公子平	十四 公子喜 公子騑 公子發 公子平
燕武公元年	二	三

二 單頃公 伯與	三 王叔陳生 伯與	四 王叔陳生 伯與
三 季孫行父 仲孫蔑 叔孫豹 臧孫紇 叔老	四 季孫行父 仲孫蔑 叔孫豹 臧孫紇 叔老	五 季孫行父十二月卒 仲孫蔑 叔孫豹 臧孫紇 叔老
十二 國弱 崔杼 慶封 鮑國	十三 國弱 崔杼 慶封 鮑國	十四 國弱 崔杼 慶封 鮑國
三 韓厥 荀罃 士匄 荀偃 欒黶 士魴 趙武 魏絳	四 韓厥 荀罃 士匄 荀偃 欒黶 士魴 趙武 魏絳	五 韓厥 荀罃 士匄 荀偃 欒黶 士魴 趙武 魏絳
七	八	九
二十一 公子嬰齊卒 公子壬夫	二十二 公子壬夫	二十三 令尹公子壬夫誅 令尹公子貞
六 向戌	七 向戌	八 向戌
七 孫林父 甯殖 孔烝鉏 北宮括 公孫剽	八 孫林父 甯殖 孔烝鉏 北宮括 公孫剽	九 孫林父 甯殖 孔烝鉏 北宮括 公孫剽
二十九 袁僑	三十	陳哀公弱元年
二十二	二十三	二十四
八	九	十
鄭釐公惲㉔元年 公子喜 公子騑 公子發 公子平	二 公子喜 公子騑 公子發	三 公子喜 公子騑 公子發
四	五	六

五王叔陳生伯與	六王叔陳生伯與	七王叔陳生伯與
六季孫宿仲孫蔑叔孫豹臧孫紇叔老	七季孫宿仲孫蔑叔孫豹臧孫紇叔老	八季孫宿仲孫蔑叔孫豹臧孫紇叔老
十五國弱崔杼慶封鮑國高厚	十六國弱高厚崔杼慶封鮑國	十七國弱高厚崔杼慶封鮑國
六韓厥老荀罃士匄荀偃欒黶士魴趙武魏絳魏起	七荀罃士匄荀偃欒黶士魴趙武魏絳韓起	八荀罃士匄荀偃欒黶士魴趙武魏絳韓起
十	十一	十二
二十四公子貞	二十五公子貞	二十六公子貞
九向戌樂喜華弱奔魯樂轡	十向戌樂喜	十一向戌樂喜
十孫林父寧殖孔蒸鉏北宮括公孫剽	十一孫林父寧殖孔蒸鉏北宮括公孫剽	十二孫林父寧殖孔蒸鉏北宮括公孫剽
二	三慶虎慶寅公子黃	四慶虎慶寅公子黃
二十五	二十六	二十七司馬公子燮爲鄭所獲
十一	十二	十三
四公子喜公子騑公子發	五公子喜公子騑公子發	鄭簡公嘉元年公子騑公子發公子嘉公孫輒公孫蠆公孫舍之
七	八	九

八 王叔陳 生 伯與	九 王叔陳 生 伯與 單靖公 是年 陳生 奔晉	十 單靖公
九 季孫宿 仲孫蔑 叔孫豹 臧孫紇 叔老	十 季孫宿 仲孫蔑 叔孫豹 臧孫紇 叔老	十一 季孫宿 仲孫蔑 叔孫豹
十八 國弱 高厚 崔杼 慶封 鮑國	十九 國弱 高厚 崔杼 慶封 鮑國	二十 國弱 高厚 崔杼
九 荀罃 士匄 荀偃 韓起 欒黶 士魴 趙武 魏絳	十 荀罃 士匄 荀偃 韓起 欒黶 士魴 趙武 魏絳	十一 荀罃 士匄 荀偃
十三 士雅	十四	十五 右大夫 詹 庶長鮑
二十七 公子貞 公子罷 戎	二十八 公子貞 公子罷 戎	二十九 公子貞 公子罷 戎
十二 右師華閱 左師向戌 司馬皇都 司城樂喜 司寇樂溢 太宰西鉏吾	十三 華閱 向戌 樂喜	十四 華閱 向戌 樂喜
十三 孫林父 寧殖 孔烝鉏 北宮括 公孫剽	十四 孫林父 寧殖 孔烝鉏 北宮括 公孫剽	十五 孫林父 寧殖 孔烝鉏
五 慶虎 慶寅 公子黃	六 慶虎 慶寅 公子黃	七 慶虎 慶寅 公子黃
二十八	二十九	三十
十四	十五	十六
二 公子騑 公子發 公子嘉 公孫輒 公孫蠆 公孫舍之	三 公子騑 被殺 公子發 被殺 公子嘉 公孫輒 被殺 公孫蠆 公孫舍之	四 公子嘉 公孫蠆 公孫舍
十	十一	十二

	十一 單靖公	十二 單靖公	十三 單靖公
臧孫紇 叔老	十二 季孫宿 仲孫蔑 叔孫豹 臧孫紇 叔老	十三 季孫宿 仲孫蔑 叔孫豹 臧孫紇 叔老	十四 季孫宿 仲孫蔑
慶封 鮑國	二十一 國弱 高厚 崔杼 慶封 鮑國	二十二 國弱 高厚 崔杼 慶封 鮑國	二十三 國弱 高厚
韓起 欒黶 士魴 趙武 魏絳	十二 荀罃 士匄 荀偃 韓起 欒黶 士魴 趙武 魏絳	十三 荀罃卒 荀偃 士匄 趙武 韓起 欒黶 士魴卒 魏絳	十四 荀偃 士匄
庶長武	十六 庶長無地	十七	十八
	三十 令尹公子貞 司馬公子午 公子罷戎	三十一 公子貞 公子午 公子罷戎	楚康王招元年 公子貞
	十五 華閱 向戌 樂喜	十六 華閱 向戌 樂喜	十七 華閱 向戌
北宮括 公孫剽	十六 孫林父 寧殖 孔烝鉏 北宮括 公孫剽	十七 孫林父 寧殖 孔烝鉏 北宮括 公孫剽	十八 孫林父 寧殖
	八 慶虎 慶寅 公子黃	九 慶虎 慶寅 公子黃	十 慶虎 慶寅
	三十一	三十二	三十三
	十七	十八	十九
之 良霄爲楚所執	五 公子嘉 公孫蠆 公孫舍之	六 公子嘉 公孫蠆 公孫舍之 良霄自楚歸	七 公子嘉 公孫蠆
	三十	四十	五十

	十四 單靖公	十五
叔孫豹 臧孫紇 叔老	十五 季孫宿 仲孫蔑 叔孫豹 臧孫紇 叔老	十六 季孫宿 仲孫蔑 叔孫豹 臧孫紇 叔老
崔杼 慶封 鮑國	二十四 國弱 高厚 崔杼 慶封 鮑國	二十五 國弱 高厚 崔杼 慶封 鮑國
趙武 韓起 欒黶 魏絳	十五 荀偃 士匄 趙武 韓起 欒黶 魏絳	晉平公彪元年 荀偃 士匄 趙武 韓起 欒黶 魏絳
	十九	二十
公子午 公子罷戎	二 公子貞卒 公子午 公子罷戎	三 令尹公子午 司馬蔿子馮 右尹公子罷戎 右司馬公子橐師 左司馬公子成
樂喜 仲江	十八 華閱 向戌 樂喜	十九 華閱 向戌 樂喜
孔蒸鉏 北宮括 公孫剽即君位	衛殤公剽㉕元年 孫林父 寗殖 孔蒸鉏 太叔儀	二 孫林父 寗殖 孔蒸鉏 太叔儀
公子黃	十一 慶虎 慶寅 公子黃	十二 慶虎 慶寅 公子黃
	三十四	三十五
	二十	二十一
公孫舍之 良霄	八 公子嘉 公孫蠆 公孫舍之 良霄	九 公子嘉 公孫蠆 公孫舍之 良霄 公孫夏
	十六	十七

十六	十七	十八
十七 季孫宿 仲孫蔑 叔孫豹 臧孫紇 叔老	十八 季孫宿 叔孫蔑 叔孫豹 臧孫紇 叔老	十九 季孫宿 仲孫蔑八月卒 叔孫豹 臧孫紇 叔老
二十六 國弱 高厚 崔杼 慶封 鮑國	二十七 國弱 高厚 崔杼 慶封 鮑國	二十八 國弱 高厚誅 崔杼 慶封 鮑國
二 荀偃 士匄 趙武 韓起 欒黶 魏絳	三 荀偃 士匄 趙武 韓起 魏絳 欒盈	四 荀偃卒 士匄 趙武 韓起 魏絳 欒盈 荀吳
二十一	二十二	二十三
四 公子午 蔿子馮	五 公子午 蔿子馮	六 令尹公子午 司馬蔿子馮 右尹然丹
二十 華閱 向戌 樂喜 莊朝 華臣奔陳 皇國父	二十一 向戌 樂喜	二十二 向戌 樂喜
三 孫林父 寧殖 孔蒸鉏 太叔儀 石買	四 孫林父 寧殖 孔蒸鉏 太叔儀 石買	五 孫林父 寧殖 孔蒸鉏 太叔儀 石買卒 石惡
十三 慶虎 慶寅 公子黃 司徒卭爲宋所獲	十四 慶虎 慶寅 公子黃	十五 慶虎 慶寅 公子黃
三十六	三十七	三十八
二十二	二十三	曹武公勝元年
十 公子嘉 公孫蠆卒 公孫舍之 良霄 公孫夏	十一 公子嘉 公孫舍之 良霄 公孫夏 公孫黑肱	十二 公子嘉誅 公孫舍之 良霄 公孫夏 公孫黑肱 公孫僑
十八	十九	燕文公元年

十九	二十	二十一
二十 季孫宿 叔孫豹 仲孫速 臧孫紇 叔老	二十一 季孫宿 叔孫豹 仲孫速 臧孫紇 叔老	二十二 季孫宿 叔孫豹 仲孫速 臧孫紇 叔老六月卒
齊莊公光㉖元年 國弱 崔杼 慶封 鮑國	二 國弱 崔杼 慶封 鮑國	三 國弱 崔杼 慶封 鮑國
五 士匄 趙武 韓起 魏絳 欒盈 荀吳	六 士匄 趙武 韓起 欒盈 荀吳	七 士匄 趙武 韓起 荀吳
二十四	二十五	二十六
七 公子午 薳子馮 然丹	八 公子午卒 令尹公子追舒 司馬薳子馮 右尹然丹	九 公子追舒誅 令尹薳子馮 司馬公子
二十三 向戌 樂喜	二十四 向戌 樂喜	二十五 向戌 樂喜
六 孫林父 寧殖卒 寧喜 孔蒸鉏 太叔儀 石惡	七 孫林父 寧喜 孔蒸鉏 太叔儀 石惡	八 孫林父 寧喜 孔蒸鉏 太叔儀 石惡
十六 慶虎 慶寅 公子黃奔楚 公子燮被殺 公子履奔楚	十七 慶虎 慶寅	十八 慶虎 慶寅
三十九	四十	四十一
二	三	四
十三 公孫舍之 良霄 公孫夏 公孫黑肱 公孫僑	十四 公孫舍之 良霄 公孫夏 公孫黑肱 公孫僑	十五 公孫舍之 良霄 公孫夏 公孫黑肱卒
二	三	四

	二十二	二十三	二十四
	二十三 季孫宿 叔孫豹 仲孫速八月卒 臧孫紇奔齊 叔弓 仲孫羯	二十四 季孫宿 叔孫豹 仲孫羯 叔弓	二十五 季孫宿 叔孫豹 仲孫羯
	四 國弱 崔杼 慶封 鮑國	五 國弱 崔杼 慶封 鮑國	六 國弱 崔杼 慶封
	八 士匄 趙武 韓起 荀吳 魏舒 荀盈 程鄭	九 士匄 趙武 韓起 欒盈 荀吳	十 士匄 趙武 韓起
	二十七	二十八 伯車	二十九
鬭右尹然丹	十 蒍子馮 然丹	十一 蒍子馮 然丹	十二 蒍子馮卒
	二十六 向戌 樂喜	二十七 向戌 樂喜	二十八 向戌 樂喜
	九 孫林父 甯喜 孔烝鉏 太叔儀 石惡	十 孫林父 甯喜 孔烝鉏 太叔儀 石惡	十一 孫林父 甯喜 孔烝鉏
	十九 慶虎 慶寅俱誅 公子黃自楚歸	二十 鍼宜咎奔楚	二十一 司馬桓子
	二十四	三十四	四十四
	五	六	七
公孫僑 印段 游販被殺 游吉	十六 公孫舍之 良霄 公孫夏 公孫僑 印段 游吉	十七 公孫舍之 良霄 公孫夏 公孫僑 印段 游吉	十八 公孫舍之 公孫夏
	五	六	燕懿公元年㉗

	二十五	二十六
叔弓	二十六 季孫宿 叔孫豹 仲孫羯 叔弓	二十七 季孫宿 叔孫豹 仲孫羯 叔弓
鮑國 隰鉏	齊景公杵臼元年 國弱 崔杼 慶封 鮑國	二 國弱 崔杼自殺 慶封 鮑國 陳須無
荀吳 魏舒 士鞅 荀盈 程鄭	十一 士匄 趙武 韓起 荀吳 魏舒 荀盈 程鄭	十二 趙武 韓起 荀吳 魏舒 荀盈 士鞅
	三十 公子鍼	三十一 公子鍼
令尹屈建 司馬薳掩 右尹然丹	十三 屈建 薳掩 然丹	十四 令尹屈建 司馬薳掩 右尹然丹 左尹申鮮 廣 公子黑肱 薳罷
	二十九 向戌 樂喜	三十 向戌 樂喜
太叔儀 石惡	十二 孫林父 奔晉 甯喜 孔烝鉏 太叔儀 石惡 北宮㉘	衛獻公衎後元年 甯喜誅 孔烝鉏 太叔儀 石惡
	二十二 司馬桓子	二十三 孔奐
	四十五	四十六 公孫歸生
	八	九
公孫僑 印段 游吉	十九 公孫舍之 良霄 公孫夏 公孫僑 印段 游吉	二十 公孫舍之 良霄 公孫夏 公孫僑 游吉 印段 公孫段
	二㉗	三

二十七	景王元年	二 尹言多 劉毅 單蔑 鞏成
二十八 季孫宿 叔孫豹 仲孫羯 叔弓	二十九 季孫宿 叔孫豹 仲孫羯 叔弓	三十 季孫宿 叔孫豹 仲孫羯 叔弓
三 國弱 慶封奔魯㉙ 公子 公孫蠆 鮑國 陳須無	四 國弱 高止 高酀 公孫竈 公孫蠆 陳須無 鮑國 晏嬰	五 國弱 高酀 公孫竈 公孫蠆 陳須無 鮑國
十三 趙武 韓起 荀吳 魏舒 士鞅 荀盈	十四 趙武 韓起 荀吳 魏舒 士鞅 荀盈	十五 趙武 韓起 荀吳 魏舒 士鞅 荀盈
三十二 公子鍼	三十三 公子鍼	三十四 公子鍼
十五 令尹屈建卒 蔿掩 然丹 公子黑肱 薳罷	楚熊郟敖元年 令尹公子圍 司馬蔿掩 右尹然丹 公子黑肱 薳罷	二 公子圍 蔿掩被殺 然丹 公子黑肱
三十一 向戌 樂喜	三十二 向戌 樂喜 司徒華定	三十三 向戌 樂喜 華定
二 孔烝鉏 太叔儀 石惡奔晉 石圃	三 孔烝鉏 太叔儀 石圃	衛襄公元年 孔烝鉏 北宮佗 石圃
二十四 孔奐	二十五 孔奐	二十六 孔奐
四十七 公孫歸生	四十八 公孫歸生	四十九 公孫歸生
十	十一	二十
二十一 公孫舍之 良霄 公孫夏 公孫僑 游吉 印段 公孫段	二十二 公孫舍之 罕虎 良霄 公孫僑 游吉 印段 公孫段	二十三 罕虎 良霄誅 公孫僑 公孫段 游吉
四	燕惠公元年	二

	三	四	五
	三	四 劉夏	五
	三十一 季孫宿 叔孫豹 仲孫羯 九月 卒 叔弓	魯昭公 ㉚元年 季孫宿 叔孫豹 仲孫玃 叔弓	二 季孫宿 叔孫豹 仲孫玃
晏嬰	六 國弱 高酀 公孫竈 公孫蠆 鮑國 晏嬰	七 國弱 高酀 公孫竈 公孫蠆 鮑國 晏嬰	八 國弱 高酀 公孫竈
	十六 趙武 韓起 荀吳 魏舒 士鞅 荀盈	十七 趙武 韓起 荀吳 魏舒 士鞅 荀盈	十八 韓起 趙成 荀吳
	三十五 公子鍼	三十六 公子鍼 奔晉	七十三
薳罷	三 公子圍 然丹 公子黑肱 薳罷	四 公子圍自立爲君 令尹薳罷 右尹公子比奔晉 然丹 公子黑肱奔鄭	楚靈王 圍㉛元 年 薳罷
	三十四 向戌 樂喜 華定	三十五 向戌 樂喜 華定	三十六 向戌 華定
	二 孔蒸鉏 北宮佗 石圃	三 孔蒸鉏 北宮佗 石圃 齊惡	四 孔蒸鉏 北宮佗 齊惡
	二十七 孔奐	二十八 孔奐	二十九 公子招 孔奐
	蔡靈公 般元年 公孫歸生	二 公孫歸生	三
	三十	四十	五十
駟帶 印段	二十四 罕虎 公孫僑 游吉 印段 公孫段 駟帶	二十五 罕虎 公孫僑 公孫段 印段 游吉 駟帶	二十六 罕虎 公孫僑 公孫段
	三	四	五

	六	七	八
叔弓	三 季孫宿 叔孫豹 仲孫玃 叔弓	四 季孫宿 叔孫豹 十二月卒 仲孫玃 叔弓	五 季孫宿 叔孫婼 仲孫玃 叔弓
公孫蠆 鮑國 晏嬰	九 國弱 高鄆 公孫竈卒 公孫蠆 陳無宇 鮑國 晏嬰	十 國弱 高鄆 公孫蠆 陳無宇 鮑國 晏嬰	十一 國弱 高鄆 公孫蠆 陳無宇 鮑國 晏嬰
魏舒 士鞅 荀盈	十九 韓起 趙成 荀吳 魏舒 士鞅 荀盈	二十 韓起 趙成 荀吳 魏舒 士鞅 荀盈	二十一 韓起 趙成 荀吳 魏舒 士鞅 荀盈
	八十三	九十三	十四
然丹	二 薳罷 然丹	三 薳罷 然丹 屈申	四 薳罷 然丹 屈申誅
	三十七 向戌 華定	三十八 向戌 華定 華費遂	三十九 向戌 華定 華費遂
	五 孔蒸鉏 北宮佗 石圃 齊惡	六 孔蒸鉏 齊惡 石圃 北宮佗	七 孔蒸鉏 齊惡 石圃 北宮佗
	三十 公子招 孔奂	三十一 公子招 孔奂	三十二 公子招 孔奂
	四	五	六
	六十	七十	八十
印段 游吉 駟帶 公孫黑誅	二十七 罕虎 公孫僑 公孫段 印段 游吉 駟帶	二十八 罕虎 公孫僑 公孫段 游吉 駟帶	二十九 罕虎 公孫僑 公孫段 游吉 駟帶
	六	七	八

九	十 成簡公 單獻公 單成公	十一
六 季孫宿 叔孫婼 仲孫貜 叔弓	七 季孫宿 十一月卒 叔孫婼 仲孫貜 叔弓	八 季孫意如 叔孫婼 仲孫貜 叔弓
十二 國弱 高酀 公孫蠆 陳無字 鮑國 晏嬰	十三 國弱 高酀 公孫蠆 陳無字 鮑國 晏嬰	十四 國弱 高酀 公孫蠆 七月卒
二十二 韓起 趙成 荀吳 魏舒 士鞅 荀盈	二十三 韓起 趙成 荀吳 魏舒 士鞅 荀盈	二十四 韓起 荀吳 魏舒 士鞅 荀盈
秦襄公元年㉜	二	三
五 令尹薳罷 司馬公子棄疾 然丹	六 薳罷 公子棄疾	七 公子棄疾 然丹
四十 右師華合比 奔衛 右師華亥 左師向戌 司馬華費遂 司徒華定	四十一 華定 華亥 華費遂 樂大心	四十二 華定 華亥 華費遂 樂大心 戴惡
八 孔烝鉏 齊惡 石圃 北宮佗	九 孔烝鉏 齊惡 石圃 北宮佗	衛靈公元年 孔烝鉏 北宮佗 石圃
三十三 公子招 孔奐	三十四 公子招 孔奐	三十五 司徒公子招 放越 公子過
七	八	九
十九	二十	二十一
三十 罕虎 公孫段 公孫僑 游吉 駟帶 二月卒	三十一 罕虎 公孫段 公孫僑 正月卒 游吉 豐施	三十二 罕虎 公孫僑 游吉 豐施
九	燕悼公元年㉝	二

	十二	十三	十四單子
	九 季孫意如 叔孫婼 仲孫貜 叔弓	十 季孫意如 叔孫婼 仲孫貜 叔弓	十一 季孫意如 叔孫婼 仲孫貜
欒施 陳無宇 鮑國 晏嬰	十五 國弱 高鄆 欒施 陳無宇 鮑國 晏嬰	十六 國弱 高鄆 欒施奔魯 陳無宇 鮑國 晏嬰	十七 國弱 高鄆 陳無宇 鮑國
	二十五 韓起 荀吳 魏舒 士鞅 荀盈六月卒 荀躒	二十六 韓起 荀吳 魏舒 士鞅 荀躒	晉昭公夷㉞元年 韓起 荀吳
	四	五	六
	八 公子棄疾 然丹	九 公子棄疾 然丹	十 公子棄疾 然丹
	四十三 華定 華亥 華費遂 樂大心	四十四 華定 華亥 華費遂 樂大心	宋元公元年 華亥 華定 華費遂
	二 趙黶 北宮佗 石圃	三 北宮佗 北宮喜 石圃	四 北宮佗 北宮喜 石圃
誅孔奐于徵師俱爲楚殺	陳惠公吳元年	二	三
	十	十一	十二
	二十二	二十三	二十四
	三十三 罕虎 公孫僑 游吉 豐施	三十四 罕虎 公孫僑 游吉 豐施	三十五 罕虎 公孫僑 游吉 豐施
	三	四	五

	十五 劉獻公	十六 劉獻公	十七 劉獻公
叔弓	十二 季孫意如 叔孫婼 仲孫貜 叔弓 公子慭奔齊	十三 季孫意如 叔孫婼 仲孫貜 叔弓	十四 季孫意如 叔孫婼 仲孫貜 叔弓
晏嬰	十八 高酀 陳無宇 鮑國 晏嬰	十九 陳無宇 鮑國 晏嬰	二十 陳無宇 鮑國 晏嬰
魏舒 士鞅 荀躒	二 韓起 荀吳 魏舒 士鞅 荀躒	三 韓起 荀吳 魏舒 士鞅 荀躒	四 韓起 荀吳 魏舒 士鞅 荀躒
	七	八	九
	十一 公子棄疾 然丹	十二 令尹公子黑肱 司馬公子棄疾 右尹然丹	楚平王熊居元年 令尹鬬成然誅 然丹
樂大心	二 華亥 華定 華費遂 樂大心	三 華亥 華定 華費遂 樂大心	四 華亥 華定 華費遂 樂大心
	五 北宮喜 石圃	六 北宮喜 石圃	七 北宮佗 石圃
	四	五	六
	蔡侯廬元年	二 朝吳	三 朝吳
	二十五	二十六	二十七
	三十六 罕虎 公孫僑 游吉 豐施	鄭定公寧元年 罕虎卒 公孫僑 游吉 豐施	二 公孫僑 游吉 豐施
	六	七	燕共公元年

十八 劉獻公	十九 劉獻公	二十 劉獻公	二十一 劉獻公
十五 季孫意如 叔孫婼 仲孫貜 叔弓	十六 季孫意如 叔孫婼 仲孫貜 叔輒	十七 季孫意如 叔孫婼 仲孫貜 叔輒	十八 季孫意如 叔孫婼 仲孫貜 叔輒
二十一 陳無宇 鮑國 晏嬰	二十二 鮑國 晏嬰	二十三 鮑國 晏嬰	二十四 鮑國 晏嬰
五 韓起 荀吳 魏舒 士鞅 荀躒	六 韓起 荀吳 魏舒 士鞅 荀躒	晉頃公㊱棄疾元年 韓起 荀吳 魏舒 士鞅 荀躒	二 韓起 荀吳 魏舒 士鞅 荀躒
十	十一	十二	十三
二 然丹 屈罷	三 然丹	四 令尹陽匄 司馬公子魴死吳師	五 令尹陽匄 左尹公子勝
五 華亥 華定 華費遂 樂大心	六 華亥 華定 華費遂 樂大心	七 華亥 華定 華費遂 樂大心	八 華亥 華定 華費遂 樂大心
八 北宮佗 石圃	九 北宮佗 石圃	十 北宮喜	十一 北宮喜
七	八	九	十
四 朝吳奔鄭	五	六	七
曹平公須㉟元年	二	三	四
三 公孫僑 游吉 豐施	四 罕嬰齊 公孫僑 游吉 豐施 駟偃 印癸	五 公孫僑 游吉 駟偃	六 公孫僑 游吉 駟偃
二	三	四	五

二十二劉獻公	二十三劉獻公	二十四劉獻公
十九季孫意如 叔孫婼 仲孫貜 叔輒	二十季孫意如 叔孫婼 仲孫貜 叔輒	二十一季孫意如
二十五高發 鮑國 晏嬰	二十六鮑國 晏嬰	二十七鮑國 晏嬰
三韓起 荀吳 魏舒 士鞅 荀躒	四韓起 荀吳 魏舒 士鞅 荀躒	五韓起 荀吳
十四	十五	十六
六陽匄	七陽匄	八陽匄 薳越
九華亥 向寧 華定 華費遂 樂大心	十右師華亥奔陳 左師向寧奔陳 司徒華定奔陳 司馬華費遂 少司寇華牼 司城樂大心	十一司馬華費
十二北宮喜	十三北宮喜 公孟縶被殺 齊豹誅 石圃	十四北宮喜 石圃
十一	十二	十三
八	九	蔡悼公東國元年
曹悼公午元年	二公孫會奔陳	三翰胡
七公孫僑 游吉 駟偃卒 駟乞	八公孫僑卒 游吉	九游吉
燕平公元年	二	三

	二十五 劉獻公 單子旗 劉子蚠 翟簡公 召莊公 甘平公 司徒醜
叔孫婼 仲孫貜 叔輒 八月卒	二十二 季孫意如 叔孫婼 仲孫貜 叔鞅
	二十八 鮑國 晏嬰
魏舒 士鞅 荀躒	六 韓起 荀吳 魏舒 士鞅 荀躒
	十七
	九 陽匄 薳越
邊 少司馬華貙 俱奔楚 司城樂大心 司寇豐愆 少司寇華牼	十二 右師樂大心 左師仲幾 大司馬公孫忌 大司徒邊卬 司城樂祁 大司寇樂輓
公子朝	十五 北宮喜 石圃 公子朝
	十四 夏齧
	二
	四
	十 游吉
	四

敬王元年 單子旗 劉子蚠 鞏簡公 尹氏圉 召伯奐 南宮極震死	二 單子旗 劉子蚠 鞏簡公 召簡公 南宮嚚 甘桓公	三 單子旗 劉子蚠 鞏簡公 尹氏圉	四 單子旗 劉子蚠
二十三 季孫意如 叔孫婼 仲孫貜 叔鞅正月卒	二十四 季孫意如 叔孫婼 仲孫貜 叔詣卒二月	二十五 季孫意如 叔孫婼十月卒 仲孫何忌 叔詣	二十六 季孫意如
二十九 鮑國 晏嬰	三十 鮑國 晏嬰	三十一 鮑國 晏嬰	三十二 鮑國 晏嬰
七 韓起 魏舒 士鞅 荀躒	八 韓起 魏舒 士鞅 荀躒	九 韓起 魏舒 士鞅 荀躒 趙鞅	十 韓起 魏舒
十八	十九	二十	二十一
十 陽匄卒 蘧越自殺 令尹囊瓦	十一 囊瓦	十二 囊瓦	十三 囊瓦
十三 仲幾 樂大心 樂祁	十四 仲幾 樂大心 樂祁	十五 仲幾 樂大心 樂祁	宋景公頭曼元年
十六 北宮喜 公子朝 石圃	十七 北宮喜 公子朝 石圃	十八 北宮喜 公子朝 石圃	十九 北宮喜 公子朝
十五	十六	十七	十八
三	蔡昭侯申元年	二	三
五	六	七	八
十一 游吉	十二 游吉	十三 游吉	十四 游吉
五	六	七	八

鞏簡公 尹氏圉 召伯 毛伯	五 單子旗 劉子蚠 鞏簡公	六 單子旗 劉子蚠 鞏簡公	七 單子旗 劉子蚠 鞏簡公
叔孫不敢 仲孫何忌 叔詣	二十七 季孫意如 叔孫不敢 仲孫何忌 叔詣	二十八 季孫意如 叔孫不敢 仲孫何忌 叔詣	二十九 季孫意如 叔孫不
	三十三 鮑國 晏嬰	三十四 鮑國	三十五 高張 鮑國
士鞅 荀躒 趙鞅	十一 韓起 魏舒 士鞅 荀躒 趙鞅	十二 韓起卒 魏舒 士鞅 荀躒 趙鞅	十三 魏舒 士鞅 荀躒
	二十二	二十三	二十四
	楚昭王珍元年 令尹囊瓦 左尹郤宛被殺 左司馬沈尹戍	二 囊瓦 沈尹戍	三 囊瓦 沈尹戍
仲幾 樂大心 樂祁	二 仲幾 樂大心 樂祁	三 仲幾 樂大心 樂祁	四 仲幾 樂大心 樂祁
石圃	二十 北宮喜 公子朝 石圃	二十一 石圃	二十二 石圃
	十九	二十	二十一
	四	五	六
	九	曹襄公元年	二
	十五 游吉	十六 游吉	鄭獻公蠆元年 游吉
	九	十	十一

	八 單子旗 劉子蠆 鞏簡公	九 單子旗 劉子蠆 鞏簡公	十 單子旗 劉子蠆 鞏簡公
敢 仲孫何忌 叔詣四月卒	三十 季孫意如 叔孫不敢 仲孫何忌 叔還	三十一 季孫意如 叔孫不敢 仲孫何忌 叔還	三十二 季孫意如 叔孫不敢
	三十六 高張 鮑國	三十七 高張 鮑國	三十八 高張 鮑國
趙鞅 荀寅	十四 魏舒 士鞅 荀躒 趙鞅 荀寅	晉定公元年 魏舒 士鞅 荀躒 趙鞅 荀寅	二 魏舒 士鞅 荀躒 趙鞅
	二十五	二十六	二十七
	四 囊瓦 沈尹戌	五 囊瓦 沈尹戌	六 囊瓦 沈尹戌
	五 仲幾 樂大心 樂祁	六 仲幾 樂大心 樂祁	七 仲幾 樂大心 樂祁
	二十三 石圃	二十四 石圃	二十五 石圃 太叔申
	二十二	二十三	二十四
	七	八	九
	三	四	五
	二 游吉	三 游吉	四 游吉 國參
	十二	十三	十四

	十一 單子旗 劉子蚠 鞏簡公	十二 劉子蚠 鞏簡公 被殺	十三 劉子蚠
仲孫何忌 叔還	魯定公宋元年 季孫意如 叔孫不敢 仲孫何忌 叔還	二 季孫意如 叔孫不敢 仲孫何忌 叔還	三 季孫意如 叔孫不敢 仲孫何忌 叔還
	三十九 高張 鮑國	四十 高張 鮑國	四十一 高張 鮑國
荀寅 韓不信	三 魏舒卒 士鞅 荀躒 趙鞅 荀寅 韓不信	四 士鞅 荀躒 趙鞅 荀寅 韓不信 魏曼多	五 士鞅 荀躒 趙鞅 荀寅 韓不信 魏曼多
	二十八	二十九	三十
	七 囊瓦 沈尹戌	八 囊瓦 沈尹戌	九 囊瓦 沈尹戌
	八 仲幾 樂大心 樂祁	九 仲幾 樂大心 樂祁	十 仲幾 樂大心 樂祁
	二十六 石圃	二十七 石圃	二十八 石圃
	二十五	二十六	二十七
	十	十一	十二
	曹隱公元年	二	三
	五 游吉 國參	六 游吉 國參	七 游吉 國參
	十五	十六	十七

十四劉子蚤卒	十五	十六
四季孫意如叔孫不敢仲孫何忌叔還	五季孫意如叔孫不敢二人俱卒季孫斯仲孫何忌叔還	六季孫斯叔孫州仇仲孫何忌叔還
四十二國夏高張鮑國	四十三國夏高張鮑國	四十四國夏高張鮑國
六士鞅荀躒趙鞅荀寅韓不信魏曼多	七士鞅荀躒趙鞅荀寅韓不信魏曼多	八士鞅荀躒趙鞅荀寅韓不信魏曼多
三十一	三十二子蒲子虎	三十三
十令尹囊瓦奔陳大司馬沈尹戌死吳師	十一	十二令尹公子申司馬公子結
十一仲幾樂大心樂祁	十二仲幾樂大心樂祁	十三樂大心樂祁
二十九孔圉石圃	三十孔圉石圃	三十一孔圉公叔發石圃
二十八	陳懷公柳元年	二
十三公孫姓	十四公孫姓	十五公孫姓
四	曹靖公㊲露元年	二
八游吉卒國參	九國參游速	十國參游速
十八	十九	燕簡公元年

十七 單武公 劉桓公	十八 單武公 劉桓公 成桓公	十九	二十
七 季孫斯 叔孫州仇 仲孫何忌 叔還	八 季孫斯 叔孫州仇 仲孫何忌 叔還	九 季孫斯 叔孫州仇 仲孫何忌 叔還	十 季孫斯 叔孫州仇 仲孫何忌
四十五 國夏 高張 鮑國	四十六 國夏 高張 鮑國	四十七 國夏 高張 鮑國	四十八 國夏 高張
九 士鞅 荀躒 趙鞅 荀寅 韓不信 魏曼多	十 士鞅 荀躒 趙鞅 荀寅 韓不信 魏曼多	十一 荀躒 趙鞅 荀寅 韓不信 魏曼多	十二 荀躒 趙鞅 荀寅 韓不信 魏曼多
三十四	三十五	三十六	秦惠公元年
十三 公子申 公子結	十四 公子申 公子結	十五 公子申 公子結	十六 公子申 公子結
十四 樂大心 樂祁	十五 樂大心 樂祁	十六 樂大心 向巢 樂溷	十七 樂大心奔陳 向巢 向魋 公子地
三十二 孔圉 北宮結 石圃	三十三 孔圉 北宮結 石圃	三十四 孔圉 北宮結 石圃	三十五 孔圉 北宮結 石圃
三	四	陳湣公越元年	二
十六 公孫姓	十七 公孫姓	十八 公孫姓	十九 公孫姓
三	四	曹伯陽元年	二
十一 國參 游速	十二 駟歂 國參 游速	十三 駟歂 國參 游速	鄭聲公勝元年 國參 游速
二	三	四	五

	二十一	二十二	二十三
叔還 孔丘	十一 季孫斯 叔孫州仇 仲孫何忌 叔還 孔丘	十二 季孫斯 叔孫州仇 仲孫何忌 叔還 孔丘	十三 季孫斯 叔孫州仇 仲孫何
	四十九 國夏 高張	五十 國夏 高張	五十一 國夏 高張
	十三 荀躒 趙鞅 荀寅 韓不信 魏曼多	十四 荀躒 趙鞅 荀寅 韓不信 魏曼多	十五 荀躒 趙鞅 韓不信 魏曼多
	二	三	四
	十七 公子申 公子結	十八 公子申 公子結	十九 公子申 公子結
母弟辰 仲佗 石彄 四人奔陳	十八 向巢 向魋	十九 向巢 向魋	二十 向巢 向魋
	三十六 孔圉 北宮結 石圃	三十七 孔圉 北宮結 石圃 公孟彄	三十八 孔圉 北宮結 石圃 公孟彄
	三	四	五
	二十 公孫姓	二十一 公孫姓	二十二 公孫姓
	三	四	五
	二 國參	三 國參	四 國參
	六	七	八

	二十四	二十五	二十六
忌 叔還	十四 季孫斯 叔孫州仇 仲孫何忌 叔還	十五 季孫斯 叔孫州仇 仲孫何忌 叔還	魯哀公 蔣元年 季孫斯 叔孫州
	五十二 國夏 高張	五十三 國夏 高張	五十四 國夏 高張
荀寅奔朝歌 士吉射同上	十六 荀躒 趙鞅 韓不信 魏曼多	十七 趙鞅 韓不信 魏曼多	十八 趙鞅 韓不信 魏曼多
	五	六	七
	二十 公子申 公子結	二十一 公子申 公子結	二十二 公子申 公子結
	二十一 向巢 向魋	二十二 向巢 向魋	二十三 向巢 向魋
公叔戍	三十九 孔圉 北宮結奔魯 石圃 公孟彄奔鄭 公叔戍奔魯 趙陽奔宋	四十 孔圉 石圃	四十一 孔圉 石圃
	六 公孫陀人	七	八
	二十三 公孫姓	二十四 公孫姓	二十五 公孫姓
	六 司城公孫彊	七 公孫彊	八 公孫彊
	五 國參	六 國參 罕達	七 國參 罕達
	九	十	十一

	二十七	二十八	二十九
仇 仲孫何忌 叔還	二 季孫斯 叔孫州仇 仲孫何忌 叔還	三 季孫斯 七月卒 季孫肥 叔孫州仇 仲孫何忌 叔還	四 季孫肥 叔孫州仇 仲孫何忌 叔還
	五十五 國夏 高張	五十六 國夏 高張	五十七 國夏 高張 陳乞
	十九 趙鞅 韓不信 魏曼多	二十 趙鞅 韓不信 魏曼多	二十一 趙鞅 韓不信 魏曼多
	八	九	十
	二十三 公子申 公子結	二十四 公子申 公子結	二十五 公子申 公子結 左司馬販
	二十四 向巢 向魋	二十五 向巢 向魋 樂茷	二十六 向巢 向魋
	四十二 孔圉 石圃	衛出公元年 孔圉 石圃 石曼姑	二 孔圉 石圃 寧跪
	九	十	十一
	二十六 公孫姓 公子駟 誅	二十七 公孫姓 公孫獵 放吳	二十八 公孫姓 公孫辰 公霍 誅
	九 公孫彊	十 公孫彊	十一 公孫彊
	八 國參 罕達	九 國參 罕達 駟弘	十 國參 罕達 駟弘
	二十	燕獻公元年	二

三十	五 季孫肥 叔孫州仇 仲孫何忌 叔還	五十八 國夏 高張 陳乞 鮑牧	二十二 趙鞅 韓不信 魏曼多	秦悼公元年	二十六 公子申 公子結	二十七 向巢 向魋	三 孔圉 石圃	二十	蔡成侯朔元年	十二 公孫彊	十一 國參 罕達 駟弘	三
三十一	六 季孫肥 叔孫州仇 仲孫何忌 叔還	齊晏孺子元年 國夏 高張俱奔魯 陳乞 鮑牧	二十三 趙鞅 韓不信 魏曼多	二	二十七 公子申 公子結	二十八 向巢 向魋	四 孔圉 石圃	三十	二	十三 公孫彊	十二 國參 罕達 駟弘	四
三十二	七 季孫肥 叔孫州仇 仲孫何忌 叔還	齊悼公陽生元年 陳乞 鮑牧	二十四 趙鞅 韓不信 魏曼多	三	楚惠王章元年 公子申 公子結	二十九 向巢 向魋 皇瑗	五 孔圉 石圃	四十	三	十四 公孫彊	十三 國參 罕達 駟弘	五
三十三	八 季孫肥 叔孫州仇 仲孫何忌 叔還	二 陳乞 鮑牧	二十五 趙鞅 韓不信 魏曼多	四	二 公子申 公子結	三十 向巢 向魋 皇瑗	六 孔圉 石圃	五十	四	十五 公孫彊 宋滅曹 伯陽	十四 罕達 駟弘	六

三十四	九 季孫肥 叔孫州仇 仲孫何忌 叔還	三 陳乞	二十六 趙鞅 韓不信 魏曼多	五	三 公子申 公子結	三十一 向巢 向魋 皇瑗	七 孔圉 石圃	十六	五		十五 罕達 駟弘	七
三十五	十 季孫肥 叔孫州仇 仲孫何忌 叔還	四 陳乞	二十七 趙鞅 韓不信 魏曼多	六	四 公子申 公子結	三十二 向巢 向魋 皇瑗	八 孔圉 石圃	十七	六		十六 罕達 駟弘	八
三十六	十一 季孫肥 叔孫州仇 仲孫何忌 叔還	齊簡公壬元年 國書死吳師 高無平 宗樓 陳乞	二十八 趙鞅 韓不信 魏曼多	七	五 公子申 公子結	三十三 向巢 向魋 皇瑗	九 孔圉 石圃 太叔齊奔宋 太叔遺	十八 司徒轅頗奔鄭	七		十七 罕達 駟弘	九
三十七	十二 季孫肥 叔孫州仇 仲孫何	二 高無平	二十九 趙鞅 韓不信 魏曼多	八	六 公子申 公子結	三十四 向巢 向魋 皇瑗	十 太叔遺 石圃 石魋	十九	八		十八 罕達 駟弘	十

	三十八 單平公	九十三	十四
忌 叔還	十三 季孫肥 叔孫州仇 仲孫何忌 叔還	十四 季孫肥 叔孫州仇 仲孫何忌八月卒 叔還四月卒	十五 季孫肥 叔孫州仇 仲孫彘 叔青
	三 高無平	四 高無平 陳恒 闞止被殺	齊平公驁㊳元年 高無平奔北燕 陳恒
	三十 趙鞅 韓不信 魏曼多	三十一 趙鞅 韓不信 魏曼多	三十二 趙鞅 韓不信 魏曼多
	九	十	十一
	七 公子申 公子結	八 公子申 公子結	九 公子申 公子結
	三十五 向巢 向魋 皇瑗	三十六 右師皇瑗 左師向巢奔魯 司馬向魋奔衛 司馬皇野	三十七 皇瑗 皇野
	十一 太叔遺 石圃 石魋	十二 太叔遺 石圃 石魋	衛莊公蒯聵元年 太叔遺 石圃 石魋 孔悝
	二十 夏區夫被殺	二十一 宗豎 轅頗 俱奔楚	二十二 公孫貞子聘吳道卒
	九	十	十一
	十九 駟弘 罕達	二十 駟弘	二十一 駟弘
	十一	十二	十三

四十三敬王崩	四十二	四十一	
十八季孫肥叔孫州仇	十七季孫肥叔孫州仇仲孫彘叔青	十六季孫肥叔孫州仇仲孫彘叔青	
四陳恒	三國觀陳恒	二國觀陳恒	
三十五趙鞅韓不信魏曼多	三十四趙鞅韓不信魏曼多	三十三趙鞅韓不信魏曼多	
四十	三十	二十	
十二沈諸梁右司馬公	十一沈諸梁	十公子申公子結俱被殺沈諸梁兼二事	
四十皇瑗被殺	三十九皇瑗皇野	三十八皇瑗皇野	
衛君起元年石圃出奔	三石圃	二太叔遺奔晉石圃出奔石魋孔悝子還成鄖肸俱奔宋	司徒子還成孟彊公奔齊
	二十四楚滅陳	二十三	
四十	三十	二十	
二十四駟弘	二十三駟弘	二十二駟弘	
六十	五十	四十	

仲孫㒸	二十七年 哀公卒
	三十五年 平公卒
	三十七年 定公卒
	悼公卒[39]
孫寧	五十七年 惠王卒
右師皇野	四十八年 景公卒
太叔遺石魋俱復歸國	是年出公復入
	十九年 成侯卒
	三十八年 聲公卒
	二十八年 獻公卒

校注

①史記年表同此．索隱引系本作「愼公摯」．本書魯世家作「眞公摯」．

②此從史記年表．本書世家「籍」作「蘇」．

③衞釐侯三十三年下．原本空九欄．無紀年數字．按史記年表．釐侯紀元盡四十二年．下爲武公和元年．據補．

④原本作「鄭桓公多父」．疑誤．據本書鄭世家．史記年表、世家改．

⑤此從史記年表．本書世家作「惠伯兕」．

⑥鄭桓公三十六年下原本空欄．按史記年表爲鄭武公元年．據補．

⑦此兩欄原本作二十五、二十六．按史記年表．燕頃侯紀元盡二十四年．此兩欄應爲燕哀侯元年、二年．據改．

⑧「措父」原本作「揩論」．按宣侯名．史記世家、年表皆作「措父」．春秋作「考父」．而王刻史記年表誤作「揩論」．世家亦作「措父」．原本沿王刻年表之誤．

⑨原本脱「甫」字．今補．

⑩原本作「魯隱公息」．案本書魯世家，弗皇生隱公息姑．史記年表亦作魯隱公息姑元年．索隱云，系家名息．系本名息姑也．本表似應作「息姑」．

⑪此從史記年表．本書世家作「桓公軌」．

⑫原本作「陳厲公他」．案本書世家作「厲公躍」．又案春秋桓十二年正義曰，躍爲厲公，世本文也．馬遷以佗爲厲公，躍爲利公，皆是妄説．則世本原文應作「躍」．

⑬原本誤作「十六」．據史記年表改．

⑭此從史記年表．案史記鄭世家云，厲公初立四歲，亡居櫟，居櫟十七歲，復入．疑年表有誤．

⑮此兩欄原本作三十二、三十三．案史記年表，曹莊公紀年盡三十一年，應爲曹釐公夷元年、二年之誤．據改．

⑯此從史記年表．本書世家作「閔公啓方」．

⑰原本脱「父」字．據史記年表補．本書世家及史記宋世家皆作「茲甫」．

⑱「臣」原本誤作「成」．據本書世家及史記年表改．

⑲原本作「鄭穆侯」．據本書世家及史記年表、世家改．

⑳此從史記年表．本書世家作「共公猳」．

㉑原本作「藩」．據史記楚世家改．

㉒此從史記年表．本書世家作宣公彊．

㉓「后伯車」原本作「后單」．案史記年表無景公．本書世家及史記秦本紀集解，於景公名皆作「后伯車」．據改．

㉔「惲」原本作「悼」．據本書鄭世家及史記年表改．

㉕案殤公名，史記作「狄」，左傳作「剽」．本書衛世家作「秋」．蓋從史記而譌．大夫譜以史記年表爲主．而殤公

名則從左傳．似義例未一．

㉖原本「光」上衍「之」字．

㉗此兩欄原本作七、八．案史記年表．燕文公紀年盡六年．七年、八年應爲燕懿公元年、二年．據改．

㉘「北宫」疑爲「北宫遺」之譌．

㉙據下欄．公孫蠆前皆作「公孫竈」．疑「公子」二字爲「公孫竈」之譌．

㉚案昭公名「稠」．本譜於魯諸公即位．皆書其名．昭公獨否．疑偶脱．

㉛此從史記年表．本書世家作「靈王熊虔」．

㉜此從史記年表．本書世家作「哀公」．

㉝原本作「十」．案史記年表．燕惠公紀元盡九年．此欄應作「燕悼公元年」．

㉞原本脱「夷」字．據史記年表補．

㉟此從史記年表．本書世家及史記世家皆作「平公頃」．案「頃」「須」或以形近而譌．

㊱原本作「晉頃公棄」．案本書晉世家．頃公名「去疾」．史記年表作「棄疾」．原本蓋據史記年表而脱「疾」字．今補．

㊲原本誤作「靖公」．據本書世家及史記年表改．

㊳此從史記年表．本書世家作「平公敬」．

㊴案本書秦世家．悼公立十五年．史記秦本紀．悼公立十四年．

世本卷六

江都秦嘉謨輯補

傳史記魏世家索隱引世本曰、桓子生文侯斯。其傳云、孺子䵍是魏駒之子。則世本世家之外復有傳。以紀卿大夫系號。今趙韓魏皆先爲卿。後爲諸侯。故世家及傳兩列之。卽此條可以推見。太史公作七十列傳。其名亦本於世本也。今采諸傳注所引諸國列卿系代謚號本文。其闕者。以韋昭國語注杜預世族譜傳解及漢唐以來諸書之可據者補之。其諸國之序。則仍以史記世家爲次。每國之卿。則先同姓。後異姓。同姓之中。復以所出諸公爲次。集爲傳卷六。

齊

國氏

共伯玄孫莊子歸父生武子佐。佐生勝及景子弱。惠子夏者佐孫。夏生書。書生觀。杜氏左傳僖二十八年成二年十七年十八年定四年七年哀十七年集解。元和姓纂二十五德。

懿伯生貞孟。貞孟生成伯高父。禮記檀弓正義。

案廣韻二十五德云、國氏太公之後。故據其說列于諸卿之前。韋昭國語注云、國佐、齊卿國歸父之子國武子。而杜解反未言國佐何人之子。則韋說可以補其闕也。懿伯貞孟。名皆無考。

崔氏

丁公生季子。季子生穆伯。穆伯生沃。沃生野。野生武子杼。杼生成、彊、明、明奔魯、生良。高誘淮南子說林訓注。杜氏左傳襄二十四年集解。唐書宰相世系表。

案唐書宰相世系表云．沃生野八世孫沃生杼．而淮南高誘注云．崔杼齊大夫崔野之子．今從高誘．但去丁公世代太促耳．沃疑卽天字之誤．左氏襄二十三年傳有崔如．蓋亦崔氏之誤也．

高氏

敬子傒生莊子虎．莊子生傾子．傾子生宣子固．宣子生厚．厚生止．止生豎．左傳襄二十九年正義本文．下文又引云．高止敬仲玄孫之子．據左傳莊九年宣十五年襄二十九年集解．及唐書宰相世系表補正．

敬仲生莊子．莊子生傾子．傾子之孫武子偃．左傳襄二十九年正義．昭十二年正義引同．偃作鄭．無武子二字．偃生昭子張．左傳昭二十九年哀五年集解．

敬仲生莊子．莊子生傾子．傾子生宣子．宣子生無咎．無咎生弱．據上本文．及左傳成十五年成十七年集解補．

案高氏出於齊文公．見姓纂及世系表．故次崔氏後．韋昭國語注云．高子齊卿高傒敬仲．傒或作奚．而左傳襄二十九年高酀．昭十二年傳復作高偃．與世本同．古音通也．又高張見昭二十九年傳．而哀十一年傳又有高無丕．疑卽張子．而無可考．昭十九年傳又有高發．不詳世系．

隰氏

莊公曾孫戴仲生成子朋．朋之曾孫鉏．鉏生黨．韋昭齊語注．左傳襄二十四年昭十四年集解．

慶氏

桓公生公子無虧．無虧生慶父克．克生子家、封及慶佐．封生子之舍．通志氏族略三引春秋世譜．左氏成十七年十八年襄二十七年二十八年諸集解．

案慶氏又有慶嗣慶集．皆見左氏襄二十八年傳．杜氏云．慶封之族子息慶嗣．慶繩．慶集．

欒氏

惠公生公子欒堅。欒堅生子雅竈。竈生子旗施。高誘呂覽愼行論注。左傳襄二十八年三十年昭元年九年集解。左傳昭十年孔氏正義。

高氏

惠公生公子高祁。高祁生子尾蠆。蠆生子良彊。高誘呂覽愼行論注。左傳襄二十八年三十年昭元年九年集解。左傳昭十年正義。

晏氏

桓子弱生平仲嬰。嬰生圉。左傳宣十四年十七年襄二十三年哀六年集解。

案：晏子之爲卿，雖不見左傳，而晏子春秋及史記管晏列傳皆云相景公，則齊之卿族也。顏師古急就章注，以晏氏爲齊公族，故列於管鮑之前。又襄二十三年左傳有晏父戎晏氂，蓋卽其族。代系無考。

管氏

管莊仲產敬仲夷吾。夷吾產武子鳴。鳴產桓子啓方。啓方產成子孺。孺產莊子盧。盧產悼子其夷。夷產襄子武。武產景子能陟。陟產帶。史記管晏列傳索隱。

案：韋昭齊語注云：管夷吾，齊卿，姬姓之後，管嚴仲之子敬仲也。與世本同。僖十二年左氏傳正義引杜譜云：管氏出自周穆王。則未知何時任齊。莊八年傳已有管至父，是其族在齊已久，非自敬仲始矣。成十一年傳管于奚，杜譜以爲雜人。哀十六年傳之管修，杜氏云：故齊管仲之後。則修又自齊而仕楚者也。

鮑氏

敬叔生叔牙。叔牙玄孫莊子牽文子國。國孫牧。韋昭齊語注魯語注。左傳成十七年哀六年集解。

案：韋氏齊語注云：鮑叔，齊大夫，姒姓之後，敬叔之子叔牙。魯語注云：鮑國，鮑叔牙之玄孫鮑文子。而杜解以國爲叔牙曾孫。兩者不同。今以韋說。哀六年傳有鮑牧臣差車鮑點，蓋其族。

陳氏

敬仲生夷孟思。思生閩孟克。克生文子須無。須無生桓子無宇。無宇生武子開、僖子乞。乞生子士、（校注　「士」原本誤作「玉」。據下文案語及左傳改。）瓘、成子恆、昭子莊、簡子齒、宣子其夷、穆子安、廩邱子意茲、芒（校注　「芒」原本誤作「甚」。據本書世家及左傳改。）子盈、惠子得。恆生襄子班。班生莊子伯。伯生和。據上世家文。及左傳襄二十三年、哀四年六年十一年十四年集解。

案魏世家索隱引世本魏世系而別有其傳云之說。則先爲卿而後爲諸侯者。世本于世家及傳。蓋兩列也。考史記索隱此條。及左傳桓三年正義所引世本韓世家文。蓋可概見。今據其說補陳氏傳。又杜氏哀十四年左傳注。與正義所引世本略同。世本恒作常。蓋漢人沿寫所改。又哀六年傳有僖子之子子士。哀十一年傳有子行。杜氏云。子行陳逆。蓋皆陳氏之族。

魯

衆氏

孝公生公子益師。字衆父。衆父之孫衆仲。世族譜。左傳隱元年集解。

案衆氏雖後未爲卿。然春秋隱元年書公子益師卒。則卿族也。今采列焉。

臧氏

孝公生僖伯彄。彄生哀伯達。達生伯氏瓶。瓶生文仲辰。左傳莊二十八年正義。魏了翁讀書雜抄。禮記禮器正義。邢昺論語疏。左傳隱五年正義引作臧僖伯彄孝公之子。

辰生宣叔許。許生疇賈定伯爲武仲紇。爲生昭伯賜臧會、臧頃伯也宣叔許之孫。與昭伯賜爲從父昆弟也。史記魯世家索隱。會生賓如。賓如生石。據韋昭魯語注、杜氏世族譜、左傳宣十八年成十八年襄十七年二十三年昭二十五年哀八年十四年集解、及程公說春秋分記補正。

案韋注云、文仲、魯卿臧哀伯之孫伯氏瓶之子臧孫辰。與世本同。又左氏襄十七年傳有臧堅、杜解云紇之族。

仲孫氏

桓公生共仲慶父。慶父生穆伯敖。敖生文伯穀、惠叔難。穀生獻子蔑。禮記檀弓正義十。蔑生莊子速。速生孺子秩、孝伯羯。羯生僖子貜。貜生懿子史記孔子世家索隱引作敬叔、與懿子皆孟僖子之子、蓋約舉文。何忌。何忌生武伯彘。彘生敬子捷。據鄭氏禮記檀弓注、杜氏世家譜、左傳文七年襄十六年三十二年昭六年七年哀十一年集解補正。

案春秋經皆稱仲孫、而傳則俱稱孟氏、共仲爲庶長故也。韋昭國語注曰、慶父、莊公之弟共仲。又云、孟文子公孫敖之子伯穀。又云、孟獻子、仲慶父之曾孫、公孫敖之孫、文伯穀之子仲孫蔑。皆與世本同。又左氏定八年傳有公期、杜解云孟氏支子。與襄二十四年之孟公綽、蓋皆孟氏族。

叔孫氏

桓公生僖叔牙。牙生戴伯茲。茲生莊叔得臣。臣生宣伯僑如、穆叔豹。豹生昭子婼。婼生成子不敢。敢生武叔州仇。州仇生文子舒。禮記檀弓正義十、邢昺論語疏引作據公子叔牙六世孫叔孫不敢子也、略同、左氏文十一年傳及哀二十六年傳集解補正。

案諸書傳引世本述叔孫氏系號、最爲完備。韋昭國語注云、叔孫宣子、叔牙之曾孫莊叔得臣之子叔孫僑如。又云、穆子、叔孫得臣之子豹。與左傳世本同。又得臣之子虺、見文十一年傳。豹之子孟丙仲壬、見昭四年傳。又有叔孫輒、見定八年傳。杜解云叔孫氏支子。皆非正嫡也。

叔仲氏

桓公生僖叔牙。叔牙生武仲休。休生惠伯彭。彭生皮、禮記正義同上。亥、衍。皮生子柳子碩。亥生昭伯帶。帶生穆子小。小生定伯志。鄭氏禮記檀弓注。韋昭國語注。杜氏釋例。左傳文七年十一年襄七年二十八年昭十一年定八年集解。

案叔仲氏雖後不爲卿，然文十一年叔仲彭生，見春秋經，則曾列于卿也。今采諸書明其系代，列于叔孫氏後。

季氏

桓公生成季友。友生齊仲無逸。無逸生文子行父。行父生武子夙。禮記檀弓正義九。穀梁文六年疏引作季友生仲無佚。無佚生行父。詩魯頌正義引作行父死謚曰文子。案禮記正義本引作公子友生齊仲。齊仲生無逸。多出一代。今據穀梁疏所引校正。本無文子。今據魯頌所引補入。夙生悼子紀。紀生平子意如。意如生桓子斯。斯生康子肥。禮記正義同上。康子曾孫昭子強。據左傳及鄭氏禮記檀弓注補正。

案韋昭國語注云：季文子，季友之孫齊仲無佚之子季孫行父。又云：武子，季文子之子季孫夙。又云：平子，武子之孫悼子之子意如。又云：桓子，平子之子斯。又云：康子，季悼子之孫桓子之子肥。皆與世本同。又左傳悼子紇，世本作紀，疑傳寫之譌。又武子之子公彌，見襄二十三年傳。杜云：公彌公鉏。又有公鳥公若，見昭二十五年傳。杜云：公鳥季公亥之兄。平子庶叔父。公亥即公若。則皆武子子也。是年傳又有公思展。杜云季氏族。又有公甫公之。杜云：皆平子弟。定八年傳有季寤。杜云：季桓子之弟子言。哀八年傳有季魴侯。〔校注　原本「侯」上空兩格。案左傳應作「季魴侯」據補。〕杜云：康子叔父。則見〔校注　「見」字疑衍或譌。〕平子子也。又詳氏姓篇。

仲氏

仲遂、魯莊公之子東門襄仲。禮記檀弓正義十。述產子家歸父及昭子子嬰。史記魯世家索隱。

案世本多古字古音。如正義引仲遂，而索隱引作述。若此之類，皆仍其故。韋昭周語注云：東門子家，莊公之孫東門襄仲之子公孫歸父。亦與世本同。

叔氏

魯文公生惠伯叔肸．叔肸生聲伯嬰齊．嬰齊生叔老．子叔子叔生敬叔．叔弓．叔弓生仲南、文楚、及伯張、輒、穆伯、鞅、定伯、閱、爲子叔氏．元和姓纂六止．敬叔是桓公七世孫．禮記檀弓正義十引作叔肸生聲伯嬰齊．齊生叔老．老生叔弓．又引作鞅案姓纂所引本無敬叔二字．今據禮記檀弓正義所引次條補入．生詣．以上據杜氏釋例內世族譜補正．

叔弓生定伯閱．閱生西巷敬叔．叔生成子還．左傳定十二年正義．還生僖仲青．杜氏釋例．左傳哀十九年集解．

案春秋例．非卿不書．魯自成襄以來有五卿．季孫氏叔孫氏仲孫氏臧孫氏叔氏．聘會奔卒．並書于經．可以考也．韋昭國語注云．子叔魯宣公之弟叔肸之子公孫嬰齊．與世本同．又叔老謚齊子．見襄十四年傳杜氏解．

蔡

朝氏

太師子朝生聲子歸生．歸生生朝吳．韋昭魯語注。左傳襄二十六年二十七年昭十三年集解．

案蔡之卿族．惟朝氏可考．餘如襄八年公子燮．定四年公孫姓．哀二年公子駟．哀四年公孫辰公孫霍．皆書于經．而其氏無考。蓋蔡多用公族爲卿也．杜氏云．燮．蔡莊公子。公子履．燮弟．

陳

轅氏

申公犀侯生靖伯庚．庚生季子惛．惛生仲牛甫．甫生聖伯順．順生伯他父．他父生戴伯．戴伯生鄭叔．鄭叔生仲爾金父．金父生莊伯．莊伯生諸字伯爰．其孫宣仲濤塗．濤塗生選．選生聲子哭。哭生惠子雅。雅生頗．

桓子僑者．濤塗四世孫．杜氏左傳僖五年襄二年集解．世族譜．姓纂二十二元．唐書宰相世系表．

轅氏

案表轅爰古音本通，左傳爰田作轅田，史記爰盎漢書作袁盎，轅或作袁省文，左傳昭八年袁克，哀十一年轅咺，皆轅氏之族，傳文已以轅爲袁矣。

轅子、僖公孫。轅宜咎、陳轅子八世孫。左傳襄二十四年正義，世族譜。

夏氏

宣公生子夏。夏生御叔。叔生徵舒。舒生惠子晉。晉生御寇。寇生悼子齧。齧生區夫。春秋分記。左傳昭二十三年正義。

案韋氏周語注曰，夏徵叔之父，叔，即公子夏之子，靈公之從祖父。其楚語注曰，公子夏，陳宣公之子御叔之父。子南夏徵叔之字。皆與世本同。夏氏又稱少西氏，見左氏宣十一年傳，杜氏云，少西氏徵舒之祖子夏之名。

慶氏

桓公五世孫有慶虎。其族有慶寅慶樂。世族譜。左氏襄二十三年傳解。

孔氏

公孫寧即孔寧。其後有孔奐。春秋文十五年宣九年襄二十七年經傳。

案陳卿之見于經者，莊二十五年有女叔，杜云，陳卿女氏叔字。莊二十六年傳之原仲，杜云，陳大夫原氏仲字。詩東門之枌傳，亦曰，原氏陳大夫氏。宣九年有洩冶儀行父。襄七年有公子黃。十七年傳之司徒卬。二十四年傳之司馬桓子。昭八年有公子招公子過，杜云，皆哀公弟。又有于徵師。哀十五年傳之公孫貞子，皆卿也。詩傳又云，子仲氏陳大夫氏。是卿族之可考者。則有女氏原氏洩氏儀氏子仲氏。其系皆闕無可考。

衛

石氏

衛靖伯之孫碏。碏生厚。厚生駘仲。駘仲生祁子。祁子生成子稷。稷生共子買。買生悼子惡。石圃者、惡之從子。懿子曼姑者、惡之孫。曼姑生照子魋。杜氏釋例。左傳成二年襄十七年十九年二十八年哀十七年集解。程公說春秋分記。

案王符潛夫論、以石氏爲衛後姬姓、列于衛公族之前。今從之。以石駘仲爲石厚子者、程公說之說、未知何本。呂覽愼小篇注、以石圃爲石惡之子、與左傳異。疑高氏之說誤也。左傳哀十五年又有石乞、系代無考、蓋其族。

世叔氏

僖侯八世孫太叔文子儀。儀孫懿子申。申生悼子疾、僖子遺。杜氏釋例。左傳襄十四年昭三十一年哀十一年集解。

案春秋昭三十二年經稱世叔申、而傳皆言太叔、蓋世與太古義相通。左傳子太叔、論語作世叔。此可見也。今從經。

孫氏

武公生公子惠孫。惠孫生耳。耳生武仲乙。乙生昭子炎。炎生莊子紇。紇生宣子鰌。鰌生桓子良夫。良夫生文子林父。林父生嘉、襄、蒯。杜氏釋例。左傳文元年成二年七年襄十年二十六年集解。元和姓纂二十三魂。唐書宰相世系表。

案世本云孫氏出于衛武公。至林父八世。別載氏姓篇。與姓纂唐表所言世數相同。故知二書猶可據也。又左傳文元年孫昭子、哀二十六年孫莊氏、皆無名。其名亦見唐表。又宣六年傳有孫免、亦見經。其系代無可考。

寧氏

武公生公子季亹。亹生頃叔。頃叔生文仲跪。跪生穆仲靜。靜生莊子速。速生武子俞。俞生成子相。相生惠子殖。殖生悼子喜。韋昭晉語注。杜氏釋例。左傳閔二年僖二十八年成二年十四年襄二年二十五年集解。姓纂四十六徑。

案韋注云、寧莊子、衛正卿寧穆仲靜之子寧速。與釋例合。又釋例雜人內、別有一寧跪、豈左傳莊六年放于秦者、即此人歟。襄二十五年傳云、九世之卿族、一舉而滅之。觀此可以省矣。

齊氏

宣公生昭伯頑。頑生齊子。齊子無子。戴公以其子惡爲之後。四世孫惡生豹。杜氏釋例。昭二十年集解。左傳案春秋昭元年齊惡書經。釋例有兩齊惡。疑有所誤。

北宮氏

成公生頃子。頃子生去疾。去疾生懿子括。括生遺及文子佗。遺生貞子喜。喜生結及肱。左傳成十六年襄十四年二十六年三十年昭九年集解。姓纂二十五德。姓案杜氏云。北宮括成公曾孫。與姓纂合。

析氏

穆公生公析黑肩。黑肩之孫成子朱鉏。左傳昭二十年集解。姓纂一東。案春秋成十年衞侯之弟黑背（校注「背」原本誤作「肩」。據左傳杜注改。）見經。而姓纂以爲黑臀。今從春秋及杜解校正。

公叔氏

衞獻公生成子當。當生文子拔。拔生朱。禮記檀弓正義八。檀弓正義十。案左傳拔作發。朱作戍。古晉通。禮記朱作木。鄭氏云。木當作朱。據世本而言也。又檀弓正義八及邢昺論語疏引此二條。別見氏姓篇。春秋定十三年公叔戍。見經。

公孟氏

衞公孟彄、靈公之子，字公孟，名彄。左傳隱七年正義。

案昭二十年傳杜解云，公孟縶靈公兄。定十三年傳杜解云，彄孟縶子。而世本以彄爲靈公子。一時必無二公孟氏。豈縶無子，靈公以己子爲之後，如戴公之後齊氏歟。不可考矣。

司寇氏

衞靈公生昭子郢，郢生文子木及惠叔蘭，蘭生司寇亥，爲司寇氏。禮記檀弓正義八。正義所引本作虎爲司寇氏。據姓纂七之所引增司寇二字，改虎爲亥。

案左傳哀二十五年公奪司寇亥政，則亥蓋衞卿也。今次公孟氏後。

趙氏

衞趙懿子兼生昭子舉，舉生趙陽。左傳成十四年正義。

案潛夫論以趙氏爲衞公族，但未知出自何公耳。趙兼左傳昭九年作趙黶，定十四年趙陽，見經。杜解陽趙黶孫，據世本也。

孔氏

莊叔達生得閭叔穀，穀生成叔烝鉏，烝鉏生頃叔羈，羈生昭叔起，起生文叔圉，圉生悝。禮記祭祀正義四十九。羈本作羅，據左傳及春秋釋例校正。

案孔氏姞姓，見左傳哀十一年傳。閔二年傳有孔嬰齊，蓋孔氏之先。又衞卿尙有元咺，僖二十八年見經，其系代無考。

曹

子臧氏

文公生子臧喜時。喜時生公孫會。公羊昭二十年傳。何休公羊傳注。

案子臧氏見廣韻六止注引姓苑。何休以子臧爲曹伯廬弟。則文公子宣公弟也。而杜氏以爲宣公庶子。與史記不合。今從何說。曹卿之可見者。如昭二十一年傳之翰胡。哀七年傳之公孫彊。皆無考。

宋

孔氏

宋湣公生弗甫何。弗甫何生宋父。宋父生正考父。正考父生孔父嘉。爲宋司馬。華督殺之而絕其世。其子木金父降爲士。木金父生祁父。祁父生防叔。爲華氏所偪。奔魯爲防大夫。故曰防叔。防叔生伯夏。伯夏生叔梁紇。叔梁紇生仲尼。詩商頌序正義。其子奔魯爲防叔。左傳桓元年正義引作孔父嘉生木金父。木金父生祁父。防叔生伯夏。伯夏生叔梁紇。叔梁紇生仲尼。蓋省文。仲尼圩頂反首張面。四十有九表。堤眉谷竅。參臂駢脅。腰大十圍。長九尺有六寸。時爲長人。路史後紀九注。後數世皆一子。禮記檀弓正義八。

案孔子爲魯司寇。未列于卿。而其先則宋之卿族也。世本云。絕其世者。絕卿之世及而爲士也。世本紀孔子獨詳。蓋亦七十子之徒尊其師學之意。故有以世本爲左丘明作者。太史公列孔子於世家。蓋亦推原世本之意耳。

華氏

華父督、戴公之孫、好父說之子。左傳桓元年正義。隱八年正義引同。華父督作宋督。華父督之字。左傳引八年正義。督生世子家。家生華孫御事。御事生華元。左傳僖十六年正義。元生右師閱及司徒臣。閱生臯比及右師合比、少司寇牼、右師亥。亥生無慼。左傳襄九年十七年昭六年二十年集解。

督生世子家。家生秀老。老生司徒鄭。鄭生司徒喜。左傳成十五年正義。

司馬華耦者，華父督曾孫。華椒者，華氏族。椒之孫司馬弱、司徒華定姓纂二十二覃。者，華氏族。定生啓。大司馬華費遂者，華氏族。費遂生少司馬貙及多僚、登。左傳文八年宣十一年襄六年昭四年二十年二十一年集解。

案韋昭楚語注云：華元，宋卿華督之子右師元。卿字蓋御字傳寫之訛。杜氏左傳解，督未死而賜族，則與他族異也。杜氏不言合比爲何人之子。然宋卿若魚氏之左師，向氏之右師，樂氏之司城，皆父子相承，閱爲右師，合比亦爲右師，且與閱子皐比名相類，則蓋閱之子也。襄十七年傳有華吳，昭二十一年傳有華姓、華豹，杜不言其系，非卿。廣韻華作𦾔，云宋戴公子考父食采於𦾔，好又作考。蓋考爲謚法，好考古音同也。惟解華氏異耳。

樂氏

戴公生樂甫術。術生碩甫澤。澤生季甫。甫生子僕伊與樂豫。左傳僖七年正義。

宋戴公生樂甫術。術生碩甫澤。澤生夷父須。須生大司寇呂。左傳僖十八年正義。

戴公生樂甫術。術生石甫願繹。繹生夷甫傾。傾生東鄉克。克生西鄉士曹。曹生子罕喜。禮記檀弓正義十。喜之孫子梁、祁。祁生子明溷。溷生子潞、茷、樂舍及大司寇輓、皆喜孫。輓生大司寇朱鉏。左傳昭二十年二十二年定六年哀二十六年集解。

樂懼，戴公六世孫。左傳成十六年正義。樂大心，戴公八世孫。樂嬰齊、樂裔、樂舉、樂將鉏、樂轡、樂遄、樂髡、樂得，皆樂氏族。左傳宣十四年成二年十五年襄六年九年哀三年傳。杜氏成十六年定十年哀二十六年集解。

案世本碩甫澤卽石甫願繹，夷父須卽夷父傾，或聲有急讀緩讀之別，或傳寫之訛耳。

皇氏

皇父充石、戴公子。左傳僖十一年正義。充石生季子來，來生南雍鉠，充石之後十世有宗卿爲人，爲人生大司馬鄖。左傳襄九年正義引服虔解誼。杜氏襄九年傳解。唐書宰相世系表。

右師瑗者，充石八世孫，瑗生劇般及槖，右師緩者，瑗從子。太宰國父者，皇氏族，司馬野者，皇氏族。野生伯、及大司馬非我，司徒懷者，非我從昆弟。左傳襄十七年哀七年十四年十七年二十六年集解。世族譜。

案左傳哀十六年正義引杜氏族譜，又以皇緩爲充石十世孫，與集解云瑗從子，相錯一代，今從集解。又左傳昭二十二年有皇奄，杜云非卿。

老氏

老佐、戴公五世孫。左傳成十五年集解。

仲氏

宋莊公生右師戌，戌生司城師。左傳文十八年正義。師生仲江，江之孫左師幾，幾生佗。左傳襄十四年昭二十二年定十年集解。

宋莊公孫名固，爲大司馬。北宋本史記宋世家正義。

案世本晉公孫固一條，其後不見於左傳，未知其何氏。以其出自莊公，附於仲氏之後。右師戌，左氏文二年六年傳作公子成，杜云莊公子。陸氏釋文云，成本作戌。晉恤

魚氏

桓公生左師目夷，目夷生左師友，友之孫左師石少宰府。左傳僖九年文七年成十五年集解。

鱗氏

桓公生公子鱗。鱗生東鄉矔。左傳僖七年正義、成十五年正義引同。矔生司徒文。文生大司寇子奏。奏生小司寇朱。左傳成十五年正義。

案左傳文七年杜解云：鱗矔，桓公孫。成十五年杜解云：朱，鱗矔孫。與世本一同一不同。矔不稱公孫，而即稱氏，蓋亦生而賜族，與華督同。

蕩氏

宋威公子蕩、姓纂蕩六止。生公孫壽。壽生司城意諸、生公、及大司馬虺。虺生司馬澤。左傳成十五年正義。據左傳文七年八年十五年集解補正。

案蕩氏與鱗氏，皆以名爲氏。又左傳成十五年集解：以蕩澤爲意諸之子，與世本不同，疑有誤。

向氏

桓公生向父盻。盻生司城訾守。守生小司寇鱣及合左師向戌。左傳成十五年正義。向戌生東鄰叔子超。超生左師盻及司馬魋。禮記檀弓正義八。左師盻下，有盻即向巢也。魋，巢之弟。蓋約舉世本文。今據左傳校改。向戌生左師寧。寧生羅。左傳昭十九年二十年二十二年集解。

大司寇爲人、太宰帶、皆向父之後。左傳成五年十五年傳。〔校注　原本此下衍「戒」字，今删。〕

案昭二十年傳：有向勝、向行、向宜、向鄭。杜氏云：宜、鄭皆向戌子。哀十四年傳：有子頎、子車、司馬牛。杜氏云：皆桓魋弟。蓋皆非卿。鄭氏禮記檀弓注云：桓司馬，宋向戌之孫名魋。則其說亦與世本同也。

靈氏

文公生子靈圍龜。其後有左師靈不緩。左傳成五年、哀二十六年集解。

石氏

共公生子石段。段生石彄。左傳襄二十年、定十年集解。

案子石即褚師段。其後有褚師子肥。見哀八年傳。蓋其支子以褚師爲氏。而大宗則稱石氏。故石彄爲卿。見定十年春秋經也。廣韻言子石出於宋恭公。與杜解相同。

邊氏

平公生子邊御寇。其孫有大司徒邊卬。廣韻引圈稱陳𨚗風俗傳。通志氏族略三。左傳昭二十二年集解。

案宋卿之見經者。莊十一年宋萬。賈氏。云未賜族。定十年公子地母弟辰。杜云。皆元公弟。文七年傳有公子卬。杜云。昭公弟。十五年傳有母弟須。成十八年傳有西鉏吾。後爲太宰。而卬則爲司馬。須則爲司城。其氏族無考。

晉

欒氏

靖侯生欒叔。欒叔生賓。史記晉世家正義引作欒叔賓父也。蓋約舉文。賓生共叔成。成生貞子枝。枝生盾。盾生武子書。書生桓子黶及鍼。黶生懷子盈。盈生魴。史記集解三十九引賈逵說。左傳襄十九年正義引服虔解。韋昭國語注。左傳桓二年三年僖二十七年文十二年宣十一年成十三年十六年襄十四年二十三年集解。

案服氏以魴爲盈子。而杜氏則以爲欒氏族。然魴子左氏襄二十三年傳。一書其傷。再書其出奔宋。則服氏之說爲可信也。宣十六年傳欒京廬成。十五年傳欒弗忌。十八年傳弁糾。襄二十三年傳欒樂。昭元年傳欒豹。皆非卿。杜云。欒氏族。

郤氏

郤文生叔虎豹。郤豹生稱及冀芮。芮生成子缺。缺生獻子克。左傳成十一年正義。克生駒伯錡。韋昭國語注。左傳成十三年十七年集解。

姓纂二十陌。程公說春秋分記。

郤豹生義。義生步揚。揚生苦成叔州。正義同上。據左傳成十四年集解補。

郤豹生義．義生步楊．步楊生蒲城鵲居．居生昭子至．左傳成公二年正義．據韋昭國語注補．

郤溱、郤至之先．韋昭國語注．

案韋昭國語注引郤世世系凡七條．皆與世本同．郤至謚昭子．亦見韋注．則韋氏亦據世本也．以郤稱爲芮兄．則春秋分記之說．韋氏又以溱爲至先．則無可考矣．郤州之州．與公羊同．世本多古字類此．僖二十七年郤縠亦卿．而世系無考．成十三年傳郤毅亦稱步毅．杜云．郤至弟．與僖十五年傳之郤乞．皆非卿．

胥氏

臼季臣生甲．甲生克．克生童．韋昭國語注．左傳僖二十三年文十二年宣元年成十七年集解．

案胥原二代皆姬姓．有辨見氏姓篇．胥氏之見于傳．襄二十三年胥午．二十六年胥梁帶．皆非卿．

先氏

原軫生霍伯且居．且居生克．克生穀季穀．韋昭國語注．左傳僖二十七年三十三年集解．

案僖二十八年先蔑文七年先都皆卿．世系無考．又閔二年傳先友先丹木．僖三十三年傳先茅．文三年傳先僕．宣元年傳先卒．皆其族．

狐氏

伯行哭生毛．毛生溱．韋昭國語注．左傳僖二十五年二十七年集解．

伯行哭生子犯偃．偃生賈季佗射姑．韋昭國語注．左傳僖二十三年文六年集解．

案狐氏伯行之後分爲二．別見世本氏姓篇．韋氏云．狐偃之父狐哭伯行．賈佗狐偃之子射姑．太師賈氏．又云．賈字季佗．皆與杜解相同．

韓氏

桓叔生子萬。萬生賕伯。賕伯生定伯簡。簡生輿。輿生獻子厥。厥生宣子秦。秦生平子須。須生簡子不信。不信生莊子庚。庚生康子虎。虎生武子啓章。啓章生景子處。

案韓氏尚有韓穿，亦爲卿。見成三年傳。世代無考。昭五年傳有箕襄、邢帶。杜云：二人皆韓氏族。又有叔禽、叔椒、子羽。杜云：皆韓起子。昭二十六年傳韓固。杜云：韓起孫。與別見世本之韓無忌、韓襄，皆非卿也。

魏

畢萬生芒季。芒季生武仲州。州生莊子降。降生獻子荼。荼生簡子取。取生襄子多。多生桓子駒。駒生孺子瑱。史記魏世家索隱引傳文。約舉世本。今據世家義例校正。

魏顆、州子。顆生令狐文子頡。韋昭晉語注。杜氏世家譜。左傳宣十五年、成十八年集解。

魏武子、錡犨孫。左傳宣十二年正義。錡生呂宣子相。韋昭晉語注。左傳宣十一年、成十三年集解。

案史記魏世家桓子之孫曰文侯都。下索隱曰：系本桓子生文侯斯。其傳云孺子瑱是魏駒之子，與此系代亦不同云云。是一作斯，一作瑱，皆不名都。且俱云是桓子之子。故小司馬引世本以校史記之異。可見世本世家外復有傳。魏氏系代，蓋兩列焉。而爲斯爲瑱，世本亦互相異也。其云孺子者，則文侯以下即爲諸侯，故傳終于此。以明卿族之限。其世家之系代，則仍相續也。據此，則傳之義例可知。齊之陳、晉之韓、趙，皆可推而補之耳。昭二十六年傳有魏戌。杜云：魏舒庶子，非卿也。魏有令狐氏、呂氏之別，皆因食采爲氏。魏錡亦稱廚武子，而其後則稱呂錡。蓋先食廚而後食呂。故其子遂稱呂相歟。

士氏

隰叔生士蔿。士蔿生成伯缺。缺生武子會。會生文叔燮。燮生宣叔匄。匄生獻子鞅。鞅生昭子吉射。史記趙世家索隱。上三句別載氏姓篇。左傳僖十三年正義引作士蔿生士伯缺。缺生士會。會生士燮。據左傳定十三年集解。補昭子二字。

武子會生司空穀。左傳文二年集解。

武子會生彘恭子魴魴生彘裘。韋昭國語注。左傳成十八年襄十四年集解。

案成三年鞏朔爲卿。十二年作士莊伯。杜云。士莊伯鞏朔。則朔亦士氏。而鞏其采地也。惟系代無考耳。又左傳定十三年有范皋夷。杜云。范氏側室子。十四年有士鮒。哀四年有士蔑。皆非卿。其世系亦無可考。

士穆子生貞子渥濁渥濁生莊子弱弱生文伯匄匄生景伯彌牟。韋昭國語注。左傳成十八年襄九年三十年昭十三年集解。世族譜。

案士氏先爲太傅後爲理。皆非卿。然韋氏云。士貞子。晉卿士穆子之子士渥濁也。則其先亦爲卿。且俱稱士氏。則與士蔿當亦同族。今備列焉。韋氏又云。范獻子文子之族昆弟士富也。士富爲侯奄。見成十八年。非卿。

荀氏

荀叔原黯之後有荀息。竹書紀年。左傳僖二年十年集解。

晉大夫逝敖生桓伯林父林父生宣伯庚宿庚宿生獻伯偃偃生穆伯吳吳生文子寅。史記趙世家索隱。據左傳定八年集解補文子二字。

逝敖生莊子首首生武子罃罃生莊子朔朔生悼子盈盈生文子櫟櫟生宣子申申生智伯瑤。同上。瑤生開。史記秦本紀正義。

程鄭、荀之別族。左傳成十八年正義。文子騅之曾孫、程季之子。韋昭國語注。左傳成三年集解。史記晉世家索隱。

案荀氏雖有中行氏知氏之別。而經皆書荀。其以荀爲氏見紀年。今引之以冠其首。則凡荀氏。皆其後也。知與程皆引其食采爲氏。見下氏姓篇。韋氏云。中行穆子。晉卿中行偃之子荀吳中行伯也。又云。中行宣子。中行桓子之子荀庚。又云。智莊子。荀首也。子羽。知莊子之子知罃之字。又云。智宣子。晉卿荀櫟之子申也。又云。瑤。宣子之子襄子智伯。皆與世本同。荀騅韋注作荀驩。蓋傳寫之訛脫耳。索隱云。荀騅謚文子。疑亦據世本而言。惠氏左傳補注．則竟以爲世本．未知別有見否．左傳成十八年有荀家荀會荀賓．韋注國語云．荀賓荀家晉大夫會家之族．襄二十一年有知起中行喜．不言其世系．昭二十八年有知徐吾．杜云知盈孫．又韋注國語云．智果智氏之族．知宵宣子庶子．伯國智氏之族．皆非卿也．

里氏

里季生里克．韋昭國語注．

丕氏

丕鄭生丕豹．左傳僖十年集解．

趙氏

公明生共孟及趙夙．夙生成季衰．衰生宣孟盾．盾生莊子朔．朔生文子武．武生景叔成．成生簡子鞅．鞅生襄子毋卹．毋卹生桓子嘉．

趙武子穿、爲夙之曾孫．左傳宣二年正義．穿生旃．旃生傾子勝．勝生午．午生稷．趙朝者、勝之曾孫．宋本春秋疏十引服虔解．韋昭國語注．杜氏世族譜．左傳宣二年十一年襄二十三年昭二十八年定十年十三年集解．

原同屏括樓嬰齊、皆成季衰之子．左傳僖二十四年宣十二年集解．

代成子起、趙襄子之子．史記趙世家索隱．

案趙穿爲夙曾孫．而韋杜皆云夙庶孫．皆與世本不同．杜解文十二年傳云．趙夙庶孫．而解宣二年傳．則云趙穿．趙盾從父昆弟子　則仍與世本同矣．服氏以爲別爲邯鄲氏．而杜譜云別爲耿氏．皆其食邑也．昭三年傳有趙獲．杜云文子之子。哀二年傳有趙羅。系未詳。皆非卿也。

楚

鬬氏

若敖生伯比。伯比生文子穀於菟。穀於菟生子揚般。般生克黄。克黄生棄疾。棄疾生韋龜。韋龜生子旗成然。成然生辛懷曹。韋昭國語注。左傳桓六年莊二十年宣四年昭四年六年十三年十四年定四年集解。

伯比生子良。子良生子越椒。椒生賁皇。左傳宣四年僖二十八年宣十七年集解。

若敖生射師廉。廉生班。班生子儀克。杜氏世族譜。韋昭國語注。左傳莊三十年集解。

案韋昭杜譜。則若敖二子皆鬬氏。楚蠻夷之國。其命族之故。不可考矣。左傳正義引服虔說。謂射師即鬬班。與世族譜異。今定從杜氏。韋注云。申公子儀。班之子大司馬克。則杜氏所未及詳也。其餘皆與杜氏同。莊四年傳有令尹鬬祁。僖二十六年傳有司馬鬬宜申。杜云。司馬子西也。二十八年有鬬勃。卽三十三年令尹子上。其系代俱無考。若桓八年鬬丹。莊十八年鬬緡。二十八年鬬禦彊鬬梧。僖二年鬬章。則皆非卿。其系亦並不可考。

成氏

若敖之曾孫子玉得臣。得臣生大孫伯大心。成熊者、得臣之孫。韋昭國語注。左傳僖二十三年二十八年昭十一年集解。

子孔嘉亦若敖曾孫。左傳文十二年集解。

蔿氏

蚡冒生無鉤章。章生叔伯呂臣。呂臣生伯嬴賈。賈生蔿艾獵及孫叔敖。艾獵生蔿子馮。左傳宣十一年正義。引作蔿艾獵孫叔敖之兄。襄十五年正義，引作蔿艾獵孫叔敖之兄。蔿子馮艾獵之子。蓋約舉文。今據世本義例，略爲改正。

子馮生蔿掩。 高誘呂覽知分篇注，淮南子齊俗訓注。左傳僖二十七年、宣十一年、襄十五年、二十五年集解。唐書宰相世系表。

案蔿與薳古音通。僖二十三年薳呂臣，二十八年即作蔿呂臣，此可見也。杜氏以蔿艾獵即孫叔敖，然左傳已明云蔿艾獵蔿敖，明非一人。且杜氏既以爲一人，而襄二十五年傳解，又云子馮叔敖從子，則又仍從世本，蓋亦自紊其例，不若定從世本之爲得也。襄二十四年有薳啓疆爲太宰，二十七年有薳罷字子蕩，昭元年爲令尹，系皆無考。昭五年傳薳射，六年傳薳洩，十三年傳薳居，二十一年傳薳越，哀十八年傳薳固，則皆非卿。杜云尹掩之族。

屈氏

武王生屈瑕。其後有屈重、屈完、屈禦寇、屈罷。 王逸楚辭注。左氏桓十一年、莊四年、僖四年、二十五年、昭十四年傳。

屈蕩、屈建之祖父。 左傳襄二十五年集解。**蕩生子夕、到，到生子木、建，建生屈生。** 韋昭國語注。左傳襄十五年、二十二年、昭五年諸集解。

莫敖屈蕩生屈申。 左傳襄二十五年、昭四年諸集解。

案楚有兩屈蕩，一見宣十一年傳，一見襄二十五年傳。杜氏有辨，茲不贅。但書其官以別之。宣十一年傳有屈巫臣，韋昭國語注〔校注　原本脫「注」字。〕云：巫臣，楚申公屈巫子靈。成七年傳有子閻子蕩淸尹勿忌，杜云：巫臣之族。又有屈狐庸，杜云巫臣子。皆非卿也。

善氏

武王生子元，善善生王孫啓。 韋昭國語注。

案王符潛夫論，楚公族有善氏，與屈氏相比。據韋注及王逸楚辭注，則善與瑕皆武王之子。蓋子元之後，以名爲氏，如熊率、熊相之類是也。杜氏莊二十八年傳解，亦以子元爲文王弟。

陽氏

穆王生王子揚。揚生尹。尹生令尹匄。左傳昭十七年正義。匄生令終及完佗。左傳昭二十七年集解。

嬰齊氏

穆王生子重嬰齊。左傳宣十一年集解。

案嬰齊氏，及下子南氏、子庚氏，皆據瀏夫論補入。

囊氏

莊王生子囊貞。貞生郄尹光唐。光唐生子常瓦。高誘呂覽貴卒篇注。左傳成十五年昭二十三年集解。韋昭國語注。

子南氏

莊王生子南追舒。追舒生棄疾。左傳襄十五年二十五年集解。

子庚氏

莊王生子庚午。左傳襄十二年集解。

沈氏

莊王生沈尹。沈尹生沈尹戌。戌生葉公子高諸梁。禮記緇衣正義。引作葉公。楚縣公葉公子高也。邢昺論語疏引作葉（校注　原本「葉」下空格，並衍「據」字，據論語疏改。）公名諸梁，楚大夫，食采於葉，僭稱公者，皆約舉文。據呂覽貴卒篇注。韋昭國語注。左傳昭十九年定五年集解。楊倞荀子注補正。

案杜氏以沈尹戌爲莊王曾孫，系代太遠，今從高誘說。唐世系表以沈氏爲沈子逞之後，不足信也。定五年傳又有后臧，杜云，葉公諸梁之弟，非卿。又呂覽尊師篇，莊王師沈尹巫，注，沈縣大夫。又當染篇，楚莊王染於沈尹蒸，皆食采在沈尹之先．其非同族可知．

西氏

平王生西申．申生子國寧、及武城尹公孫朝．左傳昭二十六年哀十六年十七年十八年集解．

魯陽氏

平王生子期．結．結生魯陽文子寬及平．韋昭國語注．高誘淮南子覽冥訓注．左傳定四年哀十六年集解．

案西氏魯陽氏皆見潛夫論．楚以令尹司馬左尹右尹左司馬右司馬爲卿．皆書於經．令尹則文王時有彭仲爽．見哀十七年傳．他若襄三年傳公子士夫子辛亦爲令尹．司馬則宣十一年傳公子側子反．襄三年傳公子忌．二十二年傳公子齮．昭十七年傳公子魴子魚．左尹則昭十八年傳王子勝．二十七年傳郤宛．右尹則襄十五年傳公子罷．成十九年傳子革．二十七年傳申鮮虞．左司馬則文十年傳文之無畏．襄十五年傳公子成．哀四年傳左司馬販．右司馬則文十年傳期思公復遂．襄二年傳公子申．十五年傳公子橐師．昭三十一年傳右司馬稽．其世系氏族皆無考．惟子革出自鄭．郤宛出自晉．可知其先亦不再傳．要惟司姓爲盛耳．

鄭

公父氏

武公生共叔段．段生公孫滑．公父定叔者、段之孫．左傳隱元年莊十六年集解．

子人氏

莊公生子人語．其後有子人九．左傳桓十四年集解．僖二十八年正義．

子良氏

穆公生子良去疾。去疾生子耳輒。輒生伯有霄。霄生止。杜氏世族譜。左傳宣四年襄八年十一年昭六年集解。

子軒氏鄧名世姓氏書辯證六止。

鄭穆公子喜字子罕、生子展舍之。舍之生子皮虎。同上。及罕魋。虎生子齹嬰齊。嬰齊生子姚達。左傳昭六年十五年定九年集解。案古軒罕同音。左氏昭元年經罕虎。公羊作軒虎。世本多古字古音。故亦作子軒氏也。罕昭。國語注云罕虎子罕之孫子展之子子皮。與世本同。子罕謚成子。子展謚桓子。見世族譜。子姚又字〔校注「字」原本誤作「謚」。〕子賸謚武子。見哀九年傳解。

子駟氏

穆公生子駟騑武子。騑生子西夏襄子。夏生子上帶定子。世族譜。及左氏成十年襄九年十年十五年三十年傳集解。

子游偃、子瑕乞、獻子並〔校注「並」原本作「益」。據左傳正義改。〕公孫夏之子。正傳昭十九年正義。偃生絲。乞生子然。獻莊子。獻生子般宏思子。左氏昭十九年傳。昭十九年定八年哀二年傳集解。世族譜。

案韋注國語云：騑鄭穆公之子子騑也。駟作騑。小異耳。杜以偃爲帶子。不與世本同。故正義引世本以證之。

子國氏姓氏書辯證六止。

鄭穆公生子國發惠子。發生子產僑簡成子。僑生子思參桓子。參生子玉珍。珍生子樂卑顯莊子。同上。據世族譜左傳集解補正。

案子產之謚不見左傳。惟國語稱爲公孫成子。韋注云：公孫成子子產之謚。鄭穆公孫子國之子也。與世本同。世本又稱爲簡成子。則非止一謚也。

子孔氏

穆公生子孔嘉。嘉生公孫洩。洩生子張申。左傳襄八年昭六年十六年集解。世族譜。據世族譜以孔張爲洩弟。與杜氏集解異。今從集解。

子游氏

穆公生子游偃宣子。偃生子蟜蠆桓子。蠆生子明販昭子。及子太叔吉。販生良吉生子寬速。左傳氏成三年襄八年九年二十二年二十四年定六年集解。世族譜。

子豐氏

穆公生子豐平。平生伯石段。景伯段生子旗施。左傳襄七年二十六年昭六年十五年集解。世族譜。

案豐氏尚有豐卷字子張。見襄三十年傳。系無考。

子印氏

穆公生子印倫悼子。倫生子張黑肱。黑肱生子石段。獻子段生子柳癸。左氏成十三年宣十四年襄二十二年昭十五年傳集解。世族譜。

案印氏尚有印堇父。見襄二十六年。非卿。系亦無考。以上諸侯皆本左傳襄二十二年集解爲次。鄭卿之見經傳者。隱元年有祭足。五年有公子元原繁洩駕。七年有宛。桓十六年有高渠彌。莊十六年有叔詹。閔二年有高克。僖七年有堵叔師叔。二十四年有石甲父侯宣多。文十三年有公子歸生子家。系皆無考。

世本卷七上

江都秦嘉謨輯補

氏姓篇 史記秦本紀集解。左傳隱十一年正義。皆引氏姓篇。而其義例。則世本篇言姓則在上。言氏則在下二語。足以括之。蓋姓統于氏。氏繫于姓。旁行斜上。統繫秩然。即世本之譜法也。其所云上者。則一姓之左。備列諸國書。書引世本。如任姓謝章薛呂舒祝終泉畢過之類是。其所云下者。則諸國之下。羅列衆氏。諸書引世本。如子襄氏齊桓公子子襄之後之類是也。其有散引者。如荀賈皆姬姓。向姜姓。徐奄皆嬴姓之類。則引者單舉一二國。非其全文。可以世本任姓偃姓子姓之例。校而知之。今因其義例。搜采原文。闕者補以春秋内外經傳注。史記世族譜。諸書。而唐宋以前經傳之注。有可據者。類錄之。氏姓之書。亦備列焉。原文則大書。所補則分行旁綴。以從前例。仍各分注所引書目於下方。以免臆度之誚。枝分條繫。寧存無棄。冀以備三代姓氏之源流焉。每國之氏。以所出之諸公爲次。姓可考而國不可考者。則列于本姓之下。氏可考而姓不可考者。則列於諸姓之後。輯爲氏姓篇卷七。

篇言姓則在上。言氏則在下。史記五帝本紀集解。史記高祖本紀索隱。一切經音義妙法蓮華經六卷。路史後紀十二。

風姓。太皞伏羲氏後。左氏僖二十一年傳。杜氏集解。

伏氏。伏羲之後。與任宿須句顓臾同祖。路史後紀一注引宓子賤碑。姓纂一屋。

戲氏。虙戲氏之後子孫氏焉。廣韻五支。姓纂

案伏宓虙古音同。故伏羲史記作虙戲。一作宓戲。今惟以伏著氏。

希氏。出於伏羲。路史後紀二注引姓書。

東方氏。伏羲氏之後。帝出於震。以主東方。子孫因氏焉。通志氏族略四引應劭風俗通。姓纂一東引同。

巫氏。伏羲之後。伏羲作卦。始有筮。其後裔巫咸善占筮。路史後紀一注引古史考。

任。右同。

宿。右同。

須句。右同。

顓臾。右同。

姜姓。炎帝神農氏後。水經陰溝水注。左傳昭十七年正義引炎帝神農氏五字。水經渭水注及太平御覽五十九。皆引作炎帝姜姓。按陰溝水注本無神農氏三字。據左氏正義所引補入。

咸氏。巫咸之後。姓氏急就篇上引何承天姓苑。

仍氏。本國名。夏后緡有仍氏女。又有仍叔。世爲周大夫。詩序。姓氏急就篇上引姓苑。

案古仍任通用。左傳仍叔。穀梁作任叔。續漢書郡國志任城本任國。當卽古仍國耳。

宿氏。風姓國。後以國爲氏。姓纂一屋。及姓氏急就篇下。並引風俗通。

須氏。太昊之裔。須句國之後。廣韻姓纂十虞。姓氏急就篇下。並引風俗通。

臾氏。顓臾、風姓之後。晉大夫臾駢。姓纂十虞。

蒙氏。東蒙主。以蒙山爲氏。姓纂一東。

姜氏。炎帝生於姜水。因氏焉。姓纂十陽。

列氏。古帝王烈山氏之後。子孫氏焉。鄭有隱者列禦寇。姓纂十七薛。

按鄭氏禮記注云。厲山氏。炎帝也。起于厲山。或曰烈山氏。同聲之轉。

列禦氏。鄭穆公時列禦寇之後。同右。

山氏。列山氏之後。姓纂二十八山引風俗通。

縉雲氏。姜姓也。炎帝之苗裔。當黃帝時。在縉雲之官。史記五帝本紀集解賈逵說。

三烏氏。炎帝之後。侯國、氏焉。姓纂二十三談。

許。水經陰溝水注。

封氏。炎帝之後。封鉅爲黃帝師。胙土命氏。夏封父侯國君也。今封邱是。廣韻三鍾　姓纂同。唐書世系表。

封父氏。鄭大夫封父彌眞。路史後紀四注。

神氏。神農之後。姓氏急就篇上引風俗通。

農氏。神農之後。廣韻二冬引風俗通。

共氏。共工氏後。四岳同姓。周語韋注。廣韻一東。

洪氏。共工氏之後。本姓共氏。後改爲洪氏。廣韻同上。

后氏。出自共工氏之子曰句龍、爲后土。自三代以來爲社神。子孫以后爲氏。

公幹氏。神農之後。有公幹仕齊爲大夫。其後氏焉。廣韻同上。姓氏書辯證四十五厚。

章仇氏。四岳之胄。漢書古今人表。姓氏急就篇下。

許氏。炎帝太嶽之允。甫侯所封。周文王封其裔孫文叔於許。其後因封爲氏。說文解字。廣韻八語。姓纂同。急就章注。

甫氏。甫侯之後。廣韻同上。姓氏急就篇上引風俗通。

州。同右。左傳桓五年正義引。

向。同右。左傳引二年正義引作向。姜姓。

申。同右。俗本水經注譌作許州向中。今據左傳校正。

逢。韋昭國語注云。太姜之祖有逢伯陵。逢公伯陵之後。太姜之姪。殷之諸侯。封於齊地。

呂。亦見韋昭周語注。

齊。據世本世家文補。

州氏。姜姓之後。小司馬補三皇紀。

淳于氏。春秋時之小國也。春秋魯桓公五年不復其國。子孫以國爲氏。急就章注。

案春秋桓五年經。州公如曹。傳作淳于。杜解淳于州國所都。及姓纂十八諄〔校注　原本空三格。據姓纂補「十八諄」三字。〕引風俗通。

向氏。國名。本姜姓也。其後以國爲氏。急就章注。

申氏。四嶽之後。封於申。號申伯。周宣王之舅也。姓纂十七眞。

申屠氏。周幽王后申氏兄申侯之後。支孫居安定屠原。因以爲氏。同右。

謝氏。炎帝之胤。申伯以周宣王舅受封於謝。今謝城是也。姓纂四十禡。

逢氏。逢公伯陵之後。子孫氏焉。齊大夫有逢丑父。韋昭周語注。姓纂四江。

呂氏。太嶽爲禹心膂之臣。虞夏之際。故封呂侯。後爲氏。廣韻八語。姓纂同。

案淮南氾論訓。使呂氏絕祀。而陳氏有後。高注曰。太公氏呂。史記齊太公世家。亦稱呂尙。索隱亦引譙周曰。太公姓姜名牙。炎帝之裔。伯夷之後。掌四嶽有功。封之於呂。子孫因封爲氏。則太公蓋呂氏也。

齊氏。炎帝之後。太公望子牙封營邱爲齊國。子孫氏焉。姓纂十二齊。

太公氏。有太公叔穎。廣韻一東。

案此蓋以號爲氏。莊子有太公任。太公調。嵇康高士傳。亦有太公任。陳人。御覽九百三十五卷中引符子有太公涓。疑皆其後。

邱氏。齊太公封于營邱。支孫以地〔校注　「地」原本誤作「池」。據廣韻改。〕爲氏。廣韻十八尤引風俗通。

尙氏。呂望爲周太師。號尙父。其後以爲氏。急就章注。

望氏。齊太公望之後。氏族略四引風俗通。

井氏。姜子牙之後。周有井利、井伯。廣韻四十靜。

案井利見穆天子傳。呂覽愼人篇曰。百里奚之未遇。將亡虢而虜晉。高注曰虢當爲虞。百里奚虞臣也。傳云。伐虞獲其大夫井伯以媵秦穆姬。據誘所言。則百里奚卽井伯也。

百里氏。百里奚、卽井伯。楚國人。少仕于虞爲大夫。家于百里。因氏焉。其子百里孟明視。氏族略三引風俗通。章昭國語注。世族譜。世說一注引張方楚國先賢傳。

明氏。出孟明。以名爲氏。南史明僧紹傳。

西乞氏。秦將軍百里術、字西乞。其孫以王父字爲氏。姓纂十二齊。

將具〔校注　原本誤作「將其」。據氏族略改。〕氏。齊太公子將具之後。

氏族略四。

駱氏。齊太公後有公子駱，以王父字爲氏。姓纂十九鐸。

國氏。齊太公之後，代爲上卿。潛夫論。廣韻二十五德。姓纂同。

丁氏。齊太公子伋，諡丁公，因以命族。廣韻十五青〔校注：原本誤作「十五脊」，據廣韻改。〕姓纂同。

丁若氏。齊丁公子懿伯食采於若，因以爲氏。氏族略四引風俗通。

崔氏。齊丁公伋生叔乙，食采於崔，因氏焉。左傳襄二十四年集解。廣韻、姓纂十五灰。唐書世系表。

癸氏。齊癸公之後。氏族略四。姓氏篇下。同引姓苑。

樂利氏。齊胡公支子爲樂利氏。姓纂四覺。

厲氏。齊厲公之後。氏族略四引風俗通。

高氏。齊文公生子高孫傒，爲齊上卿，以王父字爲氏。潛夫論。姓纂六豪。〔校注：原本誤作「十一模」，據姓纂改。〕唐書世系表。

高堂氏。齊卿高敬仲食采於高堂，因氏焉。氏族略三引風俗通。姓纂六豪。

盧氏。齊公族高傒食采於盧，因姓盧氏。潛夫論。廣韻、姓纂十一模。唐書〔校注：「唐書」原本誤作「廣」。〕世系表。

柴氏。高恭仲傒裔孫柴爲孔子弟子，後世以柴爲氏。姓氏書辯證十三佳。

隰氏。齊莊公子廖事桓公封於隰陰。爲大夫。以爲氏。韋昭國語注。氏族略三。

案隰之所在，左氏昭二十七年傳，陳成子召顏涿聚之子晉曰，隰之役而父死焉。哀十年傳解，犂一名隰。濟南有隰陰縣。二十三年傳解又云犂丘隰也。蓋以采地爲氏。古今人表有隰師彌。未知即其後否。

東宮氏。齊東宮得臣之後。姓氏急就篇下。

士氏。齊公族有士華免士尉。潛夫論一。左傳成十八年集解。士尉見呂覽知士篇。

強氏。齊公族。潛夫論。

案左傳鄭有强鉏，未知即其後否。漢有彊華，見東觀漢記。强彊音同。

仲孫氏。僖公母弟夷仲年之後有仲孫湫。左傳隱七年閔元年昭四年集解。

齊季氏。有魯大夫齊季窺。昔齊襄公子季奔于楚。楚遂號爲齊季氏。姓纂十二齊。廣韻六至引同。無襄字。氏族略四引同。無昔字以下。

子襄氏。齊桓公子子襄之後。姓氏書辯證六止。

東郭氏。齊公族桓公之後也。齊有大夫東郭偃東郭賈。潛夫論。左傳襄二十四年集解。姓纂一東。

案呂覽勿躬論有東郭牙，即桓公臣。又有〔校注「有」原本誤作「見」。〕東郭蹇，見不苟論，亦與牙同時，當非其族。

大陸氏。有大陸子方。即東郭賈。史記齊世家集解引服虔說。左傳哀十四年解。姓氏篇下。

移氏。齊公子雍食采於移。其後氏焉。姓氏篇上引風俗通。

桓氏。齊桓公後也。桓公作伯。支庶用其諡立族命氏。後漢書桓榮傳注引東觀記，廣韻十六桓。姓纂同。

慶氏。桓公之子無虧之後。無虧生慶克。亦謂之慶父。以字爲氏。潛夫論。廣韻三十八箇。姓纂同。氏族略三。

案後漢書及廣韻，皆云，後漢侍中慶純，避安帝諱，改爲賀氏，則今之賀氏，皆慶氏也。

麻氏。齊大夫麻嬰之後。氏族略四引風俗通。

案古者以同姓大夫爲尸。見晉語董伯爲尸注。則麻氏蓋齊同姓也。

孝氏。齊孝公支孫以諡爲氏。姓纂二十六效。

懿氏。本齊懿公之後。氏族略四。路史國名紀七。並引風俗通。

欒氏。齊惠公子公子欒堅之後。呂覽愼行論注。左傳襄二十八年集解。左傳襄正義。

子雅氏。齊惠公之孫公子欒堅之子公孫竈子雅之後。潛夫論。呂覽注同上，左傳襄三十年集解。姓纂六止引英賢傳。

公旗氏。齊卿公孫竈之子欒施字子旗。後以王父字爲氏。齊威王時有左執法公旗藩。姓氏書辯證一東。據氏族略三引風俗通補上。

高氏。齊惠公子公子高祈之後。呂覽慎行論注。左傳襄二十八年解。正義。

子尾氏。齊惠公生子高祈。祈生公孫蠆子尾之後。潛夫論上。呂覽注同。姓纂六止。

子淵氏。齊頃公之子公孫湫字子淵之後也。氏族略三。引作齊頃公生子泉湫。姓氏書辯證六止。因氏。有齊大夫淵湫。〔校注　「湫」原本誤作「烏」。據廣韻改。〕廣韻一先。

案昭八年左氏傳子車捷。杜氏云頃公之孫捷也。昭十年傳作公孫捷。二十六年傳又作子淵捷。實即一人。子車其字。子淵其氏。當即子淵之子也。通志及姓氏書皆引作子泉。避唐諱相沿未改。今據廣韻所引校正。子淵子乾二氏。以潛夫論爲次。

子乾氏。齊頃公子都字子乾之後以王父字爲氏。春秋時有子乾晳。姓氏書辯證六止。

氏族略三引同。齊字下作公子都字子乾之後也。

案姓氏書所引無都字。二字據氏族略所引增入。

子工氏。齊頃公子子工之後。姓纂六止。氏族略三引同。公字下多之子公三字。姓氏書辯證六止引作子公。

子夏氏。齊頃公生子夏勝。勝生子石青。左傳昭二十年正義。據氏族略三補正。〔校注　案氏族略所引爲陳之子夏氏。非齊之子夏氏。作者蓋誤。〕

雍門氏。齊頃公生子夏勝。以所居爲雍門氏。姓氏書辯證三用。

案淮南子覽冥訓有雍門周。高注雍門齊西門也。居近之。因以爲氏。

閭邱本邾地，爲齊所并，往時閭邱氏食邑於此，故以名氏。閭邱嬰之後也。氏族略三。

閭邱產生嬰，嬰生歐，歐生莖，莖生施。姓纂九魚。

案氏族略雖未明引世本，然于此條下卽云釋例公子譜皆略，惟世本詳焉，則此皆世本文。閭邱氏見公子譜，則是齊同姓。

盧蒲氏，齊有大夫盧蒲就及癸。廣韻十一模。

案左氏襄二十八年傳，癸臣子之有寵，妻之。慶舍之士〔校注「士」原本誤作「子」，據左傳改。〕謂癸曰：男女辨姓，子不辟宗，何也。則盧蒲氏蓋姜姓也。

靈氏，齊靈公之後。廣韻十五青引風俗通。

臼季氏，齊公子臼季之後，魯有臼季宣孟。姓纂四十四有。

晏氏，齊有晏弱生嬰，本齊之公族也。姓纂三十諫，急就章注。

平氏，齊相晏平仲之後。廣韻十二庚。

左氏，齊公族有左右公子，因以氏焉。晉書文苑左思傳，姓纂二十三笴。

虞邱氏，齊采邑。路史國名紀二。

梁邱氏，齊采邑。同右。

案晉大夫有虞邱書，見左氏襄十六年傳，未知卽出自齊否。齊臣梁丘據，見昭二十年傳，字子猶。

余邱氏，齊公族食采余邱，因氏焉。路史後紀四注引風俗通，姓纂九魚。

景氏。齊景公之後。廣韻二十八梗。

翰公氏。齊公族。潛夫論。

公牽氏。齊公子成之後。廣韻一東。姓氏書辯證一東。引作公子牽之後有公牽氏。

公紀氏。廣韻同上。齊公族。據廣韻補。〔校注　「齊公族」三字原本作注旁寫，疑誤。又案古逸叢書影宋本廣韻一東公字注下，無「齊公族」三字。作者或據別本。〕

車門氏。齊臨淄大夫車門蘧。廣韻二十三霰。廣韻九麻引同。車門蘧作車蘧氏。姓氏書辯證九麻引亦同。

公牛氏。有公牛哀。齊公子牛之後。廣韻一東。

唐孫氏。齊大夫長孫修食邑于唐。其孫仕晉。後爲唐孫氏。廣韻二十三霰。

古蒲氏。姜姓。廣韻十一模。〔校注　此下有闕文。〕

盧胥氏。姜姓。同右。

善弋氏。姜姓。同右。

檀氏。齊公族有食瑕邱檀城。因以爲氏。氏族略三引風俗通。

卽氏。其先食采卽墨。因以名氏。姓纂二十四職引風俗通。

紀。左傳隱元年正義引杜氏族譜。

萊。

薄〔校注「薄」原本誤作「簿」。據潛夫論姓纂改下同〕

焦。同右。潛夫論。小司馬補三皇紀。校正。俱誤作甘據廣韻史記封神農之後于焦。即此。

戲。同右。

露。同右。

怡。同右。

暢氏。出姜姓。齊後。姓氏書辯證四十一漾引同上。

尹文氏。齊有尹文子。著書五篇。氏族略四。

紀氏。姜姓。炎帝之後。封紀。爲齊所滅。以國爲氏。姓纂六止。

鄿氏。國名。晉有鄿魁壘。同右。姓氏急就篇下。

萊氏。國名。晉有萊駒。齊有萊章。魯有萊書。姓氏急就篇下。

薄氏。衞有賢人薄疑。姓纂十九鐸引風俗通。

焦氏。周武王封神農之後於焦。後以國爲氏。廣韻四宵。急就章注。

露氏。夏殷侯國也。子孫以國爲氏焉。廣韻十一暮。案國語有魯大夫露睹父。

怡氏。姜姓之後。禹有天下。封怡以紹烈山。是爲墨台。成湯封之離支。是爲孤厲。左氏僖十五年經集解。續漢書郡國志注引帝王世紀。

姬姓。夏竦古文四聲韻引作姬。今从楷。黃帝軒轅氏後。據國語補。

竹。路史後紀四注引莊子古注。姓氏急就篇下。

墨氏。孤竹君後本姓墨胎。避難改爲墨氏。姓氏書辯證二十四職。

墨台氏。伯夷叔齊父孤竹君之氏也。孤竹君名初字子朝。生伯夷名允字公信。叔齊名致字公達。史記伯夷列傳索隱引應劭說。皇侃論語疏。小司馬補三皇紀。

案默台即墨台。古默墨同音。北周書怡峯傳。怡氏本姓墨台。避難改焉。則怡氏與墨台氏本通。避難而改。亦從其初氏也。

竹氏本姜姓。封爲孤竹君。至伯夷叔齊以竹爲氏。廣韻一屋。

厲氏國名。神農生於厲鄉。所謂烈山氏也。春秋時爲厲國。姓氏急就篇下引風俗通。史記五帝本紀正義引括地志。

賴氏國名。以國爲氏。姓氏急就篇下引風俗通。

案厲賴古音同。蓋即一國。左傳昭四年楚滅賴。公羊穀梁傳皆作厲。

公孫氏。黃帝氏公孫。子孫因氏焉。姓纂一東。

有熊氏之後爲詹葛氏。姓纂九魚。氏族略四。宋景公時有詹葛祈爲大夫。氏族略同。

橋氏。黃帝子孫不在十二姓者以爲氏。蔡邕集橋仁碑。〔校注〕案蔡集。橋公名玄。其高祖名仁。作者誤引。〕

案漢以後橋氏皆去木爲氏。諸史傳可考也。古音同。

矯氏。晉大夫矯矢之後。（姓纂三十小。案史記孔子弟子列傳索隱，橋矯同。）

囂氏。玄囂之後。（氏族略四引世本。路史後紀十注，亦云，囂氏見世本。）

虔氏。祖於黃帝。（姓氏急就篇上引陳留風俗傳。）

傅氏。出姬姓。黃帝裔孫大由封傅邑。傅說其後也。（唐書宰相世系表。）

常壽氏。有熊氏之後。越大夫有常壽過。（姓纂十陽引英賢傳。）

資氏。黃帝之後。食采益州資中。因以爲氏。（姓氏急就篇上引風俗通。姓纂六脂。）

仲氏。高辛氏子仲堪仲熊後。（姓纂一送。）

堪氏。八元仲堪之後。（姓氏急就篇上引風俗通。）

虎氏。八元伯虎之後。（同右。）

豹氏。八元叔豹之後。（同右。）

冉氏。高辛氏之後。（姓纂五十琰。）

周氏。帝嚳生后稷。至太王邑于周。文王以國爲氏。（潛夫論。姓纂十八尤。）

稷氏。后稷之後。子孫氏焉。（姓纂二十四職引姓苑。）

周。（左傳。國語。史記。潛夫論。）

鞠氏。后稷生不窋。不窋子生而有文在手曰鞠。支孫氏焉。姓纂一屋。

公劉氏。后稷後公劉之後。廣韻一東引姓苑。

古氏。周太王去邠適岐。〔校注　原本脱「岐」字。據廣韻補。〕稱古公。其後氏焉。晉平公時有周人古乘。廣韻九麌引風俗通。〔校注　案廣韻，原注亦未引風俗通義，作者誤引。〕古字在十姥。姓纂十姥。急就篇上，姓氏

文氏。周文王支孫以謚爲氏。姓纂二十文引風俗通。

岑氏。古岑子國之後。周文王異母弟耀子渠。武王封爲岑子。其地梁國岑亭是也。子孫以國爲氏。姓纂二十一侵及氏族略三引呂氏春秋。姓氏急就篇上引風俗通。

案今呂覽無此言，而二書引之，則是呂覽亦有佚文也。

狄氏。周文王封少子於狄城。因氏焉。魯大夫狄虒彌。姓纂二十三錫。

尹氏。周王族。尹佚爲周太史。潛夫論，章昭晉語注。

史氏。周史佚之後。子孫以官爲氏。姓纂六止，唐書世系表。

案史佚即尹逸，又作尹佚，見晉語文王訪于辛尹注。淮南鴻烈及説苑文王問政于尹佚，即其人。潛夫論以尹氏爲周族，必有所本也。

關氏。關令尹喜之後。姓纂二十七刪引風俗通。

案關令官名，尹喜人名，故隋志有關令內傳，史記老子列傳索隱引李尤函谷關銘曰：「尹喜要老子作二篇。」〔校注 原本作「二十篇」，據史記索隱改。〕崔浩云：「尹喜爲散關令。」

單氏，周成王封少子臻于單邑，爲甸內侯，因氏焉。廣韻二十八獮，姓纂二十四痕。

靖氏，單靖公之後。氏族略四引風俗通。

彤氏，彤伯，周同姓，爲氏，成王宗伯。廣韻二冬。〔校注 原本誤作「一東」，據廣韻改。〕姓纂同。

閻氏，周太王之後，武王封太伯曾孫仲奕於閻鄉，因氏焉。姓纂二十四鹽，唐書世系表。

管氏，出自周穆王，管嚴仲之子敬仲夷吾相齊，世任齊國。韋昭齊語注，左傳僖十一年正義引世族譜。

案姓纂諸書皆以管仲爲管蔡之後，皆誤，當以世族譜言爲定。

禽氏，出自齊管夷吾之孫，在魯別爲禽氏，管于奚之子禽鄭是也。世族譜，姓氏書辯證引英賢傳。

陰氏，管仲七世孫修自齊適楚，爲陰大夫，因氏焉。後漢書陰識傳，姓纂二十一侵引風俗通。

王史氏，周共王生圉，圉曾孫滿生簡，簡生業，業生宰，世傳史職，因氏焉。氏族略四。

宣氏。周宣王中興。國人美其德。故支魚以爲氏焉。急就章注。

詹氏。周宣王支子賜氏曰詹。封爲詹侯。其後有詹父詹桓伯爲周大夫。秘笈新書引姓纂。

楊氏。本自周宣王子尚父。幽王邑諸楊。號曰楊侯。後并于晉。因爲氏。廣韻十陽。

案左氏襄二十九年傳。霍楊韓魏姬姓也。即此。蓋晉滅楊之後。以賜羊舌氏爲采邑。故叔向之後亦有楊氏。則楊雄傳所言者耳。

謝邱氏。周宣王支子食采謝邱。後氏焉。氏族略三引風俗通。廣韻十八尤。

周氏。其先出自周平王之後。平王子秀別封汝川。人謂之周家。因氏焉。廣韻十八尤。

後漢書周嘉傳注。姓纂同廣韻。姓氏急就篇上。姓

案周嘉傳。嘉父燕曰。我平王之後正公玄孫。其言與傳注謝承書及廣韻姓纂同。蓋周氏有三。太王之後。赧王之後。與此皆姓同氏別也。

武氏。周平王少子。生而有文在手曰武。遂以爲氏。姓纂九麌。

案左傳隱三年武氏子來求賻。五年又有武氏。杜云。周世族大夫。

精縱氏。周平王少子精別封縱邑。因以爲氏。路史國名紀五引英賢傳。姓纂十四清。

王子氏。周大夫王子狐王子成父之後。姓纂十陽。

案左傳隱三年杜解云。王子狐平王子。

富氏。周王族富辰之後。潛夫論。廣韻四十九宥。〔校注「宥」原本誤作「有」。據廣韻改。〕姓纂同。

鞏氏。周王族大夫食采于鞏以爲氏有鞏簡公。潛夫論。姓氏急就篇上。

王叔氏。周釐王子虎王叔文公之後。世爲周卿士周有王叔陳生。〔校注原本脱此句。據姓纂補〕楚恭王時大夫王叔學鄭穆公時王叔明。姓纂十陽。

案杜氏不云王子虎爲何王之子。然謂之王叔。必以其歿時定稱。故僖二十八年傳猶稱王子虎。文三年傳始云王叔文公卒。所云王者。時王也。時當襄王二十八年。則爲釐王之子惠王之弟無疑。故據此增入。姓纂陳〔校注此三字。疑衍文。〕世族譜亦以爲釐王子。

惠氏。周惠王之後。廣韻十二霽。

甘氏。出甘昭公王子帶之後。秦孝王臣甘龍。史記商君列傳索隱。

甘士氏。周卿士甘平公爲王卿士後氏焉。姓纂二十二覃。

甘先氏。甘氏之族。廣韻二十三談。路史後紀十注引姓苑。

甘莊氏。甘氏之族。同右。

叔帶氏。甘氏之族。路史引姓苑同右。

田氏。周王族。潛夫論。

劉氏。周定王母弟王季子之後。食采于劉爲劉氏。公羊宣十年傳。左傳宣十年集解。潛夫論。姓纂十八尤。

儋氏。周靈王弟王儋季之後。儋季生括。括生翩。左傳襄三十年集解。廣韻二十三談。

王氏。周王族。靈王太子晉之後。潛夫論。廣韻十陽。

陽氏。本自周景王封少子于陽樊。後人因邑命氏。廣韻十陽。

晁氏。周景王子朝之後。史記周本紀集解引皇覽。

案朝與晁古音通。左傳王子朝。漢書古今人表作王子鼂。史記鼂錯。隋志作朝錯。晁乃鼂之俗字耳。

廖氏。周王子伯廖之後。廣韻四十九宥。

王孫氏。衛有王孫賈。出自周頃王之後。廣韻二十三魂。其後有王孫綽。淮南覽冥訓注。

賈孫氏。王孫賈之子自以去王室久遠。改爲賈孫氏。廣韻同上。

案左氏哀二十六年傳有王孫齊。杜云。衛大夫王孫賈之子昭子也。

黨氏。周公族。左氏定七年傳。氏族略四引周氏族譜。

萇氏。周同族。有萇宏爲周大夫。潛夫論。左傳昭十一年集解。

西周氏。周末分爲東西二周。武公庶子以西周爲氏。廣韻十二齊。

周氏。本姬姓。赧王之後。姓纂十八尤。

管氏。周文王子管叔之後。以國命氏。急就章注。姓纂二十四緩。

管。左氏僖二十四年傳。

蔡。同右。

郕。同右。又作盛。案郕或作成。左氏莊八年經圍郕。公羊作成。傳云成者何。盛也。穆天子傳亦作盛柏。

霍。同右。

魯。依世本世家文補。案史記管蔡世家。詳晉武王同母弟十叔之敍。魯在管叔

蔡氏。周蔡叔之後。以國爲氏。蔡邕集祖攜碑〔校注案蔡集有蔡朗碑。無祖攜碑。或作者別有所據。〕廣韻十四泰急就章注姓纂十四泰〔校注「泰」原本誤作「蔡」。據姓纂改。〕

蔡仲氏。蔡仲胡之後。趙將有蔡仲其。姓纂同上。

朝氏。蔡文侯申生子朝子朝生聲子歸歸生吳以字爲氏。姓氏書四宵。〔校注「宵」原本誤作「蛸」。據姓氏書辯證改。〕

成氏。本自周文王子成伯之後。廣韻十四清。

盛氏。周同姓國也。爲齊所降。子孫氏焉。姓纂四十五勁〔校注「勁」原本作「映」。據姓纂改。〕

郕氏。周文王子所封。以國爲氏。姓氏急就篇下引姓苑。

痛氏。本盛國之後。周穆王嬖寵盛姬蚤死。哀痛不已。加禮葬之。遂改其族爲痛氏。急就章注。

肅氏。周文王子郕叔之後成肅公以謚爲氏。姓纂一屋。

霍氏。周文王第六子霍叔之後。子孫以國爲氏。廣韻十九鐸。姓纂同。

魯氏。伯禽之後。以國爲氏。廣韻九麌。急就章注。

梁其氏。魯伯禽庶子梁其之後。其後有梁其踁。氏族略四引英賢傳。廣韻十陽。姓纂同。廣

之下，次居第四，然富辰言文王之子管蔡郕霍，下始數魯衛，當必有本，今從左傳。

東野氏，魯有東野稷。姓氏急就篇下。

案今據東野氏譜，立周公之後爲五經博士，亦云出自伯禽，則東野氏乃魯後也。東野稷莊子作畢。

顏氏出自伯禽支庶食采顏邑者因氏焉。氏族略三引王儉百家集譜。廣韻二十七删。姓纂同。

案日知錄云，左傳襄十九年齊侯娶於魯，曰顏懿姬，則顏爲魯族審矣。杜解亦云顏鬷二姬母姓。

鬷氏，魯同姓。左傳襄十九年集解。

郎氏，魯懿公孫費伯帥師成郎，因居之，子孫氏焉。姓氏書辯證十一唐。

展氏，魯孝公子子展之後。孫無駭生展禽，展喜其後有展莊叔。左傳隱八年集解。廣韻二十八獮。姓纂同。

柳氏，展禽食采於柳下，因爲氏。廣韻四十四有。姓纂同。急就章注。唐書世系表。

乙氏，魯展喜亦曰乙喜，其後爲氏。漢乙瑛碑。潛夫論。廣韻五質。

臧氏，臧僖伯彄，孝公之子。左傳隱五年正義。食采於臧，因氏焉。廣韻十一唐。姓纂同。

臧文氏，魯臧文仲後氏焉。姓纂同右。

武仲氏，臧武仲之後。姓纂九麌。

臧會氏，臧頃伯會之後，別爲臧會氏。姓纂十一唐。

厚氏。孝公生惠伯革。其後爲厚氏。禮記檀弓正義。史記魯世家索隱引作魯孝公之後稱厚氏。史記集解徐廣曰。郈氏一本作厚。世本亦然。惠伯曾孫青生敬子國。國生成叔痔。痔生昭伯亞。索隱同上。據鄭氏禮記檀弓注。高誘呂覽召類篇注。韋昭魯語注。左傳襄十四年集解世族譜補正。案厚氏左傳襄十四年作厚。昭二十五年傳及國語史記皆作郈。禮記檀弓又作后。蓋厚郈后古音同。惠伯名革。鄭注作鞏。敬子國韋注作敬伯同。或傳聞異詞。或傳寫之訛耳。潛夫論亦作后氏。

衆氏。魯公子益師字衆父之後。左傳隱元年集解。潛夫論。唐韻一送。姓纂同。

施氏。魯惠公之子公子尾字施父。其子因以爲氏。施伯魯惠公孫。北宋本史記魯世家正義。據氏族略三補正。案韋昭國語注云。施伯魯惠公之孫。施父之子。與世本及氏族略同。

少施氏。魯惠公子施父之後。支孫爲少施氏。姓氏辯證書三十五笑。氏族略三引同。無下六字。

隱氏。魯隱公之後。姓氏急就篇下。路史後紀十注引三國志注。案吳志有隱蕃。見吳胡綜傳。注無此文。則今本脫去也。

仲氏。魯桓公子慶父子孫號仲氏。廣韻一送。

孟氏。魯桓公子慶父之後爲三桓之孟。因氏焉。孟子卽其後也。孟敬子生滕伯。伯生廖。廖生軻。潛夫論。廣韻四十三映。姓纂同。急就章注。姓氏急就篇上。

仲孫氏。魯慶父子孫號仲孫氏。潛夫論。世族譜。廣韻一送。

慶父氏。魯大夫慶父之後有慶父藉爲楚工正。姓氏書四十三映。氏族略四引同。魯誤作楚。

惠叔氏。孟惠叔難後爲氏。姓氏書辯證十二霽。

子服氏。獻子蔑生孝伯它孝伯生惠伯椒惠伯生昭伯回昭伯生景伯何。禮記檀弓疏六。檀弓疏十又引云子服惠伯是桓公六〔校注　原本世上脱「六」字，據檀弓疏補。〕世孫。據韋昭魯語注及左傳昭十五年集解補。案韋注，仲孫它魯孟獻子之子子服它。又云，惠伯仲孫佗之子子服椒。又云惠伯之孫昭伯之子子服何。皆與世本合。可知未賜氏以前，仍稱仲孫氏。自椒始稱子服氏也。

公山氏。魯公族後有公山不狃。潛夫論。左傳定五年集解。案王符敍魯公族，以公山氏次子服氏下，南宮氏上，則孟氏支子也。

南宮氏。孟僖子生閱號南宮敬叔生路路生會會生度爲南宮氏。姓纂二十二覃。禮記檀弓正義引作仲孫獲生南宮縚。邢昺論語疏引作仲孫玃生南宮縚。

叔孫氏。魯桓公子叔牙生茲號叔孫亦爲氏。姓纂一屋。

叔仲氏。桓公生僖叔牙叔牙生武仲仲休生惠伯彭彭生皮爲叔仲氏。禮記檀弓正義十。案姓纂一屋引東觀漢記云，叔仲彭生帶，帶生仲叔仲職及寅，代爲魯大夫，仲叔等三人不見于左傳。

子我氏。魯叔孫成子生申爲子我氏。衛大夫有子我羽人。潛夫論·姓纂六止。

案姓纂魯誤作曹，蓋傳寫之訛。今據潛夫論子我氏校正。

子士氏。魯叔孫成子生齊季爲子士氏。姓氏辯證書六止。潛夫論誤作子于氏。案

公若氏。叔孫氏之族有公若藐。左傳定十年集解。案廣韻引作公何藐。

季孫氏。行父是季友之孫，故以季孫爲氏。毛詩魯頌駉正義。自行父至季孫彊，並稱季孫氏。氏族略四引春秋世族譜。

費氏。其先季文子有功，封費爲氏。懿公孫費伯城郎時居之。隸釋漢費汎碑。路史後紀十注引同。

案懿公孫費伯，疑是費岑父之先，亦見姓氏書辯證，是魯蓋有兩費氏也。隸釋云：費有兩音，一音蜚，嬴姓，伯益後；一音秘，姬姓，季友後也。

季氏。魯桓公子季友之後。潛夫論·姓纂六至。

案春秋經稱季孫，而傳則皆稱季氏。蓋當時人稱謂從簡故也。或大宗則稱季孫，而支庶皆稱季氏，如季公鳥、季魴侯、季寤之類歟。

夙氏。魯大夫季孫夙之後。廣韻一屋。

公鉏氏。魯季武子子公彌，字公鉏之後。公彌生頃伯，頃伯生隱侯伯，隱侯伯生公鉏極。潛夫論·春秋釋例·左傳襄二十三年定八年集解。程公說春秋分記。

案史記仲尼弟子列傳，有公祖句玆，魯人。疑鉏與祖古音相通。

公思氏。季氏之族，其後有公思展。左傳昭二十五年集解，廣韻一東。

公若氏。季悼子生公若公鳥，公若之後爲公若氏，公亥卽公若。左傳昭二十五年集解，廣韻一東。姓纂六至。

公冶氏。季氏之族季冶之後，其後有公冶長。韋昭國語注，左傳襄二十九年集解，邢昺論語疏。

公父氏。魯季悼子紇生穆伯靖，穆伯生文伯歜，文伯歜生成伯，成伯生頃伯，爲公父氏。姓纂一東。禮記檀弓正義引作悼子紇生穆伯靖，又引云穆伯季悼子之子公甫靖。姓纂引無靖字。

案韋昭國語注云：公父季氏之別也。又云：公父文伯，魯大夫季悼子之孫，公父穆伯之子公父歜。與世本同。父世本亦作甫，古音同。潛夫論亦稱公甫氏。

公之氏。魯季悼子生惠伯鞅，鞅生懿伯柎〔校注「伯柎」原本誤作「拍柎」，據姓纂改〕爲公之氏。魯大夫公之文。廣韻一東。據姓纂一東補。思或作惠。

意如氏。魯季孫意如之後。姓纂七志。

華氏。魯季氏之族公華之後。潛夫論，史記孔子世家。

案史記，季康子使公華公賓公林迎孔子。王符以華氏次公之氏下，則華氏當卽公華後。

公賓氏。魯大夫公賓庚之後。後漢書劉聖公傳注引風俗通，通鑑注漢紀三十一，姓氏急就篇下引同。

子成氏。魯季平子生子成叔彭侯之後。姓氏書辯證六止。（校注「六止」原本誤作「一東」，據姓氏書辯證改。）

子寤氏。季平子生昭伯寤，其後爲子寤氏。（校注「寤」下原本脫「氏」字，據姓氏書辯證補。）同右。

子言氏。季平子生昭伯寤之後。子言季寤字也。潛夫論。左傳定八年集解。姓纂六止。

子革氏。季平子支孫爲子革氏。姓纂六止。姓氏書辯證六止。氏族略三。

子駒氏。魯公族。子駒魯郭門名。潛夫論。史記魯世家集引賈逵左傳解詁。

子雅氏。魯季桓子生武叔竈，爲子雅氏。潛夫論。姓纂六止引英賢傳。

子揚氏。季桓子生穆叔，其後爲子揚氏。姓纂六止。氏族略三。

瑕邱氏。魯桓公庶子食采于瑕邱，因氏焉。氏族略一引風俗通。廣韻十八尤。

案廣韻十陽云：魯之公族有名子陽者，揚與陽同，當即指此氏耳。

丕氏。魯桓公丕之後以王父名爲氏，其後有丕無還。姓纂六脂。（校注原本桓公下衍「子」字。「無」誤作「父」，「脂」誤作「止」，據姓纂校正。）

東門氏。魯莊公子遂居東門，故以爲氏。潛夫論。史記集解引服虔說。左傳僖二十六年集解。

述氏。魯大夫仲述之後。姓氏書辯證六術。氏族略三。

案世本以遂爲述，蓋古文相通。氏族略三引風俗通亦同。

仲氏。魯東門襄仲子仲嬰齊之後。魯逐東門氏。既而又使嬰齊紹其後。曰仲氏。左傳宣十八年杜氏集解。

襄氏。魯莊公子襄仲之後。子孫以謚爲氏。廣韻十陽。

子家氏。東門襄仲子公孫歸父子家之後。有子家羈懿伯。爲莊公玄孫。駒其字也。左傳昭五年集解。荀子大略篇注。姓纂六止。索隱補。

蟜氏。魯莊公族後有蟜固。仲尼弟子有蟜疵。史記仲尼弟子肩子〔校注「肩子」兩字衍。〕列傳。據潛夫論及史記

僖氏。魯僖公之後。氏族略四引風俗通。

公析氏。魯公族。其後有公晳哀。潛夫論。史記仲尼弟子列傳。

公石氏。魯僖公生共叔堅。堅生惠叔。子孫爲公石氏。潛夫論。姓纂一東。

叔氏。魯文公子宣公弟叔肹之後。潛夫論。韋昭國語注。鄭氏禮記檀弓注。左傳宣十六年集解。

公巫氏。魯文公子叔肹曾孫公巫召伯仲之後。潛夫論。世族譜。

弓氏。魯大夫叔弓之後。以王父字爲氏。姓纂一東。

榮氏。魯大夫子叔聲伯之子榮成伯駕鵝之後。韋昭魯語注。潛夫論。左傳襄二十八年集解。

子仲氏。魯宣公子公子慭子仲之後。氏族略三引風俗通。左傳昭十一年集解。

衡氏。魯成公子公衡之後以王父字爲氏。廣韻十二庚。氏族略四。並引風俗通。左傳成二年集解。

汪氏。姬姓。食采於汪。魯有汪踦。姓氏急就篇下。

案今汪氏譜，以爲出自成公。未知何本。

公襄氏。魯大夫公襄昭。魯襄公太子子野之後。姓氏書辯證一東。

案廣韻一東，亦載此條，知陸氏所言氏姓，亦半出于世本，即此可見。

公氏。魯昭公子公衍公爲之後。姓纂一東。

公爲氏。魯昭公子公爲之後。魯士官公爲珍。廣韻一東引姓苑。

奇氏。魯昭公子奇之後。姓纂五支。

公歛氏。魯同姓。有公歛陽。廣韻一東。左傳定七年集解。

子孟氏。魯公子孟之後。齊簡公時子孟卿爲大夫。姓纂六止引英賢傳。

哀氏。魯哀公之後因謚爲氏。路史後紀十注。姓氏急就篇上。並引風俗通。

公孫有山氏。即有陘氏。左傳哀二十七年集解。〔校注〕哀「二十七」年，原本誤作「十年二十六年」，據左傳改。〕

衛。據世本世家文補。

符氏。魯頃公之孫公雅仕秦爲符璽令因而氏焉。廣韻十虞。姓纂同。

公儀氏。魯同姓。其後有公儀休。鄭氏禮記檀弓注。廣韻一東。

公甲氏。魯同姓。其後有公甲叔子。左氏哀八年傳。廣韻同上。

公罔氏。魯同姓。其後有公罔之裘。禮記檀弓。廣韻同上。

公明氏。魯同姓。其後有公明儀。同上。

公輸氏。魯同姓。其後有公輸若。同右。

公索氏。魯同姓。家語。廣韻同上。

公愼氏。魯同姓。家語。廣韻同上。

公伯氏。魯同姓。其後有公伯寮。論語。廣韻同右。

蕃氏。其先出自魯大夫食采于蕃因以爲氏。姓纂五支。

衛氏。周文王子衛康叔之後。其後因國爲氏。廣韻十三祭。姓纂同。急就章注。

寇氏。衛康叔爲周司寇支孫以官爲氏。姓纂五十候。

監氏。衛康叔爲連屬之監。其後氏焉。氏族略四。姓氏急就篇上。並引風俗通。廣韻五十九鑑〔校注「五十九鑑」原本作「五十八陷」。據廣韻改。〕姓纂五十九鑑。

案呂氏春秋當賞篇，秦大夫監突。韓非子宋有富賈監止子。史記田常與監止俱爲左右相。皆監氏也。

康氏，衛康叔之孫，以諡爲氏。秘笈新書引姓纂。

常氏，衛康叔孫封常邑，其後有常氏。路史國名紀六。

案秘笈新書引姓纂即在此條。他如魯之子我氏，陳之子夏氏，皆見世本，而姓纂不言其所出，此類甚〔校注　「甚」下疑脱「多」字。〕其書經重輯而成，脱落之處，不一而足。其實皆本于古書也。

恒氏，先國常氏，衛康叔孫封之，後有恒氏。楚有恒思公。路史國名紀六引無末句。國名紀五引作恒氏。

衛康叔孫封之。楚有恒思公。

凌氏，衛康叔支子爲周凌人，子孫以官爲氏。姓纂十六蒸。

石氏，靖伯之孫石碏有大功于衛，世爲衛大夫。潛夫論。姓纂二十二昔。

石駘氏，石駘仲之後，亦作石駘氏。姓纂二十二昔。

史葉氏，衛頃公之後，公子史食采於葉，因氏焉。氏族略五引春秋釋例。姓纂六止。

案氏族略于引釋例下又云：左傳作史華。據其〔校注　「其」下疑脱「説」字。〕則史華爲氏，龍滑〔校注　原本「滑」下空一格，疑脱「其」字。〕名，故與禮孔爲二人也。

世叔氏，衛公族僖侯之後。潛夫論。春秋釋例。

孫氏。出於衛武公。至林父八世。左傳成十七年正義。

案姓纂及唐表皆云。武公生惠孫。孫生耳。而詩衛風從孫子仲。毛傳云。孫子仲公孫文仲也。詩言其氏及字。傳言其謚。疑文仲即耳。然無確據。後漢書孫陳傳注引東觀記。亦云。孫氏衛康叔之胄。林父之後。

戚氏。衛大夫孫文子食采于戚。因氏焉。隸釋戚伯著碑。廣韻二十三錫。姓纂同。姓氏急就篇上。

寧氏。出自衛武公子季亹食采于寧。因以爲氏。左傳襄二十五年集解。潛夫論。姓纂四十六徑。

開氏。衛公子開方之後。姓氏急就篇上引廣韻。今廣韻惟云開又姓。呂氏春秋云。開方衛公子。

案呂覽知接篇作衛公子啓方。避漢景帝諱也。

左公氏。衛有大夫左公子洩。廣韻一東。

右公氏。衛有大夫右公子職。同右。

案左傳桓十六年集解云。左右媵之子。因以爲號。考齊亦有左右公子爲氏。見晉書左思傳。皆此類也。

汲氏。衛宣公太子伋之後。居伋。因以爲氏。姓纂二十六緝。氏族略三。並引風俗通。

成公氏。衛成公之後。以謚爲氏。姓纂一東。

案左傳昭二十六年傳。有晉大夫成公般。漢魏以來。成公〔校注「公」原本誤作「功」。〕氏著名者甚多。

北宮氏。衛成公子頃子生去疾。孫括生遺。遺生貞子喜。喜生結及肱。爲北宮氏。左傳成十六年集解。廣韻二十五德。

子伯氏。衛羣公子子伯季之後。魏有子伯先子夏門人居西河。左傳襄十四年集解。姓纂六止。

子行氏。衛羣公子子行之後。後有子行敬子。左傳襄十四年定四年集解。姓氏急就篇上。

辟閭氏。衛文公支孫以居楚邱營辟閭里。因以爲氏。姓纂二十二昔。

庶氏之先本出衛之公族。以非正嫡。遂號庶氏。急就章注。

兼氏。衛公子兼之後。姓纂二十五添。氏族略四。並引風俗通。廣韻二十五添。

元氏。衛大夫元咺之後。其先食采于元。因氏焉。姓纂二十二元。

宏氏。衛大夫宏演之後。姓纂十七登。氏族略四。並引風俗通。

子玉氏。衛大夫子玉霄之後。秦有大夫子玉房。廣韻六止。

公文氏。衛公族大夫。其後有公文懿子要。潛夫論。左傳哀四年二十五年集解。

子叔氏。衛穆公子子叔黑背之後。左傳成十年襄二十六年集解。

公析氏。衛穆公生公析黑背。其孫成子朱鉏以王父字爲氏。潛夫論。姓纂一東。姓

案公析氏左傳惟稱析。王符誤并析、鼂二氏爲一氏。今校正。姓纂黑背作黑臀。亦據左傳昭二十年集解校正。

史晁氏。衞史晁之後。姓纂六止。氏族略四。衞有史朝朱駒。廣韻六止。姓氏書辯證六止。氏急就篇上。案朝與鼂晁古音同。周晁氏下已有辨。史鼂氏亦作鼂氏。見潛夫論。又廣韻四宵引風俗通云。鼂氏衞大夫史鼂之後。史有鼂錯。即與此同。

公叔氏。衞獻公子成子當之後。潛夫論。禮記檀弓注。鄭氏

公南氏。衞獻公子楚字公南生子牟爲公南氏。潛夫論。氏族略三。

案左氏襄二十九年傳之公子荆。即昭二十年傳之公南楚。見杜解。蓋荆楚二字。古人通用。鄭樵氏族略云。諸家世系之次。本之春秋世譜。則以公子荆爲獻公子者。蓋世譜之言也。

公荆氏。衞大夫公子荆之後。魯有公荆皎。廣韻一東引姓苑。

公上氏。衞公族。其後有衞大夫公上玉。潛夫論。廣韻一東。

公孟氏。衞襄公生公孟縶。縶生丹爲公孟氏。潛夫論。急就章注。姓纂一東。

子郢氏。衞公族昭子郢之後。姓纂六止。姓氏書辯證引同。昭誤作時。

子南氏。衞靈公子郢字子南之後。左傳定二年哀二十五年集解。

子彊氏。衞公族昭子郢之後。潛夫論。姓纂六止。

司寇氏。衞靈公之子公子郢之後也。郢之子孫爲衞司寇。以官爲氏。司寇亥即其裔也。氏族略四。姓纂七之。引作衞靈公子郢子孫爲司寇亥之後。

將軍氏．衛靈公子郢生文子彌牟．爲將軍氏．姓氏書辯證十陽．氏族略四引作衛靈公子昭生子郢．生文子才芳爲將軍氏．鄭氏云．案世譜子郢者靈公之子．未聞有子昭．蓋鄭所見世本傳寫舛誤耳．

文氏．衛靈公生昭子郢．郢生文子木．文子生簡子瑕．瑕生衛將軍文氏．禮記檀弓正義．案禮記正義云．木（校注「木」原本誤作「本」．）即彌牟．蓋音有急讀緩讀之別．此文氏又出于將軍氏．故稱將軍文氏．以別之歟．

彊梁氏．衛將軍文子生眞子會．會生彊梁因氏焉．秦有左庶長梭尉彊梁皐．姓纂十陽．氏族略四．

會雅氏．衛靈公子虺生竈．爲會雅氏．潛夫論．氏族略四引姓纂．案今本潛夫論．誤分會雅爲二氏．今據姓纂校正．姓纂本作會庌氏．周禮圉師注云．故字庌爲訝．又尚書君牙．禮記緇衣作君雅．注云．假借字也．說文庌廡也．蓋牙雅庌訝古字皆通．古者立竈必於庌廡．故周時名竈者皆字子雅．義取相成．其實庌爲正字．雅爲假借字．古音並同．姓纂所采多世本文．世本多古字．故以雅爲庌也．

輒氏．衛出輒公之後．以王父名爲氏．姓纂二十九葉．氏族略四．並引風俗通．

彌氏．衛公孫彌子瑕．以王父字爲氏．姓纂五支．

承氏．衛大夫成叔承之後也．後漢書承宮傳注．氏族略三引同．無叔字．（校注「字」原本誤作「氏」．）姓氏書辯證十六蒸引同。

無成叔二字。漢書注氏作姓。據二書校正。

羌師氏。衛公族有羌師氏。姓纂。姓氏書辯證十陽。

羌憲氏。衛公族羌之孫憲爲羌憲氏。同右。

孔氏。衛公族。潛夫論。

案衛孔文子之孔乃姞姓者。此又有孔氏爲衛後。未知王符何據耳。

趙氏。衛公族趙黶之後。潛夫論。左傳昭九年解。

趙陽氏。衛公族大夫趙陽之後。潛夫論。左傳定十四年集解。

案姓纂亦有趙陽氏。下云漢少府趙陽鴻。治孟氏易。蓋未言所本耳。

田章氏。衛公族。潛夫論。氏族略四作申章氏。

孤氏。衛公族。潛夫論。

王孫氏。衛公族。同右。

危氏。衛公族。同右。

蘧氏。衛公族。蘧莊子無咎之子成子瑗。字伯玉。潛夫論。呂覽召類篇注。

案水經濟水注引闞稱陳留風俗傳曰。長垣縣有蘧伯鄉。一名新鄉。有蘧亭伯玉祠伯玉冢。則蘧之名氏。蓋以采邑爲氏。潛夫論誤作遂氏。傳寫之訛。

毛。左氏僖二十四年傳。

聃。同右。

郜。同右。

商氏。衛鞅封商君，子孫氏焉。本衛公子叔痤之子，衛之公孫也。呂覽長見篇注。淮南子說山訓注。姓纂十陽。氏族略四。

嗣氏。衛嗣君之後。氏族略四引風俗通。

仇氏。衛大夫氏。路史後紀九。

案禮記檀弓：衛侯與柳莊邑裘氏。仇裘古音通，疑仇氏即其後也。

聶氏。衛大夫食采於聶，因氏焉。姓纂二十九葉。

毛氏。文王庶子。尚書顧命正義。毛叔鄭後以爲氏。廣韻六豪。

聃氏。周文王第十子聃季載之後。周有聃啓，鄭有聃伯。氏族略三引風俗通。急就章注。

案聃氏即冉氏。史記管蔡世家：文王子次曰冉季載。又曰封季載于冉。正義曰：冉或作䣊，音同。是冉聃䣊即一字也。古人有諸侯之後去邑爲氏者，如邾之有朱，鄮之有曾，冉氏即其類。

冉氏。孔子弟子有冉伯牛、仲弓、冉有。史記仲尼弟子列傳。廣韻五十琰。

案廣韻云：沈古本作郱，且郱與郜字相似，疑古文通用也，但未知即是郜國否。

郜氏。周文王子所封國在濟陰，以國爲氏。說文七號。廣韻三十號。姓纂同。

案告氏即郜氏，如曾朱冉成之類，可相推也。

雍。同右。

曹。據世本世家文補。

滕。同右。

畢。左氏僖二十四年傳。

雍氏。文王十二子雍伯受封于雍。在河內山陽。子孫以國爲氏。廣韻三用（校注「用」原本誤作「宋」。）引風俗通。姓纂三鍾（校注「三鍾」原本誤作「二冬」。）三用。急就章注。

曹氏。曹叔振鐸之後。武王封母弟振鐸於曹。後以國爲氏。廣韻六豪。急就章注。

卞氏。曹叔振鐸之後。有支子食采於卞。遂以建氏。廣韻三十三線。姓纂同。

子臧氏。曹公子喜時子臧之後。廣韻六止引姓苑。

滕氏。周文王第十四子滕侯之後。子孫以國爲氏。廣韻十七登（校注「十七登」原本作「十六蒸」。據廣韻改。）姓纂十七登。

滕叔氏。滕叔繡之後爲氏。姓纂同上。

錯氏。錯叔繡之後。有宋太宰錯君。路史後紀十注引姓苑。

畢氏。文王庶子。尚書顧命正義。畢公高之後。以國爲氏。晉之畢萬。卽此族也。廣韻五質。姓纂同。急就章注。

龐氏。周文王子畢公高之後。封於龐鄉。因氏焉。魏有龐涓。趙有龐湊。廣韻四江。姓纂四（校注「四」原本誤作「三」。）江。

新垣氏。畢公封於新垣。後因氏焉。鯉將軍新垣衍卽其後。廣韻十七眞引陳留風俗傳。氏族略四引風俗通。

梁垣氏。周畢公後有梁垣演居大梁之墟。子孫因氏焉。氏族略三引風俗通。

魏氏。本自周武王弟受封於畢。裔孫畢萬仕晉封魏城。後因氏焉。潛夫論。廣韻八未，姓纂同。

令狐氏。本自畢萬之後。魏犨子顆封於令狐。其孫文子魏頡因以爲氏。潛夫論。

不雨氏。魏公族。潛夫論。廣韻十五青。急就章注。姓纂同。

鄴氏。魏公族。以縣爲氏。潛夫論。氏族略三。姓氏急就篇下。引風俗通。

厨氏。晉魏錡號厨武子。姓氏急就篇上。

案僖十六年狄伐晉，取狐厨受鐸。故厨爲晉地。當卽厨武子所食耳。

呂氏。魏氏之別。魏犨生武子錡。別爲呂氏。春秋釋例。姓氏急就篇上。

伯夏氏。本畢公高之後。潛夫論。姓纂三十陌。

魏強氏。魏武子支孫〔校注　「孫」原本作「生」。據氏族略改。〕莊子快生強。爲魏強氏。潛夫論。姓纂八未。氏族略五。

豫氏。有豫讓。晉畢陽之孫。因族以爲氏。潛夫論。呂覽論威篇注。

中尙氏。魏公子牟之後。魏得中山。以邑與之。遂以邑爲氏。後有中尙旗。姓纂一東。引呂氏春秋。

馮氏。文王第十五子畢公高之後。畢萬封魏。支孫食采于馮。因氏焉。姓纂一東。姓纂引此條。不著書名。然下卽云世本又曰。則此條爲世本原文無疑。鈔寫者脫去二字故耳。案說文云。馮姬姓之國。後漢書馮魴傳注引東觀漢記曰。馮氏其先魏之別封曰華侯。華侯孫長卿食采馮城。因以氏焉。御覽一百二十七引北燕錄馮跋傳。其先畢萬之後也。子孫食采馮鄉。因氏焉。皆與世本同。而可以補其簡。其馮簡子則歸姓。別見。

張氏。魏之餘子。呂覽報更篇。史記張儀列傳索隱。

差師氏。魏公族。姓纂五支。

公叔氏。公叔痤之後。史記商君列傳索隱。

信氏。魏公子信陵君無忌之後。氏族略三引風俗通。廣韻二十一震。

原氏。周文王第十六子封爲原伯。其地在河內。於後爲晉所滅。遷之于冀。因稱原氏。急就章注。

酆。右同。

荀。左傳桓九年正義引作荀賈皆姬姓。蓋約舉世本文。案左氏僖二十四年傳。荀作郇。今從世本原文。古荀郇本通。左傳荀息。潛夫論作郇息。詩郇伯。王會解引作荀叔。北征賦息郇邠之邑鄉。文選注曰。郇與荀同。

邘。左傳僖二十四年傳。

原伯氏。周原伯俊之後。因氏焉。晉孝公時有原伯蓋。氏族略四引英賢傳。

俊氏。周大夫原伯俊之後。後漢書蓋延傳注。

酆氏。文王第十七子酆侯之後。氏於國。潞有酆舒。姓纂一東。姓氏急就章注。

郇氏。周文王子封於郇。後以爲氏。廣韻十八諄。姓纂同。

投氏。本郇伯。周畿內諸侯。桓王伐鄭。投先驅以策。其後氏焉。姓纂十九侯。

邘氏。周武王第二子邘叔。子孫以國爲氏。廣韻十五虞。姓纂同。

案廣韻云。邘氏漢有邘侯。爲上谷太守。則邘于二氏分也。

于氏。本邘氏。其後去邑爲于氏。右同。

晉氏。周武王第三子叔虞封唐。唐有晉水。因改爲晉。傳國二十代。爲趙韓魏所滅。子孫以國氏。魏有晉鄙。廣韻二十一震。姓纂同。

解氏。唐叔虞食邑於解。因地爲氏。故晉國多解氏。廣韻十二蟹。急就章注。

大狐氏。唐叔子孫在戎狄者。晉大夫大狐伯生突生饒。爲大狐氏。其後大狐容爲晉大夫。氏族略四。路史後紀十注。引作大狐容即大狐氏。云唐叔子孫在戎狄者。約舉之文。

小狐氏。狐氏有大狐氏小狐氏。溱爲大狐氏。射姑爲小狐氏。路史後紀十注。案溱爲毛子。射姑爲偃子。故有大小狐氏之別。蓋毛即饒。古音同。

舅氏。晉大夫舅犯之後。廣韻四十四有。

五鹿。衞邑也。晉公子重耳封舅犯于五鹿。支孫氏焉。氏族略三引風俗通。

賈氏。賈佗食邑於賈。因氏焉。賈佗狐偃之子太師賈季也。字季佗。潛夫論。韋昭國語注。左傳文六年集解。

續氏。狐氏之族。晉大夫續簡伯之後也。號狐鞫居。以食續地。遂爲續氏。左傳文六年解。急就章注。姓纂三燭。

凡閭氏。出自晉唐叔。廣韻九魚。

欒氏。晉靖侯之孫欒賓之後。食采於欒。遂爲欒氏。代爲晉卿。左氏桓二年傳。潛夫論。廣韻二十六桓。

案晉之卿大夫每以采邑爲氏，如荀郤呂冀溫祁之類，可以類推。左傳哀四年，齊國夏伐晉取欒，後漢書光武紀注，欒城在今邢州柏人縣，左傳齊國夏所取即其地。則欒氏以采邑爲氏無疑。桓二年傳杜氏云，欒賓之孫，遂爲欒氏，蓋其父字欒，誤也。

弁氏。欒氏之族欒糾，晉大夫弁糾也。韋昭晉語注，左傳成十八年集解。

下軍氏。晉欒黶爲下軍大夫，子孫氏焉。姓纂四十禡。

弗忌氏。晉大夫欒弗忌之後。姓纂八物。

季夙氏。晉靖侯孫季夙之後。氏族略四。

郤氏。晉公族郤文之後，代爲晉卿。郤文之子叔虎邑也。潛夫論，說文，姓纂二十陌。

案一切經音義卷二引聲類云，郤鄉在河內，潛夫論郤作郄，古字通，呂覽當染篇，晉文公染于郄偃，蓋即郤氏之先。

呂氏。晉公族有呂甥，卽瑕呂飴甥，食采於陰，又名陰飴甥。潛夫論，左傳僖十四年集解。

案王符云，呂冀苦成駒溫伯祁皆郄氏之班，班猶分也，皆郤氏族也。

甥氏。晉大夫呂甥之後。廣韻十二庚引風俗通。

冀氏。晉大夫郤芮食采冀邑，爲冀氏。潛夫論，廣韻六至〔校注「至」原本誤作「止」。〕姓纂同。

步氏。本郤氏，晉大夫步揚之先食采於步，因氏焉。後有步招步毅，仲尼弟子有步叔乘。左傳僖十五年集解，廣韻十一暮，姓纂十一暮。〔校注「暮」原本誤作「模」。〕

苦成氏。晉郤犨食采苦成，因氏焉。苦成，城名，在鹽池東北。潛夫論。姓纂十姥。

苦氏。晉郤成亦號苦成叔，子孫氏焉。姓纂十姥引風俗通。

郤州氏。晉郄豹孫步楊生郤州，因氏焉。姓氏書辯證二十陌。〔校注〕「二十陌」原本誤作「二十五德」。氏族略三。

州氏。晉大夫郤州之後，因氏焉。姓纂十八尤引風俗通。州本作犨，從世本原文校改。晉有州綽、州賓，疑其後。

駒氏。郤氏之族駒伯郤錡之後。潛夫論。左傳成十七年解。

温氏。晉郤至食邑河南之温，號曰温季，因以命氏。廣韻二十三魂。姓纂同。急就章注。

伯氏。晉伯孫起生伯宗，因氏焉。姓纂二十陌。姓氏書辯證二十陌。氏族略四引同。作伯宗氏。

郄氏。伯氏別氏伯州犁，伯宗子也。郤宛，州犁子；伯嚭，郤宛子也。史記伍子胥列傳索隱。

案唐世系表，以爲柏與伯同，伯宗出于宋襄公弟敖，與世本、潛夫論皆異，不足信也。伯氏本出于郤，故其子孫奔楚，仍從其大宗之氏，益可見伯氏爲晉後也。潛夫論從國語伯作柏，古音同，今誤作柏。

左尹氏。楚郤宛之後。姓纂三十三哿。

慶氏。有慶鄭。左氏僖十四年傳。

案慶氏之先，雖無可考，然昭三年傳叔向爲晏子曰：欒、郤、胥、原、狐、續、慶、伯，降爲皂隸。下即云：晉之公族盡矣。則慶氏蓋晉同姓也。

祁氏。晉之宗家獻侯曾孫高梁伯生祁奚，奚生午，午生盈，其先食邑於祁，因爲氏。史記晉世家。潛夫論。呂覽開春論注。韋昭晉語注。氏族略四。姓氏急就篇上。

祁夜氏。祁大夫之後。氏族略四引風俗通。

續祁氏。晉祁奚舉子自代，父子相續，因爲氏焉。姓纂三燭。

先氏。晉有先軫，其初封于先，故以爲氏。廣韻一先。氏族略四。

案路史後紀十注，以先氏爲晉後。氏族略以爲士氏別族。皆無確據。以經考之，則羅苹之言，較爲可信。左氏昭三年傳云：欒郤胥原狐續慶伯，降爲皂隸。下即云：公室之衰，其何日之有。又云：公室將〔校注：「將」原本作「相」，據左傳改。〕卑，其宗族〔校注：「族」原本作「宗」，據左傳改。〕枝葉先落，而後公室從之。是以八氏爲公族也。國語云：胥籍狐箕欒郤柏先羊舌董韓，寔掌近官。諸姬之良，掌其中官。又云：欒書實覆宗弑厲公以厚其家。若滅欒氏，則民威矣。今吾若起瑕原韓魏之後，而賞立之，則民懷矣。二書之言如此。原氏即先氏也。且以諸書校之，則籍狐欒郤柏羊舌韓皆公族，則胥先箕之亦爲公族可知。晉有董澤，或公族有食采以爲氏者，非董因之董。且叔向言慶而不及里，本文公別近官而不及趙荀士諸家，則舉公族以爲類耳。與其信氏姓之書，不如信經。今據內傳外傳，從路史注，定爲同姓。

居氏。晉大夫先且居之後，以王父字爲氏。姓纂九魚。

左行氏。晉先蔑將左行，其後爲氏。姓氏急就篇下。

樓季氏。晉穆侯庶子樓季之後。氏族略四引潛夫論。

公仇氏。晉穆公子仇之後。廣韻一東。

公師氏。晉穆公子成師之後。同右。

曲氏。晉穆侯子成師封於曲沃。後氏焉。廣韻三燭。

富氏。晉桓莊之族。大夫富槐之後。潛夫論。左傳莊二十三年集解。廣韻十五灰。

游氏。晉桓莊公族之後。潛夫論。左傳莊二十四年集解。

胥氏。晉大夫胥臣之後。有克梁帶午童。姓纂九魚。

籍氏。晉孫伯黶司晉之典籍。故爲籍氏。籍黶生司空頡。頡生南里叔子。子生叔正官伯。伯生司徒公。公生曲沃正少襄。襄生司功大伯。伯生侯季子。子生籍游。游生談。談生秦。左傳昭十五年正義。史記晉世家索隱引作籍秦。晉大夫籍游之孫。籍談之子。據左氏昭十五年傳補正。

案韋昭晉語注云。籍偃晉大夫籍季之子籍游也。與世本同。游蓋偃之字。故左傳亦以爲籍偃。姓纂二十二昔云。晉文侯弟陽叔生伯黶。司晉典籍爲籍氏。是則左傳所謂孫伯黶。蓋公孫也。

箕氏。晉大夫氏。有箕鄭箕遺。左氏文七年襄二十一年傳。集解。

羊舌氏。晉之公族。羊舌其所食邑也。晉武公子伯僑生文。文生突。羊舌大夫也。突生職。五子。赤、肸、鮒、虎、季夙。赤字伯華。爲銅鞮大夫。生子容。肸字叔向。亦曰叔譽。鮒字叔魚。虎字叔熊。號羊舌四族。潛夫論。左傳閔三年正義引世族譜。唐書世系表。

案世族譜又云。羊舌氏受盜羊而埋之。以明已不食。號曰羊舌氏。其說蓋未可信。今從其前一條。

銅鞮氏。晉銅鞮伯華之後。晉之別邑也。氏族略三引風俗通。姓纂一東。

鞮氏。晉銅鞮伯華之後氏焉。姓纂十二齊。

叔向氏。晉羊舌肸字叔向因氏焉。姓纂一屋。路史後紀十注引作叔向叔夙氏。見世本。

楊氏。有楊石。叔向子食我也。食采於楊曰楊氏。漢書楊雄傳注引漢名臣奏張衡說。左傳昭五年二十八年集解。急就篇上姓氏。

案楊雄傳云。其先出自有周伯僑者。以支庶初食采於晉之楊。因氏焉。其言與張衡說及唐表合。其後乃云。不知伯僑周何別也。而又以楊氏爲楊侯。則僅據譜系之言。宜乎平子之斥之也。左傳昭二十八年集解。楊氏。平陽楊氏縣。今平陽府洪洞縣南二里有古楊城。即此。

叔魚氏。晉大夫羊舌鮒字叔魚因氏焉。姓纂一屋。

案姓纂上文叔向氏引世本。此疑亦同。

叔夙氏。羊舌職生叔夙。爲叔夙氏。同右。

季夙〔校注「夙」原本作「叔」，據左傳改〕氏。叔向兄弟有季夙。左傳昭五年正義。

減氏之先。爲晉公族大夫。麗姬之難。晉廢公族。因謂其人爲減氏。急就章注。

辛氏。其先晉國公子之後。史記貨殖列傳集解。

計氏。計然爲越大夫范蠡師。本姓辛。字文子。其先晉國公子也。姓纂十二霽。

韓氏出自唐叔虞之後．曲沃桓叔之子萬食采韓原．因氏焉．潛夫論．二十五寒．廣韻姓纂同．

韓言氏．韓厥生無忌．無忌生襄．襄生魚．爲韓言氏．姓纂二十五寒．氏族略五引同．魚〔校注　原本「五」誤作「四」．「魚」誤作「魯」．據氏族略校正．〕作子魚．

案潛夫論．韓言氏誤作言氏．傳寫者脫一字也．

韓餘氏．韓宣子餘子之後．因氏焉．氏族略四．姓氏書辯證二十五寒．姓纂九魚引同．無餘子及因氏焉．

案鄭樵于此條下又云．餘者餘子之族也．世本于韓餘下云．晉卿韓宣子之後．有名餘子者奔于齊．號韓餘氏．已言之矣．又廣韻九魚蓋亦引世本也．

韓褐氏．晉韓厥之後．氏族略四引英賢傳．

褐餘氏．曲沃桓叔之後．潛夫論．姓纂十二曷．氏族略四．

韓嬰氏．晉韓宣公子孫韓嬰．廣韻二十五寒．〔校注　案廣韻韓字注．無此條．〕姓纂同．〔校注　案姓纂作「晉韓宣子子孫韓嬰云韓嬰氏」．亦疑有譌字．〕

韓籍氏．晉韓起子籍字叔禽．因氏焉．姓纂同上．

案姓纂此條．疑亦引世本．故從韓史之舊稱也．韓嬰氏．王符作嬰氏．

韓獻氏．晉韓獻子支孫．因氏焉．同右．

公叔氏。韓之公族。史記孫子吳起列傳索隱。

公族氏。晉成公立卿之嫡子爲公族大夫，因氏焉。潛夫論。急就章注引風俗通。

案潛夫論云：韓氏、韓言氏、嬰氏、韓餘氏、公族氏、張氏，凡桓叔之後，有此六氏，皆韓後姬姓也。左氏襄七年傳，韓無忌稱公族穆子。又云，晉侯謂韓無忌仁，使掌公族大夫。則此公族氏，蓋無忌後也。

何氏。出自唐叔虞後，封於韓。韓何音同，字隨音變爲何氏。廣韻七歌。

氏姓注云：韓公叔以何氏爲韓後。史記周本紀集解。應劭說。按應所引此篇注，諸書亦不再見，未知何人之注，蓋在宋衷以前也。

張氏。韓之公族，姬姓也。張侯生老，老生君臣，趯，趯生骼。潛夫論。史記留侯世家索隱。左傳襄十六年集解。唐書世系表。

横氏。韓王子成號横陽君，其後爲氏。廣韻十二庚（校注：「十二庚」原本誤作「九陽」，據廣韻改。）引風俗通。氏族略三引同。王子成作公子戚。

藺氏。韓厥玄孫曰康，仕趙，食邑於藺，因氏焉。裔孫相如爲趙卿。廣韻、姓纂二十一震。

平氏。出自韓侯少子婼，食采平邑。秦滅韓，因徙下邑，氏焉。姓氏書辯證十二庚。

翼氏。晉翼侯之後。廣韻二十四職。

鄂氏。晉鄂侯之後，子孫以邑氏。姓纂十九鐸。

侯氏。晉侯緡之後，適他國，以侯爲氏。魯有侯叔夏、侯犯，齊侯朝，魏侯嬴。姓纂十九侯、唐書世系表。

獻氏。晉獻公之後。氏族略四引風俗通。

恭氏。晉太子申生號恭君，其後氏焉。晉有左行共華，又有共賜，華之族。韋昭晉語注、廣韻三鍾、姓氏急就篇。

案：毛詩韓奕箋云：「古之恭字或作共。」（校注　「共」原本誤作「作」，作下衍「故」字。）故左傳恭共二字通用。

閻氏。唐叔虞之後，晉成公子懿食采閻邑，因氏焉。晉有閻嘉，又有閻沒，即閻明。韋昭晉語注、左傳昭九年二十六年集解、姓纂二十四鹽、唐書世系表。

大戊（校注　「大戊」原本作「公行」，據氏族略改。）氏。晉公子大戊之後也。大戊教昭爲原大夫。氏族略四。

利孫氏。晉公子利孫夫之後，以利孫爲氏。廣韻二十三魂。

公他氏。有蒲邑大夫公他，世卿，其先以王父字爲氏。姓氏書辯證一東。廣韻一東引作晉蒲邑大夫公佗，世卿。他作佗，古音同。

應。左氏僖二十四年傳。

韓。同右。

周。潛夫論五德志。

子羽氏。晉公族子羽後爲楚邑大夫。姓纂六止。

案此與左氏昭五年傳，韓起之子子羽，未知即是一人否。

英成氏。晉有英成僖子。廣韻十四清。晉大夫也。十九葉引同。英作荚。氏族略三引作荚成僖子。姓氏急就篇上引作晉大夫英成僖子也。姓氏書辯證三十二狎。引作晉大夫有荚成僖子。

案或作荚，或作英，皆以字似而訛，未知孰是。

下門氏。晉大夫下門聰。廣韻二十三覽。

孤邱氏。晉大夫孤邱彬之後。姓纂十一模。

氏族略四作狐丘林之後。又引英賢傳曰，出自孤邱封人之裔。

甫奚氏。晉厲公大夫甫奚叔施之後。廣韻九麌引英賢傳。姓氏書辯證二十五寒引同。甫奚作安是。

邴氏。晉之邴豫食采於邴因氏。廣韻三十六梗。

應氏。本自周武王後。

韓氏。周武王子封於韓。其後爲晉所滅。因稱韓氏。急就章注。姓纂二十五寒。

韓侯氏。周宣王大夫韓侯子有賢德。因氏焉。廣韻二十五寒。姓纂同。

周氏。周桓公宰周公。繼守官邑。故爲周氏。潛夫論。姓氏急就篇上。

忌氏。周公忌父之後。以王父字爲氏。廣韻七志．氏族略三．並引風俗通．姓氏急就篇上．

宰氏。周宰周公孔之後。以官爲氏。姓纂十五海．姓氏急就篇上．

凡氏。周公子凡伯之後。凡在共縣西南。廣韻二十九凡．姓纂同．氏族略引袁山松後漢書．

蔣氏。周公之第三子伯齡封蔣。子孫氏焉。國在汝南期思。廣韻二十六養引風俗通．秘笈新書引姓纂．

邢氏。本周之胤。邢侯爲衛所滅。後遂爲氏。廣韻十五青．急就章注．

茅、國名也。周公子所封。其後因以爲氏。郝有茅地茅夷鴻。急就章注．

作氏。周公之子胙侯子孫。因避地改爲作氏。姓纂十九鐸．氏族略四並引風俗通．

祭氏。周公第五子祭伯。其後以爲氏。廣韻十六怪．

案鄭氏坊記注曰．君陳周公之子伯禽弟也．尙書序．命君陳分正東郊．成周紀年．作王命周平公治東都．即君陳也．譜譜〔校注「譜譜」二字．未知所據．疑有誤．〕云．長子伯禽封魯．次子君陳留相王室．食采於周．則左傳所稱周公黑肩等．皆即其後．今據潛夫論補次凡蔣諸國之上．

凡．左傳僖二十四年傳．

蔣．同右．

邢．同右．

茅．同右．

祭．同右．

燕。史記三代世表云：周同姓。

召。以下皆據潛夫論五德志司其「校注「司其」二字疑衍文。」

虢。右同。

吳。右同。

謀氏。周卿士祭公謀父之後。以王父字爲氏。姓纂十八尤。氏族略四。並引風俗通。廣韻十八尤。

訾氏。本出於祭氏。周有訾荒。路史國名紀五引姓苑。

燕氏。召公奭封燕。子孫以國爲氏。廣韻一先。姓氏急就篇上。

召氏。周文王子召公奭支庶食采于召。爲周卿士。以國爲氏。召穆公、康公之十六世孫。毛詩江漢正義十八之四。據潛夫論廣韻姓纂急就章注補。

邵皓氏。邵惠公族羌子孫憲爲邵皓氏。姓纂三十五笑。

召伯氏。召伯奐之後。右同。

虢氏。晉大夫虢射後以國氏。廣韻二十陌。

虢射氏。晉大夫虢叔氏射後。姓纂二十陌。

下陽氏。姬姓。虢叔之後。姓氏書辯證四十禡引春秋公子譜。

郭氏。其先出自有周王季中子郭叔爲文王卿士。食采於虢。武王錫而封之。後世謂之郭。爲晉所幷。遂爲郭氏。隸釋北軍中侯郭琦碑。司隸從事郭究碑。先生郭輔碑。廣韻十九鐸。急就章注。

吳氏。本自太伯之後。始封於吳。因以爲氏。廣韻十一模。姓纂同。急就章注。

周氏。太伯之後。史記留侯世家索隱引王劭陳留志。

太伯氏．周古公之子．吳太伯之後．姓纂十四泰．

閭氏．周太王之後．武王封太伯曹孫仲奕于〔校注　「于」原本誤作「乎」．〕閭鄉．因爲氏．姓纂二十四鹽．

壽氏．吳王壽夢之後．氏族略四引風俗通．

延陵氏．吳王子季札居〔校注　「居」原本誤作「周」．〕延陵．因氏焉．趙襄子有謀臣延陵正．是其後．潛夫論．廣韻十六蒸．姓纂二仙．〔校注　「二仙」原本誤作「一先」．〕

延州氏．吳季札封延州來．氏焉．姓纂同上．

棠谿氏．吳王闔閭弟夫概奔楚．封棠谿．因爲氏．左氏定四年傳．廣韻十一唐引風俗通．潛夫論．姓纂同．

夫餘氏．吳王子夫概王奔楚、其子在國．以夫餘爲氏、潛夫論．廣韻姓纂十虞〔校注　「十虞」原本誤作「九魚」．〕同引風俗通．

既氏．吳王夫概之後．因避仇改爲既氏．氏族略四引風俗通．姓纂八未．

柯盧氏．吳公子柯盧之後．氏族略四引姓苑．廣韻七歌．

慶忌氏．吳王僚子慶忌之後．呂覽簡選篇注．淮南詮言訓注．作吳王僚之弟子．廣韻四十三映．姓氏急就篇下．引風俗通姓苑．

虞氏．虞仲之後．武王克商．封虞仲之庶孫于河東．謂之虞公．爲晉所滅．姓纂十虞傳補入次吳之下。〔校注〕「傳」上有闕文。」

隨。左傳桓六年正義引作隨國姬姓。太平寰宇記一百四十四引作隨姬姓也。

邠。潛夫論。

案王符列邠國于隨下。豈周克商之後，嘗以邠封同姓歟。爾雅西至于邠國，郭注：四方極遠之國。說文引爾雅作西至汃國。汃西極之水。西則邠國所在。似非周之舊地矣。

方。同右。

案以方爲國名，惟見潛夫論。小雅方叔召虎並稱，則方蓋國也。

樊氏。周太王子虞仲支孫爲周卿士，食采於樊，因命氏焉。今河內陽樊是也。急就章注。

姓纂二十二元。

案左氏莊二十九年傳有樊皮。昭二十二年有樊齊，謚頃子。當是其後。

隨氏。隨國之後。隨國姬姓。楚滅之後，以爲氏。路史後紀十注。國名紀五。據急就章注所引風俗通補正。

邠氏。公劉所邑。周太王居邠，因氏焉。氏族略引姓苑。廣韻十七眞。

方氏。周大夫方叔之後爲氏。急就篇上。姓氏

方叔氏。鼓方叔之後。姓纂十陽。氏族略四。

項。同右。今本誤作卬。〔校注「據」上原本脫一字。據潛夫論補。〕據廣韻校正。

息。左傳隱十一年正義。引潛夫論作息國姬姓。潛夫論誤作自。傳寫脫落故也。

養。同右。案水經汝水注。養水名也。疑養國得名以此。

滑。同右。韋昭周語注。亦云。滑姬姓小國。

鄗。路史國名紀三注。潛夫論作鄗。案路史以鄗爲高辛氏後。

宮。同右。廣韻云。部古國名。

項本姬姓國。爲魯僖公所滅。子孫以國爲氏。廣韻三講。姓纂同。

案廣韻魯僖公作齊桓公。誤。今據左氏僖十七年傳校正。

息氏。息國之後。爲楚所滅。以國氏焉。路史後紀十注引風俗通。姓纂二十四職。

息夫氏。息國之後。風俗通同上。

潘氏。周文王子畢公高之子季孫。食采於潘。因氏焉。周有潘惟。晉有司空潘父。廣韻二十六桓。姓纂同。

案潘水名。在滎陽。見姓氏急就篇上。季孫姓纂作子伯季。今從廣韻。

養氏。楚邑名。以爲氏。有養由基字養叔。左氏成十六年襄十三年集解。姓氏急就篇上。

滑氏。滑國後。周同姓國也。爲晉所滅。以國氏。路史後紀十注引英賢傳。姓纂十四黠。

滑伯氏。滑國之後。因氏焉。姓纂路史注同上。並引英賢傳。

宮氏。有宮之奇。廣韻一東。

密。漢書地理志注〔校注「注」原本誤作「法」〕臣瓚說。引作密姬姓之國。韋昭周語注云。密國之君姬姓。與世本同。

榮。同右。案周語有榮夷公。韋注云。榮國名。呂覽當染作榮夷終。左傳有榮叔。

賈。左傳桓九年正義。潛夫論誤作丹。今據世本校正。

郭。同右。案莊二十四年經。書郭公。則非虞虢之郭也。說文言齊之郭氏虛。則齊滅之歟。

楊。同右。案左氏襄二十九年傳云。虞虢焦滑霍楊韓魏。皆姬姓也。此楊國是。後以其地封羊舌氏者。

榮氏。周成王卿士榮伯之後。廣韻一東引風俗通。左傳莊元年集解。

賈氏。唐叔虞子公明康王封於賈。後爲晉所滅。以國爲氏。晉有賈華賈伯賈辛。皆其裔也。廣韻姓纂三十五馬。急就章注。

右行氏。晉賈華爲右行。因官爲氏。後有右行辛右行詭。左傳僖十年成十八年昭二十二年集解。廣韻四十四有。

郭氏。本齊之郭氏虛。善善不能進。惡惡不能退。是以亡國。說文。

楊氏。周宣王曾孫封楊。爲晉所滅。其後爲氏焉。秘笈新書引姓纂。

逢。同右。

唐。史記楚世家正義引作唐姬姓之國。

韓。同右。韓氏。水經聖水注。案春秋時有二韓。王肅曰。聖水逕方城縣故城北又東逕韓城。引詩韓奕篇爲證。涿郡方城縣有韓城。魏地形志亦同。故詩有溥彼韓城。燕師所完。又有奄受北國之言。此與晉國遼遠。無由滅之。晉所滅者。當是韓原之韓。通典所云。同州韓城縣古〔校注「古」原本誤作「右」。據通典改。〕韓國有韓原是也。王符時世本猶存。故其五德邗晉應韓之下。復有韓國。次唐國之後。當必有據。書缺有間。未知何國爲邗晉應韓之韓。與詩韓侯或同或否。則不可考矣。

逢氏。有逢固。周大夫。穆天子傳郭注。

唐氏。成王封叔虞于唐。號曰唐叔。其子燮父之後。別封于唐。春秋時國小微弱。遂屬爲楚邑。氏族略引公子譜。

陽氏。周景王少子之後。春秋末宅無終。因陽樊而立氏。路史後紀十注引陽氏譜。秘笈新書引姓纂。

耿氏。殷時侯國。晉獻公滅之。其後耿氏。急就章注、姓纂三十九耿。

焦氏。姬姓小國。爲晉滅。後稱焦氏。急就章注。

芮氏。周司徒芮伯。周同姓也。芮伯萬之後。爲秦所滅。子孫氏焉。廣韻姓纂十三祭。

萬氏。芮伯萬之後。以王父字爲氏。孟軻門人萬章。姓纂二十三問。今本誤作奮氏。今校正。

沈氏。周文王第十子聃季食采於沈。在汝南平輿亭。子孫以國爲氏。廣韻四十七寢。姓纂同。

共氏。國名。周有共伯和。姓氏急就篇上。

陽。同右。本作楊。與上楊相混。據姓纂校作陽。

耿。同右。今本誤作觚。蓋耿字傳寫之訛。史記晉世家集解引服虔曰。霍魏耿三國皆姬姓。

欒。同右。案此國無考。

焦。同右。案此與溥焦戲露之焦。作〔校注「作」疑爲「皆」之譌。〕誤作甘。今據襄二十九年左傳校正。

魏。左傳桓三年正義。又襄二十一年正義云。系本無魏君名諡。

芮。左傳正義同上。引作芮魏皆姬姓。〔校注原本脫「姓」字。據左傳正義補。〕

沈。史記陳杞世家索隱。

共。據世本原文及郭家莊子注補入。路史國名紀四。

引世族譜云。附庸國。

極。穀梁隱二年傳。以極爲同姓。

頓。漢書地理志。頓子國姬姓。

戴。據隱十年左傳及下風俗通。定爲姬姓國。

隗。韋昭鄭語注云。隗姬姓。

鄭。據世本世家文補。

案共之爲國。見左傳太叔出奔共。杜注。今汲郡共縣。郭象注云。共和者。周王之孫也。懷道抱德。食封于共。厲王之難。諸侯立之。宣王立乃廢。立之不喜。廢之不怒。釋文引魯連子曰。共伯後歸于國。得意共山之首。古人所言。當必有據。則共爲姬姓之國無疑。

頓氏。出頓子國。爲楚所滅。以國爲氏。秦有頓弱。姓氏急就篇下引風俗通。姓纂二十六慁。〔校注 原本作「三十六恩」。據廣韻改。〕

戴氏。古戴子國。姬姓之後。姓纂十八隊。姓氏急就篇上。並引風俗通。姓氏篇引作載。古戴載同音。

鄭氏。本自周宣王封母弟友於鄭。及韓滅鄭。子孫以國爲氏。廣韻四十五勁。〔校注「勁」原本誤作「諄」。據廣韻改。〕急就章注。姓纂四十三映。

公父氏。鄭武公子共叔段生公孫滑。滑生公父定叔。爲公父氏。潛夫論。世族譜。左傳隱元年。莊十六年解。

共叔氏。鄭武公子共叔段之後。廣韻二冬。

共氏。鄭共叔段後。鄭有共仲。左氏成七年傳。姓纂同上。

京氏。鄭武公子段封於京。號京城太叔。其後氏焉。廣韻十二庚。姓氏急就篇上。並引風俗通。

段氏。鄭武公子共叔段之後。廣韻二十九換。

侯氏。其先出自周厲王之後。封于鄭。鄭共仲賜氏曰侯。厥後宣多以功佐國。因以爲氏。隸釋金鄉長侯成碑。路史前紀六注引同。

子人氏。鄭厲公之弟語也。其後爲子人氏。有子人九。左傳桓十四年集解。

具封氏。鄭公子具食采開封。因氏。鄭大夫有具封狐人。廣韻十遇。六脂。作祁夜氏。姓纂。

徐吾氏。鄭公子有食采于徐吾之鄉。後以爲氏。廣韻十一模。

子師氏。鄭有子師僕。廣韻六脂。姓纂同。

去疾氏。鄭穆公子去疾之後。姓氏書辯證九御。氏族略四。

良氏。去疾字子良。又有良氏。所以別族。氏族略四。

伯有氏。鄭公子去疾孫良霄字伯有之後。潛夫論。左傳襄十一年集解。

軒氏。出自鄭穆公子喜字子軒。以王父字爲氏。潛夫論。廣韻二十三旱。案罕作軒。潛夫論與世本公。左傳同。

馬師氏。鄭穆公有馬師之官。馬師頡、馬師朔、馬師騞。姓纂三十五馬。

案左傳襄三十年集解。子皮以其族公孫鉏爲馬師。遂爲馬師氏。

駟氏。鄭穆公子騑字子駟之後。以王父字爲氏。潛夫論。世族譜。姓纂六止。

子皙氏。鄭穆公孫駟氏之子。曰駟黑字子皙。別以字爲氏。姓氏書辯證六止。

國氏。鄭穆公子發字子國。生僑字子產。生參。以王父字爲氏。潛夫論。姓纂二十五德。

東里氏。鄭大夫子產居東里。因氏焉。姓纂一東。

子孔氏。鄭穆公生公子嘉字子孔之後。姓氏書辯證六止。嘉誤作喜。與子孚名同。今據左傳校正。

子游氏。鄭穆公生子偃字子游之後。姓氏書辯證六止。

渾氏。鄭游氏之孫罕子寬。又別爲渾氏。姓氏書辯證二十三魂。

豐氏。鄭穆公子子豐之後。潛夫論。世族譜。

印氏。鄭穆公子罙字印。孫印段。以王父字爲氏。潛夫論。世族譜。廣韻二十一震。姓氏急就篇上。

羽氏。鄭穆公子子羽。其後爲羽氏。公孫揮生羽頡。潛夫論。世族譜。姓纂九麌。

子然氏。鄭穆公子子然之後。姓氏書辯證六止。後有然丹、然明。左傳襄十九年、昭四年集解。

子革氏。然丹字子革之後。廣韻六止引姓苑。左傳集解同上。

大季氏。鄭穆公生大季子孔志父之後。姓纂十四泰。案此當卽襄十九年左傳之士子孔。杜未注耳。

蘭氏。鄭穆公本因夢蘭而生。故號公子蘭。其後支庶爲蘭氏。急就章注。姓纂二十五寒。

鮮虞。潛夫論。周召至焦二十七國。案王符數下更有鮮虞王民二國。而無魏芮以下九國。今據世本及諸書傳補之。鮮虞下爲戎狄。故移次于後。今本誤作鱗〔校注「鱗」原本作「鮮」。據潛夫論改。〕虞。蓋傳寫之訛。韋昭鄭語注云。鮮虞姬姓在狄者。與其言同。呂覽簡選篇注。亦云。中山狄國也。一名鮮虞。

王民。同右。

驪戎。左氏莊二十八年傳。晉伐驪戎。驪戎男女以驪姬。

酉姓。黃帝軒轅氏後。據國語文。依世本義例補入。其姬酉祁巳滕箴任荀嬉姞嬛依十二姓

褚師氏。鄭有褚師之官。因以爲氏。潛夫論。左傳昭二年。子晳請以印爲褚師。杜云市官。

鮮虞氏。出自春秋時鮮虞小國。晉伐鮮虞滅之。子孫以國爲氏。姓氏書辯證二仙。

鼓氏。鼓子鳶鞮之後。以國爲氏。姓纂十姥引姓苑。

驪氏。驪戎國之後。姓纂五支。

之次．皆本國語爲前後．西姓潛夫論作嬀．玉篇同．晉義並通．

白狄．潛夫論嬀姓白狄．

祁姓．黃帝軒轅氏後．同右．案祁姓皆帝堯後．堯爲黃帝玄孫．則其得姓．亦本黃帝也．

唐．左氏襄二十四年傳．士匄曰．匄之祖．自虞以上爲陶唐氏．在周爲唐杜氏．杜預云．唐杜二國名．

白狄氏．白狄之後．姓纂二十陌．

肥氏．白狄國名．趙有肥義．姓氏急就篇上．

陶唐氏．帝堯之後．自虞以上爲陶唐氏．左傳同上．潛夫論．

陶邱氏．帝堯子居陶邱．因氏焉．姓纂六豪．

陶氏．陶唐氏之後．或單稱陶．廣韻六豪．急就章注．

陶叔氏．周司徒陶叔之後也．晉有陶叔眞爲原大夫．文公時陶叔狐．姓纂六豪．

唐氏．帝堯之後．苗胄支分．因氏唐焉．隸釋仙人唐公房碑．成陽令唐扶頌．廣韻十一唐．姓纂同．

唐相氏．帝堯之胤．在周爲唐相．因以爲氏焉．姓纂十一唐．

唐孫氏．祁姓．唐堯之後．其孫仕晉．自爲唐孫氏．姓氏書辯證十一唐．〔校注「十一唐」原本誤作「十陽」．〕

劉氏．本自陶唐氏．其後劉累學擾龍．事夏孔甲．范氏其後也．廣韻十八尤．

杜。同右。韋昭國語注亦云：杜國伯爵，陶唐氏之後也。

御龍氏。陶唐氏之後，有劉累學擾龍，事夏孔甲，賜氏曰御龍氏。潛夫論。氏族略四引風俗通。姓纂九御。

擾龍氏。劉累之後。潛夫論。姓纂三十小。

伊氏。帝堯伊耆氏之胤，其後伊尹名摯，相湯，生陟、奮。隸釋伊立碑。姓纂六脂。

案：隸釋成陽靈臺碑，亦云：「惟帝堯母，昔者慶都，作舍穹精。」氏姓曰伊，則以帝堯爲伊氏者，蓋漢人已有其說。

阿氏。阿衡伊尹號，其後氏焉。廣韻十二庚〔校注「十二庚」原本誤作「六脂」，據廣韻改。〕引風俗通。

衡氏。其先堯之苗裔伊尹，在殷之世號稱伊尹爲阿衡，因而氏焉。隸釋衛尉衡方碑。姓氏急就篇上。

杜氏。帝堯裔劉累之後，在周爲唐，成王滅唐，遷封于杜，杜伯爲宣王所滅，子孫分散，皆爲杜氏。其後在周者有杜赫，晉有杜原欵，魯有杜泄。韋昭周語注。高誘呂覽諭大篇注。潛夫論。廣韻十姥。〔校注「十姥」原本作「九麌」，據廣韻改。〕姓纂十姥。唐書宰相世系表。

隰氏。隰叔，杜伯之子，爲氏。潛夫論。韋昭國語注。

士氏。杜伯爲宣王大夫，宣王殺之，其子隰叔去周適晉，生子輿，爲晉士師，其孫士蔿，生成伯缺，缺生會，子孫氏焉。潛夫論。韋昭國語注。姓纂六止。

案姓纂以隰叔爲晉士師，與韋注略異，今從韋氏。

士季氏。晉士氏之子士季生渥濁，爲士季氏。潛夫論脱士字。氏族略四引姓氏英賢傳。

士蔿氏。隰叔孫士蔿爲晉士官，子孫因氏焉。姓纂六止。

司空氏。士蔿爲大司空，以官爲氏。廣韻七之。潛夫論。

隨氏。士蔿孫隨武子會食采于隨，曰隨會，爲氏。潛夫論。韋昭國語注。姓纂五支。

劉氏。士會奔秦，後歸于晉，其處者爲劉氏，復劉累之氏。左氏文十三年傳。前漢書紀贊。

范氏。晉大夫隰叔之子士蔿之後。史記趙世家索隱。武子會食采于范，其後氏焉。潛夫論。韋昭國語注。廣韻、姓纂五十五范。

士吉氏。晉大夫士蔿生吉，爲士吉氏。姓纂六止。

右行氏。晉屠擊將右行，因氏焉。姓纂四十九宥引風俗通。

案屠杜二字古通。左傳昭九年屠蒯，禮記檀弓下作杜蕢。史記晉世家屠岸賈，古今人表亦作杜岸賈。是屠氏卽杜氏也。

郇氏。范文子受郇，其後以爲氏。國語。潛夫論。韋昭注曰：郇櫟，晉二邑。

櫟氏。范文子受櫟，其後以爲氏。同右。

冀氏。范氏之族。潛夫論。

穀氏。范氏之族。同右。

案春秋時有以名爲氏。此及鞅氏，疑皆然也。士蔿子士穀，左傳文二年爲司空。見杜解。則穀氏蓋卽其後。鞅氏殆亦士鞅之後耳。

㲋氏。士會支子士魴，采食于㲋邑在平陽，故號㲋恭子。潛夫論誤作嬴氏。今校正。姓纂十三祭。

士丐氏。晉大夫士丐之後。姓纂六止。

司功氏。晉大夫司功景子，士丐弟佗，因官氏焉。氏族略四。廣韻七之。〔校注原本作「六脂」。據廣韻改。〕引作司功氏。士丐弟佗爲晉司功，因官爲氏。姓纂七之引作司功氏。晉大夫司功景子，其先士丐也。因官氏焉。路史後紀士一注。引作士丐弟佗，晉司功，爲氏。

周有太史司功騎。姓纂七之。

士弱氏。晉士莊子爲獄官，人謂之士弱氏。姓纂六止。

鞅氏。范氏之族。潛夫論。今本誤作舊。

函輿氏。晉范皋夷食采函輿，因氏焉。姓纂三十六咸。

繇獻氏。晉范皋夷食采繇獻，因氏焉。姓纂二十八翰。

房氏。本自堯子丹朱。舜封于房，子陵以父封爲氏。廣韻十陽。唐書宰相世系表。

狸氏。丹朱之後。韋昭國語注。潛夫論。

傅氏。卽狸氏。在周爲傅氏。潛夫論。韋昭國語注。

房。周語：昭王娶於房，曰房后。賓有爽德，協於丹朱。韋昭云：房國名。又紀年成王三十三年，命王世子釗如房逆女。房伯祈歸于京師。是則康昭皆娶於房。房祁姓之國也。新祁音同。

丹。韋昭國語楚語注。朱。堯子。封於丹。

鑄。樂記。周武王封黃帝之後於薊。封帝堯之後於鑄。呂覽愼大篇。武王命封黃帝之後於鑄。封帝堯之後於黎。祝卽鑄。薊卽黎。二書之言互相易。據風俗通廣韻之言。則樂記爲是。呂覽誤耳。祝。左傳作鑄。古祝鑄音同。淮南俶眞訓。百工之鑄器。高誘云。鑄讀如唾祝之祝。則祝鑄一也。今從左傳。

巳姓。出自少皞。左傳昭十七年正義。路史發揮四注。

丹氏。堯子丹朱之後爲氏。姓纂二十五寒。

鑄氏鑄國、堯後也。在齊北虵邱。後世以國爲氏。姓纂十遇引風俗通。氏族略四。廣韻十遇。並

青陽氏。黃帝之子少昊始得氏焉。氏族略三引風俗通。姓氏急就篇下。

金氏。少昊金天氏之後。姓纂二十一侵引風俗通。

西方氏。少昊金天氏位主西方。因氏焉。姓纂十二齊。

張氏。黃帝第五子青陽生揮。爲弓正。觀弧星始制弓矢。主祀弧星。因姓張氏。秘笈新書引姓纂。

烏氏。黄帝之後。少昊氏以烏鳥命官。以世功命氏。唐書宰相世系表。

修氏。出自少昊氏。子修爲帝嚳元冥師。掌水官。其後氏焉。姓氏書辯證十八尤。

熙氏。帝俈使元冥爲水正。熙氏佐之。爲氏焉。姓纂七之引姓氏英賢傳。

句氏。出自少昊氏叔子曰重。爲句芒木正。以官爲句氏。姓氏書辯證十九侯。

夷鼓氏。黄帝子夷鼓之後。秦大夫有夷鼓德宜。姓纂六脂引姓氏英賢傳。晉語。夷鼓爲巳姓。

郯氏。郯子、少昊之裔。以國氏。姓氏急就篇下引姓苑。廣韻二十二談。

莒子氏。春秋時莒子失國。子孫氏焉。姓纂八語。

渠邱氏。莒有渠邱公。因氏焉。姓纂九魚。

著邱氏。出自莒渠邱公之後。以號爲氏。姓氏書辯證九御。

祁。據世本紀文補。

郯。左氏昭十七年傳。郯子稱少皞曰。吾祖也。杜云。少昊金天氏。巳姓之祖。

莒。自紀公以下爲巳姓。

左傳隱二年正義。氏族略二十六。隱二年正義又引作莒巳姓。襄十一年正義同。案莒前爲嬴姓。後爲巳姓。共名爲莒。而非一國。考世本紀篇及史記秦世家。嬴姓之莒。則莒先封于祁。後歸于莒。嬴姓之莒亡。而巳姓之莒仍其名也．漢地理志及姓氏族譜．皆以莒爲嬴姓．俱未知莒之前後有兩姓也．

滕姓．黄帝軒轅氏後．同郝姓．潛夫論誤作廮．今據國語校正．字相似而訛．

樊．潛夫論．

尹．同右．

駱．同右．

箴姓．黄帝軒轅氏後．同右．潛夫論誤作藏．據路史後紀五注所引校正．

滑．潛夫論．

樊氏．周宣王封仲山甫於樊．後因氏焉．國在南陽．潛夫論．廣韻二十二元．（校注　原本作「二十一欣」．據廣韻改．）

案潛夫論謂滕姓樊尹駱下．即云此皆太古之姓．其解樊氏一條云．昔仲山甫亦氏樊．謚穆仲．封于南陽．是以樊仲山甫爲滕姓也．漢書卷六十．杜欽曰．仲山甫異姓之臣．無親於宣．就封於齊．益可見樊氏非姬姓．隸釋孟郁修堯廟碑云．仲氏所自出．蓋姬周之遺．天生仲山甫．翼佐中興．及諸氏姓書．皆以爲姬姓．皆據譜諜之言．未可盡信．周太王子虞仲支孫亦封於樊．國在陽樊．兩樊相混而致誤也．

濟。同右。今本誤作齊。據路史後紀五注所引校正。

任姓。左傳隱十一年正義。引氏姓篇本文曰。任姓。謝章薛呂舒祝終泉畢過。黄帝軒轅氏後。據國語補。

案正義所引此條。即姓氏篇全文。旁行斜上之規。姓上氏下之例。皆可推。今據其意。輯爲此篇。

謝同右。急就篇〔校注急下原本脱「就篇」二字。〕補注引作任姓謝。

章。同右。姓氏急就篇上。引作章姓任。

薛。同右。

黨氏。魯大夫任姓。史記魯世家集解賈逵説。

謝氏。任姓。黄帝之後。魯有謝息。姓氏急就篇上。

章氏。秦有章邯。廣韻十陽。

薛氏。任姓。夏奚仲封薛。周有薛侯。其後爲氏。宋有薛居州。趙有薛公。姓氏急就篇上。

邳氏。奚仲之後。湯左相仲虺所封國。其後爲氏。晉有邳鄭邳豹。説文。姓氏急就篇上引風俗通。案紀年外壬元年。邳人叛。河亶甲三年、彭伯克邳。即仲虺所封國也。左傳丕鄭父子。史記皆作邳。則邳丕通同。

呂．同右．姓氏急就篇上．引作呂任姓．

舒．同右．姓氏急就篇上．引作舒任姓．

祝．同右．姓氏急就篇補注上．引作祝任姓．

終．同右．

泉．同右．

畢．同右．姓氏急就篇下．引作畢任姓．

過．同右．急就章補注．引世本氏姓篇曰任姓過．

奚氏．夏車正奚仲之後．奚仲既遷於邳．其後遂稱奚氏．急就章注．姓纂十二齊．

祖氏．祖已之後．臣扈祖已皆仲虺之胄．廣韻十姥．〔校注〕「十姥」原本作「九麌」，據廣韻改．〕氏族略三引舊譜．

仲氏．氏于字．湯左相仲虺．周仲桓．姓氏急就篇上引風俗通．

摯氏．祖已七世孫曰成．徙國于摯．更號摯國．後有摯氏．毛詩大明傳．姓纂六至．氏族略三引舊譜．唐書世系表．

疇氏．摯疇二國皆任姓．奚仲仲虺之後．後有疇氏．越有疇無餘．韋昭國語注．氏族略四，路史國名紀七．引風俗通．姓氏急就篇上．

祝氏．任姓．秦祝懽．姓氏急就篇卷上．

終氏．任姓．急就篇補注上．

過氏．任姓．夏諸侯．後爲氏．姓氏急就篇上．

猗姓．黃帝軒轅氏後．同箴姓．潛夫論誤作擿．字相似而訛．今據國語校正．

㮰．潛夫論誤作樓．據詩箋校正．

疏．同右．

嬉姓．黃帝軒轅氏後．同右．潛夫論誤作御．〔校注「御」原本作「卸」．據潛夫論．改．〕據國語校正．案史記五帝本紀．顓頊不言其姓者．之〔校注「之」字疑誤．〕山海經則當爲嬉姓．國語云．黃帝之子二十五人．爲十二姓．顓頊爲黃帝之孫．昌意之子．與靑陽夷鼓．蒼林之姓已姬者．自當相別．大荒北經云．顓頊生驩頭．驩頭生苗民．苗民釐姓．釐從其祖姓也．釐與嬉音同．則顓頊姓嬉也．諸書傳僖皆作釐．史記齊世家集

㮰氏．周大夫氏．詩十月之交箋正義．

疏氏有疎踦．氏族略四．案疎當作疏．今尙有疏氏．此作疎字．傳寫者訛爲疎也．

僖氏．黃帝十二姓之一．曹有僖負羈．姓氏急就篇下．

高陽氏．顓頊之後．同右．有高陽魋．廣韻十陽．

童氏．顓頊生老童子孫以王父字爲氏．姓纂一東．

僮氏．老童之後．或爲僮氏．同右．

臨氏．出自高陽氏才子八人其一曰大臨．子孫以王父字爲氏．姓氏書辯證二十一侵．

解。徐廣曰。蓋讀曰偆。

著。同右。

番。同右。

蕩。同右。

有施。韋昭國語注。有施。喜姓國。

程。世本。顓頊生老童。老童生重黎。太史公自序曰。重黎世序天地。〔校注「世序天地」原本作「自序大地」。據史記改。〕在周程伯休甫其後也。韋昭國語注曰。程國。伯爵。休父名也。程以諸侯爲大司馬。是程國亦嬉姓。

姞姓。左傳隱五年正義。國語注。黄帝

軒轅氏後。同右。

闞。潛夫論。史記齊世家索隱曰。闞在東平須昌縣東南。

番氏。周大夫氏。詩十月之交箋正義。

蕩氏。西夷之國。史記秦本紀集解皇甫謐說。

程氏。程伯休父爲周宣王大司馬。封於程。後遂爲氏。太史公自序注。韋昭國語廣韻二十四淸。

司馬氏。程伯休甫當周宣王時。失其守而爲司馬氏。司馬氏世典周史。〔校注「史」原本誤作「氏」。據史記改。〕同右。

女氏。惠襄之間司馬氏去周適晉。有司馬侯字女叔。爲女氏。同右。左傳襄二十六年集解。

闞氏。齊大夫闞止之後。廣韻四十五闞。

尹。同右。尹出自姞姓。廣韻五質。詩。彼都人士。爲之尹姞。尹與姞連稱。疑舉其姓言之。

燕。左傳隱五年正義。引作燕國姞姓。下云。小國無世家。不知其君號謚。潛夫論燕誤作蔡。

東郡燕國侯伯儵子卒葬封邱。遂于城內作地道向子墓。名封邱臺亦名向子臺。太平寰宇記卷一。引作世本。蓋注文。

先。同右。左傳昭元年。杜云。二國商有姺邳。

尹氏。少昊子封尹城爲氏。子孫世爲周卿士。有尹吉甫。姓纂十七準。氏族略三。

吉氏。尹吉甫後。以字爲氏。廣韻五質。唐書世系表。

奇氏。伯奇之後。以王父字爲氏。姓纂五支引姓苑。

吉氏。黃帝之胤。伯儵之後。廣韻五質。

郅氏。〔校注　原本誤作「郈氏」。據潛夫論改。〕周先姞姓封于燕。郅音與古姞同。潛夫論。

商諸侯．紀年外壬元年．侁人叛．河亶甲五年．侁人來賓．姺侁卽先也．

偪．同右．今本誤作魯．左氏文六年傳．杜祁以君故．讓偪姞而上之．正義曰．偪國名．今據以校正．

雍．同右．

蹶．同右．今本誤作斷．據詩韓奕傳校作蹶．案漢書地理志．無鹽東平陸古厥國．蹶作厥．或省文．

密須．韋昭國語注．氏族略二．引作密須商時姞姓之國．

嬛姓．黃帝軒轅氏後．同嬉姓．

雍氏．黃帝之孫．姞姓之後．爲宋大夫．史記鄭世家集解引賈逵說．

蹶氏．有蹶父爲周卿士．姞蹶父姓也．詩韓奕傳．

密須氏．商時姞姓國也．文王滅之．其後以國爲氏．姓氏書辯證五質．路史國名紀一．引作商有密須．文王伐之．

須氏．密須之後．史記范睢列傳索隱．案詩伐密伐崇．尚書大傳云．文王三年伐密須．蓋詩作密者．省文也．呂覽上德篇．密須之自縛其主．而與文王．

潛夫論嬛誤作嵬。據國語校正。

饒。潛夫論。

穰。潛夫論脱此字。據路史前紀三注所引校補。

穀。潛夫論誤作殺。蓋穀字之訛。據左傳校正。

依姓。黄帝軒轅氏後。同右。

過。路史國名紀六。引括地象曰。過猗姓。案猗依古字通。詩淇澳。猗重較兮。釋文云。猗依也。蓋諧聲之轉。晉義並通。

穀氏。春秋穀伯國。齊有穀榮。急就篇姓氏上。

世本卷七中

江都秦嘉謨輯補

氏姓篇中

姚姓，帝舜後。左傳隱八年正義，引作帝舜姚姓。又昭八年正義，引作舜姚姓姚氏。路史後紀十二，引作有虞氏姚姓。皆散引文。今輒入後字，以从世本義例。

虞。左傳哀元年：虞思妻之以二姚。杜云：姚，虞姓。史記集解譙周曰：以虞封舜之子。

姚氏，舜姓。陟方之後，末嗣稱焉。急就章注。

司徒氏，舜爲堯司徒，子孫氏〔校注　「氏」原本誤作「是」。〕焉。姓纂七之引帝王世紀。

虞氏，舜有天下號爲虞，子商均因以爲氏。其後有虞遏父。史記陳杞世家。急就章注。姓纂十虞。

吳氏，虞吳音相近，故舜後亦氏吳，有吳廣。史記趙世家索隱。案史記趙世家有曰：全思虞舜之勳，故命其冑女孟姚，配而七世之孫。索隱曰：即吳廣之女，姚姓孟氏也，是吳爲虞後。

幕氏，舜祖幕支孫以王父字爲氏。廣韻十九鐸引風俗通。

甄氏，舜陶甄河濱，其後爲氏。廣韻十九眞。秘笈新書引姓纂。

商。史記正義引括地志曰：封舜子均于商，故號商均。

遂。路史後紀十二注。引作陳遂舜後。

觀。司馬彪續漢郡國志。觀，姚姓。

案韋昭國語注又云：五觀，啓子太康昆弟，則人名而非國名。急就章注：以夏之同姓諸侯有觀國，爲觀氏。誤也。

嬀姓。帝舜之後。姓纂五支。

案左氏昭八年傳：胡公不淫，故周賜之姓，使祀虞帝。正義曰：舜姓姚，哀元年傳可據，至胡公乃賜姓爲嬀耳。

陳。據世本王侯譜文補入。

案鄧名世曰：甄字平聲，而世讀作堅，非陶甄之甄矣。

商氏。古商國後有商瞿。廣韻十陽。

遂氏。商封舜之後于遂，以爲氏。路史後紀十二注引風俗通。

案春秋莊十三年，齊人滅遂。十七年傳：遂因氏、頒氏、工婁氏、須遂氏，醉齊戍而殺之。杜云：四族皆遂强宗。未知即是其同姓否。

觀氏。有觀丁父、觀起、觀從。廣韻二十五換。

虌子氏。出自虌子觀起之後，楚大夫有虌子班。姓氏書辯證七之。

嬀氏。舜生嬀汭，子孫氏焉。姓纂五支。

陳氏。舜後，胡公滿受封于陳，爲楚所滅，以國爲氏。姓纂十七眞。急就章注。

胡氏。帝舜之後，胡公封陳，子孫以謚爲氏。姓纂十一模。

袁氏。陳申公犀侯十世孫諸字伯爰。其孫濤塗以王父字爲氏。爰或爲袁。潛夫論。廣韻二十二元。唐書世系表。

原氏。陳大夫原仲之後。楚大夫有原仲蔿。詩東門之枌傳。潛夫論。姓纂二十二元。

鍼氏。陳大夫鍼子之後。潛夫論。左傳襄八年二十四年集解。

子仲氏。陳宣公子子仲之後。姓氏書辯證六止引風俗通。姓氏急就篇下引姓苑。

顓孫氏。陳公子顓孫仕魯因氏焉。其孫顓孫師字子張。爲孔子弟子。姓氏書辯證二仙引風俗通。

慶氏。陳桓公五世孫有慶虎。爲慶氏。世族譜。姓氏書辯證四十三映引同。

子夏氏。陳宣公生子夏。其夷。其夷生御叔。已師。已師生子南徵舒。徵舒生惠子晉。晉生定子御寇。爲子夏氏。夏齧、夏區夫皆其後。潛夫論。急就章注。姓纂六止。三十五馬。

少西氏。夏徵舒之祖子夏之名。因以爲氏。左傳宣十一年集解。

子宋氏。陳宣公生子楚。其後爲子宋氏。姓纂六止。

宗氏。陳公族。潛夫〔校注　原本「論」上衍「豎」字。〕論　宣公六世孫有宗來氏。陳公族。同右。

儀氏。陳公族。有儀行父爲陳卿。潛夫論。左傳襄九年集解。

孔氏。陳公族。有公孫寧稱孔寧。其後有孔奐。左傳文十五年宣九年襄二十七年集解。

司徒氏。陳成公子司徒招。其後爲司徒氏。潛夫論。氏族略四引帝王世紀。左傳昭八年集解。姓纂七之。

司城氏。陳哀公之子郳勝之後。爲司城氏。姓纂七之。案孟子述孔子主司城貞子。爲陳侯周臣。當卽此司城氏也。哀十五年左傳陳有公孫貞子。未知卽是此人否。

胡非氏。陳胡公之後。有公子非。因以胡非爲氏。廣韻十一模。姓纂同。

傴師氏。陳悼公子太子傴師。其後以王父字爲氏。廣韻六脂〔校注　原本作「十一模」。案廣韻。傴師條在六脂字注。據改。〕姓纂二十阮。

鬭門氏。陳鬭父之後。楚大夫有鬭門揚。姓纂五十候。廣韻二十三魂。引作陳有鬭門氏。

恩氏。陳大夫成仲不恩之後。氏族略四。姓氏急就篇上。引風俗通。

公良氏。有公良孺。陳人。史記仲尼弟子列傳。

陳氏。陳厲公他生敬仲完奔齊。以國爲氏。左傳莊二十二年傳集解。唐書世系表。

敬氏。陳厲公子敬仲之後。以謚爲氏。廣韻四十三映引風俗通。姓纂四十三映。

齊。據六國年表及田敬仲完世家補。

田氏。陳敬仲之後。敬仲自陳適齊。始食采于田。改爲田氏。史記田敬仲完世家，漢書第五倫傳注，引應劭說，隸釋漢田君碑，廣韻一先，急就章注，後漢書丁鴻傳注。

子石氏。陳桓子生子石難。自別爲子石氏。姓氏書辯證六止，路史後紀十一注，引作陳桓子生子石後，下無。

案子石以下諸氏，皆依潛夫論爲次，子石氏誤作皮氏。

子占氏。陳桓子生書。字子占之後。氏族略三。陳桓子生子占書。書生子良堅。堅子以王父字爲氏。姓氏書辯證六止，桓本作威，鄧氏避宋諱而改，今以上文校正。

孫氏。陳桓子無宇之子子占稱孫書。後以爲氏。左傳昭十九年集解。

子沮氏。陳烈子生子沮與。後爲子沮氏。姓氏書辯證六止，路史後紀十一注，引作子沮氏，陳烈子後。

子輿氏。陳桓公生子石難。爲子輿氏。潛夫論，姓纂六止，氏族略三。

案姓纂稱陳桓子作桓公，僖子作僖公，皆出于世本，仍齊史之舊稱。

子獻氏。陳桓公孫子獻之後。姓纂六止，氏族略三，路史後紀十一注，引作子獻氏，桓公孫。陳桓子無宇產子亹。亹產子獻。獻產鞅也。史記齊世家索隱。

按姓纂引風俗通云，子獻氏，齊大夫子獻之後，楚文王子獻，邊爲大夫，考陳桓子在楚文王後，則非此子獻氏矣，或文字有誤。

讐子氏。陳威公生昭子來將。孫卑爲讐子氏。姓氏書辯證十八尤。

子鞅氏。陳僖公生簡子齒。爲子鞅氏。潛夫論。姓纂六止。氏族略三。

子穆氏。陳僖子生子穆安。因爲子穆氏。姓氏辯證書六止。路史後紀十一注。引作子穆氏陳僖子子穆安後。氏族略三引同。中子〔校注「中子」二字疑衍文。〕

子枋氏。陳僖子生穆子安。爲子枋氏。潛夫論。姓纂六止。

子尙氏。陳僖公生廩邱子尙意茲。因氏焉。鄭大夫子尙伯文。姓纂六止。路史後紀十一注引同。無意茲以下。氏族略三引同。無鄭字以下。姓纂所引鄭字上有國語二字。今據删。

廩邱氏。陳僖子生廩邱子尙意茲。因氏焉。姓纂同上。路史注同上。引同。無意茲二字。國名紀一注又引云。廩邱。齊大夫廩邱子邑。氏族略三引作廩邱氏。齊大夫廩邱子之邑。案氏族略又引英賢傳云。廩邱充。齊隱者。

子芒氏。陳僖子生子芒盈。氏焉。姓纂六止。路史後紀十一注。引作子芒氏。僖子子子芒後。

子禽氏。陳僖公生惠子子得。爲子禽氏。氏族略三。

子寤氏。陳僖公生宣子。其後爲子寤氏。姓纂六止。氏族略三。

賜氏。齊大夫簡子賜之後。廣韻五寘。姓氏急就篇上。

胡母氏。本陳胡公之後也。齊宣王母弟別封母鄉。遠本胡公。近取母邑。故爲胡母氏。姓纂十一模。急就章注。同引風俗通。廣韻十一模。

陸氏。齊宣王之後宣王封少子通于平原陸鄉。因氏焉。姓纂一屋。唐書宰相世系表。

靖氏。齊威王之子靖郭君田嬰之後。史記孟嘗君列傳。淮南子人間訓注。廣韻四十靜。

嘗氏。齊公子田嬰之子孟嘗君田文之後。呂覽下賢篇注。廣韻十陽。姓氏急就篇上。並引風俗通。

穰氏。田穰苴諸田之族。穰所食之邑因以氏焉。氏族略三引風俗通。廣韻十陽。

威氏。齊威王之後以爲田氏始王。故其後以爲氏。氏族略四引風俗通。

於陵氏。陳仲子、齊世家。解爵灌園于於陵。子孫氏焉。氏族略三引風俗通。姓氏急就篇下。

王氏。有虞之胄。封陳興齊。遂爲王氏。隸釋冀州刺史王氏碑。

五王氏。齊有威宣湣襄至王建五王。因以爲氏。氏族略四引風俗通。廣韻十陽。

法氏。齊襄王法章支孫以名爲氏。後漢書法雄傳。姓纂三十四乏。

盧。國語曰。盧由荊嬀。韋昭曰。盧嬀姓之國。荊嬀。盧女爲荊夫人。荊楚也。盧後蓋滅于楚。故左氏文十四年傳。有盧戢黎。杜云。盧大夫。又曰。自盧以往。振廩同食。其地當在今盧州。漢書地理志盧江郡下．應劭曰．故盧子國．又呂覽簡選篇．吳東征至于庫盧．高誘曰．國名．皆是盧也．今國語本作盧．以諸書校之．或當作廬．

姒姓．夏禹之後．史記周本紀正義．太平寰宇記二十六．皆引作莘國．姒姓．夏禹之後．路史後紀十四注．引作莘國姒姓禹後．皆單舉莘國以見義．今據世本義例．列姒姓以下六字于前．

案史記夏殷秦三本紀贊．首言其姓．後數其氏．與世本任姓子姓原文同．潛夫論亦與史記相類．蓋皆出于世本．今俱依以爲次．史記五帝本紀曰．禹爲夏后．而別氏姓姒氏．則姒姓從禹始耳．

夏后．史記夏本紀太史公曰．姒姓．夏后有扈有男斟尋彤城褒費杞繒辛冥斟戈．潛夫論曰．姒姓．分氏夏后有扈有南斟尋斟灌辛褒費戈冥繒．名同而其

夏后氏．以國爲氏．禹爲夏后．因氏焉．史記夏本紀．姓纂三十五馬．

夏氏．氏於號．夏桀爲湯所滅．其後遂稱夏氏．急就章注引風俗通．

禹氏．夏禹之後．以謚爲氏．姓纂九麌引風俗通．

次微異。今从史記。

有扈。尚書甘誓正義引曰。有扈與夏同姓。蓋約舉文。

有南。夏本紀有男。索隱曰。系本男作南。

斟鄩。左傳襄四年正義。史記與世家索隱。皆引作斟尋。夏同姓。正義所引多諸侯二字。蓋約舉文。史記夏本紀索隱曰。斟尋系本尋作鄩。

彤。尚書顧命正義引作彤。姒姓之國。散引文也。

褒。史記夏本紀。韋昭周語注亦云。有褒姒姓之國。

竇氏。夏帝相遭有窮氏之難。其妃方娠。逃出自竇而生少康。其後氏焉。竇犨爲晉大夫。廣韻五十候引風俗通。姓纂同。

鮑氏。夏禹之後有敬叔食采於鮑。敬叔生叔牙。叔牙曾孫國。世爲齊卿。韋昭國語注。姓纂二十一巧。

有扈氏。分封用國爲氏。史記夏本紀。姓纂四十四有。

扈氏。有扈國名。亦氏。趙有扈輒。廣韻十姥〔校注 原本作「九麌」。案廣韻扈字在十姥。據改。〕引風俗通。姓纂十姥。

有男氏。路史國名紀四引此三字。姓氏急就篇上。引作有男氏姒姓。分封用國爲氏。史記夏本紀。廣韻四十四有。
案南與男古音同。故世本或作南或作男。史記亦作男也。

斟鄩氏。姓氏急就篇上引此三字。分封用國爲氏。史記夏本紀。

斟氏。夏諸侯斟尋氏後以國爲氏。姓纂二十一侵。

鄩氏。斟鄩氏之後。亦作鄩氏。周有鄩肸。同右。

尋氏。古斟鄩氏之後。同右。

彤城氏。分封用國爲氏。史記夏本紀。

褒氏。分封用國爲氏。史記夏本紀。

弗。史記夏本紀索隱曰：世本費作弗。路史後紀十三引同。

案夏本紀索隱云：系本不言彤城及褒，而尚書正義即引世本彤國，韋昭注皆因世本，亦有褒國，則小司馬所見世本，蓋脫落耳。

杞。據世本世家文補。

案弗即費之古文，古晉亦同。

費氏。禹後，分封以國爲氏。史記同上。廣韻姓纂八未。

杞氏。分封用國爲氏。史記同上。姓纂六止。

東樓氏。夏禹後有杞東樓公，支孫氏焉。其後杞大夫有東樓羽。姓纂一東。

西樓氏。杞東樓公之子曰西樓公，子孫以號爲氏。姓氏書辯證十二齊。

樓氏。夏少康之裔，周封爲東樓公，子孫以樓爲氏焉。廣韻十九侯。姓纂同。

婁氏。夏少康裔孫東樓公封於杞，爲楚所滅，子孫食邑於婁，因以爲氏。唐書宰相世系表。又云陽城諸縣有婁鄉。

夏侯氏。出自夏禹之後。杞簡公爲楚所滅，其弟佗奔魯，魯悼公以佗出自夏后氏，受爵爲侯，謂之夏侯。廣韻十九侯。姓纂三十五馬。

鄫。據姓纂氏族略所引世本文補。韋昭國語注亦曰：繒，姒姓，夏禹之後。鄫作繒。晉同。史記潛夫論皆作繒。

莘。史記周本紀正義，太平寰宇記二十六，俱引作莘國，姒姓，夏禹之後。蓋散引世本文。

鄫氏，分封用國爲氏。魯有鄫鼓父。史記同上。左氏襄二十九年傳。

曾氏，夏少康封其少子曲烈于鄫，襄六年莒滅之，鄫太子巫仕魯，去邑爲曾氏。氏族略三。

曾氏，巫生阜，阜生皙，皙生參，字子輿，父子並仲尼弟子。參生元申。姓纂十七登引至曾氏止。襄六年句，作春秋時爲莒所滅。案此述曾氏系代最詳。韓詩外傳曰：曾參喪妻不更娶，人問其故，曾子曰：以華元善人也。漢書王吉傳：吉子駿妻死不復娶，或問之，駿曰：德非曾參，子非華元。如淳曰：華與元，曾參之二子。則是曾子之子三，尚有名華者。

莘氏，用國爲氏，禹後，姒姓，文王妃家。（校注「家」原本誤作「冢」，據路史改。）路史後紀十三注。郇散宜生等求有莘美女獻紂者。史記周本紀正義，據史記夏本紀補。

辛氏，夏啓封支子于莘，莘辛聲相近，遂爲辛（校注「辛」原本誤作「莘」，據廣韻改。）氏。周有辛甲，辛有。廣韻十七眞。姓纂同。

董氏，周辛有之後，辛有之二子適晉，董司典籍，於是乎有董史，遂爲董氏。後有董狐。左氏昭三年傳。韋昭國語注。姓氏急就篇上。案晉語：夏郊董伯爲尸。注曰：神不歆非類，董伯其姒姓乎。

侯史氏，董狐爲晉侯史，因官氏焉。姓纂十九侯。

青史氏，晉太史董狐之子受封於青史，因氏焉。姓氏書辯證十五青。引姓氏英賢傳。

冥。史記夏本紀。潛夫論。

案路史後紀十四注。鄍出姒氏。引春秋公子譜。則冥卽鄍也。左氏僖二年傳。冀爲不道。入自顚軨。伐鄍三門。當卽其舊地也。

斟灌。左傳襄四年正義。引作斟灌。夏同姓諸侯。史記吳世家索隱引同。無諸侯二字。皆㪚引世本文。

史記作斟戈氏。索隱又引斟灌氏三字。

子姓。左傳隱元年正義引世本云。子姓。殷時來宋空同黎北髦目夷蕭。此世本原文也。其文與殷本紀子姓諸氏。及潛夫論同。其例與隱十一年正義所引世本氏姓篇任姓同。今依以爲次。旁行以列于左方。

弊後。史記五帝本紀文。

冥氏。分封用國爲氏。史記同上。廣韻十五靑。

案漢書儒林傳。棠谿惠授泰山冥都。當卽此冥氏也。

斟灌氏。夏諸侯也。子孫氏焉。氏族略三引風俗通。

斟氏。夏諸侯斟灌氏之後。分封用國爲氏。史記同上。姓纂二十一侵。

灌氏。本斟灌氏。夏諸侯也。其後爲灌氏。急就章注。

戈氏。分封用國爲氏。斟戈卽斟灌氏。路史國名紀三。據史記卷二夏本紀補正。

鬭耆氏。子姓。姓纂五十侯。

荀氏。晉武公滅荀以賜大夫原氏黯。是爲荀叔。其後爲荀氏。竹書紀年。

案荀氏之姓。諸書無言之者。惟史記趙氏家云。主君之子。將克二國。于翟皆子姓也。正義曰。謂氏及智氏也。則知氏乃子姓也。荀氏與智氏同祖。故左傳士匄問後于荀偃。答曰。鄭甥可。既娶于鄭。則非姬姓可知。左傳莊二十八年。稱晉惠公之母曰小戎子。或荀知皆戎人之後。故趙世家以爲克二國于翟。戎翟蠻夷。散言之則通也。姓纂以爲郇侯後。氏族略以爲姬姓。皆誤。

中行氏。本姓荀氏。晉荀逝敖生桓子林父。將中行爲中行氏。姓纂一東。史記趙世家索隱。

殷。左傳正義。同右。

引作自荀偃將中軍．晉改中軍曰中行．因氏焉．姓纂無本姓荀氏四字．从索隱所引增．案荀偃未嘗將中行．索隱所引〔校注　「引」下疑有脫字．〕姓纂一送又引云．晉大夫有仲行氏．中仲古音同．

知氏．晉荀首食采于知為知氏．其後罃盈躒瑤．荀氏先與智氏同祖逝敖．

故智氏亦稱荀．索隱同右．據潛夫論及姓氏急就篇補．

輔氏．知氏之族知果別族于太史為輔氏．國語．韋昭注．姓纂九麌引風俗通．

新氏．出自荀氏晉新穉穆子狗別為新氏．韋昭國語注．姓纂十七眞．

投壺氏．晉中行穆子相投壺因為氏焉．姓氏急就篇下引風俗通．

代氏．本國名也在常山之北．代王為趙襄子所滅．其遺族遂稱代氏焉．急就章注．姓纂十九代．〔校注　原本誤作「十八隊」．〕

殷氏．以國為氏．湯國號也．二十四代、三十四王、六百二十九年為周所滅．子孫以國為氏．史記殷本紀．廣韻二十一欣．急就章注．姓纂二十一欣．〔校注　十「欣」原本誤作「侵」．據姓纂改．〕

衣氏．齊人言殷聲如衣．今姓有衣者殷之冑．禮記中庸鄭氏注．

湯氏．殷湯之後．以謚為氏．廣韻十一唐．姓氏急就篇下．

乙〔校注　原本「氏」上脫一字．案姓纂是「乙」字．〕氏．湯殷字乙．

支孫以王父字爲氏。姓纂五寘。

甲氏。太甲之後。姓纂三十二狎。氏族略四。引風俗通。

沃氏。太甲子沃丁之後。廣韻姓纂三沃氏族略〔校注　原本「四」上脱文。據通志補「氏族略」三字。〕四並引風俗通。

稚氏。殷之後以國爲氏。史記同右。廣韻姓纂六至。

梅氏。本自子姓。殷有梅伯。廣韻十五灰。

祖氏。殷王祖甲祖乙祖丁支庶因氏焉。姓纂十姥。

武氏。殷王武丁伐鬼方元功章炳勳茂王室官族分析因以爲氏。武氏其後也。隷釋敦煌長史武班碑。

鄧氏。殷王武丁封叔父于河北。是爲鄧侯。後因氏焉。廣韻四十八嶝。

權氏。出自殷帝武丁。武丁之子降封于權。周衰入楚爲權氏。韓愈權德輿墓碑。

堂陽氏。太丁封母弟堂陽爲堂陽氏。在堂水之陽。路史國名紀六。及後紀十注。引城冢記。

郝氏。殷帝乙時。有子期封太原郝鄉。後因氏焉。廣韻姓纂十九鐸。唐書世系表。

王氏。殷王子比干爲紂所害。子孫以王者之後。號曰王氏。廣韻十陽。

孫氏。其先出自有殷比干。裔孫分析。避地匿軌。姓曰孫氏。隷釋安平相孫根碑。

林氏。殷太丁之子比干之後。比干爲紂所害。其子堅（校注　原本「其」下兩字漫漶。按路史後紀九爲「子堅」。據補。）逃難長林之山。遂姓林氏。

箕氏。殷有箕子。箕國名。後爲氏。姓氏急就篇上。

李氏。其先（校注　原本「其」下脫一字。據隸釋補「先」字。）出箕子之苗。隸釋廣漢屬國侯李翊碑。

鮮于氏。武王封箕子于朝鮮。其子食采於于（校注　原本「於」下脫兩字。案氏族略及風俗通姓氏篇皆作「其支子仲食采於于」「于」字據補。）因合鮮爲氏焉。急就章注引風俗通。姓纂一先。

鮮氏。鮮于氏之後。或單稱鮮。姓纂同右。

祿氏。殷紂子（校注　原本殷下兩字漫漶。案廣韻祿字注爲「紂子」二字。據補。）武庚祿父後。以王父字爲氏。姓纂一屋引風俗通。

□□□殷後。姓纂十一唐。

時氏。史記（校注　原本「殷」上脫兩字。按下文來氏注爲「史記」。據補。）殷本紀索隱。引此二字。路史國名紀四。引作子姓有時氏。姓氏急就篇上。引作時。左傳正義。同右。

來。同右。

宋。同右。

時氏子姓，皆與姓連引。齊有賢人時子著書。姓纂七之。

來氏分封以國爲氏，其先殷之別族，食采於郲，子孫去邑爲來氏。史記同右。急就章注。唐書世系表。姓氏急就篇上。

微氏殷有微子、微仲，微國名爲氏。魯有微虎。姓氏急就篇上。

衍氏宋微仲衍之後。氏族略四引風俗通。

宋氏殷王帝乙長子微子啓，周武王封于宋，遂以國爲氏。廣韻二宋。姓纂同。

南宮氏宋有南宮長萬，其子南宮牛。

案春秋莊十二年經書宋萬，則宋乃其氏也。賈氏以爲未賜族，疑誤。傳稱南宮長萬，蓋其別氏。又有南宮牛，杜云萬子。

孔氏宋愍公生弗父何，何生宋父周，周生世父勝，勝生正考父，正考父生孔父子孫，以王父字爲氏。潛夫論。姓纂一董。〔校注「董」原本誤作「東」。〕

案古人名嘉者皆字孔，如鄭子孔、楚子孔之類，可以推見。孔之爲氏，自以嘉得名。廣韻以謂吞乙而生契，以子加乙，故名孔氏，說未可信。

正氏宋上卿正考父之後。潛夫論。廣韻四十四諍。案漢書宋房傳稱，昔秦趙高用事，有正先者，非刺高而死。孟康曰，姓正名先，秦博士也。此卽正氏之可見者。

鄒氏宋正考父之後，食邑于鄒，生叔梁紇，爲鄒氏。姓纂十八尤。

白馬氏。微子乘白馬朝周，因氏。潛夫論誤作臣賀氏。姓氏急就篇下云：白馬氏見風俗通、潛夫論。今據以校正。姓纂二十陌。

經氏。宋公族。潛夫論。

祝其氏。宋戴公子孫祝其爲司寇，因氏焉。姓纂一屋。案氏族略四，引風俗通祝其氏，亦與此條同，作大司寇，稱戴公之子。潛夫論亦有祝其氏。

華氏。宋戴公子考父說食采于華，因氏焉。潛夫論。廣韻、姓纂四十禡。華，廣韻作崋。

督氏。宋大夫華父督之後，晉有督戎。姓纂二沃引風俗通。急就章注。

幹獻氏。宋司徒華定後爲幹獻氏。姓氏書辯證二十八翰。氏族略四。路史後紀十注。案潛夫論亦有幹獻氏，列華氏之下。今依以爲次。餘氏類同。路史注所引惟幹獻氏三字，非全文也。

耦氏。宋卿華耦之後。姓纂四十五厚。氏族略四。並引風俗通。廣韻四十五厚〔校注　原本「韻」上闕一字，「十」下脫兩字。據廣韻補作「廣韻四十五厚」。〕

所氏。宋大夫華所事之後。□□書注、急就章注、姓纂八語並引風俗通。氏族略四引作所華。

季老氏。宋華氏有華季老子〔校注　原本「孫」上脫一字。據氏族略補。〕孫氏焉。氏族略四。姓氏書辯證引同。子孫作其子。

事父氏。宋有事父氏，子姓也。潛夫論。姓纂六至。

皇甫氏。宋戴公子充石字皇甫。子孫以王父字爲氏。潛夫論。姓纂十一唐。

戴氏。宋戴公子文以謚爲氏。宋大夫戴惡。急就章注。廣韻十九代。姓纂十九代。〔校注　原本誤作「十八隊」。據姓纂改。〕

樂氏。宋戴公生子衎字樂父。子孫以王父字爲氏。廣韻四覺。姓纂同。案晉有樂王鮒。韋昭晉語注云：晉大夫樂桓子也。疑亦宋後。

司城氏。宋戴公孫東鄉克孫樂喜爲司城。氏。姓纂七之。上「孫」本作「生」。據世本傳文校正。

右師〔校注　原本作「右司」。案本條下文及廣韻「司」爲「師」之譌，據改。〕氏。宋樂大心爲右師。其後因官爲氏。廣韻四十四有。

桐門氏。宋樂大心爲右師，居桐門。後爲氏。左傳定九年集解。姓氏急就篇下。

老氏。宋戴公五世孫有老佐。左傳成十年集解。〔校注　此下有闕文。〕

老成氏。宋有大夫老成方。廣韻十四清。姓氏急就篇上。

魚氏。宋公子魚賢而有謀。以字爲氏。潛夫論。急就章注引風俗通。

左師氏。宋公子目夷爲左師。其後爲氏。廣韻三十三箇。

魚孫氏。宋大夫魚石奔楚。其孫在國者。因以魚孫爲氏。姓纂九魚引風俗通。廣韻二十三魂。

彤氏。宋有大夫彤班，食采彤門，故以爲氏。潛夫論。左傳文十一年集解。氏族略三。

艾氏。宋公族。潛夫論。廣韻亦有艾氏。

雍氏。本子姓也。鄭有雍糾，齊有雍廩，楚有雍子。姓纂二冬。潛夫論誤作巤氏。

鄀氏。晉邑。楚雍子奔晉，晉人與之鄀，爲氏。姓氏急就篇下。

鴟夷氏。子姓。宋微子之後。潛夫論誤作鳩夷。氏族略四引潛夫論作鴟夷。

案淮南子氾論訓：昔齊簡公釋其國家之柄，而專任其大臣，故使陳成、田常、鴟夷子皮，得成其難。即氏于鴟夷者也。

中野氏。宋微子之後。楚文王御史中野彪。潛夫論。姓纂一東。氏族略四。

不夷氏。宋不夷甫須之後。姓纂八物。路史後紀十注，亦引不夷氏。

冀氏。宋公族。潛夫論。

牛氏。宋微子之胄司寇牛父敗狄長丘，死，子孫以王父字爲氏。潛夫論。廣韻、姓纂十八尤。

仇氏。宋大夫仇牧之後。姓纂十八尤。

武氏。宋武公之後，氏于謚。廣韻九麌。姓氏急就篇上引風俗通。

宣氏。宋宣公之後，以謚爲氏。潛夫論誤作宜。急就章注。氏族略四。姓氏急就篇上。並引風俗通。

穆氏。宋穆公之後。支孫氏焉。姓纂一屋。

罔氏。宋公族。潛夫論。

朝氏。宋公族。同右。有公子朝。左氏文十八年傳。疑以爲氏。

莊氏。氏于謚。宋有莊朝、莊堇。左氏襄十七年、昭二十一年傳。廣韻十九代引風俗通。（校注　案廣韻「莊」姓見十陽，注中亦未引風俗通。又案十九代「戴」字注引風俗通云：「凡氏於謚，戴、武、宣、穆是也。」作者所引，蓋解「氏于謚」一語也。）

仲氏。宋莊公子仲之後，稱仲氏。氏族略四引公子譜。

右師氏。宋莊公生公子仲，世爲右師氏。氏族略四。姓纂四十四有引同。莊公作武公，傳寫之譌也。

勃氏。宋右師之後。廣韻十一沒。潛夫論譌作敎。

幾氏。宋大夫仲幾之後，以王父名爲氏。姓纂八微。氏族略四。引風俗通。案氏族略于此下云：「仲幾字子然。」此以名爲氏者，蓋據春秋世譜而言。

三伉氏。宋微子之後。宋大夫三伉之胄。（校注　案姓纂引風俗云：「爰公子重耳封舅犯於三伉，支孫氏焉。」姓氏急就篇云：「風俗通有伉喜。」此云「宋大夫三伉之胄」，或引他書而失注也。）姓纂二十三談。姓氏急就篇上。引風俗通。

王夫氏。宋公族。潛夫論。

徵氏。宋公族。同右。

鄭氏。宋公族。同右。

鱗氏。宋桓公子鱗之後。潛夫論。廣韻十四眞。

桓氏。宋桓公孫鱗矔爲宋司徒，號曰桓子，因爲氏。急就章注。

臧氏。宋公族有臧士平。左氏昭二十二年傳。潛夫論。

蕩氏。宋威公生子蕩，因氏焉。姓纂六止。

案左傳僖二十五年正義云：宋桓公生公子蕩，蕩生公孫壽，壽生蕩意諸。意諸之後，以蕩爲氏。蓋亦本自世本也。

虺氏。宋公族。潛夫論。左傳文十五年有蕩虺。杜云：意諸之弟。疑以爲氏。

泥氏。宋大夫卑泥之後。氏族略四。姓氏書辯證十二齊〔校注　十二齊，原本誤作「五父」。〕引同。卑泥作泥卑。潛夫論泥誤作沙。

向氏。宋桓公支子向父盻，盻孫戌以〔校注　原本「以」下有闕文。據潛夫論補。〕王父字爲氏。潛夫論。廣韻姓纂四十一漾。〔校注　原本「纂」下有闕文。據廣韻姓纂補。〕急就章注。廣韻桓作文。盻作肸。今从姓纂。

合氏。宋大夫合左師之後。廣韻姓纂二十七合。

靈氏。宋文公子子靈圍龜之後。潛夫論誤作黑。據左傳校正。姓氏急就篇上引風俗通。廣韻十五靑。

圍龜氏。宋公子圍龜之後。潛夫論。左傳成十五年集解。

既氏。宋公族。潛夫論。

獲氏。宋大夫猛獲之後。潛夫論誤作據。據風俗通校正。姓纂二十一麥引風俗通。

專氏。宋公族。潛夫論。

戎氏。宋公族。同右。

賈氏。宋公族。同右。

尾氏。宋公族。同右。案此疑卽微氏。論語微生高。戰國策作尾生高。

巳氏。宋公族。同右。

成氏。宋公族。同右。

邊氏。祖于宋平公。平公子御戎字子邊。其後以王父字爲氏。潛夫論。廣韻一先引陳留風俗傳。左傳昭二十年集解。氏族略三。

桓氏。宋桓公之後向魋亦爲桓氏。姓纂二十六桓。姓氏急就篇上。

司馬氏。司馬牛是桓魋之弟。以魋爲宋司馬。故牛遂以司馬爲氏。潛夫論。史記仲尼弟子列傳索隱。

公朱氏。楚大夫公朱高出宋公子朱。路史後紀十注。姓氏書辯證一東。引作宋公子朱之後。

東鄉氏。宋大夫東鄉爲人之後。氏族略三。廣韻一東引同。無人之後三字。姓氏書辯證一東引同。無人字。

西鄉氏。宋大夫西鄉錯之後。氏族略三。廣韻十二齊。無之後二字。姓氏急就篇下引同。

案氏族略又引尸子（校注「子」原本作「字」，據氏族略改。）云：有隱者西鄉曹。

西鉏氏。宋大夫西鉏吾。廣韻十二齊。

子革氏。宋司城子革之後。姓纂六止。氏族略。

甫爽氏。宋有大夫甫爽文叔。姓氏書辯證九麌。引同。無有字。文叔作之後。氏族略四

褚氏。宋共公子段字子石食采于褚其德可師號曰褚師。生公孫肥。子孫因爲褚氏。左傳襄二十年集解。唐書世系表。

石氏。宋共公子段字子石之後。段生石彄。左傳定十年集解。

褚師氏。宋恭公子石食采褚師。因而命氏。廣韻八語。

薄氏。宋大夫食邑爲氏。路史國名紀四引姓書。

木門氏。宋諸公子食采于木門者。後遂爲氏。廣韻二十三寬。

空同。同右。

黎。同右。

北旄。同右。四引云。路史國名紀髦見世本。

目夷。同右。

杤。路史國名紀四引云。黎比髦初段瓦鐵七國。並出世

朱氏。其先宋微子之後。以國氏。周衰。諸侯滅宋。奔碭易氏爲朱。後漢書朱暉傳。

空同氏。子姓。蓋因空同山〔校注「山」原本誤作「上」，據氏族略改。〕也。氏族略三。路史後紀十注亦引空同氏。分封以國爲氏。史記殷本紀。案史記趙世家。趙襄子娶崆峒氏。

黎氏。黎侯國之後。子姓。姓氏急就篇上。殷本紀索隱引黎氏二字。案楚世家集解引服虔曰。黎東夷國名也。子姓。姓纂引風俗通。作九黎之後。

北旄氏。子姓也。姓氏書辯證二十五德。姓纂二十五德引同。北旄作北殷。

髦氏。史記殷本紀索隱引此二字。分封以國爲氏。史記殷本紀。

墨夷氏。宋襄公子墨夷須爲大司馬。後有湛夷皐。廣韻六脂。姓氏急就篇上。

目夷氏。路史後紀十注引此三字。分封以國爲氏。史記同右。案目與墨同音。目夷公子魚之名。而世本以爲國名。或如蕭之列爲附庸。適有地名目夷歟。其詳不可考矣。

蕭氏。索隱同上。及姓氏急就篇。皆引云。子姓有蕭氏。宋樂叔以討南宮萬。周封爲附庸之國。因以爲氏。姓氏急就篇上引風俗通。正義引帝王世紀。史記項羽本紀秘笈新書引姓纂。

本。則皆商後也。路史誤分北亳爲二國耳。

段。同右。路史後紀五注。又引云。斷世本作段。誤入姑姓下。

瓦。同右。

鐵。同右。

偃姓。左傳僖十二年正義。據左氏文五年傳補。皐陶之後。

匽氏。皐陶之後。後漢孝桓帝紀注。姓氏急就篇下。

有偃氏。皐陶之後有偃子皐爲晉士官。姓纂四十四有。

理氏。皐陶爲里。因以官爲氏。廣韻引風俗通。

里氏。咎繇之後爲理。殷末里徵孫仲師遭難。去王姓里。晉有里克。鄭有里析。魯有里革。姓纂六止。唐書世系表。

相里氏。晉大夫里克爲惠公所滅。克妻司城氏。携少子季連逃居相城。因爲相里氏。姓纂十陽。下云玄孫相里勤見莊子。

李氏。帝顓頊高陽之裔顓頊生大業。大業生女華。女華生咎繇。爲堯理官。因姓李氏。秘笈新書引姓纂。唐書世系表。

舒庸．正義同右．引云．偃姓．舒庸舒蓼舒鳩舒龍舒鮑舒龔．此世本原文也．今敍列于左．

舒蓼．同右．

舒鳩．同右．

舒龍．同右．

舒鮑．同右．廣韻九魚．詩地里考二．俱引作舒鮑偃姓也．

舒龔．同右．

酈．潛夫論．今本誤作鄜．从路史後紀七注所引校正．

案古理里李三字並通．史記五帝本紀皋陶爲大理．管子法法作皋陶爲李．郙閣頌行里咨嗟．則凡理李並通用也．史記魏世家李克．韓詩外傳作里克．則又以里爲李．外傳又云晉文公使李離爲理．則晉國已有氏李者．或卽里氏之後也．廣韻六止引風俗通云．李氏．李伯陽之後．采老子子傳之說也．

段干氏．老儋生宗．魏將軍．封段干．生注及司．注生宮．宮生譜．路史後紀七注引魏書．

段氏．出老子．段干木之子隱如入關．去干字爲段氏．同上．引三輔決錄．

舒氏．舒子之後．以國爲氏．姓纂九魚引風俗通．

舒蓼氏．皋陶之後．楚東境小國也．氏族略一．舒蓼氏下有偃姓二字．

舒鳩氏．國於淮北．以國氏焉．姓纂九魚．〔校注〕原本誤作「十虞」．據姓纂改．

舒鮑氏．偃姓小國也．晉悼公大夫有舒鮑無終．氏族略一．大夫誤作子．廣韻九魚引同．氏族略所引無小字．路史國名紀二引云．舒鮑小國．今據以增入．

酈氏．東夷國名也．以爲氏．廣韻五支．姓氏急就篇上．案酈與麗同．左傳僖元年敗莒師于酈．穀梁傳作麗．故廣韻亦作麗．漢有酈生酈商．卽此氏也．

緜氏。咎緜之後。後漢書郅惲傳注。

蓼氏。皐陶之後封蓼以國爲氏。姓氏急就篇上。

諸。同右。今本誤作深。从路史國名紀二所引校正。

蓼。史記陳杞世家索隱。引作蓼國偃姓。蓋散引世本文。路史後紀八注。及國名紀三。引作蓼亦姬姓。羅氏所見之本誤也。

案少時讀坊記。陽侯猶殺繆侯而竊其夫人。故大饗廢夫人之禮。竊疑春秋時無繆國。及讀淮南子氾論訓。作陽侯殺蓼侯而竊其夫人。始渙然釋疑。蓋繆與蓼字相似。古音本同。故通用也。高誘云。陽侯陵陽國侯也。蓼侯皐陶之後。偃姓之國侯也。今在廬江。即此蓼國。考漢地里志。丹陽郡陵陽縣。當以陵陽國得名。今在青陽太平縣界。與廬江止隔一江。則蓼之鄰國。故通往來耳。潛夫論蓼誤作参。

會。潛夫論。

六。索隱同右。引作六國偃姓。路史國名紀七。引作六爲姬姓。誤。

阮。 潛夫論。今本誤作院。〔校注 「院」原本作「阮」。據潛夫論改。〕从路史後紀七注所引校正。案阮爲偃姓國，見潛夫論；確而可信。漢地理志作畹。郡國志作院。元和郡縣志又作皖。云偃姓皐陶後。太平寰宇紀等書，皆以爲春秋時皖子國。檢之說文，並無皖晥院三字。玉篇亦無皖字。晥字下云：明星也。皖字下云：華板切。並不以爲國名。蓋皆阮字之訛。阮字从𨸏。隸楷疊變，故譌爲院晥皖諸字。幸有潛夫論可據。說文可考。故足指其誤耳。詩侵阮阻共之阮，乃商國故地，不同也。

英氏。 左傳僖十七年經，齊人徐人同伐英氏。杜云：英氏，皐陶後。國名。史記陳杞世家云：皐陶之後，或封英六。楚穆王滅之。無譜。潛夫論誤作桀。字

阮氏國名。子孫以國爲氏。 潛夫論・姓纂二十阮。案林寶于此上引殷有阮國，亦不知阮有二國也。姓纂云：阮國在汧渭之間。廣韻云：阮姓出陳留。則非一國明矣。

英氏。咎繇之後。 史記項羽本紀索隱。

似而訛。

鬲。潛夫論誤作高。今校正。續漢書郡國志平原郡鬲縣。鬲。侯國。夏時有鬲君。滅浞立少康。蓋卽左氏襄四年傳之有鬲氏也。路史國名紀二。引郡國縣道紀曰。古鬲國。偃姓。皋陶後。偃與郾音同。

桐。潛夫論作同。左氏定二年桐叛楚。杜云。桐小國。郡國志。廬江郡舒縣有桐鄉。古桐國。桐與同古字通。子姓。空同路史引世本亦作空桐。以上國名。皆據潛夫論爲次。

嬴姓。左傳正義。史記索隱。皆引嬴姓國。見左。伯益後。秦本紀作栢翳。今從尙書世本。案史記正義引列女傳云。陶子五歲而佐禹。曹大家注云。陶子者。皋陶之子伯益也。今據其說。次嬴姓于偃姓後。其嬴姓諸國。亦依史記及潛夫論爲次。

趙。潛夫論。

趙氏。本自伯益之後。造父以善御事周穆王。王封造父于趙城。因以爲氏。史記趙世家。潛夫論。廣韻三十小。姓纂同。急就章注。

叔帶氏。趙叔帶之後。齊大夫有叔帶子莊。爲莊公御。姓纂一屋。路史後紀七注。引英賢傳。

恭叔氏。趙氏之族。潛夫論。

冬曰氏。趙衰冬曰之曰。後因氏焉。路史後紀七注引姓苑。姓纂二冬。

邯鄲氏。趙氏側室子穿稱趙武子。食采邯鄲。以國爲氏。潛夫論。路史國名紀二引風俗通。姓纂二十五寒。

訾辱氏。趙氏之族。潛夫論。姓苑有辱氏。見廣韻三燭。

嬰齊氏。晉大夫季嬰之後。潛夫論。廣韻十四淸。氏族略四。引風俗通。俱作嬰氏。

樓季氏。晉樓季嬰之後。姓纂六止。氏族略四。本作季嬰氏。潛夫論有樓季氏。蓋亦樓季嬰之後。今據世本季嬰傳文補樓季氏。次入嬰齊氏之後。

季嬰氏。晉樓季嬰之後。同上。

屏氏。本晉邑。趙括號屏括。屏季。潛夫論。姓氏急就篇上。今本潛夫論。屏氏誤作盧氏。今校正。

原氏。趙同曰原同。以采地爲氏。同右。

秦。史記秦本紀。韋昭鄭語注。潛夫論。亦云秦嬴姓。

案左傳稱原同屏括樓嬰。又趙嬰齊稱同括爲二昆。則其兄也。而王符敍嬰齊氏于屏原二氏之上。未知何據。今仍其次。

耿氏。趙夙滅耿。因封焉。遂以國爲氏。廣韻三十九耿。

馬氏。本自伯益之裔。趙王子奢封馬服君。後遂氏焉。隸釋郎中馬江碑。廣韻三十五馬。

武成氏。趙平原君勝封武成君。因氏焉。姓纂九麌。氏族略三。並引風俗通。

主父氏。趙武靈王之後。姓纂同右。

伯氏。伯益之後。姓纂二十陌。

烏俗氏。伯益仕堯有善養鳥獸之功。爲烏俗氏。史記秦本紀。姓纂二十九篠。

費氏。大費生子。次曰若木。實費氏。其玄孫曰費昌。蓋以王父字爲氏。史記同右索隱。

廉氏。顓頊曾孫大廉之後。以王父字爲氏。姓纂二十四鹽。

仲衍氏。秦之先仲衍之後。路史後紀七注引姓苑姓纂。

趙氏。秦之先以造父封趙城之寵。皆蒙趙城姓趙氏。史記同右。潛夫論。

案秦非造父之後。然同出自蜚廉。故亦蒙其寵。姓趙氏。秦始皇稱趙政。見史記。又漢書陸賈傳。秦任刑法不變。卒滅趙氏。注引鄭氏曰。秦之先。造父封於趙城。其後以爲氏。此其說足以證史記潛夫論者也。

非氏。秦非子之後。姓纂八微。

谷氏。非子封秦谷。因氏焉。姓氏急就篇上引吳谷朗碑。

秦氏。本自顓頊後。爲國號。因以命氏。廣韻姓纂十一眞。急就章注。

賁氏。秦非子之後。氏族略四引風俗通。

裴氏。伯益之後。封于裴鄉。因以爲氏。廣韻十五灰、唐書世系表。

寧氏。秦襄公曾孫謐寧公。支庶因以爲氏。姓氏急就篇上。

子桑氏。秦大夫公孫枝子桑之後。魯有子桑伯子。又有子桑樗。廣韻十一唐。姓纂六止。

獻氏。秦大夫有獻則。姓氏急就篇上引風俗通。

子車氏。秦大夫氏。詩鄭箋。左傳文六年解。

仲行氏。秦三良仲行之後。宋有仲行寅。氏族略三、姓纂一送。

銜氏。秦穆公子有食采於銜者。因氏焉。廣韻九麻。

孫陽氏。秦穆公子有孫陽伯樂。善相馬。氏族略四引英賢傳。

孫氏。秦穆公臣姓孫名陽。伯樂也。漢書司馬相如傳注張揖說。

戲陽氏。秦穆公時有戲陽伯樂。善相馬。衛有戲陽速。姓纂五支引英賢傳。

繆氏。秦繆公之後。有支庶以謚爲氏。姓氏急就篇上引風俗通。路史後紀七注引姓書。

公車氏．秦公子伯車之後．廣韻一東引姓苑．

公金氏．秦公子金之後有公金氏．廣韻一東．姓氏書辯證一東．

楊孫氏．秦下大夫氏．廣韻二十三魂．

逢孫氏．秦大夫逢孫之後．姓纂二鍾．氏族略三．引英賢傳．

林閭氏．出自嬴姓．廣韻九虞．姓纂二十一侵．引英賢傳．

將閭氏．秦公子將閭後．路史後紀七注引姓纂．

不更氏．公子不更之後．秦簡公時有不更茁爲執法．姓纂八物．氏族略四．並引英賢傳．

蹇氏．秦後．路史後紀七注．有蹇奚穆畜等氏．

奚氏．秦後．同右．

畜氏．秦後．同右．

樗里氏．樗里子名疾．秦惠王之弟．居渭南陰鄉樗里．故號樗里氏．姓氏急就篇上引風俗通．史記樗里子列傳索隱．

葉陽氏．秦葉陽君之後．齊有葉陽子．姓氏急就篇上．

高陵氏．秦昭王弟封高陵．因氏焉．廣韻十六蒸．姓纂六豪．

梁。潛夫論。左氏僖十六年傳有梁嬴。

葛。潛夫論。左氏僖十七年傳有葛嬴。

江。史記陳杞世家索隱。路史國名紀五。引作江黄二國皆姬姓。誤也。

黄。索隱同右。引作江黄二國嬴氏。左傳莊十九年正義。引作黄。嬴姓國。

案秦本紀。昭襄王十六年封公元悝鄧。索隱曰。悝號高陵君。初封鄧。

梁氏。與秦同祖。出自秦仲。周平王別封其少子康于夏陽梁山。是爲梁伯。後爲秦幷。子孫奔晉。以國爲氏。晉大夫梁益耳。卽其後也。後漢書梁統傳注引東觀記。廣韻十陽。急就章注。

梁餘氏。梁氏有梁餘氏。餘子之別也。晉有梁餘子養。左氏閔二年傳氏族略序。

葛氏。夏殷時葛伯。嬴姓之國也。其後爲葛氏。急就章注。姓纂十二曷。

案姓纂。又以諸葛氏爲葛伯之後。然遍檢書傳。周時及戰國人無氏諸葛者。廣韻引章昭書曰。其先葛氏。本琅邪諸縣人。徙陽都。先姓葛。時人謂徙居者爲諸葛氏。因氏焉。風俗通又云。葛嬰爲陳涉將。有功而誅。孝文追錄封諸縣侯。因幷氏焉。則諸葛氏自漢始也。今不錄。

葛伯氏。夏時諸侯。爲殷所滅。以葛伯爲氏。姓纂同右。

江氏。顓頊孫伯益之後。封于江陵。爲楚所滅。以國爲氏。廣韻四江。姓纂同。

黄氏。陸終之後。受封于黄。後爲楚所滅。因以爲氏。廣韻十一唐。秘笈新書引姓纂。

案廣韻稱黄爲陸終之後。陸終乃顓頊曾孫。與伯益同祖。伯益賜姓嬴。陸終蓋亦同其姓歟。陸終之子六人。分爲六姓。而此黄國。復云陸終後。則陸終倘有別子姓嬴者也。

春氏。春申君黄歇之後。姓氏急就篇上引姓苑。

徐氏。顓頊之後。伯益之子受封于徐。至徐偃王爲楚子所滅。以國爲氏。廣韻九魚。姓纂同。

封貝氏。徐偃王子食采封貝。因氏焉。姓纂二冬。

取慮氏。徐偃王子食采取慮。因氏焉。姓纂十八尤。

譚氏。國在濟南。爲齊所滅。譚子奔莒。因爲氏。急就章注。姓氏急就篇下。

譚。史記、潛夫論俱作郯。今據史記齊世家校正。依左傳作譚。

案左氏昭十七年傳。郯子來朝。稱少昊爲吾祖。杜預以爲已姓。史記、潛夫論又以爲嬴姓。方以爲疑。及校史記齊世家。有云。二年伐滅郯。郯子奔莒。初桓公亡時過譚。譚無禮故伐之。與左氏莊十年滅譚傳合。始悟二書所稱之郯。即左傳之譚也。徐廣〔校注 原本脱「廣」字。據史記補。〕曰。郯一作譚。蓋郯譚音同。故通用也。

莒。史記潛夫論同右。案莒有已姓嬴姓二國。說已見右。

鄖。左氏桓十一年。鄖人軍于蒲騷。宣四〔校注「四」原本誤作「二」。據左傳改。〕年傳釋文云。鄖國名。邧本作鄖。是鄖邧一也。考鄖又作運。左氏哀十二年經會于鄖。公羊作運。故史記潛夫論亦俱作運。鄖邧運並通用。二書又以運奄爲一國。今據左傳鄖國。及世本奄國嬴姓之文。分爲二國。路史國名紀二。引世族譜云。邧嬴姓國。與二書同。

奄。左傳昭二年正義。引作奄國嬴姓。襄二十年正義。引作徐奄二國皆嬴姓。

鍾離。史記秦本紀集解。引此二字。路史國名紀二。引作鍾離嬴姓國。史記伍子胥列傳索隱。引作終犁嬴姓之國。太平寰宇記一百十二。引作終

莒氏。嬴姓之後。廣韻八語。

邧氏。嬴姓。子爵。祝融之後。氏族略卷三。

云氏。祝融之後。姓纂十文引風俗通。

奄氏。國號。即商奄也。氏族略三引風俗通。

鍾離氏。與秦同祖。其後因封爲氏。廣韻三鍾。姓纂三鍾。引作鍾離氏與秦同祖。嬴姓也。姓氏急就篇氏族略俱引鍾離二字。

魯昭二十四年滅。路史後紀五。

終犁氏。徐之別號也。太平寰宇記一百二十八。

註云有姓終黎者是。史記秦本紀集解應劭引氏姓註。案姓纂，則漢以後鍾離終犂爲二氏。蓋初因同聲而通，後遂等相別也。今亦釆世本分列焉。應劭所稱氏姓注，蓋在宋衷以前。

菟裘氏。分封以國爲氏。史記同上。

將梁氏。分封以國爲氏。同右。

修魚氏。分封以國爲氏。同右。

白冥氏。分封以國爲氏。

蜚廉氏。分封以國爲氏。蜚廉國秦所滅，因氏焉。史記同右。八微引風俗通。姓纂

淮夷氏。周有淮夷國，後世氏焉。廣韻五支。姓纂十二齊。姓

犂嬴姓也。今從集解。

菟裘。史記秦本紀。潛夫論。

將梁。史記同右。潛夫論誤作尋梁。

修魚。同右。

白冥。同右。潛夫論誤作白寘。

蜚廉。史記同右。潛夫論作飛廉。飛蜚古通用。

淮夷。路史國名紀二。引作淮夷嬴姓。

密如。以下俱見潛夫論。史記無。

東灌。同右。

時。同右。疑即春秋襄十三年經。邿國。漢地里志又作詩。時邿詩古字通。〔校注〕原本「詩」下有闕文。據文義補「古字通」三字。

柏。同右。本作白。據左氏傳校作柏。

巴。同右。此下復有公巴公巴四字。疑衍文。今本潛夫論多誤字。于義不可通也。

剡。同右。詩十月之交正義曰。剡者配姬以放賢。〔校注　原本誤作「故賢」。據詩正義改。〕以剡爲姓。未知與此同否。

復。同右。

蒲。同右。

巳姓出自樊。國語本文及韋昭注。

昆吾。同右。

蘇。同右。

蒲姑氏。本自蒲姑。殷諸侯居齊地。姓纂十一模。廣韻引姓苑。亦有蒲姑氏。

蒲餘氏。有蒲餘侯茲夫。左傳昭十四年集解。

貴氏。陸終之後。廣韻八未。容齋五筆。通志氏族略。並引風俗通。

昆吾氏。古巳姓之國夏時諸侯伯祝融氏之後。氏族略二。

昆氏。巳姓國。夏諸侯昆吾之後。有齊賢者昆辨。廣韻十一模。二十三䰟。姓纂二十三魂。〔校注　原本誤作二十二元。據姓纂改。〕

吾氏。夏諸侯昆吾之後。姓纂十一模。

蘇氏。顓頊祝融之後。陸終生昆吾。封蘇。鄴西蘇城是也。蘇忿生後。史記蘇秦列傳索隱。

顧。右同。

温。右同。

董。右同。

董姓。出自董父。右同。案急就章注姓纂所言。則董父本以氏而爲姓者。

姓纂十一模。

司寇氏。蘇忿生爲司寇。其後以官氏焉。姓纂七之引風俗通。

寇氏。蘇忿生爲武王司寇。後以官爲氏。氏族略四引風俗通。廣韻五十候。

郗氏。出自巳姓。青陽氏之後。蘇忿生支孫封郗邑。因氏焉。趙有郗疵。姓纂六脂。

顧氏。出自巳姓。顧伯、夏商侯國也。成湯伐韋顧。顧之子孫散亡。因以邑爲氏。唐書宰相世系表。姓氏篇下。

温氏之先。出自巳姓。急就章注。案左傳僖十年集解。蘇子國于温。故曰温子。則是蘇温本一國也。

董氏之先。本巳姓也。飂叔安之裔子曰董父。能擾畜龍。服事帝舜。舜賜之姓曰董。急就章注。姓纂一董。〔校注〕原本誤作一東。據姓纂改。〕

廖氏。古有廖叔安。左傳作飂。蓋其後也。秘笈新書引姓纂所引風俗通。姓纂四十九宥。姓氏篇上。案古今人表飂亦作廖。則飂廖古字通。

飂夷。右同。

豢龍。右同。

融夷氏。祝融後董父之胤。以融夷爲氏。（姓纂篇上注。）

案飂夷氏，世本及廣韻六脂皆作融夷氏。潛夫論作䑋夷氏。蓋䑋飂融古音通。

融氏。祝融之後。（姓氏篇上注。廣韻一東引作古天子祝融之後。）

飂氏。古飂夷之後。魯有飂戾。鄭有飂蔑。（廣韻一東。姓纂同。）

參氏。董姓。陸終第二子參胡後。（通志氏族略三。參胡作日胡。廣韻二十二覃引無董姓二字。姓纂二十一侵及姓氏急就篇注。）

引作參氏。祝融之後。（姓氏辯證二十一侵。）引作參氏。陸終第二子參胡之後。

案此則參胡，卽董父之名。疑

豢龍氏。古飂叔安裔子董父所賜姓。（後漢書蔡邕傳。姓纂三十諫。）

龍氏。董父旣賜姓曰董。又易氏曰豢龍。其後亦爲龍氏。（姓纂二冬。急就章補注。）

世本卷七下

江都秦嘉謨輯補

氏姓篇下

防姓出自籛。史記夏本紀索隱引作豕韋。防姓，路史國名紀三，兩引皆作防姓韋也。國語作彭。古音同。

彭祖。國語。

彭祖氏，大彭支孫，以號爲氏。姓氏辯證書十二庚。

彭氏，大彭之後。楚有令尹彭仲爽。廣韻十二庚。〔校注〕「十二庚」原本誤作「十一唐」。

名氏，楚大夫彭名之後。廣韻十四清。

籛氏，彭祖氏。彭祖姓籛，名鏗，在商爲守藏吏，在周爲柱下吏，年八百歲。陸德明莊子釋文引同。吏作史。無年八百歲四字。邢昺論語疏、路史後紀八注、鏗下更有鏗字。玉海百二十五引無彭祖姓名，及年八百歲四字。急就章補注惟引姓籛名鏗四字。據廣韻一先補正。

案世本姓當作氏。疑後人傳寫之訛。荀子修身篇注。彭祖堯臣。名鏗。封於彭城。經虞夏至商。壽七百歲。與世本略異。

錢氏。顓頊曾孫陸終生彭祖、孫孚、周錢府上士、因官名氏焉。戰國時有隱士錢丹。秘笈新書引姓纂。路史後紀注引同。姓氏篇上。

韋氏。古顓頊氏之後。大彭爲夏諸侯。彭子受封豕韋。苗裔以國爲氏。廣韻八微引風俗通。姓纂八微。

案姓氏篇上注。夏封其別孫元哲於豕韋。則其國絕而復續。此說未知何本。穆天子傳。河濟之間供事。韋穀黃三邦之士輦喪。似周時尙有此國也。

諸稽氏。越有諸稽郢。左傳。

舟氏。號大夫舟之僑。舟人國名。姓氏篇上。

案呂覽恃君篇。氐羌呼唐離水之西。僰人野人篇笮之川。舟人送龍突人之鄉。多無君。注。西方之戎無君者。則舟人。西戎國也。

云氏。出自祝融之後。廣韻二十文。

豕韋。史記索隱。路史注。同上。

諸稽。國語。

禿姓。妘姓之別。國語章昭注。

舟人。國語。

妘姓。出自會人。左傳隱元年正義。引作夷妘姓。左傳襄十年正義。引作偪陽妘姓。昭十八年正義。引作鄅爲妘姓。路史國名紀六。引作寒妘姓。皆約舉文。據世本帝繫補正。

鄢。國語注。

路。同右。

偪陽。廣韻十陽。引作偪陽妘姓國。姓氏急就篇上。同。

寒。路史國名紀六。

鄅。左傳昭十八年正義。

夷。左傳隱元年正義。

曹姓出自安。國語注。

邾。據世本世家文補。

鄢氏。妘姓國。後爲氏。楚有鄢將師。衛有鄢武子。姓氏急就篇下。

鄶。小國。無其號謚。左傳襄二十九年正義。會人卽鄶之祖也。詩鄶風譜正義。鄶仲爲鄭所滅。後以爲氏。姓氏篇下。

會氏。鄶仲之後。避難去邑爲會氏。姓纂十四泰。

偪陽氏。妘姓國。姓氏篇同上。左傳襄十年正義。引無氏國二字。是祝融之孫。陸終第四子求言之後。正義同上。爲晉所滅。子孫因氏焉。廣韻同上。姓氏篇引同。無因字。

寒氏。寒浞之後。姓氏急就篇上。

鄅氏。鄅子國。在瑯琊。其後以國氏。姓氏急就篇下。〔校注〕原本漏注。案本條引自姓氏急就篇下。據補。〕

參氏。周之鄅子、其後也。後有鄅氏參氏。路史後紀八注。

夷氏。后羿氏。春秋時有夷國。楚滅之。杜預左傳集解。姓氏書辯證〔校注〕原本誤作「杜氏辨證」。〕六脂。

邾婁氏。邾婁之國。以邾婁爲氏。通志氏族略三引風俗通。

婁氏。邾婁國之後。以婁爲氏。齊有大夫婁堙。風俗通同上。姓纂十九侯。

小邾。同右。

莒。國語。路史後紀八注曰。非紀姓之莒。周滅之。以封茲輿期。

牟。風俗通。

戡姓。曹姓之別。無後。國語注。

朱氏。本自高陽後。周封於邾。爲楚所滅。子孫乃去邑氏朱焉。廣韻十虞。

顏氏。邾武公名夷字顏。後遂爲氏。氏族略三引陳留風俗傳。廣韻姓纂二十七删。急就章注。

夏父氏。邾顏公之子曰夏父。其後以王父字爲氏。宋有大夫夏父䢼。姓氏書辯證三十五馬。

庶其氏。邾庶其之後。以爲氏。廣韻七之。姓纂九御。

捷氏。邾公子捷菑之後。氏族略四引風俗通。

倪氏。邾武公封次子于郳。爲小邾。子孫爲郳氏。避仇改爲倪。姓纂十二齊。

兒氏。郳黎來之後。亦爲兒氏。兒良六國時人。姓纂同右。

案漢書倪寬。鹽鐵論作兒寬。是倪兒二字。古字本相通。

牟氏。牟子國。祝融之後。因氏焉。有齊大夫牟辛。廣韻十八尤。氏族略三。姓氏篇上。通鑑三十七注。並引風俗通。後漢書牟長傳。

芈姓。出自季連。國語注引作芈姓夔越。

夔。右同。據國語本文補正。

越。右同。

濮。國語注。

楚。據世本世家文補。

夔氏。芈姓。國熊繹六世孫熊摯自弃於夔。其子孫有功。王命爲夔子。後以國爲氏。姓氏篇下。

案呂覽當染篇：孔子學於夔靖叔。

越氏。越王句踐裔孫王無姜。爲楚所滅。子孫以國爲氏。廣韻姓纂十月。

歐陽氏，越王句踐之後。封於烏程〔校注「烏程」原本誤作「爲程」。據廣韻改〕歐陽亭。後因爲氏。廣韻十陽。姓纂十九侯。

騶氏。越王句踐之後。廣韻十八尤。史記東越列傳。

傜氏。東越王傜句踐之後。其後以傜爲氏。後漢書岑彭傳注引風俗通。

陸終氏。祝融子陸終之後。姓纂一屋。

案皇侃論語義疏所云，則陸終氏爲芈姓。今列於楚下。

陸氏。芈姓。陸終之後。楚狂接輿、姓陸氏名通。皇侃論語義疏。廣韻一屋。姓氏篇下。

接輿氏。楚狂接輿、隱者也。其後爲氏。姓纂二十九葉。

芊氏。楚姓。祝融子季連之後。姓纂四紙。

季連氏。晉有堂邑大夫季連齊、出自陸終第六子季連之後。姓纂六至。

季氏。陸終氏之子季連之後。姓纂六至。〔校注　原本誤作「四紙」，據姓纂改。〕

鬻氏。祝融之後。周文王師鬻熊受封於楚、著書稱鬻子。鬻拳其後。廣韻姓纂一屋。

熊氏。楚鬻熊之後。以王父字爲氏。姓纂一東。廣韻十虞。〔校注　案廣韻十虞無此引文。一屋鬻字注：「周有鬻熊，爲文王師」。十虞或一屋之譌。〕

圈氏。楚鬻熊之後。姓纂二十一阮引風俗通。氏族略四。

按詩疏二引箴膏肓曰。楚鬻拳同姓有不去之恩。可知鬻氏爲楚族。

荊氏。鬻熊之後封楚、亦曰荊。其後爲氏。姓氏篇上。

楚氏。以國爲氏。晉趙襄子家臣楚隆。同上。

無庸氏。楚熊渠生無庸、因氏焉。氏族略四引英賢傳。

度氏。與楚同姓。熊嚴之後。統國法度、因以爲氏。山陽太守度尙碑。

楚季氏。楚若敖生楚季、因氏焉。陳大夫有楚季融。姓纂八語。通志氏族略四。

列宗氏。楚公族，芈姓。潛夫論。姓纂十七薛。

良臣氏。楚公族。潛夫論。以下皆據王符說爲次。

鬬氏。楚若敖生伯比，伯比生穀於菟，字子文，代爲楚卿。潛夫論。姓纂五十候。

鬬耆氏。鬬伯比之孫鬬耆仕晉，因氏焉。潛夫論。氏族略四引英賢傳。

鬬文氏。鬬伯比之孫鬬文仕晉，因氏焉。姓纂五十候引英賢傳。

伯比氏。楚鬬伯比之後。懷王時有伯比仲華。姓纂二十陌。

班氏。若敖生鬬伯比，伯比生令尹子文，爲獸爲乳，謂獸有文，班因氏焉。漢書自敍。姓纂二十七删。

令氏。楚令尹子文之後。史記孝文本紀索隱。通鑑注漢紀七。

箴氏。楚大夫箴尹鬬克黄之後，子孫以官爲氏。姓纂二十一侵。

箴尹氏。楚箴尹克黄，子以官爲氏。〔校注　「氏」原本作「姓」，按姓在上氏在下之例，當作「氏」。〕箴尹宜咎、陳大夫。姓纂同上。潛夫論作減氏、沈臧氏。

圍龜氏。楚大夫鬬圍龜之後。姓纂八微。

蔓氏。楚有鬬成然，食采於蔓，號爲蔓氏。廣韻、姓纂二十五願。

成氏。楚令尹子玉、若敖孫也。號成得臣。爲成氏。杜預文十二年傳集解。姓氏篇上。

越椒氏。楚大夫鬬越椒之後也。潛夫論誤入宋同姓下。今校正。姓纂十月。氏族略四。

椒氏。楚大夫越椒之後。姓纂四宵。

苗氏。楚大夫伯棼之後賁皇奔晉。食采於苗。因而氏焉。廣韻四宵。注漢紀二十九。通鑑

大心氏。楚有成大心。令尹得臣之子。因氏焉。楚懷王時大心子成爲黄邑大夫。氏族略四引英賢傳。廣韻十四泰。懷作襄。

權氏。楚鬬緡之後。楚武王使鬬緡尹權。後因氏焉。廣韻二仙。姓纂二仙。〔校注〕原本誤作「一先」。據姓纂改。〕

侯氏。楚公族。潛夫論。

鬬彊氏。若敖生鬬彊。因氏焉。通志氏族略四。

鬬班氏。鬬彊生班。因氏焉。同上。

按姓纂五十候。鬬班氏。楚若敖子彊生班文子。因氏焉。鬬班之謚又見於此。

季融氏。楚鬬廉生季融。子孫氏焉。姓纂六止。氏族略四。

仲熊氏。楚公族。潛夫論。姓纂一送。氏族略四。

熊率氏。楚熊率且比。後爲氏。姓纂一東。

熊相氏。楚熊相宜僚之後。威王時有熊相季文爲士官。懷王時將軍熊相祁。姓纂同上。氏族略四引英賢傳。

按熊率熊相疑皆以名爲氏。熊率即蚡冒。見國語韋注。

子季氏。楚公族子季氏。姓氏書辯證六止。

按姓纂六止說同。脫世本二字。此類甚多。他書可校也。

無鈎氏。楚蚡冒生薳章爲王子無鈎氏。姓纂十虞。廣韻十虞。氏族略四。引風俗通。潛夫論鈎作鉤。

鈎氏。〔校注　原本「氏」上脫一字據姓氏篇補〕楚大夫無鈎之後。姓氏篇上。

薳氏。楚有薳章。其後代爲大夫。潛夫論。廣韻姓纂六紙。

按薳蔿音同。經傳通用。左氏僖二十三年薳呂臣。二十八年傳作蔿呂臣。此其證也。氏族略三云。薳氏亦作蔿。

孫氏。楚相孫叔敖後爲孫氏。姓纂二十三魂。

繽氏。孫叔敖之苗胄。楚相孫叔敖碑。繽字隸釋云。卽繚字。

村氏。孫叔敖之苗胄。同上。

善氏。楚公族，武王子王子善之後。潛夫論·國語章注。

屈氏。楚武王生王子瑕，受屈爲客卿，因以爲氏。王逸楚辭注·潛夫論·姓纂八物。

子乘氏。楚屈蕩生子乘之後。（校注　「後」原本誤作「物」，據氏族略改。）以王父字爲氏。氏族略三·姓纂十六蒸引風俗通·姓纂六止。

息夫氏。息公子邊爲大夫，因氏焉。氏族略四引風俗通·左傳僖二十五年集解·屈禦冦息公子邊。

到氏。楚令尹屈到之後，秦有到滿。廣韻三十七號·史記秦本紀正義。

申公氏。有申公子福，楚申公屈巫臣之後。廣韻一東引姓苑。

淸尹氏。楚大夫淸尹弗忌，宋有司城司馬淸尹渠。姓纂十五青。

三閭氏。三閭大夫屈原之後。廣韻二十三談。

昭氏。楚同姓，共屈景爲三族。楚辭注·急就章注。

景氏。楚之同族，本芊姓也。同上·史記項羽本紀集解。

諸梁氏。楚文王子食邑諸梁，因氏焉。姓纂九魚·廣韻十陽。

卜梁氏。楚文王子食采諸梁，爲卜梁氏。莊子有卜梁倚。姓氏辯證書一屋引姓解。

軒邱氏。楚文王庶子食采軒邱，後以爲氏。廣韻姓纂十八尤。（校注　原本作「十六蒸」，據廣韻改。）

成王氏。楚成王之後。姓纂十四清。

嬰齊氏。楚穆王之子公子嬰齊之後也。氏族略四。

子重氏。楚公子嬰齊字子重之後。姓纂六止。

陽氏。楚穆王之後。穆王曾孫令尹子瑕匄生令終、及完、佗。潛夫論。左傳昭十七二十七年集解。

來氏。楚公族。有來英。潛夫論。氏族略三。

來瀐氏。楚公族。潛夫論。

甲氏。楚同宗以著封爲氏。潛夫論誤作卽。今校正。莊子注。姓氏篇下。

申氏。楚公族。有申驪申無宇申亥申包胥。潛夫論。左傳襄三年昭十三年集解。

芋尹氏。楚芋尹申無宇之後。姓纂四紙。

包氏。楚申包胥之後。以王父子爲氏。秘笈新書引姓纂。姓氏篇下。

申叔氏。有申叔申叔時申叔展申叔豫。左傳僖二十八宣十一成二襄二十一年集解。

潘氏。楚之公族。以字爲氏。潘崇之先也。崇生尪尪生黨。潛夫論。姓纂引潘岳譜。氏族略三。姓氏篇上。

沈氏。楚莊王生沈尹之後。潛夫論。呂覽貴卒篇注。唐書世系表。

莊氏。楚莊王支孫以謚爲氏。潛夫論。姓纂二十八嚴。案王符以莊氏爲嚴氏，避漢朝帝諱也。嚴氏蓋本莊氏。

葉氏。楚沈尹戌生諸梁字子高食采於葉因氏焉。氏族略三引風俗通。秘笈新書引姓纂。

慶氏。楚公族。潛夫論。

吉白氏。楚公族。同右。

伍氏。楚公族有伍參。參生舉，舉生鳴，奢。奢生尚、員。潛夫論。左傳襄二十六昭十九廿年集解。

伍參氏。楚伍參之後支孫以爲氏。氏族略四。楚昭〔校注「楚昭」兩字原本誤作夾注。〕王時有五參蹇。姓氏書辯證十姥。氏族略同上。訣引作國語〔校注「訣引作國語」五字，疑有譌誤。〕

伍相氏。伍參之後。姓氏書辯證十姥。

棠氏。楚棠邑大夫伍尚其後氏焉。廣韻十一唐引風俗通。

王孫氏。伍員屬其子於齊鮑氏爲王孫氏。左傳哀十一年傳。

囊氏。楚莊王子子囊之後以王父子爲氏。廣韻十一唐。

子南氏。楚莊王子子南追舒之後。潛夫論。左傳襄十五年集解。

子午氏。楚公子午之後。齊大夫子午〔校注　原本「齊大夫子」下脱一字，據姓纂補「午」字。〕明。姓纂六止。姓氏書辯證六止。

子庚氏。楚莊王子午字子庚。其後〔校注　原本「其後」下脫一字。據姓纂補「以」字。〕以王父字爲氏。潛夫論。姓纂六止。氏族略三。

右尹氏。楚公子辛爲右尹，子孫氏焉。姓纂四十四有。

餘推氏。楚公族。潛夫論。

子建氏。楚王太子建之後。頃襄王時有子建叔子爲大夫。廣韻二十五願，姓纂六止。

公建氏。楚平王太子建之後。潛夫論。氏族略四引風俗通。

子木氏。楚平王太子建字子木，其子孫以字爲氏。姓氏書辯證六止。

白公氏。楚白公勝之後。廣韻一東。

西氏。楚平王子子西申之後。潛夫論。左傳昭二十六年集解。

舒堅氏。楚公族有舒堅文叔爲大夫。潛夫論。姓纂九魚。氏族略四。

魯陽氏。楚平王生子期結，結生魯陽文子，後以爲氏。潛夫論。韋昭國語注。

黑肱氏。楚王子黑肱字子晳，其後以爲氏。潛夫論。姓氏書辯證二十五德。

案姓纂作申公黑肱之後。左傳無其人。今从鄧名世說。

它氏。楚平王孫有田公它成。楊倞荀子注。

熊姓。左傳桓十二年正義。引作羅熊姓。亦約舉文。按世說新語方正注。引羅府君別傳曰。羅楚熊姓之後。啓土羅國。遂氏族焉。是則熊姓又似出於芈姓也。

威王氏。出自楚威王。廣韻十陽引風俗通。

鄧陵氏。楚有公子食采於鄧陵。後以爲氏。墨者有鄧陵子。廣韻十六蒸。莊子。

屠住氏。楚公子屠食采於住鄉。因氏焉。氏族略四引英賢傳。

公房氏。公房皮、楚公子房之後。廣韻一東。姓纂同。姓氏篇下。

公都氏。楚公子田食采於都邑。後氏焉。廣韻一東。

利氏。楚公子食采於利。其後氏焉。姓氏書辯證六至。引邵思姓解。

庚采氏。楚之後。姓纂九麌。

上官氏。楚懷王子蘭爲上官大夫。因氏焉。姓纂三十六養。

案廣韻二十六桓。以上官氏出於莊王少子。今从楚辭及姓纂之說。

𥈬氏。荊蠻之後。本姓蠻。其枝裔隨音變改爲𥈬氏。廣韻二十六桓引風俗通。

滿氏。荊蠻有𥈬氏。音舛變爲滿。廣韻二十四緩。氏族略四。漢紀二十六並引風俗通。

羅。同上。

歸姓。夔出。路史國名紀六。

胡。據下文世本補。

有河。潛夫論河作何。今據穆天子傳莊子校正。

鄘。穆天子傳。河宗之子孫鄘柏絮。郭注。柏爵絮名。古伯字多从木。

羅氏。本自顓頊。末胤受封於羅國。爲楚所滅。子孫以爲氏。廣韻七歌。

案秘笈新書引姓纂。以羅爲祝融後。妘姓。初封宜城。後徙岷江。今房州也。其言皆與世本異（校注　「異」原本誤作「並」。）未知何所據。

羅侯氏。羅國爲楚所滅。其後號羅侯氏。姓氏篇上。

胡子國。歸姓。史記陳杞世家索隱。路史國名紀六。　其後爲氏。姓氏篇上。

歸氏。胡子國歸姓。爲楚所滅。子孫（校注　「孫」原本誤作「生」。）姓

歸氏。姓纂八微。

河宗氏。主河者因以爲氏。穆天子傳郭注。

馮氏。歸姓。鄭大夫馮簡子之後。氏族略三。

案穆天子傳。天子西征。至於陽紆之山。河伯無夷之所都居。是惟河宗氏。郭注。馮無夷。馮夷也。莊子大宗師篇。馮夷得之。以游大川。司馬彪注引淸冷傳云。馮夷。華陰潼鄉隄首人也。服八石。得水仙。是爲河伯。竹書紀年帝芬十六年。洛伯用與河伯馮夷鬬。廣雅。河伯謂之馮夷。是河國名。與春秋江國及有濟同。馮夷乃有河之君。故世本馮氏歸姓。據諸書之說。則潛夫論有何當作有河。姓氏篇上。亦云馮氏其先本歸姓。蓋自馮夷爲河伯。已有此氏。證佐益較然矣。

鄘氏。出自伯絮國在虞芮間。路史國名紀六引姓纂。

允姓。杜氏釋例七，引作鄀允姓。國，路史國名紀二，引允姓國三字。

鄀。釋例同上。

允格。路史後紀七注，引作允格允姓國，約舉文。

臺駘。左氏昭元年傳，案世本以允格爲允姓國，則臺駘其弟，姓亦當同。今并沈姒蓐黄四國，並附于此。

沈。右同。

姒。右同。

蓐。右同。

黄。右同。

陸渾。左傳僖二十二年傳集解，曰，陸渾允姓之戎。

鄀。允姓國。昌意降居爲侯。春秋時秦滅之。子孫以國爲氏。釋例同上。據姓氏書辯證十八藥

〔校注〕「藥」原本作「葉」。案廣韻「葉」爲「藥」之譌，據改。〕補。

格氏。出自允格之後。姓纂十陌。

臺氏。金天氏裔孫曰臺駘。其後氏焉。後漢書獻帝紀注，姓氏篇上引風俗通。

陸氏。陸渾國之後。姓氏篇引陳留風俗傳。

戎氏。自吾離至駒支。常爲晉附庸。其族戎洋仕晉爲車右大夫。以國爲氏。姓氏書辯證一東。

鄧氏。殷時侯國也。爲楚文王所滅。子孫以國爲氏。姓纂四十八嶝。

優氏。有楚賢臣優孟。廣韻十八尤。

汪氏。出汪罔氏。路史注同上。姓氏篇下。案國語。汪芒氏之君。守封嵎之山。韋注。封。封山。嵎。嵎山。今在吳郡永安縣。

陰戎。左傳昭九年傳集解。允姓陰戎之祖。

曼姓。左傳桓七年正義。引作鄧爲曼姓。約舉文。

鄧。同上。

鄝。潛夫論作優。古音同。

黎姓。路史國名紀六。引作防風姓黎。亦約舉文。案國語作漆姓。漆黎字相似。傳寫之訛。

防風。同上。

汪芒。國語。仲尼曰。防風何守也。汪芒氏之君也。案路史後紀六注。引姓苑。汪芒釐姓。黎釐古音同。

鄋瞞。國語。在虞商爲汪芒氏。於周爲長狄。左氏文十一年〔校注「文十一年」原本作「成□□年」。據左傳增改。〕傳。

隗姓。國語鄭語注：路洛泉徐蒲，皆赤狄隗姓。

潞。同上。左傳宣十五年集解：潞，赤狄之別種。

洛。同上。

泉。同上。

徐。同上。作余。案氏族略四引國語余、徐古音同。

蒲。同上。

廧咎如。史記晉世家集解賈逵曰：咎如，赤狄之別。姓隗。

甲氏。左傳宣〔校注「宣」原本誤作「成」。〕十六年集解：赤狄別種。春秋釋例：隗姓潞氏之餘。

隗氏。春秋時翟國隗姓，子孫因氏焉。姓纂十四賄。

路氏。炎帝之後。黃帝封其支子於路〔校注「路」下原本衍「氏」字，據姓纂删。〕春秋時路子嬰兒是也。姓纂十一暮。案路、潞本同音，而姓纂于路氏外復有潞氏，非是。

落氏。本皋落氏，翟國也。此赤翟別種。氏族略二引風俗通。姓纂十九鐸。

余氏。由余子之後，以國為氏。氏族略四引風俗通。秘笈新書引姓纂。

由氏。西戎由余相秦，子孫氏焉。氏族略四引風俗通。下云皆赤狄隗姓。

由吾氏。由余之後仕吳，子孫入越，因號由吾氏。姓氏篇上引風俗通。姓纂十八尤。

蒲氏。蒲國，赤狄隗姓後。姓氏篇上。氏族略二引作滿。

留吁。同右．

鐸辰．同右．

婚姓．潛夫論．

白狄．

案山海經大荒北經．任姓．有儋耳．無腸．繼無民．驩姓有大人之國．苗民．依姓有毛民．大荒東經．鎖姓．出自帝俊．有白民．姜姓．出自帝俊．有黑齒．勾姓．有困民．大荒南經．姚姓．出自帝俊．有三身之國．於姓．有盈民．阿姓．有不死．肹姓．出自帝舜．有載民．深目民．桑姓．有蜮民．幾姓．有焦僥．又有鼬姓並同．烈姓．有胡不與．威姓．出自少昊．亦見大荒北經．乞姓．出自伯夸．有氏羌．見海內經．皆塞外荒遠之國．

翟氏．黃帝之後．代居翟地．爲晉所滅．氏焉．姓纂二十陌．

白狄氏．白狄之後．同右．

肥氏．白狄國名．趙有肥義．同右．

疑非世本所有，今皆不載。（校注 以上案語原本有譌誤，已據山海經校正。案山海經，載民帝舜生，盼姓見大荒南經，深目民未紀所自出，盼姓見大荒北經，作者載民與深目民連引，未知盼盼是否一姓，兹仍其舊。）

氏於號者，唐虞夏殷是也。

案史記荀卿列傳集解，廣韻十二齊注，御覽三百六十一，皆引風俗通氏姓篇，有此九氏，而廣韻十九鐸引世本，亦有氏居者，城郭園池是也之語，與姓纂二十二元所引風俗通同，疑應劭所言，即出於世本，故皆有氏姓篇歟，今依其類，以姓無攷諸氏，集爲九氏，附於諸姓之後焉。

皇氏。三皇之後，因氏焉。氏族略三引風俗通。

大庭氏。古帝號，或曰炎帝諸侯也，後爲氏。姓氏書辯證十四泰引英賢傳。

大氏。大庭氏之後。氏族略四引風俗通，姓纂十四泰。

柏氏。柏皇氏之裔。氏族略四風俗通。

中央氏。古帝號，後以爲氏。姓氏書辯證一東。

栗氏。古帝栗陸氏之後，或爲栗氏，趙將有栗服。姓氏書辯證五質引姓纂。

嚇氏。赫胥氏之後。姓纂二十陌引風俗通。

氏於謚者。戴武宣穆是也。（御覽三百六十二引風俗通氏姓篇。）

尊盧氏。在伏犧後。（路史前紀八注。）後以爲氏。（姓纂二十三霓。）

尊氏。古尊盧氏之後。（廣韻二十三魂。姓纂同上。）

昊氏。昊英氏之後。（氏族略三引風俗通。）

有氏。有巢氏之後。仲尼弟子有若。魯人。（同上。）

巢氏。有巢氏之後。堯有巢父。（姓氏篇上。）

屯氏。渾沌氏後。去水爲屯氏。（姓纂二十三霓引風俗通。）

葛氏。葛天氏裔。（氏族略三引風俗通。姓纂十二曷。〔校注「曷」原本誤作「葛」。〕）

陰氏。陰康氏後。周有陰里。（姓纂二十一侵引風俗通。）

懷氏。無懷氏之後。（姓氏書辯證十四皆。）

桑氏。少皞氏號窮桑。子孫以桑爲氏。（姓氏書辯證十一唐。）

慈氏。出自高陽氏。才子八人。其一倉舒。謚慈。後世以爲氏。（姓氏書辯證七之引姓苑。）

淵氏。出自高陽氏。才子八人。其一謚淵。後世以爲氏。（姓氏書辯證一先引姓源韻譜。）

聖氏。八愷隤敳謚聖。後世氏焉。（姓氏書辯證四十五勁引同上。）

氏於爵者，王公侯伯是也。御覽三百六十二引風俗通氏姓篇。

氏於國者，齊魯宋衛是也。御覽三百六十三引風俗通氏姓篇。

肅氏。八元仲堪謚肅，後世爲氏。姓氏書辯證一屋引同上。

公氏。公正無私，九命百里之號，後爲氏焉。姓氏書辯證一東引曹大宗姓源韻譜。

陽氏。陽侯路史後紀一注。之後。據路史補。宋忠曰：陽侯，伏犧之臣，蓋大江之神者。同上。

夙沙氏。煮海爲鹽，炎帝之諸侯。路史後紀四注。夙沙民叛以歸帝魁。同上。後有夙氏、夙沙氏、宿沙氏。路史國名紀六。案呂覽用民篇云：夙沙之民，自攻其君，而歸神農。注：夙沙大庭氏之末世也。淮南子道應訓云：宿沙之民，自攻其君，而歸神農。注：伏犧神農之間，有共工宿沙，霸天下者也。而其失民之故則，御覽四百九十二引鄧析子曰：栗陸氏殺東里，宿沙君戮字文，桀誅龍逢，紂刳比干，此四者，常彎弓露刃以見朝臣。小司馬補三皇本紀：炎帝生帝魋。魋魁音同，故尚蒙神農氏之號耳。路史後紀四注，又引云：質沙，世本作夙沙。

西陵氏。黄帝娶西陵氏爲妃，名纍祖。廣韻十二齊。春秋時有大夫西陵羔。姓纂十一齊。路史國名紀六引同。無大夫一字。

根水氏。老童娶根水氏女。姓氏書辯證二十三寃。

方氏。方雷氏之後。氏族略引風俗通。

雷氏。方雷氏之後爲黃帝妃生玄囂。其後氏焉。姓纂二十四痕。

蚩氏。蚩尤之後。以國爲氏。姓纂七之。

鄒屠氏。帝嚳妃、鄒屠氏之女也。軒轅去蚩尤之凶。遷其民善者於鄒屠之地。惡者於有北〔校注　「北」原本誤作「父」據拾遺記改。〕之鄉。其先以地命族。姓氏書辯證十八引拾遺記。

鄒氏。鄒屠氏後。分爲鄒氏。同上。

屠氏。鄒屠氏後。分爲屠氏。同上。

柏〔校注　原本作「相」據姓纂改。〕侯氏。柏成子高、堯時諸侯。因氏焉。姓纂二十陌。

伯成氏。有伯成胥渠、晉隱士。同上引風俗通。

案呂覽長利篇。堯治天下。伯成子高立爲諸侯。淮南子氾論訓同。則此伯成氏當其後。柏字與伯古音同。見穆天子傳注。

武羅氏。夏有武羅國。其後氏焉。姓氏篇上。路史國名紀六引夏武羅國四字。

案左氏襄四〔校注　「四」原本誤作「三」。〕年傳。棄武羅伯因熊髡尨圉〔校注　「尨圉」原本誤作「尤圉」。據左傳改。〕而用寒浞。注。四人皆羿之賢臣。據世本則武羅是國名．杜氏以爲四人．蓋亦臆斷也．古今人表小顧注亦以爲四人．蓋沿左傳杜氏之說．惜賈服注闕．無從正之．

塗氏．塗山氏之後．後漢書賈逵傳注．廣韻十一模．氏族略．並引風俗通．

甲父氏．古諸侯．以國爲氏．姓纂三十二狎．

祭伯氏．國名也．女爲舜妃．黃帝史官．子孫因氏焉．姓纂十三祭．禮記疏．及姓氏書辯證．引作癸北．

訾氏．帝嚳妃訾娵氏女．其後氏焉．氏族略引風俗通．

貫氏．國名．其後氏焉．姓氏篇上．

庸氏．國名．其後氏焉．同上．

崇氏．以國爲氏．同上．

緡氏．有緡國之後．同上引姓苑．

蒲姑氏．殷諸侯．居齊地．以爲氏．姓纂十一模．

岑氏．古岑子國之後．廣韻二十一侵引風俗通．

阮氏．殷有阮國．在汧渭之間．子孫以國爲氏．姓纂二十阮．

予氏．予都．古諸侯國也．子孫以國爲氏．姓纂二十阮．

奄氏．奄國號．卽商奄也．秦大夫奄息．其後也．氏族略引風俗通．

胤氏。夏時侯國。子孫氏焉。路史國名紀及氏族略引風俗通。

用氏。古有用國。路史國名紀。容齋五筆。氏族略。引風俗通。

暴氏。暴辛公。周諸侯也。秦有將軍暴鳶。氏族略引風俗通。

案暴國未知何姓。辛亦非謚。淮南子高誘注曰。謚閔田者。暴桓公蘇信公也。桓公亦未知辛公何人。〔校注 此句疑有譌舛。〕

郅氏。郅。商時侯國也。見毛詩。路史國名紀。氏族略。通鑑注。漢紀八。引風俗通。

昔氏。周大夫封昔。因氏焉。路史國名紀。容齋五筆。氏族略。引風俗通。

期思氏。期思國。廣韻七之引風俗通。

義渠氏。狄國。爲秦所滅。因氏焉。氏族略及姓氏書辯證五寘引風俗通。廣韻五寘。

習氏。習國名。氏族略及通鑑注魏記七引風俗通。

釆氏。黄帝封其子於右北〔校注 「北」原本誤作「比」。〕平釆亭。

因氏。因氏焉。姓纂十五海。

絞氏。左傳有絞國。在隋唐之南。以國爲氏。姓纂三十一巧。

貳氏。貳軫並小國也。今漢東有二氏。姓纂六至。

載氏。有載國。以爲氏。姓纂十九代。姓氏篇土。

時氏。有時國。子孫氏焉。姓纂五質。案此卽春秋邿國。漢書地理志亦作時。古晉通。

冀氏。春秋時冀國之後有冀氏。元和姓纂六至（校注　原本作「五寘」。據姓纂改。）

夕氏。周大夫所封。後有夕氏、昔氏。路史國名紀六引風俗通。

道氏。國名。楚有道朔。姓氏篇下。

蘄氏。以國爲氏。路史國名紀七引姓苑。

虎夷氏。以國爲氏。秦末虎夷渠帥助番君攻秦。廣韻五支。姓氏篇下。

鍾吾氏。春秋時有鍾吾子。其後氏焉。姓氏篇上。

仇由氏。仇由小國。爲知伯所滅。其後以爲氏。姓氏書辯證十八尤。

那氏。朝那、東夷也。其後單姓那氏。氏族略引風俗通。

坎氏。宋附庸有坎氏。姓纂四十八感（校注　原本脫「感」字。）引英賢傳。

根牟氏。出自東夷根牟小國。魯宣公取其國。子孫氏焉。六國時有根牟子著書。姓氏書辯證二十四痕引風俗通。

氏有官者。司馬、司徒、司寇、司空、司城是也。御覽三百六十二。

中英氏。古帝少昊氏有六英之樂。掌中英者。以官爲氏。姓氏書辯證一東引姓纂。

五鳩。楚鳩氏。楚昭王時有五鳩蹇。姓纂十姥。少昊氏以五鳩爲鳩民之官。其後以官爲氏。姓氏書辯證十姥。

蓐氏。蓐收之後。路史國名紀及氏族略引風俗通。

羲氏。堯卿羲仲之後。廣韻五支。

和氏。出自羲和掌天地之官。堯時和仲和叔之後。以世官爲氏。姓氏書辯證八戈。

司徒、司寇、司空。並以官爲氏。姓纂七之。

宗伯氏。周卿宗伯之後。廣韻二冬。

太史氏。其先齊太史之後。以官爲氏。或云周太史後。姓氏書辯證十四泰。

右史氏。右史記事因氏焉。周右史戌。姓纂四十四有。氏族略四引作宋衷世本戌作武。

內史氏。周內史叔興之後。因官氏焉。姓纂十八隊引風俗通。

祝史氏。衞有祝史揮。因官氏焉。姓纂一屋。

諫氏。周禮有司諫。子孫以官爲氏。姓纂三十諫。

謁氏。古有謁者官。因以爲氏。廣韻十月。容齋五筆。氏族略。引風俗通。

樂正氏。周禮樂正，因官氏焉。魯有樂正子春，曾子弟子。姓纂四覺。

樂尹氏。楚昭王以鍾建爲樂尹，因氏焉。同上。

右宰氏。衞大夫右宰穀，因官爲氏。姓纂四十四有。

職氏。周禮職方氏，其後因官爲氏。廣韻二十四職。

闕氏。古闕者官爲氏。姓纂十月。

節氏。周禮掌節上士，子孫以官爲氏。姓纂十六屑。

卜氏。周禮卜人，以官爲氏。姓纂一屋。

校氏。出自周官校人之後，以官爲氏。姓纂三十六效。

牧師氏。主養馬，後世〔校注　原本「馬」誤作「焉」，「世」誤作「氏」。〕因以爲氏。廣韻六脂。〔校注　原本作「五支」，據廣韻改。〕姓纂一屋。

趣馬氏。楚趣馬厥之後。姓纂十遇。

巫馬氏。有巫馬施，字子期，魯人，仲尼弟子。姓纂十虞。

案周禮夏官屬有巫馬，巫馬氏當亦以官爲氏。

廐尹氏。楚大夫廐尹然之後。姓纂四十九宥。

司工氏。周宣王時司工錡，因官氏焉。姓氏篇下。

尉氏。以官爲氏。鄭大夫尉止。姓氏篇上。姓氏書辯證八未。

沈尹氏。楚有沈尹赤、沈尹壽、沈尹射，子孫以官爲氏。姓纂四十七寑。

宮氏。出自周官掌宮門者，以世官爲氏。姓氏書辯證一東。

充氏。出自周官充人之後，以官命氏。戰國有充虞，爲孟子弟子。同上。

工師氏。其先出自古官治木者，以官爲氏。同上。

調氏。調人之職，掌司萬人之難而和合之，其世〔校注　原本「官」上脱一字，據姓氏書辯證補「世」字。〕官者氏焉。姓氏書辯證三蕭。

桃氏。周官攻金之工有桃氏，爲劍者，以世官爲氏。姓氏書辯證六豪。

羊氏。出自周官羊人之後，以官爲氏。姓氏書辯證十陽。

行氏。周禮大行人之後，以官爲氏。姓氏書辯證十二庚。

治氏。其先周官治氏，掌爲兵器，以世官爲氏。姓氏書辯證三十五馬。

莫氏。其先楚人，以太爲莫，故其官謂之莫敖，以官氏。姓氏書辯證十九鐸。

候氏。周禮有候人，其後氏焉。廣韻五十候。

陵尹氏。楚大夫陵尹喜陵尹招之後。姓纂十六蒸。

美氏。美里般秋官子孫因氏。姓纂四十四有。

酒氏。周禮酒正因官氏焉。同上。引纂要文。

雍氏。周禮雍人以官爲氏。姓纂三鍾。

正令氏。其先周官儀僕掌貳車正令因氏焉。姓纂四十五勁。

函氏。周官攻皮之工有函人爲甲者以世官爲氏。姓氏書辯證二十六咸。

梓氏。其先周官梓人之後以世官爲氏。魯大夫梓愼。姓氏書辯證六止。

圉氏。夏官圉師掌養馬者後世以官爲氏。姓氏書辯證八語。

稻氏。周官稻人掌稼下地者以官氏。姓氏書辯證三十二皓。

寺氏。古寺人之後。姓氏書辯證七志。

太祝氏。後世以官氏。姓氏書辯證十四泰。

漏氏。世掌刻漏之官因爲氏焉。姓氏書辯證五十候。

岳氏。四岳之後。姓氏書辯證四覺。

掖氏。官名。後以爲氏。姓氏書辯證二十二昔。

氏於字者．伯仲叔季是也．御覽三百六十二引同上．

叔夜氏．周八士叔夜之後．楚康王時有叔夜子莊．姓纂一屋．

季隨氏．周八士季隨之後．宋有季隨逢．廣韻姓纂六至．通志氏族略四．

季瓜氏．周有八士季騧之後．爲氏．騧或作瓜．晉有祁邑大夫季瓜忽．廣韻同上．姓氏書辯證六至．〔校注　「至」原本誤作「止」．〕

牙氏．周穆王大司徒君牙後．以字爲氏．姓氏書辯證九麻．

子獻氏．齊大夫子獻之後也．楚文王之時子獻遼爲大夫．氏族略引風俗通．

輿氏．周大夫伯輿之後．以王父字爲氏．姓纂九魚．

子玉氏．衞大夫子玉霄之後．秦穆公時大夫有子玉房．姓纂六止．〔校注　六止．原本誤作「四紙」．〕

子有氏．魯有若字子有之後．宋有子有恭叔．同上．

子庭氏．魯大夫以字爲氏．同上．

獲氏．宋大夫猛獲之後．子孫以王父字爲氏．姓纂二十一麥．

氏於居者．城郭園池是也．廣韻十九鐸．姓纂二十二元．引風俗通同．

南宮氏．文王四友南宮适之後．周有南宮極、南宮嚚．姓纂二十二覃．

北唐氏。晉有高人隱於北唐，因以爲氏。廣韻二十五德。

案姓纂引英賢傳云：晉有高越，隱於北唐。

尸氏。其先封尸鄉，因以爲氏。齊相有尸臣。姓纂六脂，及氏族略引風俗通。

垣。秦邑也，因以爲氏。後漢書公孫述傳注，引風俗通。

匡〔校注「匡」原本誤作「厓」，據廣韻改。〕魯邑也，句須爲之宰。

其後氏焉。廣韻十陽，通鑑注漢紀二十引風俗通。

州氏。晉有州綽、州賓，其先食采於州，因以爲氏。氏族略引風俗通。

晝氏。齊大夫食邑于晝，後因氏焉。路史國名紀及氏族略引風俗通。廣韻云：晝邑大夫之後。

遂。秦邑也，其大夫氏焉。後漢書郅惲傳注。

社南氏。其先齊倡，徙居社南，因以爲氏。廣韻三十五馬引風俗通。

社北氏。與社南皆齊倡。氏族略引風俗通。

卽氏。其先食采卽墨，因以命氏。同上。姓纂二十四職。

陽成氏。陽成胥渠，晉隱士也。姓氏篇下，急就篇。〔校注　案本條引自姓氏篇，原本誤注同上，據改。〕

鬼谷氏。鬼谷先生，六國時縱横家。通鑑注周紀二引風俗通。

闞氏。承闞黨童子之後。縱橫家有闞子著書。後漢書獻帝紀注引風俗通。

根牟氏。魯邑名。根牟子、古賢者、著書。姓氏篇下引風俗通。姓氏書辯證二十三魂。

留氏。本自衛大夫留封人之後。廣韻十八尤。姓纂同。

陘氏。晉邑也。其大夫氏焉。廣韻十五青。

毋鹽氏。齊毋鹽邑大夫之後。廣韻十虞。

鄆氏。魯大夫邑采於鄆。後因氏焉。廣韻二十三問。

蕃氏。其先出自魯大夫食采於蕃。因以爲氏。姓纂五支。

畦氏。趙大夫食采畦邑。因以爲氏。同上。

池氏。以所居爲氏。同上。

麋氏。楚大夫受封南郡麋亭。因以爲氏。姓纂六脂。

夷門氏。魏隱士侯嬴爲夷門監者。因氏焉。同上。

旗氏。楚大夫居旗思城。因以爲氏。姓纂七之。

蒲圃氏。魯大夫以地爲氏。姓纂十一模。

西門氏。鄭大夫居西門、氏焉。列子有西門子。姓纂十二齊。

元氏。衛大夫元咺之後。其先食采於元。後因氏焉。姓纂二十二元。

陽邱氏。楚大夫食邑陽邱。以爲氏。姓纂十陽。

商邱氏。衛大夫食邑商邱。因氏焉。同上。

商〔校注　原本商下衍「裘」字。據姓纂删。〕密氏。楚大夫以地爲氏。同上。

裘氏。衛大夫食采裘氏。因姓裘。〔校注　「姓裘」原本作「氏」。據姓纂改。〕姓纂十八尤。

留氏。衛大夫留封人之後。姓纂同上。

解氏。晉大夫解狐之後。其先食采于解。因氏焉。姓纂十二蟹。

邴氏。晉邴豫食采于邴。因氏焉。姓纂三十八梗。

剌〔校注　原本作「夾」。據姓纂改。〕氏。鄭大夫剌張。其先食剌鄉。因氏焉。姓纂五寘。姓氏書辯證作郟。

柘氏。楚大夫以地爲氏。姓纂四十禡。

汜氏。其先周大夫。食采於汜。因以爲氏。姓纂六十梵。

鹿氏。趙大夫食采五鹿。因氏焉。姓纂一屋。

劇氏。齊大夫食采于劇。因地爲氏。姓纂二十陌。

落下氏。魯大夫食采落下。因氏焉。姓纂十九鐸。

聶氏。衞大夫食采于聶。因氏焉。姓纂二十九葉。

求氏。本居衞國裘氏之地。故稱裘焉。後又轉爲求。急就篇注。

閻氏。閻者、里中門也。因其所居。遂以爲氏。同上。

邴氏。邴一作祊。泰山下邑也。居之者以爲氏焉。同上。

邱氏。陳有屯邱。居之者以爲氏。同上。

陰氏。陰亦周之采地。周大夫陰忌、陰不佞、陰里。其後遂爲氏。同上。

橋氏。黄帝葬于橋山。羣臣追慕。守冢不去者。因爲橋氏。同上。

耿氏。耿地名也。在河北。祖乙所都。舊居之者以爲氏。同上。

儀氏。出自衞大夫食邑於儀。因氏焉。姓氏書辯證五支。

訾氏。其先齊大夫食邑於紀之訾城。後人因以爲氏。同上。

葵邱氏。有葵邱大夫。食其邑者氏焉。古有葵邱欣。姓氏書辯證六脂。

期氏。楚大夫居期思城，因以爲氏。姓氏書辯證七之。

邘氏。出自宋大夫邘班之後，宋武公以門賞邘班，謂之邘門，子孫居焉。同上。

漁陽氏。燕大夫受封漁陽，以地爲氏。姓氏書辯證九魚。

西郭氏。齊隱者居西郭，氏焉。姓纂十二齊。

菑邱氏。其先以所食邑爲氏，齊勇士菑邱訢。姓氏書辯證七之。

綿氏。晉大夫食采綿上，子孫氏焉。姓氏書辯證二仙。

拳氏。衛大夫拳彌，其先以地爲氏。同上。

饒氏。出自六國時齊大夫食邑於饒者，齊之故臣以邑爲氏。姓氏書辯證四宵。

巢氏。巢邑大夫牛臣，亦或以巢爲氏。姓氏書辯證五肴。

羊角氏。衛大夫食采羊角，以邑爲氏。姓氏書辯證十陽。

清氏。出自晉大夫食邑於清，厲公大夫清沸魋，始以邑爲氏。姓氏書辯證十四清。

郵氏。出自王良，字無䘏，爲晉趙簡子御，食邑於郵，子孫以邑爲氏。姓氏書辯證十八尤。

鄾氏。鄧大夫食采南鄙鄾邑，楚并其地，子孫氏焉。同上。

留氏。出自周封內大夫食采於王畿之留，以邑爲氏。周莊王時，有留子國、留子嗟。皆賢人。同上。

鄝氏。春秋時周大夫食采者。以邑爲氏。有鄝聆。廣韻二十一侵。姓氏書辯證同。

南郭氏。出自齊大夫。居國之南郭。因氏焉。姓氏書辯證二十二覃。

南史氏。出自齊大夫居國之南。以居爲氏。謂之南史氏。同上。

南鄉氏。晉國高士仝隱於南鄉。因以爲氏。同上。

咸邱氏。出自魯大夫食邑咸邱。因以爲氏。姓氏書辯證二十六咸。

武城氏。出自楚大夫食邑武城。因以爲氏。姓氏書辯證九麌。

堵氏。出自鄭大夫。食邑于堵。因以爲氏。姓氏書辯證三十五馬。

夏陽氏。晉大夫夏陽說。其先以所食邑爲氏。同上。

潁氏。鄭大夫考叔。爲潁谷封人。因以爲氏。姓氏書辯證四十靜。

牡邱氏。其先食邑牡邱。故以爲氏。姓氏書辯證四十五厚。

郈氏。郈於春秋爲魯叔孫氏邑。陪臣食焉者爲氏。郈魴假是也。同上。

廩邱氏。齊大夫廩邱子。其先以所食邑爲氏。齊有隱者廩邱充。姓氏書辯證四十七寑引英賢傳。

闞氏。闞邑在齊魯間。齊大夫食邑者氏焉。姓氏書辯證五十四闞。

鄐氏。出自楚大夫。雍子奔晉。晉人與之鄐。以爲謀主。因以邑爲氏。姓氏書辯證一屋。

落姑氏。魯大夫食采落姑氏焉。姓氏書辯證十九鐸。

北郭氏。齊大夫居北郭者。因以爲氏。姓氏書辯證二十五德。

涉氏。其先晉大夫涉佗。以邑爲氏。晉有涉賔。姓氏書辯證二十九葉。

東陵氏。齊景公時。有隱居東陵者。爲氏。姓氏篇上。

鄴氏。以縣爲氏。同上引風俗通。

藉邱氏。齊有藉邱子鉏。同上。

養氏。楚邑名。以爲氏。姓氏篇下。

氏於事者。巫卜匠陶是也。御覽三百六十二引風俗通氏姓篇。

匠氏。古有匠石。周禮匠人之後。氏族略引風俗通。姓氏書辯證四十一漾。

區氏。歐冶子之後。轉爲區氏。氏族略引風俗通。

嗇氏。古嗇氏。子孫因氏焉。同上。

氏於職者。三烏五鹿是〔校注　「是」原本作「具」。案前條皆作「是」。「具」字疑誤。〕也。御覽三百

（六十二引風俗通氏姓篇。）

三烏氏。有三烏大夫，因氏焉。（氏族略三引風俗通。）

五鹿氏。少昊氏因官氏焉。趙有將軍五鹿盧。（姓纂十姥。）

太師氏。殷時掌樂有太師摯。（廣韻六脂。）

少師氏。殷時〔校注 「時」原本作「有」，據廣韻改。〕掌樂有少師陽。（同上。）

師延氏。宋有樂人師延，世掌樂職。後有宋大夫師延宜。（同上。）

師氏。樂人瞽者之稱。晉有師曠，魯有乙，鄭有師悝、師觸、師蠲、師咸。（氏族略引風俗通。）

大羅氏。周大羅氏掌鳥獸，其後氏焉。（姓氏篇上。）

三飯氏。三飯寮之後。（廣韻二十三談。）

四飯氏。四飯缺之後。紂賢人。（姓纂六至。）

御氏。周禮有御人，職因氏焉。（姓纂九御。）

封人氏。古封畿之職，爲氏。（姓纂三鍾。）

山氏。周山師之官，掌山林，以爲氏。（姓纂二十八山。）

社北氏。凡氏於職。社北五鹿。有社北大夫。因氏焉。姓纂三十五馬。

庫氏。古守庫大夫之後。以爲氏。廣韻十一暮引風俗通。

庾氏。本自堯時掌庾大夫。因氏焉。廣韻九麌。〔校注〕原本作「九庾」。據廣韻改。〕

沂相氏。魯沂大夫爲相。因氏焉。姓氏書辯證八微〔校注〕原本作「八母」。據姓氏書辯證改。〕引英賢傳。

門氏。出自周禮。公卿之子入王端門之左。教以六藝。謂之門子。其後氏焉。姓氏書辯證二十三魂。

閽氏。周之閽人守王宮者。所以止闔扇扉。謂之閽。以爲氏。姓纂十九鐸。

泠氏。泠人、掌樂之官也。因爲氏焉。急就篇注。

審氏之先。爲周司空屬官。主審曲面勢者也。後因賜族。同上。

田氏之先。職賦田者也。因以爲氏。同上。

憲氏。本爲周之布憲。司寇之屬官也。其後以爲氏焉。同上。

閎氏之先。本周之閎人。閎所以止扉。今之門袂是也。職典其事。遂爲氏焉。同上。

祁父氏。祁父周司馬。世掌甲兵之職。左傳昭十二年集解。

姓無攷諸氏。

乘氏。有乘睢。古賢人。姓纂十六蒸。氏族略三。

涉其氏。楚大夫有涉其帑。廣韻六脂。姓氏書辯證二十九葉。有下多涉其氏春秋五字。帑下多是也二字。

盆氏。盆成括仕於齊。廣韻十四清。

爲氏。晉始平人爲勉自稱將軍。姓氏書辯證五支。案此條疑有誤。

者舌氏。康居國人朝後。姓氏書辯證二十五馬。

蜀之先肇於人皇之際。太平寰宇記七十一。路史前紀四注。引作蜀之爲國。肇自人皇。無姓相承云黄帝後。史記三代世表索隱。路史同上。引作蜀王每世相承。爲黄帝後。開明帝始立宗廟、時天生五丁力士能徙山其時未有號謚但以五行方色爲主故廟有赤黑黄白之帝云。太平寰宇記同上。路史前紀三注。引五丁事蜀王開明。負力能徙山通石。等一十四字。餘無。

廩君之先故出巫誕巴郡南郡蠻本有五姓巴氏樊氏曋氏相氏鄭氏皆出於五落鍾離山其山有赤黑二穴巴氏之子生於赤穴四姓之子皆生黑穴未有君長俱事鬼神。後漢書西南夷傳注。姓氏書辯證九麻引同。無廩君之先故出巫誕八字。路史後紀一。引作巴郡蠻。本有五姓。皆出武落鍾離山。巴氏生黑穴。樊曋相鄭四姓之子。俱事鬼神。後巴氏臣四姓。居夷城。爲廩君。〔校注「爲廩君」原本作「爲廩廩郡」。據路史引世本文改。」世倘秦女。皆約舉之文。廩君名曰務相。姓巴氏。與樊氏曋氏相氏鄭氏凡五姓。俱出皆爭神。太平御覽三十七。七百五十。事類賦丹賦注。姓氏篇上。引作廩君姓巴氏。乃共擲劍於石。約能中者。奉以爲君。巴氏子務相乃獨中之。衆皆嘆。又令各乘土〔校注「土」原本作「上」。據御覽改〕船。雕文畫之而浮水中。此八字據御覽事類賦所引增。他書俱無。約能浮者。當以爲君。餘姓悉沉。惟務相獨浮。因共立之。後漢書注同上。姓氏書辯證同上。嘆作服。御覽兩引同上。事類賦注同上。俱引作其船浮者立爲君。他船不能浮。獨廩君船浮。因立爲君。以上同。是爲御覽無此二字。廩君。乃御覽無此字。乘土船從夷水御覽無上三字。至鹽陽。御覽作場。鹽水有御覽無上字。神女謂御覽無此字。多子止二字。廩君曰。此地廣大魚鹽所出。願留共〔校注「共」原本作「其」。據御覽改〕居。御覽無曰字以下十三字。廩君不許。御覽作聽。鹽神暮〔校注「暮」原本作「墓」。據御覽改〕輒來取宿。旦卽化御覽無以上八字。爲飛此字據御覽增。蟲。與御覽無此字。諸蟲羣御覽無蟲羣二字。多神從而三字。飛。掩御覽無此字。及下光字。蔽日光。天地御覽天地作爲之。晦冥。積十餘日。御覽無以上五字。廩君不知東西所向七日七夜。以上十字據御覽增。使人操御覽無此三字。青縷以御覽以字在夜字下。遺鹽神曰。纓此卽相宜云御覽無以上四字。與女御覽作爾。俱生。宜將去。御覽無上三字。鹽神受而纓之。廩君卽立陽石上。

御覽無上五字。應青縷而所。御覽作射之中鹽神。御覽無上四字。鹽神死天乃則。御覽作大開。御覽引至此止。廩君於是君乎夷城四姓皆臣之。後漢書注同上。御覽九百四十四。姓氏書辯證同上引同。輒作卽。掩蔽作閉掩。其十餘日下。引作廩君侯其便。因射殺之。天乃開明。餘同。案後漢書西南夷傳本文。據注云並見世本。但傳文究有增損。自積十餘日以下。改從注中所引。世尙秦女。路史同上。

武王周世族大夫。左傳隱三年五年集解。

案凡有二人上同氏。見於書傳者皆載。後多仿此。〔校注〕原本「武王周世族大夫」及案語均誤列下欄。〕

南氏。有南仲南季。左傳隱九年集解。

渠氏。有伯糾。左傳桓四年集解。

家氏。周大夫氏。左傳桓八年集解。

右氏。有石速石張石尙。左氏莊十九年。昭二十二年。定十四年傳。

富氏。有富辰富辛。左氏僖二十二年。昭三十二年傳。

瑕氏。有瑕禽瑕廖瑕辛。左氏襄十三年。昭十一年傳。

賓氏。有賓滑賓起。左氏昭九年二十二年傳。

子旅氏。周大夫氏。左氏定七年傳。

師氏。周大夫氏。漢書古今人表。

顯氏。顯甫爲周卿。廣韻二十七銑引風俗通。

皮氏。周卿士樊仲皮之後。氏族略引風俗通。

王人氏。王人子突之後因氏焉。同右。

下門氏。周景王大夫下門子之後因氏焉。姓氏書辯證四十禡。

申氏。有申繻申須申豐申句須。孔子弟子有申棖。左氏桓六年、昭十七年、定十二年傳。襄二十三年。論語。

寫氏。魯大夫氏。左傳隱十一年集解。

鍼巫氏。魯大夫氏。左傳莊二十三年集解。

富父氏。有富父終甥富父槐。左氏文十一年哀三年傳。

閔氏。有閔馬父。孔子弟子有閔子騫。左氏襄二十三年傳。論語。

南氏。有南遺遺子蒯。左氏襄七年昭十一年傳。

澹臺氏。有澹臺滅明。史記仲尼弟子列傳集解。

阮氏。魯人之氏。左氏哀十四年傳。

縣氏。有縣成父孔子門人。史記同右。氏族略引風俗通。

左人氏。有左人郢。史記集解同右。

樂氏。有樂欬。同右。

邽氏。有邽巽。同右。

仲氏。有仲由由生子崔。同右。

宰氏。有宰予。同右。

原氏。有原憲。同右。

商氏。有商瞿。同右。

漆雕氏。有漆雕開、漆雕徒父、漆雕哆。同右。

公夏氏。有公夏首。同右。

公堅氏。有公堅定。同右。

勤氏。魯大夫有勤成。氏族略引風俗通。姓氏書辯證二十一欣。

賁氏。魯有賁浦。氏族略及通鑑注漢紀四同引風俗通。

騫氏。仲尼弟子閔子騫之後。廣韻二仙氏族略同引風俗通。

林氏。林放之後。廣韻二十一侵引風俗通。

聞人氏。少正卯魯之聞人，其後遂以聞人爲氏。姓纂二十文引風俗通。

申氏。有申鮮虞申傳摯申蒯。左氏襄二十三年二十四年傳。

士孫氏。人氏因以名里。左氏襄二十四年傳集解。

烏氏。有烏餘烏枝鳴。左氏襄二十六年昭二十一年傳。

顏氏。有顏庚顏晉。左氏哀二十三年二十六年傳。

公晳氏。有公晳哀。史記仲尼弟子列傳集解。

后氏。有后處。同右。

步氏。有步叔乘。同右。

刁氏。齊大夫豎刁之後。戰國時有刁勃。廣韻三蕭。氏族略同引風俗通。

浩羊氏。齊大夫浩羊氏名嘉。姓氏書辯證三十二皓引風俗通。

艾氏。齊大夫艾孔子之後。郎裔欸。姓纂十四泰。

匠麗氏。晉大夫氏。左氏成十七年傳。

伯子同氏。晉大夫氏。左氏成八年傳。

樂氏。有樂王鮒。左氏襄二十一年傳。韋昭晉語注。

芬氏。晉大夫芬賢。氏族略引風俗通。

彊氏。晉有大夫彊劍。通鑑注漢紀三十二引風俗通。

蒯氏。晉大夫蒯得之後。氏族略引風俗通。

曠氏。師曠之後。同右。

禮氏。有禮孔禮至。左氏僖二十四年傳。

夏氏。有夏戊夏期。左氏哀二十五年傳。

公孫氏。衛大夫有公孫朝。左氏哀十四年傳。

端木氏。孔子弟子有端木賜字子貢衛人。史記仲尼弟子列傳。

賜氏。仲尼弟子端木賜之後以王父名爲氏，姓纂五寘。

木氏。端木賜之後因避仇改姓木氏。姓纂一屋。

沐氏。端木賜之後。避難改爲沐〔校注　「沐」原本誤作「木」。〕氏。

同右。

廉氏。有廉絜。史記同右。

猷氏。衛有猷康。姓氏書辯證十八尤引風俗通。

羊氏。有羊斟字叔牂。左氏宣二年傳。

伯氏。宋大夫氏。左氏襄九年傳。

幷營氏。孔子娶宋幷營氏生伯魚。史記孔子世家。

備氏。宋封人備之後。廣韻六至引風俗通。

肆氏。宋大夫肆臣之後。氏族略引風俗通。

勃氏。宋左師勃之後也。晉有寺人勃鞮。同右。

卽利氏。宋戴公時大夫卽利渠彌。姓纂二十四職。

錯氏。宋有太宰錯君後爲氏。姓氏書辯證十九鐸引姓苑。

懿氏。陳大夫氏。左氏莊二十二年傳。

女氏。陳卿之字。左莊二十五年集解。

洩氏。鄭有洩駕洩堵寇洩堵俞彌。左氏隱五年僖二十年二十四年傳。

堵氏。鄭有堵叔堵女父堵狗。左氏僖七年襄十年十五年傳。

石氏。鄭大夫有石甲父石楚石制石首石㚟。左氏僖二十四年文十五年宣十一年成十六年襄十一年傳。

司氏。鄭有司臣司齊。左氏襄十年傳。

燭氏。鄭有燭之武趙有燭過。左氏僖三十年傳。呂覽貴直論。

佚氏。鄭大夫佚之狐始以氏見。姓氏書辯證五質。

裨氏。鄭有裨竈裨諶。左氏襄二十八年二十九年傳。

案裨一作卑。漢書皇后紀注引風俗通。裨氏作卑氏。

公息氏。有鄭大夫公息房。姓氏書辯證一東。

襄氏。楚大夫襄老之後。後漢書襄楷傳注引風俗通。

笮氏。楚有笮倫。通鑑注漢紀六十一引同右。

文之氏。蔡有文之鍇楚有文之無畏。左氏文十年哀四年傳。

鍾氏。楚有鍾儀鍾建。左氏成七年定四年傳。

靳氏。楚有大〔校注　原本脱「大」字據廣韻補。〕夫靳尚。廣韻二十四焮。

倚相氏。楚左史倚相之後。威王時有倚相季文爲士官。姓氏書辯證二十宛。

宛氏。楚宛春。晉宛沒。齊宛茂。鄭宛射犬字公孫。皆氏宛。姓氏書辯證二十阮。

箕氏。晉大夫有箕遺箕鄭。廣韻七之。

餘氏。晉有餘頗。廣韻九魚。

鉏氏。晉有鉏麑。同右。

枝如氏。楚大夫枝如子弓。廣韻五支。

公邱氏。有公邱懿子。衛人。姓氏書辯證一東引子思子。

夏父氏。魯大夫夏父弗忌。宋大夫夏父徵。姓纂二十五馬。

茲氏。魯大夫茲無還。廣韻七之。

御氏。魯有大夫御叔。廣韻九御。

賓牟氏。魯有賓牟賈。廣韻十八尤。

漆氏。古有漆沉。爲魯相。廣韻五質。

沈猶氏。魯人氏有沈猶行。孟子。家語。

愼潰氏。魯人氏。家語。

輿氏。周大夫伯輿之後。廣韻九魚。

穰氏。齊將穰苴之後。廣韻十陽。

工婁氏。齊有大夫工婁灑。廣韻十九侯。案左氏莊十七年，遂有工婁氏，當卽此族。

因氏。遂大夫族。左傳同右。

頜氏。遂大夫族。左傳同右。

須遂氏。遂大夫族。左傳同右。

旡婁氏。莒有大夫旡婁修胡。廣韻十虞。

浩生氏。有浩生不害。廣韻書辯證三十二皓。

壤駟氏。秦壤駟赤。史記仲尼弟子列傳。

改氏。秦有大夫改產。廣韻十五海。

稽氏。稽黃、秦賢人也。氏族略引風俗通。

世氏。戰國時有秦大夫世鈞。廣韻十三祭引風俗通。

愼氏。愼到爲韓大夫著愼子。氏族略引同右。

處氏。趙有辨士處子。後漢書酷吏傳注引同右。

扈氏。趙有扈輒。廣韻十姥引同右。

布氏。趙有布子善相馬。氏族略引風俗通。

屈侯氏。魏賢人屈侯鮒。氏族略引同右。

言氏。吳有言偃。史記仲尼弟子列傳。

世本卷八

江都秦嘉謨輯補

居篇案史記索隱三引居篇文。蓋世本述黃帝以來都會所在也。今采諸傳注所引者，以類爲次。其有闕者，則以史記及世族譜補之。輯爲居篇卷八。

黃帝居涿鹿。路史後紀五注。涿鹿在鼓城南。續漢書郡國志注。御覽一百五十五。路史後紀五注。

案御覽路史鼓城皆誤作彭城。今據郡國志注校正。又史記五帝本紀，惟黃帝紀所都，帝舜記所居，與世本合。

舜居嬀汭。水經漢水注。嬀墟在西城西北，舜之居。漢書地理志注應劭說。路史國名紀四引同。無北字〔校注 原本此下衍「二字」，據路史刪。〕之字。

禹都陽城。漢書地理志注臣瓚說。路史後紀十三注。玉海十六。通鑑地理通釋四。太平御覽一百五十五引作夏侯居陽城。又都平陽，或在安邑，或在晉陽。史記封禪書正義。

禮記緇衣正義引作禹都咸陽。

契居蕃。水經渭水注。路史後紀十注。國名紀三。通鑑地理通釋四。御覽一百五十五引作契本居蕃。

案蕃之所在，諸書不見。惟路史國名紀三引魯連子云：蕃在太華之陽。闞駰云：在鄭西。今尚書正義引鄭注，契本封商國，在太華之陽，即此。

昭明居砥石。尚書帝告序正義。路史後紀十注。通鑑地理通釋。復遷商。路史注同上。相徙商邱，本顓頊之虛。御覽一百五十五。

宋衷曰：相土就契封於商。史記夏本紀集解。

湯始居亳。據史紀補。

仲丁遷於隞。同上。

河亶甲居相。同上。

祖乙遷於邢。同上。

盤庚復居亳。同上。

武乙徙河北。同上。

后稷封於邰。據史記及左傳隱元年正義所引世族譜補。

慶節國豳。據史記補。

古公亶父遷岐。據史記及世族譜文補。

文王徙都豐。據史記補。

武王在豐鎬。文選西都賦注，宋敏求長安志。

懿王徙於犬邱。詩小雅疏九之一。御覽一百五十五。通鑑地理通釋四引同。徙於作居。

宋忠曰：懿王自鎬徙都犬丘。一曰廢丘，今槐里是也。史記周本紀索隱。

厲王淫亂，出於彘。御覽一百五十五。

平王徙居洛。玉海十六。

敬王東居成周。玉海十六。

赧王徙居西周。玉海十六。

案以上皆言帝王都會之所。以下所記列國始封，遷徙之地，則以史記爲次。

吳孰哉居藩籬。史記吳世家索隱兩引。一引居篇文。路史後紀九注引同。無吳字。孰作孰。藩籬作番離。

宋衷曰：孰哉仲雍字。藩籬今吳之餘暨也。史記吳世家索隱。十三字，文義不相屬。案此下有解者云，雍是孰食，故雍字孰哉也。疑非宋仲子注文，故此條未經采入。

孰姑徙勾吳。史記吳世家索隱兩引。一引居篇文。文選魏都賦注。

宋衷曰：孰姑壽夢也。史記吳世家索隱。文選注同上。勾吳，太伯始所居地名。史記吳世家集解。同上。文選注同上。索隱

諸樊徙吳。史記集解同上。

齊太公都營丘。據史記及隱三年正義所引世族譜補。

胡公徙都薄姑。據史記補。

獻公徙都臨菑。同上。

魯周公居少昊之墟。詩地理攷五。

煬公徙魯。史記魯世家集解。詩地理攷五。

宋忠曰：今魯國。史記集解同上。

召公居北燕。史記燕世家集解。

宋忠曰：有南燕，故云北燕。史記集解同上。太平寰宇記六十九引作有南燕。此故云北。無宋忠曰三字。

桓侯徙臨易。史記集解同上。

宋忠曰：今河間易縣是也。史記集解同上。

蔡叔居上蔡。尚書蔡仲之命正義。史記管蔡世家集解引居上蔡三字。蓋亦省文。

蔡叔居上蔡，上蔡也，九江有下蔡，故稱上。水經汝水注。案此亦引世本本文。案其文義似注。故附于此。

宋衷曰：平侯徙下蔡。史記管蔡世家集解索隱。案此句下索隱又云。今系本無者。近脫耳。則宋注此句乃引本文。故下文仍據索隱列入。

胡徙居新蔡。史記管蔡世家集解。

宋衷曰：胡徙居新蔡。史記集解同上。尚書正義同上。宋衷曰引作宋仲子曰。以奉叔度祀，故名其地爲新蔡。水經汝水〔校注〕「汝水」原本誤作「謂水」。據前條注文及水經注改。〕注。

平侯徙下蔡。史記集隱同上。

陳胡公滿封陳。據史記及隱三年左傳正義所引世族譜補。

杞東樓公封杞。據史記補。

宋衷曰：杞今陳留雍丘縣。史記陳杞世家集解。索隱同。

成公遷緣陵。據左傳隱四年正義所引世族譜補。

文公居淳于。同上。

衞康叔居商墟。據史記及左傳隱元年正義所引世族譜補。

宋忠云。今定昌也。史記衞世家索隱。康叔從康徙封衞。卽殷墟定昌之地。畿內之康。不知所在也。索隱同上。

文公居楚邱。據史記世族譜補。

成公徙濮陽。史記衞世家集解。

宋忠曰。濮陽帝邱地名。集解同上。

元君徙野王。據史記補。

微子國于宋。宋更曰睢陽。史記宋世家集解。

案集解惟引下句。今據史記補之。以足其義。左傳隱元年正義引世族譜云。微子都商丘。今梁國睢陽縣是也。亦與世本同。

唐叔虞居鄂。史記晉世家集解。路史國名記五。詩地理攷二。路史國

宋衷曰。鄂地今在大夏。史記集解同上。路史國名紀五引同。無宋衷曰及地四字。

成侯徙都曲沃。據左傳隱五年正義所引世族譜補。〔校注 原本脫「補」字。〕

穆侯徙都絳。同上。

昭侯都翼。據史記補。

桓叔封曲沃。同上。

武公都絳。同上。

景公徙新田。據左傳補。

案史記晉世家正義所引徐才宗國都城記云：晉侯燮徙居晉，然世族譜惟云成王滅唐而封叔虞，今太原晉陽是也。燮久改之曰晉，則未嘗遷都也。徐氏所記，蓋不可信。景公徙新田，史記及世族譜皆不載，今從左傳補。

秦非子始封于秦。御覽一百五十五。

莊公徙廢邱。〔校注「邱」原本誤作「立」，據御覽改。〕同上。

文公徙汧。同上。

寧公又都平陽。同上。

德公初居雍。同上。

獻公徙治櫟陽。同上。

孝公自櫟陽徙咸陽。同上。

案御覽所引皆與秦本紀合，蓋知太史公之所本，他可類推。

楚鬻熊居丹陽，武王徙郢。左傳桓二年正義。

宋仲子云．丹陽在南郡枝江縣．今南郡江陵縣北有郢城．左傳正義同上．僖四年正義又引云．丹陽南郡枝江縣．

昭王徙鄀．據史記及左傳桓二年正義所引世族譜補．

襄王居陳．據史記補．

考烈王徙壽春．同上．

鄭桓公封棫林、左傳昭十六年正義．史記鄭世家索隱引同．封作居．徙拾．索隱同上．

宋衷曰棫林與拾皆舊地名．索隱同上．

厲公居櫟．史記鄭世家集解．

宋忠曰櫟今潁川之陽翟縣．史記鄭世家集解．索隱．

文公徙鄭．史記鄭世家索隱．

宋忠云即新鄭．同上．

曹叔振鐸封陶丘．據左傳桓五年正義所引世族譜補．

錯叔繡封滕．路史後紀十．

宋衷曰今沛國公丘是滕國也．史紀陳杞世家索隱．

奚仲封薛遷邳．據左傳隱十一年正義所引世族譜補．

仲虺居薛。同上。

許文叔居許。同上。

靈公徙葉。同上。

許男斯處容城。同上。

悼公遷夷一名城父。又居析。一名白羽。同上。

郳使居郳。據左傳隱元年正義所引世族譜補。

文公徙繹。同上。

郳顔居郳。肥徙郳。左傳莊五年正義。

宋仲子注曰。郳顔別封小子肥于郳。爲小郳子。同上。

莒茲與初都計斤。後徙莒。據左傳隱二年正義所引世族譜補。

案世族譜本無斤字。今據路史後紀七注所引世本紀文補入。

西周桓公名揭。居河南。東周桓公名班。居洛陽。史記周本紀索隱。通鑑地理通釋四引同。無名字。

趙夙居耿。據史記補。

成季徙原。史記趙世家索隱。

宋忠曰：今鴈門平原縣也。索隱同上。

簡子居晉陽。據史記補。

獻侯治中牟。同上。

畢萬居魏。漢書高祖本紀注臣瓚說。

魏武子居魏，悼子徙霍。史記魏世家索隱引〔校注　原本脫「引」字。〕居篇文。案索隱此下有云：案此則是有悼子，系本卿大夫代自脫耳。是世本在唐已非全帙，即此可見。

昭子居安邑。漢書注同上。引居篇文。索隱同。居作徙。文侯亦居之。漢書注同上。

惠王徙大梁。據史記補。

韓武子居韓原。同上。

宣子徙居州。同上。

景子居平陽，在山西。史記韓世家索隱。

宋忠曰：今河東平陽縣。同上。

中山武公居顧，桓公徙靈壽。史記趙世家索隱。太平寰宇記六十一。路史國名紀五注。路史後紀十注引同。桓作相。路史為趙武靈王所滅。索隱同上。

世本卷九

作篇禮記明堂位鄭注曰：世本作曰垂作鐘，無句作磬，女媧作笙簧。正義曰：世本作曰者，世本書名，有作篇，其篇紀諸作字。今采世本原文之類此者，集爲作篇卷九。

造火者燧人因以爲名。釋玄應大般涅槃（校注：原本脫「槃」字，據玄應一切經音義補。）經音義。大智度論音義。瑜伽師地論音義。阿毗達摩順正理論音義。禮記禮運正義引作燧人作火食。事物紀原卷十引作燧人鑽木作火。

庖犧氏作瑟。北堂書鈔樂部。廣韻七櫛。玉海一百十。風俗通義引作宓犧作瑟，八尺二寸，四十五絃。郭璞海內經注引作伏犧作瑟。宋書樂志引作瑟，宓犧所造。瑟潔也，使人精潔于心，純一于行也。北堂書鈔同上。御覽五百七十六。玉海同上。庖犧氏作五十絃，黃帝使素女鼓瑟，哀不自勝，乃破爲二十五絃，具二均聲。通典樂四。聶崇義三禮圖。路史後紀一注引同。庖作包，無氏作二字，鼓瑟作鼓之，具作其。後紀二注引同。二作兩。

伏犧制以儷皮嫁娶之禮。禮記月令正義十五。

伏羲臣芒氏作羅。路史後紀一注。

芒作罔。御覽八百三十四。廣韻三十六養。引作罔罟。庖犧臣芒所作。

宋忠曰：芒，庖犧之臣。御覽同上。

神農作琴。風俗通義。海內經注。禮記樂記正義三十八。初學記樂部。宋書樂志及通典樂四引作琴神農所造。事物紀原二引作伏犧造琴。神農氏琴長三尺六寸六分，上有五絃，曰宮商角徵羽，文王增二絃，曰少宮商。曹憲廣韻音釋。

神農和藥濟人。事物紀原卷之七。

黃帝造火食。禮記冠義正義。本引作造火食〔校注 原本「食」下衍「火食」二字。〕旃冕。諸書有分引作旃作冕者。今據以分列。

黃帝作旃。廣韻二仙。爾雅釋文。御覽三百四十。玉海八十三。禮記正義同上。引作黃帝造火食旃冕。北堂書鈔制作部。御覽六百八十六。路史後紀五注。事物紀原三。皆引作黃帝作旃冕。亦曲柄旗。

以招士衆也。廣韻二仙。

黃帝作冕。儀禮士冠禮注疏。左傳桓二年正義。釋玄應華嚴經音義。通典禮十七。邢昺論語疏。垂旒、目不邪視也。充纊、耳不聽讒言也。通典同上。

宋均曰。通帛爲旃。冕、冠之有旒者。應劭曰。周始垂旒也。御覽六百八十六。事物紀原三引作冕。冠之垂旒者。

宋仲子曰。冕、冠之有旒者。左傳正義同上。邢昺論語疏。

黃帝使羲和占日。常儀占月。臾〔校注 「臾」原本誤作「更」。據史記曆書索隱改。〕區占星氣。伶倫造律呂。大撓作甲子。隸首作算數。容成綜此六術而著調歷。史記歷書索隱。釋玄應妙法蓮華經音義。引作黃帝世伶倫作樂。路史後紀一注。引作黃帝令大撓作甲子。尙書舜典正義。春秋左傳序正義。俱引作容成造歷。大撓作甲子。廣韻二十九換。引作黃帝時隸首作數。唐六典二十一。引作隸首造數。路史前紀二。引作隸首作數。淮南子修務訓注。顏氏家訓勉學篇。廣韻二十三錫。引作容成造歷。北堂書鈔歲時。藝文類聚歲時部。御覽十六。俱引作容成作歷。皆散引文。

宋衷注曰。皆黃帝史官也。左傳序正義。御覽二百二十五。北堂書鈔同上。引作注曰。容成黃帝臣也。文選西京賦注。引作宋忠曰。隸首黃帝史也。

后益作占歲。御覽十七。玉海九引同。脫占字。

沮誦倉頡作書。廣韻九魚兩引同。路史發揮一。尙書序正義引作倉頡造書。並黃帝時史官。廣韻同上。周禮春〔校注 「禮」原本作「書」。「書」下脫一字。據周禮增改。〕官外史疏引同。

篇文略異。

宋衷注曰：倉頡沮誦，黃帝史官。（路史發揮一。）黃帝之世，始立史官，倉頡沮誦居其職。至於夏商，乃分置左右。（初學記文部。）

史皇作圖。（文選宣貴妃誄注。御覽七百五十。）史皇倉頡同階。（路史發揮一。）

宋衷曰：史皇，黃帝臣也。圖，爲畫物象也。（文選注同上。）

伯余作衣裳。（淮南子氾論訓注作制。玉海八十一。路史後紀五注。）

案氾論訓云：伯余之初作衣也，緂麻索縷，手經指挂，其成猶網羅。高氏云：伯余，黃帝臣。一曰伯余黃帝。

胡曹作衣。（淮南子修務訓注引同，作作爲。御覽六百六十九。路史國名紀六。）

宋衷注曰：黃帝臣也。（御覽同上。路史後紀五注，但稱注。）

案世本有一事而兩人皆稱作者，皆是佐及踵修之故。考宋氏韓衷作御注可見也。

胡曹作冕。（路史後紀五注。）

於則作扉履。（初學記器物部。事物紀原三，引作於則作扉履，又引作於則作扉履。路史後紀五注，引作黃帝臣於則作扉履。）

宋衷曰：黃帝臣。草曰扉，麻皮曰履。（事物紀原三，又引作草履爲扉。）

雍父作臼。（廣韻四十四有。御覽七百六十二。）

宋忠曰：雍父黃帝子也。御覽同上。

雍父作舂。廣韻二鍾。御覽七百六十二。八百二十九。路史餘論二引作雍父踐舂。

雍父作杵。廣韻八語引此條，雍誤作羅。今據羣經音義校正。御覽七百六十二。釋玄應壽世阿毗論卷八音義引作雍父作杵舂。黃帝臣也。

胲作服牛。初學紀居處部。御覽八百九十九。路史後紀五注。廣韻十八尤引作黃帝臣胲作服牛。事物紀原二引作黃帝之臣胲作服牛。御覽胲作骸。〔校注 「骸」原本誤作「胲」，據御覽改。〕

注曰：胲黃帝臣也，能駕牛。初學記同上。無下三字。御覽 又云少昊時人始駕牛。御覽同上。

相土作乘馬。周禮校人注引作篇文。荀子解蔽〔校注 原本脫「蔽」字。〕篇注。事物紀原卷之七。

䩭作駕。事物紀原卷之七。

宋衷曰：皆黃帝臣。事物紀原同上。

共鼓化狄作舟。山海經海內經注。北堂書鈔舟部。廣韻十八尤。藝文類聚舟車部。初學記器物部。一切經俱含論音義引同。舟下多船字。御覽七百六十。及事類賦。俱引作共鼓、貨狄。黃帝二臣也。作舟。姓氏急就篇。案惟北堂書鈔引作化狄，諸書下引作共鼓作舟。化狄皆作貨狄。化古文貨字。今所〔校注 「所」原本作「作」，疑誤。〕傳齊吉化刀，即古貨可證。漢書食貨志諸書作貨字者，後人沿改。

注曰：二人黃帝臣也。北堂書鈔同上。羣經音義同上。引作宋忠曰：黃帝臣也。無二人二字。廣韻十八尤引作二人並黃帝臣。藝文類聚同上。引作共鼓貨狄。黃帝二臣。一切經〔校注 原本「經」下衍「生經」二字。〕音義四。引作黃帝二臣名也。皆以注混作本文。

女媧作簧。風俗通義。北堂書鈔樂部。文選長笛賦注。漢書律歷志注。御覽五百八十一。鄭玄明堂位注。引作篇文。及史記補三皇本紀。玉海一百一。俱引作女媧作笙簧。媧字鄭注又作嬀。疑誤。

宋均注曰：女媧黃帝臣也。北堂書鈔同上。文選注同上。玉海一百十。

隨作笙。漢書律歷志注應劭說。北堂書鈔樂部。藝文類聚樂部。初學記樂部。釋玄應大哀經音義。通典十四。路史後紀二注。

宋忠注隨女媧之臣。事物紀原二。路史後紀二。後紀一引同。無隨字。笙簧二器。路史後紀二注。

隨作竽。廣韻十虞。文選吳都賦注。御覽五百八十一。路史後紀一。

揮作弓。山海經海內經注。藝文類聚兵器部。初學記武部。禮記射義正義。一切經音義善見律八。御覽三百四十七。事類賦弓賦注。玉海七十五。北堂書鈔武功類。引作揮始作弓。廣韻一東及三禮圖。俱引作為黃帝臣揮作弓。

宋忠注曰揮黃帝臣。北堂書鈔初學記一切經音義御覽並同上。玉海一百五十。

夷牟作矢。藝文類聚兵器部。禮記射義正義。荀子解蔽篇注。御覽三百四十九。三禮圖。事類賦弓賦注。玉海七十五。一百五十。北堂書鈔同上。引作夷牟始作矢。姓氏急就篇上引作夷牟作矢。〔校注「矢」原本誤作「史」。〕黃帝臣。海內經注引作牟夸作矢。藝文類聚同上。又引及初學記武部俱引作牟夷作矢。夸卽夷字。

宋衷注曰夷牟黃帝臣也。北堂書鈔荀子注同上。玉海一百五十。禮記射義正義引作注云揮夷牟黃帝臣。

蚩尤作五兵戈矛戟酋矛夷矛。黃帝誅之涿鹿之野。路史後紀四注。廣韻十二庚引作蚩尤以金作兵器。御覽二百七十五引作蚩尤作兵。

祝融作市。廣韻六止。玉篇冂〔校注「冂」原本闕文據玉篇補〕部。初學記居處部。御覽一百九十二。易釋文引同。作作為。

宋忠注曰祝融顓頊臣為高辛氏火正。初學記同上。易釋文引作宋衷云。顓頊臣也。

后稷耕稼。淮南子修務訓注。

羲和作占月。玉海九。

巫彭作醫。山海經海內經注。

巫咸、堯臣也以鴻術爲帝堯之醫。御覽七百二十一。玉海六十三。

巫咸作筮。周禮大宗伯注引作篇文。初學記政理部。玉海一百三十五。

巫咸作鼓。玉海一百十。急就補注卷之三。

無句作磬。風俗通義。禮記明堂位注引作篇文。海內經注。廣雅音釋。一切經四分律十一音義。通典禮十七。通志樂略。玉海一百九。事物紀原二引同。句下多氏字。無句堯臣。事物紀原二。案諸書無或作毋。古字通。

舜始陶夏臣昆吾更增加也。一切經四分律一卷音義。雜阿毗曇心論音義。史記龜策列傳集解引作昆吾作陶。

簫舜所造其形參差象鳳翼十管長二尺。通典禮十七。通志樂略。路史後紀十二注。

陶制五刑。路史後紀七注。

倕作規矩準繩。玉篇夫部。倕或作垂。案諸書古字通。垂舜臣。廣雅音釋。

垂作耒耨。路史餘論二。齊民要術一引作倕作耒耜。御覽八百二十二引作鉌作來耜。左傳僖三十三年正義引作垂作耨。案鉌字及齊民要術所引此條下。又有倕。神農之臣也六字。疑皆有誤。

垂作耜。廣韻六止。

垂作鐘。風俗通義。禮記明堂位注引作篇文。廣韻三鍾。初學記樂部。廣雅音釋引同。作作造。爾雅釋文引作鐘垂所作。通典樂四。通志樂略。皆引作鐘黃帝工人垂所造。疑誤。

垂作銚。詩釋文。周頌臣工正義。吳仁傑兩漢刊誤補遺四。御覽八百二十三。

宋仲子注曰。銚刈也。詩正義同上。

夔作樂。通典樂四。路史後紀十一注。

磬、叔所造。通典樂四。路史後紀十一注。事物紀原二。叔舜時人。文選長笛賦注。通典于引上條下云。不知何代人。路史以爲叔卽無句。皆誤。

夷作鼓。玉海一百十。以桴擊之曰鼓以手搖之曰鼗。通典同上。

烏曹作簙。廣韻十九鐸。文選博奕論注。

鯀作城。玉篇土部。水經河水注。妙法蓮華經音義引同。鯀作鮌。禮記祭法正義。引作鯀作城郭。路史後紀一注。引作鯀置城郭。

鯀作郭。廣韻十九鐸。

案呂覽行論曰。鮌欲得三公。怒甚猛獸。欲以爲亂。比獸之角能以爲城。舉其尾能以爲旌。召之不來。倘佯于野。以患帝舜。於是殛之于羽山。副之以吳刀。卽其事也。

堯使禹作宮室。御覽一百七十三。玉海一百五十五引作堯使禹作宮。爾雅釋文。初學記居處部。玉海一百五十五。又一條。俱引作堯作宮室。廣韻一東。藝文類聚居處部。俱引作禹作宮。案呂覽勿躬。高元作室。

禹名高密。見帝繫。疑高元卽禹也。

咎繇作耒耜。御覽八百三十三。

化益作井。周易釋文。路史後紀八注。亦引化益二字。初學記地部。引作伯益作井。御覽一百八十九。引作伯夷作井。夷與益同聲之轉。亦云、黃帝見百物始穿井。初學記同上。

宋衷曰。化益伯益也。釋文同上。玉海二十四。堯臣。玉海同上。

案淮南子本經訓。伯益作井而龍登九雲。神棲昆侖。注曰。作井鑿地而求水。龍知將決川谷。漉陂池。故登雲而去。棲其神于昆侖之上。

奚仲作車。海內經注。續漢書輿服志注。後漢書蔡邕傳注。文選演連珠注。事類賦車賦注引同。作作造。

伯夷作五刑。北堂書鈔四十三。御覽六百三十六。夏作贖刑。事物紀原卷九。

儀狄始作酒醪變五味。初學記器物部。御覽八百四十三。事類賦酒賦注。淮南子修務訓注。引作儀狄作酒。尚書酒誥正義引作儀狄造酒。夏禹之臣。尚書正義同上。

杜康造酒。尚書正義同上。

少康作秫酒。北堂書鈔酒食部。初學記器物部。御覽八百四十三。事類賦酒賦注。

少康作箕帚。御覽七百六十五。廣韻七之引作箕帚少康作。

杼作甲。尚書費誓正義。詩叔于田疏。御覽三百五十一。初學記武部。史記夏本紀索隱。引作季佇作甲。路史後紀十四注。引作季杼作甲。玉海一百五十一引作輿作甲。

杼作矛。御覽三百五十一。事物紀原卷九。路史後紀十四注。

逢蒙作射。藝文類聚巧藝部。

湯作五祀。御覽五百二十。路史餘論四。戶井竈中霤行至周而七曰門行厲戶竈司命中霤。事物紀原二。

紂爲玉牀。御覽七百六。

武王作翣。藝文類聚制作部。廣韻二十三狎。初學記器物部。御覽五百五十三。

武王始作箑。事類賦扇賦注。

暴辛公作壎。風俗通義。漢書律歷志注。廣韻二十二元。詩彼人斯正義。玉海一百十。詩地里考二。姓氏急就篇上。路史後紀十注。玉海以下。辛公俱引作新公。北堂書鈔樂部。及御覽五百八十一。俱引作壎暴辛公所造。爾雅釋文引作壎暴辛公所作也。圍五寸半長三寸半六孔也。爾雅釋文。北堂書鈔同上。引同。無上半字及也字。〔校注　此句原作「無上半字及凡也二字」。案本文及爾雅釋樂引世本文。皆無「凡」字。疑「凡」「二」兩字衍文。故刪。〕此條上復有周畿內有暴國。豈其時人也十一字。疑非世本文。御覽與北堂書鈔同。周畿內上多亦不知何人五字。今皆刪去。三禮圖引作圍五寸半。長三寸四分。

宋均注曰暴公〔校注　原本公下衍國字〕周平王諸侯。御覽同上。北堂書鈔同上。俱引作新公周平王諸侯。路史後紀十注引作宋云平王諸侯。今從御覽。爲壎久矣此掌其官也。通典同上。

蘇成公作篪管樂十孔長尺一寸。風俗通義。北堂書鈔同上。引作蘇成公造篪。無下八字。御覽同。爾雅釋文引作篪蘇成公所作。長一尺二寸。廣韻五支。及詩彼人斯正義。玉海一百十。詩地里考二。惟引蘇成公作篪。後漢書明帝紀注。引作暴辛公作篪。以竹爲之。長尺四寸。有八孔。通典同上。引作篪暴辛公所造。皆誤。吹孔有觜〔校注　「觜」原本誤作「嘴」據御覽改。〕如酸棗。北堂書鈔同上。御覽五百八十。

注蘇成公平王時諸侯。北堂書鈔同上。御覽同上。皆以注混作本文。今依上文改正。

秦穆公作沐。御覽三百九十五。事物紀原卷十。

魯昭公作弁。御覽六百六十八。

宋均曰。制素弁也。同上。

魯昭公始作璽。五代史史臣論。玉海八十四引五代史。困學紀聞自注。

夙沙作煮鹽。御覽八百六十五。

宋忠曰。夙沙衞齊靈公臣。齊濱海。故以爲魚鹽之利。同上。

衛叔文子作輗軏。北堂書鈔一百四十一。

注云。文子公叔齊。同上。

公輸作石磑。後漢書張衡傳注。一切經四分律音義。引作輸般作磑。御覽七百六十三。引作公輸般作磑。急就篇補注三引同。

韓哀作御。漢書王褒傳注應劭說。文選聖主得賢臣頌注引同。哀下多侯字。

宋衷曰。韓哀韓文侯也。時已有御。此復云作者。加其精巧也。漢書王褒傳注。

世本卷十

謚法玉海五十八引沈約謚法序曰．大戴禮及世本舊並有謚法．蘇洵老泉集謚法總論曰．古之謚法．約言之詳矣．其最舊者．見於世本大戴禮．是世本有謚法也．惟約云．二書謚法．至約時已亡．今惟周書謚法解文尙在．蓋二書亦采自周書．學者以其重見雜出．遂不復加著錄歟．毛詩魯頌正義．引世本曰．季孫行父謚曰文子．左傳補注引世本曰．荀雖謚文子．或卽世本謚法之遺文．今因其舊目．采諸周書．略本沈約賀琛之例．輯爲謚法卷十．此篇首列周書謚法．而凡有謚法者．並列其人名號於左方．則沈約之例．諸書間引世本謚法亦略同．其分君臣婦人三等者．則采梁賀琛之例也．

民無能名曰神．

案謚法制自周公．史官掌之．以定襃貶．則世本所載．當與周〔校注「周」原本誤作「世」．據上文敍言改．〕書謚法解同．今據沈約謚法序之言．依周書之次．列以爲世本本文．

稱善賦簡曰聖．

敬賓厚禮曰聖．

君謚——衞侯馳謚聖公．

臣謚——

婦人謚凡從夫謚者不載．

德象天地曰帝．

靜民則法曰皇．

仁義所在曰王．

賞慶刑威曰君。

從之成羣曰君。

立制及衆曰公。

執應八方曰侯。

壹德不解曰簡。案簡之爲謚。不當先乎文武。盧學士文弨以爲謚法本係兩排。此蓋錯簡之誤也。

平易不疵曰簡。

君

周王夷謚簡王。

召伯盈謚簡王。

成子　謚簡公。

甘氏　謚簡公。

鞏氏　謚簡公。

齊侯壬謚簡公。

楚子中謚簡王。

臣

齊陳齒謚簡子。

晉續鞫居謚簡伯。

趙鞅謚簡子。

韓不信謚簡子。

魏取謚簡子。

鄭公孫僑謚簡成子。

馮　謚簡子。

婦人

鄭伯嘉謚簡公。

北燕伯　謚簡公。

薛伯文歡謚簡侯。

梁孟　謚簡子。

經緯天地曰文。案謚法宣謚文者凡七。當時史臣定謚。必有所專取。如杜預左氏解。于魯文公下。引謚法慈惠愛民曰文。忠信接禮曰文。于宣公下。引謚法善問周達曰宣之類。蓋卽當時史臣定謚之本意。亦疑卽世本謚法之原文。今世本原篇既亡。則皆不知其取義所在。惟以謚法列於前。而以得謚者次於後。不敢意爲穿鑿也。

道德博聞曰文。

學勤好問曰文。

慈惠愛民曰文。

愍民惠禮曰文。

錫民爵位曰文。

忠信接禮曰文。此句據左傳文元年集解補入。

君

周王昌謚文王。

周公旦謚文公。

祭公謀父謚文公。

臣

魯臧孫辰謚文仲。

仲孫穀謚文伯。

叔孫舒謚文子。

婦人

魯桓公夫人姜氏謚文姜。

尹氏圉諡文公。
劉子卷諡文公。
王子虎諡文公。
魯侯興諡文公。
齊侯赤諡文公。
晉侯仇諡文侯。
晉侯重耳諡文公。
秦伯　諡文公。
秦伯駟諡惠文公。
秦伯柱諡孝文王。
楚子熊貲諡文王。
宋公鮑諡文公。
衛侯燬諡文公。
陳侯圉諡文公。

季孫行父諡文子。詩魯頌正義引世本。父下有死字。諡下有曰字。蓋散引文。
公文歜諡文伯。
子家析諡文伯。
齊鮑國諡文子。
陳須無諡文子。
析歸父諡文子。
晉魏頡諡文子。
士燮諡文叔。
士丐諡文伯。
趙武諡文子。
荀騅諡文子。惠棟左傳補注。
荀躒諡文子。
荀寅諡文子。

杞伯益姑諡文公。
蔡侯申諡文公。
曹伯虢諡文公。
鄭伯捷諡文公。
滕侯　諡文公。
滕侯　諡文公。名俱無考。
薛伯俱諡文侯。
郳子瑣諡文公。
魏侯斯諡文侯。
韓侯　諡文侯。
趙侯何諡惠文王。
北燕伯　諡文公。
許男　諡文叔。

楚門班諡文子。
公孫寬諡文子。
舒堅氏諡文叔。
宋甫爽氏諡文叔。
衛寧跪諡文仲。
孫林父諡文子。
太叔儀諡文子。
公叔發諡文子。
北宮佗諡文子。
公孫本諡文子。左傳作彌牟。
孔圉諡文叔。
史狗諡文子。
公孫齊諡文子。

剛彊理直曰武。

威彊叡德曰武。
克定禍亂曰武。
刑民克服曰武。
夸志多窮曰武。

君

周王發謚武王。
召伯　謚武公。
尹子　謚武公。
單子　謚武公。穆公子。
魯侯敖謚武公。
齊侯壽謚武公。
晉侯曼期謚武侯。
晉侯稱謚武公。
秦伯　謚武公。

臣

魯臧孫紇謚武仲。
仲孫彘謚武伯。
叔孫州仇謚武子。
叔仲休謚武仲。
季孫宿謚武子。
季寵謚武叔。
齊國佐謚武子。
高偃謚武子。
崔杼謚武子。

婦人

楚子熊通謚武王。

宋公司空謚武公。

衛侯和謚武公。

陳侯靈謚武公。

杞伯謚武公。（謀娶公子）

蔡侯謚武公。（厲侯子）

曹伯勝謚武公。

鄭伯掘突謚武公。

北燕伯謚武公。（昭公子）

韓侯取謚武侯。

魏侯擊謚武侯。

管鳴謚武子。

陳開謚武子。

公子無虧謚武孟。

晉欒書謚武子。

士會謚武子。

魏州謚武仲。

魏錡謚武子。

趙穿謚武子。

荀罃謚武子。

韓啓章謚武子。

衛孫乙謚武子。

寗俞謚武子。

鄢肸謚武子。

鄭罕達謚武子。

公子騑謚武子。

皇謚武子。

敬事供上曰恭。案恭傳文或作共，古音同。

尊賢貴義曰恭。

尊賢敬讓曰恭。

旣過能改曰恭。

執事堅固曰恭。

愛民長弟曰恭。

執禮御賓曰恭。

芘親之闕曰恭。

尊賢讓善曰恭。

淵源流通曰恭。

君

周王伊扈謚共王。

臣

魯公子慶父謚共仲。

婦人

魯侯奮諡恭公。

秦伯猳諡共公。

楚子審諡共王。

宋公瑕諡共公。

陳侯朔諡共公。

杞侯　諡共公。子靖公。

蔡侯興諡共侯。

鄭伯尹諡共公。

北燕伯　諡共公。子悼公。

薛伯侚諡共侯。

莒子庚輿諡共公。

萊子浮柔諡共公。

公子堅諡共叔。

齊國子諡共伯。

晉世子申生諡共世子。

欒成諡共叔。

趙　諡共孟。

士魴諡共子。

魏世子餘諡共伯。

石買諡共子。

鄭公子段諡共叔。

照臨四方曰明。

譖訴不行曰明。

君

威儀悉備曰欽。

臣

婦人

君

大慮靜民曰定。

安民大慮曰定。

安民法古曰定。

純行不二曰定。

臣

婦人

君

周王瑜諡定王。

周公　諡定公。

劉子夏諡定公。

魯侯宋諡定公。

臣

魯臧爲諡定伯。

叔仲志諡定伯。

叔閲諡定伯。

晉韓簡諡定伯。

婦人

魯成公妃姒氏諡定姒。

晉侯午謚定公。
衛侯臧謚定公。
鄭伯寧謚定公。
滕侯　謚定公。文公父。
薛伯箱謚定公。
郳子貜且謚定公。

衛褚師　謚定子。
陳夏御寇謚定子。
鄭公父　謚定叔。
駟帶謚定子。

諫爭不威曰德。

君

秦伯　謚德公。寧公子。

臣

婦人

辟地有德曰襄。杜預左傳集解引辟地作辟土。
甲胄有勞曰襄。
因事有功曰襄。據杜預左傳集解所引補入。

君

周王鄭謚襄王。

臣

魯公子遂謚襄仲。

婦人

召伯　諡襄公。

原伯　諡襄公。

單子　諡襄公。

魯侯午諡襄公。

齊侯諸兒諡襄公。

晉侯讙諡襄公。

秦伯諡襄公。莊公子。

秦伯楚諡莊襄王。

楚子橫諡頃襄王。

宋公茲父諡襄公。

衞侯惡諡襄公。

鄭伯堅諡襄公。

北燕伯　諡襄公。

薛伯夷諡襄侯。

齊管武諡襄子。

陳班諡襄子。

晉趙毋卹諡襄子。

魏多諡襄子。

鄭公孫夏諡襄子。

趙侯假謚悼襄王。

薛侯倉謚襄王。

魏侯倉謚襄王。

齊侯法章謚襄王。

有伐而還曰釐。史記齊世家集解徐廣曰：釐，僖也。蓋古字通用。

質淵受諫曰釐。

小心畏忌曰釐。據左傳僖元年集解補入。〔校注　案本條亦作者據左傳所補，而未註明。援上文襄兩條，爲補此注文。〕

君

周王胡齊謚僖王。

魯侯申謚僖公。

齊侯祿甫謚釐公。

晉侯司徒謚僖公。

宋公舉謚僖公。

衛侯　謚釐侯。頃侯子。

臣

魯公子牙謚僖叔。

孟孫貜謚僖子。

叔青謚僖仲。

齊陳乞謚僖子。

楚觀起謚釐子。

衛世叔遺謚僖子。

婦人

衛靈公夫人子氏謚釐夫人。

陳侯孝謚釐公。

杞伯遂謚釐公。

蔡侯所事謚釐侯。

曹伯夷謚釐公。

鄭伯惲謚僖公。

北燕伯　謚釐侯。惠侯子。

許男業謚僖公。

韓侯咎謚釐公。

魏侯圉謚安僖王。

博聞多能曰憲。

聰明叡哲曰獻。

君

臣

婦人

君

單子　諡獻公。

劉子卷諡獻公。

魯侯具諡獻公。

齊侯山諡獻公。

晉侯蘇諡獻侯。

晉侯詭諸諡獻公。

秦伯師隰諡元獻公。

衛侯衎諡獻公。

陳侯柳諡獻公。

鄭伯蠆諡獻公。

北燕伯　諡獻公。簡公子。

薛伯穀諡獻公。

臣

魯孟孫蔑諡獻子。

晉韓厥諡獻子。

郤克諡獻子。

荀偃諡獻伯。

魏荼諡獻子。

士鞅諡獻子。

趙浣追諡獻侯。

鄭駟乞諡獻子。

印段諡獻子。

婦人

溫柔聖善曰懿。

五宗安之曰孝。
慈惠愛親曰孝。

君

周王堅謚懿王。
魯侯戲謚懿公。
齊侯商人謚懿公。
衞侯赤謚懿公。
北燕伯　謚懿公。文公子。
韓侯　謚懿侯。哀侯子。

臣

魯孟孫說謚懿子。
子服仲叔謚懿伯。
子家羈謚懿伯。
公之揹謚懿伯。
齊國　謚懿伯。
公子　謚懿伯。丁公子。
衞石曼始謚懿子。
世叔申謚懿子。
北宮括謚懿子。
趙秉謚懿子。
公文要謚懿子。

婦人

齊靈公夫人姬氏謚顏懿姬。

協時肇享曰孝。

秉德不回曰孝。

君

周王辟方謚孝王。

魯侯稱謚孝公。

魯侯昭謚孝公。

晉侯平謚孝侯。

晉侯傾欣謚孝公。

秦伯渠梁謚孝公。

秦伯柱謚孝文王。

陳侯突謚孝公。

杞伯丐謚孝公。

曹伯雲謚孝公。

北燕伯　謚孝公。獻公子。

臣

魯仲孫羯謚孝伯。

子服它謚孝伯。

婦人

趙侯丹諡孝成王.

大慮行節曰考.

君

周王嵬諡考王.

魯侯就諡考公.

楚子熊完諡考烈王.

衛侯　諡考伯.

滕子麋諡考公.

臣

鄭潁谷封人諡考叔.

婦人

執心克莊曰齊.

資輔供就曰齊.

君

臣

魯公孫無佚諡齊仲.

叔老諡齊子.

衛公孫　諡齊子.昭伯頑子.

婦人

魯成公妃姜氏諡齊姜.

魯襄公妃歸氏諡齊歸.

豐年好樂曰康．
安樂撫民曰康．
令民安樂曰康．

君

周王創謚康王．
召公奭謚康公．
劉子　謚康公．
魯侯屯謚康公．
齊侯貸謚康公．
秦伯罃謚康公．
楚子招謚康王．
宋公偃謚康王．
衛伯髡謚康伯．
薛伯安興謚康侯．

臣

魯季孫肥謚康子．
晉韓虎謚康子．

婦人

安民立政曰成。

君

周王誦謚成王。

尹氏　謚成公。

甘氏　謚成公。

蘇子　謚成公。

魯侯黑肱謚成公。

齊侯說謚成公。

晉侯服人謚成侯。

晉侯黑臀謚成公。

秦伯　謚成公。德公子。

楚子熊惲謚成王。

宋公王臣謚成公。

衛侯不逝謚成侯。

臣

魯公子友謚成季。

叔孫不敢謚成子。

季彭侯謚成叔。

叔還謚成子。

榮駕鵞謚成伯。

厚瘠謚成叔。

公甫　謚成伯。文公子。

齊國高父謚成伯。

隰朋謚成子。

管豫謚成子。

晉郤缺謚成子。

陳恒謚成子。

婦人

魯莊公妃風氏謚成風。

衛侯鄭謚成公。

陳侯午謚成公。

杞伯　謚成公。惠公子。

蔡侯朔謚成公。

曹伯負芻謚成公。

鄭伯睔謚成公。

北燕伯　謚成公。孝公子。

趙侯種謚成侯。

晉侯止謚烈成公。

趙侯丹謚孝成王。

士鞅謚成伯。

趙衰謚成季。

趙起謚成子。

衛石稷謚成子。

甯相謚成子。

公子當謚成子。

孔烝鉏謚成叔。

析朱鉏謚成子。

蘧瑗謚成子。

鄭公子喜謚成子。

公孫僑謚簡成子。

布德執義曰穆。

中情見貌曰穆。

君

周王滿謚穆王。
召伯虎謚穆公。
魯侯不衍謚穆公。
晉侯弗生謚穆侯。
秦伯任好謚穆公。
楚子商臣謚穆王。
宋公和謚穆公。
衛侯遬謚穆公。
陳侯欵謚穆公。
鄭伯蘭謚穆公。
北燕伯　謚穆侯。鄭侯子。
許男新臣謚穆公。
小邾子魁謚穆公。

臣

魯公孫敖謚穆伯。
叔孫豹謚穆叔。
叔仲小謚穆伯。
叔鞍謚穆伯。
公甫靖謚穆伯。
季子楊謚穆叔。
齊崔　謚穆伯。
陳安謚穆子。
晉荀吳謚穆子。
韓無忌謚穆子。
新穉狗謚穆子。
衛寗靜謚穆仲。

婦人

周景王后謚穆后。
魯宣公夫人姜氏謚穆姜。
晉襄公夫人嬴氏謚穆嬴。

單子旗謚穆公.

敏以敬順曰頃.

君

周王士臣謚頃王.

單子　謚頃公.襄公子.

樊齊謚頃子.

魯侯讐謚頃公.

齊侯無野謚頃公.

晉侯去疾謚頃公.

楚子横謚頃襄王.

臣

魯臧會謚頃伯.

公鉏　謚頃伯.

齊高　謚頃子.莊子子.

衛公孫　謚頃叔.甯氏祖.

公子　謚頃子.北宮氏祖.

孔羈謚頃叔.

晉趙勝謚頃子.

婦人

昭德有勞曰昭.

容儀恭美曰昭.杜氏左傳解.引作威儀恭明曰昭.

聖聞周達曰昭.

君

周王瑕謚昭王.
召伯　謚昭公.
王子帶謚昭公.
魯侯稠謚昭公.
齊侯潘謚昭公.
晉侯伯謚昭侯.
晉侯夷謚昭公.
秦伯側謚昭王.
楚子珍謚昭王.
宋公杵臼謚昭公.
宋公得謚昭公.
蔡.侯　謚昭侯.
曹伯班謚昭公.

臣

魯臧孫賜謚昭伯.
子服回謚昭伯.
叔孫婼謚昭子.
叔仲帶謚昭伯.
季孫強謚昭子.
季寤謚昭伯.
仲嬰齊謚昭子.
郈惡謚昭伯.
齊高張謚昭子.
陳莊謚昭子.
衛石魋謚昭子.
孫炎謚昭子.
公子頑謚昭伯.

婦人

鄭伯忽諡昭公。
北燕伯諡昭公。宣公子。
北燕伯平諡昭王。
魏侯遬諡昭王。
韓侯諡昭侯。懿侯子。

公子郢諡昭子。
趙舉諡昭子。
孔起諡昭叔。
王孫齊諡昭子。
晉郤至諡昭子。
士吉射諡昭子。
鄭游眅諡昭子。

保民耆艾曰胡。
彌年壽考曰胡。

君

齊侯靜諡胡公。
陳侯滿諡胡公。

臣

婦人

彊毅果敢曰剛。
追補前過曰剛。

君	臣	婦人
柔德考衆曰靜。 恭已鮮〔校注「鮮」原本誤作「解」。據周書謚法解改。〕言曰靜。 寬樂令終曰靜。		

君	臣	婦人
單子謚靖公。 晉侯宜臼謚靖公。 晉侯俱謚靜公。 秦伯　謚靜公。文公子。 衛侯　謚靖伯。摯公子。 杞伯　謚靖公。武公子。 曹伯露謚靖公。	陳公子庚謚靖伯。	

治而無眚曰平。

執事有制曰平。

布綱治紀曰平。

君

周王宜臼謚平王。

周公君陳謚平公。

單子謚平公。武公子。

甘鰌謚平公。

魯侯旅謚平公。

晉侯彪謚平公。

楚子熊居謚平王。

宋公成謚平公。

衛侯謚平侯。成侯子。

陳侯燮謚平公。

杞伯鬱謚平公。

臣

魯季孫意如謚平子。

齊晏嬰謚平仲。

晉韓須謚平子。

婦人

蔡侯盧謚平侯。
曹伯頃謚平公。
北燕伯　謚平公。共公子。
薛伯貴謚平公。

由義而濟曰景。
布義行剛曰景。
耆意大慮曰景。

君

周王貴謚景王。
甘氏　謚景公。
魯侯匽謚景公。
齊侯杵臼謚景公。
晉侯據謚景公。
秦伯后伯車謚景公。

臣

魯子服何謚景伯。
齊國弱謚景子。
管能涉謚景子。
晉趙成謚景子。
士彌牟謚景伯。
鄭公孫段謚景伯。

婦人

宋公頭曼諡景公。
蔡侯同諡景侯。
薛伯魏諡景侯。
韓侯處諡景侯。

清白守節曰貞。
大慮克就曰貞。
不隱無屈曰貞。

君

周王介諡貞王。

臣

齊國　諡貞孟。
晉欒枝諡貞子。
士渥濁諡貞子。
衛北宮喜諡貞子。
公叔發諡貞惠文子。
陳公孫諡貞子。

婦人

猛以剛果曰威.
猛以彊果曰威.
彊毅信正曰威.

君

周王午謚威烈王.
楚子熊商謚威王.
齊侯因齊謚威王.

臣

婦人

辟土服遠曰桓.
克敬勤民曰桓.
辟土兼國曰桓.

君

周王林謚桓王.
周公黑肩謚桓公.
召伯　謚桓公.

臣

魯季孫斯謚桓子.
齊晏弱謚桓子.
管啓方謚桓子.

婦人

成子　諡桓公。
詹氏　諡桓伯。
甘氏　諡桓公。
劉子　諡桓公。
王叔氏　諡桓公。
西周君　諡桓公。
東周君班諡桓公。
魯侯軌諡桓公。
齊侯小白諡桓公。
秦伯和諡桓公。
宋公説諡桓公。
衞侯完諡桓公。
陳侯鮑諡桓公。
杞伯　諡桓公。

陳無宇諡桓子。
晉公子成師諡桓叔。
公子捷諡桓叔。
公子雎諡桓子。
欒黶諡桓子。
魏駒諡桓子。
荀林父諡桓子。
趙嘉諡桓子。
樂正鮒諡桓子。
衞孫良夫諡桓子。
陳轅僑諡桓子。
司馬　諡桓子。
鄭公孫舍之諡桓子。
公孫蠆諡桓子。

蔡侯封人謚桓侯.
曹伯終生謚桓公.
北燕伯　謚桓侯.宣侯子.
許男鄭謚桓公.
薛伯辨謚桓侯.
郳子革謚桓公.
中山君　謚桓公.

國參謚桓子.

道德純一曰思.
大省兆民曰思.
外內思索曰思.
追悔前過曰思.

君

周王叔謚思王.

臣

魯季鞅謚思伯.
鄭駟宏謚思子.

婦人

柔質慈民曰惠.
愛民好與曰惠.

君

周王涼謚惠王.
召伯族光謚惠公.
魯侯弗皇謚惠公.
齊侯元謚惠公.
晉侯夷吾謚惠公.
秦伯　謚惠公.夷公子.
秦伯駟謚惠文王.
楚子章謚惠王.
宋公覵謚惠公.
衞侯朔謚惠公.
陳侯吳謚惠公.

臣

魯公子革謚惠伯.
孟孫難謚惠叔.
展禽謚惠叔.
叔仲彭生謚惠伯.
子服椒謚惠伯.
叔肹謚惠伯.
齊國夏謚惠子.
陳德謚惠子.
晉孫伯談謚惠伯.
衞寧殖謚惠子.
公孫蘭謚惠叔.

婦人

杞伯　謚惠公。共公子。

北燕伯　謚惠公。懿公子。

薛伯夷黃謚惠侯。

小邾子　謚惠公。穆公孫。

魏侯罃謚惠王。

韓侯　謚桓惠王。釐王子。

齊侯辟疆謚惠王。

君

陳轅雅謚惠子。

夏晉謚惠子。

鄭公子發謚惠子。

臣

婦人

柔質受諫曰慧。

能思辯衆曰元。

行義説民曰元。

始建國都曰元。

主義行德曰元。

君

周王赤謚元王。

魯侯嘉謚元侯。

宋公佐謚元公。

蔡侯　謚元侯。聲侯子。

許男成謚元公。

滕侯宏謚元公。

臣

婦人

兵甲亟作曰莊。

叡圉克服曰莊。

勝敵志強曰莊。

死於原野曰莊。

屢征殺伐曰莊。

武而不遂曰莊。

勝敵克亂曰莊。據杜氏左傳集解所引補入。

君

周王它謚莊王。

召伯奐謚莊公。

原伯　謚莊公。

魯侯同謚莊公。

齊侯贖謚莊公。

齊侯光謚莊公。

曲沃伯鱓謚莊伯。

秦伯　謚莊公。秦仲子。

秦伯子楚謚莊襄王。

楚子侶謚莊王。

宋公馮謚莊公。

衛侯揚謚莊公。

陳侯休謚莊公。

臣

魯孟孫速謚莊子。

叔孫得臣謚莊叔。

展　謚莊叔。

顔　謚莊叔。

齊國歸父謚莊子。

高虎謚莊子。

管盧謚莊子。

鮑牽謚莊子。

陳伯謚莊子。

晉趙朔謚莊子。

魏絳謚莊子。

荀首謚莊子。

士弱謚莊伯。

婦人

蔡侯甲午謚莊侯。

北燕伯 謚莊公。桓公子。

許男苴人茀謚莊公。

薛伯穿謚莊侯。

郳子穿謚莊公。

黎侯 謚莊公。

韓庚謚莊子。

翬朔謚莊子。

魏快謚莊子。

衛孫紇謚莊子。

寧速謚莊子。

孔達謚莊叔。

蘧无咎謚莊子。

鍼 謚莊子。

陳轅 謚莊伯。

鄭駟歂謚莊子。

國卑謚顯莊子。

克殺秉政曰夷。

安心好靜曰夷。

君

周王燮諡夷王。

榮公落諡夷公。

蔡侯　諡夷侯。武侯子。

曹伯喜諡夷公。

臣

齊公子年諡夷仲。

陳思諡夷孟。

魯展氏諡夷伯。

衛公子武諡夷叔。

婦人

執義揚善曰懷。

慈仁短折曰懷。

君

晉侯圉諡懷公。

秦伯　諡懷公。厲共公子。

楚子熊槐諡懷王。

衛侯亹諡懷公。

衛侯　諡懷君。

陳侯柳諡懷公。

臣

晉欒盈諡懷子。

婦人

夙夜警戒曰敬。

夙夜恭事曰敬。

象方益平曰敬。

善合法典曰敬。

君

周王匄謚敬王。

衛侯費謚敬公。

趙侯章謚敬王。

述義不克曰丁。

遞而不悌曰丁。

臣

魯孟孫捷謚敬子。

叔弓謚敬叔。

叔　謚敬叔。

齊高傒謚敬仲。

管夷吾謚敬仲。

陳完謚敬仲。

衛子行　謚敬子。

婦人

魯文公妃嬴氏謚敬嬴。

魯公甫靖妻姜氏謚敬姜。

衛定公妃姒氏謚敬姒。

君	臣	婦人
齊侯伋謚丁公． 宋公申謚丁公．		

有功安民曰烈．

秉德遵業曰烈．

君	臣	婦人
周王午謚威烈王． 周王喜謚烈王． 楚子熊完謚考烈王． 晉侯止謚烈成公． 趙侯籍謚烈侯．		

剛克爲伐曰翼．

思慮深遠曰翼．

君	臣	婦人

剛德克就曰肅。
執心決斷曰肅。

君	臣	婦人
楚子臧謚肅王。		
趙侯語謚肅王。		

愛民好治曰戴。
典禮不愆曰戴。

君	臣	婦人
宋公　謚戴公。哀公子。	魯公孫茲謚戴伯。	魯公孫敖妻巳氏謚戴巳。
蔡侯　謚戴侯。共侯子。	齊隰　謚戴仲。	衛莊公妃嬀氏謚戴嬀。
曹伯蘇謚戴公。		

死而志成曰靈。

亂而不損曰靈。

極知鬼神曰靈。

不勤成名曰靈。

死見神能曰靈。

好祭鬼神曰靈。

君

周王泄心謚靈王。

齊侯環謚靈公。

晉侯夷皋謚靈公。

秦伯　謚靈公。子昭公。

楚子熊虔謚靈公。

衛侯元謚靈公。

陳侯平國謚靈公。

蔡侯般謚靈侯。

臣

婦人

鄭伯夷謚靈公.
許男寗謚靈公.
薛伯英謚靈侯.
趙侯雍謚武靈王.

短折不成曰殤.
未家短折曰殤.

君

宋公與夷謚殤公.

臣

晉公子　謚殤叔.

婦人

不顯尸國曰隱.
隱拂不成曰隱.
不尸其位曰隱.據左傳杜氏集解所引補入.

君

魯侯息姑謚隱公.
滕侯虞母謚隱公.

臣

魯公鉏侯字隱伯.
蔡太子友謚隱太子.

婦人

薛伯清謚隱侯。

邾子益謚隱公。

年中早夭曰悼。

肆行勞祀曰悼。

恐懼從處曰悼。

君

周王猛謚悼王。

魯侯寧謚悼公。

齊侯陽生謚悼公。

晉侯周謚悼公。

秦伯　謚悼公。子惠公

楚子熊疑謚悼王。

衛侯虔謚悼公。

杞伯成謚悼公。

臣

魯季孫紇謚悼子。

齊管其夷謚悼子。

晉荀盈謚悼子。

魏　謚悼子。

衛石惡謚悼子。

世叔疾謚悼子。

寧喜謚悼子。

陳太子偃師謚悼太子。

婦人

君

蔡侯東國謚悼公.

曹伯午謚悼伯.

鄭伯費謚悼公.

許男買謚悼公.

北燕伯 謚悼公.惠公子.

滕侯寧謚悼公.

郳子革謚悼公.

趙侯偃謚悼襄王.

甘過謚悼公.

臣

夏齧謚悼子.

鄭公子倫謚悼子.

婦人

不思忘愛曰剌.

愎佷遂過曰剌.

外內從亂曰荒.

好樂怠政曰荒。

君

臣

婦人

在國逢難曰愍。
使民折傷曰愍。
在國連憂曰愍。
禍亂方作曰愍。

君

魯侯啓方謚閔公。史記作滑。
宋公共謚滑公。
宋公捷謚滑公。
陳侯越謚滑公。
杞伯維謚滑公。
北燕伯　謚滑公。成公子。

臣

齊陳克謚閔孟。

婦人

北燕伯謚閔侯。桓侯子。

薛伯洪謚愍侯。

魏侯午謚景愍王。

齊侯遂謚湣王。

蚤孤短折曰哀。

恭仁短折曰哀。

君

周王去疾謚哀王。

魯侯蔣謚哀公。

齊侯不臣謚哀公。

晉侯光謚哀侯。

秦伯謚哀公。景公子。

宋公謚哀公。惠公子。

陳侯弱謚哀公。

臣

魯臧孫達謚哀伯。

許世子止謚哀世子。

婦人

魯莊公夫人姜氏謚哀姜。

魯文公夫人姜氏謚哀姜。

蔡侯獻舞謚哀侯。

杞伯閼路謚哀公。

鄭伯易謚哀公。

北燕伯　謚哀侯。（頃侯子。）

薛伯襃謚哀侯。

韓侯　謚哀侯。（文侯子。）

蚤孤鋪位曰幽。

壅遏不通曰幽。

動祭亂常曰幽。

君

周王宮湦謚幽王。

魯侯圉謚幽公。

晉侯柳謚幽公。

楚子悍謚幽公。

臣

婦人

陳侯寧諡幽公.

曹伯彊諡幽公.

鄭伯已諡幽公.

克威捷行曰魏.

克威惠禮曰魏.

君

魯侯弗甚諡微公.史記作魏.

臣

婦人

去禮遠衆曰煬.

好內遠禮曰煬.

好內怠政曰煬.

君

魯侯熙諡煬公.

宋公熙諡煬公.

臣

婦人

甄心動懼曰頃.案頃字爲諡,已見於前.此或脫簡,今仍之.

威德剛武曰圉。

君

臣

婦人

聖善周聞曰宣。

善問周達曰宣。據杜氏左傳集解所引補入。

君

臣

婦人

周王靖謚宣王。

魯侯倭謚宣公。

齊侯積謚宣公。

秦伯　謚宣公。德公子。

楚子熊良夫謚宣王。

宋公力謚宣公。

衞侯晉謚宣公。

陳侯杵臼謚宣公。

魯臧孫許謚宣叔。

叔孫僑如謚宣伯。

齊高固謚宣子。

陳其夷謚宣子。

晉趙盾謚宣孟。

韓起謚宣子。

呂相謚宣子。

士匄謚宣叔。

衞襄公夫人姜氏謚宣姜。

蔡侯措父謚宣侯．　荀庚謚宣伯．

曹伯彊謚宣公．　荀甲謚宣子．

北燕伯　謚宣侯．穆侯子．　衛孫鰌謚宣子．

薛伯伯勤謚宣侯．　陳轅濤塗謚宣仲．

郳子輕謚宣公．　鄭公子偃謚宣子．

韓侯　謚宣侯．昭侯子．

治民克盡曰使．〔校注　案原本脫此句．據周書謚法解補．〕

行見中外曰愨．

——君　——臣　——婦人

勝敵壯志曰勇．

——君　——臣　——婦人

昭功寧民曰商．

——君　——臣　——婦人

狀古述今曰譽.

——君　——臣　——婦人

心能制義曰度.

——君　——臣　——婦人

好和不爭曰安.

——君　——臣　——婦人

——周王驕謚安王.

——魏侯圉謚安僖王.

外內貞復曰白.

君

臣

婦人

不生其國曰聲。

君

楚子當謚聲王。

蔡侯產謚聲侯。

鄭伯勝謚聲公。

臣

魯公孫嬰齊謚聲伯。

洩野泄謚聲子。

衛褚師比謚聲子。

陳轅哭謚聲子。

蔡公孫歸生謚聲子。

婦人

魯惠公夫人子氏謚聲子。

魯僖公夫人姜氏謚聲姜。

魯公孫敖妻巳氏謚聲巳。

殺戮無辜曰厲。

君

周王胡謚厲王。

齊侯無忌謚厲公。

晉侯輻謚厲侯。

臣

郲柱　謚厲叔。

婦人

衛莊公妃嬀氏謚厲嬀。

晉侯壽曼謚厲公。
宋公鮒謚厲公。
蔡侯　謚厲侯。宮侯子。
鄭伯突謚厲公。
薛伯陵謚厲侯。

官人應實曰知。
——君
——臣
——婦人

凶年無穀曰穅。
——君
——臣
——婦人

名實不爽曰質。
——君
——臣
——婦人

不悔前過曰戾．

君——臣——婦人——

温良好樂曰良．

君——臣——婦人——

怙威肆行曰醜．

君——臣——婦人——

德正應和曰莫．

君——臣——婦人——

勤施無私曰類．

君——臣——婦人——

君　臣　婦人

——好變〔校注　「變」原本誤作「愛」，據周書謚法解補。〕動民曰躁。——　——

君　臣　婦人

——秦伯　謚躁公。厲共公子。——　——

慈和徧服曰順。

君　臣　婦人

——　——　——

滿志少窮曰感。

君　臣　婦人

——　——　——

危身奉上曰忠。

君　臣　婦人

——　——　——

思慮果遠曰趕.

—君　—臣　—婦人

息政外交曰攜.

—君　—臣　—婦人

—周王伯服謚攜王.

疏遠繼位曰紹.

—君　—臣　—婦人

彰義掩過曰堅.

—君　—臣　—婦人

肇敏行成曰直.

—君　內外賓服曰正.
—臣
—婦人

—君　華言無實曰夸.
—臣
—婦人

—君　教誨不倦曰長.
—臣
—婦人

—君　愛民在刑曰克.
—臣
—婦人

—君
—臣
—婦人

嗇於賜與曰愛。

—君　—臣　—婦人

逆天虐民曰抗。

—君　—臣　—婦人

好廉自克曰節。

—君　—臣　—婦人

擇善而從曰比。

—君　—臣　—婦人

好更改舊曰易。

君　一臣　一婦人

一北燕伯　謚易王。子閔公。

名與實爽曰繆。

君　一臣　一婦人

一蔡侯眄謚繆侯。

一曹伯武謚繆公。

思厚不爽曰愿。

一

君　一臣　一婦人

貞心大度曰匡。

君　一臣　一婦人

一周王班謚匡王。

終

輯世本序

賜進士出身翰林院庶吉士知貴州玉屏縣事武威張　澍稡集補注

周禮瞽矇掌諷誦詩。世奠繫。鄭注云。奠或爲帝。杜子春云。帝讀爲定。其字爲奠。書亦或爲奠。世奠繫。謂帝繫諸侯卿大夫世本之屬。又小史定世繫。辨昭穆。注謂帝繫世本之屬。天子曰帝繫。諸侯曰世本。杜子春謂小史主次序先王之世。昭穆之繫。述其德行也。楚語莊王使士亹傅太子箴。申叔時曰。教之世而爲之昭明德而廢幽昏焉。以休懼其動。注。世。先王之世繫也。爲之陳有德者世顯。而闇亂者世廢也。後鄭云。世之而定其繫。謂書於世本。以世與繫爲一事解之。賈公彥云。王謂之帝繫。諸侯卿大夫謂之世本。又分言之其實散則通稱矣。漢太史公司馬遷修史記。因周譜明世家。多采世本。然春秋正義云。今之世本。與司馬遷言不同。劉向云。世本古史官明於古事者所記。錄黃帝以來至春秋時王侯諸國世卿大夫繫謚名號。與左氏合也。唐史柳沖傳載柳芳言亦然。顏之推據皇甫謐帝王世紀說。爲左丘明所蒐。劉知幾史通云。楚漢之際。有好事者。錄自古帝王公侯卿大夫之世。終乎秦末。號曰世本。又曰世本辯姓。著自周室。劉恕通鑑外紀。以爲世本經秦漢儒者改易。孔穎達尚書正義。以世本經暴秦。爲儒者所亂。是此諸本已晉杜預采世本以爲春秋世族譜。然亦旁引傳記。不盡依世本也。要之係秦漢以前書。中壘孟堅以爲出古史官者近之。班彪以爲十五篇。劉向敍錄中祕書。以十五篇爲二卷。索隱亦以爲十五篇。隨經籍志因之云。世本王侯大夫譜二卷。劉向纂。纂云者。纂集之。非作也。觀更生自言爲古史官所記可知矣。隨志又有世本四卷。宋衷纂。衷蓋注而廣之也。王侯大夫譜云。趙孝成王丹生悼襄王偃。偃生今王遷。是作者猶值趙王遷時。且司馬遷已采用。豈劉宋二人所作乎。然其書自宋時已不傳。鄭樵氏族略。王伯厚姓氏急就篇所引寥寥。皆采獲他處。不見本書故耳。余繙閱緗帙。有引用者輒著錄之。乃集得作篇。居篇。氏姓篇。帝繫篇。王侯大夫譜篇。共五篇。聊以管穴。裨益宋注。其有聽瑩。亦從闕如。庶幾存此一綫。異日博雅之士因其緜蕝。增補缺略。亦古籍之幸也。若顏之推謂此書有燕王喜漢高祖。殆非本文。蓋亦如神農本草。有豫章朱崖趙國常山等郡縣。歸藏黃帝書。而坤啓筮。有堯降二女以妃舜之語。化益山海經。有長沙零陵桂陽諸地名。周公作爾疋。有張仲孝友。孔子作春秋。而曰孔丘卒。李斯作蒼頡篇。有漢兼天下海內並廁豨黥韓覆。討畔滅殘。皆爲後人所羼云。

世本後序

吾觀天老五姓之對。河圖記姓之篇。中侯賜姓之文。家語本姓之解。咸言氏姓。卓乎有聞。蓋古者聖人歛律定姓。以協五音。司商掌旅協姓以定其名。瞽矇世奠繫。小史復辨其昭穆。宗伯掌禮秩宗。祝復等其親疏。厥事綦重。本原繫焉。楚三閭掌王族。以厲國士。晉九宗敍世系以守宗祊。史伯之述祝融以柔生嘉材。申叔之告太子以昭明廢昏。此能言吾祖。郯子見師。不識其先。籍談見笑。與司馬遷爲史記。既効周譜。實依世本。大戴禮紀帝德。雖次帝繫。亦原世本。韋昭注國語。根氏以考其流。士安作世紀。采擇以溯其源。中壘言其記春秋名氏。與左傳相符。孟堅謂其敍黃帝以來。爲古史所錄。蓋得其實矣。漢初得之。倣爲劉氏承堯。皇甫著書出于丘明之手。綏和元年。以世本相發明。封孔子之後。康成駁義。以世本言姓氏分上下之別。亦復援以爲據。信其有徵也。而或指爲劉向所纂。何以腐遷先采其言。或又以爲宋衷所編。不知仲子實廣其注。故劉昫以爲經。秦漢儒者改易。斯爲確論。傅巽乃謂秦漢好事者所作。未爲知言矣。若孫卿血脈。子雲家牒。聊謀姓譜。薛綜宗圖。幼安姓氏之歌。潛夫姓氏之志。仲遠姓氏之篇。摯虞族姓之記。杜預世族之書。承天姓苑之譔。賈家之要狀。英賢。王儉之百家集譜。皆因襲此書。非同叛造也。至元魏徙尚門地。是三桓賢于四科矣。李唐競誇閥閱。而冠冕混于皁隸矣。彼林寶纂元和。不知己姓之由來。夾漈以爲歎息。義府廣類例。乃以軍功升譜限。薦紳目爲勳格。何能如魯之衆仲。晉之胥臣。鄭之子羽。楚之射父乎。
余既痛錫土之義不著。常補風俗之佚文。念肉譜之說不明。用傳世本之古籍云爾。

世本卷第一

漢五業從事宋衷注　清武威　張　澍稡集補注

澍桉三國志宋衷南陽章陵人後漢荆州五等從事與劉表共定五經章句督郵班碑云爲五業博士隨志云五業從事又桉魏略言樂詳云五業並授即五經也衷定五經章句故立此官官之今魏志作五等者訛唐藝文志宋衷注世本四卷詩正義引宋仲子注仲子即衷字魏志作宋忠字之通也又有世本別錄及宋均注世本七卷宋均漢書有傳然謝承書宗資傳均爲宗資之祖父則當作宗范書作宋均誤此宋均宜爲注緯書者均於詩譜序曰我先師北海鄭司農則均是玄之傳業弟子宗均字叔庠卒于建初元年鄭玄生于桓帝時于獻帝五年卒宗均不能爲其徒也史記索隱云裴注頻引孫檢注世本不知其人本末蓋齊人也今采集此書亦附宋均孫檢注數條惣題宋衷從其多云又注稱宋衷宋忠宋仲子或止稱注各隨所見之書因之若唐志所云王氏注世本譜二卷今不可得矣

作篇

澍桉論衡對作篇云言苟有益雖作何害倉頡之書世以紀事奚仲之車世以自載伯余之衣以辟寒暑桀之瓦屋以辟風雨夫不論其利害而徒譏其造作則倉頡之徒有非世本十五家皆受責也又桉

周禮注智者創物謂始開端造器物若世本作者也。明堂位正義云。世本書名。有作篇。其篇記諸作事。

伏義制以儷皮嫁娶之禮。禮記月令疏。

澍桉古史考云伏羲制嫁娶以儷皮爲禮。儷鹿皮也。通典唐志皆作儷。白虎通作離。云雙皮也。婚聘薦皮爲娶服。不忘古也。何休云儷皮玄纁。取其順天地也。鹿皮所以重古也。又楚詞云命蹇修以爲理。王逸注伏羲臣謂爲媒理主婚姻。洪慶善以爲宓妃。伏羲之女。故使臣以爲理。修明嫁娶禮始伏羲也。風俗通亦云女媧禱祠神示而爲女媒。因置昏姻。一云黄帝始制嫁娶。

伏義作琴。山海經注。

澍桉通鑑前編音釋引世本云。伏羲氏削桐爲琴。面圓法天。底平法地。龍池八寸通八風。鳳池四寸象四時。五絃象五行。長七尺二寸。以修身理性。反天眞也。達靈成性。象物昭功也。係宋衷注文。又桉太平御覽伏羲之琴名離。琴譜伏羲琴名龍吟。樂錄伏羲琴二十七絃。古今注以爲二十五絃。郭璞云十絃。琴操言五絃。並失之。當以二十七絃爲是。廣雅伏羲琴七尺二寸。或云三尺六寸六分。楚詞伏羲駕辯。劉淵林曰。伏羲作琴製此曲。

伏義作瑟。初學記・通志樂略・廣韻。

澍桉通典引世本云。庖羲瑟五十絃。黄帝使素女鼓瑟。哀不自勝。乃破爲二十五絃。具二均聲。風俗通引世本云。宓羲作瑟。八尺一寸。四十五絃。黄帝書。泰帝使素女鼓瑟而悲。帝禁不止。故破其瑟爲二十五絃。書鈔玉海引世本云伏羲作瑟五十絃。瑟絜也。使人清潔于心淳一于行也。皆係宋衷注文。孫愐引云庖犧作瑟。

神農作琴。風俗通・初學記・

澍桉博雅引世本云。神農氏琴長三尺六寸六分。上有五絃。曰宫商角徵羽。文王增二絃。曰少宫商。伏羲琴長七尺二寸。上有五絃。當係宋衷注文。揚雄琴清英云。昔者神農造琴以定神。禁淫僻。去邪欲。反其天眞。又桉說文云琴神農所作。桓譚新論亦云神農作琴。

神農作瑟。山海經注・

澍桉路史神農度瑶瑟而保合太和。閑民欲。

女媧作笙簧。文選長笛賦注・太平御覽・明堂位疏・書鈔・風俗通・宋衷注。女媧。黄帝臣也。

澍桉女媧。太昊氏之女弟。此言黄帝臣。誤矣。盧仝以爲伏羲婦。尤非。博雅引世本云。女媧作笙簧。笙生也。象物貫地而生。以匏爲之。其中空而受簧也。當係宋注。帝王世紀。女媧氏。風姓。承庖羲制度。始作笙簧。唐樂志。女媧作笙。列管于匏上。納簧其中。風俗通書鈔引無笙字。

隨作笙。風俗通・通志樂略・宋衷注。隨。女媧氏之臣。路史注・

澍桉藝文類聚通典引世本有未知其何代人也句係注文。又桉說文隨作笙。女媧氏作簧。是笙簧二器。或謂簧卽笙中之簧。應劭引世本云隨作笙。笙長四寸十二簧像鳳之身正月之音也物生故謂之笙也當係宋注。

隨作竽。廣韻・文選注・太平御覽・路史注・

澍桉周禮春官疏竽長四尺二寸。注。竽管類用竹爲之形參差象鳥翼鳥火禽火數七冬至之時歛之冬水用事水數六六七四十二竽之長蓋取於此也。

顓頊命飛龍氏鑄洪鐘聲振而遠。太平御覽・

澍桉呂氏春秋，顓頊命飛龍作效八風之音命之曰承雲以祭上帝。是飛龍氏能審音故作鐘也。又桉三墳伏羲氏命臣飛龍氏造六書。是春皇時先有飛龍氏也。三墳又以朱襄爲飛龍氏。拾遺記顓頊卽位受文德者錫以鐘磬有浮金之鐘。

祝融作市。初學記・太平御覽・玉篇・宋衷云祝融顓頊臣也爲高辛氏火正。釋文

澍桉古史考神農作市。高陽氏衰市官不修。祝融修市。然則市之作自神農祝融特因而修之非作也。

句芒作羅。玉海・路史注・宋衷注。句芒伏羲臣。

澍桉周易庖羲氏王天下結繩而爲網罟。古史考。伏羲氏觀蒙而作網。抱朴子。太昊師知蛛而結網。

芒作網。太平御覽。宋衷注。芒庖羲氏之臣。

澍按路史引作芒氏。或作句芒。呂氏春秋古史考並云伏羲作網。

黃帝使羲和作占日。史記索隱。玉海。

澍按呂氏春秋云羲和作占日。占日者。占日之晷景長短也。大荒南經有羲和之國。有女子名曰羲和。方浴日於甘淵。羲和者。帝俊之妻。生十日。郭注。蓋天地始生。主日月者也。故啓筮曰。空桑之蒼蒼。八極之旣張。乃有夫羲和。是主日月。職出入以爲晦明。又曰。瞻彼上天。一明一晦。有夫羲和之子。出于暘谷。故堯因此立羲和之官以主四時。尸子曰。造曆象者。羲和子也。廣韻。羲和造曆。又按司馬貞引世本無作字。

常儀作占月。史記索隱。玉海。

澍按常儀氏也。一作尙儀。儀古音與我同。後世遂有嫦娥之說。因音近而訛。春秋時有常儀靡。卽常儀氏後。杜預注爲地名。誤。占月。占月之晦朔弦望也。司馬貞引無作字。

臾區占星氣。史記索隱。

澍按臾區卽車區。亦作鬼容蓲。實一人也。史記封禪書。黃帝得寶鼎宛朐。問于鬼臾區。又曰鬼臾區號大鴻。死葬雍。李奇注。區。黃帝時諸侯。占星氣。謂占星之昏明。流賨。主何瑞禎。變異及雲物恠變。風氣方隅時候也。

伶倫造律呂。史記索隱。

澍按伶倫黄帝臣。史記律書。黄帝使伶倫之大夏嶰谷取竹。截十二管以象鳳鳴。呂氏春秋。黄帝使伶倫自大夏之西崑崙之陰。取竹於嶰谷。以生空竅厚鈞者。斷兩節間而歙之以爲黄鐘之宮。制十二筩。以聽鳳凰之鳴。雄鳴六。雌鳴六以爲律呂。晉志黄帝作律。以玉爲琯長尺六寸。爲十二月。言黄帝作者。明君得統臣也。一作泠綸。

大橈作甲子。春秋序正義。舜典疏。史記索隱。宋注。大橈。黄帝史官。

澍按月令章句云。太橈探五行之精。占斗綱所建。於是始作甲乙以名日謂之幹。作子丑以名月謂之支。支幹相配以成六旬也。又按漢律曆志伏羲有甲子元曆。陳鳴曆書序云。伏羲推策作甲子。是太昊時已有甲子。至太橈特配甲子作納音耳。非甲子始太橈也。橈一作撓。

隸首作算數。文選西京賦注。史記索隱。宋注。隸首。黄帝史也。

澍按隸首作九章算數。博物志。黄帝臣。一云黔如即隸首。呂氏春秋云。黔如爲虛首。史言作算之始者也。漢律曆志算法用竹。徑一分。長六寸。二百七十一枚而成六觚爲一握。徑象乾律黄鐘之一。而長象坤呂林鐘之長。又按文選注引無算字。

容成作調厤。堯典疏。太平御覽。史記索隱。春秋序疏。宋衷注。容成。黃帝之臣。

澍按容成因五量治五氣起消息察發斂作調厤歲紀甲寅日紀甲子而時節定歲交己酉實黃帝之五十年也史記索隱云世本及律厤志黃帝使羲和占日常儀占月臾區占星氣伶倫造律呂大橈作甲子隸首作算數容成綜斯六術而著調厤後漢書注引博物記云容成氏作厤注黃帝史官而律厤志云黃帝作厤者君得統臣也又按尸子云羲和造厤楊泉物理論以爲神農造厤日與世本說異

沮誦蒼頡作書。廣韻。太平御覽。宋衷注。沮誦蒼頡黃帝之史官。

澍按尚書序正義引云蒼頡作書無沮誦字周禮外史疏引云蒼頡造文字注蒼頡黃帝之史援神契云蒼頡視龜而作書淮南子云蒼頡作書天雨粟鬼夜哭呂氏審分覽云蒼頡作書高誘注蒼頡生而知書寫倣鳥跡以造文章說文庖羲氏始作易八卦神農氏結繩爲治黃帝之史蒼頡見鳥獸蹏迒之跡初造書契蒼頡之初作書蓋依類象形故謂之文其後形聲相益卽謂之字字者言孳乳而浸多也著於竹帛謂之書書者如也

沮誦蒼頡爲黃帝左右史。唐六典。宋注云黃帝之世始立史官沮誦蒼頡居其職矣至於夏商乃置左右言則左史書之動則右史書之故曰左史記言右史記事言經尚書事經春秋者也。初學記。

澍按路史注引世本云史皇蒼頡同階不作沮誦未審也帝王世紀云黃帝史官蒼頡取象鳥跡始作

文字。記其言動。謂之書契。而河圖玉版云。蒼頡爲帝南巡。登陽虛之山。臨于玄扈洛汭之水。靈龜負圖。丹甲青文以授之。是蒼頡爲帝。又非史官矣。而漢熹平六年蒼頡廟碑云。蒼頡天生德于大聖。四目靈光。爲百王作憲。而孔演圖元命苞言帝王之相曰。蒼頡四目。是謂並明。非人臣也。

史皇作圖。文選宣貴妃誄注。藝文類聚。太平御覽。宋衷曰。史皇。黃帝臣也。圖謂畫物象也。

澍桉類聚引世本云。史皇作畫。又桉淮南子注。史皇。蒼頡也。春秋元命苞云。蒼帝史皇氏。名頡。姓侯岡。龍顏侈哆。四目靈光。實有睿德。生而能書。及受河圖綠字。於是窮天地之變。仰觀奎星圜曲之勢。俯察龜文鳥羽山川。指掌而創文字。治百有一十載。都於陽武。終葬衙之利鄉亭。亦以史皇爲蒼頡。然路史引世本云。史皇蒼頡同階。是史皇非即蒼頡也。

黃帝作旃。爾疋釋文。宋均注。通帛爲旃。冕冠之有旃者。路史注。

澍桉太平御覽引世本云。黃帝作旃冕。春秋合誠圖曰。黃帝黃冠。三禮圖亦言黃帝作冕也。

黃帝作冕旒。士冠禮疏。宋仲子注。冕冠之有旒者。禮文殘缺。形制難詳。左桓二年疏。

澍桉古史考。黃帝臣常先作冠冕。謂之元服。故加常先爲冕侯也。

胡曹作冕。昭二十四年疏。太平御覽。宋忠注云。胡曹。黃帝臣。藝文類聚。

澍桉冕起於黃帝。加飾起自唐虞。又桉物原。荀始爲冠。亦黃帝臣。

伯余作衣裳。太平御覽。宋注。余黃帝臣也。

澍桉伯余卽黃帝。河圖挺佐輔云茶古舒字。或作余。卽黃帝也。淮南子云。伯余之初作衣也。緂一作綫。麻索一作素。縷手經指挂。一作緝。後世爲之機杼勝一作體。復以便一作辨。其用。許愼注亦以伯余爲黃帝。

胡曹作衣。路史國名記。廣韻。

澍桉古史考云。胡曹作衮服九章。

黃帝造火食。禮記疏。

澍桉逸周書云。黃帝始蒸穀爲飯。管子云。黃帝作鑽燧生火。以熟葷臊。民食充。無茲胸之疾。而天下化。

夷作鼓。通典。通志。藝文類聚。

澍桉夷卽黃帝次妃彤魚氏之子夷鼓。其名鼓。以其作鼓。猶無句之稱磬叔。相土之號乘杜也。皇甫謐謂夷鼓一名蒼林。古今人表以蒼林爲嫫母子。又桉禮云伊耆作鼓。

伶倫作磬。廣韻。

澍桉御覽引磬字作聲。通禮義纂帝使伶倫造磬。羅泌云伶倫造磬以諧八音。五音調以立天時。八音交以正人位。

黃帝見百物始穿井。太平御覽。初學記。

澍桉：逸周書：黄帝穿井。又桉：説文：八家爲井，象構幹形。墨子：二舍共一井。

尹壽作鏡。事物原始。注：黄帝臣。

澍桉：玄中記云：尹壽，堯臣也，作鏡。此説誤。蓋鏡肇于軒轅，尹壽爲臣，君得統臣，故諸書又言黄帝作鏡也。堯師君疇，一作尹壽，字之誤。正字通、希姓録引世本均作玄壽，疑誤。

於則作扉履。初學記、太平御覽。注：於則，黄帝臣。草曰扉，麻曰履也。

澍桉：御覽引無扉字。事物紀原引麻下有皮字。

蚩尤以金作兵器。初學記、太平御覽。宋衷注：蚩尤，神農臣也。

澍桉：路史引世本云：蚩尤作五兵：戈、矛、戟、酋矛、夷矛。黄帝誅之涿鹿之野。太平御覽引世本云：蚩尤作兵。又桉：太白陰經：伏羲以木爲兵，神農以石爲兵，蚩尤以金爲兵，是兵起于太昊，蚩尤始以金爲之。管子地數篇：蚩尤受葛盧山之金而作劍鎧矛戟。春秋元命包：蚩尤虎捲威文立兵。宋均注：捲，手也，手文威字也。呂氏春秋：蚩尤作兵。非作兵也。高誘注：非始作之也。

巫咸作筮。周禮龜人疏、初學記。宋衷注：巫咸，不知何時人。

澍桉：歸藏易云：黄帝將戰，筮于巫咸。莊子逸篇：黔首多疾，黄帝立巫咸，以通九竅。路史：神農時有巫咸主筮。太平御覽引世本宋注云：巫咸，堯臣也，以鴻術爲帝堯之醫。郭璞巫咸山賦序本之。古史考：般巫咸善占筮。書伊陟贊巫咸作咸乂四篇。外國圖云。昔殷帝太戊。使巫咸禱於山河。說文云。古者巫咸初作巫。王逸楚詞注。巫咸古神巫也。當殷中宗之時。隨志有巫咸五星占一卷。是其人善星麻審矣。且神農黃帝唐堯殷商時皆有巫咸也。又桉古史考。伏羲作卦始有筮。其後殷時巫咸善筮。則筮不起於巫咸矣。

巫彭作醫。山海經注。初學記。

澍桉海內西經。開明東有巫彭巫抵巫陽巫履巫凡巫相。郭注。皆神醫也。說文云。古者巫彭初作醫。又桉當時俞跗察明堂。識表裏陰陽之病機。雷公究息脈。詳炮炙之藥性。桐君定本草。採金石草木之藥材。僦貸季理色脈而通神明。寒衰知牛馬形氣生死之診。岐伯推太素之八十一問難。作內經。而藏府別經絡。彭王父得內經之旨。巫彭則處方盄餌。幷湔滸刺治也。玉海引作巫咸作醫。與巫咸爲帝堯醫者合。

巫咸作銅鼓。通典。

澍桉杜佑云。世本巫咸作銅鼓。蓋南中所制。又桉漢馬援征五谿。作銅鼓。季漢諸葛亮征南蠻。作銅鼓以鎮之。蓋本巫咸之遺意。又桉地理志。安邑巫咸山在南。王父黃帝經序云。解州鹽池北。一水名巫咸河。緯略云。今平陽有巫咸頂。云是巫咸修眞處。更有巫咸山巫咸墓巫咸谷。在夏縣東。是巫咸河東人也。而史記正義云。巫咸。吳人。今蘇州常熟縣西海虞山上有巫咸巫賢冢。越絕書。虞山者。巫咸所出也。虞故神出奇怪。此史記正義所本。

共鼓貨狄作舟。藝文類聚。初學記。山海經注。廣韻。　宋衷云。二人並黃帝臣。

澍按玉海引世本云。古者觀落葉。因以爲舟。當是宋注。又按共鼓見窾木可以浮水而渡。卽刳木爲舟。化狐見魚尾畫水而游。乃刻木爲楫以行舟。路史引貨狄作化狐。說文同。蓋化卽古貨字。狐狄字形相近而易。又按山海經。番禺始爲舟。墨子。巢作舟。又工倕作舟。呂氏春秋。虞姁作舟。束晳發蒙記。伯益作舟。

倕作鐘。風俗通。初學記。廣韻。通志略。山海經注。　宋注云。垂。黃帝工人。宋均云。舜臣。鑄大鐘。

澍按風俗通引世本云。垂作鐘。秋分之音也。通典玉海引世本云。黃帝工人垂造鐘。宋志引世本云。鐘者。黃帝工人垂所造。博雅。倕氏鐘十六枚。曹憲注云。世本垂造鐘。垂。舜臣。帝王世紀。嚳命倕作鞞。是垂爲工之通名。非一人也。諸書皆以鐘爲樂器。惟明堂位正義云。舜典垂作共工。鄭不見古文。以爲堯垂所作調和之鐘。爾疋釋文引世本亦以垂所作鐘爲飲器。山海經。伏羲之孫鼓延始爲鐘。又云伯陵作鐘。呂氏春秋。黃帝使榮猨造鐘。

垂作規矩準繩。玉篇。

澍按漢律厤志權與物鈞而生衡衡運生規規圜生矩矩方生繩繩直生準準正則衡平而鈞權矣是爲五則規者所以規圜器械令得其類也矩者所以矩方器械令不失其形也準者所以揆平取正也繩者上下端直經緯四通也

垂作銚（詩臣工疏）宋仲子云銚刈也

澍按釋文引世本云垂作銚鏵左傳疏引無銚字毛傳錢銚也銚卽斛也管子云農之事必有一耜一銚方言臿燕東北朝鮮洌水之間謂之斛宋魏之間謂之鏵或謂之鍏江淮南楚之間謂之臿沅湘之間謂之畚趙魏之間謂之喿東齊謂之梩釋名云鏵銚刋地爲坎也

垂作耒耜（齊民要術・路史）宋注垂神農之臣也

澍按高誘注淮南子郭璞注山海經並云垂堯巧工也而王篇云倕黃帝時巧人名此云神農臣未審何本路史云垂句龍子夫神農作耒耜見於易爲斧斤作鉏耨見於周書矣

垂作耨（僖三十三年疏）

澍按古史考神農作耨說文云耨曲耕木也

咎繇作耒耜（太平御覽）

澍按世本既云垂作耒耜復云咎繇作耒耜夫倕爲巧工作耒耜有明徵若咎繇則未前聞也疑御覽

引有譌。御覽又引云鯀作耒耜。尤誤。

揮作弓。初學記・太平御覽・藝文類聚。注云。揮。黄帝臣。

澍桉唐世系表。以揮爲青陽第五子。無据。少昊子作弓者。蓋般爾。揮自黄帝子也。類聚引世本注云。青陽氏子揮。以弧矢命世。與宋注異。初學記引揮下有始字。張勃吳錄。揮觀弧星始制弧者。弧如張之星也。又桉越絶書。黄帝作弓。墨子。羿作弓。呂氏春秋。夷羿作弓。山海經。少昊生般。是始爲弓。荀子。倕作弓。

牟夷作矢。山海經注・太平御覽・初學記・藝文類聚・射義疏。注云。牟夷。黄帝臣。

澍桉矢亦曰箭。以小竹作幹。長三尺一寸。膠翮爲羽。鍊金爲簇。簇之可貫肢體。以威天下。荀子注及說文作夷牟。山海經引世本作牟夷。又桉荀子云。浮游作矢。

逢蒙作射。藝文類聚。

澍桉世本言逢蒙作射者。蓋作射法也。故漢書藝文志兵技巧十三家。有逢門射法二篇。顏師古曰。即逢蒙。呂氏春秋作蠭門。荀子史記皆同。莊子作蓬蒙。法言作逢蒙。音薄紅切。鹽鐵論作逢須。惟孟子作逢蒙。

雍父作杵臼。廣韻・太平御覽。宋衷云。雍父。黄帝臣也。

澍桉字。御覽引作臣。說文亦云黄帝臣雍父。近刻廣韻作羅父。誤。御覽引云雍父作舂。玉篇引云雍父作臼。又桉呂氏春秋。赤冀作杵臼。桓譚新論。伏羲作杵臼。然黄帝內傳。以爲帝斬蚩尤。因作杵臼。斷木作杵。掘地爲臼。以火堅之。使民舂粟。與易繫辭合。

胲作服牛。初學記・太平御覽

澍桉胲。天中記作骸。牛一作馬。疑誤。路史引胲上有臣字。路史注引世本云。胲爲黄帝馬醫。嘗醫龍。是以胲爲卽馬師皇也。一說寒哀爲馬師皇。呂氏春秋云。王亥作服牛。亥亦黄帝臣也。

宋衷注云。胲。黄帝臣也。能駕牛。又云。少昊時人。始駕牛。

相土作乘馬。楊倞荀子注・鄭康成周禮校人注

澍桉荀子云。乘杜作乘馬。楊倞注以其作乘馬。故謂之乘杜。相土。契孫也。四馬駕車。起于相土。故曰作。以其作乘馬之法。當係宋注。而楊倞引作世本文。紀年云。帝相十五年。商侯相土作乘馬。而玉篇云。黄帝臣相乘馬。以相爲黄帝臣。又脫漏作字。誤矣。荀子、呂氏春秋。皆云杜作乘馬。杜卽相土也。毛詩自土沮漆。齊詩作自杜沮漆。徹彼桑土。韓詩作徹彼桑杜。禹貢雲土夢作乂。古文作雲杜夢作乂。蓋字通也。尚書疏引王肅云。相土在夏爲司馬之職。掌征伐。

䮝作駕。廣韻

澍桉太平御覽引世本云。乘雅作駕。呂氏春秋云。乘雅作駕。蓋乘雅合聲卽䮝也。又桉王亥作大車之輗。輈端橫木縛軛以駕牛。乘雅造小車之軏。輈端上曲鉤衡以駕馬也。

奚仲始作車。（山海經注・太平御覽・後漢書注。）

澍按古史考。黃帝作車。引重致遠。少昊時駕牛。禹時奚仲駕馬。左傳注。奚仲爲夏掌車服大夫。後漢輿服志。荀子注。並云奚仲爲車正。淮南子。奚仲堯時爲車正。文選注引文子云。奚仲爲工師。山海內經謂奚仲子吉光以木爲車。郭景純注。此言吉光明其父子共創意。呂氏春秋審分覽。奚仲作車。高誘注。奚仲黃帝之後任姓也。傳曰爲夏車正。封於薛。劉芳徐州記。奚公山在滕縣東南六十里。奚仲造車處。上有軌轍見存。又按服牛乘馬。以利天下。所起遠矣。不始奚仲也。

韓哀作御。（文選聖主得賢臣頌注・）宋衷曰。韓哀韓文侯也。時已有御。此復言作者。加其精巧也。（漢書注・）

澍按呂覽以寒哀與黔如隸首等並列。蓋皆黃帝臣也。又大禹之御有郭哀。韓哀或卽郭哀。蓋同姓。猶秦政稱趙政也。仲子注爲韓文侯。殊無佐證。顏師古謂特善御耳。非始作也。亦縣擬之詞。韓呂覽作寒。古韓寒字通。一引本文哀下有侯字者非。

宿沙作煮鹽。（太平御覽・北堂書鈔・路史注・）宋注。宿沙衞齊靈公臣。齊濱海。故衞爲魚鹽之利。

澍按北堂書鈔引世本云。夙沙氏始煮海爲鹽。夙沙黃帝臣。路史注引宋衷注。夙沙氏炎帝之諸侯。今安邑東南十里有鹽宗廟。一作質沙。說文作宿沙。在炎帝時。或云在帝魁之世。逸周書。昔者質沙三卿朝而無禮。君怒而久拘之。諫而弗加。諫卿謀變。質沙以亡。卽此宿沙也。仲子注爲齊靈公臣。失之。御覽書鈔路史引注。不知何以差互如是。

堯修黃帝樂爲咸池。樂記疏。

澍桉樂記云大章章之也。注。堯樂名也。言堯德章明也。周禮闕之。或作大卷。咸池備矣。注。黃帝所作樂名也。堯增修而用之。咸。皆也。池之言施也。言德之無不施也。周禮曰。大咸。正義曰。黃帝作咸池。堯增修而用之。周禮大司樂謂之大咸。咸池雖黃帝樂。堯旣增用之。世本名咸池是也。故此文次在大章下矣。又黃帝之樂堯不增修者。別立其名。則大章是也。其咸池雖黃帝樂。堯增修者至周謂之大咸。其黃帝之樂堯不增修者。至周謂之大卷。

無句作磬。風俗通・博雅・明堂位疏・山海經注。宋衷云。毋句。堯臣也。初學記。

澍桉通典通志引世本云。磬。叔所造。不知何代人。未知誰注。又桉禮記疏皇侃云。無句。叔之別名。古史考。叔。堯時人。卽無句也。通禮義纂。堯使無句作琴五絃。樂錄云。無句。堯臣也。爲堯時人審矣。博雅。毋句氏磬十六枚。曹憲注。亦引世本毋句作磬云。毋句。堯臣也。文選注引世本云。叔。舜時人。疑誤。路史注引世本云。磬。叔所造。乃無句也。傳玄七謨謂伯夔作磬。無據。羅泌云。無句一作無開。無。郭引作毋。字通。

堯使禹作宮室。初學記・太平御覽・玉海・爾疋釋文。

澍桉呂氏春秋。高元作宮室。高元。黃帝臣。建合宮以接萬靈。陸賈新語。黃帝作宮室。白虎通。黃帝作宮室。以避寒暑。是先于夏后氏也。淮南子。舜作室。築牆茨屋。令人皆知去巖穴。各有家室。又桉路史引無室字。

化益作井。易釋文。路史。宋衷注。化益卽伯益。堯臣。

澍桉初學記引世本云。伯益作井。太平御覽引作伯夷。誤。淮南子。伯益作井。而龍登玄雲。神棲崑崙。能愈多。德愈薄矣。

堯造圍棊。丹朱善之。北堂書鈔。

澍桉路史。堯生丹朱。驁狠媢克。帝悲之。爲制弈棊。以閑其情。博物志。堯作圍棊。以教丹朱。

烏曹作博。文選博弈論注。

澍桉中興書桀作博。說文。局戲六箸十二棋也。揚子方言。博謂之蔽。或謂之箘。秦晉之間謂之博。吳楚謂之蔽。廣韻引世本博作簙。山堂肆考。古者烏曹作博。以五木爲子。有梟盧雉犢塞。爲勝負之采。博頭有刻梟形者爲最勝。盧次之。雉犢又次之。塞爲最下。

鯀作城郭。禮祭法疏。水經注。

澍桉史記。黃帝爲五城。又云。軒轅黃帝築邑。氾勝之書紀神農之教曰。雖有石城湯池。無粟則不能守。是炎黃已有城矣。呂氏春秋言鯀以獸尾爲城。又云。夏鯀作城。淮南子曰。鯀作城。吳越春秋曰。鯀築城以衛君。造郭以守民。此城郭之始也。又桉博物志。禹作三城。強者攻。弱者守。敵者戰。城郭又自禹作也。

水經注引無郭字。

臯陶作五刑。路史注 玉海。

澍桉淮南子。臯陶瘖而爲大理。天下無虐刑。呂氏春秋。臯陶作刑。後漢張敏議云。臯陶造法律。原其本意。皆欲禁民爲非者也。左傳夏書云。昏墨賊殺。臯陶之刑。風俗通。臯陶謨。禹始造律。又桉急就章云。臯陶造獄。法律存也。又桉路史注引世本云。陶制五刑。

伯夷作刑。北堂書鈔。

澍桉此言本呂刑。伯夷降典。折民惟刑二語。御覽引作下有五字。

舜作簫。通典 通考。

澍桉通典引世本云。簫舜所造。其形參差。以像鳳翼。十管。長二尺。當係仲子注文。又桉五經通義。簫編竹爲之。長尺有五寸。博雅。簫大者二十四管。無底。小者十六管。有底。三禮圖。無底者謂之洞簫。有雅簫長四寸。頌簫長尺二寸。王逸楚詞注。舜簫名參差。又桉通禮義纂。伏羲作簫。十六管。廣韻。女媧作簫。

夔作樂。初學記。

澍桉禮記。夔始制樂。以賞諸侯。淮南子。夔作樂。合六律。調五音。所以通八風。帝王世紀。堯命伯夔。放山川谿谷之音。作樂六章。天下大和。呂氏春秋愼行論。舜欲以樂傳教於天下。乃令重黎舉夔于草莽之中而進之。舜以爲樂正。事亦見孔叢子。水經注引樂緯曰。昔歸典叶聲律。宋忠曰。歸卽夔。史記正義。宋均注樂緯云。熊渠嫡嗣曰熊摯。有惡疾。不得爲後。別居于夔。爲楚附庸。後王命曰夔子。是以熊摯卽爲舜時典樂之夔者。夫摯之先鬻熊。乃當文王時。而其裔孫反在堯舜之世。謬矣。又桉樂緯叶聲儀也。宋忠注云。歸卽夔之歸鄉。乃今之秭歸縣地。有夔鄉。夔封于此。與酈氏引不同。

敤首作畫。太平御覽。

澍桉舜母握登死。瞽叟更娶東澤氏女。曰壬女。生敤手及象也。敤首一作敤手。又作㛎首。或作擊手。又作繫手。顏師古云。敤音口果反。作擊者誤。又桉列女傳云。舜之女弟繫首與二嫂諧。初學記。舜妹有敤手。又桉易通卦驗云。伏羲氏易無書。以畫事。此畫之始也。一云軒轅子苗龍爲繪畫之祖。事物原始。封膜作畫。

后益作占歲。太平御覽。玉海。

澍桉書鈔御覽引世本歲下有之法二字。玉海引云。后益作歲本。

杼作甲。初學記。太平御覽。費誓疏。　宋衷云。少康子名杼也。甲。鎧也。費誓疏。

澍桉御覽引宋忠曰。杼。少康子輿也。初學記引世本輿作甲。宋衷曰。輿。少康子。又桉介甲函鎧。一也。年世厤。季杼名松蔓帝王世紀或作公孫蔓。非也。管子書以爲蚩尤作鎧。路史引杼作甲。無季字。索隱引世本云季佇作甲。

杼作矛。路史。

澍桉杼卽季杼也。中侯。杼作矛。杼一作宁。又作佇。帝王世紀作后予。

帝女令儀狄始作酒醪。變五味。初學記。太平御覽。酒誥疏。宋衷注。儀狄夏禹之臣。

澍桉國策言帝女令儀狄作酒。初學記引帝女下脫令字。今補。夫有虞氏以酒養老而岐雷方有醪醴。其來遠矣。

少康作秫酒。初學記。太平御覽。

澍桉酒誥正義引世本云。杜康造酒。說文。少康卽杜康也。而博物志云。杜康字仲寧。漢時爲酒泉太守。或云黃帝時人。

少康作箕帚。太平御覽。廣韻。

澍桉世本引有夏字。

湯作五祀。路史。

澍桉世本言湯作五祀。故曲禮謂天子五祀歲徧。鄭康成以爲商制。漢志一戶二竈四門五井。白虎通高堂隆劉昭之說皆然。後漢魏晉皆從之。湯五祀戶井竈中霤行。有行無門。而月令乃有行無井。康成倣之。故隨唐以行代井。開元禮祀戶司命以春。竈以夏。門厲以秋。行以冬。霤以季夏。迨李林甫修月令。始復井黜行。

桀作瓦屋。

澍按論衡對作篇文。補而史記龜筴傳亦云桀爲瓦屋。又按古史考。夏后氏時。烏曹作甎。烏曹桀臣。作瓦屋。則需甎矣。張華博物記云桀作瓦。

昆吾作陶。史記注。

澍按博物志。桀作瓦。蓋是昆吾爲桀作。君得統臣也。古史考。夏后氏時。昆吾氏作瓦。以代茅茨之始。呂氏春秋審分覽。昆吾作陶。高誘注。昆吾。顓頊之後。吳回之孫。陸終之子。巳姓也。爲夏伯制作陶冶埏埴爲器。黃帝內傳。黃帝始作陶。蚩尤作冶。世本言昆吾作陶。蓋廣之爾。

紂作玉牀。太平御覽。

澍按物原。神農作牀。少昊作簀。說文。牀。身之安也。釋名。人所坐臥曰牀。牀。裝也。所以自裝載也。黃帝內傳。言帝有七寶牀。則紂之玉牀。較後世之珊瑚玳瑁牀。不爲侈矣。作一引作爲。

武王作翣。初學記。太平御覽。北堂書鈔。莊子釋文。宋均注。翣。武飾也。

澍案御覽引世本。翣作箑。古今注云。舜廣開視聽。求賢人以自輔。作五明扇。是扇制遠矣。武王之作翣。以王后夫人車服。輦車有翣。卽緝雉羽爲扇。以障翳風塵。蓋本殷高宗有雊雉之祥。服章多用翟羽。有雉扇之遺意也。高誘呂覽注。翣棺飾也。畫黼黻之狀。如扇于僂邊。天子八。諸侯六。大夫四也。淮南子注。翣狀如今要扇。字本作翣。先鄭引春秋傳作翣。杜氏改爲翣。

塤。暴辛公所造。風俗通·詩何人斯疏·文選長笛賦注·爾疋釋樂· 宋均注。暴國公平王時諸侯。暴辛公燒土爲之。有三孔。

澍案通典御覽引世本云。塤暴辛公所造。亦不知何人。周畿內有暴國。豈其時人也。風俗通詩疏並引云。周畿內有暴國之君。豈其時人也。塤本作壎。圍五寸半。長三寸半。凡六孔。路史引云。暴周圻內國。均係宋注。又案毛詩序。上帝板板。凡伯刺厲王也。詩已有如壎如篪之句。厲王在平王前。尙隔幽宣二主。安得謂平王時諸侯所作乎。且通厤云。帝嚳造塤。拾遺記庖羲灼土爲壎。通典引宋注。爲塤久矣。此掌其官也。古史考亦以世本爲謬。又高誘注淮南繆稱訓云。蘇諡信。暴諡桓。又與成辛不同。書鈔引世本。辛作新。鄭衆曰。塤有六孔。與宋仲子注又不同。郭璞爾雅注。塤燒土爲之。大如鵝子。銳上平底。形似稱錘。六孔。小者如雞子。

蘇成公作篪。風俗通·詩何人斯疏· 宋均注。篪。歙孔有觜如酸棗。蘇成公。平王時諸侯。

澍案書鈔引。篪。歙孔有觜如酸棗云云。以爲世本本文。誤。又案舜時西王母獻玉琯。則是已有篪。安得言成公始造。譙周古史考。古有塤篪尙矣。幽王時。蘇成公善𥫃篪。暴辛公善塤。記者因以爲作。謬矣。應劭風俗通。爾疋釋樂。並云篪蘇成公所作。長一尺二寸。惟後漢書注引世本云暴辛公作篪。以竹爲之。長尺四寸。有八孔。一孔上出寸三分。與諸本異。與廣雅同。郭璞注爾疋云篪長尺四寸。圍三寸。一孔上出寸三分。名翹。橫𥫃之。小者尺二寸。鄭衆周禮注。篪七孔。疏引禮圖。篪九孔。鄭司農周禮注云篪七孔。蓋不數其上出者。故七也。蔡邕月令章句云。篪六孔。有距。橫𥫃之。或曰距。或曰翹。或曰觜。皆謂其上出之𥫃孔也。篪。廣雅作䶵。月令作箎。

公輸般作石磑。後漢書張衡傳注。

澍按孔融肉刑論。賢者所制。或踰聖人。水碓之巧。勝于斷木掘地。後漢西羌東號子傳。水舂河漕。注。水舂卽水碓也。通俗文。水碓曰轓車。桓譚新論。虙羲制杵臼之利。後世加巧。借身踐碓而利十倍。物原。軒轅臣雍父作碓。后稷作水碓。然則碓不始公輸。而水碓亦不起杜預也。太平御覽引作公輸般作磑磨。亦見古史考。又一引公輸般作鏟。

秦穆公作沐。北堂書鈔。太平御覽。

澍按表記。國君沐粱。大夫沐稷。士沐粱。喪大記注。士沐粱。天子之士也。差率而上之。天子沐黍與。又按沐事尙矣。茲言秦穆公作者。或分其等秩。或又加精也。

魯昭公始作璽。困學紀聞。

澍桉老子云。爲之符璽。莊子云。焚符破璽。是璽古有之。運斗樞云。黃帝得龍圖。中有璽章。文曰天黃符璽。其言難据。唐六典注。周書曰。湯放桀。大會諸侯。取璽置天子之坐。是商以前已有之。或謂起于秦之乘輿六璽者。亦非。且左傳季武子使公治問。在襄公二十九年。而謂昭公始作璽。可乎。

魯昭公作弁。太平御覽。宋均云。制素弁也。

澍桉物原云。昭公始以素絹爲弁也。

衞公叔文子作梘軸。太平御覽。北堂書鈔。

澍桉梘軸尙矣。不始文子。

燧人作火。

澍桉一切經音義引世本云。造火者燧人。因以爲名者也。此係宋仲子注。據此以意補正文。

世本卷第二

居篇

澍按史記吳世家．魏世家．水經注．太平御覽等書．引世本居篇．

涿鹿在彭城．黃帝都之．太平御覽．宋衷云涿鹿在彭城南．後漢書注．

澍按太平御覽又引世本云今上谷郡北．自有彭城．非宋彭城也．當係仲子注文．路史引云．涿鹿在彭城東．有阪泉．宋注南字誤．魏土地記云．濟城東南六十里有涿鹿城．城東一里有阪泉．泉上有黃帝祠．則世本之言信矣．

若水．允姓國．昌意降居爲侯．太平御覽．

澍按水經若水出蜀郡旄牛徼外．東南至故關．爲若水也．注．若木之生．非一所也．黑水之間．厥木斯植．故水受其稱焉．九州要記．嶲之臺登有雙諾川．鸓武山．黑水之間若水出其下．卽黃帝子昌意降居于此．又按杜預以昌意所封在鄀．鄀乃襄州樂鄉．非是南郡之鄀．允姓爲秦所入者．世本以若水爲允姓．誤矣．

饒內．舜所居．困學紀聞．

澍桉饒內一作姚虛。帝王世紀作嬀虛。杜岐公曰。即國語之嬴內音嬀汭。漢書地理志漢中郡西城下注。應劭云。世本嬀虛在西北。舜之居。路史國名記引世本云。嬀虛在西城西。舜居之。水經注引世本曰。舜居嬀汭在漢中西城縣。或言嬀虛在西北。舜所居也。或作嬀墟。故舜所居也。後或姓姚。或姓嬀。皆是宋衷注文。

夏禹都陽城。避商均也。又都平陽。或在安邑。或在晉陽。漢地理志。史記正義。玉海。

澍桉太平御覽引世本云。夏后居陽城。本在大梁之南。於戰國大梁魏都。今陳留浚儀是也。此係宋注。史記正義漢地理志並引世本云。禹都陽城。又桉地理志以潁川陽城爲禹都。非也。當以濮澤之陽城爲是。蓋堯舜皆都河東北。不居河南耳。譙周古史考以鄭厲入櫟。即是陽城。亦非。

契居蕃。水經注。

澍桉蕃即潘邑。契封地。華陰鄭縣有䜌都城。故潘邑也。魏土地記。下雒城西南。故潘城。水經注。渭水東逕䜌都城北。故潘邑。殷契之所居。闞駰十三州志。蕃在鄭西。今之䜌城是矣。地有商山。帝王世紀謂在商洛也。通典以商洛爲商君封。誤。酈道元曰。契始封商。魯連子曰。商在太華之陽。皇甫謐闞駰並以爲上洛商縣也。殷商之名。起于此矣。

昆吾爲夏伯。夏衰。遷於舊許。韋昭國語注。

澍按昆吾居帝丘。即陶唐火正閼伯之所居也。

昭明居砥石。（書序正義。）宋衷曰。相土就契封于商。春秋左氏傳曰。閼伯居商丘。相土因之。（殷本紀注。）

澍按荀子成相云。契玄王生昭明。居于砥石遷于商。砥石即底柱也。至子相土乃遷商丘。

昭明復遷商。（路史後紀。）

澍按昭明子相土遷商。此言誤。說見居砥石注。

祖乙遷于耿。（書序正義。）

澍按水經注汾水逕耿鄉城。故殷都也。帝祖乙自相徙此。爲河所毀。故書序曰。祖乙圮于耿。杜預曰。平陽皮氏縣東南耿鄉是也。盤庚以耿在河北。迫近山川。乃自耿遷亳。史記。祖乙遷于邢。索隱曰。邢音耿。今河東皮氏有耿鄉。是此邢非邢洛也。詩地理考引通典。邢州治龍岡縣。祖乙遷邢即此。是耿即邢也。而孔安國書序注云。圮于相。遷于耿。皇極經世。祖乙圮于耿。徙居邢。蓋本史記。通鑑前編。祖乙元祀圮于相。徙都于耿。九祀圮于耿。徙都于邢。則索隱音耿爲邢者誤。

相土徙商丘。本顓頊之虛。故陶唐火正閼伯之所居也。（太平御覽。）

澍按商丘即帝丘。陶唐火正閼伯居之。夏伯昆吾亦都此。殷相土又徙居。故春秋傳曰。閼伯居商丘。相土又因之。服虔左注。相土。契之孫。因之者。代閼伯之後居商丘。故湯以爲天下號。

相徙帝丘。於周爲衞。地理通釋。

澍按皇甫謐曰。夏相徙帝丘。依同姓之諸侯于斟尋氏。即汲冢書所云相居斟灌也。

武王居酆鄗。文選西都賦注。

澍按說文。酆在京兆杜陵西南。括地志。鎬在雍州西南三十二里。鄗水源出長安縣西北鄗池。通典。今長安縣昆明池北鄗陂是。嚴彭祖春秋會盟圖云。酆鎬相去二十五里。

周公居少昊之虛。詩地理考。

澍按史記正義。少昊虛即壽丘。

煬公徙魯。史記索隱。宋忠注。魯今魯國。

澍按皇甫謐云。魯國郇曲阜縣。

懿王徙於犬丘。史記索隱。宋衷云。懿王自鎬徙都犬丘。一曰廢丘。今槐里是也。時王室衰。始作詩也。索隱

澍按史記周紀。懿王之時。王室遂衰。詩人作刺。漢匈奴傳。懿王時。王室遂衰。夷狄相侵。暴虐中國。中國被其害。詩人始疾而歌之曰。靡室靡家。獫狁之故。豈不曰戒。獫狁孔棘。注。小雅采薇之詩也。古今人表。懿王時詩作。注。政道既衰。怨刺之詩始作。然則采薇爲懿王之詩矣。漢書懿王名堅。

懿王居犬丘。平王徙居洛。帝王世紀。地理通釋。

澍桉括地志云：犬丘故城一名槐里，亦曰廢丘，在雍州始平縣東南十里。地理志云：扶風槐里縣，周曰犬丘，懿王都之。秦更名廢丘，高祖三年更名槐里。

敬王東居成周，遂徙都。至赧王徙居西周。帝王世紀、地理通釋。宋衷曰：洛誥所謂新邑也。

西周桓公名揭，居河南。東周惠公名班，居洛陽。史記索隱、戰國策注。

澍桉地理通釋引世本云：西周桓公揭居河南，周惠公班居洛陽。赧王時，東西周分治，西周，河南也；東周，鞏也。

吳孰哉居藩離。史記索隱。宋衷云：孰哉，仲雍字也。藩籬，今吳之餘暨縣也。

澍桉一引宋衷云：雍是孰食，故曰雍，字孰哉也。路史引藩籬作番離。吳地志：仲雍墓在吳郡常熟縣西海虞山上。

吳孰姑徙句吳。史記索隱、吳都賦注。注云：孰姑，壽夢也。句吳，泰伯始所居地名。代謂祝夢乘諸也。壽孰音相近，姑之言諸也。毛詩傳讀姑爲諸。孰姑、壽夢爲一人，又名乘也。

澍桉文選注引世本文，句吳下有句音溝三字。服虔左注云：壽夢，發聲也。吳蠻夷言多發聲，數語共成一言。壽夢一言也。經言乘，傳言壽，欲使學者知之也。史記正義：太伯居梅里，在常州無錫去東南六十里。至十九世孫壽夢居之，號句吳。諸樊南徙吳。至光，使子胥築闔閭城都之，今蘇州也。司馬貞以顏師古注漢書以句言吳者夷之發聲。猶言於越耳。而宋衷以爲地名。吳人不聞別有城邑名句吳也。世本之言或難依據。

諸樊徙吳。史記注。

澍按詩地理考引世本云。孰徙丹徙句吳。徙吳家楚。家楚二字誤。宜作諸樊。諸樊名遏。壽夢之子

唐叔虞居鄂。路史國名記。宋衷云。鄂地今在大夏。晉世家注。晉世家注。

澍按杜左注。鄂晉別邑。括地志鄂城在慈州昌寧縣二里。史記正義。鄂與絳州夏縣相近。禹都安邑。故城在縣東北十五里。故云在大夏也。然封于河汾二水之東方百里。正合在晉州平陽縣。不合在鄂。

康叔居康。從康徙衛。詩地理考。宋忠云。康叔從康徙封衛。衛卽殷虛定昌之地。畿內之康。不知所在也。史記衛世家索隱。

澍按北堂書鈔引世本云。康叔封衛。衛世家注引云。康叔居康。

成公徙於帝丘。漢地理志。

衛戴公居曹。路史國名注。

澍按宋桓公立之。廬于曹。泉水載馳之詩。皆言衛地。西征記。今白馬城。古衛之曹邑。戴公東渡河處此。

文公遷楚丘。城冢記。曹齊桓公築。

衞成公徙濮陽。衞世家注・宋忠云。濮陽。帝丘地名。濮音卜。

澍按衞成公自楚丘遷此。衞元君又自濮陽徙野王。

蔡叔度居上蔡。史記集解・詩地理考・

澍按水經注引世本曰上蔡也。九江有下蔡。故稱上。當是宋注文。上蔡在汝南。

蔡胡徙居新蔡。詩地理考・史記集解・宋忠云。故名其地爲新蔡。王莽所謂新遷者也。水經注・

澍按管蔡閒王室。放蔡叔而遷之。其子胡能率德易行。周公舉之爲卿士。以見於王。王命之以蔡。申呂地也。以奉叔度祀。是爲蔡仲。史記正義引宋忠云。胡徙居新蔡。卽世本本文。非宋注。

蔡平侯徙下蔡。史記索隱・史記集解・

澍按司馬貞云。今世本無者。近脫耳。又按歐陽忞云。平侯自上蔡徙都新蔡。史記正義引宋忠云。平侯徙下蔡。酈道元曰。春秋外傳云。當成周時。南有荆蠻申呂姜姓矣。呂。蔡平侯始封也。

昭侯徙州來。路史國名記・

澍按羅泌云。昭侯徙此。號下蔡。樂史云。下蔡有二處。水經淮水東岸一城。卽下蔡。新舊二城對據是也。

曹叔振鐸居曹。地理考・宋忠云。曹。今濟陰定陶縣。

澍按曹世家注引世本云。叔振鐸封于曹。

錯叔繡封于滕。路史・世家注・陳杞　宋衷注。今沛國公丘是滕國也。

澍按杜預釋例譜云。滕姬姓。文王子錯叔繡之後。武王封之居滕。今沛郡公丘縣是也。漢地理志以爲周懿王子錯叔繡封公丘。水經注亦以爲周懿王子錯叔繡文公所封。未詳所據。

微子居宋。史記

澍按史記注引世本云。宋更曰睢陽。澍以意補此句。王符云。帝乙元子微子開。武王封之于宋。今之睢陽是也。

宋都商丘。更曰睢陽。史記注・地理通釋

澍按括地志。宋州城古閼伯之虚。卽商丘也。

楚子熊渠封仲子紅于鄂。史記・寰宇記

澍按路史國名記引世本云。熊渠中子紅封鄂侯。侯一引作東。

楚鬻熊居丹陽。左桓二年疏・宋仲子云。丹陽在南郡枝江縣。

澍按潁容春秋釋例云。楚居丹陽。今枝江縣故城是也。

楚武王徙郢。左桓二年疏・宋仲子云。今南郡江陵縣北有郢城。

澍按武王。一引作文王。通典。郢卽南郡江陵縣北紀南城是。又按史記楚世家。蚡冒卒。弟熊達立。是爲楚武王。左傳正義曰。杜注。蚡冒。楚武王父。不從史記。劉炫以世家規杜。蚡冒是兄。不得爲父。

楚武王墓在豫州新息。史記正義。

澍按括地志新息在上蔡縣東北五十里。又按水經注。葛陂城東北有楚武王冢。民謂之楚王琴。城北祝社里下士中得銅鼎。銘云楚武王。是知武王隧也。

周宣王二十二年封庶弟友于鄭。水經注。

澍按十二諸侯年表。宣王元年封。與此違異。春秋國語並言桓公爲周司徒。以王室將亂。謀于史伯。寄帑賄于虢鄶。幽王實戲。桓公死之。平王東遷。武公輔王室。滅虢鄶而兼其土。故周桓公言于王曰。我周之東遷。晉鄭是依。乃遷封於彼。左傳鄭伯謂公孫獲曰。吾先君新邑于此。是指新鄭爲言矣。班固應劭鄭玄皇甫謐裴顒王隱闞駰及諸述作者。咸以西鄭爲友之始封。而薛瓚謂爲東鄭。非也。竹書紀年。晉文侯二年。周惠王子多父伐鄶。克之。乃居鄭父之丘。名之曰鄭。是曰桓公。司馬貞曰。鄭縣名。屬京兆。帝王世紀云。或言縣故有熊氏之虛。黄帝之所都。鄭氏徙居之。故曰新鄭。

鄭桓公居棫林。徙拾。左昭十六年疏。宋衷云。棫林與拾。皆舊地名。封桓公乃名爲鄭。至鄭武公。東徙新鄭之後。其舊鄭改爲縣也。

澍按棫林。國語元和志通典寰宇志皆作咸林。左襄六年注。棫林。許地。班氏地理志。宣王弟桓公封。應劭云。母弟友所封。子與平王東遷。更稱新鄭。瓚云。穆王以下都西鄭。不得以封桓公。桓公無封京兆之文。師古亦非之。蓋是采于彼。非至此始有鄭名也。

鄭厲公徙居櫟。史記索隱。宋衷注云。櫟。今之許昌陽翟。昔武王至周。曰。吾其爲有夏之居乎。遂營洛邑。謂櫟也。路史。

澍桉櫟卽鄭初得十邑之櫟也。世本本文不存。今據注補。水經注引宋忠曰。櫟。今陽翟也。周末韓景侯自新鄭徙都之。索隱引宋衷云。櫟今潁川陽翟。

文公徙鄭。史記索隱。宋衷云。卽新鄭也。

澍桉御覽引注云。今京兆新鄭也。

召公居北燕。史記集解。宋衷云。有南燕。故云北燕。

澍桉括地志。燕山在幽州漁陽縣東南六十里。國都城記。地在燕山之野。故國取名焉。輿地廣記。武王封帝堯之後于薊。又封召公于北燕。其後燕國都薊。詩補傳云。薊後改爲燕。猶唐之爲晉。荆之爲楚。或曰。黄帝之後封于薊者已絶。成王更封召公奭于薊。爲燕。司馬温公云。春秋時。北燕至微。區介蠻貊。不與中國會盟。太史公世家以姞姓之燕仲父伐周惠王者爲北燕。誤矣。

燕桓侯徙臨易。史記集解。宋忠曰。今河間易縣是也。

澍按水經注。易水又東逕易縣故城南。昔燕文公徙易。卽此城也。是徙易者非桓侯矣。桓侯父宣侯。子莊公。

桓侯又居新鄭。路史國名記。

澍按呂氏春秋有揚鄭。宜卽此地。居路史引世本作又君新鄭。商世侯國。不知其姓。居作君誤。

郳顏居郳。肥徙郳。左莊五年疏。宋仲子云。郳顏別封小子肥于郳。爲小郳子。

澍按顏眞卿家廟碑云。郳武公名夷父字曰顏。子友別封郳。爲小郳子。遂以顏爲氏。

東樓公封于杞。陳杞世家注。宋忠曰。杞今陳留雍丘縣故地。

澍按地理志云。雍丘縣故杞國。周武王封禹後爲東樓公是也。

畢萬居魏。昭子徙安邑。文侯亦居之。漢書注。

澍按畢萬晉獻公封之魏。輿地廣記河中府永樂縣。古魏國。又桉魏世家。魏絳卒。諡爲昭子。徐廣注作莊子。索隱云世本錯也。居篇又曰昭子徙安邑。與世家同。是當作昭子。

魏武子居魏。魏悼子徙霍。史記索隱。宋衷云。霍地名。今河東彘縣。魏今河北魏縣是也。

澍按史記世家。武子生悼子。悼子徙治霍。而世本王侯大夫譜云。武仲生莊子絳。無悼子。而此篇云云。是有悼子也。內外傳皆有悼子。

趙衰爲原大夫。史記注。宋衷云今雁門平原縣也。

澍按史記正義云宋衷說非也。括地志故原城在懷州濟源縣西北二里。左傳襄王以原賜晉文公。原不服。文公伐原以示信。原降。以趙衰爲原大夫。即此也。原本周畿內邑。

趙成季徙原。史記索隱。

澍按成季即衰。衰字子餘。

韓景子居平陽。平陽在山西。史記索隱。宋忠云平陽今河東平陽縣。

澍按本文末句是注文羼入。藝文類聚引云韓貞子居平陽。平陽在山西。韓世家索隱曰世本作平子。名頃。宣子子也。竹書紀年晉烈公元年韓武子都平陽。平陽晉州臨汾縣地。水經注晉獻公滅耿以封趙夙。後襄子與韓魏分晉。韓康子居平陽。魏桓子都安邑。號爲三晉。又按世本作景子。史作貞子。水經注作康子。差互如此。

中山武公居顧。桓公徙靈壽。爲趙武靈王所滅。史記索隱。路史國名記。

澍按樂羊爲魏拔中山。封之靈壽。史言趙武靈王以惠王三年滅中山。遷其君于膚施。索隱云世本不言誰氏子孫。又云趙武靈王名雍。徐廣曰西周桓公之子也。未知何據。國策言中山君常爲楚伐而亡。非也。中山亡于魏。魏使太子擊守之。不知何以復立。史記書中山君相魏。小司馬以爲即中山之復立者皆於世本不合。

武。夏武羅國。冀都之武邑。路史國名記。

澍桉與漢地理志信都有武邑縣。王莽曰順桓。而羅泌引一說云衞北境武父。陳留有武父城。以武父爲武邑。疑非是。

廩丘。齊大夫廩丘子邑。路史國名記。

澍桉左傳襄二十六年齊烏餘以廩丘奔晉。杜注。今離狐縣故城是。

虞丘。齊大夫采邑。路史國名記。

澍桉左傳襄公十六年傳。晉虞丘書爲乘馬御。代程鄭。虞丘一作吾丘。又桉史記孫叔敖楚之處士。虞丘相進于王以自代。說苑虞丘子爲令尹。在莊王時。是楚亦有虞丘氏也。

梁丘。虞丘皆齊邑。路史國名記。

澍桉杜預左注。高平昌邑西南有梁丘鄉。羅泌路史云。穀梁謂曹郲之間有梁丘。去齊八百里。又桉齊景公時有梁丘據字子猶。

世本卷第三

氏姓篇

澍按史記注。鄭康成駁五經異義云。天子賜姓命氏。諸侯命族。族者。氏之別名也。姓者。所以統系百姓。世一作使不相字一無此別也。氏者。所以別子孫之所自出。故世本之篇。言姓則在上。言氏則在下也。史通云。世本辯姓。著自周室。卽指氏姓篇言也。

炎帝。姜姓。水經注。

澍按炎帝長於姜水。因姓姜。姜。扶風之姜陽也。初國伊。繼國耆。故氏伊耆。世以爲堯姓。非也。而鄭氏駁異義云。炎帝姜姓。大昊所賜。黄帝姬姓。炎帝所賜。是又以姜爲賜姓。

許州。向。申。姜姓也。炎帝後。水經注。

澍按向。姜姓。又見左隱二年疏。州。姜姓。見左桓五年疏。又按左正義云。齊。許。申。呂。由太姜。則四國同出伯夷。俱由太姜得封也。桓五年。州公如曹。傳作淳于。杜注。淳于。州國所都。城陽淳于縣。此與伐楚師之州。蓋別一國。隱二年傳。向姜不安於莒而歸。是向姜姓也。

有熊氏之後。爲詹葛氏。氏族略。

澍按子孫封於儋者爲儋氏。自儋移葛。則爲葛氏。儋葛氏。湯時葛伯國。亦非嬴姓。

根水氏。老童娶根水氏。氏族略。

澍按老童卽卷章。根水一作卽水。

嚻氏。玄嚻之後。氏族略。

澍按玄嚻卽青陽也。

武姓。夏時有武羅國。因氏焉。廣韻。

澍按一本作其後氏焉。武羅伯因熊髠龐圉皆夏賢臣。羿弃之。信伯明氏之讒子寒浞。事見左傳。又按大騩氏之佐有武羅。生而有魋。人面豹文。繼大騩氏爲君。號鬼隗氏。

陳遂。舜後。史記索隱。漢袁良碑。宋衷曰。虞思之後。箕伯直柄中衰。殷湯封遂於陳。以爲舜後。

澍按袁良碑作封於陳以後舜後。一引作祀。

玄氏。黄帝臣玄壽。氏族略。

乘氏。古賢人乘雎之後。氏族略。

齊姓姜。左傳襄公十一年疏。

澍按周語。帝嘉禹德。賜姓曰姒。氏曰有夏。胙四岳國。賜姓曰姜。氏曰有呂。伯夷。炎帝之後。姜自是本姓。

而云賜姓者。炎帝後別姓非一。自以姜姓賜伯夷。更使爲一姓之祖。非復因舊姓也。

女氏。天皇封弟瑀於汝水之陽。後爲天子。因稱女皇。其後爲女氏。夏有女艾。商有女鳩、女方。晉有女寬。皆其後也。陸賈新語。

澍桉：女媧爲女皇。其氏當爲男女之女。而女艾、女寬。杜預音爲爾汝之汝。疑非。

融夷氏。祝融後。董父之胤。以融夷爲氏。急就章注。

澍桉：融夷一作鬷夷。蓋融夷董姓也。蔡墨云：舜封豢龍于鬷川。鬷夷氏其後。

融姓。古天子祝融氏之後。廣韻。

偪陽妘姓。祝融之孫。陸終弟四子求言之後。左傳襄公十年疏。

澍桉：廣韻引曰：偪陽。妘姓國。爲晉所滅。子孫因氏焉。妘。急就章注引作姚。非也。

參氏。董姓。陸終弟二子參胡之後。氏族略。宋注云：參胡國。斯姓。路史。

澍桉：辯證引云：參氏。陸終弟三子參胡之後。

參姓。祝融之後。廣韻。

鄀。允姓國。秦入之。路史國名記。

澍桉：鄀。子爵。地在商密。秦楚界上小國。晉志云：南郡鄀縣。鄀子國是也。又桉歷代紀事年表。嬴己偃允四姓。俱少昊後。莊二十八年傳。小戎子生夷吾。杜注。允姓之戎。嚴彭祖春秋會盟圖。鄀卽若水。昌意國。

今越嶲之臺登。蓋不知婼鄀若之有分也。

夷。妘姓。左傳隱公元年疏。

澍按妘姓。陸終子求言之後。左傳紀人伐夷。卽此夷也。

鄅。妘姓。左傳昭公十八年疏。

澍按左傳鄅人藉稻。杜注。鄅國在琅邪開陽。妘姓國。

寒。妘姓。路史國名記。宋注云今壽光有寒亭。

澍按此注文氏族略引作世本正文。誤。又按羅泌以寒爲猗姓。本於潛夫論。

婼。姬姓之國。黃帝之子昌意降居若水。爲諸侯。此其後也。太平寰宇記。

澍按此婼在襄州樂縣。見杜預左傳注。世本以昌意降處之若水當之。非也。

芮伯。姬姓。書序疏。

息國。姬姓。左傳隱公十一年疏。

芮魏皆姬姓。左傳桓公三年疏。

澍按路史國名記引世本云。魏。楚滅之。又按魏亦有嬴姓者。見盟會圖。指西土之魏駘也。

荀賈皆姬姓。左傳桓公九年疏。

澍桉左傳荀侯賈伯伐曲沃。卽此荀賈也。

晉魯衞鄭曹滕姬姓。左傳襄公十一年疏。

畢毛皆姬姓文王庶子。顧命正義。

澍桉僖二十四年傳富辰曰管蔡郕霍。魯衞毛聃。郜雍曹滕。畢原酆郇。文之昭也。是畢毛皆姬姓。

密。姬姓。漢書地理志。

澍桉僖十七年傳齊密姬生懿公。是密姬姓也。年表以密爲風姓。誤。又桉春秋會盟圖云。密。周圻內國。宣王滅之。宣宜作共。

沈。姬姓。史記索隱。

澍桉此沈在汝南。與沈姒蓐黃之沈在汾川者有別。彼爲少昊後也。

蓼。姬姓。路史注。

澍桉臯陶之後有舒黃舒蓼。偃姓也。與此蓼不同。又桉左傳云楚爲衆舒叛故伐舒蓼。滅之。似舒蓼連二字爲國名。杜預以爲二國。非也。

鮮虞。姬姓。白狄也。穀梁昭公十二年疏。

蓼六二國皆姬姓。路史注。

澍桉蓼六爲皋陶後偃姓，不得爲姬姓。

唐。姬姓之國。書正義。史記集解。

隨氏姬姓，爲楚滅。路史注。

澍桉左傳桓公六年疏引云，隨國姬姓。又桉桓六年傳，楚侵隨。八年伐之。隨侯逸。莊四年又伐之。僖二十年，以漢東諸侯叛。羅泌云，隨侯炎裔，故李白曰，漢東之國，神農之後。季良爲大賢，而世本以爲姬姓。

己姓出自少昊。左傳昭公十七年疏。

澍桉昊一引作皞。

昆吾古己姓之國，夏時諸侯，伯祝融之後。氏族略。

澍桉左傳疏引世本云，昆吾已姓，國出自少昊。

莒自紀公己下爲己姓。氏族略。左隱公二年疏。

澍桉左隱公二年疏引云，莒己姓。又桉疏云，世本莒自紀公以下爲己姓，不知誰賜之姓。十一世茲丕公方見春秋，共公以下微弱，不復見，四世楚滅之。疑爲宋氏注也。史記以莒爲嬴姓，漢地理志以莒爲盈姓，三十世爲楚所滅，少昊後。鄭語云，曹姓鄒莒，陸終弟五子安之後，皆非。文七年傳，穆伯娶於莒，曰戴己。生文伯。其娣聲己生惠叔。則莒爲己姓明矣。

蓼六偃姓。（太平御覽。）

澍按。蓼舒及舒蓼三國。舒黃帝後任姓。蓼庭堅後姬姓。而舒蓼偃姓也。杜預左傳注皆以爲皋陶後。又以蓼卽舒蓼。失之。

偃姓。舒庸。舒蓼。舒鳩。舒龍。舒鮑。舒龔也。（左傳文公十二年疏。）

澍按。此卽左傳所云羣舒。潛夫論偃姓又有止鄘謠參會六阮桼高。羅泌云。高卽皋也。偃或作優。誤。又桉路史云。偃匽之後有州絞貳軫皖南鄘頴容。春秋釋例云。舒有五名。舒庸舒龍舒鳩舒城。其實一也。誠字譌。與世本舒有六不同。

江黃皆嬴姓國。（史記索隱。）

澍桉。左傳莊公十九年疏引云。黃嬴姓。又桉史記云。秦之先爲嬴姓。其後分封。以國爲姓。有江氏黃氏。

淮夷嬴姓。（路史國名記。）

澍桉。淮夷非一。武王所伐其一也。

徐奄皆嬴姓。（左傳昭公元年疏。）

澍桉。漢地理志徐盈姓。春秋時徐子章禹爲吳所滅。

鍾離氏。與秦同祖。其後因封爲姓。廣韻・五音集韻・

澍桉氏族略引世本云。鍾離氏與秦同祖。嬴姓。史記作終黎。索隱引世本作終犂。寰宇記引云。鍾離。嬴姓。徐之別號也。又桉鍾離。楚邑。淮南縣。見春秋成十四年杜注。

鍾離。嬴姓也。水經注・

澍桉應劭曰。鍾離縣。故鍾離子國也。楚滅之以爲縣。左傳所謂吳公子光伐楚拔鍾離者也。

密須。商時姞姓國也。文王滅之。其後以國爲氏。姓氏辯證・

澍桉氏族略引世本云。密須氏。商時姞姓之國。國名記引云。商有密須。文王伐之。密須氏。商時姞姓之國。今涇州靈臺有密康公墓。或云涇州保定有陰密城是也。子孫以國爲氏。或去密爲須氏。魏有須賈。齊有須無。或去須爲密氏。仲尼弟子密不齊。氏族略・

澍桉氏族略所引今涇州靈臺以下。當係宋仲子注文。又桉孔子弟子宓不齊。伏羲後。今作密。誤。須賈爲魏中大夫。司馬貞曰。蓋密須氏之後。漢有陸量侯須無。

燕國。姞姓。左傳隱公五年疏・

澍桉宣三年傳。初鄭文公有賤妾曰燕姞。杜注。姞。南燕姓。譙允南以姞爲北燕。失之。北燕。姬姓也。

舒蓼氏。舒蓼偃姓。皋陶之後。楚東之境。小國也。舒蓼與蓼國自異。氏族略・

澍按末句似宋注文。又按杜左注。羣舒偃姓。春秋會盟圖云。舒蓼國在光州。

舒鮑氏。舒鮑偃姓國也。晉悼公大夫有舒鮑無終。（氏族略・路史國名記・）

莘。姒姓。夏禹之後。（寰宇記・詩地理考・國名記・）

澍按唐世表。啓封支子于莘。鄭康成曰。堯賜禹姓曰姒。王充論衡以爲呑薏苡而生。故姓姒也。

鄫。姒姓。子爵。（氏族略・）

澍按僖三十一年傳。衛成公夢康叔曰。相奪予享。公命祀相。杜注言杞鄫。夏後自當祀相。

杞。姒姓。（漢書地理志・）

彤。姒姓之國。（書正義・）

姒姓。弗氏。（史記索隱・急就章注・）

澍按史記云。禹後有費氏。司馬貞云。世本作弗。

姒姓。南氏。（史記索隱・急就章注・）

澍按司馬貞云。男氏。世本作南。潛夫論亦作南。路史云。世本作男。非也。

姒姓。比氏。（路史注・）

澍按羅泌云。比氏出世本。

姒姓。鄩氏。路史。

斟灌。斟鄩。夏同姓諸侯。左傳襄公四年疏。

澍桉急就章引云。斟鄩。姒姓。張敖地理記云。濟南平壽縣。其地卽古斟鄩國。太平寰宇記。斟灌城一名東壽光。水經。淳于縣本夏后氏斟灌國。武王封淳于公。路史國名記。戈斟姓。是爲斟戈。世本以爲卽斟灌氏。

秦。附庸。嬴姓。路史國名記。

薛。任姓。甘誓疏。

澍桉薛奚仲後。奚仲任姓。

任姓。謝章薛舒呂祝終泉畢過。左傳隱公十一年疏。

澍桉急就章注引云。過氏任姓。夏諸侯。後爲氏。又桉羅泌云。過宜作遇。卽禺。爲嫫母所生。禺陽任姓所出也。畢作卑。隨卑氏所出。

謝。任姓。黃帝之後。姓氏急就章。

子姓。殷時來宋空同黎北髦自夷蕭。左傳隱公元年疏。

澍桉時。子姓。見急就章注。宋子姓。見漢地理志。亦見路史。而索隱引世本云。子姓有髦氏時氏蕭氏黎氏。路史國名記引云。空桐。子姓。商後國。服虔左注。黎。東夷國名也。子姓。

北旄氏。子姓。姓氏辯證。

澍按北旄。卽北髦。亦卽北殷氏也。爲秦寧公所伐。亳王湯之後。

空桐氏。子姓。蓋因空桐山也。氏族略。

澍按路史國名記引世本云。空桐氏。商後國。鄭樵云。空桐氏非國號。又按史記云。趙襄子使原過主霍泰山祠祀。其後娶空同氏。

鄧。曼姓。莊十六年。楚文王滅之。左傳桓公七年疏。

澍按左傳。鄭祭足有寵於莊公。爲公娶鄧曼。杜注。曼。鄧姓。歷代紀事年表。曼姓出自商。

越。爲芊姓。與楚同祖。史記索隱。漢書地理志。

澍按玉海王會篇注引世本云。東越閩君。皆其後。當爲宋注。又按史記越世家。其先禹之苗裔。夏后少康之庶子也。鄭語亦作芊姓。春秋會盟圖云。芊姓。古南越國。在廣州。

羅。熊姓。左傳桓公十二年疏。

澍按在傳。羅人欲伐之。杜注。羅。熊姓國。蓋楚君皆以熊爲號。疑熊姓。楚所分也。顧亭林以羅爲芊姓。非是。

豕韋。防姓。史記索隱。路史國名記。

澍桉國名記引世本云。豕韋陶唐氏後。防一作彭。豕韋本彭姓。大彭之孫元哲封豕韋。劉棻更封之故姓防或云劉姓非也國都記云豕韋氏彭姓之國

雎段結姓。路史注。

澍桉羅泌謂段宜作斷。即卷楚也。晉地有斷道。即卷楚。世本作段。寫誤。又桉賈逵左傳解詁。雍氏。黃帝之孫。姞姓之後。爲宋大夫是結即姞也。

屠三氏目夷氏。不夷氏。路史

澍桉目夷。一引作因夷。非也。出自子姓。宋公子目夷。字子魚。爲左師。聽宋國之政。子孫別爲目夷氏。又魚氏屠三不夷無考。不夷或作不苐。亦作不茅。

郳。小郳。曹姓。路史注。

澍桉襄十一年傳。七姓十二國之祖。杜注。郳。小郳。曹姓。是依世本爲說也。又桉小郳即郳。

霍國。眞姓。路史國名記。

澍桉霍侯爵。武王禽之。今汝之梁縣。有故霍國。非晉霍也。又桉眞。一本作姬。杜氏左注亦云姬姓。

胡。歸姓。史記索隱。宋注。胡在汝南平輿。

澍桉路史國名記引世本云。胡子國。歸姓。夔出。一引胡在汝南平輿。爲世本本文。非也。又桉襄三十一年傳。立胡女敬歸之子子野。杜注。胡。歸姓國。惟會盟圖云。胡。姬姓國。在豫之郾城。疑非。

黎氏。黎侯國之後。注急就章。

夙沙氏。注路史。

澍桉夙沙氏。卽帝魁所伐之質沙氏。一作宿沙氏。

公紀氏。廣韻。

大公氏。有大公叔穎。廣韻。

澍桉辯證引太公作大公。又桉公祖一名組紺。諸盩字叔類。號曰太公。孫愐引作叔穎。誤。

仇氏。衞後。注路史。

澍桉卽裘氏。

物氏。記國名。

澍桉羅泌云。漢平原有㧰縣。音勒。世本作物。劉辟彊爲侯國者。今漢史作辟光。漢地理志平原㧰。應劭曰音力。

段氏。注路史。

澍按羅泌云。段氏出世本。

瓦氏。路史注。

澍按羅泌云。瓦氏出世本。邴也。衞地有瓦亭在胙城。左傳定八年會於瓦。即此。非成紀之瓦亭。

鐵氏。路史注。

澍按衞州有鐵丘。杜預云。在戚城南。羅泌云。鐵氏出世本。又按一引云。黎比髦杒改瓦鐵七國。皆子姓。比宜作北。改作段。

戈。斟灌氏也。國名記。急就篇。

澍按羅泌云。戈斟姓。是爲斟灌。世本左氏以爲卽斟灌氏。非。又按史記以斟灌尋爲禹後也。

季瓜氏。周八士季騧之後爲氏。騧或作瓜。晉有祈邑大夫季瓜忽。姓氏辯證。

疏氏有疏跨。氏族略。

澍按氏族略引季瓜忽作季騧息。

季隨氏。周八士季隨之後。宋有季隨逢。氏族略。

澍按廣韻引世本云。季隨氏。周有八士季隨季騧之後。

左史氏。古者左史記事。楚有左史倚相。左史老。氏族略。

右史氏。古者右史記言。周有右史武。氏族略。

澍桉今刊通志作右史武。舊本武作氏。

西陵氏。春秋有西陵羔。國名記。

澍桉元和姓纂引世本云。春秋時有大夫西陵羔。

鼓方氏。鼓方叔之後。氏族略。

澍桉今刊本通志引作方叔氏。鼓方叔之後。

薛氏。夏奚仲封薛。周有薛侯。其後爲氏。急就章姓氏。

司徒。司寇。司空。竝以官爲氏。廣韻。

曾氏。夏少康封其少子曲烈於鄫。襄公六年莒滅之。鄫太子巫仕魯。去邑爲曾氏。寰宇記。氏族略。

澍桉曾天爲季孫宿家臣。曾阜爲叔孫豹家臣。見左昭公二年傳。

子楊氏。季桓子生穆叔。其後爲子楊氏。氏族略。

澍桉桓子。季孫斯也。其子肥。謚康子。肥之曾孫彊。爲季昭子。

子士氏。魯叔孫成子生齊季。爲子士氏。姓氏辯證。

澍桉左傳。孟僖子妾曰子士之母。則子士乃孟僖子之後。

厚氏。惠伯革者。孝公子。其後爲厚氏。檀弓上疏。

澍按。陸德明釋文引云。魯孝公生惠伯革。其後爲厚氏。又按。革。鄭氏檀弓注作鞏。云后木孝公子惠伯鞏之後。孔疏按世本云革。此云鞏。世本云厚。此云后。其字異耳。

郈氏。昭伯名惡。孝公之後。稱郈氏。史記索隱。

澍按。高誘呂氏春秋註。郈氏。魯孝公子惠伯華之後也。以字爲氏。因曰郈氏。惠伯華。檀弓上注作惠伯鞏。世本作革。字形相近。又按。孝公八世孫成叔爲郈大夫。因以爲氏。是以邑爲氏也。高氏謂以字爲氏。非矣。又按。驕恣篇注。郈成子。郈敬子國之子。郈青孫也。國爲同字之誤。韋昭國語注。郈敬子。魯大夫郈惠伯之後。玄孫敬伯同也。呂氏春秋有郈成子。與右宰穀同時。卽厚成叔。古今人表有厚昭伯。師古曰。卽郈昭伯也。

子成氏。魯季平子成叔彭侯之後。姓氏辯證。

沭氏。魯大夫仲沭之後。氏族略。

澍按。仲一作叔。誤。沭與遂同。卽東門襄仲遂也。又按。劉炫左傳述義云。仲遂受賜爲仲氏。故其子孫稱仲氏。

蟜㾄氏。魯有蟜㾄。字子肩。魯莊公族。史記索隱。

澍按司馬貞引世本作漢有蟜疵。蟜疵一作橋庇。班固云。商瞿受易孔子。以授魯橋庇子庸。是橋庇非漢時人矣。倘爲漢人。商瞿何以相及。又爲魯莊公族乎。宜云魯有蟜庇。爲莊公族。又按史記作馯臂子弘。傳江東人矯子庸疵。疑蟜矯橋三字通。故蟜愼亦作矯愼。矯望亦作蟜望也。

公襄氏。魯大夫公襄昭。魯襄公太子子野之後。姓氏辯證。

公之氏。魯有大夫公之文。急就章注。

澍按季悼子生思伯鞅。字公之。鞅生懿伯柎。爲公之氏。昭二十五年傳。秦姬以告公之。杜注。公之。平子弟。

慶父氏。魯大夫慶父之後。有慶父籍。爲楚工正。姓氏辯證。

澍按姓纂氏族略引世本。魯皆作楚。又按慶父即共仲。其子公孫敖。是爲穆伯。

季孫氏。魯公子季友之後。爲季孫氏。後去孫稱季氏。季孫行父之子宿謚武子。季孫肥謚康子。姓氏辯證。

子寤氏。季平子生昭伯寤。其後爲子寤氏。姓氏辯證。

澍按氏族略引世本云。陳信公生宣子。其後爲子寤氏。與此異。又按魯季寤字子言。季孫斯之弟。不得志於季氏。欲因陽虎以去三桓。非子寤氏也。

少施氏。魯惠公子施父之後。氏族略。

澍桉辯證引世本云。施父之後。支孫爲少施氏。雜記云。孔子曰。吾飯於少施氏。又桉國語。施伯。施父子。事莊公。

子革氏。季平子支孫爲子革氏。氏族略。

澍桉鄭然丹字子革。鄭穆公孫。公子然之子。後有子革氏。

齊季氏。昔齊公子季奔於楚。楚遂號爲齊季氏。廣韻。魯有大夫齊季窺。氏族略。

子韓氏。齊頃公子子韓之後。以王父字爲氏。春秋時有子韓晳。姓氏辯證。

澍桉氏族略引世本云。子乾氏。齊公子都字子乾之後。又桉鄧元亞鄭夾漈均作子乾。孫愐引姓苑。亦作子乾。均誤。子乾。蔡昭侯之子也。今改正。

子雅氏。齊惠公之孫公孫竈字子雅之後。氏族略。

澍桉高誘呂覽注。子雅。惠公之孫。公子欒堅之子。竈也。依世本爲說。竈子欒施字子旗。

子尾氏。齊惠公之孫公孫蠆字子尾之後。亦爲高氏。氏族略。

澍桉高誘呂覽注。子尾。惠公之孫。公子高祈之子。蠆也。依世本爲說。蠆子高彊。字子良。

子襄氏。齊桓公子子襄之後。辯證。

子工氏。齊頃公之子公子子共之後。氏族略。

澍桉辯證引世本云。子公氏。齊頃公子子公之後也。又桉春秋。鄭公子宋。亦字子公。不獨齊有子公矣。

子淵氏。齊頃公之子公子湫。字子淵之後。氏族略。

澍桉辯證引世本云。齊頃公生子淵湫。因氏焉。左傳齊有大夫子淵捷。新序。陳恒弑君。使勇士六人劫子淵棲。棲與捷字形相近。宜從左作捷。淵引作泉。避唐諱改。又桉左傳公孫捷。又曰淵捷字子車。頃公孫。世本作子淵氏。未知何據。左傳炊鼻之戰。捷從洩聲子。射之中楯瓦。繇朐汰輈。匕入者三寸。

淵氏。齊大夫淵湫之後。廣韻。

澍桉齊有子淵氏。王符曰。姜姓。字書引作淵斂。誤。

閭丘氏。齊大夫閭丘嬰之後。齊宣王時有閭丘卬。閭丘光。氏族略。

澍桉閭丘嬰。齊莊公近臣。子明。事見左傳。閭丘卬。閭丘光。均見說苑。

廩丘氏。齊大夫廩丘子之後。氏族略。路史。

澍桉襄二十六年傳。齊烏餘以廩丘奔晉。故城在濮之雷澤北。又桉英賢傳有廩丘充。齊隱者。

梁丘氏。齊大夫梁丘氏之後。路史。

澍桉莊公三十二年。齊宋遇於梁丘。穀梁謂在曹邾之間。去齊八百里。杜預云。昌邑西南有梁丘鄉。又桉齊有大夫梁丘據。字子猶。

虞丘氏。齊大夫虞丘氏之後。路史。

澍按。虞丘一作吳丘。又作吾丘。路史云。楚相虞丘子邑吾丘。壽王。說苑作虞丘壽王。

雍門氏。齊頃公生子夏。勝以所居爲雍門氏。氏族略。

澍按。雍門。齊城門。所謂焚雍門之萩也。戰國策。雍門周以琴干孟嘗君。說苑。齊有雍門子狄。

尹文氏。齊有尹文子。著書五篇。氏族略。

澍按。高誘呂氏春秋注。尹文。齊人。作名書一篇。在公孫龍前。公孫龍稱之。

賜氏。齊大夫簡子賜之後。姓氏辯證。

車門氏。齊臨淄大夫車門遽。廣韻。

車遽氏。齊臨淄大夫車遽氏。廣韻。

澍按。廣韻二十三魂引云。臨淄大夫車門遽。與此又違異。辯證。遽作遽。

車成氏。齊大夫有車成氏。廣韻。

澍按。車成氏因庫成氏而改。庫成氏。卽苦成氏也。音變爲庫成。王符云。郤犫采於苦。曰苦成。後人書之或爲枯。齊人聞其音。則書之曰車成。敦煌見其字。則呼之曰庫成。

公旗氏。齊威王時有左執法公旗蕃。姓氏辯證。

澍案姓源韻譜云：齊悼子子旗之後。

公牽氏。齊公子牽之後有公牽氏。（姓氏辯證）

澍案急就章注引世本云齊公子成之後有公牽氏，

狐丘氏。晉大夫狐丘林之後。（氏族略）

澍案英賢傳云：出自狐丘封人之裔。又案狐丘一作壺丘，又作瓠丘。

郯州氏。晉郯豹生揚，揚生郯州，因氏焉。（元和姓纂）

澍案僖十五年疏引世本云：豹生義，義生步揚也。郯一作郤。姓氏辯證、氏族略竝引世本云：晉郤豹孫步揚生郯州，因氏焉。

季嬰氏。晉樓季嬰之後。（氏族略）

季夙氏。晉靖侯孫季夙之後。（氏族略）

叔向氏。叔夙氏。姬姓，晉後。（路史注）

叔夙氏，羊舌職生叔夙，爲叔夙氏。（元和姓纂、姓氏辯證）

大狐氏，晉大夫大狐伯生突，突生饒，爲大狐氏。其後大狐容爲晉大夫。（姓氏辯證）

澍案路史引世本云：有大狐氏、小狐氏。溱爲大狐氏，射姑爲小狐氏。大狐容卽大戎氏。廣韻引世本云。

有晉大夫大狐容卽其後。晉獻公娶大狐氏。又桉狐突字伯行。生毛及偃。毛生溱。皆爲晉卿。別爲大狐氏。與此又不同。

小狐氏。射姑爲小狐氏。路史。

澍桉狐偃字子犯。子曰射姑。射姑食采於賈。又曰賈季。襄公舍二軍。射姑將中軍。

太戊氏。晉公子太戊之後也。太戊教昭爲原大夫。姓氏辯證。

澍桉史記成侯三年以大戊午爲相。成侯薨。事肅侯。十六年游大陵。出於鹿門。太戊午叩馬諫曰。耕事方急。一日不作。百日不食。肅侯下車謝之。宜爲教昭之後也。

韓餘氏。韓宣子餘子之後。因氏焉。元和姓纂。

澍桉辯證引世本云。韓宣子子餘之後氏焉。一引云韓宣子之後。有餘子奔齊。爲韓餘氏。又桉春秋晉成公宦卿之餘子。以爲餘子。蓋適子之母弟。宣子韓起也。

伯宗氏。晉孫伯起生伯宗。因氏焉。元和姓纂。

澍桉鄧名世云。此謂伯氏所自起也。林寶以爲伯宗複姓。誤矣。

韓言氏。姬姓。晉韓厥生无忌。无忌生襄。襄生子魚。爲韓言氏。姓氏辯證。

司功氏。晉大夫司功景子士匄弟佗。因官爲氏。姓氏辯證。

澍按路史注引世本云。匄弟他晉司功爲氏。廣韻引云。匄弟佗爲司功。以官爲氏。又按春秋有士匄而無景子。亦無弟佗也。又按世本晉譜云曲沃正少襄生司功大伯。大伯生侯季子。不知大伯卽景子否。

南鄉氏。晉國高士全隱於南鄉。因爲氏。廣韻。

北唐氏。晉有高人隱於北唐。因以爲氏。廣韻。

澍按英賢傳云晉有高人越者。隱伏於北唐。因氏焉。是北唐越也。

爲氏。晉始平人爲勉。自稱將軍。姓氏辯證。

澍按春秋時無始平地名。此係後人羼入。非世本原文。

蔆氏。晉有大夫蔆氏僖子。姓氏急就篇注。

澍按廣韻英字下引云晉有英成僖子。荚字下又引云晉有大夫荚成僖子。此作蔆氏僖子。三者必有二誤。

中行氏。晉大夫逝遨生桓子林父及莊子首。本姓荀。自林父將中行。改爲中行氏。元和姓纂。

澍按林父將中行。一引作荀偃。又按荀息後爲荀林父。文公作三行。林父將中行。遂以中行爲氏。是爲中行桓子。林父生中行伯庚。庚生獻子偃。偃生穆子吳。吳生文子寅。定公逐寅與士吉射。寅吉射奔齊。然則一本作荀偃將中行者誤也。

唐孫氏。齊大夫長孫修食邑於唐。其孫仕晉。後號唐孫氏。廣韻。

澍案辯證引世本云唐孫本祁姓。帝堯之後。其孫仕晉自爲唐孫氏。

下門氏。晉有大夫下門聰。姓氏辯證、廣韻。

澍案國語下門氏周景王大夫下門子之後。

仲行氏。晉大夫有仲行寅。元和姓纂。

澍案秦仲行子車氏之子也。中行寅荀偃之孫也。中與仲雖通用。晉之中行氏。於官對左右而爲中。秦之仲行氏於字對伯季而爲仲。未可彊同也。

公他氏。有蒲邑大夫公他世卿。其先以王父字爲氏。姓氏辯證。

澍案其先當作其後。廣韻急就章注引世本云。公它氏晉蒲邑大夫公它世卿。

勃氏。宋右師勃之後。廣韻。

瞻葛氏。宋景公有大夫瞻葛祁。其後齊人語訛。以瞻葛爲諸葛。姓氏辯證。

澍案英賢傳曰。瞻葛氏。有熊氏之後。又案今本氏族略引世本瞻葛氏。有熊氏之後。無宋景公以下九字。

西鄉氏。宋大夫西鄉錯之後。風俗通。

澍按尸子有隱者西鄉曹。

東鄉氏。宋大夫東鄉爲人之後。（氏族略）

澍按左傳成十五年傳云向爲人爲大司寇。此東鄉爲人即向爲人也。鄧名世辯證引無人字。誤。

子蕩氏。宋威公生子蕩。因氏焉。（元和姓纂）

澍按春秋宋蕩氏無子字。而宋大夫樂轡。楚大夫屈罷。皆字子蕩。未知子蕩果係誰後也。

季老氏。宋華氏有華季老。子孫氏焉。（氏族略）

澍按辯證引世本作其子氏焉。

泥氏。宋大夫卑泥之後。（氏族略）

澍按辯證引世本作泥車廣韻引世本云。宋大夫車泥之後。

右師氏。宋莊公生公子申。世爲右師。因以爲氏。（氏族略）

澍按一引生作至。又按文七年傳公子成爲右師。十六年傳華元爲右師。襄元年傳使華閱討右官。杜注。閱元子。代元爲右師。昭十六年傳華亥代合比爲右師。二十二年傳樂大心爲右師。哀十七年傳。右師皇瑗。十八年傳皇緩爲右師。無所謂公子申也。疑公子成即公子申。

甫爽氏。宋大夫甫爽之後。（氏族略）

澍案辯證引世本云。宋有大夫甫爽文叔。

幹獻氏。宋司徒華定爲幹獻氏。氏族略。

澍案辯證引世本。定下有後字。路史注引幹獻氏三字。

公朱氏。楚大夫公朱高出宋公子朱。宋義事懷王。封武信君爲氏。路史注。

澍案姓氏辯證引世本云。公朱宋公子朱之後。又案宋義事懷王云云。是宋衷注文羼入。又案楚有公子朱爲息公。穆王二年。子朱圍江。事見左傳。公朱氏宜卽其後。此云出宋公子朱。未審。淮南子云。太宰子朱侍飯於令尹子國。子國啜羹而熱。投巵漿而沃之。明日。子朱辭官而歸。當卽公子朱也。

師延氏。宋有樂人師延。世掌樂職。後有宋大夫師延宜。廣韻。

子革氏。宋司城子革之後。又云季平子支孫。亦爲子革氏。元和姓纂。氏族略。

澍案鄧名世云。二說皆誤。宋無子革。唯樂喜字子罕。爲宋司城。宜出自姬姓。鄭穆公子子然生丹。字子革。奔楚。爲右尹。後人以爲子革氏。又案宋樂喜。字子罕。爲司城。其後以司城爲氏。非子革氏也。

老成氏。宋有大夫老成方。廣韻。

澍案列仙傳。老成子從尹文先生學幻者。在齊定公時。氏族略云。老成子著書十篇。言黃老之道。甄鸞注徐岳數術記云。四維者。老成子所造也。

墨夷氏。宋襄公子墨夷須爲大司馬。後有墨夷皋。氏族略。
澍按：文十八年傳，文公弒昭公而自立，昭公子將奉公母弟須以作亂，公殺須。不知卽墨夷須否。

仲行氏。宋大夫有仲行氏。晉大夫仲行寅。姓氏辯證。
澍按：姓纂氏族略引云宋有仲行寅，晉有仲行氏，與此皆誤。蓋仲行卽中行，中行寅，中行吳之子，宋無其人也。宋有仲氏，公孫師之子仲江，江之孫幾，幾字佗，佗爲卿事景公。

子郢氏。衞公族昭子郢之後。元和姓纂。
澍按：子郢，衞靈子郢也。郢字子南。昭一作時，誤。

承姓。衞大夫成叔承之後。漢書注。
澍按：氏族略引世本云：承氏，衞大夫承成之後。辯證引云衞大夫承之後，有脫字。

司寇氏。衞靈公之子公子郢之後。郢之子孫爲衞司寇，以官爲氏。司寇亥卽其裔也。氏族略。
澍按：禮記司寇惠子之喪，鄭注：惠子，將軍文子彌牟之弟惠叔蘭也，生虎者。据禮記疏，則司寇氏宜爲司寇惠子之後。

卷子氏。衞文公後卷子，子州氏焉。姓氏辯證。

將軍氏。衞靈公子昭生子郢，郢生文子，子才，芳爲將軍明。氏族略。

澍桉辯證引世本云。衛靈公子郢生文子彌牟。爲將軍氏。禮記將軍文子是也。夾漈作才芳。誤。且世譜子郢者靈公之子。不聞有子昭也。

羌憲氏。衛公族羌之孫憲爲羌憲氏。姓氏辯證。

羌師氏。衛公族有羌師氏。姓氏辯證。

彊梁氏。衛將軍文子生慎子會生彊梁。因氏焉。秦有左庶子長水校尉彊梁皋。氏族略。

賈孫氏。衛有王孫賈。出自周頃王之後。王孫賈之子。自以去王室久。改爲賈孫氏。廣韻。

常氏。衛康叔孫封於常。後有常氏恒氏。路史。

澍桉老聃師常從。楚有恒思公。

史朝氏。衛有史朝朱駒。廣韻。急就章。姓氏

澍桉氏族略引世本云。史晁氏。衛史晁之後。與孫愐引異。晁與朝字通。

子孔氏。鄭穆公生公子喜。字子孔之後。姓氏辯證。

澍桉春秋有二子孔。司徒孔生公孫洩。洩生孔張。字子孔。生子良。又桉喜宜作嘉。魯孔父亦名嘉也。鄭殺公子嘉。子良奔楚。

子罕氏。鄭穆公子喜。字子罕。生子展舍之。舍之生子皮虎。姓氏辯證。

澍按或作子軒氏。春秋罕氏無子字。虎字子皮。又爲子皮氏。虎生嬰齊及魋。嬰齊生達公孫鉏。常爲馬師。遂爲馬師氏。

子游氏。鄭穆公生子偃字子游之後。姓氏辯證。

澍按春秋鄭游氏無子字。游生公孫蠆。蠆生游販。販生良及吉。游販奪人妻。其夫殺販。於是廢游良而立吉。吉生速。吉之從祖曰游楚。楚亦穆公孫。與公孫黑爭妻。公孫僑放楚於吳。

馮。歸姓。鄭大夫馮簡子之後。氏族略。

去疾氏。鄭穆公子去疾之後。去疾字子良。又有良氏。所以別族。氏族略。

澍按杜預左傳注。去疾。穆公庶子。此七穆之始。又按公子去疾。亦曰弃疾。字子良。後遂爲良氏。靈公元年。公子歸生弒靈公。國人立去疾。去疾辭曰。以賢則去疾不足。以順則公子堅長。乃立襄公。去疾子輒。字子耳。爲司空。

子國氏。鄭穆公生子國發。發生子產僑。簡成子。僑生子思參。參生子玉珍。武子。珍生子樂卑。顯莊子。爲子國氏。氏族略。姓氏辯證。

澍按春秋子產家止謂之國氏。又按發字子國。僑字子產。又字子美。參字子思。參謚曰桓。簡成子。疑子產謚也。然不見左傳。

子然氏。鄭穆公子子然之後。姓氏辯證。

澍桉七穆然氏無子字又桉公子然宋子所生然氏之先也晉人執成公我立大子髡頑成公四年晉伐我而歸公以求成公子然及晉盟于脩澤子然子曰丹然明蓋子然之後。

封父氏。鄭大夫封父彌眞之後。路史注。

封人氏。鄭封人之後因氏焉。路史。

澍桉封人與封父疑卽一姓因字形近而訛。

子師氏。鄭有子師僕。廣韻。

澍桉左襄公十年傳初子駟爲田洫司氏堵氏侯氏子師氏皆喪田於是子駟當國尉止司臣侯晉堵女父子師僕帥賊以入晨攻執政於西宮之朝。

恆氏。唐叔孫封楚有恆思公後有恆氏。國名記。

澍桉氏族略引世本云恆氏楚大夫恆思公之後。一引有有常氏三字。唐一作康。封楚作封恆。

楚季氏。楚若敖生楚季因氏焉陳大夫有楚季融。氏族略。

慶父氏。楚大夫慶父之後。氏族略。

鬻子氏。出自鬻子觀起之後。楚大夫有鬻子班。氏族略。

季融氏。楚鬭廉生季融。子孫氏焉。（氏族略）

澍桉：杜注左傳：以射師爲鬭廉。服虔則謂射師若敖子鬭班也。子慎說誤。

子午氏。楚公子午之後。齊大夫子午明。（元和姓纂）

澍桉：公子午，字子庚，莊王之子也。初爲共王司馬。共王三十年，秦嬴歸於我。午聘於秦，爲夫人寧。康王時代公子貞爲令尹。與蔿子馮、公子格侵鄭。

子季氏。楚公族子季氏。（姓氏辯證）

涉其氏。楚有大夫涉其氏。春秋涉其挐是也。（姓氏辯證）

澍桉：廣韻引世本云：楚大夫涉其帑。又桉：左定五年傳云：吳入楚，楚昭王奔隨，將涉於成臼，藍尹亹涉其挐，不與王舟。及寧，王欲殺之，云云。是藍尹亹自以舟送其妻子濟水，非有人姓涉其名挐者也。世本殆誤。或仲子等坿益，非原文。

伍參氏。楚伍參之後。支孫以爲氏。國語：楚昭王時有伍參蹇。（氏族略）

澍桉：辯證引世本云：伍參氏，伍參之後。楚昭王時有伍參蹇。又桉：杜注：伍參，伍奢之祖父。奢，伍舉子。伍員之父。舉爲參之子。

鬭彊氏。芈姓。若敖生鬭彊，因氏焉。（氏族略）

澍案鄧名世云。卽左傳所謂鬬女彊也。又案左傳有鬬禦彊。無鬬女彊。

鬬班氏。芈姓。鬬彊生班。因氏焉。氏族略。

澍案姓氏辯證引世本云。鬬彊生班。因氏焉。又案莊十三年傳。楚公子元歸自伐鄭而處王宮。鬬射師諫。則執而梏之。秋。申公鬬班殺子元。杜注。射師。鬬廉也。服虔曰。射師若敖子鬬班也。正義云。射師被梏。不言舍之。何以得殺子元。知射師與班必非一人。杜譜以射師若敖子。鬬班若敖孫。

乇氏。楚平王孫有田公乇成。荀子注。

澍案急就章注引世本云。楚平王孫有田成乇氏。與楊倞引異。疑有譌文。

子芒氏。陳信子子子芒後。路史注。

澍案路史注又引世本云。陳信子子芒之後。氏族略引陳作齊。云齊信公生盈。字子芒之後。芒或作竺。

子尙氏。陳信公生廩丘子尙意茲。因氏焉。國語。鄭大夫子尙伯父。氏族略。

澍案路史注引世本云。子尙氏。信子生廩丘子尙爲氏。又案鄭樵既引子尙氏。齊信公生廩丘子尙意茲。因氏焉。復引陳信子生廩丘子尙意茲。疑訛。

子穆氏。陳信子生子穆安。因爲子穆氏。姓氏辯證。路史注。

澍案路史注引世本云。陳信子子子穆安後。

少西氏。少西子穆。僖子子穆安後。路史注。

澍按氏族略引世本云。陳公子夏之後。別爲少西氏。又按徵舒祖子夏名少西。是爲少西氏。

䦧門氏。陳有䦧門氏。廣韻。

譽子氏。陳桓公生昭子來。將孫卑爲譽子氏。姓氏辯證。

澍按鄧元亞引作威公。避宋諱。今改正。

子石氏。陳桓子生子石難。自別爲子石氏。路史注。

澍按路史注引世本云。子石氏。桓公生子石。後爲氏。氏族略引云。陳桓子生書。字子占之後。

子沮氏。陳烈子生子沮。與後爲子沮氏。姓氏辯證。

澍按路史注引世本云。子沮氏。陳烈子之後。氏族略引云。陳桓公生子輿。爲子沮氏。

子獻氏。陳桓公孫子獻之後。氏族略。

澍按桓公一作桓子。

子占氏。陳桓子生書。字子占之後。氏族略。

澍按鄧名世曰。占出嬀姓。陳公子完裔孫陳無宇之子書。字子占。後人以字爲氏。又按辯證引世本云。陳威子占書。書生良堅。堅子以王父字爲氏。

仲行氏。秦三良仲行之後。氏族略。

公金氏。秦公子金之後有公金氏。急就章注。姓氏辯證。

蜀無姓。相承云黄帝後世子孫也。史記索隱。

澍按路史注引世本云蜀世每世相承爲黄帝後。又按褚先生史記云蜀王。黄帝後世也。司馬貞云黄帝二十五子。分封賜姓。或於蠻夷。蓋當然也。蜀王本紀云。朱提有男子杜宇。從天而下。自稱望帝。亦蜀王也。則杜姓出唐杜氏。蓋陸終氏之胤。亦黄帝之後也。又按昭十三年傳楚共王與巴姬埋璧。則巴國姬姓也。與世本所云黄帝後者合。陸德明曰。黄帝。姬姓。

巴氏。巴子國子孫以國爲氏。氏族略。宋注。其地巴郡江州縣。

巴郡南郡蠻本有五姓。巴氏樊氏瞫氏相氏鄭氏皆出於武落鍾離山。其山有赤黑二穴。巴氏之子生於赤穴。四姓之子皆生黑穴。未有君長。俱事鬼神。乃共擲劍於石穴。約能中者奉以爲君。巴氏子務相乃獨中之。衆皆歎。又令各乘土船。約能浮者當以爲君。餘姓悉沈。唯務相獨浮。因共立之。是爲廩君。乃乘土船。從夷水至鹽陽。鹽水有神女。謂廩君曰。此地廣大。魚鹽所出。願留共居。廩君不許。鹽神莫輒來取宿。旦即化爲蟲。與諸蟲羣飛。蔽掩日光。天地晦冥。積十餘日。廩君伺其便。因射殺之。天乃開明。廩君於是乎君於夷城。四姓皆臣之。後漢書注。

澍桉此段見漢書南蠻傳。李賢注云。以上見世本。是范氏據世本爲言也。今補之。姓氏辯證亦引作世本。又桉武落鍾離山一名難留山。在長陽縣西北七十八里。一云卽夷陵巴山也。夷陵郡巴山縣淸江水。一名夷水。

廩君名務相。姓巴。與樊氏曋氏相氏鄭氏凡五姓。俱出皆爭神。以土爲船。雕文畫之。而浮於水中。約船浮者當立爲君。他姓船不能浮。獨廩君船浮。因立以爲君長。北堂書鈔。太平御覽。

澍桉氏族略以廩君爲已姓。蓋字之誤。晉書載記曋氏作曎氏。曎卽暤也。故廣韻云。暤姓出武落鍾離山黑穴中。事見蜀錄。後漢書作曋。音審。一作嬋。相氏一作栢氏。誤。又桉路史注引世本云。巴郡蠻本有五姓。皆出武羅鍾離山。巴氏生黑穴。樊曋相鄭四姓之子。俱事鬼神。後巴氏臣四姓而居夷城。爲廩君。世尚秦女。與此略殊。

廩君之先。故出巫誕也。落中一作鍾。山石穴中有二所。其一赤色。其一色黑。如丹漆狀。廩君出於赤色。餘姓亦出黑穴。廩君曰務相。姓巴氏。與樊氏曋氏相氏鄭氏五姓俱出。未有君長。皆爭神。廩君五姓皆登。呼躍穴屋。以劍刺之。劍不能著。獨廩君劍著而縣於穴屋。因立爲君。太平寰宇記。

澍桉南蠻傳注引首句巫蜑作巫誕。

廩君乘土船至鹽場。鹽水神女子止廩君。廩君不聽。鹽神爲飛蟲。諸神從而飛蔽日。爲之晦。廩君不知東西所向。七日七夜。以青縷遺鹽神。曰。嬰此卽相宜。云與爾俱生。弗宜將去。鹽神受縷而嬰之。應青縷所射。鹽神死。天則大開。後漢書注。太平御覽。

澍按。一引云。鹽神受縷而纓之。廩君卽立陽石上。應青縷而射之。中鹽神。鹽神死。天乃大開。

䰾氏。

澍按。宋龎元英文昌雜錄云。梁四公子。一人姓䰾名杰。䰾音万。杰音傑。天齊人。昭明太子云。䰾出世本。字亦作簡。出三齊記。杰出竹書紀年。今據補。

西乞氏。廣韻。

澍按。左傳三十二年疏云。西乞或字或氏。不可明。非也。如世本言是姓。又按。淮南子人閒訓注作西乙。因形近而譌。如戰國楚策江乙。韓子內儲作江乞也。史秦紀以術爲蹇叔子。唐世系表以西乞爲孟明子。均謬。

公文氏。辯證。

澍按。王符氏姓志云。衞公族有公文氏。又按。左哀十四年傳。向魋出於衞地。公文氏攻之。二十五年傳。公使侍人納公文懿子之車於池。注。卽公文要。莊子。公文軒見右師而驚。司馬彪注。公文軒。姓公文。名軒。宋人也。

世本卷第四

帝繫篇

澍桉孔穎達尙書正義云。桉今世本帝繫。及大戴禮五帝德。並家語宰我問。太史公五帝本紀。皆以黄帝爲五帝。此乃史籍明文。而孔君不從之者。原由世本經于暴秦。爲儒者所亂。大戴禮本紀出於世本。以此而同。詩生民疏云。大戴禮帝繫篇云云。家語世本。其文亦然。毛亨作詩傳。司馬遷爲五帝本紀。皆依用焉。又云。大戴禮出於世本。是指帝繫篇言也。一切經音義云。世本有帝繫篇。謂子孫相繼續也。唐志云。宋均注帝譜世本七卷。所云帝譜。卽帝繫譜也。

三皇譜。

太昊伏羲氏。路史。

澍桉史記正義。太史公依世本大戴禮。以黄帝顓頊帝嚳唐堯虞舜爲五帝。譙周應劭宋均皆同。而孔安國尙書序。皇甫謐帝王世紀。孫氏注世本。並以伏羲神農黄帝爲三皇。少昊顓頊高辛唐虞爲五帝。

伏羲氏八定時生。路史注引帝繫譜。

澍桉孝經河圖云。伏羲在亥。得八定之應。張說大衍文符厤序云。謹以十六年八月端五。赤光照室之夜。皇雄成紀之辰。是以爲八月五日矣。非也。又桉太平御覽。路史注帝繫譜。卽世本帝繫篇也。故隨書藝文志有宋均帝譜世本七卷。今故列入。

伏羲樂曰扶來。路史注引帝繫譜。

澍桉扶來一作扶犁。亦卽鳳來也。古來犁同音。

女媧氏命娥陵氏制都良管以一天下之音。命聖氏爲斑管。合日月星辰。名曰充樂。旣成。天下無不得理。太平御覽、路史注引帝繫譜。

祝融氏。路史

澍桉羅泌云。白虎羣儒通義。以祝融爲三皇。宋衷論三皇。亦數祝融而出黃帝。宋均亦以祝融爲皇。今據補。

尊盧氏。路史

澍桉羅泌云。世本尊盧在伏羲後。又桉帝王世紀。尊盧後爲混沌。昊英。有巢。朱襄。應劭風俗通。因班固之序。謂爲太昊之世侯者。非矣。

炎帝神農氏。左傳昭公十七年疏。宋仲子曰。炎帝卽神農氏。炎帝身號。神農代號也。

澍桉孝經鉤命決注。神農名軌。春秋命厤序云。名石年。元命包云。母安登。少典妃。

神農樂曰扶持。路史引帝繫譜。

澍按通典云，神農樂名扶持。亦曰下謀。孝經鉤命決云，神農之樂曰下謀。太平御覽載樂書引禮記云，神農播種百穀，濟育羣生，造五絃之琴，演六十四卦，承基立化，設降神謀，故樂曰下謀，以名功也。或云神農命邢天作扶犁之樂，制豐年之詠，以薦釐，是曰下謀也。

黄帝娶於西陵氏之子，謂之纍祖，產青陽及昌意。昌意生顓頊，顓頊生鯀。左傳昭公十七年疏、山海經注。

澍按此與大戴帝繫世次相合。漢律厤志及帝系三統厤皆以鯀爲高陽五世孫，此云顓頊生鯀，失其次矣。又按西陵氏姓方雷，故晉語云青陽方雷氏之甥也。纍通作雷，大戴禮、史記作嫘祖，漢書人表作絫祖。竹書云，昌意降居若水，產帝乾荒。乾荒卽韓流也，生帝顓頊。海內經亦云，韓流生顓頊，與世本戾。

一引黄帝下有有熊氏三字。

黄帝生玄囂，玄囂生僑極，僑極生帝嚳，帝嚳生堯。尚書舜典疏。宋衷云，玄囂青陽是爲少昊，繼黄帝立者。

澍按司馬貞云，宋衷云玄囂青陽是爲少昊，繼黄帝立者。今此紀下云玄囂不得在帝位，則太史公意玄囂非少昊明矣。而此又云玄囂是爲青陽，當是誤也。

黄帝爲其子昌意取蜀山氏。昌意之子乾荒亦娶蜀山氏。路史。

五帝譜。

青陽卽是少皞。黃帝之子。代黃帝而有天下。號曰金天氏。左昭十七年疏・宋仲子曰。青陽卽是少皞。黃帝之子。代黃帝而有天下。號曰金天氏。少皞身號。金天氏代號也。史記注・

澍按左昭元年疏引云。帝少皞金天氏。左疏又引世本云。顓頊黃帝之臣。有譌。顓頊紹少昊金天之政。乘辰而王。故亦曰金天氏。

少昊黃帝之子。名契。字青陽。黃帝歿。契立。王以金德。號曰金天氏。同度量。調律呂。封泰山。作九泉之樂。以鳥紀官。董逌錢譜路史後紀・宋注云。少昊名摯。路史・

澍按周書嘗麥篇云。乃命少昊淸司馬鳥師以正五帝之官。故名曰質。張衡集引此書。以爲淸卽青陽也。然考皇甫謐亦以青陽卽少昊。史記謂青陽卽玄囂。降居江水。不在帝位。與宋仲子注大舛。

昌意生高陽。是爲帝顓頊。玉篇・宋衷云。顓頊名高陽。有天下號也。索隱・

澍按玉篇引世本下又云。顓者專也。項者正也。言能專正天之道也。此三句亦當是宋注。

顓頊母濁山氏之子。名昌僕。海內經注・

澍按濁山氏。卽蜀山氏也。昌僕。帝王世紀作景僕。名女樞。是爲阿女。所謂淖子也。感瑤光於幽防而生顓頊。見含神霧。

顓頊娶於勝墳氏之子。謂女祿。是生老童。太平御覽・宋衷注。勝墳。國名。

澍桉山海經注。左昭公十七年疏引世本云。顓頊娶於滕墳氏。謂之女祿。產老童。又桉大戴記作勝奔。一作滕隍坪蒼云。嫁顓帝妻名也。譙周云。老童卽卷章。

高陽生稱。稱生卷章。卷章生黎。左昭二十九年疏。

澍桉山海經云。顓頊生伯服。吳任臣引世本云。顓頊生偁。偁字伯服。譙周云。老童卽卷章。然則老童非顓頊生矣。世本之言不應錯互。當是注文羼入。

老童娶於根水氏。謂之驕福。產重及黎。山海經注。

澍桉史記楚世家注。徐廣引世本云。老童生重黎及吳回。淮南子注。顓頊之孫。老童之子吳回。一名黎。爲高辛火正。號祝融。潛夫論姓氏志。黎。顓頊氏裔子吳回。王符高誘並以黎卽吳回。考重氏黎氏二官代司天地。重爲木正。黎爲火正。據左傳少昊氏之子曰重。顓頊之子曰黎。今以重黎爲一人。乃是顓頊之孫。劉氏曰。少昊氏之後曰重。顓頊氏之後曰重黎。對彼重則單稱黎。若自言當家則稱重黎也。史記楚世家。帝嚳誅重黎。而以其弟吳回爲重黎後。復居火正。爲祝融。是以重黎爲一人。吳回爲一人。世本分重黎爲二人。微不同耳。孔安國曰。重卽羲。黎卽和。是重黎原二人也。此與左疏不同。又山海經云。顓頊生老童。老童生祝融。卽重黎也。根水。史作卽水。又作竭水。驕福。大戴記山海經引世本作驕禍。人表作驕極。

老童生重黎及吳回生陸終。徐廣史記注。太平御覽。陸終娶於鬼方氏之妹謂之女嬇是生六子孕三年而不育剖其左脅獲三人焉剖其右脅獲三人焉其一曰樊是爲昆吾其二曰惠連是爲參胡其三曰籛鏗是爲彭祖其四曰求言是爲鄶人其五曰安是爲曹姓其六曰季連是爲芊姓季連產付祖氏付祖氏產穴熊九世至於渠婁鯀出自熊渠有三人其孟之名爲庸爲句祖王其中之名爲紅爲鄂王其季之名爲疵爲就章王昆吾者衛是也參胡者韓是也彭祖者彭城是也鄶人者鄭是也曹姓者邾是也季連者楚是也。索隱宋注女嬇鬼方國君之妹。路史鬼方於漢則先零羌是也。文選趙充國讚注。昆吾國名已姓所出參胡國名斯姓無後。史記注。彭祖姓籛名鏗在商爲守藏史在周爲柱下史年八百歲。莊子釋文。求言名也妘一作姬。姓所出鄶國也。史記注。鄶人即檜之祖也。詩正義。晏安名也曹姓者諸曹所出也季連名也芊姓諸楚所出楚之先。詩正義。

澍按水經注引世本云鄶人者鄭是也鄭桓公問於史伯曰王室多難予安逃死乎史伯曰號鄶公之民遷之可也鄭氏東遷號鄶獻十邑焉亦係宋注又按水經注引剖作啓下剖字作破獲三人焉作三人出焉求言作萊言是爲鄶人作是謂之鄶嬇作隤籛下無鏗字他本引鄶上有云字庸作康庸上有無字祖作亶就作咸是作氏世本此段文與大戴禮同今據補御覽引不全。

帝嚳高辛氏。史記索隱。宋衷曰高辛地名因以爲號嚳其名也。

澍按帝王世紀，高辛名夋。一作逡。生而自言其名也。十道志，襄邑有高辛城。張晏曰，高陽高辛，皆所興之地名。顓頊與嚳皆以字爲號，上古質故也。高辛爲地名，如仲子說。然仲子以嚳爲名，則失之。

帝嚳年十五歲佐顓頊，有功，封爲諸侯，邑於高辛。路史引帝繫譜。

澍按帝王世紀，高辛姬姓也。其母生見其神異，自言其名爲逡。齔齠有德，年十五而佐顓頊，三十登位，都亳，以人事紀官。是士安依世本爲說。

嚳，黃帝之曾孫。路史、太平御覽。

澍按漢志，帝嚳，青陽玄囂之子。史記則云高辛父曰蟜極。

帝嚳卜其四妃之子，皆有天下。上妃有邰氏之女，曰姜嫄，而生后稷；次妃有娀氏之女，曰簡狄，而生契；次妃陳鋒氏之女，曰慶都，生帝堯；下妃娵訾氏之女，曰常儀，生摯。生民詩正義、太平御覽、藝文類聚。

澍按生民疏云，大戴禮帝繫篇曰，帝嚳卜其四妃之子，皆有天下云云，家語、世本其文亦然。毛亨作詩傳，司馬遷爲五帝本紀，皆依用焉。路史引元作上，太平御覽引簡狄下而字作是，產二字。藝文類聚引鋒作酆，摯上有帝字。郭璞注山海經，姜嫄帝嚳二妃，誤矣。

帝嚳四妃陳豐生帝堯，封於唐。高辛氏衰，天下歸之。木生火，故爲火德，天下號爲陶唐氏。即位七十載。

澍按前漢律厤志引唐帝系，係世本文，今據補。

帝嚳生堯。書舜典疏。

澍桉孔疏云，世本堯是黄帝玄孫，舜是黄帝八代之孫。

帝堯爲陶唐氏。書五子之歌疏。

堯取散宜氏子，謂之女皇。太平御覽。宋衷曰，女皇是生丹朱。

澍桉散宜氏路史作富宜氏。

女皇生丹朱。路史。

澍桉太平御覽引尚書逸篇云，丹朱不肖，舜使居房丹淵爲諸侯，號曰丹朱。羅泌云，堯使居之丹也。說文引虞書作丹絑。

顓頊產窮係，窮係產敬康，敬康產句芒，句芒產蟜牛，蟜牛產瞽叟，瞽叟產重華，是爲帝舜，及產象傲。太平御覽。三代世表。宋衷注云，一云窮係，謚也。

澍桉史記索隱云，窮蟬，世本作窮係，今太平御覽引作係蟬者，誤。又桉窮係，舜之高祖，舜爲黄帝八世孫也。大戴禮文與此同，而世表云句望生蟜牛，蟜牛生瞽瞍，索隱云世表依世本，不知何以差互如是。

又桉舜母握登，象爲東澤氏女曰壬女所生，與顆手同產。

顓頊生窮蟬，六世生舜，處虞之溈汭，堯嬗以天下，火生土，故爲土德，天下號曰有虞氏，即位五十載。

澍桉律厤志引帝系與大戴記帝繫篇不同。是世本文也。今據補。

舜妃娥盲女罃。索隱

澍桉孔疏云。桉世本堯是黄帝玄孫。舜是黄帝八代孫。計堯女於舜之曾祖爲四世從姊妹。以之爲妻。於義不可。世本之言。未可據信。或者古道質故也。路史餘論呂梁碑中敍紀虞帝之世云。舜祖幕。幕生窮蟬。窮蟬生敬康。敬康生喬牛。喬牛生瞽瞍。瞽瞍生舜云云。質之于傳。惟無句望。不著出自黄帝。諒得其正。又桉盲與皇聲相近。汲冢古文葬后育於渭。又係盲字之訛。地理志陳倉有舜妻育冢祠。后盲卽娥皇也。罃卽女英。人表亦作罃。一引作瑩。非大戴禮帝繫篇舜娶於帝堯之子。謂之女匽氏。一作少匽。尸子云。妻之以媓。媵之以娥。此二妃皆堯女。尸佼以媓娥分爲二。不數女英。誤矣。鄭注禮記云。舜有三妃。其一卽登比也。或謂娥卽女英。則世本有娥盲。又有女罃。不其複乎。司馬貞曰。列女傳云。二女長曰娥皇。次曰女英。是矣。

舜時西王母獻白環及佩。文選景福殿賦注。北堂書鈔。

澍桉御覽引世本云。獻白環玉玦。藝文類聚引佩亦作玦。又桉伏勝尚書大傳云。舜以天德嗣堯。西王母來獻玉琯。瑞應圖。黄帝時。西王母使乘白鹿獻白環之休符。舜時復來獻。

祝融曾孫生伯夷。封於呂。爲舜四岳。太平御覽。藝文類聚。

澍桉毛奇齡云。如世本言。書之言舜咨四岳。僉曰伯夷。爲難通矣。蓋四岳姜姓。伯夷亦姜姓。故國語云。姜。伯夷之後也。則伯夷與四岳。祇同姓耳。然海內經云。伯夷父生西岳。周語胙四岳國。命爲侯伯。賜姓曰姜。氏曰有呂。山經言伯夷父生西岳。蓋其父本爲四岳。至其子纂修舊勳。故復爲西岳也。毛氏說無據。

夏譜。

顓頊六世而生禹。虞帝嬗以天下。土生金。故爲金德。天下號曰夏后氏。繼世十七王。四百三十二歲。漢書律厤志。

顓頊生鯀。鯀生高密。是爲禹。玉篇。

澍桉皇甫謐云。鯀。帝顓頊之子。字熙。連山易云。鯀封於崇。故國語謂之崇伯鯀。漢書律厤志則云顓頊五代而生鯀。夫鯀既仕堯。與舜世系殊縣。舜卽顓頊六代孫。則鯀非顓頊之子。碻然無疑。世本之言蓋誤。海內經言黃帝子駱明生鯀。路史言高陽子駱明生鯀。不可依憑。郭注海內經引開筮曰。鯀死三歲不腐。剖之以吳刀。化爲黃龍。初學記引歸藏云。大副之吳刀。是用出啓。啓字誤。當作禹。

鯀娶有莘氏女。謂之女志。是生高密。尚書正義。史記索隱。宋衷云。高密。禹所封國。史記正義。

澍桉太平御覽引世本云。鯀娶有莘氏曰女志。是生高密禹也。又桉帝王世紀云。禹名文命。字密。身九尺二寸長。本西夷人也。女志。吳越春秋作女嬉。開山圖作女秋。一作女狄。

禹母修己。吞神珠如薏苡。胷拆生禹。路史

澍桉。女志卽修己也。鉤命決。潛夫論作修紀。山海大荒南經有鯀妻士敬。當別一人。春秋繁露云。禹生發於背。契生發於胷。論衡亦以禹爲副母背而出。世本乃以爲坼胷。當是誤文。

禹納塗山氏女。曰嬌。是爲攸女。路史注

澍桉。索隱引世本云。禹娶塗山氏女。名女媧。生啓。又桉連山易云。禹娶塗山氏之子。名曰攸女。生余。大戴禮作女嬌。吳越春秋作女僑。人表作女趫。又桉天問注云。禹以辛酉日娶於台桑之地。吳越春秋云。十月而生啓。淮南子言塗山氏化爲石。石破北方而生啓。殆不足憑。

啓。禹子。尚書益稷疏

澍桉。紀年啓名會。連山易名余。年代厤名建。

少康崩。子帝杼立。史記索隱

澍桉。史記作帝予。少康子也。又桉夏本紀。杼作予。史索隱作宁。索隱引世本又作佇。墨子作伃。初學記引世本作輿。竹書作伯子杼。路史後紀作伯杼。世紀作后予。路史云。名松蔓。長頸烏喙。竹書云。卽位居原。自原徙老丘。左傳云。杼滅豷於戈。過國語云。杼能率禹者也。

帝杼崩．子帝芬立．史記索隱

澍按帝芬史記作帝槐．羅泌引世本云．帝魁名芬．帝槐即帝芬．世本作帝魁也．索隱云．世本作帝芬．則羅氏所云世本作帝魁者係誤．引竹書注云芬發．通鑑外紀云祖武．亦曰魁．

帝泄崩．子帝降立．史記索隱

澍按泄帝芒之子．路史云．是爲世宗．帝王世紀作世帝降．史記作帝不降．

帝不降一曰北城．路史

澍按年代麻作江武．外紀作江成．路史作北成．非也．又桉索隱云．世本作帝降．不降之子孔甲．好方鬼神事淫亂．夏后氏德衰．竹書云在位十九年．遜位於弟扃．至扃十年陟．沈約注三代之世內禪惟不降實有聖德．

帝皋生發及履癸．履癸一名桀．史記索隱　宋衷云．帝皋墓在崤南陵．

澍桉帝皋孔甲子也．史記帝王世紀皆以爲發生桀也．

商譜．

契生昭明．昭明生相土．相土生昌若．昌若生糧圉．糧圉生根國．根國生冥．禮記祭法疏．史記注．宋衷曰．相土就契封於商．春秋左氏傳云．閼伯居商丘．相土因之．冥爲司空．勤其官事．死於水中．殷人郊之．索隱澍按：司馬貞云：相土佐夏，功箸於商。詩頌曰：相土烈烈，海外有截。是也。糧圉，史記作曹圉。曹圉卒，子冥立。無根國。一代班固人表云根圉，昌若子，合兩代爲一。韋昭注魯語本沿其誤。曹，祭法疏引作遭。史記索隱引作糧圉，疑有誤。

冥生核。史記索隱。

澍按：冥，根國子。人表作根圉子，誤。宋庠國語補音：冥，又作溟。竹書紀年云：商侯冥。禮曰：冥勤其官而水死。殷人祖契而郊冥也。史記：冥子振。振，子微。又按：一引云冥卒，子振立。核，人表作垓。師古云：音該，當即山海大荒經之王亥。竹書紀年之殷侯子亥也。子，蓋其姓。核子微，亦曰上甲，以甲日生。商家生子，以日爲名，自微始，見殷本紀索隱。

湯名天乙。書釋文。

澍按：索隱云：湯名履。書曰：予小子履，是也。又稱天乙者，譙周云：夏殷之禮，生稱王，死稱廟主，皆以帝名配之。天亦帝也。殷人尊湯，故曰天乙。孔疏云：湯名天乙者，依殷法，以乙日生，名天乙。至將爲王，又改名爲履，故二名也。安國不信世本，無天乙名。

太甲，太丁子。伊訓疏。

澍按：殷本紀、世表，太甲，湯適長孫也，稱太宗。竹書紀年云：名至。又按：書無逸，祖甲即帝甲。史記、竹書可據。而傳疏引世紀外紀。以祖甲爲太甲。非也。宜從馬鄭說。王肅說誤。

外丙三年崩。仲壬四年崩。尚書疏。

澍桉殷本紀正義曰。太史公采世本。有外丙仲壬。當是信則傳信。疑則傳疑。外丙。人表云太丁弟。竹書云名勝。仲壬。人表云外丙弟。竹書云名庸。

太甲崩。子沃丁立。書序疏。

小甲。太庚子。路史。

澍桉索隱云。殷本紀及世本皆云。小甲。大庚子。三代世表云。太庚弟。庚或作康。太庚。沃丁弟也。見殷本紀。亦曰小庚。名辨。見竹書紀年。

仲丁。大戊之子。河亶甲。仲丁弟也。祖乙。河亶甲子。書咸有一德疏。

澍桉竹書紀年。仲丁名莊。書序云。仲丁遷於囂。殷本紀言仲丁是太戊之子。人表以爲弟。誤也。又桉竹書紀年。祖乙名滕。自相遷耿。復自耿遷庇。人表亦誤以爲河亶甲弟。又桉殷本紀。太戊。雍巳弟。詩烈祖箋。湯之玄孫也。釋文引馬融云。太甲子。誤。竹書紀年云。名密。商頌序云。號中宗。竹書作太宗。非。

盤庚崩。弟小辛立。崩。弟小乙立。崩。子武丁立。書序疏。說命上疏。

澍桉殷本紀。盤庚。陽甲弟。竹書紀年云。名旬。自奄遷於北蒙。曰殷。呂氏春秋云。殷之中興主也。周語注以爲祖乙子．誤．武丁．商頌所謂殷武也．竹書紀年云．名昭．喪服四制云．殷之賢王．呂氏春秋云．德義高美．殷人尊之．故曰高宗．

帝甲生祖辛．史記索隱．

澍案．祖乙生祖辛．此云帝甲生祖辛．非也．世表作廩辛．人表世紀並作馮辛．竹書紀年云．馮辛名先．

祖辛崩．弟開甲立．史記索隱．

澍桉．祖辛．祖乙子．竹書紀年云．名旦．開甲．世表作沃甲．祖辛弟也．書疏以開甲爲祖辛子．疑非是．竹書紀年云．開甲名踰．

周譜．

后稷生不窋．爲昭．不窋生鞠陶．爲穆．鞠陶生公劉．爲昭．公劉生慶節．爲穆．慶節生皇僕．爲昭．皇僕生差弗．爲穆．差弗生毀揄．爲昭．毀揄生公非．爲穆．公非生高圉．爲昭．高圉生亞圉．爲穆．亞圉生祖紺．爲昭．祖紺生太王亶父．爲穆．亶父生季歷．爲昭．季歷生文王．爲穆．書酒誥疏．

澍桉．鬻子．湯治天下．得慶誧．伊尹．慶節正當湯時．疑卽一人．世表差弗作弗差．毛本周紀作羌弗．訛也．人表作差弗．師古云．差音楚宜反．毀揄．揄釋文音投．人表作僞隃．隃世表作渝．史集解索隱引世本作揄．國語補．作愉．高圉．辟方子．此云公非生高圉．上脫辟方一代．竹書紀年作郱侯高圉．世族譜作高公劉。慶節。皇僕。差弗。僞榆。公非辟方。高圉侯牟。亞圉雲都。太公祖紺諸盩亶父。史記索隱。宋忠云。高圉。能帥稷者也。周人報之。

圉僕。誤。

澍桉。不窋生鞠陶。鞠陶生公劉。公劉生慶節。慶節生皇僕。皇僕生差弗。差弗生僞榆。僞榆生公非。公非生辟方。辟方生高圉。高圉生侯牟。侯牟生亞圉。亞圉卒。弟雲都立。生叔組紺。是爲祖類。祖類生諸盩。是爲太公。生亶父。是爲古公。泰王。又桉中庸疏引世本云。亞圉雲生太公組紺諸盩。班固人表云。辟方。公非子。高圉。辟方子。侯牟。亞圉。皆高圉子。雲都。乃亞圉之弟。皇甫謐云。公非字辟方。雲都。亞圉字。公祖。一名組紺。諸盩字叔類。號曰太公也。廣韻引世本云。太公叔穎。當係字誤。羅泌云。祖類卽公叔組紺。世表之叔類。人表曰公祖。是爲祖盩。合曰公叔祖類。祖紺也。詩小戎圖以公叔祖類諸盩爲三人。謬矣。侯牟。漢書作夷竢。周紀索隱引世本作侯侔。路史引世本云。侯牟生亞圉。誤。

成王生康王釗。康王生昭王瑕。昭王生穆王滿。穆王生恭王伊扈。恭王生懿王堅。及孝王。懿王崩。弟孝王方立。孝王崩。懿王太子燮立。是爲夷王。夷王生厲王胡。詩民勞疏。宋衷云。昭王南伐楚。辛由靡爲右。涉漢中流而隕。由靡承王。遂卒不復。周乃侯其後於西翟也。索隱。

澍桉。郊特牲疏引世本云。懿王崩。弟孝王立。孝王崩。懿王太子燮立。是爲夷王。是夷王爲懿王之子也。

與詩疏引世本不同。史記成王名誦。竹書作庸。懿王名堅。本紀作囏。人表以爲穆王子。誤。孝王方。人表作辟方。師古云辟音璧。人表以爲恭王弟。亦非。索隱引世本云穆王崩。子共王伊扈立。恭王伊扈。史記作共王緊扈。穆天子傳古今人表亦作伊扈。文選注引古文周書云周穆王姜后晝寢而孕。越姬嬖。竊而育之。斃以玄鳥二七。塗以彘血。寘諸姜后。遽以告王。王恐。發而占之。曰蜉蝣之羽。飛集於戶。鴻之戾止。弟弗克理。重靈降誅。尙復其所。問左史氏。史灼曰。蟲飛集戶。是曰失所。惟彼小人弗克以育君子。史良曰。是謂闕親。將留其身。歸於母氏。而後獲寧。册而藏之。厥體將振。工與令尹册而藏之于廟。居二月。越姬死。七日而復言其情曰。先生怒甯甚。曰爾夷隸也。胡竊君之子。不歸母氏。將寘而大戮。及王子於治。則是緊扈亦如鄭莊公寤生。姜后不覺而爲越姬所竊也。又桉禮疏引世本云。史本紀竹書世族譜皆言夷王名燮。古今人表作夷王摺。當是字誤。又桉寰宇記夷王墓在彭州九隴縣。寰宇志又云在蒙陽縣西北二十里。不審何緣葬蜀也。

平王生桓王林。桓王林生莊王佗。莊王生僖王胡。僖王生惠王涼。惠王生襄王鄭。襄王生頃王臣。頃王生匡王班及定王瑜。定王生簡王夷。簡王生靈王泄心。靈王生景王貴。景王生悼王猛及敬王匄。昭公二十六年疏。

澍桉。一引僖王胡下有齊字。索隱引世本作惠王名毋涼。史記作名閬。瑜。周語注作揄。宋庠補音云。本作渝。或作褕。匄。韋昭國語注作丐。賈逵韋昭國語注杜預左注世族譜皆言敬王是悼王母弟。與世本合。班固人表謂爲悼王兄，非也。

敬王崩，貞王介立。貞王崩，元王赤立。左哀十九年疏。

澍桉：貞，史記作定，國語亦作定。韋昭注：定當爲貞，貞王名介，敬王子也。帝王世紀作貞定王。然世本及韋注皆以定王爲敬王子，元王爲定王子也。而宋衷注引太史公書云：元王仁生貞王介，與世本文不相應，不知誰是，則宋衷不能定也。史記元王爲定王父，定王即貞王也。依世本，則元王是貞王子，必有一舛。宋仲子注見哀二十年疏。徐廣以史記之元王仁爲貞王介，以定王介爲元王赤。

威烈王。史記注。宋衷云：威烈王葬洛陽城中東北隅也。

澍桉：史記注引宋注，今據注補正文。

周君王赧。史記注。宋忠曰：謚曰西周武公。

澍桉：索隱云：宋說非也。徐廣以西周武公是惠王之長子，此周君即西周武公也。蓋武公與王赧並卒，故連言之。宋說非也。又桉楚世家，楚欲圖周，周王赧使武公，則武公爲臣明矣，豈可合爲一人乎？皇甫謐云：赧王名誕。赧非謚，謚法無赧，正以微弱竊鈇逃債，赧然慙愧，故號曰赧耳。又桉人表名延，竹書紀年謚隱。沈約謂赧、隱聲相近。師古以赧爲謚，又以爲名，非也。史記索隱云：尚書中候以赧王爲然王，鄭玄讀然爲赧。王深寧云：周赧王卒於乙巳，明年丙午，秦遷西周公，而東周君猶存也。壬子，秦遷東周君，而周遂不祀。

世本卷第五

王侯大夫譜．

澍桉隋書經籍志云．世本王侯大夫譜二卷．書釋文引王侯世本．

魯譜．

魯公伯禽卒．子考公就立．考公卒．弟煬公熙立．煬公卒．子幽公圉立．十四年．弟弗殺幽公而自立．是爲微公．微公卒．子厲公翟立．厲公卒．弟獻公具立．獻公卒．子愼公摯立．愼公卒．弟武公敖立．史記索隱．

澍桉考公就．史記作考公酋．鄒誕作遒．幽公圉．史記作幽公宰．微公．史記作魏公．微公．左傳釋文引世本又作徵公．與索隱引不同．當係字誤．微公弗．索隱又引作弗甚．史記作魏公濆．翟．史記作擢．愼公摯．史記作愼公濞．世表作眞公濞．鄒誕本作嗥．左傳釋文引世本．愼公作順公．又桉魯世家自伯禽至武公．凡九君．祇五世．其名諡見世本者凡七君．而禮明堂位疏引世本云．伯禽生煬公熙．熙生微公弗．弗生獻公具．具生武公敖．不數考公幽公厲公眞公者．孔穎達蓋以證明鄭注武公爲伯禽玄孫耳．非脫誤也．今依史記索隱補次之．

孝公生惠公弗皇．弗皇生隱公息姑．史記索隱．

澍按史記世家作弗湟。年表作弗生。息姑。史記無姑字。又按孝公名稱。懿公戲之子。隱公爲惠公長庶子也。

桓公名軌。史記索隱。

澍按軌史記作名允。

閔公啓方。左閔元年疏。

澍按閔侯表作湣。律厤志作啓。索隱引世本無方字。啓。史記作開。避諱。脱方字。

昭公名稠。史記索隱。

澍按稠史記作裯。徐廣云。一作袑。音紹也。

哀公蔣生悼公寧。寧生元公嘉。嘉生穆公不衍。檀弓上疏。

澍按蔣史記作將。世家云悼公寧時三桓勝。魯如小侯。史記穆公名顯。索隱引世本云魯元公子不衍爲穆公。

景公生平公旅。史記索隱。

澍按一引云。景公子旅爲平公旅。史記世家作叔。

平公生湣公賈。史記索隱。

澍桉御覽引云平公子賈爲潛公。潛、史記作文。

魯孝公生僖伯彄。彄生哀伯達。達生伯氏缾。缾生文仲辰。禮器疏・莊二十八年疏。

澍桉僖伯卽公子彄、字子臧。其孫始以臧爲氏。左傳於僖伯上已加臧字、蓋追言之。又桉陸淳纂例以臧孫辰爲哀伯子、蓋未考此書。

辰生宣叔。叔生賈。賈生會。禮記正義。

澍桉宣叔臧孫許也、爲司寇。子紇。宣叔取於鑄、生臧賈、臧爲。鑄女死、繼室以其姪穆姜之姨子、生紇。紇出奔邾、使告臧賈、且致大蔡。臧會、昭伯從弟、竊其寶龜句僂以卜。會子曰賓如。哀公八年、如齊蒞盟。

臧會、臧頃伯也。宣叔許之孫、與昭伯賜爲從父昆弟也。史記索隱。

澍桉昭二十五年傳、會、臧昭伯之從弟也。賈逵左傳解詁云、昭伯名賜。李錯尙史不知昭伯之名、由未見賈景伯注。

桓公生僖叔牙。牙生戴伯茲。茲生莊叔得臣。得臣生穆叔豹。豹生昭子婼。婼生成子不敢。不敢生武叔州仇。檀弓上疏。

澍桉叔牙、慶父同母弟。茲、卽公孫茲、爲叔孫氏。得臣獲長狄僑如、以名其子。豹、僑如弟。婼、豹庶子。又桉州仇之子舒、爲叔孫文子。

桓公生僖叔牙。叔牙生武仲休。休生惠伯彭生。彭生皮。爲叔仲氏。（檀弓下疏）

澍桉惠伯父公孫茲。祖叔牙。與惠叔從祖昆弟。蘇東坡以惠叔爲惠伯。誤。惠叔名難。公孫敖之次子。內史服所謂難也收子者。彭生。左傳亦作彭生。是爲叔仲惠伯。一引脫生字。據世本言彭生子皮乃爲叔仲氏也。又桉彭生之孫叔孫帶。爲叔仲昭伯。帶子小。是爲叔仲穆子。

季友生仲無佚。無佚生行父。（穀梁文六年疏）

澍桉季友字季子。桓公少子莊公母弟成季也。是爲季孫氏。范甯穀梁注云。行父季友生。與世本異。

公子友生齊仲。齊仲生無逸。無逸生行父。行父生夙。（檀弓上疏）

澍桉此引分齊仲無佚爲二人。穀梁疏引云季友生仲無佚。無佚生行父。與此異。夙卽季孫宿。謚武子。一引云行父生武子夙。又桉左杜注云。行父季孫友子。當云季友孫。

悼子紇生穆伯靖。（檀弓下疏）

澍桉季孫宿之子二。公彌。紇。紇立。嗣季孫氏。卒。子意如嗣。公彌別爲公鉏氏。魯語公父穆伯之子爲文伯名歜也。

悼子靃生平子意如。意如生桓子斯。斯生康子肥。（檀弓下疏）

澍桉左疏引云。悼子紇生穆伯靖及平子意如。意如生桓子斯。斯生康子肥。靃與紇古字通。

桓公生慶父。慶父生穆伯敖。敖生文伯穀。穀生獻子蔑。檀弓下疏。

澍桉：慶父卽共伯，莊公庶兄。穆伯，魯語作孟文子。穀謚曰文，弟難謚曰惠。

獻子蔑生孝伯。孝伯生惠伯。惠伯生昭伯。昭伯生景伯。檀弓上疏。

澍桉：魯語仲孫它，韋注：獻子之子子服它也。又桉莊子之叔子仲孫羯爲孟僖子，亦曰孝伯，非子服氏。惠伯卽子服湫，字孟椒。昭伯名回。景伯名何。困學紀聞云：東坡解孟莊子之孝爲獻子。葉石林謂以獻子爲穆伯之子，以惠叔爲惠伯。讀左氏不精，二者皆誤。獻子乃公孫敖之孫。

叔肸生聲伯嬰齊。嬰齊生叔老。叔老生叔弓。檀弓下疏。

澍桉：叔肸，文公子，宣公母弟。嬰齊爲公孫嬰齊。叔老卽子叔齊子，爲叔肸孫，以叔爲氏。叔弓卽敬子。

叔弓生定伯閱。閱生西巷敬叔。叔生成子還。左定公十一年疏。

澍桉：敬叔是南宮，此云西巷，未知何據。又桉左傳叔弓子二：輒、鞅。輒字伯張，哭日食而死。鞅嗣。叔弓曾孫還。還，子青。據世本，還爲叔弓曾孫。杜注左，以還爲叔詣曾孫，誤矣。

仲孫獲生南宮縚。檀弓上疏。

澍桉：孟僖子名貜，孝伯之子。左傳無仲孫獲，疑獲爲貜字之譌文。

敬叔，桓公七世孫。檀弓下疏。

敬叔與懿子。皆孟僖子之子。史記索隱。

澍桉。仲孫貜。是爲孟僖子。子仲孫何忌。謚懿子。敬叔卽仲孫說。亦曰南宮敬叔。左傳亦然。而史記不以敬叔爲僖子之子。蓋誤。

惠伯是桓公六世孫。檀弓下疏。

澍桉。魯有兩惠伯。一是叔仲惠伯。與惠叔爲從祖昆弟。一是子服惠伯。名椒。孟獻子之孫。於惠叔爲從曾孫。又桉世系以䖒爲惠伯子。世譜則以爲兄。考左傳宜是子。仝紹衣曰。叔仲昭伯乃䖒也。據杜氏。則昭伯名帶。左傳帶之名見於策。或者本名䖒而後改爲帶也。不知帶本蛇名。淮南子萬畢術所云卽且甘帶是也。䖒原爲蛇。則帶之卽䖒審矣。

仲遂。莊公之子。東門襄仲。檀弓下疏。

澍桉。公子遂。是爲襄仲。居東門。故曰東門。公孫敖之從父昆弟也。遂。史記索隱作述。鄒誕本作秫。遂述字通。東門述產子家歸父及昭子子嬰。史記索隱。太平御覽。

澍桉。襄仲子二。公孫歸父。仲嬰齊。歸父字子家。歸父奔齊。魯使其弟嬰齊紹其後。爲仲氏。司馬貞曰。子家駒。魯大夫仲叔氏之族。字懿伯。楊倞曰。子家羈。公子慶父之孫。歸父之後。名羈字駒。桉仲孫氏出自桓公。且懿伯爲子家謚。非字也。司馬失之。楊氏謂羈爲歸父之後。則是桓公玄孫。非莊公玄孫。與杜注又異。

施伯。魯惠公孫。史記正義。

澍按公子尾之子施父。施伯。施父之子。𡩋莊公齊桓公請管仲。伯勸殺仲而以其屍授之。又惠公五世孫有施孝叔公孫嬰齊嫁其外妹於孝叔。

宋譜。

宋湣公生弗甫何。弗甫何生宋父。宋父生正考甫。正考甫生孔父嘉。爲宋司馬。華督殺之而絕其世。其子木金父降爲士。木金父生祁父。祁父生防叔。爲華氏所偪奔魯。爲防大夫。故曰防叔。防叔生伯夏。伯夏生叔梁紇。叔梁紇生仲尼。詩那正義。

澍按困學紀聞引世本云。正考甫生孔父嘉。爲宋司馬。華督殺之而絕其世。又按潛夫論氏姓志云。弗父何生宋父。周。周生世子勝。勝生正考父。詩頌疏引世本脫去世子一代。宋父下脫周字。祁父家語作皋夷。漢書梅福傳。綏和元年。以世本相明。封孔子世。是皆據此文也。

孔子後數世皆一子。檀弓上疏。

澍按家語本姓篇云。仲尼生鯉。字伯魚。鯉生伋。字子思。伋生白。字子上。齊威王相。白生求。字子家。求生箕。字子京。魏相。箕生穿。字子高。穿生斌。字子順。魏文侯相。是孔子數世後皆一子之證也。

孔子生有異質。凡四十九表。反首。張面。大角。日準。河目。海口。龍顙。斗脣。白顏。均頤。輔喉。駢齒。龍形。龜脊。虎掌。駢脅。修肱。參膺。圩頂。山臍。林背。翼臂。注頭。阜頰。堤眉。地足。谷竅。雷聲。澤腹。修上。趨下。朱僂。耳後。面如蒙倛。手垂過膝。耳垂珠庭。眉十二采。目六十四理。腰大十圍。長九尺有六寸。時人謂之長人。立如鳳峙。坐如龍蹲。手握天文。足履度字。望之如仆。就之如升。視若營四海。躬履謙讓。腹有文曰制作定世符。

澍按路史記孔子四十九表。堤眉。谷竅。參臂。駢脅。腰大十圍。長尺十有六寸。時人謂之長人。圩頂。反首。張面云。事詳世本。是祖庭記依世本文爲說也。今據補。

桓公生向父盻。盻生司城訾守。訾守生小司寇鱣及合左師。左成十五年疏。

澍按春秋大事表引世本合左師三字作及向戌。又桉合左師卽向戌也。盻一引作肹。廣韻作盱。合非。

向戌生東鄰叔子超。超生左師盻。盻卽向巢也。檀弓上疏。

澍桉魋是巢之弟。故鄭注檀弓云向戌孫。杜氏注左云曾孫。誤。

姓乃所食之邑。

桓公生公子鱗。鱗生東鄉矔。左文七年疏。

澍桉鱗矔。桓公孫。事成公。成公薨。昭公將去羣公子。穆襄之族攻公。矔和公室。昭公乃立。昭公遇弒。事文公。子朱。爲少司寇。

莊公生右師戌。戌生司城師。左成十五年疏。

澍桉公子成。莊公子也。華元代爲右師。杜預云。成逮事昭公。昭上距莊九十餘年。疑成非莊公子。或成爲莊公末年所生。然至昭公時已八十餘歲矣。陸德明曰。成本作戌。音恤。又桉師。公孫師也。莊公孫。文公殺昭公而自立。二年。昭公子將奉公母弟須以作亂。公殺須及昭公子。使師爲司城。師子仲江。江事平公。江之孫幾。事元公。

襄公子墨夷須爲大司馬。其後有墨夷睪。廣韻。

澍桉風俗通云。宋大夫有墨夷須。墨夷鴻。墨夷皐。睪卽皐字。

宋莊公孫名固。爲大司馬。史記正義。

澍桉杜注。固。莊公之孫。公孫固也。韋昭國語注。固。宋莊公之孫。大司馬固也。文七年。樂豫之族殺公孫固時樂豫爲司馬。泓之戰。子魚爲司馬。是大司馬。宋之孤卿也。

樂氏本戴公生樂甫術。術生碩甫澤。澤生季甫。甫生子僕伊與樂豫。左文公七年疏。

澍桉文十八年疏引世本云。戴公生樂甫術。術生碩父澤。澤生夷父須。須生大司寇呂。與此微異。又桉唐表。術作衎。季作夷。碩作傾。豫作呂。樂豫曾爲司馬。以讓公子卬。杜預以樂豫爲戴公曾孫。非也。蓋玄孫。且世表以樂呂卽樂豫。李鍇以樂呂爲樂舉。疑非。三國志廣韻並作茲氏族略云。公子衎曾孫樂莒。

莒孫喜。

戴公生樂甫術。術生石甫願繹。繹生夷父傾。傾生東鄉克。克生西鄉士曹。曹生子罕喜。檀弓下疏。

澍按左疏引世本云。須生大司寇呂。而此疏引云傾生東鄉克。傾乃須之譌。蓋須有二子。曰呂曰克。子罕是克之孫。或疑克卽呂。非。唐書世系表樂呂孫喜。喜生司城子罕。分喜與子罕爲二人。誤。鄭公子喜。字子罕。則樂喜之爲子罕無疑也。史記鄒陽曰。宋信子罕之計而囚墨翟。漢書作子冉。文穎注。以子冉爲子罕。漢書鄒陽傳注。亦以子冉卽子罕也。又碩石澤繹。須傾。夷季。皆字轉寫之譌。

華父督。宋戴公之孫。好父說之子。左桓元年疏。

澍按左隱八年疏引世本云。戴公孫好父說。而廣韻作考父。

華督生世子家。家生華孫御事。事生華元右師。左文十六年疏。

澍按華御事。華父督之孫。御事爲司寇。事成公。成公十七年薨。昭公將去羣公子。穆襄之族攻公御事和公室。子元。初事昭公。代公子成爲右師。子二閱臣。

樂懼。戴公六世孫。左成十六年疏。

澍按杜預注左依此文。又按左傳。無樂懼。宜作樂舉。

宋公子目夷之後。以目夷爲氏。辨證。

澍桉潛夫論云。目夷氏。子姓。宋微子後。路史國名記云。徐之滕東有目夷亭。蓋取於地以命名。後以爲氏也。左傳宋公疾太子請曰。目夷長且仁。君其立之。目夷辭曰不順。史記宋世家。太子茲甫讓其庶兄目夷爲嗣。故杜注云。目夷襄公庶兄。而說苑立節篇云。目夷是宋桓公後妻子。太子請曰。使目夷立臣爲相。兄以佐之。目夷辭曰。弟立而兄在下。不義。乃逃之衞。又以目夷爲庶弟。

世子家生秀老。秀老生司徒鄭。鄭生司徒喜。成十五年疏。

澍桉氏族略引世本氏姓篇云。宋華氏有華季老。子孫氏焉。此秀字宜作季。又桉鄭卽向鄭。亦卽公孫鄭也。爲穆襄之族。殺喜。華喜共公時爲司徒。

蕩氏本公孫壽。生大司馬虺。虺生司馬澤。成十五年疏。

澍桉壽。桓公子公子蕩之子。蕩於桓公時爲司城。壽事文公共公。蕩虺。意諸弟。蕩澤。意諸子。字子山。一名山。事共公。

宋大夫東鄉爲人。廣韻。

澍桉服虔云。東鄉爲人之子。大司馬椒也。蓋卽皇鄖。又桉東鄉爲人。卽向爲人。爲大司寇。與魚石鱗朱向帶魚府出奔楚。廣韻引世本爲下脫人字。今補。

宋有大夫考成方。廣韻。

澍按宋有老氏。出戴公後。有老成氏。此引作考。疑非是。列子周穆王篇有老成子。廣韻引列子。又作考成。是古老考通也。

宋大夫西鉏吾。西鄉錯。廣韻

澍按襄公九年傳。宋災。子罕爲政。使西鉏吾庀府守。又按吾爲太宰。事平公。平公三年。楚納魚石彭城。我患之。吾曰。大國無厭。鄙我猶憾。不然而收吾憎。使贊其政。以閒吾釁。亦吾患也。釋文吾音魚。又按姓苑。宋有太宰錯君。或卽西鄉錯也。

師延氏。宋有樂人師延。世掌樂職。後有宋大夫師延宜。廣韻

齊譜。

太公望生丁公伋。伋生乙公得。得生瘖公慈母。慈母生哀公不臣。檀弓上疏。宋衷云。哀公荒淫田游。史作還詩以刺之也。索隱

澍按左傳服注。呂伋。成王之舅。瘖公。索隱引世本作祭公。古史考作祭公慈心。史記作癸公。不臣。史記作不辰。又按哀公時。紀侯譖之周夷王。王烹哀公而立其弟靜。是爲胡公。靜一作竫。

哀公同母少弟山。怨胡公。攻殺胡公而自立。是爲獻公。宋注。其黨周馬繻人將胡公於貝水。殺之而山自立。索隱

澍按宋仲子注補此。又案楚語。沈諸梁曰。昔齊騶馬繻以胡公入於貝水。韋昭注。騶馬繻。齊大夫也。胡公齊太公玄孫之子胡公靖也。虐馬繻。馬繻殺胡公。內之貝水。其說與世本宋仲子注均違異。又案獻公元年。盡逐胡公子。因徙薄姑都臨菑。

武公壽。史記索隱。宋衷云。武公十年。宣王大臣共行政。故號曰共和。十四年。宣王卽位。

澍案司馬貞云武公壽太公五代孫。獻公子也。子厲公名无忌。厲公子赤。是爲文公。

成公名說。史記索隱。

澍案史記古史考說並作脫。立九年。子莊公。

莊公名贖。史記索隱。

澍案史記贖作購。是時犬戎殺幽王。周東遷。莊公子名祿父。是爲僖公。

靈公名環。莊公名光。景公名杵臼。史記索隱。

澍案靈公爲頃公無野子。在位二十八年。環。公羊作瑗。子莊公。母曰鬷聲姬。在位六年。景公。靈公子。崔杼殺莊公。立杵臼而相之。在位五十八年。子悼公名陽生。

田常立簡公弟驁。是爲敬公。史記索隱。

澍按敬公。史記作平公。司馬貞引譙周古史考。以世本爲誤。又桉兩世家以平公爲簡公弟。八表云簡子。非也。簡公名壬。陳恆弒之而立驁。在位二十五年。子積。是爲宣公。

管氏。莊仲山產敬仲夷吾。夷吾產武子鳴。鳴產桓子啓方。啓方產成子孺。孺產莊子盧。盧產悼子其夷。其夷產襄子武。武產景子耐涉。耐涉產微。凡十代。史記索隱。

澍桉左僖公十二年傳。管氏之世祀也宜哉。孔疏世族譜。管氏出自周穆王。成十一年傳有齊管于奚。譜以爲雜人。則非管仲之子孫。哀十六年傳稱楚白公殺齊管修。杜云。管修。楚賢大夫。故齊管仲之後。

頃公生子夏勝。勝生子石青。左昭二十年疏。

澍桉哀十一年。魯會吳伐齊。宗樓與閭丘明相厲。桑掩胥御國書。公孫夏曰。二子必死。將戰。夏命其徒歌虞殯。戰敗死之。青字子石。衞齊豹之亂。靈公如死鳥。會公使青聘於衞。勝疑公孫捷也。

高氏。本敬仲生莊子。莊子生傾子。傾子生宣子。宣子生厚。厚生止。左襄二十九年疏。

澍桉唐世系表。齊太公六世孫文公赤生公子高。孫傒爲上卿。與管仲合諸侯。有功。桓公命傒以王父字爲氏。食邑於盧。謚曰敬仲。世爲上卿。敬仲生莊子虎。虎生傾子。傾子生宣子固。固生厚。厚生子麗。子麗生止。奔燕。未知何據。止字子容。爲大夫。事景公。又桉劉炫左傳述義云。據世本。高止。敬仲玄孫之子。不立止近親。遠取敬仲曾孫者。齊人賢敬仲。故繫之。言敬仲曾孫。則此人祖父皆非正適。今別立之。遠繼敬仲後。高止祖父皆絕其祀也。風俗通言傒采高堂。與世表說異。

傾子之孫武子偃。左襄公二十九年疏。

澍桉昭十二年疏引世本云。傾子之孫鄰。又桉左襄二十九年傳。高敬仲之曾孫鄰。昭公十二年傳稱高偃。孔穎達謂世族譜以鄰與偃爲一人。蓋鄰偃聲相近而字爲二耳。但傳以鄰爲敬仲曾孫。世本以鄰爲敬仲玄孫。世本有鄰無偃。以此知爲一人。昭十二年杜注曰。高偃。敬仲玄孫。據世本也。偃子高張。是爲高昭子。

僖子生昭子莊。簡子齒。宣子其夷。穆子安。廩丘子鑿茲。芒子盈。惠子得。左哀十四年疏。史記索隱。

澍桉索隱引世本云。陳僖子乞產成子常。簡子齒。宣子其夷。穆子安。廩丘子尙鑿茲。子芒盈。惠子得。凡七人。與此微異。杜注。夷上無其字。鑿作意。又取昭子莊以充八人之數。然世本昭子是桓子之子。成子之叔父。又不名莊。杜氏誤也。

昭子將來。桓子之子。成子之叔父。太平御覽。

陳完卒。諡敬仲。子夷孟思。夷孟思之子。曰閔孟克。閔孟克之子。曰陳須無。史記索隱。

澍案閔一引作閎。誤。史記田完世家。敬仲生穉孟夷。夷生湣孟莊。莊生文子須無。索隱云。穉是名。孟夷字也。又桉完。陳厲公子。莊二十二年。陳人殺宣公太子御說。完奔齊。須無。完曾孫文子也。子無宇。

陳桓子無宇產子亹。亹產子獻。獻產御鞅。史記索隱。

澍案。左傳無宇子三。開乞書。開字子彊。是爲陳武子。炊鼻之戰。冉豎射開中手。失弓而罵者。當卽晏子所謂田開彊也。書字子占。是謂孫書。事景公。司馬貞云。缺爲僕御之臣。故曰御缺。田氏之黨。

成子當生襄子班。班生莊子伯。檀弓下疏。

澍案。當疑作常。卽陳桓子乞之子也。鮑昱曰。陳成子有數十婦。生男百餘。索隱引世本云。襄子名班。莊子名伯。又桉史記。成子生襄子盤。盤生莊子白。白生太公和。遷齊康公於海上。立爲諸侯。司馬貞云。紀年齊宣公十五年。田莊子卒。明年。立田悼子。悼子卒。乃次立田和。是莊子後有悼子。蓋立年無幾。所以作世本及史記者不得錄也。而莊周及鬼谷子亦云。田成子殺齊君。十二代而有齊國。今據世本世家。自成子至王建之歲。秖十代。若如紀年。則悼子及侯剡。卽有十二代也。

齊宣王名辟疆。威王之子也。史記索隱。

澍案。威王名因。桓公之子也。桓公名午。太公和之子。此田氏之齊。威王在位三十六年。宣王在位十九年。

湣王名遂。史記索隱。

澍桉。史記湣王名地。宣王子。在位四十年。子法章立。爲襄王。在位十九年。子建卽位。四十四年。聽后勝計。降秦。滅之爲郡。

國氏。本懿伯生貞孟，貞孟生成伯高父。史記索隱、檀弓下疏。

澍按：國歸父，齊上卿國莊子也。武生子佐，佐生勝及弱。靈公時，佐殺慶克以叛，公殺佐及勝，弱奔魯。既而反弱，嗣國氏，是爲景子。佐孫惠子夏，陳乞殺公子荼，夏奔魯。後有國書，悼公時，魯殺之。書生觀。平公時，晉趙鞅圍衛，觀及陳瓘救衛。若懿伯貞孟，亦國氏族也。成伯高父，即檀弓所謂成子高

越甲至齊，雍門狄請死。齊王曰：矢石未交，何務死？對曰：臣聞王昔田於囿，車轂鳴，車右請死。王曰：此工師之辠，子何事焉？車右曰：王不見工師之爲乘而見車鳴。車右遂刎頸而死。越軍聞之，遂退。北堂書鈔。

澍按：此不類世本本文，說苑有之。

衛譜。

衛康伯名髡。史記索隱。宋衷曰：康伯，即王孫牟也，事周康王爲大夫，左傳所稱王孫牟父是也。

澍按：司馬貞云：牟、髡聲相近，故不同耳。杜預世族譜作髦，云髦、牟聲相近。譙周古史考無康伯，而云子牟伯立。蓋以父子不宜俱諡康，故因其名曰牟伯也。又按：馬融、王通皆云康，國名，在千里之畿內，既滅管叔，更封爲衛侯。其子始以康爲諡。索隱之說未盡然也。

康伯生考伯，考伯生嗣伯，嗣伯生摯伯，摯伯生靖伯，靖伯生箕伯，箕伯生頃侯，頃侯厚賂周夷王，王命衛爲侯。史記索隱。

澍按摯伯．史記作虘伯．人表以靖伯爲建子．建宜爲虘字之譌．箕伯作貞伯．頃侯．一引作頃伯．又按孔安國曰．方伯州牧也．五代恆爲方伯．至頃侯德衰．不監諸侯．乃從本爵而稱侯．非是至子而削爵及賂夷王而稱侯也．

頃伯生僖侯．僖侯生武公．史記索隱．

澍按頃伯卽頃侯．立十二年．子僖侯．名羡．立四十二年．子武公．名和．史記曰．和襲殺太子餘．自立．又云．犬戎殺幽王．武公將兵平戎有功．王命爲公也．又按左傳疏．康叔．周公弟．武公．康叔九世孫．

戴公名申．閔二年疏．

澍按昭伯．宣公子．戴公．惠公朔庶兄．二年．狄敗衞．宋桓公立戴公以廬於曹．許穆夫人賦載馳．齊語注云．公孫申．

悼公名虔．史記集解．

澍按杜注．悼公爲蒯聵庶弟．公子黚．史記．出公季父黚攻出公而自立．是爲悼公．立五年卒．虔作黚．與世本異．

悼公子敬公．費．史記集解．

澍按史記敬公立十九年卒．費作弗．

敬公生榶公舟。史記索隱。

澍按史記曰敬公生昭公糾。是時三晉彊衞如小侯屬之。六年。公子亹弑公代立。是爲懷公。司馬貞以敬公生榶公舟爲非。

愼公子聖公馳。史記索隱。

澍按愼公悼公子也。史記。公子穨殺懷公而自立。是爲愼公。史記作聲公。訓。蓋古訓聖者聲也。字得通用。

聖公子成侯不逝。史記索隱。

澍按史記成侯名遬。司馬貞以爲穆公已名遬。不可。成侯更名遬。則世本是也。成侯十六年。衞貶號爲侯。在位二十九年。子平侯立。在位八年。子嗣君立。五年更貶號曰君。獨有濮陽。

獻公生成子當。當生文子拔。拔生朱。爲公叔氏。檀弓下疏。論語疏。

澍按拔傳作發。發拔字相通。詩武王載旆。說文土部引作載坺。荀子議兵篇引作載發。何晏論語集解。孔安國注作枝。朱子沿之。誤也。檀弓上有公叔木。鄭康成曰。木當作朱。春秋作戍。檀弓下亦作戍。事靈公。公惡之。以其富也。戍又將去夫人之黨。夫人愬之。公逐戍。戍奔魯。杜注。戍。文子之子。

靈公生昭子郢。郢生文子木及惠叔蘭。蘭生虎。爲司寇氏。檀弓下疏。

澍按公子郢。字子南。靈公子。故又曰南氏。子木。卽左傳公孫彌牟字子之所謂公孫文子。惠叔蘭。檀弓以爲惠子蘭。爲衞司寇。蘭廢適子虎而立庶子。及惠子蘭卒言偃變服弔彌牟以譏之而後虎立。

文子生簡子瑕。瑕生衞將軍文氏。檀弓上疏。

澍按一引簡子瑕下無瑕生衞三字。誤脫。又按衞有公子瑕。字子適。僖公二十八年。元咺立之。三十年。周歂治廑納成公。殺瑕及其弟子儀。氏族略以彌子瑕爲公孫彌牟之孫。非也。彌子瑕在靈公時。彌牟在出公悼公世。觀左哀二十五年傳。二子前後相及。

懿子兼生昭子舉。舉生趙陽。兼卽趙黶也。左定十四年疏。

澍按一引黶上無趙字。又按左傳靈公逐公叔戌。其黨趙陽奔宋。趙陽者趙黶孫。黶嘗於靈公二年及諸侯之大夫會楚子於陳。

公孟彄。靈公之子。字公孟。名彄。左隱八年疏。

澍按左傳孟縶襄公子公孟也。母曰婤姶。縶之足不良。杜注。公孟彄孟縶子。正義云此實公孫而不稱公孫者。縶字公孟。故卽以公孟爲氏。劉炫謂公孟生得賜族。故彄卽以族告。

孫氏出於衞武公。至林父八世。左成公十四年疏。

澍按孫昭子。衞同姓。食邑於戚。其後爲孫桓子良夫。良夫生文子林父。林父生襄嘉蒯。林父逐獻公立

殤公。獻公復入。林父以戚叛。如晉。孫氏遂絕

孔莊叔達生得閭叔穀。穀生成叔烝鉏。鉏生項叔羅。羅生昭叔起。起生文叔圉。圉生悝。禮記・祭統疏

澍按：羅當作羈。昭七年傳孔成子夢康叔謂已立元。余使羈之孫圉與史狗相之。杜左注。成子。孔達孫。羈。烝鉏子。圉。羈孫也。又按左傳孔嬰齊事懿公。熒澤之戰。嬰齊殿。達其後也。左傳叔皆作子。

衛有大夫左公子洩。右公子職。廣韻

澍按：魯桓公十六年。左公子洩。右公子職。怨公立公子黔牟。衛惠公來奔。莊公六年。公入殺之。又按左注疏云。蓋衛宣公之兄弟。左右媵之子。因以爲號。

衛有王孫賈。出自周頃王之後。王孫賈之子。自以去王室久。改爲賈孫氏。廣韻

澍按：春秋分記云。康叔子王孫牟之後。王孫賈事靈公。鄟澤之盟。晉涉佗成何辱公。公欲叛晉。使賈問諸國人。子齊事出。公爲大夫。又按齊策。王孫賈年十五。與市人殺淖齒。是齊亦有王孫賈也。楚昭王功臣有王孫賈。見定五年傳。說苑權謀篇有王孫商。

秦譜。

大業生栢翳

澍按：索隱云。大費。一名伯翳。尙書謂之伯益。世本謂之柏翳。今據補。一引作世本謂之伯益。疑非。又按

史記正義云。列女傳陶子生五歲而佐禹。曹大家注。陶子者。皋陶之子伯益也。桉此知大業即是皋陶。

仲滑生飛廉。史記索隱。

澍桉仲滑。即仲潏也。戎胥軒納酈山氏所生。胥軒仲衍曾孫。

穆公名任好。史記索隱。

澍桉穆公。德公之少子。在位三十九年。子康公名罃。又桉繆與穆同。而蒙恬傳。風俗通皇霸篇。以爲惡謚。讀靡幼反。

景公名后伯車。史記注。

澍桉御覽引世本云。景公名后伯車。非是。后伯車。景公之弟鍼也。非是以下。係仲子注駁正語也。景公名石。桓公之子。在位四十年。索隱云。始皇本紀作哀公。又云一作億公。

昭王名側。史記索隱。

澍桉史記作昭襄王。名稷。稷與側古字通。而秦紀索隱引世本名則者。字誤也。昭王爲武王異母弟。在位五十六年。

簡公之後。次敬公。次惠公。史記索隱。

澍桉史記簡公。懷公弟。靈公季父也。卒。子惠公立。無敬公。而紀年云。簡公九年卒。次敬公立。十三年卒。

乃立惠公。與世本合。劉伯莊云。簡公是昭子之弟。懷公之子。厲公之孫。今史記謂簡公是厲公子者誤。

懷公生昭子。昭子生靈公。史記索隱。

澍按史記懷公生靈公。諸臣圍懷公。懷公自殺。肅靈公。昭子子也。司馬貞云。世本無肅字。立十年。表同紀。十三年。

簡公名悼子。卽剌龔公之子。懷公弟也。史記索隱。

澍按司馬貞云本紀簡公名悼子。卽剌龔公之子。懷公弟也。世本皆以爲然。司馬遷云靈公子。謬也。人表作厲共公。

惠公生少主。史記索隱。

澍按惠公簡公子。少主。史記作出公。司馬貞云。世本謂少主。呂氏春秋作小主。又按少主立二年自殺。紀云庶長攻殺出子。沈之淵旁。

元獻公立二十四年。史記索隱。

澍按徐廣云靈公子。史記獻公無元字。呂氏春秋云名連。六國表云名師隰。史記云立二十三年。本紀作二十四年。表與世本合。子孝公名渠梁。

武烈王十九而立。立三年。史記索隱。

澍桉史記作悼武王。享國四年。惠文王子也。

始皇名正。史記注。宋忠云以正月旦生。故名正。

澍桉司馬貞云世本作政。又生於趙。故曰趙政。一云秦與趙同祖。以趙城爲榮。故姓趙氏。張守節云正音政。周正建子之正也。始皇以正月旦生於趙。因名政。後以始皇諱。故音征。

晉譜。

唐叔虞子燮。期爲武侯。史記索隱・路史。

澍桉國都城記。叔虞之子燮父徙居晉水傍。改號曰晉。燮期。古史考作燮旗。史記作寧族。

成侯子輻爲厲侯。史記索隱。

澍桉史記武侯之子服人。是爲成侯。成侯子福。是爲厲侯。

厲侯子靖侯宜臼。史記索隱。宋衷曰唐叔五代巳下無年紀。

澍桉十二諸侯年表索隱引云唐叔五代孫。厲侯子靖侯也。

釐侯子蘇爲獻侯。史記索隱。

澍桉史記釐侯。靖侯子。名司徒。子獻侯。名藉。司馬貞云世本譙周皆作蘇。

穆侯名弗生。史記年表。

澍按史記。獻侯子穆侯名費生。鄒誕本作弗生。或作濆生。並音秘。

靖侯庶孫欒叔賓父。史記正義。

澍按史記靖侯庶孫欒賓相桓叔。

孝侯子郄爲鄂侯。史記索隱。

澍按昭侯子平爲孝侯。侯表云世本作郤。索隱云他本作都者非。鄂邑。郤其名。鄂侯子哀侯。

武公曲沃莊伯子韓萬莊伯弟。桓三年疏。

澍按侯表莊伯桓叔子。世家名鱓。史記周平王使虢公將兵伐曲沃莊伯。莊伯走保曲沃。晉人共立鄂侯子光。是爲哀侯。哀侯二年曲沃莊伯卒。子稱代莊伯立。是爲曲沃武公。小子侯元年曲沃武公使韓萬殺所虜晉哀侯。賈逵曰韓萬曲沃桓叔之子。莊伯弟。

昭公生札桓公子雍。雍生忌。忌生懿公驕。史記索隱。

澍按徐廣曰世本作桓子雍。注云桓子雍。戴子也。又按繹史引云。昭公生桓子雍。雍生忌。忌生懿公驕。又按忌爲哀公。

懿公生幽公柳。幽公生烈成公止。史記索隱。宋忠注云。幽公之時。晉衰。反朝韓趙魏之君。

澍按史記幽公。哀公子也。其說誤。紀年。幽公。敬公子也。蓋懿公又謚敬公。又按史記衰作畏。宋引改之。

年表。魏誅幽公立其弟止也。史記。幽公淫婦人夜竊出邑中盜殺幽公。紀年云。夫人秦嬴賊公於高寢之上。烈成公。史記作烈公。

晉出公名鑿。史記索隱。

澍按出公定公子。史記年表作錯。年表晉出公錯十八年。晉哀公忌二年。懿公驕十七年而卒。世家云。晉出公十七年。晉哀公驕十八年而無懿公。紀年出公二十三年奔楚乃立昭公之孫。是爲敬公。史記。出公奔齊。道死。智伯乃立昭公曾孫驕爲晉君。是爲哀公。哀公大父雍晉昭公少子。號戴子。生忌。忌善智伯。蚤死。故智伯欲幷晉未敢。乃立忌子驕爲君。參互不一。與世本違舛。

晉定公名午。史記索隱。

澍桉定公頃公去疾子也。子出公鑿。又桉繹史本作昭公孫。以人表爲重出以表前已列定公也。其說非是。當云晉懿公哀公子。蓋定公卒子出公立。出公之後爲懿公驕。

孝公傾欣。史記索隱。

澍桉六國表孝公爲烈公子。紀年以孝公爲桓公。韓子有晉桓侯。史記作孝公頎。又桉紀年。桓公二十年趙成侯韓共侯遷桓公於屯留。已後更無晉事。

孝公生靜公俱。史記索隱。

澍按：世家作俱酒。人表云：晉靖公任伯，爲韓、魏所滅。豈有二名耶。靜公二年，魏武侯、韓哀侯、趙敬侯滅晉，三分之。靜公遷爲家人。

中行氏：晉大夫逝遨生桓伯林父，林父生宣伯庚，庚生獻伯偃，偃生穆伯吳，吳生寅。本姓荀，自荀偃將中軍，晉改中軍曰中行，因氏焉。元與智氏同祖逝遨，故智氏亦稱荀氏。史記索隱。

澍按：僖公二十八年，林父始將中行，故改中行氏。此云荀偃將中軍，改中軍曰中行，因氏焉，其說非是。偃字伯游，謚獻子。趙世家索隱引世本作獻伯。又按竹書云：晉曲沃武公滅荀，以賜大夫原氏黯，是爲荀叔。傳稱荀息，亦云荀叔，宜即原黯也。

程鄭，荀氏別族。杜預左注。

澍按：成十八年疏曰：世本有文。又按成十八年傳，程鄭爲乘馬御。杜注：程，荀氏別族，是用世本爲說也。又按晉語注：程鄭，荀驩之曾孫，程季之子。驩，林父弟也。春秋分記云：逝敖之孫荀驩，謚文子，食邑於程。驩一作驩。路史作歡，誤。路史又謂逝敖曾孫荀歡，亦非。晉又有程嬰、程滑。

范氏：晉大夫隰叔之子士蔿，之後蔿生成伯缺，缺生武子會，會生文叔燮，燮生宣叔匄，匄生獻子鞅，鞅生吉射也。文十三年疏。史記索隱。

澍按：成伯缺，左疏作士伯缺。程克齋分記以會爲士穀子，誤。穀在後。又按汲郡古文云：成王八年，王師滅唐。遷其民於杜。杜伯之子隰叔。違難奔於晉。生子輿。子輿卽士蔿也。士蔿生士穀士缺。缺生會。食邑於范。是爲范武子。故宣子曰吾主夏盟爲范氏。或云武子佐文襄輔成景。是以受隨范。是士蔿初以官爲氏。至會始以邑爲氏。宣十七年杜注。初受隨。爲隨武子。後受范。爲范武子。焦竑曰士穀士會士蔿當作士蔿承杜伯之後。士卽杜也。齊詩自杜沮漆古文尙書雲杜夢作乂。呂氏春秋杜作乘馬可證也。然考晉語訾祏曰隰叔子違周難於晉國生子輿爲理。韋昭曰理。士官也。班固亦言晉主夏盟爲范氏。范氏爲晉士師。是范氏先以官爲氏。以士爲杜說亦未然。

智氏。本逝遨。生莊子首。首生武子罃。罃生莊子朔。朔生悼子盈。盈生文子櫟。櫟子宣子甲。甲生智伯瑤。史記索隱。

澍按荀首字知季。林父之弟。爲下軍大夫。罃字子羽。爲中軍將。左傳以朔盈皆爲罃子也。盈字伯夙。爲下軍佐。櫟史記作躒。佐下軍。甲生子二宵瑤。瑤嗣卿。甲呂覽作申。誤。瑤謚襄子。子開見史記年表。

羊舌氏。叔向兄弟有季夙。昭五年疏。

澍按閔二年傳羊舌大夫。正義引譜云羊舌氏晉之公族。羊舌。其所食邑也。杜注。羊舌職。叔向父。新唐書武公曾孫突羊舌大夫也。又按左傳羊舌四族注。銅鞮伯華叔魚叔虎兄弟四人服虔數伯華叔向叔魚季夙。正義以季夙卽叔虎。非也。叔季。兄弟之次。且叔虎已死。不得與四族之數。劉炫以爲別有季夙而規杜氏.其言良是.唐宰相世系云.羊舌職五子.赤肸鮒虎季夙.赤字伯華.肸字叔向.鮒字叔魚.虎字叔羆.號羊舌四族.叔向食邑於楊.又曰楊肸.叔虎.一云字叔虎.

孫伯黶生司空頡.頡生南里叔子.子生叔正官伯.伯生司徒公.公生曲沃正少襄.襄生司功大伯.伯生侯季子.子生籍游.游生談.談生秦.左昭十五年疏.

澍桉.一引孫伯黶作籍黶.宮伯.春秋分記作宮正.司空作司功.左傳.王曰.孫伯黶司晉之典籍.以爲大政.故曰籍氏.杜注.黶.晉正卿.籍談九世祖.韋昭云.籍偃.晉大夫.籍季之子.籍游也.偃字游.索隱引世本云.籍秦者.大夫籍游之孫.籍談之子.又桉.談字叔.故曰叔氏.亦曰籍父.事昭公.子秦.事頃公.爲上軍司馬.新唐書.荀林父之孫曰籍偃.一曰孫伯黶.以字爲氏.其說舛誤.林父在僖公時.相去僅百年.安得自孫以下復傳九世乎.鄭樵以黶爲文侯弟陽叔伯黶.恐非.羅泌謂籍氏爲荀之别族.孫卽荀也.

郤豹生冀芮.冀芮生缺.缺生克.左成二年及十一年疏.

澍桉.氏族略云.文子叔虎.豹.食邑於郤.因以爲氏.廣韻云.俗作郄.王符云.芮從邑氏爲冀.周語云.子公.郤豹.字叔虎.獻公伐翟柤.豹被羽先登.遂克之.子芮.悔納文公.謀作亂.秦伯誘殺之.缺.郎郤成子.趙盾卒.缺爲政.克.獻子也.克子錡.食采於駒.字駒伯.

豹生義.義生步揚.揚生州.左成十一年疏.

澍桉左傳、步揚御戎注、郤犨父、廣韻、揚食采於步、遂以爲氏、州郤犨也、潛夫氏姓志作讐、誤、犨爲郤克從祖昆弟、杜氏以爲從父兄弟、誤、路史云犨别采苦成、故曰苦成叔謚文子、

步揚生蒲城鵲居、居生至、左成二年疏。

澍桉至字季、食邑於温、又曰温季、佐新軍、爲長魚矯殺、晉語作郤昭子、

晉蒲邑大夫公佗世卿、廣韻。

晉有英成僖子、廣韻。

澍桉廣韻荚字韻下、又引云、晉有大夫荚成僖子、而姓氏急就章引云、晉大夫菱氏僖子、王氏既誤而廣韻英荚亦必有一誤、

鄭譜、

武公名突滑、古史考。

澍桉史記作掘突、索隱云非也、昭公名忽、厲公名突、豈有子孫同名乎、蓋舊史雜記昭厲之名、誤以爲武公字耳、

鄭伯費是鄭悼公、穀梁成六年疏。

大夫子游子瑕並公孫夏之子、駟氏、左昭十九年疏。

澍按杜注．子瑕．子游叔父公孫夏子．是子游乃駟帶之子駟偃也．子瑕駟乞也．瑕．一引作瑜誤．又按公子偃字子游．是爲游氏．偃生公孫蠆．蠆生游眅．眅生良及吉．游眅奪人妻．其夫殺眅．於是廢游良而立吉．吉生速．吉之從祖曰游楚．亦穆公孫．又按公子騑．字子駟．是爲駟氏．騑生公孫夏．夏生駟帶．駟乞．帶生偃．偃生絲．偃卒．絲弱．其父兄立乞．乞生歂．公孫黑生駟印．黑欲去游氏而代其位．公孫僑討之．黑縊．又有駟弘．字子般．聲公時．齊輸晉范氏粟．弘送之．又有駟秦．嬖大夫也．富而侈．嘗陳卿之車服於其庭．國人惡而殺之．

鄭有子師僕．廣韻．

澍按鄭簡公三年冬十月．尉止司臣堵汝父侯晉子師僕帥賊以入．晨攻執政于西宮之朝．殺公子騑公子發公孫輒．國人攻之．殺尉止子師僕．

陳譜．

陳胡公滿．史記索隱．宋忠曰．虞思之後．箕伯直柄中衰．殷湯封遂於陳．以爲舜後是也．

澍按詩陳風譜．滿．閼父之子．左注．賜姓曰嬀．世家亦曰嬀滿．魯語注曰胡滿．

厲公躍．左桓十二年疏．

澍按桓十二年疏云．陳世家言蔡人爲佗殺五父及桓公太子免而立佗．是爲厲公．太子免之三弟躍林杵曰共殺厲公而躍立是爲利公旣以佗爲厲公又稱躍爲利公世本原無利公皆是馬遷妄説東晳言遷分一人以爲兩人以無爲有謂此事也又桉厲公是桓公子其母蔡女人表以厲公爲桓公弟疑非

陳宣公生子夏夏生御叔御叔生徵舒舒生惠子晉晉生禦寇禦寇生悼子齧左昭公二十三年疏

澍桉昭二十三年獲陳夏齧杜注徵舒玄孫據世本悼子齧是徵舒曾孫杜注以爲玄孫誤也世族譜云悼子徵舒三世孫

鍼宜咎陳鍼子八世孫左襄公二十四年疏

澍桉鍼子陳大夫事桓公桓公三十年鄭公子忽來逆婦嬀夏四月以嬀氏歸鍼子送女先配而後祖鍼子曰是不爲夫婦誣其祖矣非禮也何以能育宜咎黨慶虎慶寅國人討慶氏之黨宜咎出奔楚爲楚箴尹

少西子穆僖子子穆安後路史

澍桉徵舒祖子夏也字少西是爲少西氏

僖子生廩丘子尙路史

子占子沮烈子後路史

僖子子芒後。路史

桓子石生子石後。路史

陳有闕門氏。廣韻

蔡譜。

蔡平侯者。靈侯般之孫。太子友之子。史記正義

澍桉靈侯景侯固之太子。在位十二年。平侯名廬。隱太子之子。在位八年。徙新蔡。見地理志。隱太子即太子友。左傳作世子有。靈侯十二年。楚滅我。用世子有於岡山。平侯即位。謚曰隱。史記云。平王乃求蔡景侯少子廬立之。是爲平侯。而人表亦謂爲景侯子。皆誤。

楚譜。

陸終子其六曰季連。是爲芊姓。季連產付沮氏。付沮氏產穴熊。九世至於渠婁鯀。出自熊渠。有三人。其孟之名爲庸。爲句袓王。其中之名爲紅。爲鄂王。其季之名爲疵。爲就章王。太平御覽。

澍桉史記集解引世本云。季連生附沮。孫檢云。沮作祖。索隱引世本云。熊庸爲句祖王。疵爲就章王。楚世家云。熊渠生子三人。立其長子康爲句亶王。中子紅爲鄂王。少子執疵爲越章王。司馬貞曰。世本康作庸。亶作祖。執疵無執字。越作就。又桉大戴禮。庸作無康。就作戚。

熊渠封其中子紅爲鄂王。水經注・路史・

澍桉左正義曰鄭語孔晁注云熊繹玄孫曰熊摯有疾楚人廢之立其弟熊延熊摯自弃於夔子孫有功王命爲夔子索隱據古史考熊渠卒子熊翔立卒長子摯有疾少子熊延立又桉九州要記鄂國今武昌東鄂也。

穆王生王子揚揚生尹尹生令尹匃。左昭十七年疏・

澍桉穆王名商臣成王之太子子莊公名旅史記作侶匃宜作匄陽匄子瑕也又桉左傳子揚卽令尹鬬般子揚之子爲箴尹克黄也。

楚武王墓在豫州新息。史記正義・

澍桉武王名熊通蚡冒之弟自立爲武王地理志作熊達左傳始僭號稱王皇覽云楚武王冢在汝南郡鮦陽縣葛陂鄉城東北民謂之楚王岑漢永平中葛陂城北祝里社下於土中得銅鼎而銘曰楚武王由是知武王之冢民傳言秦頃赤眉之時欲發之輒頹壞塡壓不得發也又桉此係宋忠注文。

康王名招。史記索隱・

澍桉史記作名昭共王之子也子郟敖名麇。

頃襄王卒太子熊完立是爲考烈王。史記索隱・

澍按據史記。頃襄王卽懷王槐之子。淮南子曰。頃襄王好色。不使風議。而民多昏亂。其積至昭奇之禍。史記。完作元東徙都壽春。命曰郢。子幽王悍李園女弟所生。

蔿艾獵孫叔敖之兄。蔿子馮艾獵之子。左襄十五年疏。

澍按高誘呂氏春秋注。孫叔敖。令尹蔿賈之子。左傳杜注。艾獵。孫叔敖也。服虔云。蔿艾獵。孫叔敖也。潁容釋例亦以艾獵孫叔敖爲一人。襄十五年傳。蔿子馮爲大司馬。注云。叔敖從子。世本。馮是艾獵之子。此明文可據。正義以世本轉寫之誤。非也。近時蕭山毛奇齡辯叔敖非楚公族。並非蔿氏。乃期思之鄙人。盧弨弓云。竊案左氏宣十二年傳。隨武子云。蔿敖爲宰。擇楚國之令典。軍行右轅。云云。下令尹南轅反旆。又云。王告令尹。改乘轅而北之。是蔿敖卽孫叔敖。軍事皆主之。前一年。令尹蔿艾獵城沂。比年之閒。楚令尹不聞置兩人。知分篇雖有孫叔敖三爲令尹而不喜。三去令尹而不憂之語。乃是子文之事誤記耳。況在軍中。必無輕易廢置之理。其爲一人無可疑。漢時孫叔敖碑。君名饒。字叔敖。未知何據。

葉公楚縣公。葉公子高。緇衣注疏。

澍按論語疏引世本云。楚大夫沈諸梁食采於葉。僭稱公。

屈蕩屈建之祖父。左襄二十五年杜注。

澍按屈蕩事莊王。生到。到生建。建生生。又別有屈蕩事康王。康王以屈到爲莫敖。蕩爲連尹。到卒。以建爲令尹。蕩爲莫敖。蕩生申。申亦爲莫敖。事靈王。

平王孫有田公它成。荀子注。

楚有大夫恒思公。廣韻。

楚大夫涉其帑。廣韻。

澍按左傳藍尹亹涉其帑。謂以舟涉其孥。不與王舟也。故外傳云載其孥。則孥非人名。涉其亦非姓也。未知世本何以舛誤至此。

秦將王翦滅楚。孫檢曰秦虜楚王負芻。滅去楚名。以楚地爲秦郡。史記索隱。

澍按秦將王翦蒙武破楚國。虜王負芻也。

韓譜。

韓萬曲沃桓叔之子。史記索隱。

澍按桓三年疏引世本云。韓萬。莊伯弟。史記云。韓萬。莊伯之弟。曲沃武公之叔父。服虔左注。韓萬。曲沃桓叔之子。莊伯之弟。與世本合。

桓叔生子萬。子萬生賕伯。賕伯生定伯簡。簡生輿。輿生獻子厥。史記索隱。

澍按厥爲萬之曾孫。杜注左云玄孫。誤。又按成二年疏引世本云。桓叔生子萬。萬生求伯。求伯生子輿。

子輿生獻子厥。又宣十二年疏引此文。並脫定伯簡一代。子輿。韋昭注作子鎮。

厥生宣子起。起生平子頃。左傳疏。

澍按吳世家正義引世本云。宣子名秦。索隱引世本云。平子名頃。宣子子也。頃。春秋分記引世本作須。平子。史記作貞子。又按厥長子无忌。是爲公族穆子。悼公立。使爲公族大夫。起四子須叔禽叔椒子羽。杜左注以厥爲卽韓起。韋國語注以厥爲韓獻子之子无忌弟。疑誤。

簡子名不信。史記索隱。春秋分記。

澍按不信字伯音。起之孫。事定公。趙世家亦有簡子名不佞。徐廣曰。史記多無簡子莊子。而云貞子生康子。班氏亦同。

莊子名庚。史記索隱。春秋分記。

澍按莊子。簡子之子。春秋分記引世本云。韓平子須生簡子不信。不信生莊子庚。庚生虎。

康子名虎。史記索隱。春秋分記。

澍按晉語注云。康子。韓宣子之曾孫。莊子之子虎也。人表以虎爲貞子子。呂覽任數注謂貞子生康子。疑誤。

武子名啓章。康子之子。史記索隱。

澍案武子二年弑其君幽公。紀年晉烈公元年。韓武子都平陽。呂覽任數注云。都宜陽。

景子名虔。史記索隱。

澍案景子史記作景侯。武子之子。

景子子武侯。史記索隱。

澍案史記韓列侯名取。武侯名擊。世本無列侯也。又案索隱引世本云。武侯取。

武侯子文侯。

澍案文侯。列侯子也。見六國表。索隱云。紀年無文侯。世本無列侯。是世本有文侯也。今補。又案文侯子哀侯。

懿侯。史記索隱。

澍案史記韓世家。哀侯子懿侯。年表。懿侯作莊侯。又紀年云。韓山堅賊其君哀侯。而韓若山立。若山即懿侯也。世本無名。世家名若。疑脫山字。

韓宣王。昭侯之子。史記索隱。

澍案史記作宣惠王。

趙譜。

公明生共孟及趙夙。夙生成季衰。衰生宣孟盾。（史記索隱。）

澍桉成十年疏引世本云。公明生趙夙。定十三年引世族譜云。趙衰。趙夙之弟。又桉國語。趙衰。趙夙弟也。字子餘。謚成子。晉語韋注。衰。公明之少子。桉夙與衰。世次相縣。不應爲弟兄。史記云。夙生共孟。共孟生衰。以衰爲夙之孫。然趙夙事獻公。趙衰事文公。年相當也。不應衰爲趙夙孫。焦氏易林云。伯夙奏獻衰續厥緒。則非兄弟明矣。世本爲是。譙周以世本爲誤。非也。

趙夙爲衰祖。穿爲夙之曾孫。（左宣公二年疏。）

澍桉杜左注。夙爲趙衰兄。世本乃云夙爲衰祖。杜預說非也。又注。穿爲趙夙庶孫。定十三年傳正義曰。世族譜趙衰。趙夙之弟也。衰之後爲趙氏。夙之後爲耿氏。據此。夙邑於耿。以耿爲氏。穿之後又以邯鄲爲氏。

景叔名成。（史記索隱。）

澍桉昭七年傳子產適晉。趙景子問焉。杜注。景子。晉中軍佐趙成。趙武子也。左傳作景子。世本作景叔。不同耳。

代成君子起。卽襄子之子。（史記索隱。）

澍桉司馬貞曰。代成君名周。伯魯之子。襄子之孫也。世本誤。

襄子子桓子名嘉。史記索隱。

澍按史記云襄子弟桓子逐獻侯自立於代與世本違又按自趙夙至襄子凡九世。

敬侯名章。史記索隱。

澍按敬侯烈侯太子也司馬貞曰紀年云魏武侯以桓公十九年卒韓哀侯趙敬侯並以桓公十五年卒又趙世家烈侯十六年與趙分晉封晉君端氏其後十年肅侯徙晉於屯留不同也。

成侯名種。史記索隱。

澍按成侯敬侯章子竹書云成侯名偃成侯元年公子勝與成侯爭立爲亂在位二十五年。

肅侯名語。史記索隱。

澍按肅侯成侯子成侯卒公子緤與太子肅侯爭立緤敗亡奔韓肅侯元年奪晉君端氏徙處屯留又按國策補注云世本名言疑字脫其半肅侯子武靈王名雍。

孝成王丹生悼襄王偃偃生今王遷。史記索隱。

澍按孝成王丹惠文王太子也在位二十一年悼襄王在位九年徐廣云王遷無諡司馬貞云今史記獨稱幽繆王者蓋秦滅趙之後人臣竊追諡之太史公或別有所見而記也又按淮南子秦流王遷於房陵思故鄉作山木之謳聞者莫不隕涕。

魏譜.

畢萬生芒.芒生季.季生武仲州.州生莊子降.降生獻子荼.荼生簡子取.取生襄子多.多生桓子駒.駒生文侯斯.禮記正義.

澍桉絳一引作降.史記世家作絳.又云武子生悼子.司馬貞云.世本武仲生莊子絳.無悼子.而居篇曰.魏悼子徙霍.則是有悼子.世本卿大夫代自脫耳.廣韻引世本云.魏絳.莊子.史記世家魏絳謚作昭子.徐廣曰.世本作莊子.司馬貞曰.世本錯也.居篇又云.昭子徙安邑.亦與此文同.左傳亦作莊子.索隱引世本云.畢萬生芒季.芒季生武仲州.禮記正義引世本云.萬生芒.芒生季.以一人爲二人.恐誤.左傳.武子名犨.州犨聲相近.字因以異.代亦不同.一引云.曼多生桓子駒.又桉史記晉文公令魏武子襲魏氏之封.列爲大夫.治於魏.生悼子.悼子徙治霍.生魏絳.絳徙治安邑.魏絳卒.謚爲昭子.生魏嬴.嬴生魏獻子.獻子生魏侈.侈之孫曰魏桓子.桓子孫曰文侯都.世次與世本不同.

獻子名荼.荼.莊子之子.史記索隱.

澍桉荼卽舒字.故史記作舒.又史記絳生魏嬴.嬴生獻子.而世本無魏嬴.同左氏.

獻子生簡子取.取生襄子多.史記索隱.

澍桉多卽左傳魏曼多也.史記魏襄子生魏侈.司馬貞云.侈.一本作哆.字誤.世數亦錯.則侈是襄子.中

間少簡子一代．

桓子生文侯斯．史記索隱．

澍桉司馬貞云傳曰孺子𤸫是魏駒之子．與此世代亦不同也．斯史記作都．

錡．魏犨孫．左宣十二年疏．

澍桉宣十二年傳晉魏錡求公族未得．正義曰．世本以爲犨孫．服虔左注云．錡魏犨子．疑服說非．

魏惠王生襄王嗣．襄王生昭王遬．史記索隱．

澍桉惠王名罃．武侯之子．卽位稱王．追尊父惠王爲王．昭王．哀王子．哀王卒．昭王三年喪畢．始稱元年．立十九年卒．今國策補注．遬作速．又桉荀勗曰．和嶠云．紀年起自黃帝．終於魏之今王．今王者．魏惠成王子．於世本蓋襄王也．桉太史公書惠成王．但言惠王．惠王子曰襄王．襄王子曰哀王．惠王三十六年卒．襄王立十六年卒．并惠襄爲五十二年．今桉古文成惠王立三十六年．改元稱一年．改元後十七年卒．太史公書爲誤分惠成之世．以爲二王之年數也．世本惠王生襄王而無哀王．然則今王者．魏襄王也．又桉史記魏世家及孔衍敍魏語．皆有哀王．而世本無哀王一代．蓋脫耳．

昭王生安僖王名圉．史記索隱．

澍桉昭王．哀王子．安僖王．一引作安釐王．古字通也．史記．僖王．昭王子．立三十四年卒．

安僖王生景愍王午。史記索隱。

澍按史記作景湣王立十五年卒子王假立三年秦虜王假滅魏爲郡縣。

吳譜。

壽夢生夷昧及僚夷昧生光。左昭二十七年疏。

澍按公羊傳謁也餘祭也夷昧也與季子同母者四人史記紀壽夢四子亦約公羊文但以僚爲餘昧子光爲諸樊子爲異耳徐廣引吳越春秋云王僚夷昧子然左氏屈狐庸對趙文子謂夷末甚德而度其天所啓也必此君之子孫實終之若以僚爲夷昧子不應此言又光言我王嗣則光是夷昧子僚是壽夢庶子也服虔云夷昧生光而廢之僚者夷昧之庶兄夷昧卒僚代立故光曰我王嗣也是用公羊爲說也杜預言光諸樊子是用史記爲說也。

吳拔楚終犁。路史注。

澍按史記作鍾離云吳之邊邑卑梁與楚邊邑鍾離爭桑兩家交怒楚王滅卑梁吳王亦發兵使公子光滅鍾離也事在諸樊九年。

燕譜。

燕幽州郡北燕。太平御覽。宋衷云有南燕故名北燕。

澍桉。南燕。姞姓。伯儵國。在鄭衛之間。北燕。伯欵。姬姓。在晉之北。

召穆公。是康公之十六世孫。（詩正義曰依世本云。）

澍桉。服虔左傳解誼云召穆公召康公十六世孫。爲王卿士。

燕惠侯卒。釐侯立。釐侯卒。頃侯立。頃侯卒。哀侯立。哀侯卒。鄭侯立。鄭侯卒。繆侯立。繆侯卒。宣侯立。

澍桉。宋衷據大史公書補世本。其文又闕。今仍依史記補之。

燕自宣侯已上（下一作）。皆父子相傳。故無所疑。桓侯已下並不言屬。以其難明故也。（史記索隱。）

澍桉。譙允南引世本之言如此。索隱云世本無燕代系宋忠依太史公書以補其闕尋徐廣作音。尙引世本。蓋近代始散逸耳。

襄公卒。桓公立。　桓公卒。閔公立。（史記索隱。）

澍桉。史記閔公作文公。司馬貞云世本以上文公爲閔公。則閔與湣同。而懿公之父又謚文。譙周曰。世家襄伯生宣伯。無桓公。今檢史記。並有桓公立十六年。宋忠據此史補世本。亦有桓公。是燕有三桓公也。是譙允南所見本異。又桉索隱云燕四十二代。有二惠侯。二釐侯。二宣侯。三桓侯。二文侯。蓋國史微失本謚。故重耳。

燕王喜。

澍按顏氏家訓云。世本。左丘明作。而有燕王喜。蓋後人羼入。非丘明本文。又按史記。燕王喜之三十三年。燕亡。

杞譜。

杞共公。靖公子。生惠公。惠公立十八年。生成公及桓公。成公立十八年。桓公立十七年。史記索隱。宋忠云。杞。今陳留雍丘縣。蓋周封杞居雍丘。至春秋時。杞已遷東國。故左氏隱四年傳云。莒人伐杞。取牟婁。牟婁者。東邑也。

澍按高誘曰。共公名襄。昭公之子。惠公。史記作德公。又脫成公一代。下云弟桓公姑容立。非也。此據徐廣注引世本。又按桓公十七年。尙史作七十年。誤。

桓公。成公之弟。左襄六年疏。

澍按譙周古史考云。惠公生成公及桓公。蓋本此書而言。杜預左注。成公行夷禮以終其身。故于其卒。經書子以貶之。

滕譜。

錯叔繡。文王子。封於滕。漢地理志。水經注。宋忠云。今沛國公丘。是滕國也。

澍按左傳。郜雍曹滕。文之昭也。班固以錯叔繡爲懿王子。未詳所據。

隱公之後。仍有六世爲君。左隱七年疏。

澍按通考隱公名虞母。

考公麇元公弘。卽定公文公也。趙岐孟子注。

澍按趙岐孟子注。古紀世本錄諸侯之世。滕國有考公麇。與文公之父定公相直。其子元公弘。與文公相直。似後世避諱。改考公爲定公。以元公行文德。故謂之文公也。又按諡法。大慮行節曰考。安民大慮曰定。主義行德曰元。慈惠愛民曰文。義亦相通。

齊景公亡滕。左隱七年疏。

澍按左隱七年疏云。按齊景公之卒。在滕隱之前。世本言隱公之後。仍有六世爲君。而云齊景公亡滕。爲謬何甚。服虔左注亦云齊景亡滕。是依世本爲說也。

曹譜。

曹戴伯子惠伯兕。據史記補。

宋忠云。曹今濟南定陶縣。孫檢云。兕音徐子反。曹惠伯或名雉。或名弟。或復名弟兕也。

澍按史記正義言。孫檢亦注世本。此爲世本注文。故據史記補之。又按戴伯蘇。幽伯彊之弟也。殺幽伯自立。惠伯兕。年表作惠公伯雉。

穆公子桓公終生。史記集解。孫檢云一作終漽。漽音生。

澍桉惠伯子石甫卽位。其弟武殺之代立。是爲繆公。三年卒。桓公立。在位五十三年。

悼伯卒弟露立諡靖公。史記索隱。

澍桉史記悼公薨。弟聲公野立。平公弟通殺之代立。是爲隱公。四年。聲公弟露殺之。露自立。是爲靖公。在位四年。又桉譙周云春秋無其事。檢世本悼伯卒。弟露立。諡靖公。實無聲公隱公。是蓋彼文自疏也。

郳譜。

郳國曹姓。陸終弟五子曰安。周武王封其苗裔挾爲附庸。居郳。挾之後顏。左莊公五年疏。

澍桉郳武公名夷。字顏。杜預小郳譜。謂之夷父。路史作伯顏。公羊云郳婁顏。蓋郳復遷婁。故曰郳婁也。或云郳人語聲後曰婁。如句吳於越之比。又桉公羊謂顏以亂魯被誅。立其弟叔術。叔術致國於其子夏父。

郯譜。

郯莊公名顥。

澍桉劉原父孟子外篇注。高誘引世本云。郯莊公名顥。今據補。又桉竹書紀年晉烈公四年。越子末句滅郯。以郯子鴣歸。鴣字與顥字相似。

謚法篇．

澍桉玉海書目．沈約謚法篇序云．大戴禮及世本．舊並有謚法．而二書傳至約時．已亡其篇．

張澍粹集補注「世本」校勘記 行數指正文，夾注兩行作一行計。

頁數	行數	原文	校注
八	五	竽管類……象鳥翼鳥火禽	「管類」從阮刻周禮，殿本作「類管」。又原本「鳥」作「鳳」，「禽」作「離」，據周禮春官疏改。
一〇	四	取竹於嶰谷以生空竅厚鈞者	原本「於」作「之」，「谷」下無「以」字，「空」作「其」，「鈞」作「薄均」，均據明刻呂氏秋春補正。
一一	二	蔡發穀	案路史後紀五「發」作「法」。
一七	五	釋文引世本云垂作銚鎒	案詩臣工釋文引世本云，垂作銚，與疏同，亦無「鎒」字。
一八	倒二	黃帝臣也	「臣」原本作「宇」，係從張刻御覽七六二。案御覽八二九，各本均作「臣」，據改。
一九	四	路史注引世本云駭爲黃帝馬醫嘗 醫·龍·	案路史後紀五注，僅云「駭見世本」，並無「駭爲……嘗醫龍」一語，作者誤引。
一一九	倒三	騶·作·駕·	廣韻無此語。
一一九	倒二	乘·雅·作·駕·	御覽無此語。
二一	一	堯·修·黃帝樂爲咸池	案樂記疏，僅「咸池」二字爲世本文，上亦字則作者約舉注疏之語，且著一「爲」字，似爲堯所命名。

頁	行	原文	校記
			非黃帝之舊．亦覺未安．
二四	倒二	杼作甲　宋衷云少康子名杼也甲鎧也	原本「杼」上有「季」字．案初學記作「輿作甲」．費誓疏．御覽皆作「杼作甲」．據删．又案費誓疏．「衷」作「仲子」．「子」下無「名」字．「也」下無「甲鎧也」三字．
二五	五	帝女令儀狄……宋衷注儀狄夏禹之臣	案初學記．御覽．酒誥疏皆無「帝女」二字．又酒誥引世本云．儀狄造酒．夏禹之臣．未云宋衷注．
二五	倒三	世本引有夏字	御覽．廣韻引世本皆無「夏」字．未審所指何書．
二七	五	「宋均注」以下	案此注乃作者取御覽及文選注爲之．並非專引一書．「暴國公平王時諸侯」一語．御覽作「暴公周平王諸侯」．文選注作「暴辛周平王時諸侯」．「暴辛公燒土爲之」一語．乃御覽引自樂書．非世本文．「有三孔」一語引自文撰注．然他書皆作「六孔」．
三二	五	「夏禹都陽城」以下	案本條僅「禹都陽城」爲漢書地理志注引世本文．餘皆作者輯自史記及集解．既非世本文．亦非宋注．
三六	八	康叔從康徙封衛	原本「從」下衍「畿內之」三字．據史記衛世家索隱删．
三六	九注	史家衛世家索隱	原本漏注出處．今補．
三六	倒四	成公徙於帝丘	案漢書地理志濮陽注云．衛成公自楚邱徙此．故帝

三七	三八注五	史記集解・	丘・非世本文・「集解」・原本均誤作「正義」・據史記改・
三七	七	史記正義引宋忠云……即世本本文・非宋注	作者以此爲世本本文・未知所據・
三七	倒四	昭侯徙州來・	案路史國名記・此語非世本文・
四〇	三	「宋衷注云」以下	案路史後紀注・「宋云櫟・今之許昌陽翟・」下云・「漢之潁川・唐隸河南・」又間數語始曰・「昔武王至周」云云・宋衷不應云「唐隸河南」・是「許昌陽翟」一語爲宋注・其下蓋羅泌注也・
四〇	九、倒一注	史記集解・	「集解」・原均誤作「索隱」・據史記改・
四一	倒三	魏・今河北魏縣是也・	案史記・此語似索隱注文・非宋注・
四七	三注	陸賈新語・	案以上非出於新語・作者誤注・
五一	五注	文公十二年疏	原本「文」誤「襄」・「公」下衍「六」字・據左傳刪改・
五一	八	誠字譌・	按春秋釋例引杜注作「舒城」・上文所引亦作「舒城」・此云「誠」字譌・未知何所指・
五四	倒二	自夷・	案注疏阮刻作「自夷」・殿本作「目夷」・故輯世本者・或作「自」・或作「目」・
六〇	二、三	惠伯䍜……世本云厚此云后・	原本脫「䍜」「此云后」四字・據檀弓注疏補・
六〇	四	郈氏・	案史記索隱・集解引世本・「郈」皆作「厚」・古字「郈」「厚」通・故仍之・

六一	十	「季孫氏」以下	案姓氏書辨證，此條非引自世本，文字亦與原書不合，蓋作者以意爲之。
六二	六	子韓氏	案諸書引世本，皆作「子乾氏」，即非出自世本者，亦未見有「子韓氏」，作者改「乾」爲「韓」，未知何所據。
六二	九、十一	「子雅氏」「子尾氏」兩條	此兩條出處，原本注「辨證」，案姓氏書辨證無此文，作者係引自氏族略，據改。然此兩條並非世本文，因呂覽注有「依世本爲說」之語，故作者采之。
六四	九	車遽氏	「遽」，原本作「蘧」，案廣韻九魚、十虞皆有「蘧」字，而未注有「車蘧氏」，九麻車字注引世本作「車遽」，或作者據本異也，仍據廣韻改作「遽」。
六四	十	二十三魂	原本「二」誤「三」，「三」誤「六」，今改。
六七	倒四	「中行氏」條	案姓纂引世本作，「晉荀逝（今本誤作「游」）敖生桓子林父，將中行，爲中行氏。」本條所引多不符。
六八	五	晉大夫有仲行寅	案姓纂引世本作「宋有仲行寅，晉大夫有仲行氏。」本條所引多譌脫。
六八	八	有蒲邑大夫	原本「有」上有「晉」字，據姓氏書辨證刪。
六九	四	宋戚公	原本「戚」作「桓」，據姓纂改。
六九	十	公子申	案姓纂引世本作「公子中」，春秋世族譜宋莊公之子有「公子仲」，無「公子申」，「仲」「中」通。

			疑氏族略作「申」者誤也．
七一	九	衛大夫承之後	原本脫「承」字．據姓氏書辨證補．
七二	九	史朝氏	原本「朝」作「旃」．案廣韻作「史鞝氏」．「鞝」爲「朝」之古字．據改．下同．
七三	倒四	玉珍武子珍生……	原本「玉」誤「王」．「珍」下脫「武子珍」三字．據姓氏書辨證補正．
七三	倒二	春秋子產家止謂之國氏	原本「秋」下有「武子珍」三字．作者誤入．今删．案「春秋……國氏」一語．爲姓氏書辨證原文．「子產家」三字疑有譌誤．鄭七穆皆以王父字爲氏．見於春秋經傳者．皆無「子」字．故子國之孫參爲國參．非至子樂阜顯始爲子國氏也．然襄二十六年傳杜注有「子產公孫僑國氏也」一語．此或「子產家」三字所由來．
七三	倒二、一	簡成子疑子產謚也然不見左傳	案國語晉語．鄭簡公使公孫成子來聘．韋注云．「成子．子產之謚．鄭穆公之孫．子國之子也．」
七五	四	共王三十年	原本「王」誤作「公」．案史記．楚自武王通稱王．後無稱公者．據改．
七五	八	將涉於成臼	原本脫「臼」字．據左傳補．
七六	八	陳僖子	原本「僖」下衍「公」字．據路史注删．
七七	倒一	書生良堅堅子以王父字爲氏	原本「生」下衍「子」字．脫一「堅」字．據姓氏書辨證增删．

八二	五	名曰充樂既成天下無不得理	案御覽、路史，「樂」下重一「樂」字，「天下」下有「幽微」兩字。
八三	五注	左傳昭公十七年疏	案此條爲山海經海內經注引世本文，不見左傳。
八四	一	青陽卽是少皞	原本「青」上有「顓頊母獨山氏之子」一語，案左傳昭十七年疏引世本無此語，且重見後條，故刪。又「皞」原本誤作「昊」，亦據左傳改。
八五	三	高陽生稱	原本作「顓頊生偁」，據左傳改。
八五	六	「老童娶於根水氏」條注	原注有「左昭十七年疏」，案左昭十七年疏未引此文，據刪。
八六	一	老童生重黎及吳回生陸終	案史記楚世家，僅「老童生重黎及吳回」爲徐廣語，「生陸終」三字見楚世家本文，作「吳回生陸終」，似增「吳回」兩字語意方足。
八六	三	其五曰安	原本「安」上有「晏」字，案國語、史記、大戴禮及諸家所引皆無「晏」字，據刪。
八六	四	產穴熊	原本作「熊穴」，據史記改。
八七	八	上妃	原本「上」作「元」，據詩生民正義改。
八七	九	下妃	原本「下」作「次」，據詩生民正義改。
八九	二	舜妃娥盲女罃　索隱	史記索隱無此語，僅謂，二女長曰娥皇，次曰女英，系本作「女罃」。
九〇	倒一	鯀娶有莘氏曰女志	原本無「有」「曰」兩字，據御覽補。
九一	九注	益稷疏	原本「稷」下有「謨」字，據尙書改。

頁	行	原文	校記
九四	倒一	自奄遷於北蒙曰殷	原本脫「於北蒙曰」四字，「殷」下有「亳」字。據竹書紀年補正。
九六	二	「公劉」至「亶父」	案史記索隱於周之世系，所引世本僅舉爲榆、公非辟方、高圉侯侔、亞圉雲都、太公祖紺諸盩等五世。蓋以馬遷原文稍有異同，故注以明之。其公劉、慶節、皇僕、差弗及亶父五世，則作者所增。
九六	倒四	「成王生康王釗」以下	案本條輯自詩民勞疏引世本文，而文字頗有增改。
九八	倒二	玄讀然爲赧。	原本「赧」作「延」，據史記索隱改。
一〇〇	倒三、一	平公旅　湣公買	原本「公」下皆有「子」字，據史記删。
一〇二	一	休生惠伯彭生	案本條爲檀弓疏引世本文，殿本、阮刻皆作「休生惠伯彭，彭生皮。」又案左傳文十五年杜注云：「惠伯叔彭生」，此非世本文也。本條「生」字疑衍。而作者案語云：「彭生，左傳亦作彭生……」引脫生字。」或所據本異。
一〇三	倒二	左傳無仲孫獲疑獲爲玃字之譌文	案阮案注疏，「獲」正作「玃」。
一〇四	九	仲遂。	原本「遂」作「述」，據檀弓疏引世本文改。
一〇四	十	遂史記索隱作述。	原本作「述史記作遂」，據史記增改。
一〇八	二	石甫願繹。	原本脫「願」字，據檀弓增。
一〇八	七	說之子。左桓元年疏	原本「說」作「叔」，「元」作「二」，據左傳改。
一〇八	倒二	又桉左傳無樂懼。	案左傳成十六年傳，宋將鉏樂懼敗諸汋陂，非無

頁	行	原文	校記
一〇九	七	爲穆襄之族殺喜	「樂懼」。此語疑有誤。
一一二	三	耐涉	原本「涉」作「步」。據史記索隱改。
一一二	九	左襄二十九年疏	原本「襄」誤「昭」，脫「九」字。今補正。
一一三	六	虞丘子鑿茲	原本「茲」作「齒」。據左傳改。
一一三	倒四	「陳完卒」條	案作者取史記世家語衍爲此條。其中僅「夷孟思」、「閩孟克」爲索隱引世本原文。而又改「閩」作「閔」。其餘皆非索隱引世本文。
一一五	倒二	「康伯生考伯」條	案史記衛世家索隱無此條。
一一六	四	「頃伯生僖侯」條	同右
一一六	五	子僖侯名羨	案史記。「共伯入釐同侯羨自殺」。索隱曰：「羨音延。延、墓道。」是共伯入釐侯墓道而自殺。非釐侯名也。作者蓋誤。
一一六	八	二年	原「二」作「元」。據左傳改。
一一六	倒二注	史記集解	「集解」原本誤作「索隱」。據史記改。
一一八	四	僖公二十八年元咺立之三十年	原本「僖」作「成」。「二十八」作「三」。「立」下脫「之」字。「三十」作「五」。據左傳補正。
一一九	四	孔嬰齊……達其後也	案春秋氏族譜於孔嬰齊云。系未詳。作者謂達爲嬰齊後。未知所本。
一一九	倒一	世本謂之柏翳	案史記索隱云。系本、漢書謂之「伯益」。疑作者據本異也。

頁	行	原文	校記
一二〇	倒二	「簡公之後」條	案史記索隱未引世本。或作者別有所據。
一二一	二	「懷公生昭子」條	案史記索隱未引世本。作者或別有所據。
一二四	四	史記年表作錯年表	原本脫「年表」兩字。「錯」下「年」字誤作「世」。據史記增改。
一二六	一	違難奔於晉	案氏族譜。周宣王殺杜伯。其子隰叔奔于晉。是隰叔避難而之晉。「違」疑當作「避」。
一二六	七	宣子甲	案王本、殿本史記趙世家索隱皆作「宣子申」。作者引自史記作「甲」。而案語以呂覽作「申」爲誤。疑所據本異。
一二七	倒一	揚生州	原本此下有「左僖十五年疏」注。案左僖十五年疏無此引文。故刪。
一二九	四	乞生歜	原本「歜」作「顧」。據左傳定八年杜注改。
一二九	倒一	太子兔之三弟	原本「三」誤作「亡」。據左傳改。
一三〇	四	陳宣公	原本「陳」下衍「大夫」兩字。據左傳刪。
一三一	七	用世子有於岡山	案左傳昭十一年經作「執蔡世子有以歸用之」。「傳作「用隱太子於岡山」。作者蓋合經傳而爲此語。
一三二	六	匄宜作匃	案左傳疏。本作「令尹匄」不作「匃」。
一三三	倒二	名麇	原本「麇」作「檿」。據左傳襄二十九年杜注改。
一三四	倒二	桓叔生子萬子萬生賕伯	史記索隱引世本無「桓叔生子萬子」六字。蓋作者所增。
一三四	倒一	成二年疏引世本云	案左傳成二年疏無此引文。乃見宣十二年。

一三五	一	又宣十二年	原本脫「十」字。今補。
一三五	五	杜左注以厥爲卽韓起	案左傳襄七年，韓獻子告老，穆子無忌有廢疾，請立起。杜注：「穆子，韓厥長子。」又云：「（起）無忌弟，宣子也。」則杜注未以厥爲韓起。
一三五	五	韋國語注以厥爲韓獻子之子无忌弟	案國語韋注於韓獻子注曰：「獻子，韓萬之玄孫，子輿之子，厥也。」於无忌注曰：「无忌，韓厥之子。」於韓宣子注曰：「宣子韓起。」均與作者所云「以厥爲韓獻子之子无忌弟」者不合。
一三六	一	武子二年弑其君幽公	案史記韓世家，武子二年伐鄭，殺其君幽公。六國年表云：鄭幽公，韓殺之。晉世家云：盜殺幽公。六國年表云：魏誅晉幽公。是晉幽公爲魏所殺，韓殺者，鄭幽公也。作者蓋誤。
一三六	四	景子子武侯	原本侯下有「斯」字。案史記韓世家索隱曰：「系本作武侯也。」無「斯」字。據刪。第五行案語云武侯取，索隱亦無「取」字。
一三六	五	武侯名擧	案史記魏武侯名「擊」，韓無武侯「擧」，蓋作者誤置於此。
一三六	倒四	世家名若	案史記韓世家、六國表皆無懿侯名。此云世家，疑誤。
一三七	二	定十三年引世族譜云	原本「世族譜」作「世本」。據左傳疏改。
一三九	二	畢萬生芒芒生季……莊子降	原本奪「芒」「生」兩字，「降」作「絳」。係從史記魏世家索隱引世本文，禮記之誤。作者已於案

			語敍明・此條既引禮記・似不宜删改・以存其眞・
一三九	倒四	獻子名荼	原本「獻」上衍「士」字・據史記删・
一三九	倒三	嬴生獻子・	原本脫「子」字・據史記補・
一四〇	七	追尊父惠王爲王	案惠王爲武侯之子・惠王稱王・當追尊「武侯」・茲作「惠王」・疑誤・
一四二	倒三、二	二螿侯……蓋國史徵失本謚故重耳・	原本「螿」作「僖」・「國」下脫「史」字・「謚」下脫「故重耳」三字・據史記燕世家索隱增改・
一四四	一	仍有六世爲君・	原本「爲君」作「孫」・據左傳疏改・
一四五	七	「郲國」條	案本條自「郲國曹姓」以下至「居郲」・乃約舉隱元年正義文・「挾之後顏」在隱元年・莊五年疏中無此語・或別有所據・然此條非皆世本文也・

世本上

通州雷學淇校輯

漢宋衷注

淇案，衷、忠古字通。漢書劉表傳曰：表起立學校，博求儒術，綦毋闓、宋忠等撰立五經章句，謂之後定。左傳釋例曰：漢末宋仲子集七歷以考春秋。經典釋文曰：衷字仲子，南陽章陵人，後漢荆州五業從事，有周易注九卷。三國志尹默傳注云：宋仲子後在魏。蓋初仕劉表，後卒於魏也。○世本書有傳、有記、有別錄、有圖、有譜、有注。傳見史記魏世家索隱；記見左傳襄公二十一年正義；別錄見唐書藝文志；圖見陳振孫直齋書目，謂張九齡撰姓源韻譜嘗掇摭世本圖也。此皆不著作者姓名。隋書於世本王侯大夫譜二卷外，別有世本二卷，劉向撰；世本四卷，宋衷撰。唐書藝文志亦止云宋忠世本四卷，下始記宋均及王氏二家注。二志皆不言仲子作注者，蓋其時世本書殘缺，仲子據史記補燕系，其他必更有補益者，故隋志直云衷撰世本。以諸書所引各文證之，蓋補其殘缺而注釋之也。

帝繫

淇案：書序正義云：今世本帝繫及大戴禮五帝德，皆以黄帝爲五帝。詩生民正義引大戴禮帝繫云云，謂世本文亦然。一切經音義二十三云：世本有帝繫篇，謂子孫相繼續也。路史後紀八卷注引世本帝繫云：鬼方國君之妹女嬇，大戴作女隤。國名紀六卷又引帝繫宋衷注。據此是世本書舊有帝繫篇甚明。文與大戴禮略同。故書序正義云。大戴禮出於世本。卽指此及謚法等篇也。今諸書稱引存者強半。條列於下。缺者以戴書證之。

少典生軒轅。是爲黄帝。

淇案。此九字諸書無引者。漢書司馬遷傳。隋書經籍志。並云世本錄黄帝以來祖世所出。據此是世本帝繫篇實有此文。與戴記同也。

黄帝生玄囂。據注文及史記五帝本紀。此下當有是爲青陽四字。玄囂生僑極。僑極生高辛。是爲帝嚳。帝嚳生堯。舜典正義引。無高辛是爲四字。王逸離騷注引此云。高辛是爲帝嚳。

宋忠曰。玄囂青陽。是爲少昊。繼黄帝立者。高辛。地名。因以爲號。嚳。名也。史記五帝本紀索隱。○少昊。黄帝之子。名契。字青陽。黄帝歿。契立。王以金德。號曰金天氏。同度量。調律呂。封泰山。作九泉之樂。以鳥紀官。董逌錢譜。

孫氏注云。伏羲。神農。黄帝爲三皇。少皡。顓頊。高辛。唐。虞爲五帝。史記五帝本紀索隱。正義。

淇案。董氏所引。與世本文不類。必傳注等說也。凡疑者皆加一圈別之。孫氏注世本。隋唐書志皆不載。堯典正義引世本云。堯爲黄帝玄孫。路史後紀九卷注引云。帝嚳黄帝之曾孫。此皆約舉帝系文也。左傳昭公元年疏引云。金天氏帝少昊。又十七年疏引云青陽卽少昊黃帝之子代黃帝而有天下號曰金天氏此皆約舉傳注文也名契路史後紀七卷注引作絜又作挈契與挈絜古字通皆摯字之譌也考國語有兩青陽皆黃帝子一爲姬姓帝妃西陵氏之女嫘祖所生卽玄囂也史謂其降居江水不得在帝位其後裔是爲高辛一爲已姓方雷氏之甥逸書謂其名曰質因繼蚩尤而宇於少昊故又曰小昊淸其裔孫是爲少昊帝摯故三統歷引考德云少昊曰淸淸者黃帝之子淸陽也是其子孫名摯又曹子建帝少昊贊曰禮自軒轅青陽之裔然則少昊帝摯實爲青陽之裔非卽質矣自漢以後言古系者多誤合兩青陽爲一又誤謂少昊摯卽少昊淸此由世本在漢初文多殘落帝系篇脫去少昊之世故史遷採之作帝紀不及少昊而後之言少昊者亦每多紕繆也宋注云云實同此誤

黃帝生昌意。郭璞山海經十八卷注。 **昌意生高陽是爲帝顓頊。**顧野王玉篇注。

宋衷曰顓頊名高陽有天下號也。史記五帝本紀索隱。

顓頊生窮蟬。五世而生瞽叟。漢書律歷志引帝繫文。 **瞽叟生重華是爲帝舜。**王逸楚詞注引帝繫文。

淇案漢志王注所引帝繫文與戴記多不合蓋卽世本帝系也五世者統計之詞舜典疏引世本云舜是黃帝八代之孫皆約全文言之戴書云顓頊產窮蟬窮蟬產敬康敬康產句芒句芒產蟜牛蟜牛產瞽叟瞽叟產重華是爲帝舜與漢志五世之說合未審世本元文與此同否

顓頊五世而生鯀。漢書律歷志王逸楚詞注引帝繫文。 **鯀生高密是爲禹。**玉篇。

宋衷曰：高密，禹所封國。夏本紀索隱。路史後紀十三卷注。

淇案：漢志前引五世生瞽叟，今有戴書及史記可證，此之五世，其文缺矣。山海經有鯀父駱明之說，不知世本或與同否。書序疏云：世本經于暴秦，爲儒者所亂。通鑑外紀曰：世本經秦歷漢，儒者改易。今戴書帝繫、史記本紀，皆謂顓頊生鯀，是戴與司馬所見世本，實非完帙矣。更有史記猶存其說，而戴書並缺者，是則戴之所見，其竄亂又甚。後劉向校訂，補其不足，後儒據之，故高誘、呂覽注亦曰禹顓頊六世孫。今山海經十八卷注、玉篇七卷注、史記夏本紀索隱引世本，仍作顓頊生鯀，鯀生高密者，蓋漢魏之際更生所校，又復散失，外間轉寫，仍止殘編。雖宋衷據史記補蒸系，而此仍缺如也。

顓頊生稱，稱生卷章，卷章生黎。左傳昭公二十九年疏。

淇案：戴記帝繫篇無此數語，史遷采世本作史記，著於楚世家，故孔疏並引之。顓頊，疏引作高陽，與帝系文不類，吳任臣山海經廣注引世本作顓頊生稱。

黄帝娶于西陵氏之子，謂之纍祖，產青陽及昌意；昌意娶于濁山氏之子，謂之昌僕，生顓頊。山海經十八卷注。

淇案：戴記黄帝下有居軒轅之邱五字，昌意下有青陽降居泜水，昌意降居若水二句，史記亦有之，泜作江。郭注所引，或節取之也。否則三語見世本居篇，戴氏誤羼於此。韋昭國語注引帝繫此文，亦無居軒轅五字。又戴記纍作嫘，濁作蜀，僕作濮，嫘祖、昌濮下皆有氏字，屬上爲句，故下又曰：吳回氏、付祖氏、女皇氏、女匽氏，氏皆連名字讀之，大誤。案：氏者，後世之稱，傳世之謂也。傳曰：胙之土而命之氏，謂即以所封之國命爲某氏，使之世守此土，其支庶則各以其王父之字謚爲族，或即以爲氏。人臣有世功者，即以其先世官邑氏其子孫，或亦以字謚。故周禮地官疏云：祖父以來，世爲是官，則命之以氏。凡官稱氏者，皆此類。自古公侯卿士，從無以已之名字及身稱氏者，況嫘祖、昌僕、女皇、女匽，又皆婦名，無稱氏之禮。氏字當屬下爲句。古文氏與是通。漢書地理志曰：氏爲莊公。漢韓勑後碑云：韓君于氏憒慉之思。是皆作氏。下文是生老童、是生六子、衞是也、韓是也等句，戴記是皆作氏。諸書引世本並作是也。國語注引是生青陽，又作實。蓋古文寔與實通，是與寔通。詩鄭箋云：寔、實同。春秋桓公六年經曰：寔來。穀梁傳曰：寔來者，是來也。

顓頊娶于滕璌氏之子，謂之女祿，是生老童。山海經十六卷注引。無之子及是字，據太平御覽一百三十五卷引補。璌，御覽作奔。

宋衷曰：勝奔，國名。御覽及路史國名紀六卷注。

淇案：字書無璌字。王逸楚詞章句引帝系作顓頊娶于滕隍奔氏女而生老僮。戴記云：顓頊娶于滕奔氏。路史注又謂一作滕湟。淇謂隍字衍文，璌字當是賁字之譌。賁與奔、墳皆通。夏小正云：元駒賁。周官有虎賁氏、旅賁氏，字之音義與奔皆合。故御覽、路史引作滕奔。穀梁傳曰：覆酒于地，地賁。注釋賁爲沸起，是賁又與墳通矣。郭氏所見帝系必作墳字，後之鈔錄者譌作璌。左傳宣公二年疏所謂世本轉寫多誤也。勝奔、滕奔，皆滕賁之別。

老童娶于根水氏，謂之驕福。山海經十六卷注。**生重黎及吳回。**徐廣史記楚世家音義。〇山海經十六卷注作產重及黎。

陸終娶于鬼方氏之妹，謂之女嬇，是生六子。孕而不育，三年，啓其左脅，三人出焉；破其右脅，三人出焉。水經洧水注。太平御覽三百七十一卷。

注云。鬼方于漢。則先零戎是也。文選趙充國頌注。

淇案。戴記此節上有吳回氏生陸終六字。世本當與同也。破字御覽亦作啓。李善文選注引此注文。不言是誰氏之注也。

其一曰樊。是爲昆吾。二曰惠連。是爲參胡。三曰籛鏗。是爲彭祖。史記楚世家索隱。○水經獲水注引三曰二句無鏗字。

宋忠曰。昆吾國名。已姓所出。左傳曰。衛侯夢見披髮登昆吾之觀。今濮陽城中有昆吾臺。是參胡國名。斯姓。無後。楚世家索隱。○彭祖。姓籛。名鏗。在商爲守藏史。在周爲柱下史。年八百歲。經典釋文莊子逍遥注。邢昺論語述而疏並引之。未審是仲子注文否。

四曰求言。是爲會人。其五曰安。是爲曹姓。六曰季連。是爲芈姓。

宋忠曰。求言、名也。妘姓所出。安、名也。曹姓者。諸曹所出也。季連、名也。芈姓。諸楚所出。楚之先。楚世家索隱。

昆吾者。衛是也。參胡者。韓是也。彭祖者。彭城是也。會人者。鄶是也。曹姓者。邾是也。裴駰史記楚世家集解。○鄶字。諸本多誤作鄭。水經洧水注。獨于鄀城下引此文證之。則世本元文是鄀字無疑。故宋注云鄀國也。

宋忠曰。鄀國也。楚世家索隱。

季連者。楚是也。楚世家索隱。

楚子熊渠封長子庸爲句祖王。中子紅爲鄂王。少子疵爲就章王。水經江水注引世本曰。熊渠封其中子爲鄂王。史記楚世家曰熊渠立其長子康爲句亶王。中子紅爲鄂王。少子執疵爲越章王。索隱曰。系本康作庸。亶作祖。無執字。越作就。太平寰宇記一百一十二卷引世本曰楚子熊渠封中子紅于鄂。蓋三書皆節取之也。

淇案。戴記此節上有季連產付祖氏。付祖產穴熊。九世至于渠婁鯀出自熊渠。四句。前二語史記亦有之。世本當亦然也。後二句。史與之異。謂穴熊以後中微。或在中國。或在蠻夷。弗能紀其世。周文王之時有鬻熊。又九世至于熊渠。此與戴記不同。蓋史記是也。漢初世本已殘缺。至戴氏時尤甚。故穴熊至渠千有餘年。謂止九世。此因穴鬻聲相近。誤合爲一。不如史遷之記遠矣。考楚之先世有三鬻熊。其一乃唐元宗詔祀夏禹于安邑。以宗伯鬻熊秩宗伯夷配祀者。此鬻熊在虞夏之際。即此穴熊也。其一即年九十而見文王。文王師事之者。是在商周之際。其一則渠之孫熊嚴。當汾王之世。王符潛夫論亦謂之爲鬻熊也。

帝嚳卜其四妃之子而皆有天下。元妃有邰氏之女曰姜嫄。是生后稷。次妃有娀氏之女曰簡狄。是生契。

次妃．陳酆氏之女曰慶都．是生帝堯．次妃．娵訾氏之女曰常儀．是生帝摯．藝文類聚十五卷．太平御覽一百三十五卷並引之．元妃．史記外戚世家索隱引作上妃．

堯娶于散宜氏之子．謂之女皇．

宋衷曰．是生丹朱．並見御覽一百三十五卷．

舜娶于帝堯．謂之女瑩．御覽引此條．瑩誤作姬．五帝本紀索隱云．系本作女瑩．大戴作女匽．

鯀娶有辛氏女．謂之女志．是生高密．史記夏本紀索隱．○御覽一百三十五卷引此．誤有辛作華．下衍禹字．

禹娶塗山氏之子．謂之女嬌．是生啓．夏本紀正義引帝繫文如此．與戴記異．蓋卽世本帝繫也．故索隱引世本曰．塗山氏女名女媧．○女媧疑是女嬌之誤．戴記作女憍．漢書古今人表作女趫．

王侯

淇案隋書經籍志有世本王侯大夫譜二卷。而堯典正義。經典釋文。皆引王侯世本。趙邠卿孟子注亦云。古紀世本錄諸侯之世。是王侯自爲一篇。不與卿大夫同也。太史公采世本以成史記。今凡文之不屬者。取史記附證於後。

啓禹子。書益稷正義。 帝佇。三代世表索隱。 帝芬。 帝降。夏本紀索隱。 帝皋生發及履癸。履癸一名桀。三代世表索隱。

宋衷曰。帝皋墓在崤南陵。同上。

淇案夏本紀。禹生啓。啓生太康及中康。中康生帝相。相生少康。少康生帝予。予生帝槐。槐生帝芒。芒生帝泄。泄生帝不降及帝扃。扃生帝廑。不降生孔甲。孔甲生帝皋。皋生帝發。發生帝桀。索隱引世本。謂予作佇。槐作芬。不降作降。又引云帝皋生發及桀。書孔傳云啓禹子。正義謂是世本文。據此是世本之系。與史記同。其不同者。惟佇芬帝降及發與桀爲兄弟耳。

右夏世

契生昭明。昭明生相土。相土生昌若。昌若生曹圉。曹圉生根國。根國生冥。禮祭法正義。 糧圉。 核。殷本紀索隱。 湯名天乙。堯典音義及正義。 外丙。 仲壬。殷本紀正義。 太甲。太丁子。太甲崩。子沃丁立。書序正義。 小甲。太庚子。三代世表索隱。 仲丁。太戊子。 河亶甲。仲丁弟。祖乙。河亶甲子。書序正義。開甲。殷本紀索隱。盤庚崩。弟小辛立。崩。弟小乙立。崩。子武丁立。書序正義。祖辛。三代世表索隱。

宋衷曰。冥爲司空。勤其官事。死于水中。殷人郊之。殷本紀索隱。記曰。太甲。湯孫。左傳襄公二十一年正義。

淇案殷本紀契生昭明。昭明生相土。相土生昌若。昌若生曹圉。曹圉生冥。冥生振。振生微。微生報丁。丁生報乙。乙生報丙。丙生主壬。壬生主癸。癸生天乙。是爲成湯。湯生太丁及外丙中壬。太丁生太甲。太甲生沃丁及太庚。太庚生小甲及雍己太戊。太戊生仲丁及外壬河亶甲。河亶甲生祖乙。祖乙生祖辛及沃甲。祖辛生祖丁。沃甲生南庚。祖丁生陽甲及盤庚小辛小乙。小乙生武丁。武丁生祖庚祖甲。祖甲生廩辛及庚丁。庚丁生武乙。武乙生太丁。太丁生帝乙。帝乙生帝辛。是爲紂。索隱引世本謂曹圉作糧圉。振作核。沃甲作開甲。廩辛作馮辛。正義謂太史公采世本。有外丙中壬。尙書正義又引天乙太甲十數君。據此是世本之文與史系皆符。惟曹振沃廩四字互異。更多很國一代也。班叔皮謂史公刪世本。即此類也。

右商世

后稷生不窋。不窋生鞠陶。鞠陶生公劉。公劉生慶節。慶節生皇僕。皇僕生差弗。差弗生毀隃。書酒誥正義。　僞榆。

公非辟方。　高圉侯侔。　亞圉雲都。　太公組紺諸盩。周本紀索隱。　組紺生太王亶父。亶父生季歷。季歷生文王。酒誥正義。〇禮記中庸疏引亞圉雲。組紺諸盩。無太公二字。路史後紀九及發揮四引此。侔作牟。太公二字在組紺諸盩下。

宋衷曰。高圉。能率稷者也。周人報之。周本紀集解。

淇案周之世系。論者紛如。史記拘於國語十五王之說。謂自棄爲后稷。歷夏商千有餘年。至文王止十有五君。其不合事情。誠有如譙周所議者。然夏后以來。失其代數。淇謂當以世本漢書爲主。婁敬說漢高祖曰。自后稷堯封之邰。積德累善十餘世。公劉避桀居豳。然則棄至公劉十餘世。不止四世矣。此十餘世不可悉知。山海經謂后稷之弟曰台璽。生叔均。始作耕。又曰稷之孫叔均作牛耕。其說似不同。非不同也。譙周據國語。謂周之先世世爲稷官。以服事虞夏。所謂稷生不窋者。皆稷棄之裔。非親棄之子。然則山經世本之所謂后稷。多謂棄之子孫。襲居稷官者。不盡皆指棄矣。叔均之祖與世父皆爲稷官。故或曰稷之孫。或曰弟之子也。世本謂后稷至公劉四世。此后稷實亦非棄。婁敬生戰國時。時猶近古。所聞自當不謬。不然。歷有夏四百數十年。豈僅止四世哉。慶節以後至文王。皆在殷商之世。諸書引世本公非至諸盩。不言屬。漢書古今人表。僞榆作毀隃。侯侔作夷竢。太公組紺諸盩作公祖。謂公非毀隃子。辟方公非子。高圉辟方子。夷竢亞圉皆高圉子。雲都亞圉弟。公祖亞圉子。孟堅大家去更生未久。必及見所校世本。人表之說。近爲得實。故曰周系自殷商以後。當以世本漢書爲主也。史記多疏漏。既以不窋爲棄之親子。公非後更脫去辟方三世。皇甫謐帝王世紀。杜預春秋釋例。又從而和之。謂此三世即公非高圉亞圉名字。此與漢表之說。亦大不侔矣。今酒誥正義引后稷至文王。仍如史說。且有爲昭爲穆等文。與古紀世本體不類。與禮疏史注路史所引亦不合。故公非下至組紺。仍依諸書。止記名號。並删去昭穆等文。而附其說於後。

成王生康王。康王生昭王。昭王生穆王。穆王生恭王。禮郊特牲正義。伊扈。周本紀索隱。恭王生懿王。郊特牲正義。堅。周本紀索隱。及孝王。懿王崩。弟孝王立。孝王崩。懿王太子燮立。是爲夷王。夷王生厲王。郊特牲正義。

宋衷曰：昭王南伐楚，辛由靡爲右，涉漢中流而隕，由靡承王，遂卒不復，周乃侯其後于西翟。三代世表索隱。

淇案：世本自太王以後皆書名，所謂臨文不諱也。據三代世表，其元文當是組紺生太王亶父，太王生王季歷，王季生文王昌，文王生武王發，武王生成王誦，成王生康王釗，康王生昭王瑕，昭王生穆王滿，穆王生恭王伊扈，恭王生懿王堅及孝王方，懿王崩，弟孝王立，孝王崩，懿王太子燮立，是爲夷王，夷王生厲王胡，厲王生宣王靜，宣王生幽王宮涅，幽王生平王宜臼，平王生太子洩父，洩父生桓王林。今惟亶父、季歷、伊扈、堅四名見書疏、史注，蓋稱引者多略去不載。觀下左傳正義所引，可見世表之文與世本多合，故本紀謂恭王名繄扈，懿王名囏，而世表仍作伊扈、堅也。

平王生桓王林，林生莊王佗，佗生僖王胡齊，胡齊生惠王毋涼。毋字據周本紀索隱引增。惠王生襄王鄭，鄭生頃王巨，

生匡王班及定王瑜，瑜生簡王夷，夷生靈王泄心，泄心生景王貴，貴生悼王猛及敬王匄。左傳昭公二十六年正義。

淇案：正義此段文多脱略。杜注謂惠王，平王六世孫，故疏引惠王以上文證之。脱太子洩父一世及胡毋二字，今胡據本段文補，毋據史記注補。洩父一代，經史傳紀無異詞，而未有證爲世本文者，故仍之而附其說。頃王之名，諸書皆作壬臣，此巨字疑亦缺誤。

敬王崩，貞王介立，貞王崩，元王赤立。左傳哀公十九年正義、周本紀索隱。

宋衷曰。太史公書云元王仁生貞王介。與世本不相應。不知誰是。左傳哀公十九年正義。魯哀公十九年周敬王崩。

哀公二十年是定王介崩。子元王赤立。經典釋文二十。○此所引亦傳注說也。

威烈王。王赧。

宋衷曰。威烈王葬洛陽城中東北隅。王赧謚曰西周武公。周本紀索隱。○宋氏誤以王赧爲西周武公索隱巳辨之。

淇案春秋終於敬王之世。前巳詳之矣。周本紀謂敬王生元王仁。仁生定王介。介生哀王去疾。思王叔。及考王嵬。嵬生威烈王午。午生安王驕。驕生烈王喜及顯王扁。扁生愼靚王定。定生王赧。貞元之系古無定論。韋昭國語注云。定當爲貞。貞王名介。敬王子也。卽用世本說定王。漢書人表。竹書紀年。帝王世紀。皆作貞定王。

右周世

伯禽生煬公熙。熙生弗。弗生獻公具。具生武公敖。明堂位正義。考公就。幽公圉。魯世家索隱。徽公弗。經典釋文十八。○三代世表索隱引作微公弗甚。厲公翟。愼公摯。魯世家索隱。孝公生惠公弗皇。弗皇生隱公。曾子問正義。隱公息姑。魯世家索隱。桓公軌。左傳桓公元年疏穀梁傳疏亦引之。

湣公啓方。穀梁傳閔公元年疏。魯世家注引無方字。○襄公。穀梁傳疏。昭公稠。世家索隱。哀公將生悼公寧。寧生元公嘉。嘉生穆公不衍。檀弓正義。平公旅。湣公。魯世家索隱。

○襄公十五年。當周頃王。穀梁傳襄公十五年疏。

淇案：魯世家伯禽生考公酋及煬公熙。熙生幽公宰及魏公潰。潰生厲公擢及獻公具。具生眞公濞及武公敖。敖生懿公戲及孝公稱。稱生惠公弗湟。弗湟生隱公息及桓公允。允生莊公同及釐公開。釐公申。申生文公興。興生宣公俀。俀生成公黑肱。黑肱生襄公午。午生昭公稠及定公宋。宋生哀公將。將生悼公寧。寧生元公嘉。嘉生穆公顯。顯生共公奮。奮生康公屯。屯生景公匽。匽生平公叔。叔生文公賈。賈生頃公讐。楚滅之。索隱引世本謂酋作就。宰作圉。魏公作微公。擢作翟。眞公濞作愼公摯。弗湟作弗皇。息作息姑。開作啓。將作蔣。顯作不衍。叔作旅。文公作湣公。禮疏所引蓋節錄之也。

右魯世

太公望生丁公伋。伋生乙公得。得生癸公慈母。慈母生哀公不臣。檀弓正義。○齊世家索隱引作祭公慈母。

宋衷曰。哀公荒淫田遊。史作還詩以刺之。齊世家索隱。

獻公山。

宋衷曰。其黨周馬繻人將胡公于貝水殺之。而山自立也。齊世家索隱。

武公。

宋衷曰。齊武公十年。宣王大臣共行政。故號曰共和。十四年宣王卽位。十二諸侯年表索隱。

成公說。　莊公購。齊世家索隱。　昭公潘。穀梁傳文公十四年疏。　靈公環。　莊公光。　景公杵臼。管晏列傳索隱。　平公敬。齊世家索隱。

淇案齊世家。太公望生丁公伋。伋生乙公得。得生癸公慈母。慈母生哀公不辰及胡公靜。獻公山。山生武公壽。壽生厲公無忌。無忌生文公赤。赤生成公脫。脫生莊公購。購生釐公祿甫。祿甫生襄公諸兒及桓公小白。小白生無詭及孝公昭。昭公潘。懿公商人。惠公元。元生頃公無野。無野生靈公環。環生莊公光及景公杵臼。杵臼生晏孺子荼及悼公陽生。陽生生簡公壬及平公驁。驁生宣公積。積生康公貸。田和遷之海上。索隱引世本。謂癸公作祭公。不辰作不臣。脫作說。購作贖。驁作敬。是二書之異者止此數處。餘皆同也。觀穀梁傳及管晏傳注所引自見。

右齊世

宣侯。桓侯。閔公。燕世家索隱。燕王喜。顏氏家訓書證篇。

淇案燕世家，召公已下九世至惠侯，惠已下釐侯、頃侯、哀侯、鄭侯、繆侯、宣侯、桓侯、莊公、襄公、桓公、宣公、昭公、武公、文公、懿公，皆無系。懿公生惠公，傳悼公、共公、平公、簡公、獻公、孝公、成公、湣公、釐公、桓公、文公，亦無系。文公生易王，易王生噲，噲生昭王，平，平生惠王，惠王生武成王，武成王生孝王，孝王生今王喜，秦滅之。索隱於宣侯下引譙周說云：系本謂燕自宣侯已上皆父子相傳，桓侯已下並不言屬，據此是世家自宣侯已上之系，皆世本文也。桓侯已下猶三代言屬，不知史公何本矣。索隱又云：案今系本無燕代系，宋忠依太史公書以補其缺，尋徐廣作音義，尚引系本，蓋近代始散逸耳。據此是世本經秦火，已多殘缺，徐廣所見，即宋氏據史記所補者，至唐時並此散失也。然索隱謂系本以上文公爲閔公，此處不知宋氏何據，考譙周所見史記與今本不同，豈仲子所見亦頗異與。

右燕世

平侯者，靈侯般之孫，太子友之子。管蔡世家集解。

淇案蔡世家，周武王弟叔度封于蔡，度生蔡仲胡，胡生蔡伯荒，荒生宮侯，宮侯生厲侯，厲侯生武侯，武侯生夷侯，夷侯生釐侯所事，所事生共侯興，興生戴侯，戴侯生宣侯措父，措父生桓侯封人及哀侯獻舞，獻舞生繆侯肸，肸生莊侯甲午，甲午生文侯申，申生景侯同，同生靈侯般及平侯廬，般生太子友，友生悼侯東國及昭侯申，申生成侯朔，朔生聲侯產，產生元侯，元侯生侯齊，楚滅之。集解引世本云云，亦約詞也。譔以悼爲平，當是字舛，否則世本原文謂廬謚曰悼，東國謚曰平矣。

右蔡世

曹悼伯卒.弟露立.謚靖公.管蔡世家索隱.

宋忠曰.曹今濟陽定陶縣.同上.

淇案曹世家.周武王弟叔振鐸封于曹.生太伯脾.脾生仲君平.平生宫伯侯.侯生孝伯雲.雲生夷伯喜及幽伯彊、戴伯蘇.蘇生惠伯兕.兕生石甫及繆公武.武生桓公終生.終生生莊公夕姑.夕姑生釐公夷.夷生昭公班.班生共公襄.襄生文公壽.壽生宣公彊及成公負芻.負芻生武公勝.勝生平公頃.頃及隱公通、頃生悼公午及聲公野、靖公露.露生曹伯陽.宋滅之.索隱云.檢世本及春秋.悼伯卒.弟露立.謚靖公.實無聲公隱公.據此是世本元文止云頃生悼公午及靖公露.無聲公、隱公也.索隱亦是約詞.

右曹世

康叔.周公弟.左傳襄公二十九年正義.康伯髡.衞世家索隱.

宋忠曰.卽王孫牟也.事周康王爲大夫.

摯伯.箕伯.衞世家索隱.武公康叔九世孫.左傳襄公二十九年正義.戴公申.左傳閔公二年正義.悼公虔.敬公費生橈公舟.衞世家索隱.聖公

馳。成侯不逝。衞世家索隱。

洪案衞世家，康叔封、衞傳康伯、考伯、嗣伯、𢓜伯、靖伯、貞伯、頃侯、釐侯、武公和、莊公揚，皆父子相傳。揚生桓公完及州吁，宣公晉。晉生惠公朔及公子黔牟、昭伯完。朔生懿公赤，昭伯生戴公申、文公燬。燬生成公鄭。鄭生穆公遬。遬生定公臧及殤公秋。臧生獻公衎。衎生襄公惡。惡生靈公元。元生莊公蒯聵及公子斑師、公子起、悼公黔。蒯聵生出公輒。黔生敬公弗。弗生昭公糾。公子亹弑之而自立，是爲懷公。敬公孫公子穨弑之而自立，是爲慎公。慎公生聲公訓。訓生成侯速。速生平侯。平侯生嗣君。嗣君生懷君及元君。元君生角，秦滅之。索隱於虔伯下云系本作摯伯，於貞伯下云系本作箕伯，於悼公黔云系本作悼公虔，於敬公昭公云系本作敬公生檮公舟，於聲公成公云世本作聖公馳成侯不逝。蓋二書大約皆同，止名謚少有異也。

右衞世

錯叔繡。文王子。顏師古漢書地理志注。封滕。路史後紀十卷注。

宋衷曰：今沛國公邱是滕國也。陳杞世家索隱。

齊景公亡滕。　隱公。左傳隱公七年正義。考公麇。　元公弘。趙岐孟子注。

洪案史無滕世家，其系不可考。見於春秋經傳及孟子者，有滕侯穀、宣公嬰齊、昭公元、滕子壽、成公原、悼公寧、頃公結、隱公虞毋，及定公、文公。其屬則未聞也。左傳正義引世本，謂隱公之後，仍有六世爲君。孟子所載定公、文公殆其二矣。趙岐注云：古紀世本錄諸侯之世。滕國有考公麇與文公之父定公相直。其子元公弘與文公相直。以後世避諱。改考公爲定公。以元公行文德。故謂之文公。據此是世本有考公元公而無定公文公也。趙氏謂定卽考。元卽文。不知何本。且謂其時相直。必世本有諸公在位年數。可準而知也。然不可考矣。至齊景亡滕之說。左傳正義已疑之。今不復贅。

右滕世

定公貜且。穀梁傳成公十七年疏。 宣公朔魯。穀梁傳襄公元年疏。

淇案史無郲世家。小司馬欲補之而未果。其見於經傳者。屬亦不能盡識。定公之名。左傳作貜且。世本與穀梁傳合也。宣公朔魯之說。似出傳注。

右郲世

武侯曼期。 厲侯輻。 獻侯蘇。晉世家索隱。 穆侯弗生。十二諸侯年表索隱。 欒叔賓父。 鄂侯郄。晉世家索隱。 武公莊伯子。左傳桓公三年正義。

定公午。 出公鑿。 昭公生桓子雍。雍生忌。忌生懿公驕。六國年表索隱。○晉世家索隱引此。生字下衍札字。桓字下衍公字。雍字下缺一雍字。徐廣音義引此亦曰桓子雍也。

幽公生烈成公止。 孝公傾欣。 靜公俱。晉世家索隱。

宋忠曰。唐叔已下五世。無年紀。十二諸侯年表索隱。又曰。桓子雍戴子。晉世家音義。又曰。幽公之時。晉衰反朝韓趙魏之君。晉世家音義。

洪案晉世家。成王封弟叔虞于唐。虞生晉侯燮。燮生武侯寧族。武侯生成侯服人。成侯生厲侯福。福生靖侯宜臼。宜臼生釐侯司徒。司徒生獻侯籍。籍生穆侯費壬。及殤叔。費壬生文侯仇及桓叔成師。仇生昭侯伯。伯封成師于曲沃。靖侯庶孫欒賓相之。伯生孝侯平。平生鄂侯郄。郄生哀侯光及晉侯緡。光生小子侯。桓叔生莊伯鱓。鱓生武公稱。稱滅晉侯而代之。生獻公詭諸。詭諸生奚齊悼子及惠公夷吾文公重耳。夷吾生懷公圉。重耳生襄公歡及成公黑臀。歡生靈公夷皋。及公子捷。黑臀生景公據。據生厲公壽曼。公子捷生惠伯談。談生悼公周。周生平公彪。彪生昭公夷。夷生頃公去疾及公子雍。去疾生定公午。午生出公鑿。公子雍生忌。忌生哀公驕。驕生幽公柳。柳生烈公止。止生孝公頎。頎生靜公俱酒。魏韓趙遷爲家人。晉絕不祀。索隱諸書所引皆名謚之異。宋氏三注說卽原於世家。世家哀公驕。年表亦作懿公驕。故觀於史記。可以知世本也。

右晉世

桓公鄭。杜預春秋釋例世族譜。

洪案吳萊謂杜氏世族譜本之劉向世本。今譜謂世本無許叔。疑鄭卽是。是世本亦嘗詳許系矣。

右許世

陳遂。舜後。路史後紀十二卷注。厲公躍。左傳桓公十二年正義。共公朔。穀梁傳文公十三年疏。

宋忠曰。虞思之後。箕伯直柄中衰。殷湯封遂于陳以爲舜後。陳杞世家索隱及路史後紀十二卷注。

洪案。陳世家。周武王封舜後嬀滿于陳。是爲胡公。胡公生申公犀侯。及相公皋羊。犀侯生孝公突。突生愼公圉戎。圉戎生幽公寧。寧生釐公孝。孝生武公靈。靈生夷公說。及平公燮。燮生文公圉。圉生桓公鮑。及厲公他。鮑生利公躍。及莊公林。宣公杵臼。杵臼生穆公款。款生共公朔。朔生靈公平國。平國生成公午。午生哀公弱。弱生悼太子師。及陳侯留。太子師生惠公吳。吳生懷公柳。柳生湣公越。楚滅之。左傳謂文公生桓公鮑。及五父佗。鮑生太子免。及厲公躍。躍生莊公林。桓公卒。太子免卽位。五父佗弑免而自立。蔡人殺之。立厲公。桓公十二年正義云。世本有厲公躍。無陳利公。據此是世本之系與左傳相符。索隱亦謂佗立未踰年。故無謚。厲利聲相近。史遂誤以佗爲厲公。不知史公采世本何以有此誤也。

右陳世

殷湯封夏後于杞。周又封之。殷敬順列子釋文。惠公立十八年。生成公及桓公。成公立十八年。桓公立七十年。杞世家音義。○索隱亦云惠公生成公及桓公。七十音義引作十七。今從春秋經傳改。

宋忠曰：杞，今陳留雍邱縣。杞世家索隱。

淇案杞世家，周武王封禹後東樓公于杞，東樓公生西樓公，西樓公生題公，題公生謀娶公，謀娶公生武公，武公生靖公，靖公生共公，共公生德公及桓公姑容，桓公生孝公匄及文公益姑、平公鬱，鬱生悼公成，成生隱公乞及釐公遂，遂生湣公維及哀公閼路，維生出公敕，敕生簡公春，楚滅之。音義於德公下云，世本曰惠公，於桓公姑容下云，世本曰惠公立十八年云云。據此是世本謂共公生惠公，惠公生成公及桓公，此與左氏說同，餘則與史記皆合也。

右杞世

湣是宋莊公穆公之長子。穀梁傳莊公二年疏。

淇案宋世家，成王旣誅武庚，命微子開代殷後，國于宋，傳其弟微仲衍，衍生宋公稽，稽生丁公申，申生湣公共及煬公熙，共生厲公鮒祀，鮒祀生釐公舉，舉生惠公覸，覸生哀公，哀公生戴公，戴公生武公司空，司空生宣公力及穆公和，力生殤公與夷，和生莊公馮，馮生湣公捷及桓公禦說，禦說生襄公茲甫，茲甫生成公王臣及宋君禦王臣生昭公杵臼，杵臼生文公鮑革，鮑革生共公瑕，瑕生平公成，成生元公佐，佐生景公頭曼及公子禚秦，禚秦生公孫糾，糾生昭公特，特生悼公購由，購由生休公田，田生辟公辟兵，辟兵生剔成及宋王偃，齊與魏楚伐滅之。穀梁疏所引，亦約詞也。

右宋世

夷昧及僚夷昧生光。左傳昭公二十七年正義。○下四字吳太伯世家音義亦引之。

淇案史記謂餘昧生王僚。諸樊生光。今徐廣引世本謂夷昧生光。是不同也。左傳疏。夷昧及僚四字。文亦不屬。及字或是生字之誤。否則是夷昧生光及僚也。史記索隱謂今檢世本無此語。蓋唐時已散逸矣。

右吳世

康王招。十二諸侯年表索隱。考烈王完。楚世家索隱。

○楚武王墓在豫州新息。楚世家正義。

淇案楚世家。季連裔孫曰鬻熊。事周文王。生熊麗。麗生狂。狂生繹。成王封繹于楚。生熊艾。艾生䵣。䵣生勝及楊。楊生渠。渠生摯紅及熊延。延生勇及嚴。嚴生霜及徇。徇生咢。咢生若敖儀。儀生霄敖坎。坎生蚡冒眴及武王通。通生文王貲。貲生杜敖囏及成王惲。惲生穆王商臣。商臣生莊王侶。侶生共王審。審生康王招及靈王圍。楚王比。平王居。招生掞敖員。居生昭王珍。珍生惠王章。章生簡王中。中生聲王當。當生悼王疑。疑生肅王臧。宣王良夫。良夫生威王商。商生懷王槐。槐生頃襄王橫。橫生考烈王元。元生幽王悍。哀王猶及負芻。秦滅之。索隱於考烈王元云。系本作完。是二書不同者止此而已。武墓云云。當是宋注。

右楚世

伯益。　繆公任好。秦本紀索隱。　共公稻。穀梁傳宣公四年疏。　景公后伯車。　刺龔公。　懷公。　靈公立十年。　簡公名悼子。

卽刺龔公子懷公弟也。　少主。　元獻公立二十二年。　武烈王十九而立立三年。始皇本紀後秦記索隱。　昭王側。

甘茂傳索隱。　始皇帝政。始皇本紀索隱。

宋衷曰仲滑生飛廉。　始皇帝以正月旦生故名曰正。本紀索隱。○秦桓公卒于魯成公十四年。穀梁傳成公十四年疏。

淇案秦本紀周孝王封伯翳之後非子于秦號秦嬴生秦侯侯立十年生公伯伯立三年生秦仲仲立二十三年生莊公莊立四十四年生襄公襄立十二年生文公文立五十年生太子竫公竫公早死生寧公寧公生十歲立立十二年生武公及德公出子出子生五歲立立六年武公立二十年德公生三十三歲立立二年德公生宣公成公繆公宣公立十二年成公立四年繆公任好立三十九年繆公生康公罃罃立十二年生共公立五年生桓公桓公立二十七年生景公景立四十年生哀公哀立三十六年生太子夷公夷公早死生惠公惠立十年生悼公悼立十四年生厲共公厲共立三十四年生躁公懷公躁公立十四年懷公立四年懷公生昭子及悼子昭子早卒生靈公靈立十三年生獻公而未立立悼子爲簡公簡立十六年生惠公惠立十三年生出子出子立二年秦人迎立獻公獻公立二十四年生孝公孝立二十四年生惠文王惠文立二十七年生武王及昭襄王武王立四年昭襄立五十六年生孝文王孝文立一年生莊襄王莊襄王立四年生子政是爲秦始皇帝秦記竫公作靜公寧公作憲公哀公作畢公厲共公作利龔公靈公作肅靈公出子作出公武王作悼武王又謂悼公立十五年靈公立十年生簡公簡公立十五年獻公立二十三年莊襄王立三年與本紀不同索隱於秦記肅靈公下云系本無肅字立十年於簡公下引系本云簡公

名悼子郎剌龔公之子懷公弟也。於出公下云系本謂少主。於獻公下云系本稱元獻公。立二十二年。於悼武王下云系本作武烈王十九。而立立三年。又謂景公名后伯車。是與本紀秦記皆異矣。宋氏前注乃追敍非子以上世系之說。穀梁傳成公十四年疏所引世本。疑亦注文也。

右秦世

周宣王二十二年封庶弟友于鄭。水經渭水注。 悼公費。穀梁傳成公六年疏。

淇案鄭世家云。鄭桓公友者。周厲王少子而宣王庶弟也。宣王立二十二年。友初封于鄭。生武公掘突。掘突生莊公寤生。寤生生昭公忽厲公突及子亹子嬰。突生文公踕。踕生繆公蘭。蘭生靈公夷襄公堅。堅生悼公濆成公睔。睔生釐公惲。惲生簡公嘉。嘉生定公寧。寧生獻公蠆。蠆生聲公勝共公丑。勝生哀公易丑生幽公已繻公駘及鄭君乙。韓哀侯滅之。

右鄭世

桓子生文侯斯。魏世家索隱。 惠王生襄王。魏世家集解引荀勖和嶠竹書同異說。 襄王名嗣。 襄王生昭王 昭王名遬。 安僖王名圉。 安釐王生景愍王午。魏世家索隱。

淇案魏世家文侯名都。都生武侯擊。擊生惠王罃。罃生襄王赫。赫生哀王嗣。嗣生昭王。昭王生安釐王。安釐王生景湣王増。増生王假。秦滅之。和嶠謂世本無哀王。史公誤分惠王之世以爲二王之年數也。蓋哀襄字相似。觀趙世家謂哀王名嗣。可知史記之誤。當從世本紀年爲確矣。

右魏世

景子虔。武侯。韓世家索隱。懿侯。六國年表索隱。韓宣王。昭侯之子也。蘇秦傳索隱。桓惠王。留侯世家索隱。

淇案韓世家景侯虔生列侯取。取生文侯。文侯生哀侯。哀侯生懿侯。懿侯生昭侯。昭侯生宣惠王。宣惠王生襄王倉。倉生釐王咎。咎生桓惠王。桓惠王生王安。秦滅之。索隱於列侯下引云世本作武侯。又曰世本無列侯。觀上諸篇所引。蓋止武列一謚與史異耳。

右韓世

成侯名種。魏世家索隱。肅侯名語。趙世家索隱。○蘇秦傳引世本謂肅侯名言。未詳孰是。孝成王丹生悼襄王偃。偃生今王遷。趙世家音義。

淇案趙世家獻侯生烈侯籍及武公。籍生敬侯章。章生成侯種。種生肅侯。肅侯生武靈王。武靈王生惠文王何。何生孝成王丹。丹生悼襄王偃。偃生幽繆王遷。秦滅之。索隱謂世本無武公。蓋餘皆同也。

右趙世

齊宣王名辟彊。威王之子也。蘇秦傳索隱。　湣王名遂。　王建。田敬仲世家索隱。

湛案田齊世家。太公和生桓公午。午生威王因齊。因齊生宣王辟彊。辟彊生湣王地。地生襄王法章。法章生王建。秦并之。索隱云系本自成子至王建。祇十代。是二書之說皆同。惟湣王名異耳。魏韓以下四國。其先代之系並詳卿大夫篇。

右田齊世

卿大夫

淇案史記魏世家索隱云系本無悼子而居篇曰悼子徙霍則有悼子系本卿大夫代自脱耳據此是卿大夫亦自爲卷也吳萊序杜氏春秋釋例謂世族譜本之世本今凡文之不屬者以左傳世族譜附證於下

召穆公康公之十六世孫詩江漢正義○淇案此約詞非元文也康公至穆公百八十餘年傳世不應如此之速十六字有衍文耳

右周臣世

陳鍼宜咎陳鍼子八世孫左傳襄公二十四年正義宣公生子夏夏生御叔叔生徵舒舒生惠子晉晉生御寇寇生悼子齧左傳昭公二十三年正義○案杜預世族譜陳鍼子是僖公孫程公説春秋分紀謂悼子齧生夏區夫

右陳臣世

宋湣公生弗甫何弗甫何生宋父宋父生正考甫正考甫生孔父嘉爲宋司馬華督殺之而絶其世其子木金父降爲士木金父生祁父祁父生防叔爲華氏所偪奔魯爲防大夫故曰防叔防叔生伯夏伯夏生

叔梁紇。叔梁紇生仲尼。商頌那正義及左傳桓公元年、穀梁傳桓公二年疏。孔子後數世皆一子。鄭志引此。今見檀弓正義。

○孔子圩頂反首張面。路史後紀卷九下注。

淇案。家語。申公生緡公共及襄公熙。熙生弗父何。何生宋父周。周生世子勝。勝生正考父。考父生孔父嘉。孔父生子木金父。金父生睪夷。睪夷生防叔。防叔生伯夏。伯夏生叔梁紇。紇生孟皮及仲尼。左傳昭公七年疏引家語云。佀公熙生弗父何。睪夷作皋夷父。世子勝。潛夫論無勝字。唐書世系表作世父勝。今詩疏引世本脫去世父一代也。故左傳杜注亦以正考父爲弗父何曾孫。以何爲閔公子。然則家語之說誤矣。鄭志所引亦約略之詞。世本元文當如漢書孔光傳謂孔子生伯魚鯉。鯉生子思伋。伋生子上帛。帛生子家求。求生子眞箕。箕生子高穿。穿生順云云也。

皇父充石。戴公子。左傳文公十一年疏。戴公生樂甫術。術生石甫願繹。繹生夷父傾。傾生東鄉克。克生西鄉士曹。曹生子罕喜。檀弓下正義。術生碩甫澤。澤生季甫。甫生子僕伊與樂豫。文公七年疏。碩甫澤生夷甫須。須生大司寇呂。文公十八年疏。

樂懼。戴公六世孫。成公十六年正義。

淇案。澤卽願繹。須卽傾。呂卽東鄉克也。唐書謂樂呂孫喜生子罕。與此少異。

華父督。戴公之孫。好父說之子。左傳桓公元年正義。華督生世子家。家生華孫御事。事生華元右師。左傳文公十六年正義。世子家

生秀老。老生司徒鄭。鄭生司徒喜。左傳成公十五年正義。

莊公生右師戊。戊生司城師。同上。○淇案。戊即公子仲也。

公孫名固。爲大司馬。宋世家正義。○淇案。固是莊公孫。見魯僖二十二年左傳。

桓公生公子鱗。鱗生東鄉矔。左傳文公七年正義。矔生司徒文。文生大司寇子奏。奏生小司寇朱。左傳成公十五年正義。

淇案杜氏左傳注。以朱爲矔孫。世族譜又以矔爲桓公子。朱爲桓公孫。尤誤。

公孫壽生大司馬虺。虺生司馬澤。同上。

淇案。壽是桓公子蕩之子。壽生虺及意諸。林堯叟謂澤是意諸子。實誤。

桓公生向父肹。肹生司城訾守。守生小司寇鱣及合左師。同上。向戌生東鄰叔子超。超生左師眇。檀弓正義。

淇案：合左師卽向戌也。程氏春秋分紀謂戌生五子，曰勝、宜、鄭、行、寧。寧生羅，羅生五子，曰巢、魋、頎、車、牛。杜氏傳注亦云寧向戌子。

右宋臣世

孝公生僖伯彄。彄生哀伯達。達生伯氏缾。缾生文仲辰。禮記禮器疏、論語公冶長疏、左傳莊公二十八年疏並引之。臧會，臧頃伯也，宣叔許之孫，與昭伯賜爲從父昆弟。魯世家索隱。

淇案：世族譜：彄字子臧。辰生宣叔許。許生四子：武仲紇、定伯爲及臧疇、臧賈。賈生頃伯會。會生賓如。賓如生石，爲生昭伯賜。又曰：臧會，賓如從兄。程氏分紀謂臧會當是昭伯子，與世本皆合。

施伯，魯惠公孫。魯世家正義。

淇案：氏姓篇曰：少施氏，惠公子施父之後。世族譜曰：施孝叔，惠公五世孫。然則伯是施父之子，孝叔之祖矣。

慶父生穆伯敖。敖生文伯穀。穀生獻子蔑。獻子蔑生孝伯。孝伯生惠伯。惠伯生昭伯。昭伯生景伯。檀弓正義。

仲孫貜生南宮縚。論語公冶長正義。

淇案春秋左傳及世族譜桓公子慶父共仲生穆伯敖。敖生惠叔難及文伯穀。穀生獻子蔑。蔑生莊子速及懿伯仲叔。速生孝伯羯。羯生僖子貜。貜生敬叔説及懿子何忌。何忌生武伯彘。是爲孟孫氏。亦曰仲孫氏。懿伯仲叔生惠伯椒。椒生昭伯回。回生景伯何。是爲子服氏。禮疏引蔑生孝伯。孝字當是懿字之譌。孔氏誤引作孝。故疏內又誤以敬叔爲桓公七世孫。此是竟謂獻子生羯矣。大誤。

桓公生僖叔牙。牙生戴伯玆。玆生莊叔得臣。得臣生穆叔豹。豹生昭子婼。婼生成子不敢。不敢生武叔州仇。　叔牙生武仲休。休生惠伯彭。彭生皮。爲叔仲氏。檀弓正義。

淇案春秋傳及世族譜莊叔得臣生宣伯僑如及穆叔豹。豹生昭子婼及孟丙仲壬豎牛。婼生成子不敢。不敢生武仲州仇。州仇生文子舒。是爲叔孫氏。叔仲彭生皮。皮生昭伯帶。帶生穆子小。小生定伯志。是爲叔仲氏。其説與世本皆合。

公子友生齊仲無逸。無逸生行父。行父生夙。檀弓正義引此。誤分齊仲無逸爲二人。今據穀梁傳疏所引校正。韋氏國語注亦云季文子季友之孫齊仲無佚之子也。穀梁傳文公五年疏引作仲無佚。

悼子紇生平子意如。意如生桓子斯。斯生康子肥。　悼子紇生穆伯靖。檀弓正義。　穆伯生文伯歜。文伯歜生成伯。成伯生頃。頃爲公父氏。元和姓纂。

淇案春秋傳及世族譜，文子行父者，桓公子成季友之孫也，生武子宿，宿生悼子紇及公彌，公亥，公鳥。紇生平子意如及穆伯公甫靖，意如生桓子斯及子言寤，季魴侯，斯生康子肥，是爲季孫氏，穆伯靖生文伯歜，是爲公父氏，程公說春秋分紀又謂公彌生頃伯，頃伯生隱侯伯，隱侯伯生公鉏極，是爲公鉏氏。文公六年杜注，以行父爲季友子，與譜說自戾，實誤。

仲遂，莊公之子東門襄仲。檀弓正義。東門述產子家歸父及昭子子嬰。魯世家索隱。

淇案，遂述古字通，子嬰即仲嬰齊，世族譜以此爲東門氏，又謂歸父生文伯析，析生懿伯䩞，是爲子家氏。

魯文公生惠伯叔肹，叔肹生聲伯嬰齊，嬰齊生叔老子叔，子叔生叔弓，叔弓生仲南文楚及伯張穆伯定伯，爲子叔氏。元和姓纂。叔弓生定伯閱，閱生西巷敬叔，叔生成子還。左傳定公十一年正義。

淇案世族譜，文公生叔肹，肹生嬰齊，嬰齊生齊子叔老，老生敬子叔弓，弓生伯張輒，穆伯缺，缺生叔詣，又云成子還，叔弓曾孫，定公十一年注，以還爲叔詣曾孫，蓋字誤也。

右魯臣世

懿伯生貞孟，貞孟生成伯高父。檀弓正義。

淇案國氏見於左傳者曰懿仲曰莊子歸父曰賓媚人武子佐曰景子弱曰惠子夏皆父子相傳程氏分紀謂佐生二子曰勝曰弱弱生夏夏生書書生觀觀生高父以世本證之是懿伯卽書貞孟卽觀矣白虎通潛夫論謂國氏高氏皆齊之公族

高敬仲生莊子莊子生傾子傾子生宣子宣子生厚厚生止　傾子之孫武子偃。左傳襄公二十九年正義

淇案唐書高氏乃齊文公赤之子公子高之後其孫敬仲傒食采於盧遂以王父字爲氏莊子虎及傾子不見於左傳傳謂宣子固生無咎及厚無咎生弱厚生止止生豎豎以盧叛請立高氏後而致邑齊乃立傒之曾孫酀此魯襄公二十九年事也至昭公十二年傳有高偃帥師納燕伯之事杜注以偃爲傒之玄孫然則武子偃卽酀之子而酀乃傾子之子矣此與世本本合而世族譜乃合偃酀爲一人孔氏於昭公十二年疏內因誤引世本爲傾子之孫酀此杜譜誤之也世本元文止應作偃無酀之文新唐書又謂高厚生子麗子麗生止與此亦不合高誘呂覽愼行注云齊公子祈字子高

莊仲山產敬仲夷吾夷吾產武子鳴鳴產桓子啓方啓方產成子孺孺產莊子盧盧產悼子其夷其夷產襄子武武產景子耐涉耐涉產微。管晏列傳索隱

淇案世族譜謂管氏出自周穆王

頃公生子夏勝勝生子石青。左傳昭公二十年正義

閭邱產生嬰。嬰生歐。歐生莖。莖生施。元和姓纂。

夷孟思。閭孟克。田齊世家索隱。陳桓子無宇產子亹。亹產子獻。獻產鞅。陳僖子乞產成子常、簡子齒、宣子其夷、穆子安、廩邱子尙毉茲、子芒盈、惠子得。昭子。桓子之子。成子之叔父。齊世家索隱。僖子生昭子莊。左傳哀公十四年正義。

成子常生襄子班。班生莊子伯。檀弓正義。

淇案田敬仲世家陳厲公之子敬仲完奔齊。生穉孟夷。夷生湣孟莊。莊生文子須無。文子生桓子無宇。無宇生武子開、釐子乞。乞生成子常。常生襄子盤。盤生莊子白。白生太公和。遂并齊國。索隱引世本謂穉孟夷作夷孟思。湣孟莊作閭孟克。盤作班。白作伯。是田之上世二書皆同。唯名字有異也。杜氏左傳注。謂昭子名莊。亦成子兄弟。索隱引世本駁之。然左傳疏引世本有昭子莊。尙毉茲作盤茲。子芒盈作芒子盈。則杜氏之注未可議矣。意者桓僖二代皆有子謚昭。小司馬所見本有脫誤。故云云耶。

右齊臣世

孫氏出于衞武公。至林父八世。左傳成公十四年正義。

淇案新唐書。武公和生公子惠孫。惠孫生耳。爲衞上卿。食采于戚。生武仲乙。以王父字爲氏。乙生昭子炎。炎生莊子紇。紇生宣子鰌。鰌生桓子良夫。良夫生文子林父。其世數相符。當卽世本文也。世族譜謂莊子名紱。武公三世孫。蓋誤紇爲紱。誤五爲三也。據左傳林父生伯國、襄及孫嘉、孫蒯。後以戚叛如晉，遂絕嗣於衞。

獻公生成子當，當生文子拔，拔生朱，爲公叔氏。檀弓正義。

淇案：左傳及世族譜拔俱作發，朱俱作戌，又正義引世本朱作朮。

靈公生昭子郢，郢生文子木及惠叔蘭，蘭生虎，爲司寇氏。文子生簡子瑕，瑕生衞將軍文氏。檀弓正義。

淇案：郢字子南，公孫彌牟字子之，見左傳及世族譜。文子木，氏姓篇作文子才，芳惠叔蘭即司寇惠子，見檀弓。瑕之後有子南固、子南勁，見竹書紀年。

公孟彄，靈公之子。左傳隱公八年正義。

○字公孟，名彄。同上。

淇案：彄是靈公子，不曰公子彄而曰公孟者，世族譜謂襄公子孟縶無子，靈公以其子彄爲之後，故定公十二年左傳注云彄，孟縶子。正義所謂爲後則爲其子也。○字公孟五字亦傳注文。

孔莊叔達生得閭叔穀，穀生成叔烝鉏，鉏生頃叔羅，羅生昭叔起，起生文叔圉，圉生悝。禮祭統正義。

淇案孔氏者黄帝子姞姓之後也。成叔烝鉏即孔成子。頃叔羅。世族譜作須叔羈。左傳亦作羈。

懿子兼生昭子舉。舉生趙陽。左傳定公十四年正義。

淇案此趙氏未詳何出。懿子兼即趙黶。見左傳。

右衞臣世

范氏。晉大夫隰叔之子士蔿之後。蔿生成伯缺。缺生武子會。會生文叔燮。燮生宣叔匄。匄生獻子鞅。鞅生吉射。趙世家索隱。左傳文公十三年正義。漢高祖。顏氏家訓書證篇。

淇案成伯缺左傳作士穀。春秋分紀謂杜伯生隰叔。隰叔生蔿。蔿生穀。穀生會。以隨爲氏。亦曰范氏。生二子。曰燮、曰魴。燮生匄。匄生鞅。鞅生吉射及臯夷。魴生彘裘。又會之從弟穆子生渥濁。渥濁生弱。弱生伯瑕丐。丐生士彌牟。臯夷。臯夷史作臯繹。唐書宰相世系表謂士會有子留於秦。生明。明生遠。遠生陽。陽十世孫生清。徙居沛。生仁。仁生煓。字執嘉。執嘉生四子。伯、仲、邦、交。邦即漢高祖也。此與左傳處者爲劉氏之說。疑皆劉歆輩所增竄。

畢萬生芒。芒生季。季生武仲州。州生莊子降。降生獻子荼。荼生簡子取。取生襄子多。多生桓子駒。駒生文侯斯.樂記正義. 魏錡.讐孫.左傳宣公十二年正義.

傳曰.孺子𥠖是魏駒之子.魏世家索隱.

淇案魏趙二系傳寫多舛.魏世家索隱引.芒季作一人.降作絳.世家謂畢公高之裔孫畢萬.生武子.武子生悼子.悼子生昭子絳.絳生魏嬴.嬴生獻子.獻子生侈.侈之孫曰桓子.桓子之孫曰文侯都.世族譜謂魏犨是畢萬之孫.絳及錡顆皆犨之子.獻子舒是莊子絳之子.魏曼多是舒之孫.春秋分紀引世本.又謂舒生侈.侈生曼多.唐書世系表謂舒生襄子曼多.曼多生文子須.須生桓子.諸說多不合.蓋互有脫誤也.居篇云.武子居魏.悼子徙霍.昭子徙安邑.則世家之說.非無所本.左傳正義謂計其年世.絳是犨孫.索隱亦謂卿大夫代脫悼子耳.今統計諸說.芒季似是一人.故世族譜云.犨是萬孫.史謂萬生武子.是史有脫也.州與讐犨.皆字之異.昭子絳卽莊子.降荼卽舒.侈卽取.多卽曼多.皆字異也.蓋州生悼子.悼子生絳及錡顆.故云錡是讐孫.譜以絳錡爲犨子.此譜有脫也.傳云.孺子𥠖是駒之子.此卽補世本脫文.索隱誤以侈爲多.故謂世家與世本不合.侈趙世家作哆.索隱云哆.魏簡子.系本名取也.魏嬴不見經傳.左傳謂欒盈佐絳於下軍.舒私焉.是其閒不容更有一代.文子乃魏頡.頡是顆子.與須字形似.非曼多子也.此二史之誤.

公明生共孟及趙夙.夙生成季衰.衰生宣孟盾.趙世家索隱. 趙夙爲衰祖.穿爲夙之曾孫.左傳宣公二年正義. 景叔成.趙世家索隱.

趙桓子名嘉.襄子之子.魏世家索隱. 代成君子起.卽襄子之子.趙世家索隱.

淇案言趙系者亦多不同。趙世家謂叔帶去周事晉文侯，五世而生趙夙。夙生公孟。公孟生衰。衰生盾。盾生朔。朔生文子武。武生景叔。景叔生簡子鞅。鞅生伯魯及襄子。桓子伯魯生代成君周。周生浣。襄子毋恤以浣爲太子。是爲獻侯。生烈侯籍。左傳國語以衰爲夙弟。世族譜同。又謂穿是夙之庶孫。於趙盾爲從父昆弟。諸說各異。譙周古史考以共孟生衰爲誤。左傳正義引夙爲衰祖二句亦謂世本轉寫多誤。其本未必然。索隱亦云系本以代成君爲襄子子。不云伯魯。非也。推驗諸說。蓋公明生夙。夙生共孟及成季。成季生盾。盾生朔。朔生武。武生成。成生鞅。鞅生伯魯及襄子。襄子生桓子。伯魯生代成君。代成君生獻侯。趙穿當是共孟之子。庶長爲孟。故世族譜以穿爲夙之庶孫。於盾爲從父昆弟也。左傳正義既以夙爲衰祖二語爲轉寫之誤。而文公十二年正義。又改易世族譜文以穿爲趙盾從父昆弟之子。是郵而效矣。國語韋注云趙穿趙夙之孫。趙盾從父昆弟武子穿也。

韓萬是曲沃桓叔之子。萬生賕伯。賕伯生定伯簡。簡生輿。輿生獻子厥。韓世家索隱○左傳宣公十二年疏引云。桓叔生子萬。萬生求伯。求伯生子輿。子輿生獻子厥。缺定伯一代。

宣子名秦。吳世家正義。　平子名頃。宣子子也。　簡子名不信。莊子名庚。韓世家索隱。　武子名啓章。康子之子。魏世家索隱。

景子名虔。韓世家索隱。

淇案韓世家韓之先與周同姓。其苗裔事晉封于韓原曰韓武子。後三世有韓厥。厥生宣子。宣子生貞子。貞子生簡子。簡子生莊子。莊子生康子。康子生武子。武子生景侯。史記於獻子以前不用世本說。非是。國語韓宣子拜叔向曰。自桓叔以下嘉吾子之賜。則世本說是也。

晉大夫逝遨生桓伯林父。林父生宣伯庚。庚生獻伯偃。偃生穆伯吳。吳生寅。本姓荀。自荀偃將中軍，晉改中軍曰中行，因氏焉。元與智氏同祖逝遨。逝遨生莊子首。首生武子罃。罃生莊子朔。朔生悼子盈。盈生文子櫟。櫟生宣子申。申生智伯瑤。並見趙世家索隱。程鄭，荀氏別族。左傳成公十八年正義。

淇案：逝遨不見經傳。林父以前有荀息事晉獻公，亦曰荀叔。紀年曰：獻公滅荀，以賜大夫原氏黯，是爲荀叔。黯、息義相近，逝遨豈其子歟？將中行自文公蒐于被廬，以林父將中行始。偃以王父之官名爲氏也。左傳世族譜以盈爲朔弟，與此不同。潛夫論謂荀氏出於荀息。國語韋注曰：程鄭，晉大夫荀驩之曾孫，程季之子。

孫伯黶生司空頡。頡生南里叔子。子生叔正官伯。伯生司徒公。公生曲沃正少襄。襄生司功大伯。伯生侯季子。季子生籍游。游生談。談生秦。左傳昭公十五年正義。

淇案：潛夫論籍氏亦晉之公族也。

郤豹生冀芮。芮生缺。缺生克。豹又生義。義生步揚。揚生州。左傳成公十一年正義。步揚生蒲城鵲居。居生至。左傳成公二年正義。

淇案潛夫論氏姓篇以孫驪爲晉襄公孫謂郤氏亦晉之公族郤豹晉語作郤叔虎州左傳作犫春秋分紀云豹生三子曰稱、曰芮曰義芮生缺缺生克克生錡芮之從子曰步揚步招揚生二子曰犫曰蒲城鵲居犫生三子曰至曰溱曰毅又云世族譜缺豹及鵲居二人列郤稱步招芮溱於雜人其說與世本少異潛夫論曰芮從邑氏爲冀後有呂錡號駒伯郤犫食采於苦號苦成叔郤至食采於溫號曰溫季各以爲氏說本左傳

叔向兄弟有季夙。左傳昭公五年正義

淇案世族譜羊舌氏晉之公族羊舌其所食邑也左傳謂羊舌職事景公佐中軍尉生子四曰伯華赤、曰叔向肹、曰叔魚鮒、曰叔虎正義據服氏注疑夙卽虎劉炫謂別有季夙依此是叔向兄弟共五人矣新唐書世系表曰晉公子伯僑生文文生突卽羊舌大夫也突生職職五子

右晉臣世

蔿艾獵是叔敖之兄馮是艾獵之子。左傳襄公十五年正義

淇案新唐書楚蚡冒生王子蔿章字無鉤生蔿呂臣呂臣孫蔿賈賈生叔敖後別爲孫氏左傳杜注及世族譜皆以艾獵叔敖爲一人而襄公十五年注又以子馮爲叔敖從子是譜說實誤蓋蔿賈生艾獵叔敖獵之後爲蔿氏有蔿子馮蔿掩蔿固蔿居等人敖之後別爲孫氏

屈蕩、屈建之祖父。左傳襄公二十五年注。

淇案：王逸楚詞章句，武王子瑕食采于屈，後因氏焉。瑕，即莫敖也。傳屈重、屈完、屈蕩，蕩生到，到生建，到、建之際，又別有屈蕩，生屈申。故魯襄公十五年，楚康王以到爲莫敖，蕩爲連尹。至襄公二十五年，以建爲令尹，蕩爲莫敖。春秋分紀引世族譜云，屈申，屈蕩孫。與集解之說自相違戾，蓋譜之屈蕩，謂到父也。二蕩字必有一誤。

穆王生王子揚，揚生尹，尹生令尹匄。左傳昭公十七年正義。

淇案：春秋分紀，王子陽生尹，尹生匄，匄生三子，曰令終，曰完，曰佗。昭公二十七年傳，令尹子常殺陽令終與其弟完及佗。世族譜誤以完、佗爲令終子。

葉公名諸梁，楚大夫，食邑于葉，字子高。禮緇衣正義。論語述而疏。

淇案：潛夫論，左司馬戌者，莊王之曾孫也。葉公諸梁者，戌之第三弟也。弟疑子字之誤，諸家皆以葉公爲戌子也。唐書世系表謂尹戌出於䣝季載。

右楚臣世

子游、子瑕，並公孫夏之子。左傳昭公十九年正義。

淇案公孫夏。卽鄭穆公之孫。襄子西也。其父武子騑。字子駟。故後爲駟氏。子游卽駟偃。子瑕卽駟乞。與定子駟帶皆夏之子。杜注以游爲帶子誤。

右鄭臣世

世本下

漢宋衷注

氏姓

淇案左傳隱公十一年正義引世本氏姓篇。史記集解於周秦本紀。並稱應劭書引世本氏姓註。又集解引鄭駮五經異義云世本之篇言姓則在上。言氏則在下。蓋皆據此爲說也。

炎帝。姜姓。水經渭水注。

○炎帝。卽神農氏。左傳昭公十七年正義。

帝堯。爲陶唐氏。書五子之歌正義。論語泰伯疏。

帝舜。姚姓。左傳隱公八年正義。

右帝王氏姓

許州向申姜姓也。水經陰溝水注。齊姜姓。左傳襄公十一年正義。以上炎帝裔。

黃帝二十五子得姓者十二人。春秋地名考略。任姓、謝、章、薛、舒、呂、祝、終、泉、畢、過、左傳隱公十一年正義。王應麟急就篇補注。雚國，眞姓後。三代年表索隱。路史國名紀六。燕姞姓。左傳隱公五年正義。

密須氏商時姞姓之國。通志氏族略〇路史國名紀一引云商有密須文王伐之。

淇案國語黃帝之子二十五宗其得姓者十四人爲十二姓。姬酉祁巳滕葴任荀僖姞嬛依是也。眞卽葴之別，猶巳之爲紀，僖之爲僖爲釐，嬴之爲熊爲盈，姒之爲弋也。以上黃帝裔。

巳姓出自少皞。左傳昭公十七年正義。莒嬴姓，自紀公以下爲巳姓。杜預氏族譜見左傳隱公二年正義。江、黃皆嬴姓。陳杞世家索隱。徐、奄皆嬴姓。左傳昭公元年正義。淮夷嬴姓。路史國名紀二。

鍾離嬴姓。史記秦本紀音義。水經淮水注。與秦同祖。通志氏族略。

注云有姓終黎者。秦紀集解。

淇案秦本紀曰秦之先爲嬴姓其後分封以國爲姓有徐氏、郯氏、莒氏、終黎氏、運奄氏、菟裘氏、將梁氏、黄氏、江氏、修魚氏、白冥氏、蜚廉氏、秦氏集解云徐廣曰世本作鍾離應劭曰氏姓注云有姓終黎者據此是除鍾離以外世本與本紀皆同其見引於傳注者此數國而已

蓼六皆偃姓陳杞世家索隱

偃姓舒庸、舒蓼、舒鳩、舒龍、舒鮑、舒龔左傳文公十二年正義

淇案蓼六乃英六之譌

○偃姓皋陶之後舒蓼楚東境小國通志氏族略 舒鮑小國路史國名紀二

淇案史記正義二引世紀謂皋陶生於曲阜之偃地故帝因之而賜姓曰偃路史引年代歷云皋陶少皞四世孫詩譜正義引尚書中候苗興云皋陶之苗爲秦劉向列女傳及曹大家傳注鄭康成詩譜高誘呂覽注王符潛夫論經典釋文詩書正義皆以伯益爲皋陶子韋昭國語注柏翳少皞之後伯益也史記秦本紀云大業生大費是爲柏翳舜賜之嬴姓據諸說推之是皋陶乃伯益之父少昊氏之裔子也堯賜之以偃姓其後有英六羣舒益爲舜虞別賜嬴姓故毛詩正義及史記正義謂秦本紀之大業卽皋陶也自班氏誤解左傳及史記等文以皋陶庭堅爲一人謂蓼六皆皋陶後以秦爲出自顓頊後人或從之誤矣皋陶自出少昊其後爲六偃姓庭堅乃出顓頊其後爲蓼姬姓二國之姓並詳見世本索隱因偃姓後有舒蓼遂誤合蓼與舒蓼爲一以附會班杜之說謂蓼亦偃姓尤誤潛夫論以皋陶爲八凱後嗣史記黥布傳正義謂英後改名爲蓼亦非是

鄀允姓之國春秋釋例、盟會圖 路史國名紀二

淇案允姓乃允格之後。後為尹氏。以上少昊裔。

蓼。姬姓。路史後紀八國名三。

昆吾。古巳姓之國。夏時諸侯伯。祝融之後。通志氏族略。

偪陽。妘姓。祝融之孫。陸終第四子求言之後。左傳襄公十年疏。　夷。妘姓。左傳隱公元年疏。　鄅。為妘姓。左傳昭公十八年疏。路史後紀六卷注。　寒。邔姓。路史國名紀六。

邾。小邾。曹姓。左傳襄公十一年疏。

越。為羋姓。與楚同祖。漢書地理志臣瓚音義。○史記注引作越羋姓也。　東越閩君皆其後。玉海王會篇補注。　羅。熊姓。左傳桓公十二年正義。　胡子國。歸姓。陳杞世家索隱。路史國名紀六。

淇案左傳。蓼乃高陽氏才子庭堅之後。初學記引帝王世紀。御覽引古史考。皆以帝高陽為姬姓。庭堅之蓼。亦襲其祖姓耳。巳、妘、曹、羋四姓。皆吳回之裔。古有百越。故東越閩君與楚同祖。非禹後姒姓會稽之越也。故外傳鄭語有羋姓夔越及蠻羋之說。韋昭國語注。杜氏世族譜。據此並疑會稽之越亦非禹後。實誤。羅國是楚之別封。熊乃初氏。胡國是夔之別封。以國為姓也。世族譜引羋姓夔越作歸越。漢書地理志云。秭歸縣歸鄉。故歸國。水經注引樂緯曰。昔歸典協聲律。蓋夔歸古字通也。路史又以歸姓之胡爲虞舜後。似謂歸嬀二字古亦通者。非是。考左傳魯襄公妃敬歸齊歸。皆姓歸。鄭君之妃陳嬀圭嬀。皆姓嬀。潛夫論曰歸姓胡。有何不云帝舜後。古書亦無有以胡爲舜後者。

宋𡖅曰歸卽夔。水經江水注。

淇案夏時侯伯。祝融之孫。與楚同祖。東越閩君等文當亦傳注稱引者約言之也。 以上顓頊裔。

豕韋防姓。史記夏本紀索隱。路史國名紀四。

淇案防房古字通。國語。廣韻。紀年沈約注。唐書世系表。皆謂舜封丹朱於房。地卽春秋時之防渚。十三州志所謂防卽房陵也。夏孔甲時廢彭姓之豕韋。以丹朱裔子劉累代之。累必生於房。故因生賜姓而氏曰御龍。此非祝融彭姓之豕韋矣。 以上帝堯裔。

姒姓。有南氏。斟鄩氏。弗氏。斟灌氏。夏本紀索隱。 彤姒姓。書顧命正義。 杞姒姓。左傳襄公十一年正義。 有扈與夏同姓。書甘誓正義。 鄫姒姓。子爵。通志氏族略。 莘國姒姓。周本紀索隱。

○姒姓。夏禹之後。太平寰宇記二十八。世本言姓卽在上。言氏卽在下。一切經音義六〇。案此二語。鄭駮五經異義亦引之。莘卽散宜生求有莘美女獻紂者。周本紀索隱。 文王妃家。路史國名紀四。

淇案夏本紀贊云禹爲姒姓。其後分封以國爲姓。故有夏后氏、有扈氏、有男氏、斟尋氏、彤城氏、褒氏、費氏、杞氏、繒氏、辛氏、冥氏、斟氏、戈氏。索隱謂系本男作南。尋作鄩。費作弗。而不云彤城及褒。又云斟戈氏系本云斟灌氏。據此是本紀所稱世本止缺褒氏。觀諸書所引可見。

以上夏后裔。

子姓。殷、時、來、宋、空同、黎、比髦、目夷、蕭。左傳隱公元年正義。扐、叚、瓦、鐵。路史國名紀四。○路史云。黎比髦扐叚瓦鐵七國皆子姓。出世本。黎比髦已見上。故不復錄。　闟者子姓也。

元和姓纂。髦氏。　時氏。　蕭氏。　黎氏。殷本紀索隱。　空同氏子姓。通志氏族略。○路史國名紀四引作空桐。　目夷氏。路史後紀十卷注。

鄧。曼姓。左傳桓公七年正義。

淇案殷本紀云。契爲子姓。其後分封以國爲姓。有殷氏、來氏、宋氏、空桐氏、稚氏、北殷氏、目夷氏。索隱謂世本無稚氏。北殷氏作髦氏。是此外二書同矣。據左傳正義姓纂路史所引。則史公之書尚多脱略。三書專舉國名。不並引氏字。故又取其同者證爲廣韻。

路史謂武丁封叔父於鄧之曼城。則鄧亦子姓之別封矣。　以上殷湯裔。

召、芮、畢、衞、毛。姬姓。書顧命正義。　息。姬姓。左傳隱公十一年正義。　隨。姬姓。左傳桓公六年正義。○穀梁傳僖公十年疏引云。隨是國名。　荀。賈。皆姬姓。桓公九年正義。　晉、魯、衞、鄭、曹、滕。姬姓。左傳襄公十一年正義。　鮮虞。姬姓。穀梁傳昭公十二年疏。　沈。姬姓。史記陳杞世家索隱。　唐。姬姓之國。楚世家正義。　密。姬姓之國也。漢書地理志臣瓚注。　霍。姬姓。路史國名紀六。六姬姓。路史國名紀七。

淇案六本皋陶之後，偃姓國。此云姬姓者，必楚人滅六後，復封姬姓者處之，猶鮮虞本子姓國，後改名中山，魏文侯滅之，以處姬姓也。　以上周裔。

巴子國，子孫以國爲氏。通志氏族略。　玉海姓氏急就章注。

○巴郡蠻本有五姓，廩君之先，故出巫誕也。後漢書南蠻傳及章懷太子注。廩君名務相，姓巴氏。太平御覽三十七及七百六十九、太平寰宇記一百四十七並引之。與樊氏、曋氏、相氏、鄭氏、皆出于武落鍾離山。後漢書。　山有二穴，其一色赤，其一色黑，如丹漆狀。寰宇記。　巴氏之子生于赤穴，四姓之子生于黑穴。五姓未有君長，俱事鬼神。後漢書。　皆登呼躍穴屋，擲劍刺之。寰宇記。　約能中者，奉以爲君。巴氏子務相乃獨中之，衆皆歎。後漢書。　又各令以土爲船，雕文畫之，而浮于水內，約船浮者，神以爲君。他姓船不能浮，獨廩君船浮。北堂書鈔事類賦注及御覽。　因共立之，是爲廩君。乃乘土船，從夷水至鹽陽。鹽陽有神女，謂廩君曰：此地廣大，魚鹽所出，願留共居。廩君不許。鹽神莫輒來取宿，旦卽化爲蟲，與諸蟲羣飛。掩蔽日光。天地晦冥。十餘日。廩君思其便。後漢書。操青縷以遺鹽神曰。嬰此卽相宜。云與女俱生。宜將去。鹽神受縷而嬰之。廩君卽立陽石上。應青縷而射之。中鹽神。鹽神死。天乃大開。章懷太子漢書注。廩君于是君乎夷城。

淇案諸書引此傳注。多删節之。故語各不同。今取其文義顯著者比次之。巫誕。寰宇記作巫蜑。巴氏。或誤作巳氏。非是。據海內經。太皞生咸鳥。咸鳥生乘釐。乘釐生後照。後照是始爲巴人。則巴乃太昊風姓之後。而左傳楚共王妾曰巴姬。則巴又姬姓之別。常璩巴志謂五帝以來。黃帝顓頊之支庶。世爲巴君。案黃顓皆姬姓也。未審此巴人是風姓或姬姓矣。故附於末。潛夫論又謂三巴皆嬴姓。

右侯國氏姓

融姓。古天子祝融之後。廣韻。

西陵氏。春秋時有大夫西陵羗。元和姓纂。路史國名紀六。

淇案西陵氏。雷姓。炎帝神農氏之諸侯也。帝繫曰。黃帝娶于西陵氏之子。謂之纍祖。纍。史記五帝本紀作嫘。漢書古今人表作絫。山海經作雷。蓋雷姓祖名也。禹貢山有雷首。澤有雷夏。穆天子傳有雷水。是亦因生賜姓者。又黃帝時有雷伯。見素問。殷之末世有雷開。見楚詞。晉獻公時有纍虎。見左氏內外傳。此則以雷爲氏者。韋昭國語注引帝繫說。謂方雷是西陵之姓。雷纍同。此誤合黄帝二妃方雷氏與西陵氏爲一人也。

詹葛氏。有熊之後。宋景公時有詹葛祈爲大夫。元和姓纂。

囂氏。玄囂之後。通志氏族略。

過氏。任姓夏諸侯後爲氏。

夏奚仲封薛。周有薛侯後爲氏。

融夷氏。祝融後董父之胤。以融夷爲氏。並見玉海姓氏急就章注〇融夷卽鬷夷。

參氏。祝融之後。廣韻。陸終第二子參胡。氏族略。

偪陽。妘姓國。爲晉所滅。子孫因氏焉。廣韻。

安是氏。老童娶安是女。元和姓纂。

淇案此條、字多譌舛。帝系云、老童娶于根水氏、謂之驕福、又云其五曰安、是爲曹姓、安字絶句、與是字不屬、並無所謂安是也。古文是氏通、上是字蓋衍文、娶安是女、必孫安之後四字之誤也。

嬀氏。帝舜之後、舜生嬀汭、子孫氏焉。同上。

鍾離氏與秦同祖、其後因封爲氏。廣韻。以上古帝臣裔。

鄫氏。夏少康封其少子曲烈于鄫。襄六年莒滅之、鄫太子巫仕魯、去邑爲鄫氏。通志氏族略。

夏時有武羅國、其後氏焉。廣韻。

黎氏。黎侯國之後。急就章、姓氏。

右史氏。古者右史記事、周有右史武。通志氏族略。

太公叔穎。廣韻。

季隨氏。元和姓纂。晉有郝邑大夫季瓜忽、宋有季隨逢、周八士季隨季騧之後。廣韻。

淇案通志云季隨氏。見世本。又云叔夜氏。亦八士之後。楚康王時有叔夜子莊。又有季騧氏。此二氏鄭不云見世本。以廣韻證之。蓋皆出世本也。 以上三代王臣裔。

司城氏。陳哀公子郲勝之後。

鬬門氏。陳鬬父之後。楚大夫有鬬門陽。 以上陳臣裔。

右師氏。宋莊公生公子中。世爲右師。因氏焉。

宋戴公生東鄉克。孫樂喜爲司城氏。案克乃戴公元孫。此文少誤。

子蕩氏。宋威公生子蕩。因氏焉。

不夷氏。宋大夫不夷甫須之後。並元和姓纂。

宋襄公子墨夷須爲大司馬。其後有墨夷皋。

案襄公時大司馬。卽公之弟目夷。字子魚。後爲魚氏。目夷氏。繼子魚爲司馬者。則莊公之孫固也。成公昭公之時。樂豫。公子卬華耦爲司馬。文公共公之時。蕩虺。蕩山爲司馬。三傳無墨夷爲司馬之事。潛夫論謂宋後有目夷氏。不夷氏。亦無墨夷氏。左傳謂襄公孫有孔叔及公孫鍾離，不言誰之子，又謂文公使毋弟須爲司城，此須乃襄公孫。

勃氏，宋右師之後。

宋有大夫考成方。

宋大夫西鉏吾。

楚大夫公朱高出宋公子朱。路史後紀十卷注。

東鄉氏，宋大夫東鄉爲人之後。

西鄉氏，宋大夫西鄉錯之後。

子革氏，宋司城子革之後。

季老氏，宋華氏有華季老子孫氏焉。

泥氏，宋大夫卑泥之後。

𩊱獻氏，宋司徒華定後爲𩊱獻氏。○路史引作幹獻氏。

甫爽氏。宋大夫甫爽之後。並通志氏族略。以上宋臣裔。

孝公生惠伯革。其後爲厚氏。檀弓正義。

昭伯名惡。魯孝公之後稱厚氏。史記魯世家索隱。

淇案。潛夫論作后氏。左傳及史記作郈氏。鄭康成檀弓注云。后本孝公子惠伯鞏之後。杜元凱世族譜云。郈成叔厚孫也。孝公八世孫。然則厚與后郈同矣。

少施氏。魯惠公子施父之後。

洮氏。魯大夫仲洮之後。

鼓方氏。鼓方叔之後。並通志氏族略。

季平子支孫爲子革氏。

季桓子生穆叔。其後爲子揚氏。並元和姓纂。

魯大夫公之文。廣韻。

淇案潛夫論有施氏、子陽氏、公之氏，皆魯後。以上魯臣裔。

齊公子成之後，有公牽氏。

魯大夫齊季寤，昔齊公子季奔于楚，楚遂號齊季氏。

齊大夫長孫修食邑于唐，其孫仕晉，後號唐孫氏。

賜氏，齊大夫鬭子賜之後。

尹文氏，齊有尹文子，著書五篇。

車遽氏，齊臨淄大夫車遽氏。並廣韻。

子工氏，齊頃公之子，公子子工之後。

子獻氏，陳桓子孫子獻之後。

子尙氏，陳僖子生廩邱子尙意茲，因氏焉。

子芒氏。陳僖子生子芒盈，因氏焉。並元和姓纂。

淵氏。齊大夫淵湫之後。玉海急就篇注。○廣韻引無淵氏之後四字。

子泉氏。齊頃公之子公子湫，字子泉之後。

淇案：公子湫，不見經傳。子泉卽子淵，唐人諱淵爲泉也。廣韻所引淵湫，疑卽此人。世本元文當是子淵湫。故潛夫論齊後有子淵氏，無淵氏及子泉氏也。左傳有公孫捷，爲頃公之孫，一曰子淵捷，字子車，當卽湫之子。蓋氏其父字。

子乾氏。齊公子都，字子乾之後。

子占氏。陳桓子生書，字子占之後。

廩邱氏。齊大夫廩邱子之後。並通志氏族略。

子穆氏。僖子子子穆安後。子穆安當作穆子安。

子沮氏。烈子後。並路史後紀十一。

虞邱氏。

梁邱氏。並路史國名紀一。以上齊臣裔。

承姓。衞大夫成叔承之後。後漢書承宮傳注。

史鼂氏。衞史鼂之後。通志。衞有史朝朱駒。廣韻。

子彊氏。衞公族昭子郢之後。元和姓纂。

將軍氏。衞靈公之子公子郢。生文子才芳。爲將軍氏。一本之作昭。

司寇氏。衞靈公之子公子郢之後。郢之子孫爲衞司寇。以官爲氏。

彊梁氏。衞將軍文子生愼子會。生彊梁。因氏焉」。並通志氏族略。

常氏。老子師常從。

仇氏。衛後。並路史國名紀六。以上衞臣裔。

晉大夫司功景子。其先士匄弟也。因官氏焉。周有太史司功騎。廣韻引云士丐弟佗。爲晉司功因官爲氏。

晉荀逝敖生桓子林父。將中行。爲中行氏。

季嬰氏。晉樓季嬰之後。

伯宗氏。晉孫伯起生伯宗。因氏焉。

淇案韋昭國語注云。伯宗晉大夫孫伯糾之子。此云伯起。未知孰是。左傳謂籍氏之高祖孫伯黶。與辛有之二子。同司晉之典籍。故曰籍氏。潛夫論謂伯氏、欒氏、狐氏、羊舌氏、季夙氏、籍氏。及襄公之孫孫黶。皆晉姬姓也。案黶之八世孫籍偃事晉悼公爲輿司馬。見國語。悼爲襄公之曾孫。則孫黶非襄公孫明甚。且籍氏卽黶之後。於文不得稱籍氏及黶皆姬姓也。潛夫論書世無善本。其言每錯亂乖舛。而氏姓篇尤甚。篇內又有伯宗以直見殺。其子州黎奔楚之文。羼在郄氏條內。尋脈文義。孫黶當是孫糾孫起之誤。伯宗事景公。而死於厲公之難。於世次亦略合。要之伯氏籍氏皆晉公族也。此云伯宗氏。似亦少誤。祖父之名。禮所當諱。斷無以先世之名稱爲氏者。穀梁傳作伯尊。豈尊其名而宗其字歟。唐書世系表謂宗氏出於子姓。宋襄公母弟敖仕晉。孫伯宗生州犂。非是。

叔夙氏。羊舌職生叔夙。爲叔夙氏。

叔向氏。晉羊舌肸字叔向。因氏焉。

萊成氏。晉大夫萊成僖子。並元和姓纂。○萊成姓氏急就章注引作萊時。

季夙氏。晉靖侯孫季夙之後。

大戊氏。晉公子大戊教昭爲原大夫。

韓言氏。姬姓。晉韓厥生無忌。無忌生襄。襄生子魚。爲韓言氏。子魚。元和姓纂引作魯潛夫論韓後有韓氏言氏。

韓餘氏。韓宣子餘子之後。因氏焉。

大狐氏。晉大夫大狐伯生突生饒。爲大狐氏。其後大狐容爲晉大夫。路史後紀十卷注云。世本有大狐氏。小狐氏。饒爲大狐氏。射姑爲小狐氏。大狐容。歸大戎氏云。

狐邱氏。晉大夫狐邱林之後。

郄州氏。晉郄豹孫步揚生郄州，因氏焉。並通志氏族略。

晉有高人隱于北唐，因以爲氏。

晉蒲邑大夫公佗世卿。

晉大夫下門聰。

小狐氏。

大戎氏。並路史後紀十卷注。以上晉臣裔。

楚季氏。楚若敖生楚季，因氏焉。陳大夫有楚季融。

季融氏。楚鬬廉生季融，子孫氏焉。

子午氏。楚公子午之後。齊大夫有子午明。並元和姓纂。

它氏。楚平王孫有田公它成。楊倞荀子注。○急就章注引作楚成王孫。

鬬強氏。芈姓。若敖生鬬強，因氏焉。

鬬班氏。芈姓。鬬彊生班。因氏焉。

慶父氏。楚大夫慶父之後。慶父籍爲楚上工正。

伍氏。楚伍參之後。支孫以爲氏。

恆氏。楚大夫恆思公之後。並通志。

楚大夫涉其帑。廣韻。

淇案涉其帑見左傳。楚王奔隨。將涉于成臼。藍尹亹涉其帑。不與王舟。說者謂尹以舟渡其妻子而不與王也。依世本則亹與帑爲二人矣。　以上楚臣裔。

大季氏。鄭穆公生大季子孔志父之後。

馮。姬姓。鄭大夫馮簡子後。並元和姓纂。○通志引此姬作歸。

鄭有子師僕。廣韻。○姓纂引此作師子濮。

去疾氏。鄭穆公子去疾之後。去疾、字子良。又有良氏。通志。

鄭大夫封父彌眞。路史後紀四卷注。以上鄭臣裔。

秦公子金之後。有公金氏。廣韻。

仲行氏。秦三良仲行之後。通志。以上秦臣裔。

燕惠公族羌子孫憲爲邵皓氏。淇案此條字多譌舛。邵皓自是燕後。潛夫論有羌憲氏。衞後。恐二氏誤并爲一。

魏公族有差師氏。並元和姓纂。

何氏。

註云。韓後。周本紀集解。

淇案潛夫論何氏歸姓。與胡有同出于夔。乃芈姓之别。集解云世本注以何姓爲韓後。未詳注説何本。以上燕魏韓裔。

右卿大夫氏姓

君新鄘。路史國名紀。　蟜疵。史記仲尼弟子列傳索隱。

○乘睢。古賢人。通志。

淇案通志所引。當是注文。詳下作篇。

謚法

玉海五十四引中興書目云。沈約謚法十卷。案約序云。大戴禮及世本。舊並有謚法二書。傳至約時已亡。其篇杜佑通典。鄭樵通志蘇洵謚法羅泌路史亦謂世本大戴禮有謚法篇今考漢唐以後書傳無引世本謚法者禮記謚法見於白虎通路史者數條。尙書正義云大戴禮出於世本。然則戴記之謚法卽世本之謚法矣今備錄如左。

昔周公旦。太公望。相嗣王以制謚法。路史發揮五。

德象天地稱帝。仁義所生稱王。白虎通號篇。翼善傳聖曰堯。仁聖盛明曰舜。慈惠愛民曰文。強理勁直曰武。白虎通謚篇引此曰上俱衍謚字今據太平御覽五百六十二卷引刪。

淇案謚法本周書篇名。世本卽取於周書而損益之。故有堯舜等謚。大戴氏又取於世本耳。兩漢之際。有作廣謚者。更增以禹湯桀紂。蔡邕獨斷取桀紂二謚而不及禹湯。杜預春秋釋例取湯而佚禹。宋裴駰史記集解始通錄之矣。然堯舜禹湯桀紂六謚俱非周書之舊。馬季長尙書注。止采取世本禮記。故云俗儒以湯爲謚以禹爲名。然皆不在謚法。蓋漢時戴記列於學宮。故經傳可取以爲訓。禹湯桀紂四謚不列於二書。故斥曰俗儒也。路史謂杜預取周書謚法納之釋例。增之以湯。世重出之。謂之春秋謚法。今史記正義所錄正與此言相符。然則釋例取於周書正義。又取於釋例也。至文字或少有同異。謚品或更有多寡。此則轉寫多誤。所見異詞。抑稱述者自爲義耳。

居

淇案史記吳世家魏世家索隱並引世本居篇。

舜居饒內。水經沔水注。玉海地理通釋四。

○在漢中西城縣。或言媯虛在西北。舜所居。水經沔水注。前漢書地理志應劭注。

淇案饒內卽媯汭。國語作嬴內。近本水經注刊本俱作媯汭。玉海引水經注作饒內。通典金州西城縣下引世本作饒汭。路史國名亦引作饒汭也。蓋古文本作饒內。後之刊水經者改從媯汭。

禹都陽城。漢書地理志臣瓚注。史記封禪書正義。

淇案帝王世紀引此作夏后居陽城。見太平御覽一百五十五。禮記緇衣正義引作禹都咸陽。並誤。

契居蕃。水經渭水注。路史後紀十及國名紀三。　昭明居砥石。商書序正義。玉海。相土徙商邱。　太甲徙上司馬。帝王世紀。見御覽一百五十五卷。

宋衷曰。相土就契封于商。春秋傳曰。閼伯居商邱。相土因之。殷本紀索隱。　宋更曰睢陽。宋世家集解。　上司馬在鄴西南帝王世紀。○見御覽。

淇案世紀久不傳見於御覽者每多脫誤。如一百五十五卷載世紀引世本。契大居番相徙商邱。當是契居番。相土徙商邱也。又載紀引世本曰太甲從上司馬在鄴西南。從當是徙字之譌也。士安既引世本說。又辨之曰案詩書太甲無遷都之文。桐宮其在斯乎。蓋疑書之桐宮在此地矣。路史國名紀謂鄴乃上甲微之所居。今湯陰有司馬泊司馬村。世紀云。太甲蓋以鄴西桐有離宮。商之墓地。故繆以上甲爲太甲爾。淇案羅氏以太甲爲上甲甚是。據竹書紀年。殷在鄴之西南四十里。夏后帝芒三十三年商侯遷于殷。故帝泄紀曰殷侯子亥殷侯微。微卽上甲微也。微既處殷。或又營其地之名司馬者以爲下都。故曰上甲徙司馬。晉初世本轉寫多誤。士安據之遂曰太甲徙上司馬。且載於成湯居亳之後。羅氏議之是矣。然羅謂鄴西桐有離宮。商之墓地。此仍附會士安之說。未爲完善。考鄴西之地古無桐名。桐乃相字之誤。書序曰河亶甲居相。相卽在此。所謂商之墓地。卽河亶甲等墓。路史所云在洹水南岸元豐間爲水所圮者是也。古書傳鈔必又有誤此相字爲桐者。故羅氏又附會爲此說。蓋亦誤也。

武王在酆鄗。文選西都賦注。懿王徙犬邱。帝王世紀。詩譜正義。

宋衷曰。懿王自鎬徙都犬邱。一曰廢邱。今槐里是也。周本紀索隱。

周公居少昊之虛。煬公徙魯。魯世家集解。詩經地理考。

宋衷曰。今魯國。魯世家集解。

召公居北燕。燕世家集解。桓侯徙臨易。燕世家集解。

宋衷曰。有南燕。故云北燕。燕世家集解。臨易今河閒易縣是也。集解。

吳孰哉居藩籬。孰姑徙句吳。吳世家索隱。文選魏都賦注。諸樊徙吳。吳世家集解。

宋衷曰。孰哉。仲雍字。藩籬今吳之餘暨也。孰姑壽夢也。吳世家索隱。句吳太伯始所居地名。集解。

叔度居上蔡。管蔡世家集解。

宋衷曰。胡徙居新蔡。平侯徙下蔡。同上。

戴公居漕。路史國名紀五。成公徙濮陽。衞世家集解。

宋衷曰。康叔從康徙封衞。衞卽殷虛定昌之地。畿內之康。不知所在也。同上索隱。濮陽。帝邱地名。集解。

淇案宋注則戴公上當有康叔居衞等文。

唐叔虞居鄂。晉世家集解。

宋衷曰。鄂地今在大夏。同上。

鄭桓公居棫林。徙拾。文公徙鄭。鄭世家索隱。

宋衷曰。棫林與拾。皆舊地名。鄭。即新鄭也。同上。櫟。今潁川陽翟縣。鄭世家集解。

淇案棫林。在涇西。詩譜誤作咸林。謂在京兆鄭縣。拾乃洛字之誤。即竹書紀年命王子多父居洛之洛謂西洛也。洛拾二字文相似故誤。據宋注文公徙鄭上當有厲公居櫟等文。

楚鬻熊居丹陽。武王徙郢。左傳桓公二年正義。

宋仲子曰。丹陽在南郡枝江縣。今南郡江陵縣北有郢城。同上。

郳顏居郳。肥徙郳。左傳莊公五年正義。

宋仲子曰。郳顏別封小子肥于郳。爲小郳子。同上。

畢萬居魏。漢書高帝紀臣瓚注。魏武子居魏。悼子徙霍。魏世家索隱。昭子徙安邑。臣瓚漢書注。

宋衷曰。霍地名，今河東彘縣也。魏世家索隱。

景子居平陽。韓世家索隱。

宋衷曰，今河東平陽縣。同上。

成季徙原。趙世家索隱。

宋衷曰。今鴈門平原縣也。同上。

中山武公居顧。桓公徙靈壽。同上。

西周桓公名揭。居河南。東周惠公名班。居洛陽。周本紀索隱。

作

淇案鄭康成周官校人注、禮記明堂位注、並引世本作云云、正義曰世本書名、有作篇、其篇記諸作事。

燧人造火。一切經音義一、卷九、卷十五、卷並引之。○禮記禮運疏引作燧人出火。

伏犧制以儷皮嫁娶之禮。月令正義。

伏羲造琴瑟。孝經六正義。

○伏羲氏削桐爲琴、面圓法天、底平象地、龍池八寸、通八風、鳳池四寸、象四時、五弦象五行、長七尺二寸、以修身理性、反天眞也。達靈成性、象物昭功也。通鑑音釋。宓羲作瑟、八尺一寸、四十五弦、黃帝書、泰帝使素女鼓瑟而悲、帝禁不止、故破其瑟爲二十五絃。風俗通聲音篇。具二均聲。爾雅釋樂疏。瑟、潔也、使人清潔于心、淯一于行也。北堂書鈔及潛確類書繹史並引之。

淇案初學記十六引琴操曰，伏犧作琴，以修身理性，反其天眞也。說卽本此。廣雅曰，伏犧氏琴長七尺二寸，上有五弦。曹憲注云，見世本。爾雅釋樂疏、通志樂略、路史後紀一二注引世本，並云庖犧氏作瑟，五十絃，黃帝使素女鼓之，哀不自勝，乃破爲二十五絃，具二均聲。與風俗通少異。

芒作網。太平御覽八百三十四。

芒氏作羅。路史後紀一卷注。

宋衷曰，芒、庖犧臣。御覽。○廣韻引云，庖犧臣芒作网，合紀注約言之也。

女媧作笙簧。明堂位鄭注。

宋均曰，女媧，黃帝臣也。文選長笛賦注。路史後紀二卷注。

隨作竽。廣韻。文選吳都賦注。

隨作笙。風俗通及漢書律曆志應劭注。

宋衷曰。隨女媧氏之臣。路史後紀二卷注。

神農作琴。風俗通。初學記十六。神農作瑟。山海經十八注。

○神農氏琴長三尺六寸六分。上有五弦。曰宫商角徵羽。文王增二弦。曰少宫商。廣韻曹注。

淇案爾雅釋樂。琴瑟鐘鼓笙簫塤磬。皆大小殊稱。故世本之言作也。一物或更數人。蓋度之短長。數之多寡。各不同矣。觀於伏羲神農二聖之作。餘可類悟。或疑風俗通及山海經注。稱引互異。説者謂應説是而郭氏非。此不然也。廣雅注及孝經正義所引。卽其明證。

巫彭作醫。山海經十一注。

垂作規矩準繩。玉篇。垂作耒。垂作耜。廣韻。垂作耨。左傳僖公三十三年正義。爾雅釋樂疏。垂作銚。詩臣工正義。太平御覽八百二十三。

宋衷曰。垂。神農臣。農桑輯要一。銚。刈也。詩臣工正義。

蚩尤以金作兵器。廣韻。

宋衷曰。蚩尤神農臣也。太平御覽二百七十。蚩尤作五兵。戈、矛、戟、酋矛、夷矛。黄帝誅之涿鹿之野。路史後紀四卷注。涿鹿在彭城南。漢書郡國志補注。太平御覽一百五十五。

宿沙作煑鹽。太平御覽八百六十五。

○宿沙氏。炎帝之諸侯。今安邑東南十里有鹽宗廟。路史後紀四卷注。○案路史注所引亦傳注文也。未詳出誰氏。

宋衷曰。宿沙衞。齊靈公臣。齊濱海。故衞爲魚鹽之利。御覽。

右三皇時制作

淇案春秋運斗樞以虙羲、女媧、神農爲三皇。鄭康成注尚書中候敕省圖從其説。仲子注。以鹽爲女媧臣。是女媧實古之人君矣。宋均以祝融氏爲皇。故此注以女媧爲黄帝臣其説未確。

黄帝造火食旃冕。禮記目錄正義。

宋均曰。通帛爲旃。太平御覽六百八十六。

宋衷曰。冕冠之有旒者。左傳桓公二年正義。

淇案㫋冕本二物。故廣韻及御覽三百四十。並引黃帝作㫋。而御覽六百八十六。又引黃帝作㫋冕。下載宋均注云。通帛爲㫋冕。冠之有㫋者。似㫋冕是一物矣。以左傳正義證之。知㫋乃旒字之誤。且誤以仲子說爲均注也。儀禮士冠禮疏。乃引云黃帝作冕旒。此又因注文而誤增者。應劭漢書注云。周始垂旒。此卽駮仲子說。

黃帝作寶鼎三。徐常吉事詞類奇十七。

○天地八象三才。同上。

黃帝使羲和占日。常儀占月。臾區占星氣。伶倫造律呂。大撓作甲子。隸首作算數。容成綜此六術。著調歷。史記歷書索隱。

宋衷曰。皆黃帝史官也。左傳序疏。黃帝世伶倫作樂。說之。一切經音義六。

黃帝使伶倫造磬。事詞類奇十。垂作鐘。廣韻。

○垂。黄帝工人。玉海及通志樂略。鍾。酒器。爾雅釋文。

沮誦蒼頡作書。廣韻。○周官外史正義引云蒼頡造文字。

宋衷曰。黄帝之世。始立史官。蒼頡沮誦居其職。初學記二十一。爲黄帝左右史。唐六典注。

史皇作圖。文選宣貴妃誄注。御覽七百五十。藝文類聚引作史皇作畫。

宋衷曰。史皇黄帝臣也。圖謂畫物象也。文選注。史皇蒼頡同階。路史發揮。

伯余製衣裳。高誘淮南子氾論訓注。○路史後紀五卷注引云伯余作衣裳。胡曹作冕。左傳昭公二十四年正義。胡曹作衣。廣韻。

胡曹。黄帝臣。左傳正義。

於則作扉履。事物紀原。路史後紀五卷注。初學記二十六。

宋衷曰。於則。黄帝臣。草屨曰扉。麻皮曰履。廣韻。事物紀原。太平御覽六百九十七。

雍父作舂。廣韻。雍父作杵臼。同上。○一切經音義十八引云雍父作舂杵。

宋衷曰。雍父黃帝臣也。太平御覽八百二十九。

淇案玉篇引云雍父作臼。路史餘論二引云雍父踐舂爲黃帝之佐。

夷牟作矢揮作弓。山海經十八注。楊倞荀子解蔽注。

宋衷曰。夷牟揮皆黃帝臣也。初學記二十二。通鑑音釋。

胲作服牛。初學記二十九。御覽八百九十九。

注云。胲黃帝臣也。能駕牛。初學記。少昊時人始駕牛。御覽。

共鼓貨狄作舟。山海經十八注。廣韻。○貨狄，通鑑音釋引作化狐。一切經音義十二十七引舟下並有船字。

○二人並黃帝臣。廣韻。古者觀落葉以爲舟。唐類函舟部。事詞類奇十七。

烏曹作博。文選博弈論注〇博廣韻引作簙。

祝融作市。玉篇，廣韻。

宋衷曰。祝融顓頊臣爲高辛氏火正。初學記二十四。

堯修黃帝樂名咸池。禮樂記疏。

堯使禹作宮室。太平御覽一百七十三　爾雅釋文。

鯀作城郭。禮記祭法正義〇水經河水注引云鯀作城廣韻引云鯀作郭。

伯夷作刑。北堂書鈔。皋陶制五刑。路史後紀七卷注。

咎繇作耒耜。太平御覽八百二十三〇繇舊譌作䌛。

后益作占歲之法。北堂書鈔。太平御覽十七〇玉海引后益作歲本。

化益作井。周易釋文。

宋衷曰。化益。伯益也。堯臣。同上。

淇案太平御覽一百八十九引云。伯益作井。蓋合注文言之也。史記秦本紀索隱。路史後紀八卷。俱云世本作化益。困學紀聞原注。亦引云化益作井。

巫咸作筮。周禮龜人注。巫咸作鼓。王應麟急就章補注。巫咸作醫。玉海。

宋衷曰。巫咸。堯臣也。以鴻術爲帝堯之醫。太平御覽七百二十一。

夷作鼓。藝文類聚鼓部。通志樂略。

毋句作磬。風俗通。山海經十八注。廣雅注。○明堂位注引云。無句作磬。古文毋無通。

○毋句。堯臣也。廣雅注。初學記十六。

舜造簫。文獻通考。通志樂略。

○其形參差象鳳。簨管長二尺。文獻通考。路史後紀十二卷注。

夔作樂。初學記十五。　垂作鐘。明堂位注。風俗通。山海經注十八。

○垂。舜臣。廣雅注。

叔造磬。通志樂略。

○叔。舜時人。文選長笛賦注。

右五帝時制作

儀狄始作酒醪變五味。初學記二十六。　太平御覽八百四十三。　事類賦注。

○儀狄。夏禹之臣。書酒誥正義。

少康作箕帚。廣韻。　御覽七百六十五。杜康造酒。書酒誥正義。　少康作秫酒。初學記二十六。御覽八百四十三。

季杼作甲。杼作矛。路史後紀十四注。

宋衷曰：少康子輿。太平御覽三百五十五。初學記二十二。名杼也，書費誓正義。甲，鎧也。御覽同上。

淇案：書費誓正義、詩叔于田正義引云「杼作甲」，夏本紀索隱引云「季佇作甲」，初學記二十二引云「與作甲」，此合紀與注約言之也。

奚仲作車。山海經十八注。文選演連珠注。後漢書輿服志注。臘作駕。潛確類書九十。相士作乘馬。周禮校人注。荀子解蔽注。

淇案：荀子曰：「乘杜作乘馬。」乘杜即相土也。周人祀爲馬社。陳氏書所引之臘，未詳何氏。呂覽曰：「乘雅作駕。」臘字疑即雅字之譌。蓋譌雅作睢，又譌睢作臘也。通志氏族略引世本云：「乘睢，古賢人。」當即此處注文。楊倞荀子注謂乘杜、乘雅皆相土也。

昆吾作陶。史記龜策傳索隱。

○夏臣昆吾者，更增加也。一切經音義十四十八。

逢蒙作射。廣韻。藝文類聚七十四。

微作禓五祀。太平御覽五百二十九。○路史餘論四引湯作五祀。

○微者。殷王八世孫也。禓者。強死鬼也。謂時儺索室驅疫。逐強死鬼也。五者。謂門戶及井竈中霤。同上。

紂作玉牀。太平御覽七百六。

武王作翣。廣韻。初學記二十五。一切經音義十九。

宋均曰。翣。武飾也。莊子釋文。

暴辛公作塤。蘇成公作篪。風俗通。廣韻。

宋均曰。暴。圻內國。辛公。周平王時諸侯。作塤有三孔。文選長笛賦注。○圻內國。據路史國名紀增。爲塤久矣。此掌其官也。通典樂部。蘇

成公。平王時諸侯。造篪。吹孔有觜如酸棗。北堂書鈔。太平御覽五百八十。篪以竹爲之。長尺四寸。有八孔。後漢書顯宗紀注。

秦穆公作沐。太平御覽三百九十五。

魯昭公作靈。五代史。

魯昭公作弁。事物紀原三。

宋均曰。制素弁也。太平御覽六百八十六。

公輸般作磑。廣韻。○漢書張衡傳注引云。公輸作石磑。一切經音義十四引作輸班作磑。

公叔文子作輗軏。北堂書鈔。唐類函。

韓哀作御。漢書王褒傳應劭注。

宋衷曰。韓哀。韓文侯也。時已有御。此復言作者。加其精巧也。漢書王褒傳顏師古注。文選王子淵聖主得賢臣頌注。

淇案韓哀。呂氏春秋作寒哀。與羲和伯益史皇乘雅同列並稱。蓋虞夏時人寒君伯明之族也古文韓寒通。故世本作韓哀。宋氏以爲韓文侯。古無此說。史記韓世家云。文侯生哀侯。是文與哀乃父子也。索隱謂紀年無文侯。豈文與哀果如仲子說耶。至謂復言作者。加其精巧。此可爲讀世本之法。知此意則通無滯礙矣。

右三王時制作

雷氏世本考證

帝繫

少典生軒轅是爲黃帝史五帝紀索隱引孫氏注號有熊者以其本是有熊國君之子故也都軒轅之邱因以爲名又以爲號按此注雷氏失載

宋衷曰玄囂青陽是爲少昊繼黃帝立者高辛地名因以爲號嚳名也按史記五帝紀索隱凡三引宋衷注一曰玄囂青陽卽少昊也一曰玄囂青陽是爲少昊繼黃帝立者而史不敘蓋少昊金德王非五運之次故敍五帝不數之也一曰高辛地名因以爲號嚳名也三代世表索隱引同無而史不敘四字雷氏斷而史不敘以下爲小司馬之辭而不錄非也

黃帝生昌意昌意生高陽是爲帝顓頊山海經郭注引黃帝生昌意昌意生顓頊玉篇顓注引昌意生高陽是爲帝顓頊顓者專也頊者正也言能專正天之道也按顓者下當是世本注文顓頊生窮蟬五世而生瞽叟瞽叟生重華是爲帝舜舜典正義引帝繫云顓頊生窮蟬窮蟬生敬康敬康生句芒句芒生蟜牛蟜牛生瞽叟瞽叟生舜按此與戴記帝繫篇異當是世本文史五帝紀顓頊生子曰窮蟬索隱世本作窮係宋衷云一云窮係謚也三代世表索隱引同按此宋衷本當作窮係或孔穎達所見本異耳

鯀生高密是爲禹按玉篇引禹下有也字路史無〇書序正義引帝繫云禹名文命按正義前引世本帝繫大戴禮五帝德此帝繫當是世本文

顓頊生稱。稱生卷章。卷章生黎。路史後紀注引稱作偁。

黃帝娶于西陵氏之子。謂之纍祖。生青陽及昌意。按山海經注引生作產。廣韻注引作黃帝娶西陵氏女爲妃名纍祖。

昌意娶于濁山氏之子。謂之昌僕。生顓頊。按山海經注引作顓頊母濁山氏之子名昌僕。此當是大戴禮文。

老童娶于根水氏。謂之驕福。按路史後紀注引根水作梩水。元和姓纂引老童娶安是女。

陸終娶于鬼方氏之妹。謂之女嬇。是生六子。孕而不育三年。啓其左脅。三人出焉。破其右脅。三人出焉。按水經注。嬇作隤。無而不育三字。史楚世家路史後紀引作女嬇。

陸終六子。史記楚世家。其長一曰昆吾。集解引昆吾者。衞是也。索隱引其一曰樊。是爲昆吾。宋忠曰。昆吾國名。巳姓所出。左傳曰。衞侯夢見披髮登昆吾之觀。今濮陽城中有昆吾臺是二曰參胡。集解引參胡者。韓是也。索隱引二曰惠連。是爲參胡。宋忠曰。參胡國名。斯姓。無後。三曰彭祖。集解引彭祖者。彭城是也。索隱引三曰籛鏗。是爲彭祖。四曰會人。集解引會人者。鄭是也。索隱引四曰求言。是爲鄶人。宋忠曰。求言名也。妘姓所出。鄶國也。五曰曹姓。集解引曹姓者。邾是也。索隱引其五曰安。是爲曹姓。宋忠曰。安名也。曹姓者。諸曹所出也。六曰季連。索隱引六曰季連。是爲芈姓。季連者。楚是也。宋忠曰。季連名也。芈姓。諸楚所出。楚之先。芈音彌。是反芈。羊聲也。按雷氏因左脅右脅之文。以三子相次。恐不足據。○又諸家引世本皆斷至楚之先而止。按下二語亦是宋忠注文。殷本紀曹圉卒正義圉音語出系本是世本有音之證。

○求言水經注引作萊言

帝嚳四妃。按史外戚世家索隱引姜嫄作姜原詩生民正義引大戴帝繫篇云世本文亦然陳鄷作陳鋒次妃娵訾氏作下妃娵訾氏

堯娶于散宜氏之子謂之女皇。路史後紀引女皇生丹朱。

舜娶于帝堯謂之女瑩。路史後紀注引配以盲娙以嫈又引盲郎娥皇字娥娙嫈郎女英按盲郎娥皇下似注文又藝文類聚六十七引舜時西王母獻白環及玦文選景福殿賦注引同玦作佩。

禹娶塗山氏之子謂之女媧是生啓。路史後紀注引禹娶于塗山氏曰后嬌按殿本史正義引作女憍。

王侯

開甲。書盤庚正義引世本紀云祖乙崩子祖辛立崩子開甲立崩弟祖丁立崩開甲之子南庚立崩祖丁子陽甲立崩弟盤庚立按世本有本紀見穀梁襄二十五年疏左襄二十一年正義引世本記記紀同也書正義所引與殿本紀異又開甲史作沃甲索隱云世本作開甲也正義此上當以通盤庚故十絕句斷此引爲世本紀文。

盤庚崩弟小辛立崩子武丁立。書說命正義引盤庚崩弟小辛立崩弟小乙立崩子武丁立按武丁是小乙之子與殿本紀合書序正義引失小乙一世。

祖辛。御覽百三十五引紂伐有蘇。有蘇人以妲己女焉。紂愛妲己。妲己之言是從。武王殺之。斬以玄戈。懸之小白旗。按此引未審是篇內文否。附著祖辛下。

孝王崩。懿王太子燮立。是爲夷王。按詩民勞正義引作孝王生夷王。夷王生厲王。與史表不合。當以禮疏爲得。

鄭生頃王巨。穀梁襄十五年。劉夏逆王后于齊。疏云。案世本本紀。當頃王也。則世本有此文。可知。附著頃王下。

魯哀公十九年。周敬王崩。哀公二十年。是定王介子元王赤立。按左哀十九年疏。敬王崩在此年。世本亦爾。又云六國年表起自元王。乃本紀皆云元王八年崩。子定王介立。定王元年。是魯哀公之二十七年。世本云魯哀公二十年。是定王介崩。子元王赤立。則定王之崩年是魯哀二十七年也。按此則世本文當作二十七年。茲作二十年者。轉寫脫也。

宋衷曰。威烈王葬洛陽城中東北隅。王赧謚曰西周武公。史周紀集解宋忠曰。威烈王葬洛陽城中東北隅也。六國表周赧王索隱宋忠曰。赧謚也。周紀周君王赧卒。集解宋忠曰。謚曰西周武公。

獻公山。按史索隱無明引世本文。若據宋注。當於獻公上標胡公一世。

曹世。按左桓五年疏引曹國伯爵。穀梁昭十四年注。曹叔振鐸。文王之子。武王封之于曹。疏云曹是文王之子。封于曹者。世本文。據此當列叔振鐸一世。曹國伯爵。不知是此篇文否。

衞世。公羊三年注。天子新立衞公子留。疏云。世本及史記並有其事。按史作公子黔牟。則作留者世本文也。

惠公立十八年生成公及桓公。左襄六年正義。杞桓公是成公之弟。成公卒而桓公立。與史注合。

吳世。禮檀弓下注。夫差。吳子光之子。疏。世本及吳世家文也。

考烈王完。按楚世家。當作熊完。

桓子生文侯斯。按禮樂記正義引騊生文侯斯。

惠王生襄王。按集解前引荀和之說。今案以下引世本折之。非荀和說也。雷氏以世本無哀王下爲和嶠說。亦誤。

襄王名嗣。史蘇秦列傳魏襄王。索隱引惠王子名嗣。

昭王名遫。史范睢蔡澤列傳索隱引昭王名遫。襄王之子也。

懿侯。按六國表莊侯元索隱。世家作懿侯。世本無名。

趙世。按魏世家趙敬侯初立。索隱引敬侯名章。

卿大夫

召穆公。康公之十六世孫。按此引宜列燕系。

孔子坊頂反首張面。路史仲尼坊頂反首張面。四十有九表。堤眉谷竅。參臂駢脅。腰大十圍。長九尺有六寸。時謂長人。按雷引未備。

華父督。戴公之孫。好父說之子。左隱八年正義引宋督是戴公之孫。好父說之子。華父是督之字。

世子家生華孫御事。華孫御事生華元右師。按今本作家生華孫御事。御事生華元右師。

秀老生司徒鄭。按今本無秀字。

及合左師。　超生左師眇。按原引合左師下。有左師卽向戌也句。左師眇下。有眇卽向巢也。魋是巢之弟二句。皆約舉世本文。

孝公生僖伯彄。左隱五年疏引僖伯名彄。字子臧。孝公之子。

仲孫貜生南宮縚。孔子世家索隱引敬叔與懿子，皆孟僖子之子。又禮檀弓疏引敬叔桓公七世孫，惠伯是桓六世孫。

桓公生僖叔牙，至武叔州仇。按論語疏引州仇，叔牙六世孫，叔孫不敢子也。

無逸生行父。詩魯頌正義，行父是季友之孫，故以季孫爲氏，死謚曰文子。左傳、世本皆有其事。按當是約舉世本文。

莊仲山至耐步產徵。按一本無山字，孺作𧴩，耐步作能陟，微作帶。

閔孟克。閔一本作閻。

齊臣系。田齊世家索隱，莊子及鬼谷子亦云田成子殺齊君，十二代而有齊國。今據世本、世家，自成子至王建之滅，祇十代。

韓萬是曲沃桓叔之子，至獻子厥。左桓二年疏引。韓萬，莊伯弟。

元與智氏同祖逝遨。按索隱引此，下有故智氏亦稱荀句。

鄭臣系。鄧名世姓氏書辨證引鄭穆公子喜，字子罕。罕生子展，舍之。舍之生子皮虎。又引鄭穆公生子國發。發生子產僑。簡成子僑生子思參。參生子玉珍。珍生子樂皐顯。莊子爲子國氏。

氏姓

許、州、向、申，姜姓也。按左隱二年疏引向，姜姓。桓五年疏引州國，姜姓。

鍾離，嬴姓。按史伍子胥列傳索隱引作終犂，嬴姓之國。

與秦同祖。按廣韻引作鍾離與秦同祖，其後因封爲姓。

鄀，允姓之國。按路史後紀又引允格，允姓國。

莘國，姒姓。按周本紀正義引莘國，姒姓，夏禹之後，卽散宜生等求有莘美女獻紂者。雷氏分載，中間以言姓則在上，言氏則在下，二語未詳何義。

子姓，殷、時、來、宋、空同、黎、比髦、目夷、蕭。按左襄十一年疏引宋，子姓。姓纂引北殷，子姓。姓氏書辨證引北旄，子姓。北旄疑卽比髦之異文。

鮮虞，姬姓。按原引下有白狄也三字。

詹葛氏。按氏族略引作瞻葛氏。

古帝臣𧶠。姓氏書辨證引唐孫氏，祁姓，唐堯之後。其孫仕晉，自爲唐孫氏。按此與廣韻引不同。據姓氏諸書，當是兩唐孫氏。又路史後紀引宋衷曰：陽侯，伏犧之臣，蓋大江之神者。按當有陽氏。

曾氏。夏少康至去邑爲曾氏。按姓纂引襄六年莒滅之，作春秋時爲莒所滅。又太子上有鄫字。

右史氏。古者右史記事，周有右史武。按姓纂引作古者右史記事，因氏焉。周右史戍。

季隨氏。至季隨季騧之後。按姓纂引季隨氏，周八士季隨之後。姓氏書辨證引季騧氏，周八士季騧之後。

陳臣𧶠。按姓氏書辨證引陳威公生昭子來，將孫卑爲䜭子氏。又引陳威子生石難，自別爲子石氏。又引陳僖子生子穆安，因爲子穆氏。又引陳烈子生子沮，其後爲子沮氏。

右師氏。至爲右師，因氏焉。按氏族略引作宋莊公生公子申，世爲右師。

楚大夫公朱高，出宋公子朱。按姓氏書辨證引公朱氏，宋公子朱之後。

東鄉氏。宋東鄉爲人之後。按原引宋下有大夫二字。姓氏書辨證引無人字。

泥氏。宋大夫卑泥之後。按卑泥，姓氏書辨證引作泥車。

宋臣裔。按姓纂引常壽氏。宋大夫。景公時有常壽邦。又引宋司徒華定。甘士氏。周卿士甘平公爲王卿士。後氏焉。

魯臣裔。按姓纂引孟僖子孫閱號南宮敬叔。叔生路。路生會。會生虔。爲南宮氏。姓氏書辨證引公襄氏。魯大夫公襄昭。魯襄公太子子野之後。又引子士氏。魯叔孫成子生齊季。爲子士氏。又引子寤氏。季平子生昭伯寤。其後爲子寤氏。又引子成氏。魯季平子生子成叔彭侯之後。

魯大夫齊季窺。昔齊子季奔楚。楚遂號齊季氏。按姓纂引齊襄公子季奔楚。因氏焉。魯有大夫齊季窺。

車遽氏。齊臨淄大夫車門遽。按姓氏書辨證引齊有臨淄大夫車遽氏。

子工氏。齊頃公之子公子子工之後。按氏族略引如此。姓纂引作齊頃公子子公之後。

齊臣裔。按姓氏書辨證引齊頃公生子夏。勝以所居爲雍門氏。又引公旗氏。齊威王時有左執法公旗蕃。又引子襄氏。齊桓公子子襄之後。

將軍氏。至爲將軍氏。按姓氏書辨證引衞靈公子郢生父子彌牟。爲將軍氏。

司寇氏。至以官爲氏。按原引下有司寇亥卽其裔也七字。又姓纂引衞靈公子郢子孫爲司寇亥之後。

衞臣裔。按廣韻引公紀氏。衞有大夫左公子洩右公子職。姓纂引子郢氏。衞公族昭子郢之後。姓氏書辨證引作時子郢。又姓氏書辨證引衞公族有羌師氏。又引卷子氏。衞文公後卷子子州氏爲

晉荀逝遨至爲中行氏。按姓氏書辨證引仲行氏。有仲行寅。晉大夫有仲行氏。

晉蒲邑大夫公佗世卿。按姓氏書辨證引公他氏。有蒲邑大夫公他世卿。其先以王父字爲氏。

楚大夫涉其帑。按姓氏書辨證引楚大夫有涉其氏。春秋涉其帑是也。

楚臣裔。按姓纂引有楚鳩氏。姓氏書辨證引黿子氏。出自黿子觀起之後。楚大夫有黿子班。又引楚公族子季氏。

鄭大夫封父彌眞。按原引眞下有然字。

鄭臣裔。按姓纂引馬師氏。鄭穆公有馬師之官。馬師頡。馬師朔。馬師騄。姓氏書辨證引子游氏。鄭穆公生子偃字子游之後。又子孔氏。鄭穆公生子喜字子孔之後。又引子然氏。鄭穆公子子然之後。

居

路史後紀注引黄帝都涿鹿。續漢書郡國志注引涿鹿在鼓城南。按漢志引當是注文。

禹都陽城。漢志引禹都陽城在大梁之南。按下五字疑是注文。

相土徙商邱。御覽引相土徙商邱。本顓頊之虛。按下五字疑是注文。

懿王徙犬邱。御覽引懿王徙犬邱。厲王淫亂出于彘。今河東永安是也。平王卽位徙居洛邑。誥所謂新邑也。按今河東七字。誥所謂六字。疑是注文。餘皆世本文。

叔度居上蔡。水經汝水注引上蔡也。九江有下蔡故稱上。按此疑是注文。

宋衷曰。棫林與拾皆舊地名。按王應麟詩地里考引下有封桓公乃名爲鄭七字。史曹世家索隱。宋衷曰。濟陽定陶縣。按陽一本作陰。漢志濟陰郡定陶。顏注故曹國。周武王弟叔振鐸所封。後志濟陰下定陶本曹國。據此作濟陰是。此注雷載曹系。宜入居篇。

路史後紀注引錯叔繡封滕。史陳杞世家索隱。宋衷曰。今沛國公邱是滕國也。此引雷載滕系。按宜列居篇。

史陳杞世家集解引宋衷曰。杞、今陳留雍縣故地。此注雷載杞系。按宜列居篇。

中山武公居顧。桓公徙靈壽。按索隱原引下有爲趙武靈王所滅七字。

作

燧人造火。按一切經音義引造火者燧人因以爲名。

伏犧造琴瑟。北堂書鈔引庖犧氏作瑟。瑟。潔也。使人精潔于心。純一于行也。山海經注引伏犧作琴。按孝經疏引。疑是總舉文。

隨作笙。按風俗通引長四寸。十二簧。像鳳之身。

王應麟急就章補注引神農和藥濟人。初學記引黄帝見百物始穿井。

容成綜此六術。著調厤。書舜典疏引容成造厤。

宋衷曰。皆黄帝史官也。書舜典疏左傳序疏引宋衷曰。大撓黄帝史官。又引宋衷曰。容成黄帝史官。文選西京賦注引宋衷曰。隸首黄帝史也。

胡曹。黄帝臣。按此亦宋衷注文。御覽胡曹作衣。宋衷曰。黄帝臣。路史後紀胡曹作冕。宋衷曰。黄帝臣也。

夷牟作矢。按山海經引作牟夷。禮射義疏引作夷牟。

玉海一百十引夷作鼓。通典樂四引以桴擊之曰鼓。以手搖之曰鞀。按通典引疑是注文。

藝苑卮言引

堯作圍棊。

鯀作城郭。意林引風俗通轉引鯀作城郭。城、盛也。郭、大也。按下六字疑是注文。

舜造簫。略史後紀引。簫舜所造。其形參差象鳳翼。十管長二尺。

事物紀原引

夏作贖刑。

臘作駕。　相土作乘馬。按事物紀原引相土作乘馬。又引臘作駕。宋衷曰皆黃帝臣。

夏臣昆吾者。更增加也。按一切經音義引舜作陶。夏臣昆吾更增加也。

路史引湯作五祀。事物紀原引戶井竈中霤行。至周而七曰門行厲戶竈司命中霤。按事物紀原引疑是注文。

事類賦扇賦注引武王始作箑。

宋均曰。暴。坼內國。至有八孔。爾雅釋文引塤。暴辛公所作也。圍五寸半。長三寸半。六孔也。又引篪。蘇成公所作。長一尺二寸。御覽引蘇成公作篪。管樂。十孔。長尺一寸。吹孔有嘴如酸棗。

公叔文子作輗軏。按北堂書鈔引注云。文子公叔齊。

雷學淇校輯「世本」校勘記

行數指正文.夾注兩行作一行計.

頁數	行數	原文	校注
三	倒一	鯀生高密	「鯀」玉篇作「鮌.」
四	倒三	昌意娶於濁山氏之子謂之昌僕生顓頊	案山海經引世本作「顓頊母濁山氏之子.名昌僕.」作者增改之.非世本之舊.
五	四注	御覽作奔	案御覽各本俱作「墳」不作「奔.」
五	倒一	謂之女嬇	案水經注作「女隤」.此從御覽.
五	倒一	是生六子	案御覽無「是」字.此從水經注.
五	倒一	孕而不育三年	案水經注作「孕三年」.此從御覽.
五	倒一	破其右脅	御覽「破」作「啓」.此從水經注.
六	五	斯姓	「斯」原本誤作「斟」.據史記改.
八	倒一及注	女媧	案史記王本作「女媧」.殿本作「女僑.」大戴禮帝繫亦作「女僑」.是王本誤也.作者似不應捨索隱引系本原文而采正義引帝繫者.
一〇	一	弟小乙立崩	原本脫此五字.據書正義補.
一〇	四注	祖辛生祖丁沃甲生南庚	原本作「祖辛生祖丁及南庚.」案史記.祖辛崩.弟沃甲立.沃甲崩.立兄祖辛之子祖丁.祖丁崩.立沃甲之子南庚.是南庚非祖辛之子.故「及」字改作「沃甲生.」

一〇	五注	廩辛作憑辛	「憑辛」原本作「祖辛」，據史記索隱引帝王代紀改。
一二	五、六	胡齊生惠王　泄心生景王	「胡」「泄」兩字左傳無，作者所增。
一三	一	元王仁生貞王介	「貞」原本作「定」，據左傳正義改。
一三	二	定王介崩	原本脫「崩」字，據經典釋文補。
一五	五注	無詭	原本「詭」作「虧」，案史記作「無詭」，左傳作「無虧」，作者案語本史記，以作「詭」爲是，據改。
一六	二注	簡公	原本脫此兩字，據史記補。
一六	倒二注	宮侯	原本「宮」下衍「伯」字，據史記刪。
一六	倒二注	蠆侯所事	原本無「所事」兩字，據史記補。
一七	四注	弟叔振鐸　戴伯蘇　繆公武　莊 公夕姑	原本無「叔」「蘇」「武」三字，「莊」作「襄」，據史記增改。
一七	倒三注	衞世家索隱	原本漏注，今補。
一七	倒一	敬公費	案史記衞世家索隱無「費」字，此從集解。
一八	一及注	成侯不逝　衞世家索隱	原本「侯」作「公」，據史記改。又注「索隱」上有「集解及」三字，案史記此下無集解注文，據刪。案語同。
一九	四	玃且	「玃」原本作「獀」，案穀梁、左傳均作「玃」，據改。又作者案語似左、穀不同，或所據本誤也。
二〇	五注	壽曼	原本脫「曼」字，據史記補。
二一	四注	愼公圉戎	原本脫「戎」字，據史記補。
二四	二	十九兩立	原本「九」下有「年」字，據史記刪。

頁	行	文	校記
二四	二注	始皇本紀後秦記	案史記始皇本紀後，序秦之先君，取異說重列於後，而並無篇名，作者以與本紀索隱各有不同，乃名曰「秦紀」以別之.
二五	倒二	襄王生昭王	原本「襄」下缺一字，據史記補.
二六	五注	哀侯生懿侯，懿侯生昭侯	原本脫「生懿侯懿侯」五字，據史記補.
三四	一注	書生觀	「觀」原本作「瓘」，案左傳哀十七年齊國觀陳瓘救衞，杜注「國觀，國書之子」，是「瓘」當作「觀」，據改.
三四	倒三	耐涉	「涉」原本作「步」，據史記改.
三五	倒二	孫氏出于衞武公	原本脫「衞」字，據左傳補.
三五	倒一注	乙生昭子炎	「乙生」原本作「孫」，據唐書宰相世系表改.
三六	三注	又正義引世本朱作朮	案檀弓及論語正義，皆未作「朮」，左傳、史記亦無之.
三七	倒二注	仁生端字執嘉	「端字」原本作「懦號」，據唐書宰相世系表改.
三九	五注	左傳宣公十二年疏	原本「宣」誤作「成」，脫「十」字，據左傳改.
四〇	六	司功大伯	原本「功」作「空」，據左傳改.
四一	二注	號駒伯，郤犨食采於苦	原本「駒伯」作「伯駒」，「犨」作「讐」，據潛夫論改.
四一	倒二注	呂臣孫蔿賈	「孫蔿」原本作「生呂」，據唐書宰相世系表改.
四五	四注	史記集解於周秦本紀並稱應劭書引世本氏姓注	案周本紀未引.
四六	一注	水經陰溝水注	原本作「汳水」，據水經注改.

頁	行	原文	校記
四九	倒二	世本言姓即在上言氏即在下	本條叙姒姓而著此兩語．似覺不倫．或作者誤置．
五〇	倒二注	隱公十一年	「一」原本誤作「四」．據左傳改．
五三	倒三	參氏祝融之後	案廣韻「參」字注．無此引文．亦未注爲姓也．
五四	四	鄫太子	原本脫「鄫」字．據氏族略補．
五六	六	宋大夫東鄉	原本脫「大夫」兩字．據氏族略補．
五八	三	齊公子成	案姓氏書辨證作「公子牽」．與廣韻異．
五八	四	昔齊公子季弃于楚	原本脫「公」「于」兩字．據廣韻補．
五八	七	齊有尹文子	原本「有」作「大夫」．案廣韻注云．漢複姓．齊定王時有尹文子．著書五篇．然非引世本文．又案氏族略引世本云．齊「有」尹文子．著書五篇．無「大夫」二字．作者蓋誤．改從氏族略．
五八	八	臨淄大夫車遻氏	原本作「車門遻」．案廣韻九麻「車」字注引世本．有齊臨淄大夫「車遻氏」．又二十三魂「門」字注引世本．有齊臨淄大夫「車門遻」．以「車門」爲氏也．本條以「車遻」爲氏．故改．
五九	倒一注	路史後紀十一	原本脫「一」字．據路史補．
六二	三	茷成氏	原本脫「成」字．據姓纂補．
六二	四	季夙氏	「季」原本作「李」．據氏姓略改．
六四	二	慶父氏……慶父籍爲楚上工正	原本脫兩「父」字及「上」字．據氏族略補．
六五	五	燕惠公族	案姓纂無「燕」字．作者以邵皓氏爲燕後．故增．

頁	行	原文	校記
六七	五	强·理·勁直	案御覽作「剛·德·理直」
六七	六注	上·倶·衍·諡字	白虎通作「字上倶有諡字。」
六八	三注	玉海地理通釋	原本脱「玉」字。今補。
七〇	一、二、七	「桓侯」、「臨易」、「成公」下注	「集解」原本均誤作「索隱」今改。
七〇	倒二注	同·上·索·隱·	原本漏注。今補。
七一	倒三	宋·仲·子·曰……今·南鄀	原本「仲子」作「衷」「南」上無「今」字。據左傳正義增改。
七五	倒三	垂作耒	此下漏注出處。
七五	倒三注	御覽八百二十三·	「三」原本誤作「四」據御覽改。
七六	五	故·衞·爲魚鹽之利	「衞」原本誤作「得」據御覽改。
七九	二注	御覽八百二十九。	原本脱「九」字。據御覽補。
七九	四	夷·牟·作矢	山海經、初學記皆作「牟夷」此從荀子注。
八〇	五	堯·使禹作宮室·	案御覽引世本無「室」字。爾雅引世本無「堯使」兩字。
八三	四注	濬·確·類書	「確」原本誤作「漢」今改。
八三	五注	乘·杜·乘·雅·皆·相·土·也·	案荀子解蔽注無此語。
八四	六	暴·圻·內·國·辛·公·周平王時諸侯	案文選長笛賦注引宋均語。無「圻內國」「公」四字。

世本十五篇。見漢藝文志。蓋古史官所記也。其書舊目不可復得。今可識者。世本有帝繫篇。見書序正義。又釋元應一切經音義二十三。有世本本紀。見春秋穀梁襄二十五年疏。史三代世表索隱。左襄二十一年正義引世本記。記紀同也。有世本世家。見左桓三年閔二年襄二十一年二十九年定元年正義。史田齊世家索隱。有傳。見史魏世家索隱。有譜。見隋經籍志。又有氏姓篇。見左隱十一年正義及史秦本紀集解。有居篇。見史吳世家魏世家索隱。有作篇。見周禮及禮記鄭注禮正義亦云世本有作篇。又當有謚法一篇。見沈約謚法序。故司馬遷作史記。多依用之。然春秋正義云。今之世本與遷言多有不同。如世本陳無利公。見左桓十一年正義。韓無列侯。趙無武公。田齊無悼子及侯剡。見史索隱。大抵秦火之餘。轉寫訛脫。孔穎達諸儒得此失彼。往往以爲未可據信。其實非原書之失也。至如世本無有陽國。見左閔二年正義。世本無魏君名謚。檜君號謚。并見左襄二十九年正義。杜預釋例引世本無許叔皆晉唐人所見之本。雖非原書。然猶可想見此書之舊。又如史夏本紀索隱引世本姒姓。不云彤城及襃。殷本紀索隱引世本子姓。無稚氏。孔子世家索隱引世本無漆姓。亦並足與後來氏姓之書互相取證。王應麟讀孟子注。謂可備參考。良有以也。他如世本琵琶不載作者。引見初學記引傅元琵琶賦序。則世本作篇之所載者不可不知。其書至宋已不傳。國朝錢大昭嘗据書傳所引。集爲作篇。居篇。氏姓篇。王侯大夫譜。共四篇。孫馮翼復据諸書補其未備。刊載問經堂叢書中。然其中失載者亦夥。至孫星衍所藏淡生堂抄輯世本二卷。洪飴孫所編世本四卷。外間俱未之見。江都秦嘉謨因其書作世本輯補刊行。而所補者類皆司馬遷韋昭杜預之說。注欠分曉。多與世本原文相汨。轉覺世本一書。蕩然無復畺界矣。泮林輯爲此書。與秦同時。繼聞秦書刊行。遂置不錄。而又終恐後日之以似失眞也。爰仍據所輯舊稿。釐爲六卷。錄成一編。并附纂諡法數條於後。庶幾周秦以上之書。可藉是以傳其舊。且其中尤有補秦書之所未備者。考古者或有取焉爾。道光元年冬十月高郵茆泮林識。

世本諸書論述

漢　宋　衷注
清　茆泮林輯

尙書序正義曰。大戴禮。帝繫出於世本。

周禮。瞽矇諷誦詩世奠繫。鄭玄注曰。世之而定其繫。謂書於世本也。

周禮。小史掌邦國之志定繫世辨昭穆。鄭玄注曰。帝繫世本之屬。孔穎達疏。天子謂之帝繫。諸侯謂之世本。

漢書藝文志。世本十五篇。古史官記黃帝以來迄春秋時諸侯大夫。

漢書梅福傳。綏和元年。以世本相明封孔子世。

漢書司馬遷傳贊曰。孔子因史記而作春秋。而左邱明論輯其本事以爲之傳。又纂異同爲國語。又有世本錄黃帝以來至春秋時帝王公侯卿大夫祖世所出。春秋之後。七國竝爭。秦兼諸侯。有戰國策。漢興代秦定天下。有楚漢春秋。故司馬遷據左氏國語。采世本戰國策楚漢春秋。接其後事。案史集解索隱正義序多引之。

後漢書班彪傳漢書略論曰。唐虞三代世有史官。以司典籍。暨於諸侯。國自有史。故定哀之間。左邱明論集其文作左傳三十篇。又撰國語二十篇。又有記錄黄帝以來至春秋時帝王公侯卿大夫號曰世本一十五篇。春秋之後。則有戰國策三十三篇。漢興陸賈作楚漢春秋九篇。孝武之世。太史令司馬遷采左氏國語删世本戰國策據楚漢列國時事。上自黄帝。下迄獲麟。作本紀世家列傳書表凡百三十篇。

又曰。夫百家之書。猶可法也。若左氏國語世本戰國策楚漢春秋太史公書。今之所以知古。後之所由觀前聖人之耳目也。

韋昭國語解序曰。以世本攷其流。

隋書經籍志世本王侯大夫譜二卷。世本二卷。劉向撰。世本四卷。宋衷撰。

案史記集解序索隱引劉向曰。世本古史官明於古事者之所記也。錄黄帝以來帝王諸侯及卿大夫系謚名號。凡十五篇。據此。蓋別錄之文。當是秦火之餘。劉向從校書後錄出。非卽劉向撰也。又案王應麟玉海五十亦曰司馬遷已采世本。恐非向撰。若宋衷則世本之撰注者。

又曰。漢初得世本。叙黄帝以來祖世所出。

舊唐書經籍志。世本四卷。宋衷撰。世本別錄一卷。帝譜世本七卷。宋均注。世本譜二卷。

新唐書藝文志。宋衷世本四卷。別錄一卷。宋均注帝譜世本七卷。王氏注世本譜二卷。

王應麟玉海四十七。案藝文志唐十三類史錄譜牒類世本至著姓略記十七家。三十九部。一千六百一十七卷。又案唐六典史類十二曰譜系。以紀氏族繼序。世本等四十一部。三百六十卷。譜牒之書以世本爲首。

劉知幾史通曰。帝王苗裔公侯子孫。餘慶所宗。百世無絕。能言吾祖。郯子見師於孔公。不識其先。籍談取誚於姬后。故周撰世本。式辨諸宗。楚置三閭。實掌王族。

春秋左傳孔穎達正義曰。杜君采太史公書世本。旁引傳記。以爲世族譜。略記國之興滅。

又曰。杜據世本史記。作世族譜。說諸國滅亡之年。

柳冲進姓族系錄表曰。姓氏之初。世本著其義。昭穆之敍。周譜列其風。

柳芳族譜總論曰。氏族者。古史官所記也。昔周小史定繫世。辨昭穆。故古者有世本。錄黃帝以來至春秋時諸侯卿大夫名號繼統。秦既滅學。諸侯子孫失其本系。漢興。司馬遷父子乃約世本修史記。因周譜明世家。乃知姓氏之所由出。

歐陽修帝王世次圖序曰。司馬遷作本紀。出於大戴禮世本諸書。今依其圖而考之。堯舜夏商周。同出黃帝。

劉恕通鑑外紀。世本經秦歷漢。儒者改易。

鄭樵通志氏族略序曰。凡言姓氏者。皆本世本公子譜二書。二書皆本左傳。

王應麟漢志攷引顏之推云。世本左邱明所作。此說出皇甫謐帝王世紀。而有燕王喜漢高祖。非本文也。顏說見家訓書證篇。

王應麟玉海五十引晁氏志云。唐張九齡撰姓源韻譜。依春秋正典世本圖。捃摭諸書纂爲此譜。分四聲以便尋閱。

帝王世本

案周禮瞽矇世奠繫注。引杜子春云。繫謂帝繫諸侯卿大夫世本之屬是也。玄謂世之而定其繫。謂書於世本也。疏謂後鄭以世與繫爲一事解之對文言之王謂之帝繫諸侯卿大夫謂之世本。散則通故云書於世本世本卽帝王繫也故今輯爲帝王世本諸侯世本。卿大夫世本。

黃帝。

案書正義。世本以黃帝爲首。史正義。世本以黃帝顓頊帝嚳唐堯虞舜爲五帝。史正義索隱又引孫氏注。世本以伏羲神農黃帝爲三皇以少昊顓頊高辛唐虞爲五帝孫氏未知何時人。今輯依黃帝爲首故路史後紀注有引世本尊盧氏在伏羲後之文棄而不錄，而以諸書所引世本少皞文敍錄於次。

注。號有熊者。以其本是有熊國君之子故也。亦號軒轅氏。史五帝本紀索隱單行本。

黃帝娶於西陵氏之子。謂之纍祖。產青陽及昌意。山海經海內經注。黃帝娶西陵氏女爲妃。名纍祖。廣韻十一齊注。

少皞.

少皞是黃帝之子.左昭元年正義. 金天氏帝少皞.仝上. 青陽卽是少皞.黃帝之子.代黃帝而有天下.號曰金天氏.左昭十七年正義. 少昊名摯.路史後紀注. 少昊黃帝之子.名契字青陽.黃帝沒.契立.王以金德.號金天氏.同度量.調律呂.封泰山.作九泉之樂.以鳥紀官.仝上.

宋衷曰.玄囂青陽.卽少昊也.史五帝本紀索隱. 又曰.玄囂青陽.是爲少昊.繼黃帝而立者.而史不敍.蓋少昊金德王.非五運之次.故敍五帝.不數之也.仝上. 三代世表引同.無而史不敍四字.

顓頊.

顓頊是黃帝之孫.左昭元年正義. 黃帝生昌意.昌意生顓頊.山海經海內經注. 昌意生高陽.是爲帝顓頊.顓者專也.項者正也.言能專正天之道也.玉篇頁部. 案顓者專也下.似非本文.

宋衷曰。顓頊名高陽。有天下號也。史五帝本紀索隱。

顓頊母濁山氏之子名昌僕。山海經海內經注。顓頊娶於滕墳氏之子謂女祿。是生老童。山海經大荒西經注。御覽一百三十五。

宋衷曰。滕墳國名。御覽仝上。路史國名紀引宋衷注作勝奔。

顓頊生偁。偁生卷章。路史後紀注。高陽生稱。稱生卷章。卷章生黎。左昭二十九年正義。老童娶於根水氏。謂之驕福。生重及黎。山海經大荒西經注。鄧名世姓氏書辨證引老童娶根水氏女。路史後紀注引根水作桯水。元和姓纂二十五寒引老童娶安是女。老童生重黎及吳回。史楚世家集解。索隱單行本引老童生重黎。

陸終六子。附。

陸終娶鬼方氏之妹。謂之女隤。是生六子。孕三年。啓其左脅。三人出焉。破其右脅。三人出焉。水經洧水注。

注。鬼方於漢。則先零戎是也。文選趙充國頌注。

其一曰樊。是爲昆吾。昆吾者衞是也。史楚世家集解引下一語。索隱引上二語。下併同。今據水經洧水注引鄶人條併爲一。

宋衷曰。昆吾國名。己姓所出。史楚世家索隱。下併同。

二曰惠連。是爲參胡。參胡者韓是也。

宋衷曰。參胡。國名。斯姓。無後。

三曰籛鏗。是爲彭祖。彭祖者彭城是也。　姓籛名鏗。在商爲守藏吏。在周爲柱下史。壽八百歲。莊子釋文論語正義。

四曰求言。是爲會人。會人者鄭是也。水經洧水注引求言作萊言。

宋衷曰。求言名也。妘姓所出。鄶國也。

其五曰安。是爲曹姓。曹姓者邾是也。

宋衷曰。安名也。曹姓者。諸曹所出也。

六曰季連。是爲芈姓。芈姓者楚是也。

宋衷曰。季連名也。芈姓。諸楚所出。楚之先。

帝嚳。

嚳。黃帝之曾孫。路史後紀注。

帝嚳卜其四妃之子。皆有天下。上妃有邰氏之女。曰姜嫄。而生后稷。次妃有娀氏之女。曰簡狄。而生契。

次妃陳鋒史五帝本紀索隱引作酆。氏之女。曰慶都。生帝堯。下妃娵訾氏之女。曰常儀。生摯。詩生民正義。詩正義略同。藝文類聚十引與御覽一百三十五引有脫字。

帝嚳上妃有邰之女。曰姜原。史外戚世家索隱。路史後紀注引嫄爲上妃。

宋衷曰。高辛。地名。因以爲號。嚳。名也。史五帝本紀索隱。

帝堯。

堯是黃帝玄孫。書堯典正義。黃帝生玄囂。玄囂生僑極。僑極生帝嚳。帝嚳生堯。書舜典正義。帝堯爲陶唐氏。書五子之歌正義。

帝堯娶散宜氏之子．謂之女皇．御覽一百三十五．女皇生丹朱．路史後紀注．

宋衷曰．是生丹朱．御覽仝上．

帝舜．

舜是黃帝八代之孫．書堯典正義．舜爲高陽五世孫．路史後紀注．顓頊生窮係．史三代世表索隱．

宋衷曰．一云窮係．諡也．史索隱仝上．

帝舜有虞氏．路史後紀注．配以盲．娙以罄．從上增．史帝紀索隱引女瑩．盲卽娥皇．字娥．娙罄卽女英．路史仝上．

舜時西王母獻白環及玦．藝文類聚六十七．文選景福殿賦與陳伯之書注倂引世本玦作佩．

夏．

顓頊生鯀．山海經海內經注．鯀爲顓頊子．史夏本紀索隱．鯀娶有辛氏女．謂之女志．是生高密．仝上．御覽一百三十五．

宋衷曰．高密．禹所封國．史索隱仝上．

顓頊生鯀．鯀生高密．是爲禹也．玉篇骨部．路史後紀注引鯀生高密．是爲禹．宋曰禹之封國．禹娶塗山氏女．名女媧．史夏本紀索隱．路史後紀注引女媧作后嬌．

啓．禹子．書益稷正義．

帝杼．史夏本紀索隱．

帝芬．仝上．

帝降．仝上．

帝皋生發及桀．仝上．帝皋生發及履癸．履癸一名桀．史三代世表索隱．

宋衷曰．帝皋墓在殽南陵．史仝上．

般．

契是帝嚳子。書帝嚳序正義。

契生昭明。昭明生相土。相土生昌若。昌若生曹圉。史殷本紀索隱引作糧圉。曹圉生根國。根國生冥。禮祭法正義。

案史記殷本紀。無根國一世。鄭注禮云。冥。契之六世孫也。康成必有所據。孔疏引世本作證。仍作曹圉。竊疑索隱所見糧圉。係字形相近。轉寫脱根國之譌。

宋衷曰。冥爲司空。勤其官事。死於水中。殷人郊之。史殷本紀集解。

冥子核。史殷本紀索隱。

湯名天乙。書釋文引馬融注論語正義。

太甲。湯孫。左襄二十一年正義。太甲。太丁子。書伊訓序正義。

太甲崩。子沃丁立。書沃丁序正義。

小甲。太庚子。史三代世表索隱。

仲丁是太戊之子。書仲丁序正義。

河亶甲，仲丁弟也。仝上。

祖乙，河亶甲子。仝上。

祖乙崩，子祖辛立。崩，子開甲立。崩，弟祖丁立。崩，開甲之子南庚立。崩，祖丁子陽甲立。崩，弟盤庚立。書盤庚正義。

案史記殷本紀云：祖乙崩，子祖辛立。崩，弟沃甲立。崩，立沃甲兄祖辛子祖丁。崩，立沃甲子南庚。崩，立祖丁子陽甲。崩，弟盤庚立。書盤庚正義引與此文小異，沃甲作開甲。史索隱云：世本作開甲也。據此則書正義所引乃世本紀文。讀正義者或以上引鄭玄云盤庚湯十世孫，世字宜屬上十字讀，故輯世本者多置其文不綠。愚案正義當以十字絕句，此當爲世本紀文。若仍是史記殷本紀正義，前已引之，於此當作又云矣。

盤庚崩，弟小辛立。崩，弟小乙立。崩，子武丁立。書說命正義。

祖辛。史三代世表索隱。

紂伐有蘇。有蘇人以妲己女焉。紂愛妲己。妲己之言是從。武王殺之。斬以玄戈。懸之小白旗。御覽一百三十五。

周。

后稷生不窋。不窋生鞠陶。鞠陶生公劉。公劉生慶節。慶節生皇僕。皇僕生差弗。差弗生毀揄。史索隱引僞揄。毀揄生公非。史索隱引公非辟方。公非生高圉。史索隱引高圉侯侔。高圉生亞圉。史索隱引亞圉雲都。亞圉生組紺。史索隱引太公組紺諸盩。禮中庸正義引作亞圉雲生太公組紺諸盩。

組紺生太王亶父。亶父生季歷。季歷生文王。書酒誥正義。路史後紀注引世本。公非辟方。高圉侯侔。亞圉雲都。組紺諸盩太公。

宋衷曰。高圉能率稷者也。周人報之。史周本紀集解。

案路史發揮引世本。從不窋而下至季歷一十有七世。又案史世表。不窋至季歷止十三世。七字疑誤。輯補徑改不窋作黃帝。愚以殷世表從湯至黃帝十七世之說較之。似又不相應。姑從蓋闕可也。

成王生康王。康王生昭王。詩民勞正義。康王生昭王。禮郊特牲正義。

宋衷云。昭王南伐楚。辛由靡爲右。涉漢中流而隕。由靡承王。遂卒不復。周乃侯其後於西翟。史三代世表索隱。

昭王生穆王。穆王生恭王。詩禮正義併仝上。恭王名伊扈。史周本紀索隱。

恭王生懿王及孝王。詩正義仝上。恭王生懿王。禮正義仝上。懿王名堅。史索隱仝上。

孝王生夷王。夷王生厲王。詩正義仝上。懿王崩。弟孝王立。孝王崩。懿王太子燮立。是爲夷王。禮正義仝上。

共和。附。

宋衷曰。齊武公十年。宣王大臣共行政。故號曰共和。十四年。宣王卽位。史十二諸侯年表索隱。

平王生桓王林。林生莊王佗。佗生僖王胡齊。齊生惠王涼。史索隱作毋涼。涼生襄王鄭。鄭生頃王巨。左昭二十六年正義。

劉夏逆王后於齊。

案春秋襄公十五年。穀梁疏云。案世本紀。當頃王也。故特載於此。

巨生匡王班及定王瑜。瑜生簡王夷。夷生靈王泄心。心生景王貴。貴生悼王猛及敬王匄。左正義仝上。

敬王崩。貞王介立。貞王崩。元王赤立。左哀十九年正義。

敬王崩。在魯哀公十九年。左正義全上。魯哀公二十七年。定王介崩。子元王赤立。左正義全上。史周本紀集解引世本貞王介。元王赤。

宋衷注引太史公書。元王仁生貞王介。與世本不相應。不知誰是。左正義全上。

案史記周本紀集解左傳正義所引世本。俱即宋衷所注之本。其定王與元王世系。或有顛倒舛誤。蓋自衷時已然矣。司馬貞作本紀索隱。據集解辨之云。依世本。元王是貞王子。而於六國年表引世本。元王名赤。敬王子。崩。子定王介立。恰又不同。元王名仁。世本名赤。定王介。即貞王介。爲元王子。似正與太史公書元王仁生貞王介之說相應。豈所見本復得世本之舊。抑經儒者依太史公書改易而然歟。故並錄之。以俟參攷。

威烈王。附。

宋衷曰。威烈王葬洛陽城中東北隅。史周本紀集解。

赧王。附。

宋衷曰。赧。謚。史六國年表索隱。

武公。附.

宋衷曰。謚曰西周武公。史記周本紀集解.

諸侯世本

魯。

伯禽生煬公熙禮明堂位正義、左定元年正義。禮祭法正義引世本：煬公伯禽子。考公就。史魯世家索隱。熙生微公弗禮明堂位正義、史三代世表索隱引世本：微公名弗甚。幽公圉。史魯世家索隱。弗生獻公具禮明堂位正義。厲公翟。史魯世家索隱。具生武公敖禮明堂位正義。愼公摯。史魯世家索隱。

孝公生惠公弗皇。弗皇生隱公。禮曾子問正義。隱公名息姑。史魯世家索隱。十二諸侯年表引同。

桓公名軌，左桓元年正義。穀梁疏。史魯世家索隱。

湣公名啓方。左閔元年正義。穀梁疏。史魯世家索隱引名啓。

昭公名稠。史索隱仝上。

哀公蔣生悼公寧。寧生元公嘉。嘉生穆公不衍。禮檀弓正義。悼公名寧　史六國年表索隱引名蔣。又引魯世家索隱引哀公蔣。穆公不衍。

平公名旅。史魯世家索隱。

湣公。史索隱仝上。

齊。

太公望生丁公伋。伋生乙公得。得生癙公慈母。史齊世家索隱引癙公慈母。慈母生哀公不臣。禮檀弓正義。史索隱引名不臣。

宋衷曰。哀公荒淫田游。作還詩以刺之也。史索隱仝上。

胡公。

宋衷曰。其黨周馬繻人。將胡公於貝水殺之。而山自立也。史索隱仝上。

成公說。史索隱仝上。

莊公購。史十二諸侯年表索隱。

齊侯潘。齊昭公也。穀梁文十四年疏。

靈公名環。史管晏列傳索隱。

莊公名光。仝上。

景公名杵臼。仝上。

平公敬。史齊世家索隱。

晉。

宋衷曰。唐叔已下五代無年紀。史十二諸侯年表索隱。

武侯曼期。史晉世家索隱。

厲侯輻。史索隱

獻侯蘇。史索隱仝上。

穆侯名弗生。史十二諸侯年表索隱。

鄂侯郄。史晉世家索隱。

武公莊伯子。左桓三年正義。

定公名午。史六國年表索隱。

出公名鑿。史索隱仝上。

昭公生桓子雍。雍生忌。忌生懿公驕。史晉世家索隱。

注云。雍號爲戴子。史仝上集解。

幽公生烈成公止。史索隱仝上。

宋衷曰。太史公書幽公柳之時。晉衰。反朝韓趙魏之君。史索隱仝上。

孝公傾欣。史索隱仝上。

靜公俱。史索隱仝上。

秦。

伯益之後。史秦本紀索隱。附庸。路史國名紀注。

繆公名任好。史索隱仝上。

秦伯稻。秦共公也。穀梁宣四年疏。

秦伯。秦桓公也。穀梁成十四年疏。

景公名后伯車。史秦本紀索隱。

靈公立十年。史秦始皇本紀索隱。

簡公名悼子。即刺龔公之子。懷公弟也。史索隱仝上。云系本亦以爲然。

少主。仝上。

元獻公立二十二年。仝上。

武烈王十九而立。立三年。仝上。

昭王名側。史樗甘列傳索隱。

秦始皇政生於趙。故曰趙政。史秦始皇本紀正義。

宋衷曰。以正月旦生。故名正。仝上。

楚.

陸終娶於鬼方氏之妹.謂之女嬇.是生六子.史楚世家索隱引首二語.是生六子.據水經洧水注引世本增.餘已見前.

六曰季連.是爲芈姓.季連者.楚是也.史索隱仝上.

宋衷曰季連.名也.芈姓.諸楚所出.仝上.

熊渠立其長子庸爲句祖王.史索隱仝上.熊渠封其中子紅爲鄂王.水經江水注.少子疵爲就章王.史索隱仝上.

楚武王.

楚武王墓在豫章新息.史仝上正義.案正義引作世本今定以爲注.

康王名招.史十二諸侯年表索隱.

考烈王熊完.史楚世家索隱.

宋。

宋莊公馮。穆公之長子。穀梁莊二年疏。

衞。

康叔。周公弟。左襄二十九年正義。

康伯名髡。史衞世家索隱。

宋衷曰。卽王孫牟也事周康王爲大夫。史索隱仝上。

摯伯。史索隱仝上。

箕伯。史索隱仝上。

武公。康叔九世孫。左襄二十九年正義。

公子留。

案公羊莊三年疏云。天子新立衞公子留。世本及史記並有其事。史記作公子黔牟。則作留者世本文也。

戴公名申。左閔二年正義。

悼公虔。史集解仝上。

敬公費。史索隱仝上。

敬公生檮公卅。史索隱仝上。

公子虔。史索隱仝上。

聖公馳。史索隱仝上。

成侯名不逝。史索隱仝上。

陳。

陳遂。舜後。路史後紀注。

宋衷曰。虞思之後箕伯直柄中衰。殷湯封遂於陳。以爲舜後。史陳世家索隱。路史後紀注仝。

陳侯躍。厲公也。左桓十二年正義。

陳侯朔。陳共公也。穀梁文十三年疏。

蔡。

平侯者。靈侯般之孫。太子友之子。史管蔡世家集解。

曹。

曹國。伯爵。左桓五年正義。振鐸。文王之子。封於曹。穀梁昭十四年疏。悼伯卒。弟露立。謚靖公。史管蔡世家索隱。

鄭。

周宣王二十二年，封庶弟友於鄭。水經渭水注。

鄭伯費，鄭悼公。穀梁成六年疏。

燕。

穆公、康公之十六世孫。詩江漢正義。

宣侯。史燕世家索隱。

桓侯。仝上。

索隱曰：譙周云：「世本謂燕自宣侯已上，皆父子相傳，故無所疑。桓侯已下，並不言屬，以其難明故也。」案今世本無燕代系，宋衷依太史公書以補其闕，尋徐廣作音，尙引世本，蓋近代始散佚耳。

閔公。史索隱仝上。

燕王喜。顏氏家訓書證篇。

吳。

夷昧及僚。夷昧生光。左昭二十七年正義。史吳世家集解引夷昧生光。索隱引光爲夷昧子。

夫差。吳子光之子。禮檀弓正義。

杞。

殷湯封夏後於杞。周又封之。列子釋文。

惠公。史杞世家集解。索隱並仝。惠公生成公及桓公。史杞世家索隱。惠公立十八年。生成公及桓公。成公立十八年。桓公立十七年。史仝上集解。杞桓公。是成公之弟。成公卒而桓公立。左襄六年正義。案桓公繼成公立。以左傳考之。凡七十年。史記依世本云十七年。蓋誤倒其字也。

滕。

錯叔繡。文王子。漢書地理志師古注。錯叔繡封滕。路史後紀注。

隱公之後。仍有六世爲君。左隱七年正義。

考公麋與文公之父定公相直。其子元公弘與文公相直。趙岐孟子注。

齊景公亡滕。左隱七年正義。

韓。

景子名處。史韓世家索隱。

武侯。史六國年表索隱。

懿侯。史仝上索隱云系本無名。

韓宣王。昭侯之子也。史蘇秦列傳索隱。

索隱曰。紀年。敗韓舉在威侯八年。而世家以爲宣惠王之年。又上有弑悼公。悼公又不知是誰之謚。此文與世本不同。

趙。

桓惠公。史留侯世家索隱。

敬侯名章。史魏世家索隱。

成侯名種。史索隱仝上。

肅侯名語。史趙世家索隱。

魏。

孝成王丹生悼襄王偃。偃生今王遷。史仝上集解。

駒生文侯斯。禮樂記正義。桓子生文侯斯。史魏世家索隱。

惠王子名嗣。史蘇秦列傳索隱。襄王名嗣。史魏世家索隱。

昭王名遫。史索隱仝上。昭王名遫襄王之子也。史范雎蔡澤傳索隱。

惠王生襄王。史魏世家集解。襄王生昭王。史仝上索隱。

安僖王名圉。史索隱仝上。安僖王生景愍王午。史索隱仝上。

田齊。

宣王名辟疆。威王之子也。史蘇秦列傳索隱。

索隱曰紀年齊宣王十五年田莊子卒明年立田悼子悼子卒乃次立田和是莊子後有悼子蓋立年無幾所以作世本及史記者不得錄也而莊周鬼谷子亦云田成子殺齊君十二代而有齊國今據世本世家自成子至王建之滅祇十代若如紀年則悼子及侯剡即有十二代與莊子鬼谷說同也。

湣王名遂。史田世家索隱。

莒。案小國，世本無其系諡，今因諸書所引有者姑併載之。

周興，封黃帝之後於祁，而置莒後興期於始都計斤。十一世茲丕歸莒。至紀公復己姓。路史後紀注。

郳。

郳子貜且，郳定公也。穀梁成十七年疏。

隨。

隨，國名。穀梁僖二十八年疏。

鄶。

會人，卽檜之祖也。詩檜風正義。

舒鮑。

小國。路史國名紀注。

空桐。

商後國。仝上。

黎。

比。

髦。

杒。

段。

瓦。

鐵。仝上。云七國並見世本。

蜀。

蜀之爲國。肇自人皇。路史前紀注。蜀無姓。相承云黄帝後。史三代世表索隱。路史前紀注引蜀王每世相承爲黄帝後。又引五丁事蜀王開明貢力能徙山通石。

卿大夫世本

魯。

臧氏。

僖伯名彄。字子臧。孝公之子。左隱五年正義。孝公生僖伯彄。彄生哀伯達。達生伯氏瓶。瓶生文仲辰。左莊二十八年正義。禮禮器正義。

臧會。臧頃伯也。宣叔許之孫。與昭伯賜爲從父昆弟也。史魯世家索隱。

厚氏。

孝公生惠伯革。其後爲厚氏。禮檀弓正義。

郈昭伯名惡。魯孝公之後。稱郈氏。史魯世家索隱。厚郈古音同。

施氏。

施伯。魯惠公孫。史魯世家正義。

仲孫氏。

慶父生穆伯敖。敖生文伯穀。穀生獻子蔑。禮檀弓正義。獻子蔑生孝伯。孝伯生惠伯。惠伯生昭伯。昭伯生景伯。上。仝

仲孫貜生南宮縚。禮檀弓正義。敬叔與懿子皆孟僖子之子。史孔子世家索隱。敬叔。桓公七世孫。惠伯是桓六世孫。禮正義仝上。

魯孟僖子生閱。號南宮敬叔。叔生路。賂生會。會生虔。爲南宮氏。姓纂二十三覃。

叔孫氏。

桓公生僖叔牙。牙生戴伯茲。茲生莊叔得臣。臣生穆叔豹。豹生昭子婼。婼生成子不敢。敢生武仲州仇。（禮檀弓正義。）州仇。叔牙六世孫。叔孫不敢子也。（論語正義。）

桓公生僖叔牙。叔牙生武仲休。休生惠伯彭。彭生皮爲叔仲氏。（禮檀弓正義。）

季孫氏。

公子友生齊仲。齊仲生無逸。無逸生行父。行父生夙。（禮檀弓正義。）季友生仲無佚。佚生行父。（穀梁文五年疏。案出及國語韋註季文子季友之孫。齊仲無佚之子。則禮正義多出一代。）行父季友之孫。故以季孫爲氏。死謚曰文子。（詩魯頌正義。）

季悼子紇生平子意如。意如生桓子斯。斯生康子肥。（禮檀弓正義。）

季悼子之子公甫靖。（仝上。）悼子紇生穆伯靖。（仝上。）季悼子紇生穆伯。穆伯生文伯歜。文伯歜生成伯。成伯生頃。爲公父氏。（姓纂一東。）

仲氏。

仲遂。魯莊公之子。東門襄仲。禮檀弓正義。述產子家歸父及昭子子嬰。史魯世家索隱。述遂古字通。

子叔氏。

叔肸生聲伯嬰齊。齊生叔老。老生叔弓。禮檀弓正義。叔弓生定伯閼。閼生西巷敬叔。叔生成子還。左定十一年正義。魯

文公生惠伯叔肸。叔肸生聲伯嬰齊。嬰齊生叔老子叔。子叔生叔弓。叔弓生仲南文楚及伯張穆伯定

伯。爲子叔氏。姓纂六止。

齊。

國氏。

懿伯生貞孟。貞孟生成伯高父。禮檀弓正義。

高氏．

敬仲生莊子．莊子生傾子．傾子生宣子．宣子生厚．厚生止．左襄二十九年正義．案正義引劉炫云．據世本．高止敬仲玄孫之子． 敬仲生莊子．莊子生傾子．傾子之孫武子偃．左正義仝上． 傾子之孫酀．左昭十二年正義．案正義引世本文偃作酀．云酀偃聲相近．酀卽所云高偃是也．傳云齊人立敬仲之曾孫酀．必有一誤．

管氏．

管莊仲山產敬仲夷吾．夷吾產武子鳴．鳴產桓子啓方．啓方產成子孺．孺產莊子盧．盧產悼子其夷．其夷產襄子武．武產景子耐涉．耐涉產微．凡十代．史管晏列傳索隱．

陳氏．

夷孟思．史田世家索隱．

閔孟克．仝上．

陳桓子无宇產子亹。亹產子獻。獻產鞅。史齊世家索隱。

僖子生昭子莊。簡子齒。宣子其夷。穆子安。廩邱子毉茲。芒子盈。惠子得。左哀十四年正義。陳僖子乞產成子常。簡子齒。宣子其夷。穆子安。廩邱子尙毉茲。子芒盈。惠子得。史齊世家索隱。

案史索隱引世本云。成子兄弟凡七人。杜預取昭子莊以充八人之數。世本昭子是桓子之子。成子之叔父。又不名莊。彊相證會。屬案成子兄弟八人。服虔已有此說。世本昭子既不名莊。則名莊者。絕非杜氏臆造。孔穎達春秋正義所引世本與杜氏同。當有據也。司馬貞所見本異耳。又史索隱作毉茲。杜預集解作意茲。毉意古音義通。正義引世本作鑿茲。

成子常生襄子班。班生莊子伯。禮檀弓正義。史田世家索隱引襄子盤作班。莊子白。世本名伯。

閭邱氏。

齊閭邱產生嬰。嬰生歐。歐生莖。莖生施。姓纂九魚。

案氏族略云。閭邱本邾地。爲齊所幷。往時閭邱氏食邑於此。故以名氏。閭邱嬰之後也。釋例公子譜皆略。惟世本詳焉。茲故並載之。

晉。

欒氏。

欒叔賓父。史晉世家正義。

郤氏。

郤豹生冀芮。芮生缺。缺生克。左成十一年正義。豹生義。義生揚。揚生州。仝上。豹生義。義生步揚。揚生蒲城鵲居。居生至。左成二年正義。

韓氏。

韓萬。曲沃桓叔之子。史韓世家索隱。韓萬。莊伯弟。左桓二年正義。桓叔生子萬。萬生求伯。求伯生子輿。輿生獻子厥。左宣十二年正義。

韓萬生賕伯。賕伯生定伯簡，簡生輿。輿生獻子厥。史韓世家索隱。

案左傳正義引韓世家云韓武子後三世有韓厥。史云武子。蓋韓萬也。又引世本文。謂厥是萬之曾孫。而服虔杜預皆言厥是韓萬玄孫。不知何所據也。今案索隱所引世本中有定伯簡一世。左傳僖十五年有韓簡。杜注亦云晉大夫韓萬之孫。然則史云三世有韓厥。疎矣。而服虔杜預想當據此。孔穎達所見世本轉寫者失之也。

平子名頃。宣子子也。史索隱仝上。

簡子名不信。仝上。

莊子名庚。仝上。

武子名啓章。康子子。史魏世家索隱。

晉韓厥生無忌。無忌生襄。襄生魯。爲韓言氏。姓纂二十五寒。

趙氏。

公明生趙夙。左成十年正義。公明生共孟及趙夙。夙生成季衰。衰生宣孟盾。史趙世家索隱。趙夙爲衰祖。穿爲夙之曾孫。

左宣二年正義。

案史記趙世家云。夙生共孟。共孟生衰。是趙夙爲衰祖。史公亦是依世本也。索隱既引世本云云。復引左傳趙衰趙夙弟均與夙爲衰祖之說不合古籍流傳轉寫多誤。卽如索隱單行本則於史記又出夙生共。共生孟。孟生衰。多出一代。

景叔名成。史趙世家索隱。

代成君子起卽襄子之子。仝上。

襄子子桓子。仝上。桓子名嘉。襄子之子。史魏世家索隱。

魏氏。

畢萬生芒季。芒季生武仲州。左閔元年正義。萬生芒。芒生季。季生武仲州。州生莊子降。史魏世家索隱引武仲生莊子絳。降生獻子荼。史索隱引獻子名荼莊子之子。荼生簡子取。史索隱引簡子名取。取生襄子多。多生桓子駒。史索隱引獻子生簡子取。取生襄子多。襄子生桓子駒　以上竝引見禮樂記正義。

孺子㾓是魏駒之子。史索隱仝上。

荀氏．

晉大夫逝遨生桓伯林父．林父生宣伯庚．庚生獻伯偃．偃生穆伯吳．吳生寅．本姓荀．自荀偃將中軍．晉改中軍曰中行．因氏焉．元與智氏同祖逝遨．故智氏亦稱荀．史趙世家索隱．

逝遨生莊子首．首生武子罃．罃生莊子朔．朔生悼子盈．盈生文子櫟．櫟生宣子申．申生智伯瑤．史索隱仝上．

程鄭．荀氏別族．左成十八年正義．

士氏．

士蔿生士伯缺．缺生士會．會生士燮．左文十三年正義．晉大夫隰叔之子．士蔿之後．蔿生成伯缺．缺生武子會．會生文叔燮．燮生宣叔匄．匄生獻子鞅．鞅生吉射．史趙世家索隱．

籍氏．

黶生司空頡。頡生南里叔子。子生叔正官伯。伯生司徒公。公生曲沃正少襄。襄生司功大伯。伯生侯季子。子生籍游。游生談。談生秦。左昭十五年正義。史趙世家索隱引籍秦是籍游之孫，籍談之子。

羊舌氏。

叔向兄弟有季夙。左昭五年正義。

衛。

孫氏。

孫氏出於衛武公，至林父八世。左成十四年正義。

公叔氏。

獻公生成子當。當生文子拔。拔生朱。禮檀弓正義。論語疏公孟氏。

靈公之子。字公孟。名彄。左隱八年正義.

司寇氏。

靈公生昭子郢。郢生文子木及惠叔蘭。蘭生虎。爲司寇氏。禮檀弓正義.

將軍文氏。

文子生簡子瑕。瑕生衞將軍文氏。禮正義仝上.

趙氏。

趙懿子兼生昭子舉。舉生趙陽。左定十四年正義.

孔氏。

莊叔達生得閭叔穀。穀生成叔烝鉏。鉏生頊叔羅。羅生昭叔起。起生文叔圉。圉生悝。禮祭統正義。

宋。

孔氏。

宋湣公生弗甫何。弗甫何生宋父。宋父生正考父。正考甫生孔甫嘉。爲宋司馬。華督殺之而絶其世。其子木金父降爲士。木金父生祁父。祁父生防叔。爲華氏所偪。奔魯爲防大夫。故曰防叔。防叔生伯夏。伯夏生叔梁紇。叔梁紇生仲尼。詩商頌正義。　孔父嘉生木金父。木金父生祁父。其子奔魯爲防叔。防叔生伯夏。

伯夏生叔梁紇。叔梁紇生仲尼。左桓元年正義。穀梁桓二年疏。

仲尼圩頂。反首。張面。四十有九表。堤眉。谷竅。參臂。駢脅。腰大十圍。長九尺有六寸。時謂長人。路史後紀注。　後數世皆一子。禮檀弓正義。

華氏.

宋督是戴公之孫.好父說之子.華父是督之字.左隱八年正義.桓元年正義引華父督宋戴公之孫好父說之子.華督生世子家.家生秀老.老生司徒鄭.鄭生司徒喜.左成十五年正義.華督生世子家.家生華孫御事.事生華元右師.左文十六年正義.

樂氏.

戴公生樂甫術.術生碩甫澤.澤生季甫.甫生子僕伊與樂豫.左文七年正義.戴公生樂甫術.術生碩甫澤.澤生.夷甫須.須生大司寇呂.左文十八年正義.戴公生樂甫術.術生石甫願繹.繹生夷甫傾.傾生東鄉克.克生西鄉士曹.曹生子罕喜.禮檀弓正義.

樂懼.戴公六世孫.左成十六年正義.

皇氏.

皇父戴公子。左文十一年正義。

仲氏。

莊公生右師戊。戊生司城師。左成十五年正義。

公孫名固。爲大司馬。史宋世家正義。

案公孫固未知何氏。因出自莊公。附仲氏後。

鱗氏。

桓公生公子鱗。鱗生東鄉矔。矔生司徒文。文生大司寇子奏。奏生小司寇朱。左成十五年正義。文七年正義引桓公生公子鱗。鱗生東鄉矔。

向氏。

桓公生向父肹。肹生司城訾守。守生小司寇鱣及合左師。左成十五年正義。向戌生東鄰叔子超。超生左師眇。眇卽向巢也。魋是巢之弟。禮檀弓正義。

蕩氏。

公孫壽生大司馬虺。虺生司馬澤。左成十五年正義。

鄭。

子罕氏。

鄭穆公子喜，字子罕，生子展舍之。舍之生子皮虎。或作子軒氏。姓氏書辨證二十二。案軒罕古音同。

子駟氏。

子游子瑕，並公孫夏之子。左昭十九年正義。

子國氏。

鄭穆公生子國發．發生子產僑簡成子．僑生子思參．參生子玉珍武子．珍生子樂卑顯莊子．爲子國氏。姓氏書辨證二十二．

陳．

鍼氏。

鍼宜咎．陳鍼子八世孫．左襄二十四年正義．

夏氏

宣公生子夏．夏生御叔．叔生徵舒．舒生惠子晉．晉生御寇．寇生悼子齧．左昭二十三年正義．

楚．

薳氏．

艾獵．叔敖之兄．左宣十一年正義．蔿艾獵是叔敖之兄．馮是艾獵之子．左襄十五年正義．

屈氏．

屈蕩．屈建之祖父．左襄二十五年集解．

陽氏．

穆王生王子揚．揚生尹．尹生令尹匄．左昭十七年正義．

沈氏．

楚縣公葉公子高．禮緇衣正義．葉公名諸梁．楚大夫．食采於葉．僭稱公．論語正義．

世本氏姓篇

案左傳隱十一年正義引世本氏姓篇。史記秦本紀集解引應劭説。尤可想見篇目之舊。今輯依其目。史記高祖本紀索隱。一切經音義六引世本氏姓篇。言姓則在上。言氏則在下。如左正義隱元年引子姓。十一年引任姓。文十二年引偃姓。猶可想見原文之舊。餘皆約舉文。

姜姓。

炎帝。姜姓。水經渭水注。御覽五十九引水經。轉引世本。炎帝即神農氏。左昭十七年正義。

向。姜姓。左隱二年正義。

州國。姜姓。左桓五年正義。

齊。姜姓。左襄十一年正義。

許。州。向。申。姜姓也。炎帝後。水經陰溝水注。

姬姓。

召芮畢衞毛。姬姓。書顧命正義。

息國。姬姓。左隱十一年正義。

芮魏皆姬姓。左桓三年正義。

隨國。姬姓。左桓六年正義。

荀賈皆姬姓。左桓九年正義。

晉魯衞鄭曹滕。姬姓。左襄十一年正義。

鮮虞。姬姓。白狄也。穀梁昭十二年疏。

唐。姬姓之國。史楚世家正義。

沈。姬姓。史陳杞世家索隱。

霍國，姬姓。史三代世表索隱。路史國名紀作眞姓。注云今本作姬姓。

馮。姬姓。鄭大夫馮簡子後。姓纂一東。案氏族略三引世本云馮歸姓。

巳姓。

巳姓。出自少皞。左昭十七年正義

莒。巳姓。左隱二年正義。

襄十一年三正義。自紀公以下爲巳姓。左隱二年正義。

任姓。

任姓。謝章薛舒呂祝終泉畢過。左隱十一年正義。謝。任姓。黄帝之後。姓氏急就篇注。章。任姓之國。水經注。急就篇注引章姓任。薛。任姓。夏奚

仲封薛。周有薛侯。其後爲氏。左襄十一年正義引首三字。餘引見急就篇注。舒。任姓。急就篇注。呂。任姓。仝上。祝。任姓。仝上。終。任姓。仝上。泉。任姓。仝上。

畢。任姓。仝上。過。任姓。仝上。

姞姓。

燕國。姞姓。左隱五年正義。案太平寰宇記一引世本。東郡燕國侯伯儵子卒葬封邱。遂於城內作地道向子墓名封邱臺。亦名向子臺。

密須。商時姞姓之國。氏族略二。姓氏書辨證三十六引密須。商時姞姓國也。文王滅之。其後以國爲氏。氏族略二有密須氏。引世本云。

姚姓。

帝舜。姚姓。左隱八年正義。舜姓姚氏。左昭八年正義。

㚤姓。

有扈氏。與夏同姓。書甘誓正義。

彤。㚤姓之國。書顧命正義。

杞。姒姓。左襄十一年正義。

斟灌氏。斟鄩氏。夏同姓諸侯。史夏本紀索隱。

有南氏。仝上。

弗氏。仝上。

莘國。姒姓。夏禹之後。史周本紀正義。路史後紀注引莘國姒姓禹後。文王妃家。

子姓。

子姓。殷時來宋空同黎比髦目夷蕭。左隱元年正義。宋子姓。左襄十一年正義。北殷子姓。姓纂二十五德。案姓纂五十候又引鬫者子姓。恐誤。空同。子姓。

氏族略三。北𢈔子姓。姓氏書辨證四十。

案史殷本紀索隱云世本有髦氏。又有時氏蕭氏黎氏。

偃姓。

偃姓。舒庸。舒蓼。舒鳩。舒龍。舒鮑。舒龔。左文十二年正義。舒蓼。偃姓。皋陶之後。氏族略二。舒鮑。偃姓國。姓纂九魚。氏族略二引舒鮑偃姓國。晉悼公大夫有舒鮑無終。姓纂引此句大夫作子。

蓼六皆偃姓。史杞世家索隱。

嬴姓。

黃。嬴姓。左莊十九年正義。江黃二國並嬴姓。史陳杞世家索隱。

徐奄二國皆嬴姓。左昭元年正義。徐。嬴姓。史齊世家索隱。

終犂。嬴姓之國。史伍子胥傳索隱。

應劭曰。氏姓注云有姓終黎者是也。史秦本紀集解。

鍾離。嬴姓。水經淮水注。史秦本紀集解引世本作鍾離。與秦同祖。其後因封爲姓。廣韻三鍾注。姓纂三鍾引鍾離與秦同祖，嬴姓也。

案氏族略三引鍾離姬姓，卽鍾氏，以伯州犂居鍾離，故曰鍾離氏，亦省言鍾氏。州犂與晉同姓，而世本云與秦同祖何也。竊疑鍾離終犂舊姓相通，故皆云嬴姓。或漢後別爲二氏，故氏族略又有鍾離姬姓之說歟。

淮夷。嬴姓。路史國記紀注。

巳姓。

昆吾。古巳姓國。夏時諸侯伯祝融氏之後。姓纂二十三魂。氏族略二。

董姓。

參氏。董姓。陸終第二子參胡後。氏族略四。姓纂二十三覃引無董姓字。參胡作日胡。廣韻二十一侵引參氏祝融之後。姓氏書辨證二十一侵引世本亦無董姓字。

防姓。

豕韋。防姓。史夏本紀索隱。

姓籛。名鏗。在商爲守藏吏。在周爲柱下史。年八百歲。莊子釋文。論語疏。案防姓出籛。

妘姓。

夷。妘姓。左隱元年正義。

偪陽。妘姓。是祝融之孫。陸終第四子求言之後。左襄十年正義。偪陽。妘姓國。爲晉所滅。子孫因氏焉。廣韻十陽注。

鄅爲妘姓。左昭十八年正義。

寒。妘姓。路史國名紀。

曹姓。

邾。小邾。曹姓。左襄十一年正義。

芈姓。

越。羋姓也。與楚同祖者也。漢書地理志注臣瓚說。

熊姓。

羅。熊姓。左桓十二年正義。

歸姓。

胡。歸姓。史老莊列傳索隱。胡。胡子國。歸姓。路史國名紀。

允姓。

鄀。允姓國。昌意降居爲侯。春秋釋例。路史國名紀。

允格。允姓國。路史後紀注。

曼姓。

鄧爲曼姓。左桓七年正義。

公父氏。以上多言姓，以下多言氏。悉以姓纂、通志氏族略、姓氏書辨證之次爲序。其三書所引同者，附注於前書中。其有已引於言姓內者，亦不復贅。其他書間引者，撮錄於末。

魯季悼子紇生穆伯，穆伯生文伯歜，文伯歜生成伯，成伯生頃，頃爲公父氏。姓纂一東。

中行氏。

晉荀逝遨生桓子林父，將中行，爲中行氏。姓纂仝上。

嬀氏。

帝舜之後，舜生嬀汭，子孫氏焉。姓纂五支。

差師氏。

魏公族有差師氏。姓纂仝上。

師子氏。

鄭有師子濮。姓纂六脂。

司城氏。

宋戴公生東鄉克。孫樂喜爲司城氏。陳哀公子郝勝之後。亦爲司城氏。姓纂七之。

司寇氏。

衞靈公子郢子孫。爲司寇亥之後。姓纂仝上。　案氏族略四引世本。司寇氏。衞靈公之子公子郢之後。郢之子孫爲衞司寇。以官爲氏。司寇亥卽其裔也。

司功氏。

晉大夫司功景子。其先士匄也。因官氏焉。姓纂仝上。氏族略四。

詹葛氏。

有熊氏之後爲詹葛氏。姓纂九魚。氏族略五。

齊季氏。

齊襄公子季奔楚。因氏焉。魯有大夫齊季窺。姓纂十二齊。氏族略四。

西陵氏。

春秋時有大夫西陵羔。姓纂仝上。姓氏書辨證引同。

韓言氏。

晉韓厥生無忌。無忌生襄。襄生魯。爲韓言氏。姓纂二十五寒。氏族略四。

安是氏。

老童娶安是女。姓纂仝上。

強梁氏。

衞將軍文子生愼子會生強梁因氏焉。姓纂十陽。氏族略四。

常壽氏。

宋大夫景公時有常壽邦。姓纂仝上。

乘氏。

乘睢。古賢人。姓纂十六蒸。氏族略三。

曾氏。

夏少康封少子曲烈於鄫。春秋時爲莒所滅。鄫太子巫仕魯。去邑爲曾氏。姓纂十七登。氏族略二引春秋時爲莒所滅。作襄六年莒滅之。

南宮氏。

孟僖子孫閱，號南宮敬叔，叔生路，路生會，會生虔，爲南宮氏。姓纂二十二覃。

甘士氏。

宋司徒華定甘士氏，周卿士甘平公爲王卿士，後氏焉。姓纂仝上。

子叔氏。

魯文公生惠伯叔肸，叔肸生聲伯嬰齊，嬰齊生叔老子叔，子叔生叔弓，叔弓生仲南文楚及伯張穆伯

定伯，爲子叔氏。姓纂六止。

子革氏。

宋司城子革之後，又曰季平子支孫爲子革氏。姓纂仝上。氏族略三。姓氏書辨證引姓纂轉引世本云皆誤矣。謹案春秋季氏無子革，宋司城子罕非子革氏。

子尚氏。

陳僖子生廩邱子尙意玆。因氏焉。姓纂仝上。氏族略三。

子郢氏。

衛公族昭子郢之後。姓纂仝上。姓氏書辨證引姓纂作時子郢。

子午氏。

楚公子午之後。姓纂仝上。姓氏書辨證引同。

子獻氏。

陳桓公孫子獻之後。姓纂仝上。氏族略二。

子蕩氏。

宋威公生子蕩。因氏焉、姓纂仝上。姓氏書辨證引同。

子工氏。

齊頃公子子工之後。姓纂仝上。　氏族略三引子工氏。齊頃公之子公子子工之後。

子揚氏。

季桓子生穆叔。其後爲子揚氏。姓纂仝上。氏族略三。

子芒氏。

陳僖子生子芒盈。因氏焉。姓纂仝上。

史晁氏。

衞史晁之後。姓纂仝上。氏族略四。衞有史朝朱駒。廣韻。　姓氏書辨證引世本。衞史晁之後。謹案晁與朝通。必史朝氏也。

楚季氏。

楚若敖氏生楚季。因氏焉。陳大夫有楚季融。姓纂八語。氏族略四。

楚鳩氏。姓纂十姥。

馬師氏。

鄭穆公有馬師之官。馬師頡。馬師朔。馬師黥。姓纂三十五馬。

右師氏。

宋武公生公子中。代爲右師。因氏焉。姓纂四十四有。

右史氏。

右史記事。因氏焉。周右史戍。姓纂仝上。氏族略四。

仲行氏。

宋有仲行寅，晉大夫有仲行氏。姓纂一送。姓氏書辨證引姓纂轉引世本首無宋字，案宋當晉字之誤。

季融氏。

楚鬭廉生季融，子孫氏焉。姓纂六至。

季隨氏。

周八士季隨之後。姓纂仝上。氏族略四。

季嬰氏。

晉樓委嬰之後。姓纂仝上。氏族略四。

大季氏。

鄭穆公生大季子孔志父之後。姓纂十四泰。

邵皓氏。

惠公族羌子孫憲爲邵皓氏。姓纂三十五笑。

鬭門氏。

陳鬭父之後。楚大夫有鬭門陽。姓纂五十候。

叔向氏。

晉羊舌肸字叔向。因氏焉。姓纂一屋。

叔夙氏。

羊舌職生叔夙。爲叔夙氏。姓纂仝上。 姓氏書辨證引姓纂轉引世本。

不夷氏。

宋不夷甫須之後。姓纂八物。

伯宗氏。

晉孫伯起生伯宗，因氏焉。姓纂二十陌。姓氏書辨證引同。

巴氏。

巴子國。子孫以國爲氏。通志氏族略二。

荚氏。

荚成僖子。晉大夫也。氏族略三。　姓氏書辨證四十引晉大夫有荚成僖子。　廣韻二十九葉注。

狐邱氏。

晉大夫狐邱林之後。氏族略三。

閭邱氏。案氏族略三云：釋例公子譜皆略，惟世本詳焉，蓋春秋閭邱嬰之後也。

廩邱氏。

齊大夫廩邱子之後。氏族略三。

東鄉氏。

宋大夫東鄉爲人之後。氏族略三。姓氏書辨證二引世本無人字。廣韻一東注。

西鄉氏。

宋大夫西鄉錯之後。氏族略三。廣韻十二齊注引宋大夫西鉏吾西鄉錯。

郯州氏。

晉郄豹孫步楊生郄州，因氏焉。氏族略三。姓氏書辨證二十九。

少施氏。

魯惠公子施父之後。氏族略三。姓氏書辨證三十三引施父之後支孫爲少施氏。

子乾氏。

齊公子都字子乾之後。氏族略三。姓氏書辨證二十二引齊頃公子子乾之後，以王父字爲氏。

子泉氏。

齊頃公之子公子湫字子泉之後。氏族略三。姓氏書辨證二十二引齊頃公生子泉湫，因氏焉。齊大夫淵湫。廣韻一先注。姓氏急就章注淵氏引世本。

子占氏。

案泉淵古通用。

陳桓子生書字子占之後。氏族略三。姓氏書辨證二十二引陳成子占書。書生子良堅。堅子以王父字爲氏。

根水氏。

老童娶根水氏。氏族略四。

囂氏。

玄囂之後。氏族略四。姓氏書辨證十。

沭氏。

魯大夫仲沭之後。氏族略四。姓氏書辨證三十六。

季夙氏。

晉靖侯孫季夙之後。氏族略四。

大狐氏.

晉大夫大狐伯生突生饒爲大狐氏.其後大狐容爲晉大夫.氏族略四.姓氏書辨證三十一.

大戊氏.

晉公子大戊教昭爲原大夫.氏族略四.

去疾氏.

鄭穆公子去疾之後.去疾字子良.又有良氏.所以別族.氏族略四.姓氏書辨證三十.

季老氏.

宋華氏有華季老.子孫氏焉.氏族略四.姓氏書辨證二十九.

泥氏.

宋大夫卑泥之後。氏族略四。姓氏書辨證四引作泥車。

方叔氏。

鼓方叔之後。氏族略四。

慶父氏。

楚大夫慶父之後。氏族略四。姓氏書辨證三十四引晉大夫慶父之後。有慶父籍爲楚工正。

韓餘氏。

韓宣子餘子之後因氏焉。氏族略四。姓氏書辨證八引韓宣子子餘之後氏焉。

榦獻氏。

宋司徒華定後爲榦獻氏。氏族略四。姓氏書辨證三十二。

將軍氏。

衞靈公子昭生子郢生文子才芳爲將軍氏。氏族略四。　姓氏書辨證十四引衞靈公子郢生文子彌牟爲將軍氏。

右師氏。

宋莊公生公子申世爲右師氏。氏族略四。

伍參氏。

楚伍參之後。支孫以爲氏。氏族略五。　姓氏書辨證二十四引伍參之後。楚昭王時有伍參蹇。

鬬班氏。

芈姓。鬬彊生班。因氏焉。氏族略五。　姓氏書辨證三十四。

鬬彊氏。

芈姓。若敖生鬬彊。因氏焉。氏族略五。

尹文氏。

齊有尹文子。著書五篇。氏族略五。

恆氏。

楚大夫恆思公之後。氏族略五。

瞻葛氏。

宋景公時有瞻葛祁爲大夫。氏族略五。案瞻葛，當即姓纂所引詹葛。

甫爽氏。

宋大夫甫爽之後。氏族略五。姓氏書辨證二十三引宋有大夫甫爽文叔。

公旗氏。

齊威王時有左執法公旗蕃。姓氏書辨證二。

公他氏。

有蒲邑大夫公他世卿。其先以王父字爲氏。姓氏書辨證仝上。案廣韻一東引晉蒲邑大夫公佗世卿。

公牽氏。

齊公子牽之後有公牽氏。姓氏書辨證仝上。案廣韻一東引同，公子牽作成。

公襄氏。

魯大夫公襄昭。魯襄公太子子野之後。姓氏書辨證仝上。

公金氏。

秦公子金之後有公金氏。姓氏書辨證仝上。案廣韻一東引同。

公朱氏。

宋公子朱之後。姓氏書辨證仝上。案路史後紀注引世本楚大夫公朱高出宋公子朱。

鬭子氏。

出自鬭子觀起之後。楚大夫有鬭子班。姓氏書辨證四。

車遽氏。

齊有臨淄大夫車遽氏。姓氏書辨證十二。案廣韻二十三魂引齊臨淄大夫車門遽。

羌憲氏。

衞公族羌之孫憲爲羌憲氏。姓氏書辨證十四。

羌師氏。

衞公族有羌師氏。姓氏書辨證仝上。

唐孫氏。

祁姓唐堯之後。其孫仕晉。自爲唐孫氏。姓氏書辨證十五。

承氏。

衞大夫承之後。姓氏書辨證十七。　案後漢書承宮傳注引世本。承姓。衞大夫成叔承之後。

雝子氏。

陳威公生昭子來將孫卑爲雝子氏。姓氏書辨證十九。

子游氏。

鄭穆公生子偃字子游之後.姓氏書辨證二十二.

子孔氏.

鄭穆公生公子嘉字子孔之後.姓氏書辨證仝上.

子士氏.

魯叔孫成子生齊季爲子士氏.姓氏書辨證仝上.

子寤氏.

季平子生昭伯寤.其後爲子寤氏.姓氏書辨證仝上.

子石氏.

陳威子生子石難.自別爲子石氏.姓氏書辨證仝上.

子穆氏。

陳僖子生子穆安，因爲子穆氏。姓氏書辨證仝上。

子然氏。

鄭穆公子子然之後。姓氏書辨證同上。

子沮氏。

陳烈子生子沮與，後爲子沮氏。姓氏書辨證仝上。

子襄氏。

齊桓公子子襄之後。姓氏書辨證仝上。

子季氏。

楚公族子季氏。姓氏書辨證仝上。

子成氏。

魯季平子生子成叔彭侯之後。姓氏書辨證仝上。

卷子氏。

衛文公後卷子子州氏焉。姓氏書辨證二十五。

雍門氏。

齊頃公生子夏勝。以所居爲雍門氏。姓氏書辨證二十九。案左昭二十年正義引世本。頃公生子夏勝。勝生子石靑。

季騧氏。

周八士季騧之後。姓氏書辨證仝上。

大公氏。

大公叔潁。姓氏書辨證三十一。案廣韻一東引同。

下門氏。

晉有大夫下門聰。姓氏書辨證三十三。案廣韻二十三魂注引同。

涉其氏。

楚大夫有涉其氏，春秋涉其帑是也。姓氏書辨證四十。廣韻六脂注引楚大夫有涉其帑。

融氏。

祝融之後，又復姓融夷氏。祝融後董父之胤，以融夷爲氏。姓氏急就章注。

羅氏。

夏有武羅。其後氏焉。仝上。

賜氏。

齊大夫簡子賜之後。仝上。

墨夷氏。

宋襄公子墨夷須爲大司馬。其後有墨夷皋。仝上。案廣韻六脂注引同。

它氏。

楚平王孫有田公它成。仝上。案荀子非十二子篇注引同。

老成氏。

宋有大夫老成方。仝上。案廣韻十四淸注引同。

陽氏。

陽侯。路史後紀注。

宋衷曰。陽侯。伏犧之臣。蓋大江之神者。仝上。

封父氏。

鄭大夫封父彌眞然。仝上。

仇氏，仝上。

公之氏。

魯大夫公之文。廣韻一東注。

公紀氏。

衞有大夫左公子洩。右公子職。仝上。

唐孫氏。

齊大夫長孫修食邑於唐。其孫仕晉。後號唐孫氏。廣韻二十三魂注。案此說與姓氏書辨證不同。

巴氏。

樊氏。

瞫氏。

相氏。

鄭氏。

廩君之先。故出巫誕。巴郡南郡蠻。本有五姓。巴氏樊氏瞫氏相氏鄭氏。皆出於武落鍾離山。其山有赤黑二穴。巴氏之子生於赤穴。四姓之子皆生黑穴。未有君長。俱事鬼神。廩君名曰務相。姓巴氏。與樊氏瞫氏相氏鄭氏。凡五姓俱出。皆爭神。乃共擲劍於石。約能中者奉以爲君。巴氏子務相乃獨中之。衆皆服。又令各乘土船。雕文畫之而浮水中。約能浮者當以爲君。餘姓悉沈。惟務相獨浮。因共立之。是爲廩君乃乘土船從夷水至鹽陽。鹽水有神女。謂廩君曰。此地廣大。魚鹽所出。願留共居。廩君不許。鹽神暮輒來取宿。旦即化爲飛蟲。與諸蟲羣飛。掩蔽日光。天地晦冥。積十餘日。廩君不知東西所向。七日七夜。使人操青縷以遺鹽神。曰。纓此。即相宜。云與女俱生。宜將去。鹽神受而纓之。廩君即立陽石上。應青縷而射之。中鹽神。鹽神死。天乃大開。廩君於是君乎夷城。四姓皆臣之。世尙秦女。後漢書西南夷傳注。姓氏書辨證十二引略同。御覽三十七九百四十四事類賦舟賦注皆散引文。

何氏。

應劭曰。氏姓注云。以何氏爲韓後。史記集解周本。

世本氏姓篇補遺

案此與絳黎條全引應劭說。俱當是氏姓篇注文。但未知是何人注。今無可附。故特載於後。

北唐氏。

晉有高人。隱於北唐。因以爲氏。廣韻二十五德注。

世本居篇

案史記吳世家魏世家索隱引居篇文。今輯依其目。

帝都。

黃帝都涿鹿。路史後紀注。涿鹿在鼓城南。續漢書郡國志注。御覽一百五十五。王應麟地里通釋。並引世本。鼓作彭。

舜居嬀汭。水經沔水注。嬀虛在西城西北。舜之居。漢書地理志應劭注。路史國名紀引嬀虛在西城西。舜居。又引嬀虛。舜所都。在西城。地里通釋云。世本舜居饒內。在漢中西城。或言嬀墟在西北。舜所居也。又云。通典金州西城縣有嬀墟。帝王世紀謂之姚墟。世本曰饒汭。古文尙書周語嬴內音嬀汭。然則世本文當作饒內矣。

夏。

禹都咸陽。正當亳西也。及後乃徙安邑。禮緇衣正義。禹都陽城。在大梁之南。漢書地理志臣瓚注。御覽一百五十五引作夏后居陽城。本在大梁之南。地里通釋引同。

殷。

契居蕃。水經渭水注。御覽一百五十五路史後紀注。地里通釋引同。

昭明居砥石。書帝告序正義。路史後紀注。地里通釋。復遷商。路史注仝上。相徙商邱本顓頊之虛。御覽一百五十五。

宋衷曰。相土就契封於商。史殷本紀集解。

太甲從上司馬在鄴西南。御覽一百五十五引帝王世紀轉引世本。

周。

武王在酆鄗。文選西都賦注。案路史國名紀注云。鎬世本作鄗。

懿王徙於犬邱。詩小雅譜正義。御覽一百五十五。

宋衷曰。懿王自鎬徙都犬邱。一曰廢邱。今槐里是也。史周本紀索隱。

厲王淫亂。出於彘。御覽一百五十五。

平王卽位。徙居洛。仝上。

敬王東居成周。仝上。

赧王又徙居西周。仝上。

西周桓公名揭。居河南。東周惠公名班。居洛陽。史周本紀索隱。師道補注。戰國策吳地里通釋引同。

吳。

吳孰哉居藩籬。史吳世家索隱。地里通釋。

宋衷曰。孰哉。仲雍字。藩籬今吳之餘暨也。史索隱及通釋並仝。

孰姑徙句吳。史索隱仝上。文選魏都賦注。地里通釋。

宋衷曰。句吳。太伯始所居地名。史仝上集解。索隱並仝。通釋。

注。孰姑。壽夢也。句吳。太伯始所居地名。文選注仝上.

諸樊徙吳。史仝上集解.

魯。

煬公徙魯。史魯世家集解.

宋衷曰。今魯國。仝上.

燕。

召公居北燕。史燕世家集解.

宋衷曰。有南燕。故云北燕。仝上.

桓侯徙臨易。史仝上集解.

宋衷曰。今河閒易縣是也。仝上.

蔡。

蔡叔居上蔡。書蔡仲之命正義．史管蔡世家集解．地里通釋．

上蔡也．九江有下蔡．故稱上．水經汝水注．案水經注本引世本文．今以其文義似注．故列爲注．

胡徙居新蔡．史管蔡世家集解．

宋衷曰．胡徙居新蔡．書正義．史集解並同．以奉叔度祀．從水經汝水注增．故名其地爲新蔡．句引見水經汝水注．

平侯徙下蔡．從史索隱補．

宋衷曰．平侯徙下蔡．史管蔡世家集解．索隱同．案索隱云．今世本無者．近脫耳．則宋注此句當是原文．

晉．

唐叔虞居鄂．史晉世家集解．

衞。

宋衷曰。鄂地。今在大夏。仝上。

宋衷曰。今定昌也。史衞世家索隱。康叔從康徙封衞。衞卽殷虛定昌之地。畿內之康。不知所在也。仝上。

成公徙濮陽。史衞世家集解。

宋衷曰。濮陽。帝邱地名。仝上。

鄭。

鄭桓公封棫林。左昭十六年正義。桓公居棫林。徙拾。史鄭世家索隱。

宋衷曰。棫林與拾。皆舊地名。史索隱仝上。封桓公。乃名爲鄭。王應麟詩地里攷。

厲公居櫟。史記補。從

宋衷曰。櫟今潁川陽翟縣。史記鄭世家集解。

文公徙鄭。史記鄭世家索隱。

宋衷曰。卽新鄭。史記仝上索隱。

曹。

宋衷曰。濟陰定陶縣。史記集解。

滕。

錯叔繡封滕。路史後紀注。

宋衷曰。今沛國公邱。是滕國也。史記陳杞世家索隱。

杞。

宋夷曰杞。今陳留雍邱縣故地。史杞世家索隱。

宋。

宋更曰睢陽。史宋世家集解。地里通釋。

楚。

楚鬻熊居丹陽。左桓二年正義。

宋仲子曰。丹陽在南郡枝江縣。左正義仝上。僖四年正義引丹陽南郡枝江縣也。

武王徙郢。左桓二年正義。

宋仲子曰。今南郡江陵縣北有郢城。左正義仝上。

秦。

秦非子始封於秦。御覽一百五十五。

莊公徙廢邱。上仝

文公徙汧。上仝

寧公又都平陽。上仝

獻公徙治櫟陽。上仝

孝公自櫟陽徙咸陽。上仝

郳。

郳顏居郳。肥徙郳。左莊五年正義。

宋仲子曰。郳顏別封小子肥於郳。爲小郳子。上仝沈。

沈國在汝南平輿。史索隱。

胡。

胡在汝南。仝上。

霍。

周武王封弟叔處於霍。史三代世表索隱。

綦。

周圻內國。路史國名紀。

武羅。

夏武羅國。冀都之武邑。仝上。

莒.

興期始都計斤.玆丕歸莒.路史後紀注.

韓.

景子居平陽.平陽在山西.史韓世家索隱.

宋衷曰,今河東平陽縣.仝上.

趙.

成季徙原.史趙世家索隱.

宋衷曰.今雁門平原縣.仝上.

魏.

畢萬居魏。前漢書高帝紀注。

魏武子居魏。史魏世家索隱。

悼子徙霍。仝上。

宋衷曰：霍，地名，今河東彘縣也。仝上。

案世本卿大夫無悼子，索隱云此，則是有悼子代自脫耳。

昭子徙安邑。史索隱仝上。前漢書注仝。文侯亦居之。前漢書注仝上。

中山。

中山武公居顧。史趙世家索隱〇路史後紀注。國名紀引並仝。

桓公徙靈壽。仝上。

世本作篇 案周禮禮記鄭注引世本作。正義曰世本有作篇。今輯依其目。

燧人。

燧人出火。禮記禮運正義。造火者燧人。因以爲名。釋元應大般涅經十四。阿毗曇毗婆沙論四十。大智度論五十三。瑜伽師地論二十七。阿毗達摩俱舍論五十三音義並同。

庖犧。

伏犧制以儷皮嫁娶之禮。禮記月令正義。

庖犧氏作瑟。瑟。潔也。使人精潔於心。純一於行也。北堂書鈔樂部。御覽五百七十六。玉海一百十。廣韻七櫛注引庖犧作瑟。　宓羲作瑟。八尺二寸。四十五絃。風俗通義。庖犧作五十絃。黄帝使素女鼓瑟。哀不自勝。乃破爲二十五絃。具二均聲。爾雅釋樂疏。通典樂四。三禮圖。路史後紀一。後紀三注引同。

伏羲作琴。山海經海內經注。伏羲造琴瑟。孝經正義。

伏羲臣芒氏作羅。路史後紀一注。

芒作網。御覽八百三十四。廣韻三十六養注引网庖羲臣所作。

宋衷曰：芒，庖犧之臣。御覽同上。

神農。

神農和藥濟人。王應麟急就篇補注。

神農作琴。禮記樂記正義。爾雅釋樂疏。風俗通義。初學記十六。通典樂四引琴神農所造。玉海一百十。神農氏琴長三尺六寸六分，上有五絃，曰宮商角徵羽。文王增二絃，曰少宮商。曹憲廣雅音釋。

神農作瑟。山海經海內經注。玉海一百十引山海經注同。

蚩尤作兵。御覽二百七十。蚩尤以金作兵器。廣韻十二庚注。蚩尤作五兵戈矛戟酋矛夷矛黃帝誅之涿鹿之野。路史後紀四注。

宋衷注曰。蚩尤神農臣也。御覽仝上。

黃帝。

黃帝見百物始穿井。初學記七。

黃帝樂名咸池。禮記樂記正義。

黃帝造火食旃冕。禮記冠義正義。黃帝作旃冕。書鈔制作部御覽六百八十六。路史後紀五注。黃帝作旃。爾雅釋文。御覽三百四十。玉海八十三。黃帝作旃。亦曲柄旃。以招士衆也。廣韻二仙注。黃帝作冕旒。儀禮士冠禮疏。黃帝作冕。左桓二年正義。釋玄應華嚴經十八音義。通典禮十七。邢昺論語疏。三禮圖黃帝造冕。垂旒。目不邪視也。充纊。耳不聽讒言也。通典同上。宋均曰。通帛爲旃。冕冠之有旒者。應劭曰。周始垂旒也。御覽六百八十六。宋仲子曰。冕。冠之有旒者。左正義。論語疏並同。

羲和占日。史記歷書索隱。

常儀占月。仝上。羲和作占月。玉海九。

后益作占歲。御覽十七。玉海九。

臾區占星氣。史記索隱仝上。

大撓作甲子。書舜典正義、左傳序正義、史記歷書索隱。黄帝令大撓作甲子。路史後紀一注。

宋衷曰。大撓。黄帝史官。書正義左正義並仝上。

隸首作算數。史記歷書索隱。隸首作數。文選西京賦注。廣韻十遇注。二十九換注引黄帝時隸首作數，當脱一算字。

宋衷注曰。隸首黄帝史也。文選注仝上。

伶倫造律呂。史記歷書索隱。

容成造歷。書舜典正義。左傳序正義。廣韻二十三錫注。北堂書鈔歲時部。藝文類聚五。御覽十六以上三書俱引容成作歷。

宋衷注曰。容成。黃帝史官。書正義左正義並仝上御覽十六引注黃帝之臣。書鈔引注容成黃帝臣也。

案史記歷書索隱引世本黃帝使羲和占日常儀占月臾區占星氣伶倫造律呂。大撓作甲子隸首作算數容成綜此六術而著調歷是容成作歷兼綜六術也。

顏氏家訓勉學篇云世本容成造歷或讀歷爲碓磨之磨其謬誤一至於此。

蒼頡作書。尚書序正義 蒼頡造文字。周官外史疏。沮誦蒼頡作書。並黃帝時史官。廣韻九魚注兩引。

宋衷注曰。蒼頡沮誦黃帝史官。路史發揮一。 黃帝之世始立史官蒼頡沮誦居其職矣。至於夏商乃分置左右。初學記二十一。

案路史發揮一引世本蒼頡沮誦作書又引宋衷注蒼頡沮誦黃帝史官路史不知衷何所據廣韻所引下六字當與原文相汨。

史皇作圖。文選宣貴妃誄注。御覽七百五十。史皇蒼頡同階。路史發揮一。

宋衷曰。史皇黃帝臣也。圖謂畫物象也。文選御覽注並仝上。

案張彦遠歷代名畫記云史皇黃帝之臣也。始善圖畫創制垂法。體象天地功侔造化云見世本。

伯余作衣裳。淮南子氾論訓注。路史後紀五注作俱作製。玉海八十一

案高誘注曰。伯余黃帝臣。

胡曹作衣。廣韻八微注。御覽六百八十九。路史國名紀六。

宋衷注曰。黃帝臣。御覽仝上。

胡曹作冕，路史後紀五注。

宋衷注曰。黃帝臣也。路史注仝上。

於則作屝履。初學記二十六。御覽六百九十七。路史後紀五注引黃帝臣於則作屝履。

宋衷曰。黄帝臣。䓣曰屝。麻曰履。御覽仝上。

雍父作舂杵臼。御覽七百六十二。雍父作舂。廣韻三鍾。御覽八百二十九。路史餘論二引雍父踐舂。雍父作杵臼。廣韻八語。釋元應壽世阿毗論八音義引雍父作杵舂黄帝臣也。雍父作臼。廣韻四十四有。

宋衷曰。雍父黄帝臣也。御覽七百六十二。

胲作服牛。初學記二十九。御覽八百九十九。路史後紀五注。廣韻十八尤注引黄帝臣胲作服牛。

注曰。胲。黄帝臣也。能駕牛。初學記同上。御覽無下三字。又云。少昊時人。始駕牛。御覽仝上。

相土作乘馬。周禮校人注。荀子解蔽篇注。玉海七十六引荀子注同。事物紀原七。腸作駕。事物紀原仝上。

宋衷云。胥黄帝臣。紀原仝上。

共鼓貨狄作舟。山海經海內經注。北堂書鈔舟部引作化狄。藝文類聚七十一。初學記二十五。一切經俱舍論六音義。廣韻十八尤。御覽七百六十九。

注曰。二八黄帝臣也。書鈔仝上。一切經音義仝上引宋衷曰黄帝臣也。共鼓貨狄黄帝二臣。類聚御覽引並同上。

女媧作笙簧。禮記明堂位鄭注。玉海一百十。女媧作簧。風俗通義。北堂書鈔樂部。文選長笛賦注。御覽五百八十一。

宋均注曰。女媧黄帝臣也。書鈔文選注玉海並仝。路史後紀二注引世本注女媧笙簧爲黄帝臣。

隨作笙。漢書律歷志注應劭說。北堂書鈔樂部。藝文類聚四十四。初學記十六。釋玄應大哀經六音義。通典樂十四。長四寸。十二簧。像鳳之身。風俗通義。

宋衷注。隨。女媧氏之臣。路史後記二注引世本以爲隨作及宋衷注。

隨作竽。廣韻十虞。文選吳都賦注。御覽五百八十一。

夷作鼓。玉海一百十。

以桴擊之曰鼓。以手搖之曰鼗。通典樂四。

揮作弓。禮記射義正義。山海經海内經注。北堂書鈔武功部引揮始作弓。藝文類聚六十。初學記二十二。一切經善見律八音義。御覽三百四十七。玉海七十五。一百五十。廣韻一東。三禮圖引黄帝臣揮作弓。

夷牟作矢。禮記射義正義。北堂書鈔引夷牟始作矢。藝文類聚六十。荀子解蔽篇注。御覽三百四十九。三禮圖。玉海七十五。一百五十。牟夷作矢。山海經海內經注。藝文類聚六十。初學記二十二。笑黃

帝臣夷牟作。龍龕手鑑竹部引世本牟作弁。

宋衷注曰夷牟黃帝臣也。禮記注書鈔荀子注玉海引並同。案御覽引注夷牟黃帝二臣二疑衍抑或引夷牟或引牟夷存攷。

巫彭作醫。山海經海內經注。

顓頊。

祝融作市。易釋文。玉篇冂部。廣韻六止注。初學記二十四。御覽一百九十二。

宋衷云。顓頊臣也。釋文仝上。祝融。顓頊臣爲高辛氏火正。初學記仝上。

堯。

陶制五刑。路史後紀七注。

巫咸初作醫。玉海六十三。

巫咸。堯臣也。以鴻術爲帝堯之醫。御覽七百二十一。

巫咸作筮。周禮龜人注。初學記二十。玉海六十三。一百三十五。

巫咸作鼓。玉海一百十。

無句作磬。禮記明堂位鄭注。周禮考工記疏。風俗通義。山海經海內經注。一切經四分律十一音義。初學記十六。御覽五百七十六。玉海一百九。諸書無一作毋通。

注云。無句。堯臣也。初學記仝上。

化益作井。周易釋文。初學記七引伯益作井。御覽一百八十九引伯夷作井。

宋衷曰。化益。伯益也。堯臣。釋文仝上。玉海二十四引釋文同。

舜。

舜始陶。夏臣昆吾更增加也。一切經四分律一音義。雜阿毗曇心論三音義。史記龜策傳集解引昆吾作陶。

倕作規矩準繩。玉篇夫部。諸書倕一作垂，古字通。垂，舜臣。廣雅音釋。

垂作耒耜。齊民要術一。垂作耒耨。路史餘論二。垂作銚耨。詩周頌釋文。垂作耜。廣韻六止注。垂作銚。詩周頌正義。御覽八百廿三。垂作耨。詩正義仝上。左僖三十三年正義。

宋仲子注曰。銚，刈也。詩正義仝上。

咎繇作耒耜。御覽八百二十三。

伯夷作五刑。北堂書鈔四十三。御覽六百三十六。

簫，舜所造。其形參差，象鳳翼。十管，長二尺。路史後紀十二注。垂作鐘。禮記明堂位注。風俗通義。山海經海內經注。廣韻三鍾注。初學記十六。爾雅釋文引鐘垂所作。

夔作樂。通典樂四。初學記。

磬。叔所造。通典樂四。御覽五百七十六。路史後紀十注。

叔。舜時人。文選長笛賦注。案通典引世本云不知何代人。禮記正義引皇氏無句叔之別名故路史注以爲叔卽無句義或然也。

烏曹作簙。廣韻十九鐸注。文選博弈論注。

夏。

鯀作城郭。禮記祭法正義。鯀作城。玉篇土部。妙法蓮華經音義三。水經河水注。

鯀作郭。廣韻十九鐸。路史後紀一注引鯀筑城郭。

禹作宮室。爾雅釋文。初學記二十四。玉海一百五十五。禹作宮。廣韻一東。藝文類聚六十二。御覽一百七十三引堯使禹作宮室。玉海一百五十五。又一條引堯使禹作宮。

奚仲作車。山海經海內經注。續漢書輿服志注。後漢書蔡邕傳注。文選演連珠注。玉海七十八引山海經注同。

夏作贖刑。事物紀原九。

儀狄造酒。尚書酒誥正義。儀狄始作酒醪，辨五味。初學記二十六。御覽八百四十三。

夏禹之臣。書正義引世本，今定爲注。

杜康造酒。書正義仝上。

少康作秫酒。北堂書鈔酒食部。初學記仝。御覽八百四十三。

少康作箕箒。御覽七百六十五。箕箒，少康作。廣韻七之注。

杼作甲。書費誓正義。詩叔于田正義。御覽三百五十五。初學記二十二引輿作甲。史記夏本紀索隱引季佇作甲。路史後紀十四注引季杼作甲。玉海一百五十一引輿作甲。

宋衷云：少康子杼也。書正義。輿，少康子。初學記仝上。少康之子輿也。甲，鎧也。玉海仝上。

逢蒙作射。藝文類聚七十四。廣韻二十二昔注。

商。

湯作五祀。路史餘論四　戸井竈中霤行。至周而七。曰門行厲戸竈司命中霤。事物紀原二。

微作禓五祀。

注。微者。殷王八世孫也。禓者。強死鬼也。謂時儺索室敺疫逐強死鬼也。五者。謂門戸及井竈中霤。御覽五百二十九。

紂爲玉牀。御覽七百六。

周。

武王作翣。初學記二十五。廣韻三十二狎。御覽五百五十三。

武王始作箑。事類賦扇賦注。

暴辛公作塤。詩彼人斯正義。風俗通義。漢書律歷志注。廣韻二十二元注。玉海一百十。路史後紀十注。御覽五百八十一引塤。暴辛公所造。　塤。暴辛公所作也。圍五寸半。長三寸半。六孔也。爾雅釋文。三禮圖引圍五寸半。長三寸四分。

暴辛爲塤。文選長笛賦注。

宋均曰。暴辛。周平王時諸侯。作塤。有三孔。文選注同上。御覽引注暴公周平王諸侯。路史注引宋云平王諸侯。

蘇成公作篪。詩彼人斯正義。玉海一百十。篪蘇成公所作長一尺二寸。爾雅釋文。廣韻五支注引篪蘇成公所造。蘇成公作篪。管樂十孔。長尺一寸。吹孔有嘴。如酸棗。御覽五百八十。案後漢書明帝紀注引暴辛公作篪以竹爲之長尺四寸有八孔說與周禮春官鄭注合惟暴辛字恐誤。

注。蘇成公。平王時諸侯。御覽同上。

秦穆公作沐。御覽三百九十五。

魯昭公作弁。御覽六百八十六。

宋均曰。制素弁也。全上。

魯昭公始作壐。玉海八十四。

宿沙作煮鹽。御覽八百六十五。

宋衷曰。宿沙衞齊靈公臣。齊濱海。故衞爲魚鹽之利。仝上。

衞公叔文子作輗軏。北堂書鈔一百四十一。

注云。文子。公叔齊。仝上。

公輸作石磑。後漢書張衡傳注。一切經四分律二十七音義引輸般作磑。御覽七百六十二引公輸般作磑。

韓哀作御。漢書王褒傳注應劭說。文選聖主得賢臣頌注。

宋衷曰。韓哀韓文侯也。時已有御。此復云作者。加其精巧也。漢書注仝上。文選注引時已有御云云。與正文相汨。

世本謚法篇

玉海引沈約謚法序曰。大戴禮及世本舊並有謚法。其書約時已亡。今略采之。以存其目。

顓頊生子窮係。

宋衷曰。窮係。謚也。史五帝本紀索隱。

周赧王。

宋衷曰。赧。謚也。史六國年表索隱。

西周武公。

宋衷曰。謚曰武公。史索隱仝上。

曹靖公。

悼伯卒。弟露立。謚靖公。史管蔡世家索隱。

季文子。

行父。季友之孫。故以季孫爲氏。死。謚曰文子。詩魯頌正義。

世本論述補遺

楊泉物理論曰。楚漢之際。有好事者。作世本。上錄黃帝。下逮漢末。馬總意林卷五。案漢末當是周末之訛。

廣川書跋云。昔左氏書子皮卽位。叔向言罕樂得其國。葉公作顧命。楚漢之際。爲世本者用之。

世本作篇補遺

空侯。空國侯所造。通鑑漢紀三十六胡三省注。

堯作圍棊。藝苑巵言云見世本。

鮌作城郭。城。盛也。郭。大也。意林卷四引風俗通。案意林統上引十字作世本文。今訂下六字爲之注。又今風俗通本亦無此語。

秄作矛。御覽三百五十五。

世本雜錄

龐英文昌雜錄曰。梁四公子。一人姓䶑名杰。一人姓𤍠名䵷。昭明太子曰。䶑出世本。䵷出世本。

夏竦古文四聲韻曰。姬。古世本字。𢒽。古世本字。

茆泮林輯「世本」校勘記

行數以正文爲主，夾注兩行作一行計．

頁數	行數	原文	校注
七	倒一	黃帝娶於西陵氏之子．	原本作「西陵之女」．據山海經注引世本文增改．
八	二	金天氏帝少皞．	原本無「帝」字．據左傳正義引世本文補．
九	二	滕墳氏之子	案山海經作「滕墳」．太平御覽（以下簡稱「御覽」）作「勝墳」．
九	四注	左昭．二十九年	「昭」原本誤作「襄」．據左傳改．
一一	倒一注	書．舜典．正義．	原本作「仝上」．卽書堯典正義．案黃帝生玄囂云云．實見舜典．據改．
一二	四	顓．頊．生．窮．係．	此語於帝舜似不聯貫．案史記三代世表．黃帝生昌意．昌意生顓頊．顓頊生窮蟬．……瞽叟生重華．是爲帝舜．乃叙黃帝至舜八代之世系．惟顓頊生窮蟬下．索隱注曰．系本作窮係．作者以此爲世本原文．故祇引此一語．又案索隱曰．此表依系本．是皆世本之文．「蟬」與「係」偶不同．索隱再注明耳．
一二	倒一	縣娶有辛氏女．	原本脫「女」字．據史記補．
一六	三	后稷生不窋．不窋生鞠陶	「不窋」原本皆作「不窟」．據史記及尚書酒誥正義改．

頁	行	文	校記
一六	五注	書・酒誥・正義	原本脫「酒誥」兩字，據尚書補。又案本條正義引世本原文有昭穆之次，如不窋爲昭、鞠陶爲穆云云，作者皆節去未引。
一六	倒二注	禮・郊・特牲・正義	「郊特牲」原本誤作「禮器」。
二四	倒二	昭公生桓子雍・雍生忌	原本作「昭公名桓子雖，雖生忌」。案史記昭公曾孫驕爲晉君，是爲哀公。索隱曰：趙世家云驕是爲懿公，系本亦云昭公生札，桓公子雍，雍生忌，忌生懿公驕。徐廣曰世本作桓子雍。據改。
二五	三	孝公傾欣・	原本脫「欣」字，據史記索隱增。
二六	六	武烈王十九而立	原本「九」下有「年」字，據史記索隱刪。
二七	五	熊渠立其長子庸	原本無「立其」兩字，據史記增。
二九	二注	案公羊莊三年疏	「三」原本誤作「二」，據公羊傳改。
二九	五注	（敬公費）史集解・	「集解」原本誤作「索隱」，據史記改。
三〇	四注	左桓十二年	原本誤作「十一年」，據左傳改。
三〇	倒一注	穀梁昭十四年疏	原本誤作「十五年」，據穀梁傳改。
三一	倒二至一夾注四行	「索隱曰」至「蓋近代始散佚耳」	案此四行皆史記索隱原文，應連寫不提行，因利用舊有紙型重印，未予更動。
三三	倒三	景子名處・	王刻史記索隱引世本作「景子名處」，殿本作「名虔」。
三六	五注	穀梁成十七年疏	原本誤作「十六年」，據穀梁傳改。

頁	行	本文	校記
三九	四	孝公生僖伯彄	原本誤作「考公」，據左傳改.
四三	五	莊仲山產敬仲夷吾	原本「莊」上衍「管」字，「仲」下脫「山」字，據史記管晏列傳索隱删補.
四三	五	啓方產成子孺，孺產莊子盧	「孺」原本皆作「豫」，據史記管晏列傳索隱改.
四三	五	其夷產	原本脫「其」字，據史記管晏列傳索隱補.
四三	六	武產景子耐涉，耐涉產微，凡十代	原本作「武產景子能陟，能陟產帶，凡九代」，據史記管晏列傳索隱改.
四三	倒一	闞孟克	原本「克」下衍「芷」字，據史記田世家索隱删.
四四	二	僖子生昭子莊……宣子其夷	原本作「僖公」「共夷」，據左傳改.
四四	三	子芒盈	原本作「芒子」，據史記齊世家索隱改.
四四	三注	史齊世家	「齊」原本誤作「田」，據史記改.
四四	五注	正義引世本作鱉茲	原本此下有「僖子作僖公」句，案左傳正義作「僖子」，不作「僖公」，或茆氏據本有誤，故删.
四七	一注	左宣二年	「二」原本誤作「三」，據左傳改.
四七	四	代成君子起	原本脫「君」字，據史記補.
四八	二至三	晉改中軍曰中行	原本脫「晉改中軍」四字，據史記趙世家索隱引世本文補.
五三	一注	左文十一年	原本脫「一」字，據左傳補.
五三	三	莊公生右師戊，戊生司城師	兩「戊」字原本均誤作「戌」，據左傳正義改.
五四	六	生子展舍之	原本「生」上衍「罕」字，據姓氏書辨證删.

五五	一	參生子玉珍武子。	原本脫「武子」兩字，據姓氏書辨證增。
五六	倒一	楚縣公葉公子高	原本脫「公」字，據禮記緇衣正義補。
五七	四	炎帝卽神農氏	原本無「卽」字。案左傳正義引世本炎帝下有「卽」字，蓋以譙周考古史以爲炎帝與神農各爲一人，據補。
五八	四注	左桓三年。	「三」原本誤作「四」，據左傳改。
五八	倒二注	穀梁昭十二年。	「二」原本誤作「三」，據穀梁傳改。
六一	五注	文王妃家	原本「家」下衍「二」字，據路史後紀注删。
六三	一注	世本作。鍾離	原本無「作」字，據史記集解補。
六三	三注	路史國名紀注	原本作「路史後紀注」。案本條見路史國名紀注，據改。
六八	一	爲。詹。葛氏	「爲」原本作「焉」，據姓纂改；又氏族略「詹」作「瞻」。
六八	一注	氏族略五。	「五」原本誤作「二」，據氏族略改。
六八	倒三	襄生魯。	案氏族略引世本作「襄生子魚」。
七〇	一	孟僖子孫閱	案姓纂作「魯孟獻子生閱」，注云「案左傳昭公七年，孟僖子屬說與何忌于夫子，使事之，則敬叔乃孟僖子之子，說卽閱也。此爲獻子之子，誤」。茆氏據注改「獻」作「僖」，改「生」作「孫」，失世本之舊，仍不若仍其原文，而照錄原注於後爲宜。
七〇	三·三	宋司徒華定甘士氏	此八字姓纂原文如此，疑有誤。
七一	三注	姓氏書辨證引姓纂作時。子鄍	案守山閣叢書本姓氏書辨證子鄍條引姓纂亦作「昭。

七二	二	子公・之後	子郢」茆氏所據本或誤.「公」原本作「工」.據姓纂改.
七三	倒二	右史記事……周右史戌.	原本作「古者・右史……」.案姓纂引世本無「古者」二字.氏族略有「古者」二字.而「戌」作「武」.從姓纂.「古者」二字宜删.而注其異同於下.
七五	四	闞門陽・	「陽」原本作「楊」.據姓纂改.
七九	一	陳桓子・	「子」原本作「公」.據氏族略改.
七九	倒二	季夙氏	「夙」原本作「嬰」.據氏族略改.
八〇	二	晉大夫大狐伯	原本「夫」下無「大」字.據氏族略補.
八〇	六	所以別族	「所」原本誤作「取」.據氏族略改.
八二	六、八注	氏族略五.	「五」原本均誤作「四」.據氏族略改.
八三	一、三注	仝右	仝右.
八六	倒二	陳威公生昭子	案守山閣叢書本姓氏書辨證無「生」字.作者或據舊本或疑其脫而補「生」字.
八七	三	鄭穆公子嘉・	原本作「鄭穆公生子喜」.據姓氏書辨證增改.
八七	倒一	陳威子生子石難	原本無「子」字.據姓氏書辨證補.
八九	倒二至一	季騧氏　周八氏季騧之後	案姓氏書辨證.「騧」作「瓜」.引世本云「周八士季騧之後爲氏騧或作瓜」.作者約舉其文而改「瓜」作「騧」.
九一	倒一注	案廣韻十四淸注引同	原本脫「淸」字.據廣韻補.

九二	五	封父彌眞然	案路史後紀注云，「世本鄭大夫封父彌眞然代北是賁氏，又爲河南封氏」，似「然」字可屬上句爲讀，亦可屬下句，故輯世家諸家或作「封父彌眞」。
九二	倒二	魯大夫公之文	「魯」原本誤作「晉」，據廣韻改。
九五	四注	水經沔水注	「沔水」原本作「漢水」。案水經注，瀉、汭爲漢水所經，其篇名則爲「沔水」，水經無「漢水」篇名，故改作「沔」。
九五	倒二	禹都咸陽正當亳西也	原本脫「正當亳西也」五字，據禮記緇衣正義引世本文補。
一〇一	二注	史鄭世家索隱	原本作「從史記補」。案「文公徙鄭」乃史記鄭世家索隱引世本原文，據改。
一〇一	五	濟陰定陶縣	原本作「濟陽」。案史記王本作「濟陽」，殿本作「濟陰」。又案漢書地理志定陶屬濟陰郡，宣帝更濟陽爲定陶國，似以作「濟陰」爲是，故改。
一〇二	五注	史集解	「集解」原本誤作「索隱」，據史記改。
一〇二	一	今陳留雍邱縣	原本脫「邱」字，據史記補。
一〇二	一注	史杞世家索隱	「索隱」原本誤作「集解」，據史記改。
一〇二	六、八	宋仲子曰	原本均作「宋衷曰」，據左傳正義改。
一〇三	五	獻公徙治櫟陽	「櫟陽」原本作「洛陽」。案御覽作「櫟陽」。下文亦云「孝公自櫟陽徙咸陽」，據改。

一〇四	六	封弟叔虞於霍	原本脫「叔」字，據史記補。
一〇六	六	文侯亦居之	「居」原本作「如」，據漢書改。
一〇七	四	庖犧	案「庖」或作「伏」作「宓」，「犧」或作「羲」作「戲」。古籍引世本往往不同，而茆氏輯文又多與所據書不合。茲改從所引書以存其眞，以下各條並同。一條引數書者，從其首引之書。
一〇七	倒三	八尺一	「一」原本作「二」，據風俗通義改。
一〇八	六注	王應麟	「王」原本誤作「汪」。
一〇九	倒二	應劭曰周始垂旒也	此語似非世本文。
一一〇	四	臾區占星氣	「臾」原本作「更」，據史記改。
一一二	三注	路史後紀五注作倶作製	案路史作「作衣裳」，非「倶作製」。
一一三	四	雍父黃帝臣也	原本脫「父」字，據御覽補。又「臣」字，案御覽七六二，宋本作「名」，張刻作「字」，明抄作「官」。御覽八二九各本均作「臣」，似以作「臣」爲是。
一一五	二注	牟作弁	案影宋抄本龍龕手鑑作「牟」不作「弁」，作者據本或誤。
一一七	三	垂作銚耨	案詩周頌釋文「銚」字下引世本云「垂作銚」，無「耨」字。下文「鎒」字下云「或作耨」，作者或誤連下文以「鎒」爲「耨」也。
一一七	倒二	十管	案路史後紀十一注（中華書局四部備要本）引世本。

			「十」作「翼」.而通典引世本作「十」.又諸家輯本引路史卷數往往與備要本不同.或所據版本有異.
一一七	倒二注	禮記明堂位注.	「注」原本作「正義」.案「垂作鐘」一語爲鄭注所引.據改.
一一七	倒一注	通典・樂・四.	案通典引世本.無「夔作樂」一語.疑爲「蕭舜所造」條所引.誤置此下.
一二一	倒三	秦穆公作沐.	「沐」原本誤作「沭」.據御覽改.
一二一	倒二注	御覽六百八十六.	「八十六」原本誤作「六十八」.據御覽改.
一二二	三	故衞爲魚鹽之利	「衞」原本作「以」.案御覽各本均作「衞」.據改.
一二二	四	衞公叔文子	原本脫「公」字.據北堂書鈔補.

序

王頀軒先生手稿。存於屠康侯所者凡四種。一曰儒林宗派。爲萬季野著十六卷本。蓋依辨志堂舊鈔。增註其籍貫別號謚法。而釐正之者也。非於萬書外有所增益。二曰全吉士七校水經注四十卷。蓋與陳詠橋重理殘本更得校語四十條是也。三曰宋元學案補遺一百卷。初稿爲四十卷。附錄二卷。嗣改定爲一百卷。其次第悉依黃全宋元學案之舊。外附宋儒博考二卷。元儒博考一卷。原稿幾經改竄。皆先生手定者也。四曰世本集覽。其原起提綱條例目錄通論有淸本。而所謂集覽八册者。後改定爲六册。分卷仍四十有八。又先生手輯而待整理者也。壽鏞旣見此四書。先爲其易。因刻增註之儒林宗派十六卷。次及宋元學案補遺一百卷。積三載之歲月。合四五同志之精力。經三四番之讎校。今已將蕆事矣。獨世本集覽一書。望洋興歎。初與康侯謀。擬用攝影法。將稿影出。再圖整理。康侯踸之倩商務印書館估價。會值國難發於滬上。幾遭火厄。事不果行。忽忽四年。輒引爲憾。壽鏞於鄉先輩箸述。斷篇殘簡。視若共球。乃鉅製煌煌。姓氏之原。卽生民之始。有關史學源流者。反忽焉而任其緒之墜。豈人情哉。且世本卽系本。見於史記索引集解者。已無全書。而先生自年十六以至四十。盡力以期其成者。宏目大綱。粲焉具備。後生小子。但事整治。便可成書。敢不勉負仔肩。然其難則更甚於學案補遺。逡巡其閒。懼其無終者以此也。去歲先刻原起提綱條例目錄通論五卷。今年元旦。馳書康侯。仍索其稿。思償吾願焉。顧猶未著手耳。先生原起所謂他年成功有日。庶副知己之望者。未知壽鏞能副先生之望否耶。今將已刻者。播之於世。俾見大凡。更望邦人君子。匡其不逮而促之成焉。若夫全氏七校水經注。光緒戊子已梓行。獨不及水道表。是表爲先生輯。其子龍光校。亦宜刊也。民國二十五年四月後學張壽鏞序。

先師王子行狀

先師王子諱楚材。初名梓。楚材其字。更名梓材。後竟以字行。學者稱騰軒先生。世居鄞西柳莊坊。高祖炳。國學生。工詩善書。歷游大僚幕府。著有定海鹽政議、咄咄吟。曾祖畿。祖鍔。父謨。三世皆名諸生。先生稟承家學。復徧謁里中名師。肆力治經。融會漢宋諸儒之說。而獨衷一是。尤究心六書及音韻之學。嘗謂古人以此爲小學。童而習之。今則訛謬不勝指數。又謂書法盛於晉唐。亦壞於晉唐。蓋專講結構。任意增損。而六書之法寖失。惟顏魯公尙有典型耳。聞者駭之。既補郡博士弟子員。餼於庠。無錫汪寫園先生士侃。同縣童蓴君先生槐。先後掌教月湖書院。皆許爲學有根柢。學使道州何文安公按試。稱其研覃傳註。且終卷無俗字。特置高等。江右陳碩士侍郎繼任。復甄拔之。充道光十四年優貢。明年考取八旗教習。期滿。出宰廣東。三十年九月署樂會縣事。纔數月。以疾卒於官。咸豐元年正月十四日也。年六十。先生勤於著述。其裒然巨帙。最爲精力所著者凡四種。一曰重校宋元學案百卷。黃棃洲先生明儒學案刻於慈谿鄭氏。

其宋元學案未及成編。季子耒木及吾鄉全謝山皆爲補輯。何陳兩學使屢訪此書。後得黃氏耒木補本。而全氏弟子盧學博鎬之後人亦出謝山遺書。先生與慈谿馮孝廉雲濠合校補訂。以付剞劂。文安公序之。板毀於西夷兵燹。先生攜書入都。復與文安伯子紹基重校刊於都中。先生別成宋元學案補遺百卷。馮氏何氏各存其副本。一曰彙錄全校水經四十卷。謝山先生以水經舊本經註混淆。屢經考訂。晚主端溪講席。猶朝夕披覽。蓋已七校而未成完書。先生得其遺稾。重加釐正。闕佚者取趙東潛本引全氏語兼採鮚埼亭集以補之。其副本一寄山右張石舟穆。屬其覆校刻入楊氏叢書。一存慈谿馮氏。又依酈註作水道表。如原書卷數。由是讀水經者。瞭如指掌。一曰世本集覽。上自皇古。下逮戰國。遇未見書足資考證者。靡不薈萃。其中露鈔雪纂。歷三十餘年不懈。一曰王氏宗譜備考八卷。瑯琊太原各分支派。先生廣搜博採。元元本本。脈絡分明。雖譜學專家。無以過之。其於諸經。各有箋釋。彙爲解經錄。惟易有專書。曰周易解詁。他書數種。曰夏小正輯註。曰說文引經錄。曰補輯韻表。曰校註高郵王氏詩補韻。曰增補萬季野儒林宗派。曰補輯沈定川文集。曰句甬紺珠錄。皆精核可傳。所著古文四卷。曰樸學齊文鈔。古今體詩一卷曰北遊賸語。並藏於家。先生世承儒業。家風孝友。白華潔養。脩脯之外。不名他錢。有弟二人。季早卒。與仲弟式好無閒。先生赴官。使掌會計。及先生卒。挈其眷屬扶匶歸葬某鄉之原。先生生於乾隆五十七年十月十六日。卒於咸豐元年正月十四日。配水氏。子二。長熙。原名龍光。克衍家學。以經解見錄。兩補佾生。次鼎。原名爲光。前卒。女二。長適陳懋煒。次適廣東候補道屠繼烈。孫二。潤培恩培。先生教授鄉里。循循善誘。先品行而後材藝。先經術而後詞章。勱於先生之學。未窺藩籬。何論堂奧。第念先生汲古研精。殫心著述。儒宗經學。並得薪傳。自道範云遙。長子又復不祿。有孫孤弱。恐日久無知先生者。會縣有修志之舉。用敢粗陳梗概。伏望秉筆諸君子垂採焉。至居官莅政。以受任日淺。無所表見。且先生之足傳者。不在一官。諸君子當共諒之。受業陳勱謹狀。

壽鏞案。鄞志傳本此狀。不再錄。　又案先生遺稾。壽鏞所見者四種。一爲宋元學案補遺。先成於道光戊戌者爲四十二卷。續於原稾中附益。始己亥春。終庚子冬者。乃釐爲一百卷。別附宋元儒博考三卷。二爲世本集覽。其緣起作於道光辛卯。同時編目錄分八册。今存稾爲六册四十八卷。(自題書籤。並分題禮樂射御書數。)三爲全謝山七校水經注十二册。先生取謝山遺稾。重加釐正。更補水道表。所謂王氏重錄本也。四爲校訂萬氏儒林宗派十六卷。先生依辨志堂本重爲釐訂。删其重複。而增註籍貫別號謚法。非於萬書外有所增益也。(陳氏行狀謂增補。蓋未見原書。鄞志因此而誤。)　四爲雜纂一册。採取經書粹語。分類誌之。取於易者爲多。昔歲。先生之孫名恩培者。交屠康侯收儲。壽鏞已將儒林宗派十六卷。宋元學案一百卷。別附三卷。次第付梓。惟世本集覽六册。其兩册恩培交康侯時。已有鼠嚙矣。全書浩繁。排整頗不易易。四顧躊躇。倘無善策。假我歲月。當完成之。丙子春。後學張壽鏞識。

世本集覽原起

梓材自七歲就傅。讀小學諸書。略識古人名。而未知其姓氏之由。十歲始從先君子夢僧公于張鄮溪司馬家。授讀尚書及毛詩序。知有唐虞三代。以及周之有東西。亦知有十五國之分。而猶未知帝王之終始。與列國之存滅。十二歲時。見架上春秋傳。知其爲紀事之書。而古人之名。多雜載其中。時竊而觀之。先君子卽以左傳授讀焉。及十四歲受學于家塾。先君子爲及門諸子講論司馬遷史記。梓材亦與聞焉。因知帝王列國之源流。且見史記索隱集解多引系本。時與史記相出入。意欲見系本之全。未始知系本之卽世本。亦未知世本之已無全書也。次歲從先君子于董小韭明府家。得顧復初春秋大事表。見其表姓氏者有之。表世系者有之。以爲獲所未見。心益喜。爰合而錄之。又次歲從先君子于古香眉閣華氏館。見同學案上鄭氏通志中有氏族略。條分縷析。多有裨于所錄。而韋注國語。鮑注國策。亦于是年見之。及冬季散館。因合尚書毛詩春秋傳國語國策史記。分列古人之姓氏。各詳其系。而世本之見于傳注者。亦條載其中。先君子見而心許之。然年已十六。先君子督以舉業。世譜之學。雖草創有緒。而未遑專及。有所得焉。則竊載之。不敢與先君子得見焉。而舉業之不工。亦職是之故。十八歲二十一歲就試。並備卷不售。先君子益以舉業督課之。而梓材亦自以不能掇芹爲媿。自是以後。始出訓蒙。先君子于舉業外兼課以試經之藝。而亦未有得焉。至二十七歲始入郡學。二十九歲先君子見背。梓材讀禮之暇。因輯舊錄。比年館張司馬家。教司馬諸孫。見其家有羅氏路史及馬氏繹史李氏尙史。時與司馬長君芝雲明經上下議論。明經固先君子所深契者。嘗勉以世譜之學。必不可置。繹史尙史諸書。專爲梓材購之。又姑夫秦孝廉芙人先生示以陳氏竹書紀年集證。采錄甚多。及其秉鐸湯溪。復示以崔氏考信錄。是書考證多確。亦節而錄之。因名舊錄爲世本集覽。分卷四十有八。以世本爲名者。蓋世譜之學。以世本爲宗。而世本之全。卒不可見。且世本多爲史記所本。亦未見其盡當。因其名而不欲復其舊。觀古人之書。固無事強輯爲也。孟子曰。誦其詩。讀其書。不知其人可乎。是以論其世也。世本集覽之輯。亦以存論世之旨也。前明何元子詩經世本古義。亦嘗因世本之名矣。既而見坊閒有秦氏世本輯補一書。而錫山吳仲倫文學以爲實洪氏頣孫所輯。其必有據。要是書專爲世本而輯。與梓材所輯。體例迥殊。抑集覽之編。既因世本之名。亦不能不采錄焉。梓材自先君子逝世。歷試經解。取錄者四。因得食餼于庠。而年已四十。無聞滋媿。今茲歲試。學使者道州何仙槎先生詢以平日所著。梓材不自揣固陋。而以世本集覽對。且問何時始著。及成功與否。則告以始輯之年。而以云成功則未也。退而述其原起如是。使他年成功有日。更質大人先生商榷而鑒定之。庶足以副知己之望。而惜乎先君子之不得見其成也。道光十二年夏四月十有八日古堇王梓材自識。

世本集覽提綱

尚書斷自唐虞。唐虞以前。似屬荒遠。然易傳云。包犧氏沒。神農氏作。神農氏沒。黃帝堯舜氏作。則犧農黃帝。並非無稽。且易言始作八卦。故託始于包犧氏之王天下。非謂包犧以前絕無可稽之世也。特言盤古氏初三皇中三皇與九頭紀等十紀。或有難憑耳。第古人旣有言之者。姑置之存而不論論而不議之列。而世本集覽之編。卽以皇古爲首册云。

包犧神農。見之易傳。爲信而有徵。特以爲太皞炎帝有未安者。崔東壁考信錄言之詳矣。故次犧農于皇古之末。而太古與因提禪通之裔。有見于犧農之世者。卽列之犧農之時。犧農之裔有見于帝世王朝者。放此。

左傳郯子言官制云。黃帝氏以雲紀。炎帝氏以火紀。與晉語少典生黃帝炎帝。不曰炎帝黃帝而曰炎黃合。郯子又云。共工氏以水紀。共工卽炎帝之支。又云。大皞氏以龍紀。而後次以少皞摯之立也以鳥紀。火與水。龍與鳥。各以類次。而二皞更爲相近。又左傳史克言舜舉元愷云。高陽氏有八才子。高辛氏有八才子。二高亦爲相近。故于黃炎各爲一册。而共工附之。以二皞二高亦各爲一册。其有世系者。卽次其世焉。

帝典合載堯舜。是唐虞之際。當合而不分。因列爲三格。堯之在位七十載。爲上格。舜之攝位二十八載爲中格。舜之在位五十載。爲下格。其臣之世系。亦隨其先後。而以三格載之。大約先列陶唐氏世系。而高辛諸族附之。次以有虞氏世系。而高陽諸族附之。又次則附以二皞之後。黃炎之後。犧農之後。與太古之後焉。

古史家以黃帝迄周獲麟之歲爲疏訖紀。故列帝世爲疏訖紀上。夏商以下爲疏訖紀下。夏商爲第三册。而夏自少康中興。商自武丁中興。其前後世又分列焉。蓋夏商世系較繁于唐虞。卽先代之後。亦各有世系可編。而最費考核者。莫如周家后稷以後文王以前之世系也。大都五帝以至夏商。史記敍其源流。而彼此多不符合。當時書籍。非若今世可以鱗次而考。觀史記者。安得承訛襲繆。而不爲考正乎哉。

周有西周有東周有戰國之周。西周唯周魯在位之年。世世可考。其餘則自共和以後有之。前此則不獨年數莫考。世數亦多相懸。姑以錯綜之法次之。東周平王之四十九年。春秋始作。故或以東周爲春秋之世。春秋世系。莫詳于左傳。而公穀及國語亦多有可證。世本之說。亦于是爲詳焉。戰國以國策爲本。竹書紀年一書。其紀戰國最確。多有史紀所不逮。學者不得以後人之附益。而概廢之也。秦自昭襄以後。僅延數世。雖屬一統。而適爲戰國之餘。故不別爲一册。特附于戰國之册而已。

世本集覽條例

姓氏之別。世多不明。今且以氏爲姓矣。或曰姓某氏。而不知其爲何姓者。良以世譜之學。未嘗考訂也。聞之古世本書有姓氏篇。上言姓。下言氏。非不分明。但其言系者。不能周至。姓氏之原。仍屬未備。今則詳載世系。而姓有所宗。氏有所別。若無姓可系。而僅有其氏者。則各從其國之世次附載之。其無氏可別。而僅有其名者。亦附載焉。至于無國可附。則第以代屬之。非逞博也。以人有所遺。無以備後人之流覽也。

夏商以前。有以名稱者則名之。以號以氏稱者則號之氏之。兩周以後。有謚則以謚稱。有爵則以爵稱。或有名無字。或有字無名。則以名以字爲稱。又有無名與字而以人稱者則人之。亦有以國邑見者。則即以國以邑稱之。戰國時往往有以子稱者。則亦子之。皆以見于古籍者爲據。非有所杜撰也。若上古諸氏。往往有其世而無其名。則首載某氏。而以二世三世次之。夏商以後。間有世數而無名可紀者。則以某某間之。庶乎燦若列眉。瞭如指掌焉已。

氏族多與國邑相屬。若不標其國邑而受氏之原。殊未明晰。故凡有國邑宜標者。皆于格外標其姓氏之後。即詳考國邑以標之。蓋就一册以觀。而國邑之存滅可見。合諸册以觀。而國邑之沿革亦見。且有一國而遷都屢易。有一氏而受邑有加。皆不容遺漏。而疆域之廣狹。山川之主名。亦不能不備載云。

世次亦與年表相關。然年表橫列。而國君卽位以及薨卒或多至數十年。表中特以年數紀之。卽略載其事蹟。而觀者或病其不備。今則專以其世系之臣僚之見于是君時者。卽以是君之世次之父子相傳。無不縱列。而年之先後。亦因此可考矣。且臣從其君。侯從其王。非獨一國之大勢可見。卽天下之大勢。孰不可見哉。

是書有正錄有附錄。其人之見于經傳而無可疑者。則列之正錄。其人之見于傳紀而有可疑者。則列之附錄。雖以世系之。而正附不妨互見也。有備覽有備考。其人之見于子史而無可疑者。則列之備覽。其人之見于子史而可疑者。則列之備考。有存參有存疑。其人之見于稗野而疑信相兼者。則列之存參。其人之見于稗野而疑信不掩者。則列之存疑。亦從其世系之。而備焉存焉。義各有當也。至有斷不可信之人。當不以大書書之。而以旁注見之已耳。

世本集覽第一册

皇古一

盤古　初三皇

天皇十三頭

地皇十一頭

提地人皇之先

人皇九頭三十二世

蜀蜀山之先

五龍五姓一世

攝提五十九姓三十五世

合雒三姓三世

連通六姓二世

敍命四姓三世

皇古二

循蜚二十二氏

鉅靈　句彊　譙明　涿先　鉤陳　黄神

狂神五世

犁靈　大騩　鬼騩　弇茲　泰逢　冉相　蓋盈　大敦　雲陽　巫常　泰壹　空桑

神民　倚帝　次民

因提十三氏

皇次四世　蜀山六世

傒鬼六世　渾敦七世

東戶十七世

皇覃七世　啓統三世　吉夷四世

几渠一世　狶韋四世　大巢二世　遂皇四世　庸成八世

庖伏羲之先

皇古三

禪通十八氏

倉頡一世　柏皇二十世

中央四世　大庭五世　栗陸五世

麗連十一世　軒轅三世　赫胥一世

葛天四世　宗盧五世　祝融二世

昊英九世　有巢七世

朱襄三世　陰康二世　無懷六世

厲山神農之先

包犧一世

女媧

神農八世

禪通之餘　柏皇　大庭　栗陸　昆連　赫胥　葛天　祝融　昊英　朱襄　陰康　無懷

附因提後　混沌　東戶

循蜚後　太一　卽泰壹

少典黃炎之先

世本集覽第二册

帝世一

疏仡上之一

黄帝十世

分姓十二　姬　若水高陽之先　江水高辛之先

酉卽嬉　祈

己　汦水少昊之先

滕卽銷　葴　任　荀卽句狗

僖卽釐　姞　儇　依

炎帝八世

分封逢

共工

附禪通後　倉頡　柏　大氏　宿沙　中黄卽中央　風太昊之先　有禍　封胡

因提後　蜀山　天老卽混沌

循蜚後　大隗卽大騩　鬼方　鬼臾區系出太一

帝世二

疏仡上之二

太昊□世

分封郝骨　咸烏巴人之先

少昊八世

分姓　戚　蔑

附黃炎後　弱水卽若水　辛　禺　九黎　土敬

因提後　蜀山

世本集覽第三册

帝世三

疏仡上之三

高陽十世

分封虞有虞之先　天穆之陽夏后之先　別爲黎　陸終　分姓己又分董

妘　彭又分禿

曹又分斟

芈

高辛十世

分封蜀

分姓祁陶唐之先　昐巫人之先

附二昊後　四叔　重氏

黄炎後　犬戎

伯夷父四岳之先

循蜚後　鬼方

帝世四

疏仡上之四

陶唐一世

別封丹後改唐　陶邱

唐虞之際

有虞一世

別封有庳

附高莘後　八元　龍　商邱　大夏　巫人　商般商之先　邰王周之先

高陽後　八愷　皋　和氏　董　彭祖　崇越裳宗

二昊後　羲氏　尹氏　大費　共工

巴人

黃炎後　番禺　元都郎九黎　三苗　汪芒　逢　四岳　呂　許　允姓

因提後　巢父

世本集覽第四册

王朝一

疏仡中之一

夏后前四世五帝

後十世十二帝

分封諸姒之國　均　觀　莘　繒　於越　竇氏之先

附有虞後　商改虞　三身　有緡　陳

高陽後　和　有窮　有鬲

昆吾　寒氏　過　戈

顧　彭　豕韋　斟灌　斟鄩

熊氏

庬　有扈

陶唐後　唐　劉别爲御龍

高辛後　商又居商邱　殷　部　搖民

二昊後　羲　有莘　淮夷　黄夷

巴　有濟　有仍　風夷

黄炎後　邳　北狄　防風　有施

逢　氏八

循蜚後　巨靈

王朝二

疏仡中之二

殷商前十世二十一帝

後七世九帝

分封諸子之國　黎　南　權　梅　箕

分姓　曼　御别封錫

附陶唐後　唐　豕韋　傅氏

高辛後　豳遷岐周　芮　蜀　東胡

虞夏後　虞　遂　申徒

夏　杞　繒　越　有莘　彤

崇　南巢　匈奴亦作匈戎

高陽後　大彭　豕韋　荆楚　舟人

䣝　理氏

二昊後　蒲姑　奄　江　黄　費或作蜚

秦趙之先　巫氏

黄炎後　邳　薛　密須　摯疇　葛　有熊　犬夷

逢　呂　萊　孤竹　甘　向

鄘山　氏羌

禪通後　倲氏　伊

循蜚後　鬼倲　鬼方

世本集覽第五册

王朝三

疏佗下之一

西周十一世十二王

王之近族　單　陶　翟　成公　管氏之先

共　王史　楊　謝丘

鄭一世一君

武穆　邘

晉九世十君

公族　解氏之先　欒氏之先

祁氏之先

分封　賈　大戎

應　韓　荀　寒

文昭　管

魯八世十二君

公族　顏氏之先　東野之先

梁其之先　公儀之先

本封周

分封　凡　蔣　邢　茅　胙　祭　樊

蔡八世八君

曹九世九君

郕　霍

衞十世十一君

公族　石氏之先

聃　毛　郜　雍

滕十二世十餘君

畢　原　酆　郇

燕十一世十一君

本封召

分封　譙亦作焦

王季之穆　西虢　東虢　岑

太王之昭　吳八世八君

分封　閻

虞

諸姬之國　芮　榮　隗　魏　巴　密　隨　鮮虞　赤烏

附殷商後　宋十世十一君

公族　孔氏之先別爲正氏　惠氏之先

朝鮮　鄧　三毫　商氏

夏后後　杞四世四君

鄫　於越　辛氏

彤　褒　巢　獵犹

有虞後　陳九世十君

公族　轅氏之先

陶唐後　祝　唐　杜　房

周傅氏

高辛後　蜀　東胡

高陽後　邾九世九君

別分郳

楚十世十四君

公族別爲熊相氏

分封　夔　麋　翼　濮

蘇　董　己氏戎

鄶　郈　檜　鄅

程　别爲司馬氏

庸　巢　北戎　越裳一作越

少昊後　莒七世□君

秦五世五君

分封　梁

趙城趙氏之先

譚　徐　淮夷

沈　姒　蓐　黄

周尹氏　南宫氏

太昊後　任

炎帝後　申　吕

齊九世十一君

公族　國氏　崔氏　晏氏　高氏

分封　檀　邴

許十二世十二君

逢　萊　紀

薊卽鑄　張氏

薛六世□君

黄帝後

蹶　密

北狄　犬戎　驪戎

禪通後　焦

世本集覽第六册

王朝四

疏仡下之二

東周十三世十四王

王之近族　周氏　附諸國周氏

王氏　齊王氏　附諸國王氏

王子氏　鄭王子氏

王孫氏　衞王孫氏

頹氏　王叔氏　甘氏　武強氏　劉氏　儋氏　陽氏

梁氏　縱氏　黨氏　瑕氏

西周近族之後　單氏　魯單氏　魯狄氏卽翟氏

諸國成公氏　齊管氏入魯別爲禽氏詹氏

鄭十二世十七君

公族　公父氏　子人氏　僕氏　叔氏　良氏　游氏　駟氏　罕氏

別爲馬師氏　國氏別爲相里氏　印氏　豐氏　羽氏　孔氏　然氏

大季氏

武穆　晉五世七君

別分曲沃襲晉十一世十五君

公族　解氏別爲張氏　欒氏別爲卞氏　祁氏　籍氏　箕氏
韓氏別爲箕氏邢氏公族氏　游氏
羊舌氏別爲銅鞮氏楊氏　閻氏
郤氏別爲步氏冀氏苦成氏　柏氏郤伯氏別爲楚郤氏鍾離氏

賈　晉賈氏別爲右行氏　附諸國賈氏

大戎　晉狐氏別爲續氏大狐氏

韓　荀

文昭　魯十世十二君

公族　顏氏　附諸國顏氏　鬷氏　東野氏別爲洩氏
梁其氏別爲梁氏　公儀氏　御孫氏　費氏
展氏別爲柳下氏　郈氏　衆氏　臧氏　施氏別爲少施氏
孟孫氏亦稱仲孫氏孟氏別爲子服氏南宮氏陽氏公山氏
叔孫氏別爲叔仲氏茲無氏　季孫氏亦稱季氏別爲公冶氏公鉏氏公之
氏公父氏　東門氏別爲子家氏仲氏　子叔氏亦稱叔氏別爲桊氏　公

巫氏　蟜氏　有山氏　公冉氏　公西氏　公輸氏　公夏氏　公肩氏

亦稱公堅　公宣氏　公賓氏　公有氏　公甲氏　公歛氏　公慎氏

公索氏　公罔氏　公晳氏　公祖氏　公伯氏　公仲氏

周

凡　蔣　邢　諸國茅氏　祭　鄭祭氏

蔡十二世十四君

公族　朝氏

附諸國蔡氏

曹十二世十六君

公族　卞氏

附諸國曹氏

郕亦作成

附諸國成氏

霍

衞十一世十七君

公族　石氏　太叔氏　孫氏　甯氏　齊氏　司徒氏　北宫氏　析氏　蘧氏

公叔氏　公孟氏　公明氏　子南氏别爲將軍氏司寇氏　趙氏　仲

叔氏　公文氏　子還氏　公孫氏

聃亦作沈

附周聃氏　鄭聃氏

魯冉氏

毛

部

附宋部氏

滕十三世十餘君

畢

晉畢氏别爲魏氏　魏别爲令狐氏呂氏

原

附諸國原氏

晉原氏別爲荀氏　荀別爲中行氏程氏知氏新稺氏　知別爲輔氏　荀又別爲

先氏　先別爲左行氏士氏

酆

附狄酆氏

燕十七世二十君

分封　陽

召

附諸國召氏

王季之穆　西虢

附晉虢氏又爲郭　夏陽氏

東虢

太王之昭　吳十二世十四君

公族　延陵氏　棠谿氏

閻　附諸國閻氏

虞

公族　秦百里氏

芮

諸姬之國

榮

附榮錡氏

公族

魏

巴　密　隨

鮮虞亦稱中山

肥　鼓

耿　滑

頓　胡　州來　息　蓼

項　極

舟

附虢舟式

宮

附虞宮氏

養

附諸國養氏

附殷商後　宋十二世十六君

公族　魯孔氏　惠氏　樂氏別爲西鉏氏司城氏　附晉樂氏　老氏　皇氏

華氏　高氏入于魯　莊氏　仲氏　魚氏　鱗氏　蕩氏　向氏亦

稱桓氏別爲司馬氏　靈氏　石氏　邊氏

分封　戴　蕭

朝鮮

鄧

別爲鄾

亳　蕩氏　小戎

權　黎

周南氏　魯林氏系出比干　鄭姚氏　附諸國商氏

夏后後　杞九世十三君

鄫入魯爲鄫氏曾氏

越十二世十餘君

晉辛氏別爲董氏

晉竇氏

齊鮑氏

有虞後　陳十二世十三君

公族　轅氏或作袁　鍼氏　慶氏　顓孫氏　齊陳氏亦作田別爲孫氏　子

仲氏　宗氏　夏氏亦稱少西氏　孔氏　公良氏　原氏　儀氏　司

徒氏　司城氏

逄

四族　因氏　頜氏　工婁氏入齊爲工僂氏　須遂氏

諸嬀之國　圭　盧

陶唐後　唐近楚別爲唐氏

晉杜氏亦作屠又爲屠岸氏　附諸國杜氏士氏別爲范氏　范別爲彘氏劉氏司

功氏析成氏　士又別爲司空氏背氏

留　冀

附諸國傳氏

高辛後　蜀

高陽後　邾十一世十二君

公族　濫氏　公息氏

小邾郳郳

公族　顔氏

楚十世十五君

公族　鬭氏亦稱若敖氏別爲權氏苗氏　成氏　蔿氏亦作薳別爲孫氏　申

氏別爲范氏　申公氏　申叔氏　附吳申叔氏　潘氏

屈氏亦稱莫敖氏別爲息氏邢氏　伍氏別爲王孫氏　陽氏

沈尹氏亦稱沈氏　囊氏　魯陽氏　子南氏　西氏

夔　麋　濮　百濮　戎蠻　茅戎亦稱徐吾

諸熊　鬻　羅　宗

蘇　卽溫

分封　郗　晉郗氏

楚　彭氏

偪陽　夷　牟　鄅

介　根牟

六　英氏改稱蓼

庸　貳　軫　絞　州　桐

舒

羣舒　舒庸　舒蓼　舒鳩　舒龍　舒鮑　舒龔

北戎卽山戎　無終

晉里氏　李氏　附諸國李氏

少昊後

莒十一世十三君

秦十四世十八君

公族　子車氏　公車氏亦稱裴氏　逢氏　楊氏

梁

附晉梁氏

晉趙氏別爲邯鄲氏訾氏原氏屏氏樓氏

譚

附周譚氏

江　黄　鄎亦作郋　鍾離　不羹

穀　葛

徐　淮夷

周尹氏

太昊後　巴

任　宿　須句

顓臾

附魯秦氏

炎帝後　齊九世十五君

公族　國氏　崔氏　晏氏　高氏别爲盧氏　曹孫氏　蒙孫氏　申孫氏

仲孫氏　隰氏　慶氏　桓氏　東郭氏别爲大陸氏　盧蒲氏　欒氏

高氏　子淵氏

許十世十一君

附諸國逢氏

萊　紀　州　向

孤竹

姜戎　陸渾

允姓　鄀

黄帝後　薛十二世十二君

附魯黨氏

南燕　偪　闞

附衞孔氏　宋雍氏　鄭雍氏　齊闞氏

北狄　白狄

長狄

犬戎

驪子　冀戎

赤狄　潞　甲氏　留吁　鐸辰　東山皋落氏　廧咎如

禪通後

伊洛之戎　揚拒之戎

弦

密

附魯宓氏

世本集覽第七册

王朝五

疏仡下之三

戰國之周八世十一王

王之近族　西周六世六君

東周三世三君

附周氏　諸國周氏

東周近族之後　魏王氏入于秦　齊王氏　附諸國王氏

秦甘氏

西周近族之後　楊氏

鄭二世五君

公族　駟氏

附諸國鄭氏

武穆　晉五世六君

公族　張氏　附諸國張氏　魏欒氏　韓楊氏　秦閻氏　楚鍾離氏　秦賈氏

趙續氏

附魏晉氏

韓十三世十一君

公族　藺氏　平氏　何氏

諸韓　附諸國韓氏

文昭　魯九世九君

公族　顔氏　藏氏　孟施氏　孟氏　叔孫氏　季氏　仲氏　公石氏　符氏

附諸國魯氏

蔡三世三君

別爲下蔡

附諸國蔡氏

曹

附曹氏

諸國成氏

衞九世十二君

公族　甯氏　北宮氏　子南氏

附諸國衞氏

沈氏

附齊冉氏

毛氏

滕六世□君

魏十世九君

公族　樓氏　安陵氏　中山氏　馮氏　附諸國馮氏　信陵氏

諸魏　附諸國魏氏

附畢之別族龐氏辛垣氏

燕十三世十二君

附諸國燕氏

王季之穆　趙郭氏

太王之昭　吳氏

附諸國吳氏

齊虞氏

諸姬之國　巴

中山　厹由

楚項氏

附殷商後　宋五世六君

公族　魯孔氏　戴氏　樂氏　附魏樂氏　趙樂氏　皇氏　華氏

附諸國宋氏

朝鮮

夏后後　杞三世四君

公族　夏侯氏

附杞氏

鲁曾氏

越九世十一君

公族　歐陽氏　鄒氏　匡氏

董氏

匈奴郎獵狁

有虞後　田齊十二世七君

公族　廩邱氏　安平氏　薛氏別爲孟嘗氏　陸氏　孫氏

諸田　附諸國田氏

諸陳　附諸國陳氏

姚姓吳氏

陶唐後　諸國唐氏

諸國杜氏

魏范氏　秦司空氏

趙傅氏

高辛後　蜀

別國苴

東胡

高陽後　鄒卽郳八世

附鄒氏

小邾

附郳氏或作兒倪

楚十世十三君

公族　屈氏　附魏屈氏　莊氏　秦班氏系出鬬氏　齊王孫氏　昭氏　景

氏列氏　甲氏　上官氏

分封　鄂　陽城　下蔡

諸國蘇氏

諸國司馬氏

李氏別爲段干氏

附諸國李氏

少昊後　莒二世□君
秦十四世十七君
公族　楊氏　樗里氏　白氏
附秦氏
分封　蜀
趙十三世十一君
公族　秦陽氏　馬服氏　平原氏
諸趙　附諸國趙氏
分封　代
鄒
太昊後　任
燕秦氏
炎帝後　齊四世三君
公族　公羊氏　公孫氏

世本集覽第八册

雜錄一

皇古

皇古諸臣之無氏可紀者

天皇臣　三輔　九翼

遂皇臣　四佐

帝世

黄炎諸國

黄帝時　西陵　方雷卽雷　西王　西戎　獯鬻

炎帝時　有蟜　華胥　於類

二昊諸國

少昊時　爽鳩

二高諸國

高陽時　陳豐　有娀　根水　滕隍　訾娵一作鄒屠蚩尤後　交阯

高辛時　散宜　有唐

唐虞諸國

陶唐時　西王　有何卽有河　綸氏　塗山　肅愼　北發　終北　渠搜　鬼國　周鐃

幾姓　始州卽丹山　東夷　南蠻

有虞時　歸后夔國

附帝世諸臣之有氏可紀者

黄帝臣　力氏

炎帝臣　白氏　赤氏　吳氏

帝世諸臣之無氏可紀者

黄帝臣　后土

太昊臣　紀通　金提

雜錄二

王朝

夏后諸國

有唐　河伯之國　綸　皮氏　華氏　有洛　胤　原　岷山　方夷

附夏后諸臣之有氏可紀者

女氏　孟氏　楚琴氏

夏后諸臣之無氏可紀者

般商諸國

艾　應　肅愼　貌胡卽林胡　樓煩　獯鬻　義渠　西洛鬼戎　丹山卽

始呼之戎

東夷

附般商諸臣之有氏可紀者

雷氏雷公後　王氏

般商諸臣之無氏可紀者

雜錄三

王朝

西周諸國

邶　鄘　暴　西王　西戎　西申卽申戎　翟貘之戎　北唐　河宗　肅愼　渠叟　樓

頄　義渠　東夷

附西周諸臣之有氏可紀者

泰氏　閎氏　散宜氏　祝氏　史氏　伯氏　仲氏　孟氏　仍氏　左氏　家氏　師氏　保氏　媒氏　鞮鞻氏　華氏　馮相氏　保章氏　挈壺氏　服不氏　射鳥氏　羅氏　虎賁氏　旅賁氏　節服氏　方相氏　職方氏　土方氏　懷方氏　合方氏　訓方氏　形方氏　禁暴氏　野廬氏　蜡氏　雍氏　萍氏　司寤氏　司烜氏　條狼氏　脩閭氏　冥氏　庶氏　穴氏　翨氏　柞氏　薙氏　硩蔟氏　翦氏　赤友氏　蟈氏　壺涿氏　庭氏　銜枚氏　伊耆氏　築氏　冶氏　梟氏　㮚氏　段氏　桃氏

韋氏　裘氏　鍾氏　幠氏　磬氏

西周諸臣之無氏可紀者

東周諸國

胡歸姓　道　附楚道氏　郭　郜　鄟　崇　於餘丘　鍾吾　魯梁　繇諸　大荔　義渠　東夷

附東周諸臣之有氏可紀者

庾氏　祝氏　史氏　內史氏　伯氏　叔氏　仍氏　左氏　家氏　武氏　桃氏　尉氏　簡氏　渠氏　鞏氏　富氏　陰氏　蒍氏　賓氏　鄩氏　泠氏　游氏　侯氏　石氏　褚氏　尸氏　慶氏

東周諸臣之無氏可紀者

戰國周諸國

費　戎　林胡　樓煩　大荔　義渠

附戰國周諸臣之有氏可紀者

佮氏　游氏　馮氏　綦毋氏

戰國周諸臣之無氏可紀者

雜錄四

王朝

附西周同姓國諸臣之有氏可紀者

魯　般民六族　條氏　徐氏　蕭氏　索氏　長勺氏　尾勺氏

宗　祝　卜　史　臧氏

衞　般民七族　陶氏　施氏　繁氏　錡氏　樊氏　饑氏　終葵氏

史

晉　懷姓九宗

西周同姓國諸臣之無氏可紀者

附西周異姓國諸臣之有氏可紀者

楚　薳氏

西周異姓國諸臣之無氏可紀者

附東周同姓國諸臣之有氏可紀者

魯　尾生氏尾勺之後亦作微生　微氏　太史氏　宰氏　師氏　樂正氏　樂氏　梓

氏　左邱氏　夏父氏　富父氏　子桑氏　仲梁氏　閔氏　申氏　縣氏　漆雕氏　澹臺氏　鷰氏　女氏　鍼氏　阬氏　沈猶氏　愼潰氏　有氏　卜氏　龍氏　南氏　郭氏　侯氏　序氏亦作徐　牧氏力牧後

衞　史氏　卜氏　師氏　右宰氏　褚師氏　渠氏　華氏　禮氏　元氏　裘氏　祝氏　雍氏　懿氏　慶氏　夏氏　鄢氏　左氏　匠氏　廉氏　琴氏　柳氏　端木氏　羊角氏　彌氏　戲陽氏

晉　史氏別爲蔡氏　師氏　平氏　呂氏　共氏　慶氏　陽氏　輔氏　虞氏　介氏

女氏別爲司馬氏　甯氏　長氏　田氏　清氏　綦毋氏　州氏　涉氏

鄭　尹氏　祝氏　史氏　師氏　尉氏　良氏　洩氏別爲堵氏　孔氏　皇氏　石氏

侯氏　樂氏　司氏　高氏　裨氏　馮氏　蒍氏　索氏

吳　壽氏　專氏　要氏　干將氏　石氏　頵黃氏　言氏

東周同姓國諸臣之無氏可紀者

附東周異姓國諸臣之有氏可紀者

齊　宗氏　祝氏　太史氏　南史氏　師氏　弦氏　易氏　烏氏　伯氏　北宮氏　郭氏　南郭氏　北郭氏　閭邱氏　梁邱氏　梁氏　華氏　孟氏　盆成氏　敝氏　析氏　越氏　孔氏　襄氏　裔氏　步叔氏　莒氏　莊氏　韓氏　石氏

宋　匡氏　南宮氏　伯氏　祝氏　彤氏　田氏　刋官氏

陳　女氏　處師氏　巫馬氏　泄氏一作世

越　文氏　寺氏　諸氏

秦　史氏　蹇氏　壤氏　胡氏　西乞氏　白氏　九方氏　任氏

郳　茅氏　夷氏

楚　史氏　師氏　工尹氏　仲氏　士氏　連尹氏　虞邱氏　鍾氏　費氏　鄢氏

左史氏　石氏　大公氏　淖氏

東周異姓國諸臣之無氏可紀者

附戰國周同姓國諸臣之有氏可紀者

魯　樂正氏　仲梁氏　齊閔氏　申氏　縣氏　女氏　制氏

衞　左氏　端木氏　薄氏

韓　段氏　嚴氏　雍氏　樛氏　侯氏

魏　卜氏　西門氏　任氏　季氏　翟氏　如氏　皮氏　縮氏　姚氏　石氏　孫氏

龍氏

燕　史氏　郭氏　高氏

戰國周同姓國諸臣之無氏可紀者

附戰國周異姓國諸臣之有氏可紀者

齊　宗氏　弦氏　北宫氏　南郭氏亦作南伯　北郭氏　閭邱氏　盆成氏　孟氏

越氏　孔氏　黔氏

宋　田氏

田齊　匡氏　雍氏　馮氏　甘氏　沈氏　陽氏

秦　史氏　任氏　鉅氏　嫪氏　烏氏

趙　廉氏　泫氏　牛氏　仇氏　劇氏　延陵氏

楚　靳氏　襄氏

戰國周異姓國諸臣之無氏可紀者

世本集覽通論

古帝之號。以神稱者。則有若循蜚紀黃神氏。狂神氏。禪通紀神農氏。而神堯神禹亦其類也。以靈稱者。則循蜚紀鉅靈氏。犂靈氏是。其以皇稱者。則天地人初三皇。中三皇而後。有若因提紀皇次氏。皇覃氏。遂皇氏。禪通紀史皇氏。柏皇氏。而包犧曰羲皇。女媧曰媧皇。神農曰農皇。黃帝曰軒皇。亦其類。其以帝稱者。則循蜚紀有倚帝氏。黃帝炎帝並見國語。而黃帝又曰帝鴻氏。蓋自是以後至唐虞莫不稱帝。史記三代世表夏商之主亦皆稱帝。其實王也。至周世則無有稱帝者。唯戰國齊秦有東帝西帝之僭號爾。

古人名號與國多以大稱者。循蜚紀有大騩氏。大敦氏。因提紀有大巢氏。禪通紀有大庭氏。又黃帝師大塡。顓頊師大款。黃帝臣大撓。大隗。大丙。大常即常先。大容即容成。大封即封胡。伏羲後有大風。少皞後有大費。諸書稱舜曰大舜。禹曰大禹。而高陽後國有大彭。高辛後國有大夏。大亦作泰。與太。循蜚紀泰逢氏。泰壹氏。與少皞之前太皞是也。亦多以少稱者。黃炎之先少典氏。蚩尤之國曰少昊。與高陽之前少皞是也。少亦作小。夏有太康少康。商有太甲太庚太戊太丁小甲小辛小乙。春秋時有大戎小戎。戎之二帥曰大良少良。東夷之人曰大連少連。郳之分封曰小郳。其以有稱者。更指不勝屈。禪通紀有巢氏。少典所娶有蟜氏。帝嚳所娶有駘氏。有娀氏。高陽之後妘姓有鄶。姚姓有庳。太皞後有濟。高辛時國有唐氏。唐虞時國有河。夏時國有仍氏有南氏有窮氏有鬲氏有扈氏有莘氏有施氏有易有緡有洛。商時國有熊氏。有熊系黃帝本國。而虞曰有虞。商曰有殷。周曰有周。其較著矣。亦有以無稱者。禪通紀無懷氏。春秋時無終國。堯之臣無句。齊厲公無忌頃公無野。及公子無虧公孫無知高無咎無平陳無宇。楚子熊無康及王子無鉤。文之無畏芊尹無宇費無極。晉韓無忌趙無恤王官無地郵無正。魯司空無駭。秦庶長無地越無餘。蕭還無社是。無亦作毋周惠王毋涼。其稱弗者。魯惠公弗湟。楚淸尹弗忌亦有稱不者周祖不窋。越王不壽。魯叔孫不敢公山不狃。晉韓不信宋靈不緩。楚耿之不比。韓申不害。以及春秋時不羹之國是。又有以何稱者。楚公子何忌魯仲孫何忌齊苑何忌皆無忌弗忌類也。

古有一姓而所出異者。黃帝姬姓。其子唯玄囂昌意倉林皆爲姬姓。昌意之後爲高陽。玄囂之後爲高辛。皆姬姓也高辛之後。唯周爲姬姓。黃帝子青陽夷鼓同爲己姓。故青陽後少皞爲己姓。而高陽之裔陸終氏之子。又別爲己姓。是其所出者異也。若其同所出。而姓有散殊者。則黃帝之子分姓十二。而少皞己姓。又分爲威姓嬴姓。高辛之後。分爲祁姓子姓優姓盼姓。祁姓之後。分爲貍姓。子姓之後。又分爲曼姓御姓。陸終出于高陽。其後分姓爲八。而芊姓別爲熊姓。又高陽之後或分偃姓。虞夏亦出高陽。而虞爲姚姓。亦爲嬀姓。夏爲姒姓。亦爲弋姓。炎帝姜姓也。而其後或分允姓乞姓。又分姓墨台。若隗姓則神農後。非炎帝後也。

春秋之世。有同氏而異姓者。周之劉姬姓也。秦之劉則爲祁姓。士會之後。周魯之陽皆姬姓也。而楚之陽則羋姓。衞之王孫姬姓。自周入焉。齊之王孫則羋姓。自楚而吳入之。齊之國姜姓。鄭之國姬姓。爲七穆之一。晉之范祁姓士氏之別。楚之范羋姓則申氏之別。齊之慶姜姓。而陳之慶則嬀姓也。周之成姬姓。而楚之成則羋姓也。衞之子南姬姓也。而楚之子南則又羋姓。晉之趙嬴姓也。而衞之趙又爲姬姓。姬姓韓氏之別爲邢。而羋姓屈氏之別亦爲邢。衞之孫姬姓也。而齊陳氏之別爲嬀姓之孫。楚薳氏之別又爲羋姓之孫。周之黨姬姓公族也。而魯之黨則爲任姓庶族。齊仲孫叔孫姜姓。而魯仲孫叔孫實爲姬姓。魯之族有姬姓之顏。而小邾之族又有曹姓之顏。魯之仲姬姓。而宋子姓亦有仲。宋之莊子姓。而楚羋姓亦有莊。宋之桓子姓。而齊姜姓亦有桓。齊之欒姜姓。而晉姬姓亦有欒。齊之高姜姓。而宋子姓亦有高。又鄭之高則不知其姓。衞之孔姞姓。陳之孔嬀姓。宋之孔子姓。延于魯鄭之孔姬姓。而孔叔爲三良之一。則又不知其姓也。魯之別封爲樊。而衞分殷民七族之一已有樊。宋之別封爲蕭。而魯分殷民六族之一已有蕭。唯魯鄭之公父與叔。晉鄭之游。皆姬姓也。至于周之南宮尹氏之別也。魯之南宮孟氏之別也。而宋之南宮不知其所出。衞之北宮公族也。而齊之北宮爲庶族。吳之延陵公族也。而晉之延陵爲庶族。吳之後爲吳。而姚姓亦有吳。且有召伯氏不出于召公。而出于魯之子叔氏。朱氏不出于二邾。而出于宋之公朱氏。管氏不出于管叔。而出于周穆王。又衞之蘧卽渠。魯之曾卽鄫。楚之薳卽蔿。而魯之蔿亦卽薳。齊之工僂卽遂之工婁魯之冉卽周鄭之耼。不可不知也。

氏族之不知所出者。不可勝稽。其有可稽。而同國同氏實異出者。如齊有國高之高。又有欒高之高。魯有孝公時臧氏。又有孝公後臧氏。鄭有七穆良氏。而良佐已在穆公前。晉有世家箕氏。而韓氏又別爲箕氏。襄之世有輔躒。而知過又別爲輔氏。又士氏卽范氏之先。而先蔑亦稱士伯。宋有孔氏。孔父之後也。而襄公之孫。又爲孔叔。楚有薳氏。在春秋前。而薳章之後。又爲薳氏。周氏爲周公之後。而汝南周氏別爲一宗。特未見經傳耳。王子成父之後爲王氏。而太子晉之後亦爲王。

氏族有傳記可据。而後人誤之。如魯顔氏實出公族姬姓。見左傳。而陋巷志謂出自郳。魯高柴之高。實出自宋文公時始仕于魯。見春秋戴記。而氏族家謂出自齊者是也。又有其人可實。而自古昧之。如卞莊子實爲秦莊子。子莫爲顓孫子莫。子襄爲顏子襄。顏柳爲顏子柳。鬣鬣可据。而世多昧之者是也。又案傳記古人之名。有古合而今知其分者。皋陶之與庭堅。伊尹之與保衡。仲虺之與萊朱。南容之與南宮敬叔。陽貨之與陽虎之類是也。有古分而今知其合者。后稷之與庚辰。慶誧之與慶節。宋將鉏之與西鉏吾。華合比之與皋比。樂舉之與樂呂之類是也。

虞夏之世。人名官名。多冠以后。如后稷后夔有窮后羿伯明后寒是。而夏后氏之以后系代。尤爲較著。西周王臣多以君系名。如君奭君陳君牙是。而周祖公劉公非。則先以公系名云。

夏商之世。多以甲名爲號。蓋起于夏之中葉。夏有孔甲。有履癸。商則始于上甲微。蓋以甲稱者七。以乙稱者六。以丙稱者二。以丁稱者八。以戊稱者一。以己稱者二。以庚稱者六。以辛稱者四。以壬稱者三。以癸稱者一。而庚丁則兼稱之。其系以報者三。系以主者二。系以太者五。系以沃者二。系以小者三。系以仲者二。系以外者二。系以祖者五。系以南者二。系以武者二。而祖己則臣也。非君也。至周之初。宋有丁公。齊有丁公乙公癸公。猶存其號。若周祖庚辰。蔡君甲午。不在此例。唯魯叔孫穆子之子孟丙仲壬。尚有古意云。

古號有巢者二。一卽大巢氏。一在禪通紀。號倉頡者二。一卽史皇氏。一爲黃帝臣。號軒轅者二。一在禪通紀。一卽黃帝氏。號祝融者四。一在禪通紀。一爲黃帝臣。一爲炎帝後。一爲顓頊後。號共工者三。一爲伏羲臣。一爲炎帝祝融後。一爲帝堯臣。而伏羲臣栢皇大庭栗陸赫胥昆連葛天昊英朱襄無懷之爲禪通諸氏之餘。混沌之爲因提渾敦後也。則二而實一者矣。又女媧二。一爲伏羲之別。一則黃帝之臣。有熊二。一卽黃帝之國。一則黃帝之後。大禹二。一爲女媧後。一爲夏后氏。少典二。一爲黃帝之先。一卽少典之後。巫咸三。一則伏羲之後。一則十巫之一。一則殷之賢臣。伯夷三。一爲四岳之先伯夷父。一爲四岳從孫。虞之秩宗。一則孤竹君之長子。伯鯀二。一爲顓頊之子。一爲崇伯鯀。而實伯鯀之裔也。句芒二。一卽重氏。一卽句望。有虞之先。羿二。一在堯時。一在夏時。實爲世官。纍二。一與丹朱朋比。亦作傲。一爲寒浞之子。本作澆。商邱二。一爲閼伯國。一爲相土國。實一國。叔達二。一爲八愷之一。一爲吳太伯曾孫。棄二。一爲后稷。一爲宋元公之母皆以棄寘而名。有莘二。一爲少皞之後。一則太姒之國。豕韋二。一爲陸終後。一卽御龍氏。而商有二太丁。一則成湯之子。一則武乙子。亦號文丁。二帝乙。一則成湯。一則紂父。周有二定王。一爲頃王弟。一爲元王子。亦稱貞定王。周有威烈王。又有烈王。周之先有辟方。而孝王亦名辟方。是又不可解也。周人作謚。祖孫之謚。本不宜複。或有代遠而複出者。如魯有二湣公。一爲莊公子。春秋傳作閔。一爲平公子。一作文。而魯之始祖周文公。僖公子亦曰文。是有三文公也。燕有二桓公。二文公。二簡公。衞有二莊公。宋有二昭公。秦有二惠公。齊有二莊公。而滕亦有二文公。見孟子者。世本作元公。郳亦有二莊公。儀父之謚。則未見經傳。晉君謚厲者二。厲侯厲公。謚獻者二。獻侯獻公。謚文者二。文侯文公。謚武者二。武侯武公。謚成者二。成侯成公。謚昭者二。昭侯昭公。有靖公。又有靜公。靜卽靖也。燕有湣公。又有閔侯。衞有懷公。又有懷君。若齊有太公桓公。田齊之初。亦有太公桓公。則非祖孫相襲。後世開國之主。與成功之君。其謚往往相同。卽此類也。晉桓叔二。一武公之祖。一悼公之祖。而哀公之祖亦謚桓子。則祖孫相襲也。又若蔡文侯名申。數傳而昭侯亦名申。晉惠公名夷吾。靈公名夷皋。數傳而昭公又名夷。則非以諱事神之道。越有二無余。一爲開國之君。一卽初無余。吳有二諸樊。一爲夷末兄。一爲夷末孫。而王僚子有二句卑。一爲吳君。一則吳人。或卽句卑之後。其在夷國無謚者則有之。而吳君曰周章。陳人亦曰周章。吳君曰壽夢。越臣亦曰壽夢。吳晉之君曰夷吾。而齊有管夷吾。越君曰句踐。而宋氏魯氏皆有名句踐者。蔡君曰考父。曰所事。

而宋有正考父華所事。亦不足怪矣。

周世國名有異而實同者。如鄒卽邾。楚卽荊。小邾卽郳。甫卽呂。鄶卽檜是。有同而實異者。如東虢西虢。西周東周。上蔡下蔡。東不羹西不羹是。且有胡國四。一姬姓。一嬀姓。一歸姓。一卽東胡。路國二。一隗姓。一妘姓。徐國二。一嬴姓。一隗姓。州國二。一姜姓。一偃姓。舒國二。一任姓。一偃姓。蓼國二。一偃姓。一姬姓。莒國二。一己姓。一曹姓。燕國二。一北燕姬姓。一南燕姞姓。呂國二。一姜姓。一任姓。祝國二。一任姓。一祁姓。泉國二。一隗姓。一任姓。畢國二。一任姓。一姬姓。過國二。一任姓。一猗姓。謝國二。一任姓。一姜姓卽申。越國二。於越姒姓。越裳芈姓。焦國二。一神農之後。一召公之後。翼國二。一卽晉之異稱。一則楚之別封。唐國二。一叔虞國。一惠侯國。皆姬姓。樊國二。皆姬姓。一虞仲後。一周公後。而慶姓別出一樊。卽滕姓也。沈國黃國皆二。其一沈一黃爲臺駘之後。一沈則姬姓。聃之分封。一黃則嬴姓。江之與國也。

有國而以爵名者。如古國西王周國成公是。有王侯而以臣名者。如周頃王名壬臣。楚穆王名商臣是。有諸侯而以王名者。如宋成公名王臣是。有諸臣而以公名者。如鄭之商成公。衞之許公爲是。若魯三家。則多有之矣。攷春秋傳。齊有二王姬。一襄夫人。一桓夫人。二衞姬。別之曰長曰少。皆桓之如夫人。而桓之母亦曰衞姬。魯有二孟子。一惠之元妃宋女。一昭夫人則吳女。二定姒。一襄公母。公羊作定弋。一哀公母。穀梁作定弋。皆杞女。魯有二公子偃。一在莊傳。一在成傳。二公子魚。一東野氏之先。在春秋前。一卽奚斯也。

宋有二公子朝。一在文傳。一在定傳。楚有二公子申。一在成傳。一在昭傳。齊有二公子鉏。一在襄傳。一在哀傳。而宋朝入于衞。衞自有公子朝。見襄傳。晉有二公子萬。一翼公子。一曲沃公子。故別爲韓萬。魯又有二公孫嬰齊。一爲叔肸子。一爲仲遂子。故別爲仲嬰齊。鄭有二公孫申。一子羽子。一叔詹子。故別爲叔申。鄭又有二子孔。皆穆公子。二子侯。皆見襄傳。而一爲子駟辟殺。一以貳楚見討。衞有二子伯。一在閔傳。一在襄傳。楚有二子良。一爲惠王弟。一爲上柱國。在春秋後。周有二伯服。一在襄王時。一爲幽王子。在春秋前。是又不可不知其異也。

東周列國公族。多以孫系氏。魯有孟孫叔孫季孫氏。而御孫臧孫郈孫皆其類。陳有顓孫。秦有逢孫揚孫。齊有曹孫申孫士孫蒙孫仲孫。亦其類。亦多以公系氏。如鄭之公父。晉之公族。陳之公良。秦之公車。魯之公儀公西公輸十餘氏。而公冶公鉏公之公父則又季氏之別也。衞有公叔公孟公明公文氏。亦衞之公族。若以子系氏。以父系氏者。皆以字爲氏。無足爲異者也。

東周列國世家。各有名稱。如魯之孟曰孟孫。叔曰叔孫。季曰季孫。臧曰臧孫。郈曰郈孫。齊之國曰國子。高曰高子。管曰管子。晏曰晏子。衞之孔氏稱孔叔。孫甯稱子。晉之趙氏多稱趙孟。中行氏多稱中行伯。知氏多稱知伯。范氏多稱范叔。郤氏多稱郤伯。張氏多稱張孟。戰國時百家諸子多稱子。諸國分采者多稱君。是其名稱之異。各隨風俗而別也。又周卿大夫與宋魯大夫多名某父。魯公子與大夫多稱公某。其大夫之適子．與公之庶子．多稱孺子．宋魯大夫多稱某人。宋太子之弟多稱母弟某．大夫之適子亦稱世子．宋楚諸臣．多兼官與名字稱之．楚君以敖稱者二．其後爲不成君之稱者三．又莫敖爲官名．而皆以屈氏爲之．不可解也．楚縣大夫多稱公．其內外官名多稱尹．晉衞之不成君者則稱子．此皆案之傳記．而歷歷可攷者也．

春秋列國世家．有同族而同謚者．魯仲孫氏孝伯二．一名佗．一名羯．佗別爲子服氏．叔孫氏昭伯二．一名起．一名帶．帶別爲叔仲氏．晉士莊子二．一鞏朔．一士弱．范獻子二．一士富．一士鞅．而士爲范之本族也．魏氏武子二．一魏犨．一魏錡．荀氏文子三．一中行氏．一知氏．一荀騅．宣子二．一中行氏．一知氏．知莊子二．一名首．一名朔．而中行與知皆荀之別族也．衞甯武子二．其見孔子世家者．或以爲誤云．又有同國而同氏與名者．周陰忌二．一昭十二年見殺．一見昭二十六年傳．魯顏回二．一孔子弟子．一孟獻子之士．曾參二．一孔子弟子．一傳曾參殺人者．顏高二．一斃于定八年．一定十四年猶從孔子．晉士匄二．一宣子．一文伯．梁弘二．一在桓三年傳．一在僖三十三年傳．嘉父二．一頃父之子．一欒氏之黨．箕遺二．一死欒氏之難．一則與取前城賈辛二．一在成十八年官右行．一在昭二十二年．鄭洩駕二．一在隱五年傳．一在僖三十年傳．楚屈蕩二．一在宣十二年傳．一在襄二十五年傳．熊相宜僚二．一見宣傳．一則哀傳本作熊宜僚．衞甯跪二．一在莊六年傳．一在哀四年傳．齊賈舉二．同見襄傳．一爲莊公而死．一爲崔子間公．則寺人也．又晉董叔三。一見左傳范宣子殺之。一見國語。范獻子執之。一見趙世家。在春秋後。韓襄三。一公族穆子之子。一韓將在春秋後。一箕襄。亦韓氏也。其在戰國。則趙有趙豹二。一陽文君。一平陽君。毛遂二。一平原君之客。一野人墜井者。而趙勝有二。一平原君。一在春秋時。卽邯鄲勝也。周有周最二。一西周公子。一則齊魏說客也。至異國而同氏與名者。春秋時史嚚二。一號。一齊。國子二。一齊。一邢。百里二。一許。一秦。石買二。一衞。一越。石乞二。一衞。一楚。顏闔二。一魯。一衞。鬷蔑二。一齊。一鄭。侯獳二。一蘭。一鄭。行人子羽二。一鄭。一衞。郰師二。同見襄傳。晉則二十一年見殺。齊則二十五年見于傳。戰國時田文二。一齊。一魏。陳軫二。一秦。一齊。田光二。一齊。一燕。張丑二。一齊。一魏。唐雎二。一秦。一魏。張儀二。一魏。一韓。王賁二。一趙。一秦。公孫衍二。一魏。一齊。王陵二。一秦人。一見楚漢之際。吳廣二。一趙人。姚姓。一與陳涉爲亂者。其雜見春秋戰國而同氏與名者。則陳莊二。一齊人。見春秋傳。一秦人。相蜀。王豹二。一齊人。見傳。一衞人。見孟子書。周舍二。一韓宣子時人。一魏人。程鄭二。一晉人。一山東遷虜。趙嬰二。一卽樓嬰。一秦五大夫。趙成二。一景子。一趙高之弟。王孫賈三。一衞。一楚。並見春秋傳。一齊人。則伍員之後也。

左桓六年子同生傳。申繻言名有五。云以名生爲信。以德命爲義。以類命爲象。取于物爲假。取于父爲類。解者謂以名生若唐叔虞。魯公子友。宋仲子生而有文在手之類。以德命若文王名昌。知能昌盛周邦。武王名發。知能發兵誅暴之類。以類命若孔子首象尼邱。因命名曰丘而字仲尼之類。取于物若伯魚生而人饋之魚。因名曰鯉之類。取于父若子同生與父同日。因名曰同之類。蓋類而推之。若高辛生而自言其名、以及后稷之後生而曰鞠、昭王之子生而曰翁、皆以名生者、若屈原之肇錫嘉名、其類不可勝數、楚箴尹克黃之改名曰生、晉穆侯之命少子曰成師、皆以德命也、若鄭穆之夢蘭以生、命之曰蘭、亦以類命也、若令尹子文之名穀於菟、是取于物者、晉趙衰之子曰同、嗣爲原大夫、是亦取于父也、申繻又曰、不以國、不以官、不以山川、不以隱疾、不以畜牲、不以器幣、而世多犯之、若晉悼公宋公孫之名周、晉中行氏蔡朝氏之名吳、周原伯之名魯、毛伯之名衛、周太子衛宣公之名晉、周襄王衛成公宋公孫向氏晉平氏箕氏之名鄭、魯哀公之名蔣、滕昭公之名毛、成公之名原、曹武公之名滕、周公魯林氏鄭游氏之名楚、魯僖公衛戴公蔡文公昭公之名申、魯定公鄭公子之名宋、楚晉氏之名陳、郲敖之名麇、周簡王晉昭公鄭靈公蔡惠公之名夷、魯衛公子之名荊、魯陽氏苫氏之名越、劉文公之名狄、非皆以國乎、晉僖侯之名司徒、宋武公之名司空、傳已言之、蔡桓侯之名封人、非亦以官乎、魯君獻公武公之名具、名敖傳注已詳、他若晉之鄂侯郄宋之仲江、魯之卜楚邱、苫夷之子陽州、非山川之類乎、周桓公黑肩、晉成公黑臀、衛公子黑背、魯成公鄭公孫與郲人之名黑肱、皆隱疾之類、而郲文公之名蘧蒢、不更爲隱疾乎、魯閔馬父之名馬、宋司寇牛父南宮牛之名牛、頓子牂之以羊名、鄭宛射犬衛公子歂犬史狗晉新穉狗之名犬名狗、魯公子魚公之魚鄭公子魚臣魯榮駕鵝之名魚名鵝、非以畜牲乎、單穆公之名旗、郕鼓父之名鼓、齊靈公之名環。陳宣公齊景公宋昭公之名杵臼。紀子帛之名帛。非以器幣乎。要之六者之忌固不盡然。五者之取。則實有確據焉。

名之祖孫相襲。如周孝王與先公同名。蔡侯之名申者二。晉侯之名夷者三。已略舉之。最可異者。齊祖呂牙。而靈公之太子亦名牙。宋祖微子啓。而景公之養子亦名啓。莒祖茲輿期。而後有茲平公。及展輿庚輿。趙祖季勝。而後有趙勝公子勝平原君勝。田齊祖陳完。而陳恆之兄曰完。周宗武王發。而衞有公叔發。鄭有公子發。魯宗伯禽。而有柳下惠展禽。至于厲王名胡。僖王又名胡。齊。鄭武公名掘突。其孫厲公又名突。莒渠邱公名朱。而犂比公名買朱鉏。與周穆王名滿。而有王孫滿。衞襄公名惡。而有大夫齊惡石惡。齊昭公之兄實爲孝公昭。宋成公之孫又爲平公成。杞文公名益姑。其父桓公實名姑容。衞桓公完名謚同音。更無論矣。復何怪周襄王名鄭。而鄭國不改封。魯以獻武廢具敖。而居然有公孫敖乎。古人生而命名。二十冠而字。名與字多相符。如名輒者多字張。魯叔孫輒字子張。叔輒字伯張。是名彌者多字鉏。魯公彌一稱公鉏。齊犂彌一稱犂鉏。是名歸者多字家。魯公孫歸父。鄭公子蔡公孫歸生。皆字子家。是名由者多字路。魯仲由字子路。顏路之名爲無繇。繇卽由之本文也。名丐者多字瑕。晉士丐字伯瑕。楚陽丐字子瑕。是。鄭駟乞字子瑕。以乞有丐義也。名偃者多字游。鄭公子偃駟偃吳言偃皆字子游。晉籍偃亦稱游。是名赤者多字華。晉羊舌赤字伯華。魯公西赤字子華。是名肸者多字向。宋向父名肸。晉羊舌肸字叔向。是。名施者多字旗。齊欒施鄭豐施陳巫馬施皆字子旗是。名捷者多字車。齊公孫捷子淵捷皆字子車是。名建者多字木。楚屈建太子建皆字子木是。名耕者多字牛。魯冉耕宋司馬耕皆字子牛是。名嘉者多字孔。宋孔父名嘉鄭公子嘉字子孔是。名喜者多字罕。宋樂喜鄭公子喜皆字子罕是。名段者多字石。宋褚師段鄭印段皆字子石。公孫段字伯石是。名翬者多字羽。魯羽父名翬。鄭子羽亦名翬。公孫揮字子羽。則揮與翬通也。名楚者多字南。鄭游楚字子南。魯林楚亦稱臨南。而衞公子荆又稱公南楚。荆卽楚也。名夏者字西。故鄭公孫夏字子西。名西者亦字夏。故陳少西字子夏。名申者亦多字西。楚鬬宜申公子申皆字子西。魯曾申亦稱曾西是。名側者多字反。楚公子側字子反。魯孟之反實孟之側是。名黑者多字晳。楚公子黑肱鄭駟黑衞狄黑皆字子晳是。名點者亦多字晳。魯曾點奚容蒧皆字子晳。蒧卽點之本文也。名伋者多字思。孔子弟子燕伋與孔子孫孔伋皆字子思是。名克者多字儀。郳儀父卽郳子克。王子克楚鬬克皆字子儀。宋子儀克則子儀而名克矣。又鄭石癸字甲父。印癸字子柳。魯顏辛亦字子柳。柳當作丣。蓋以干支爲名字。猶楚公子壬夫之字子辛。公子午之字子庚也。楚公子魴衞史鰌祝鮀魯梁鱣之字子魚。孔鯉之字伯魚。晉羊舌鮒之字叔魚。皆以魚名而字之。衞公子鱄之字子鮮。又因魚而旁通者也。宋華貙鄭罕虎之字子皮。晉郤豹之字叔虎。亦其類也。又有名與字不異者。如周樊皮字仲皮。魯閔馬父字子馬。顏羽字子羽。公冶長字子長。句井疆字子彊。齊公孫明字子明。宋高哀字子哀。楚潘黨字叔黨。晉解張字張侯是。則魯公子展之後爲展氏．宋公子蕩之後爲蕩氏．孫以王父字爲氏．安知其非字子展子蕩．鄭氏通志氏族略有以名爲氏類．蓋未敢深信云．